Jack Whyte

LA TRILOGIE DES TEMPLIERS

Tome 1

Les Chevaliers du Christ

roman

Traduit de l'anglais par Guy Rivest

litté
de ViaMedias

MOT DE L'AUTEUR

Aucune autre organisation dans l'histoire n'a capté l'attention et la curiosité des lecteurs modernes de manière aussi complète et fascinante que l'ordre de moines médiévaux connu sous le nom de Chevaliers du Temple. Cette fascination populaire a d'abord commencé en Amérique avec la publication, en 1982, de *Holly Blood, Holly Grail* de Michael Baigent, Richard Leigh et Henry Lincon. Je sais que mon propre intérêt à l'égard de l'Ordre du Temple avait été éveillé par la lecture de ce livre, car même si le mystère et le mysticisme entourant les Templiers m'avaient toujours intrigué, ce n'est qu'après avoir lu *Holly Blood, Holly Grail* que j'ai songé : « Il doit certainement y avoir, cachée quelque part là, une histoire tout à fait fascinante. Si quelqu'un pouvait seulement éliminer les nombreuses tentatives délibérées de dissimulation et trouver un moyen de réellement étudier qui étaient ces gens et ce qui les motivait ». J'ai toujours cru que les Chevaliers du Temple étaient des gens bien réels et très humains, et ce malgré que lorsque j'étais enfant, les seules images que nous en avions étaient des personnages de pierre stylisés, sculptés sur les tombes médiévales, et les seules histoires que nous ayons lues à leur sujet les dépeignaient comme des gens méprisables et méchants, que l'Église avait condamnés et excommuniés en tant qu'hérétiques et apostats.

Les chevaliers normands cupides dans *Ivanhoé* étaient tous des Templiers, tout comme l'étaient les bandits aux visages sombres dans plusieurs autres récits que j'ai lus dans mon enfance, et on n'entendait ou ne lisait jamais rien de positif sur les Chevaliers du Temple. Ils représentaient toujours des stéréotypes menaçants et cruels. Et pourtant, une partie plus calme et logique de ma conscience reconnaissait d'autres aspects rarement évoqués de l'histoire des Templiers : ils ont existé moins de deux cents ans en tant qu'ordre et, pendant la majeure partie de ce temps, ils constituaient une armée légitime et permanente de l'Église catholique ; ils ont inventé et perfectionné le premier système bancaire international fondé sur le crédit et l'or en lingot et ils ont financé tous les rois et royaumes du monde chrétien. Ils ont également accumulé la plus grande quantité de biens immobiliers connue dans l'histoire et, pour protéger leur immense flotte de commerce, ils ont créé la plus vaste marine du monde. Leur pavillon blanc et noir représentant un crâne blanc et deux tibias entrecroisés sur fond noir terrorisait les pirates de partout.

Mais le plus impressionnant, aux yeux d'un romancier, était de savoir que leur carrière fulgurante s'était terminée en une seule journée, le vendredi 13 octobre 1307, une date qui, pour paraphraser Franklin Roosevelt, vivra à tout jamais, sinon dans l'infamie, tout au moins dans le mystère. C'est ainsi que sont nés dans mon esprit les éléments de mon récit sur les Templiers : les débuts de l'Ordre, conçu et fondé, nous dit l'histoire, par neuf hommes sans ressources — nous ignorons même encore aujourd'hui le nom de deux d'entre eux — qui passèrent des années à creuser dans les entrailles de Jérusalem, mettant au jour un trésor qui fit d'eux les hommes les plus puissants et les plus influents sur terre pendant deux siècles ; par la suite, un groupe de moines, tous portant la croix à branches égales de l'Ordre du Temple, formèrent une armée permanente en Terre sainte et combattirent jusqu'à la mort, sans cesse surpassés en nombre par les légions innombrables de Sarrasins de Saladin, en une tentative vaine de sauvegarder un rêve impossible ; et finalement l'Ordre fut renversé en une seule journée par le sinistre lieutenant d'un roi avide et ambitieux et que seuls quelques-uns s'échappèrent pour promouvoir et renforcer une légende et une tradition empreintes d'espoir et de renouvellement.

Quand j'ai débuté la rédaction de ces récits, je me suis promis d'expliquer quelques-unes des choses qui étaient normales il y a huit ou neuf siècles, mais qui sembleraient bien étranges et incompréhensibles aux yeux des lecteurs modernes. Par exemple, personne — ni les hommes d'Église qui ont préparé les croisades ni les guerriers qui y ont combattu — n'avaient jamais entendu les mots *croisades* ou *croisés*. Ces mots apparurent des centaines d'années plus tard, lorsque les historiens commencèrent à parler des exploits des armées chrétiennes au Moyen-Orient. Et ces croisés appelaient la Terre sainte *Outremer* — la terre au-delà de la mer. De plus, l'Europe médiévale ne s'appelait pas *Europe*. On l'appelait la Chrétienté, parce que tous les pays y étaient chrétiens. Le mot *Europe* n'est apparu, lui aussi, que quelques siècles plus tard.

Le fait qu'il n'existait, dans l'Europe médiévale, aucune classe moyenne et une seule Église toute-puissante est un concept encore plus difficile à saisir pour les lecteurs modernes. Il était impossible d'exprimer des protestations sur le plan religieux et il n'y avait pas de protestants. Martin Luther n'allait naître qu'au XVe siècle. Il n'y avait que deux classes de gens dans la chrétienté : les possédants et les démunis (certaines choses ne changent jamais), c'est-à -dire les *aristocrates* et les *gens du commun*. Il s'agissait d'hommes dans les deux cas, parce que dans le monde chrétien médiéval, les femmes ne possédaient ni droits, ni identité. Les gens du commun, selon le pays qu'ils habitaient, étaient des paysans, des serfs, des esclaves ou des manants. Ils étaient illettrés et avaient, dans l'ensemble, peu de valeur. Les aristocrates, quant à eux, possédaient et administraient les terres, et ils étaient divisés en deux : les chevaliers et les clercs. Il n'existait pas d'autres choix. Si vous étiez le premier-né d'une famille, vous héritiez de tout. Si vous n'étiez pas le premier-né, vous deveniez soit un chevalier, soit un clerc. Tous les clercs étaient des prêtres et des moines et on s'attendait à ce que tous sachent lire, écrire et compter. Les chevaliers n'avaient pas besoin de savoir lire et écrire. Leur travail consistait à se battre et ils pouvaient embaucher des clercs pour tenir convenablement leurs registres. Les chevaliers représentaient le monde matériel, alors que les clercs représentaient Dieu et l'Église, et les deux groupes étaient constamment en conflit. Au niveau le plus primaire, les chevaliers n'existaient que pour combattre et les clercs que pour les arrêter de tuer. Cette situation donnait lieu au type de conflit le plus fondamental et menait à l'anarchie et au chaos.

Pour une multitude de raisons, les Chevaliers du Temple devinrent le premier ordre religieux à avoir le droit de tuer au nom de Dieu. Ils furent les premiers et les plus célèbres du genre, et voici leur histoire.

Jack Whyte
Colombie-Britannique, mai 2006

PREMIÈRE PARTIE

LES DÉBUTS

1088-1099 après J.-C.

CHAPITRE 1

– Sire Hugues !

Quand les gardes de chaque côté des portes devant lui se mirent au garde-à-vous et le saluèrent, même le cliquetis de leurs armures ne parvint pas à attirer l'attention du jeune homme aux sourcils froncés et à la tignasse courte qui s'avançait vers eux. Il semblait en profonde réflexion et marchait lentement, la tête basse, une large épée dans son fourreau appuyée contre sa nuque tel un joug, et ses bras étaient étendus, de sorte que ses mains pendaient mollement à chaque extrémité de l'arme. Ce furent finalement les mouvements des gardes qui attirèrent son attention lorsqu'ils s'approchèrent rapidement de chaque côté de lui et ouvrirent toutes grandes les immenses portes pour le laisser passer. Il leva la tête, cligna des yeux, adressa au commandant de la garde un signe de tête cordial et laissa tomber son bras gauche de la pointe de l'épée, attrapant la poignée dans sa main droite au même moment, si bien que la longue lame se dressa vers le ciel avant qu'il ne la fasse retomber sur son épaule.

– Vous vous exercez, monseigneur ?

La question du commandant était purement théorique, mais Hugues de Payns s'arrêta net, regarda l'épée qu'il tenait, puis la fit virevolter vers l'avant en attrapant des deux mains l'épaisse poignée d'acier. Il tint la lame à bout de bras jusqu'à ce que son poids fasse saillir comme des câbles les muscles énormes de ses bras, de son cou et de ses épaules, puis la relâcha de sa main gauche et la fit tournoyer sans effort avec sa main droite pour finalement la faire reposer encore une fois sur son épaule droite.

– Si je m'exerce, sergent ? Oui, mais pas avec l'épée, cette fois. J'étais en train d'exercer ma mémoire… de réfléchir.

Il hocha la tête en direction des deux autres gardes et franchit les portes ouvertes, quittant la lumière de l'après-midi, qui illuminait la cour, pour entrer dans l'obscurité fraîche de la tour centrale du château. Il s'arrêta un instant, aveuglé par le passage soudain de l'éclat du soleil à la pénombre. Puis son visage prit à nouveau un air de solennité alors qu'il avançait dans l'immense pièce, gardant les yeux fixés sur le sol devant lui tandis qu'il allongeait le pas, l'épée toujours négligemment posée sur son épaule. La plupart des jeunes hommes de son âge se seraient pavanés avec une aussi magnifique épée. Ils se seraient servis de sa beauté mortelle pour se mettre en valeur, mais Hugues de Payns n'appartenait pas à ce type d'hommes. Il transportait l'arme simplement parce qu'il était parti avec plus tôt et qu'il devait donc continuer de la porter jusqu'à ce qu'il puisse la ranger dans un endroit où elle ne risquait pas d'être perdue, volée ou oubliée, et maintenant il se dirigeait vers ses propres quartiers où il pourrait finalement la poser. Il était si détaché de tout ce qui l'entourait qu'il dépassa sans même les remarquer plusieurs jeunes femmes brillamment vêtues qui papotaient en riant nerveusement dans un coin de la vaste pièce, malgré leurs regards admiratifs et les salutations que certaines lui adressaient. Ce jour-là, Hugues avait à l'esprit des choses plus importantes.

Il ne remarqua pas non plus un homme de grande taille, aux larges épaules, qui marchait à grands pas vers lui alors que leurs parcours convergeaient presque au centre de l'immense plancher, et ce fut l'autre qui remarqua que Hugues ne faisait aucune tentative pour ralentir ou pour dévier de sa route. L'homme s'arrêta et se redressa de toute sa taille, les sourcils froncés d'étonnement, puis leva lentement une main, les doigts écartés, et fit un pas de côté pour éviter Hugues. Il étendit le bras pour lui saisir l'épaule et ce n'est qu'à ce moment que Hugues s'aperçut de sa présence. Le jeune homme recula vivement, comme sous le coup d'une attaque, ramenant l'épée de son épaule à l'endroit où sa main gauche pourrait saisir le fourreau pour le retirer, avant de réellement regarder qui l'accostait. Il reconnut immédiatement le personnage et posa la pointe de son arme sur le sol, son visage empourpré par la gêne.

– Monseigneur St. Clair. Pardonnez-moi, sire. J'étais… perdu dans mes pensées.

Avant même que Hugues n'ait parlé, le colosse avait levé la main pour signaler au garde du corps armé derrière lui de demeurer là où il était et de ne rien faire, et maintenant, en regardant le jeune homme devant lui, un coin de sa bouche se plissa en ce qui aurait pu être un sourire ou une grimace.

– C'est ce que j'ai pu constater, répliqua-t-il d'une voix de basse profonde. Mais même s'il est fort préoccupé, jeune Hugues, un homme devrait toujours essayer de garder au moins un œil sur ce qui l'entoure. À quoi rêvais-tu donc ?

St. Clair ne semblait nullement déconcerté, et Hugues s'en trouva encore plus gêné.

– À rien, monseigneur… Je vous demande pardon… Je répétais les mots dans ma tête, pour le Rassemblement de demain soir. J'ai encore beaucoup à apprendre.

– Ah, les *Réponses*. Oui, comme tu le dis, il y a beaucoup à apprendre. Particulièrement pour un jeune homme dans ta situation. Mais tu as les meilleurs professeurs que l'on puisse avoir et je sais qu'ils apprécient tes efforts ajouta-t-il alors que son regard fixait la longue épée. Mais pourquoi cette arme, filleul ? Ta mémoire est-elle meilleure avec une épée dans la main ?

Hugues cligna des yeux, fronça les sourcils, puis regarda avec un certain étonnement l'arme qu'il tenait toujours à la main, la pointe contre le sol.

– Non, sire, non… pas du tout. Je marchais vers le terrain d'exercice, mais je ne l'ai jamais atteint. J'ai seulement continué de marcher en pensant à l'épreuve de demain, en m'exerçant.

– Eh bien ! il me semble que c'est du temps bien employé. Où t'en vas-tu maintenant, alors ?

– À mes quartiers, monseigneur, pour me débarrasser de ceci, dit-il en indiquant l'épée.

– Alors, donne-la-moi et viens plutôt marcher avec moi.

St. Clair prit l'épée, se tourna et la lança au garde armé qui se tenait maintenant à plusieurs pas derrière lui en lui demandant de demeurer à cet endroit et de garder l'arme. Alors que l'homme en cotte de mailles le saluait et reculait, St. Clair se retourna vers Hugues.

– J'allais voir la scène de ton épreuve au moment où tu es apparu, et je pense que ton arrivée est peut-être un signe que nous devrions y aller ensemble… Voir l'endroit, à titre de parrain et de demandeur, pourrait nous donner à tous les deux matière à réflexion, même si ce seront sans doute des réflexions fort différentes.

En écoutant la voix profonde, Hugues de Payns crut déceler une note d'humour dans ses paroles, mais il éprouvait une telle admiration pour cet homme qu'il ne pouvait le croire suffisamment ordinaire pour user d'humour ; aussi, il hocha simplement la tête, les yeux de nouveau baissés, bien que cette fois par humilité, et fit un pas en avant pour marcher tout près mais légèrement derrière St. Clair, trop confus et trop sûr de lui-même pour tenter de parler. Hugues avait dix-huit ans ; il était costaud pour son âge et habituellement exubérant, et il était béat d'admiration devant la célébrité et la situation dans le monde de l'homme près de qui il marchait, un être qui était également, sans l'ombre d'un doute, l'homme le plus massif, le plus impressionnant sur le plan physique que Hugues ait jamais vu. Sans regarder son filleul, St. Clair étendit la main droite vers l'arrière jusqu'à ce que sa paume trouve le cou du jeune homme, puis le tira doucement vers l'avant jusqu'à ce que tous deux marchent côte à côte, comme des égaux.

– Ton père m'a dit qu'il nourrissait de grands espoirs à ton sujet, déclara-t-il en laissant tomber son bras de l'épaule de Hugues. Le savais-tu ?

Hugues secoua la tête, avalant péniblement sa salive.

– Non, monseigneur, répondit-il dans un murmure.

– C'est ce que je pensais. Eh bien, crois-moi, il en a. Il est très fier de toi… plus fier, je crois, que je ne le suis de mes propres fils, même si je les aime bien quand même. Mais, comme la plupart des pères, le tien criera sa fierté au monde entier en oubliant de t'en faire part à toi. Il supposera seulement que tu le sais, puisque tu es son fils et que tu lui ressembles tant…

St. Clair s'arrêta brusquement et se retourna pour fixer Hugues d'un regard intense.

– Tu es déjà venu ici auparavant, n'est-ce pas ?

Ils s'étaient arrêtés au sommet du vaste escalier de marbre qui descendait en spirale et Hugues hocha la tête en signe d'affirmation, sachant que « ici » signifiait leur destination actuelle.

– Oui, monseigneur, dit-il, deux fois.

– Deux fois, évidemment. Je l'aurais deviné si j'y avais songé. Alors, viens, ce sera la troisième fois.

Le colosse s'engagea dans l'escalier et Hugues le suivit à un demi-pas derrière, n'arrivant toujours pas à croire qu'il marchait aux côtés de Sir Stephen St. Clair et conversait avec lui, et que le grand chevalier l'avait reconnu et s'était souvenu de lui-même s'ils ne s'étaient croisés que brièvement deux ans auparavant — deux années au cours desquelles Hugues avait presque doublé de taille. Il importait peu qu'ils fussent parrain et filleul, car St. Clair, un des chevaliers les plus renommés de toute la chrétienté, avait de nombreux filleuls, et le jeune Hugues de Payns, bien qu'il fût officiellement chevalier, n'avait rien fait depuis qu'il avait été sacré chevalier moins de deux ans plus tôt pour se distinguer du peloton de ses pairs ou pour se rendre célèbre d'une quelconque façon. Le fait, croyait Hugues, que Sir Stephen fût venu ici à Payns précisément pour être son parrain lors de l'*Élévation* à venir, quoi que pût être cet événement, n'avait pas non plus d'importance, car il savait que le grand homme serait venu de toute façon, sous un prétexte ou un autre, simplement parce qu'il le souhaitait. Lui et le père de Hugues, le baron Hugo de Payns, étaient des amis intimes depuis l'enfance, jouissant d'une de ces rares relations qui rendent la véritable amitié unique et indépendante de la séparation physique, géographique ou temporelle. Pour toutes ces raisons, les deux hommes ne rataient jamais une occasion de passer du temps ensemble.

Ils s'étaient vus pour la dernière fois deux ans auparavant, alors que Sir Stephen avait débarqué à l'improviste à Payns, accompagné de son protecteur, jadis connu sous le nom de Guillaume le Bâtard, mais qui était devenu depuis duc de Normandie et Guillaume Ier, roi d'Angleterre. Les deux grands hommes rentraient chez eux depuis la Normandie et avaient pour une fois beaucoup de temps à leur disposition, et le roi avait exprimé le désir de voir la maison familiale de Sir Stephen en Anjou. Ils passaient près de Payns, et Sir Stephen en avait profité pour inviter le roi d'Angleterre chez son ami le baron de Payns, sachant que les deux hommes s'étaient déjà rencontrés lorsque Guillaume avait envahi l'Angleterre en 1066.

Guillaume était mort l'année suivante des suites d'un accident de cheval, et sa couronne, en Angleterre, avait été reprise par un de ses fils, un autre Guillaume, connu sous le nom de Guillaume le Roux en raison de la couleur de ses cheveux et de son tempérament fougueux. D'après les rapports en provenance d'Angleterre, le Roux était un monstrueux tyran que tous détestaient, mais, d'une manière ou d'une autre, le seigneur de St. Clair, bien qu'il ait été lié d'amitié avec le Conquérant, avait également trouvé crédit aux yeux du fils, une chose que peu des favoris de l'ancien roi avaient pu réussir.

En descendant maintenant les marches aux côtés de St. Clair, Hugues n'était pas étonné que le nouveau roi d'Angleterre témoignât du respect pour le célèbre chevalier, parce que la réputation de Sir Stephen St. Clair était immaculée et sa stature reflétait sa dignité. Bien qu'il se trouvât une marche plus bas que Hugues, l'homme le dépassait encore de presque une tête. À quarante-deux ans, il semblait toujours en pleine jeunesse, étant physiquement énorme et dépassant en taille la majorité des gens, mais il les surpassait tous en grandeur morale également, et il était ici à Payns, en chair et en os, et Hugues cheminait avec lui, indépendamment des raisons pour lesquelles il était là. Ce Rassemblement avait été organisé depuis des mois et l'Élévation qui suivrait fournissait apparemment à Sir Stephen une raison parfaitement valable pour revenir chez lui en France afin de rendre hommage au fils de son meilleur ami et de faire de cette mystérieuse cérémonie un événement inoubliable. Il s'agissait, avait-on informé Hugues, d'un insigne honneur. C'était pourtant un honneur qu'il acceptait avec certaines réserves, car il n'avait aucune idée, même à la veille du Rassemblement, de ce qu'était une Élévation ou de ce qu'elle impliquait. Il savait, toutefois, parce qu'on le lui avait affirmé de façon si grave et si convaincante, que même si elle ne signifiait rien à ses yeux pour l'instant, l'Élévation allait revêtir une extrême importance pour son avenir.

Quand il avait pour la première fois entendu son père utiliser l'expression — *l'Élévation* —, le ton sur lequel il avait prononcé ces mots avait été solennel, et l'accent qu'il y avait mis laissait entendre qu'il s'agissait d'un événement à nul autre pareil. C'était neuf mois plus tôt, et Hugues avait immédiatement demandé ce que cela signifiait, mais la réponse du baron ne lui avait rien appris. Ce dernier avait tenté de contourner la question, essayé d'écarter le sujet d'un geste de la main et fini par dire que Hugues apprendrait tout ce qu'il devrait en savoir le moment venu. Entre-temps, toutefois, Hugues devait s'y préparer, puisqu'il s'agirait de l'événement le plus important de sa vie. En entendant les paroles du baron, son fils, qui jusqu'alors avait cru que rien ne pouvait surpasser en importance son accession à la chevalerie moins d'un an auparavant, avait été étonné, mais il était demeuré silencieux. Cependant, il n'avait pas tardé à apprendre qu'il en était autrement, car cette cérémonie nouvellement annoncée, cette Élévation, était d'une telle importance que son père le baron et le père de sa mère, le seigneur Baudouin de Montdidier, étaient devenus ses tuteurs personnels, le renseignant chaque jour, patiemment et péniblement, sur la question de l'Élévation et, avant même qu'il n'ait été autorisé à commencer le travail avec eux, il avait dû jurer de ne jamais révéler ce qu'il apprendrait.

Depuis lors, mois après mois, Hugues avait déployé plus d'efforts que pour tout autre travail depuis sa naissance. Sa tâche consistait à maîtriser, par cœur et à la perfection, des réponses verbales exigées pendant la cérémonie entourant l'Élévation, et cela seul était beaucoup plus éprouvant que les plus durs exercices de maniement d'armes. Il s'y acharnait maintenant depuis des mois et connaissait pratiquement les réponses par cœur, mais il n'avait absolument aucune idée de ce qu'elles signifiaient. Et maintenant, il se trouvait à la veille du grand événement au cours duquel tous les détails et les mystères — le Rassemblement lui-même, l'importance des cérémonies, la signification des rites et la raison profonde de la venue de Sir Stephen d'Angleterre pour être présent ici, lors de l'Élévation, à titre de parrain de Hugues — lui seraient révélés.

– Je me sens léger comme une plume, dit soudainement le colosse en parlant par-dessus son épaule alors qu'il descendait avec aisance le grand escalier et ramenait brusquement l'attention de Hugues au présent. Pas d'armure ni d'armes…

Il étendit les bras sur les côtés, à la hauteur des épaules, et le tissu léger du manteau qu'il portait ondula derrière lui comme s'il flottait en descendant les marches, de sorte que Hugues pensa, pour la deuxième fois en quelques minutes, que le grand homme pouvait peut-être avoir de l'humour.

– …et aucun besoin de l'une ou des autres, continua St. Clair, bien que j'aie du mal à le croire, même en sachant que c'est vrai.

Il s'arrêta brusquement, abaissant ses bras et, lorsqu'il parla de nouveau, toute trace de légèreté avait disparu de sa voix.

– Je pense que je ne pourrai jamais m'habituer à ne pas porter d'armure… et je ne serai certainement jamais à l'aise en me promenant sans arme, pas même ici, dans la maison de ton père où je sais être en sécurité… C'est là la différence entre ta vie ici, jeune homme, et la nôtre en Angleterre.

L'Angleterre ! En un seul mot, St. Clair avait résumé tout le mystère et la légende entourant son personnage et ses prouesses phénoménales. Il s'était écoulé vingt-deux ans depuis qu'il avait pour la première fois mis les pieds en Angleterre, avec Hugo, le père de Hugues, débarquant sur la côte sud de l'île en compagnie d'autres jeunes chevaliers sans expérience dans l'armée d'invasion de Guillaume, duc de Normandie. C'était en septembre de l'an 1066. À cette époque, les deux hommes avaient le même âge que Hugues en ce moment, et ils s'étaient comportés avec distinction pendant la grande bataille livrée à Hastings deux semaines plus tard, à la mi-octobre.

À cette occasion comme en tant d'autres au cours des années qui allaient suivre, Sir Stephen St. Clair s'était davantage illustré que tous ses compagnons, car c'était son épée qui avait abattu et tué ce jour-là le roi d'Angleterre Harold Godwinson. Il ne connaissait ni le nom ni le rang de l'homme qu'il avait tué — dans le feu de l'action, il avait à peine reconnu un groupe d'officiers ennemis et les avait attaqués —, mais le duc Guillaume lui-même avait été témoin de cette attaque solitaire et, plus tard, lorsqu'on avait identifié sans l'ombre d'un doute la victime, le duc avait su qui remercier, car cette seule mort avait ouvert la voie pour que Guillaume le Bâtard devînt le roi Guillaume Ier d'Angleterre.

Selon la légende colportée par les soldats, Sir Stephen avait hésité à s'attribuer le mérite de la victoire et, n'eût été l'insistance du duc lui-même en tant que témoin, St. Clair n'aurait accepté aucune récompense. Ce jour-là, la bataille avait été livrée entre deux armées fort différentes... La cavalerie lourde normande, généralement considérée comme la meilleure de toute la chrétienté et renforcée par un grand nombre d'archers, représentait la plus grande partie de l'armée du duc Guillaume alors que l'armée anglaise était constituée d'une troupe d'infanterie disciplinée, réputée pour être la meilleure du monde. Cependant, comme seuls les chefs et les principaux commandants étaient montés sur des chevaux, il était facile de les reconnaître et St. Clair, se trouvant suffisamment près d'un tel groupe pour l'attaquer, s'était lancé à l'assaut. Le voyant approcher, les officiers ennemis s'étaient rassemblés pour se mettre en position de défense, mais, après la première attaque de ce chevalier solitaire, leurs montures beaucoup plus petites avaient dû s'écarter devant le poids supérieur de son énorme cheval de bataille. Toutefois, en se regroupant pour contrer l'attaque de St. Clair, ils avaient attiré l'attention d'un escadron d'archers normands qui avaient été spécialement formés pour surveiller de tels regroupements soudains de cibles potentielles et, parmi la pluie de flèches qui s'étaient abattues sur le groupe, l'une d'elles avait frappé un chevalier anglais au visage, le laissant chancelant sur sa selle, sans arme et en état de choc, au moment même où St. Clair parvenait au milieu d'eux. St. Clair avait vu l'homme sans défense et l'avait frappé de son épée en passant, lui assenant le coup de grâce, mais, plus tard, il avait été difficile, et généralement jugé sans importance, d'établir si l'homme abattu — le roi anglais Harold Godwinson — était mort à cause de la flèche ou du coup d'épée. Le fait important, c'était que sa mort, quelle qu'en ait été la cause, avait découragé son armée et débouché sur la première conquête de l'Angleterre par une armée d'invasion depuis des centaines d'années.

Depuis lors, pendant plus de deux décennies de colonisation et d'occupation par les Normands d'une Angleterre violemment hostile, Sir Stephen St. Clair était demeuré l'un des plus ardents et des plus loyaux partisans du roi Guillaume, et il avait été constamment et abondamment récompensé de ses services, si bien qu'il possédait maintenant plusieurs immenses domaines dans diverses régions du pays conquis. Cet éparpillement des domaines attribués, résultat direct de la prudence bien connue de Guillaume, n'avait aucune importance aux yeux de St. Clair, car tous savaient et acceptaient que, grâce aux dures leçons qu'il avait apprises en matière de tricherie et de duplicité à l'époque où il était Guillaume le Bâtard, le roi ne permettrait jamais à ses puissants nobles, et même au plus loyal d'entre eux, de devenir suffisamment puissants pour le menacer, et c'est pourquoi leurs terres et leurs propriétés étaient toujours éloignées les unes des autres et entourées par des propriétés de leurs plus importants rivaux. St. Clair y voyait une logique implacable. Il était parfaitement heureux de son sort et, grâce à cette attitude, il était devenu encore plus prospère qu'il ne l'aurait cru.

Les deux hommes atteignirent le bas de l'escalier en spirale et firent plusieurs pas jusqu'à l'endroit où les marches continuaient, plus étroites, et plongeaient directement à travers une ouverture dans le plancher, et le son de leurs pas se modifia alors qu'ils traversaient un plancher de marbre poli et passaient entre les deux gardes immobiles au sommet des marches de grès lisses derrière eux. Ni l'un ni l'autre ne prêtèrent attention aux gardes ou à l'immense salle de banquet remplie de tables qui les entourait, tant ils étaient concentrés sur leur itinéraire.

Quand ils atteignirent le bas du premier escalier de pierre et tournèrent à gauche pour poursuivre leur descente, St. Clair, marchant toujours légèrement devant le jeune homme, parla de nouveau par-dessus son épaule :

– Crois-moi, jeune Hugues, tu n'as aucune idée de la chance que tu as de vivre ici, parmi des gens civilisés dont tu peux être habituellement certain qu'ils n'essaieront pas de te tuer.

Il jeta un coup d'œil derrière lui et, cette fois, il sourit de toutes ses dents avant de commencer à descendre l'escalier suivant.

– Bien sûr, certains d'entre eux essaieront toujours… de te tuer, je veux dire… mais il faut s'y attendre, les hommes étant ce qu'ils sont où que l'on vive. Parmi les Francs, toutefois, un homme peut, la plupart du temps, dormir sur ses deux oreilles dans son propre lit. Mais en Angleterre, par contre, un Franc, quelle que soit sa situation sociale, se trouve constamment en danger, même dans son propre lit, parce que, aux yeux des Anglais, tous les Francs sont des Normands. Ce n'est pas vrai, bien sûr, mais ce pourrait tout aussi bien l'être, puisque tous les soldats francs qui se trouvent maintenant en Angleterre sont embauchés par des Normands. Je pense que tu serais étonné de savoir comme il m'arrive peu souvent d'aller où que ce soit sans être complètement revêtu d'une armure. En fait, je pourrais compter sur les doigts d'une main le nombre de fois où je suis sorti sans armure depuis ma dernière visite ici.

Ils atteignirent le bas du dernier escalier et St. Clair se tourna, le sourcil droit haussé d'un air interrogateur.

– Bon. Nous y voilà. Es-tu prêt ?

Hugues se contenta de faire un signe de tête affirmatif. Il ne faisait pas confiance à sa voix, car sa gorge s'était enflée à cause d'une soudaine appréhension, à mi-chemin du dernier escalier. Pendant qu'ils descendaient, les marches avaient changé trois fois de direction, revenant chaque fois sur elles-mêmes, si bien que les deux hommes se trouvaient maintenant dans les entrailles mêmes du château, cinq étages plus bas que leur point de départ. Les dernières marches qu'ils avaient franchies étaient en bois, larges et aussi dures que les pierres qu'elles avaient remplacées, et encore basses et faciles à descendre, mais maintenant elles se terminaient dans un vestibule très étroit, haut de plafond, qui constituait en somme une fosse rectangulaire éclairée par une demi-douzaine de torches dans des appliques qui étaient insérées, à la hauteur des épaules, dans des créneaux le long des murs latéraux. Les marches elles-mêmes occupaient entièrement la longueur et la largeur de l'espace derrière eux, et les hauts murs de pierre, nus et sans fenêtres, de chaque côté étaient si près que Hugues savait, pour avoir essayé à une autre occasion, qu'il n'aurait pratiquement pu introduire ses doigts entre les contremarches et les murs. Un court passage, à peine long de trois pas, s'étendait du pied des marches jusqu'à une paire de portes massives qui bloquaient le chemin aussi complètement que les marches remplissaient l'espace derrière eux.

Hugues en savait suffisamment sur ce qui se passait dans cette partie la plus isolée du château de son père pour deviner que l'on y préparait le Rassemblement qui aurait lieu dans la nuit du lendemain. S'il en avait été autrement, cette pièce haute et étroite dans laquelle il se tenait maintenant aurait été totalement recouverte, inaccessible et invisible d'en haut, parce que l'escalier de bois qu'ils venaient de descendre aurait été absent. Il aurait été relevé comme le pont à bascule qu'il était, pour reposer tout contre le mur opposé, dissimulant les portes, pendant qu'une pièce de même taille, ingénieusement conçue pour avoir l'air faite de pavés solides et usés par le temps, aurait été descendue de l'étage supérieur pour couvrir le trou dans le plancher et cacher à la vue tout indice de l'existence d'un escalier en dessous.

St. Clair s'avança et utilisa le pommeau de sa courte

dague — la seule arme qu'il portât — pour frapper sur les portes de chêne et, pendant qu'il attendait une réaction de l'autre côté, il regarda de nouveau Hugues.

– Tu as vécu ici ta vie entière. Savais-tu que cet étage existait avant que l'on ne t'y mène la première fois pour ton initiation ?

– Non, sire, répondit Hugues en secouant la tête.

– Tu dois avoir été surpris de découvrir qu'il y avait dans ta propre maison un endroit dont tu ignorais l'existence.

– Oui. Surtout un endroit si vaste, monseigneur. Je me souviens du choc que j'ai ressenti.

– Tu n'avais absolument aucune idée de son existence ? Aucun soupçon ? N'étais-tu jamais descendu ici aux étages d'entreposage auparavant ? Je trouve la chose difficile à croire.

– Oh non, monseigneur. Je suis venu ici maintes fois, à l'étage au-dessus de celui-ci. Nous avions l'habitude d'y jouer quand j'étais petit et que le temps était trop mauvais pour que nous mettions le nez dehors, et nous adorions cela parce que l'endroit était toujours sombre et poussiéreux et qu'il semblait dangereux, même s'il était suffisamment sécuritaire. Mais le plancher en dessous de nous était toujours à nos yeux le *plancher*… le sol… Aucun d'entre nous ne savait qu'il y avait quelque chose en dessous. Comment aurions-nous pu ? Il n'y a aucun indice pouvant nous laisser croire qu'il y avait quoi que ce soit de caché ou de secret ici.

– Et tu sais cela maintenant parce que tu es venu à la recherche d'une entrée peu après ta première visite ici, n'est-ce pas ?

Hugues hocha la tête et eut un sourire embarrassé.

– Oui, monseigneur. J'y suis venu seul, le lendemain, et j'ai apporté suffisamment de torches pour me laisser le temps de bien regarder et de chercher tout que je pourrais trouver. Je ne pouvais croire qu'il n'y avait rien à voir. J'avais l'impression d'avoir raté quelque chose la première fois, quelque signe qui m'aurait indiqué où regarder. Mais même quand j'y suis retourné en sachant qu'il y avait une entrée, et en sachant où la chercher, je n'ai rien pu voir.

– Évidemment. Parce qu'il n'y a rien à voir. Tu connais le secret pour y accéder, ou tu ne le connais pas. Il n'y a pas d'autre possibilité. Cet endroit a été construit il y a des siècles par des gens qui savaient comment effacer les traces de leur travail lorsqu'ils voulaient éviter que les non-initiés n'en connaissent l'existence. Ah ! quelqu'un vient. Éloigne-toi.

Il saisit machinalement Hugues par le poignet, l'entraînant avec lui loin des portes, vers le pied des marches. On entendit alors un bruit assourdi venant de l'autre côté des portes, qui laissait comprendre qu'une lourde barre était glissée d'un côté, puis une minuscule fenêtre, plus petite que le visage d'un homme, s'ouvrit au centre de la porte et quelqu'un les regarda. Hugues savait que cela se produirait, mais, même en le sachant, il ne réussit pas à voir le contour du judas avant qu'il ne s'ouvre. Sir Stephen se dressa de toute sa stature pour qu'on le reconnaisse, puis il s'avança rapidement, referma les mains autour du judas et se pencha vers l'avant pour murmurer quelques mots. Un instant plus tard, la grande porte s'ouvrit dans leur direction et St. Clair pénétra dans la pièce en faisant signe à Hugues de le suivre.

Hugues se souvenait bien de cette entrée, car elle l'avait troublé la première fois qu'il l'avait franchie. Les portes à travers lesquelles il passa étaient énormes, mais elles s'ouvraient vers l'extérieur plutôt que vers l'intérieur, et l'espace entre elles était totalement inattendu, restreint et étrangement effrayant, car il ne comportait qu'un court couloir de moins de deux pas, qui n'était construit que pour la défense et qui rétrécissait de manière alarmante de tous côtés, forçant quiconque le traversait — et plusieurs personnes ne pouvaient y passer à la fois — à avancer lentement en demeurant accroupi jusqu'à ce qu'il atteigne la fin du passage pour sortir par une autre porte. Au-delà de celle-ci se trouvait un autre vestibule, octogonal cette fois, qui possédait des portes identiques mais beaucoup plus petites que les deux autres, percées dans chacune des faces de l'octogone, et au moment même où il émergeait de l'entrée voûtée, Hugues vit la première porte sur sa gauche se refermer derrière la silhouette du gardien. Il regarda immédiatement St. Clair qui l'observait.

– Huit portes, dit le chevalier. Toutes identiques. Tu en as maintenant franchi deux. Te souviens-tu desquelles il s'agissait ?

Hugues inclina la tête et pointa un doigt en direction de deux portes, une sur sa gauche et l'autre sur sa droite.

– Excellent. Maintenant, de laquelle des deux te souviens-tu le mieux ?

– Celle-ci, la dernière, répondit Hugues en indiquant encore la porte sur sa gauche.

– Alors, c'est celle-là que nous utiliserons aujourd'hui.

St. Clair avança d'un pas et ouvrit facilement la porte, au grand étonnement de Hugues qui s'attendait à y trouver aussi un garde en faction. Le chevalier entra et le jeune homme lui emboîta le pas le long de l'étroit couloir incurvé et faiblement éclairé dont il se souvenait bien, jusqu'à ce qu'ils atteignent une petite pièce ornée de rideaux et éclairée par une seule lampe suspendue. Sir Stephen écarta le rideau et s'engouffra dans l'espace au-delà, et Hugues le suivit plutôt timidement, sachant que ce qu'il était sur le point de voir, s'il allait voir quoi que ce soit, ne ressemblerait probablement en aucune façon à ce qu'il avait vu au cours de ses deux visites précédentes en ce lieu. Effectivement, la pièce était plongée dans l'obscurité, la seule lumière provenant également d'une haute lampe suspendue qui lui semblait très éloignée de l'endroit où il se tenait, bien qu'il soupçonnât qu'il s'agissait probablement d'une illusion. Hugues s'arrêta sur le seuil en clignant des yeux et en souhaitant qu'ils s'ajustent rapidement à la faible luminosité et, après un moment, il commença à distinguer dans l'obscurité environnante des formes vagues dont la plus évidente était le motif de carreaux noirs et blancs du plancher sous ses pieds. Cependant, le reste de ce qu'il pouvait discerner demeurait un ensemble indistinct de formes drapées et voilées dont l'une, tout près de lui, aurait pu être une lourde chaise décorée.

– Reste ici maintenant et ne bouge pas, sinon tu pourrais buter contre des objets et les renverser. Cette pièce contient beaucoup d'objets de valeur et tes futurs camarades seraient mécontents si quelque objet était endommagé ou brisé à cause de ta maladresse. Je dois m'occuper de certaines choses et je reviendrai près de toi aussitôt ma tâche terminée. Mais je ne vais pas ailleurs. Je serai ici tout le temps et tu m'entendras bouger. Tu ne pourras peut-être pas me voir, ou voir ce que je fais, mais, de toute façon, tu ne devrais pas être ici, alors rien n'est perdu... à moins, comme je viens de le dire, que tu ne renverses quelque chose, dans lequel cas nous nous retrouverions tous deux dans un satané pétrin.

Peu après, le chevalier revint et, saisissant la main de Hugues, l'entraîna sur un vaste plancher jusqu'à ce qu'ils atteignent une rangée de sièges. St. Clair lui dit de s'asseoir, puis entreprit de l'interroger sur les questions et les réponses qu'il avait apprises et répétées pendant des mois avec son père et son grand-père. Hugues éprouvait un sentiment étrange à se trouver là, dans l'obscurité, et à répondre par cœur aux mystérieuses questions qui lui étaient posées. Il y en avait plusieurs — des questions et des réponses — qu'il ne comprenait pas du tout et qu'il répétait exactement telles qu'il les avait apprises et en se fiant aveuglément au fait que leur signification lui serait révélée en temps et lieu, comme le lui avaient promis ses mentors. Mais maintenant, assis dans la pénombre et répétant ses exercices avec le chevalier qui devait le parrainer, il se sentit plus bizarre que jamais auparavant, à la fois surexcité et craintif, et extrêmement conscient de qui il était et de ce qu'il était à ce moment précis, car il savait que, grâce à quelque mystérieux processus, il ne serait plus jamais le même homme après les événements qui auraient lieu dans la nuit du lendemain. Puis il réalisa que St. Clair n'avait émis aucune parole depuis qu'il avait répondu à la dernière question, n'ayant apparemment plus rien à demander, et le chevalier confirma cette impression en se raclant doucement la gorge et en murmurant :

– Tu m'impressionnes, jeune homme. Je ne crois pas avoir jamais entendu un élève répondre aussi bien. J'en ai entendu plusieurs qui étaient aussi bons, mais peu, si la chose est seulement arrivée, qui se soient montrés meilleurs.

Je vois maintenant pourquoi ton père est si satisfait de toi. Si tu réussis aussi bien demain soir, tu n'auras aucune difficulté au cours des cérémonies. Maintenant, pose-moi une question, n'importe laquelle.

– À propos du Rassemblement, vous voulez dire ?

– J'ai dit : n'importe laquelle.

– Eh bien, monseigneur, il y a une chose... Que... que signifie une Élévation ? Qu'est-ce que c'est ?

– Ah ! s'exclama le chevalier en rugissant de rire. J'aurais dû savoir que tu allais me poser la seule question à laquelle je ne pouvais répondre. Je ne peux te le dire, mon garçon. Mais, dès minuit demain, tu le sauras de toute façon et tu sauras aussi pourquoi je ne pouvais te le dire ce soir. Maintenant, demande-moi autre chose.

– Eh bien, sire, maintenant que mes confrères savent que je suis un élève, certains d'entre eux m'ont averti que l'Élévation était dangereuse... que la cérémonie comportait de grands risques... mais je soupçonne qu'ils voulaient simplement me taquiner et je ne veux pas perdre ma question en abordant ce sujet...

– Alors, pose-moi une question que tu veux réellement me poser.

Hugues réfléchit pendant quelques instants seulement, se mordillant la lèvre supérieure, puis laissa tomber :

– Pourquoi moi, monseigneur ? Pourquoi pas mon frère Guillaume ?

– Ah, alors tu es au courant de cela. Je me demandais si tu le savais, répondit la silhouette assise qui se profilait devant Hugues. Qui t'en a parlé ?

– Mon père, et mon grand-père aussi. Ils m'en ont parlé et m'ont conseillé de n'en rien dire à Guillaume, parce qu'il ne sait rien des rassemblements et ne fait pas partie de la confrérie. Je leur ai demandé de quelle confrérie ils parlaient, puisque Guillaume est mon frère, mais ils ont refusé de m'en dire davantage. Ils ont dit que je comprendrais tout après ma propre Élévation et qu'ils ne pouvaient m'en dire plus pour le moment... mais ils m'ont prévenu que si j'en parlais à Guillaume, je risquais de ne pas être admis dans la confrérie. Je ne suis pas certain de vouloir appartenir à une quelconque confrérie — et peu m'importe ce qu'elle fait et ce qu'elle signifie aux yeux des autres — si elle exige de moi que je renie mon propre frère.

St. Clair resta silencieux pendant un moment, puis expira bruyamment.

– Il n'est pas question de renier qui que ce soit, Hugues, mais je comprends ce que tu veux dire. Je me suis trouvé moi aussi dans cette situation un jour, exactement dans les mêmes circonstances et pour exactement les mêmes raisons. On m'a préféré à mon frère aîné, tout comme toi.

– Mais pourquoi ? Pour quelle raison ? demanda le jeune homme avec une certaine colère dans la voix. Il n'y a rien qui cloche chez mon frère. Guillaume n'est pas mauvais, il est seulement… jeune.

– Oui, jeune… il l'est… et faible aussi, que tu veuilles le reconnaître ou non.

La voix qui émergeait de la pénombre était maintenant forte ; les mots, émis lentement et clairement.

– Il est de deux ans ton aîné, Hugues, et tu le dépasses déjà de loin en matière de rang et de prouesses. Pendant combien de temps un garçon peut-il demeurer un garçon avant de devenir un homme ? Ton frère Guillaume, comme mon frère Richard avant lui, essaie encore, avec succès semble-t-il, d'éviter de devenir adulte. Et c'est de cela qu'il s'agit surtout, Hugues.

– Oui, sans doute, mais un jour, Guillaume deviendra baron de Payns.

– Et toi non. Nourris-tu quelque ressentiment à cet égard ?

Hugues cligna des yeux, étonné qu'on lui pose pareille question.

– Non, bien sûr que non. Je n'ai jamais songé devenir baron. Il me semble seulement que si on le juge digne d'être baron de Payns, il devrait l'être suffisamment pour se joindre à votre confrérie.

– Pas du tout, répliqua St. Clair d'une voix monocorde et inflexible. Le fait qu'il soit l'héritier de ton père n'implique aucun jugement. Ce n'est que pur hasard. À titre de premier-né, il est béni entre les fils de ton père, mais il n'est pas nécessairement le meilleur parmi eux. Si Guillaume se révèle être un baron faible, ou stupide, ou même tyrannique, son successeur pourra réparer les dommages qu'il aura causés. Mais s'il s'avérait faible au sein de la confrérie, les dommages qu'il provoquerait sans doute pourraient bien la détruire.

St. Clair fit une pause, réfléchissant de toute évidence à ce qu'il venait de dire et il poursuivit :

– L'événement pour lequel tu t'entraînes maintenant — ton Élévation — te permettra de joindre les rangs d'une confrérie étonnante, Hugues, un groupe voué à de nobles idéaux et à la protection de graves secrets. Ses racines sont anciennes et son histoire remonte aux premiers temps de l'Antiquité, et tu n'en connais rien. Sais-tu pourquoi tu n'en connais rien ?

Hugues cligna des yeux à nouveau, puis secoua la tête, réalisant en même temps que St. Clair ne pouvait probablement pas le voir.

– Non.

– Justement parce que c'est secret, jeune homme, et il en a été ainsi depuis les tout débuts. Pour que la confrérie survive, il est essentiel que son existence demeure secrète, et nous qui préservons ses secrets devons demeurer constamment vigilants, surtout entre nous. Je devais te dire cela maintenant seulement parce qu'après t'avoir entendu répondre aux questions, je sais que tu passeras facilement l'épreuve de demain, et cela signifie que, de toute façon, tu seras admis au sein de notre fraternité. Aucun, Hugues… aucun bavard ne peut être admis dans notre fraternité. Le risque est trop grand qu'il livre des secrets quand il est soûl ou qu'il se trouve au lit avec une prostituée. Ton frère Guillaume boit trop et, même quand il boit peu, il parle trop. C'est un garçon magnifique, un bon compagnon avec lequel partager une bouteille de vin ou un repas et avec qui on peut rire de choses amusantes et triviales, mais il manque de volonté, fait preuve d'intempérance, est parfois querelleur, et il est toujours trop bavard et indiscret. C'est pourquoi il a été jugé indigne d'appartenir à la fraternité.

– Il a été jugé indigne ? Par qui ? Qui serait assez arrogant pour juger indigne le fils du baron Hugo de Payns ?

– Tes propres tuteurs, jeune homme, répondit St. Clair en soupirant. Son père, le baron de Payns lui-même, et son grand-père, le seigneur Baudouin de Montdidier.

Hugues ne sachant que répondre, le chevalier poursuivit :

– Nous n'admettons qu'une personne par famille, Hugues. Un fils de chaque génération des familles en question peut être initié aux mystères, et le choix de ce fils n'a rien à voir avec les lois de primogéniture. Le premier garçon d'une famille héritera des biens et des titres, s'il vit. C'est la loi. Mais le garçon choisi entre les frères pour faire partie de la confrérie l'est selon son mérite et non par le hasard de la naissance, du moment ou de la préséance et, en conséquence, *tous* les aînés surveillent étroitement tous les fils de toutes les familles. Il n'y a pas de place pour l'erreur ou la négligence.

Il tendit une main ouverte pour devancer Hugues avant qu'il ne l'interrompe.

– Je sais ce que tu vas dire... Comment peuvent-ils juger de telles choses ? Eh bien, ce n'est qu'à dix-huit ans qu'un membre peut adhérer à la confrérie et, à ce moment, il a été étroitement surveillé et évalué pendant des années. Ainsi, si une famille comporte sept fils, même s'ils sont nés à deux ans d'intervalle, et qu'aucun d'entre eux ne fait clairement preuve des qualités nécessaires pour devenir membre, les aînés peuvent simplement reporter à plus tard leur choix parmi les sept fils jusqu'à ce qu'ils aient eu suffisamment de temps pour porter un jugement à propos du plus jeune. Le fils le plus âgé aura quatorze ans à la naissance du septième. Au moment où le plus jeune aura dix-huit ans, le plus âgé n'aura encore que trente-deux ans si le choix final le désigne. Et même à ce moment, si les aînés sont incapables de prendre une décision, ils peuvent choisir de n'inviter personne de cette génération à joindre nos rangs. Il s'agit d'une fraternité secrète, alors quiconque n'appartient pas à la confrérie ne doit connaître ses actes et, ainsi, personne ne peut s'en trouver offensé. Ce ne serait pas la première fois qu'une telle chose se produirait. Il y a suffisamment de familles pour générer de nouveaux membres à chaque génération, et une famille qui n'a fourni aucun membre pendant une génération peut fort bien fournir des membres méritants à la génération suivante.

– Mais…

Hugues s'interrompit avant que sa réponse ne franchisse ses lèvres, mais St. Clair insista :

– Mais quoi ? Qu'allais-tu dire ?

– Rien… mais tout cela me semble incorrect. Qu'arriverait-il si les aînés jugeaient dignes d'être admis deux membres ou plus de la même génération d'une famille ?

Hugues discerna le sourire dans la voix de St. Clair lorsque le chevalier répondit.

– Alors, la famille en question aurait produit une bonne récolte de fils. Cela se produit souvent, Hugues… beaucoup plus que tu ne pourrais le croire, mais, de toute façon, un seul membre de chaque famille est admis pour chaque génération. Comme tu peux le voir, le choix final est délicat et nécessite un jugement subtil, et il implique beaucoup de débats et de réflexions.

– Alors, qui sont ces aînés ?

St. Clair s'étira, puis se leva, le sourire encore évident dans sa voix, même si Hugues ne pouvait voir son visage.

– Ils changent d'une année à l'autre, selon qui meurt et qui survit, et cela, mon jeune ami, doit être ta dixième et dernière question, puisque je t'avais autorisé à n'en poser qu'une.

– Alors, monseigneur, permettez-moi de poser une dernière question : depuis quand avez-vous été Élevé et est-ce que cela a vraiment changé votre vie ?

Hugues sentit plutôt qu'il ne vit la silhouette du chevalier devenir immobile dans l'obscurité et, lorsqu'il entendit de nouveau la voix profonde, elle était plus calme qu'elle ne l'avait été auparavant.

– J'avais dix-huit ans, l'âge que tu as maintenant, et c'était il y a très longtemps… plus de vingt-trois ans. Et est-ce que cela a eu une influence sur ma vie ? Je dois dire que oui… non pas que le fait d'appartenir à la confrérie ait suscité un quelconque changement important que je puisse cerner avec certitude, mais en raison de tout ce que j'ai appris depuis, simplement en faisant partie de cette confrérie. Je peux te dire en toute honnêteté que je crois être un homme meilleur grâce à ce que la confrérie m'a enseigné, mais je ne puis t'en dire davantage avant que tu ne sois toi-même admis au sein de la fraternité.

Un son se fit entendre quelque part dans la pénombre environnante. Le chevalier jeta un regard autour de lui et se leva.

– Viens, maintenant. Nos camarades ont hâte de partir, car ils ont travaillé ici toute la journée à préparer les cérémonies de demain. De plus, ce doit être le temps de manger.

Les deux hommes revinrent sur leurs pas jusqu'à ce qu'ils franchissent les dernières portes et se retrouvent à nouveau dans la fosse, en bas de l'escalier de bois. Les torches dans leurs appliques le long du mur allaient bientôt s'éteindre, mais tous les gens présents sur cet étage secret seraient partis avant et l'escalier aurait été enlevé, et l'orifice dissimulé par le faux plancher au-dessus. Ni l'un ni l'autre ne prononcèrent une parole avant d'avoir atteint l'étage supérieur où ils s'étaient rencontrés et, alors que Hugues reprenait son épée des mains du garde de Sir Stephen, le chevalier inclina gracieusement la tête en direction de son filleul pour lui dire au revoir. Toutefois, avant de se séparer, ils furent interrompus par de jeunes voix féminines qui les appelaient. Louise de Payns, la jeune sœur de Hugues, se dirigeait en gambadant vers eux en compagnie de sa meilleure amie, Lady Margaret St. Clair, la fille de Sir Stephen âgée de quinze ans, arrivée avec lui d'Angleterre la veille. Présentant une main ouverte à chacune des jeunes filles, Sir Stephen les accueillit avec une gentillesse et un enthousiasme que plusieurs auraient trouvé étonnants de la part d'un homme considéré comme un modèle de vertu militaire. Mais avant que les filles ne puissent le tirer pour l'entraîner vers les quartiers des invités, il les arrêta dans leur mouvement en tenant fermement leurs poignets, un dans chaque main, et exerça une pression sur leurs doigts pour leur ordonner silencieusement d'attendre qu'il ait fini de s'entretenir avec le frère de Louise.

– Je te verrai au moment fixé demain, filleul. En ce qui concerne l'autre sujet... celui sur lequel tu ne voulais pas perdre une question tout à l'heure... mets-toi à la place des tuteurs avec lesquels tu as travaillé et demande-toi s'ils mettraient ta vie en danger d'une quelconque façon. Les autres jeunes te taquinent, comme tu le soupçonnais. Tout cela se rattache au fait d'acquérir un sentiment d'appartenance et de mériter sa place. Tu survivras.

Il se retourna vers les filles et dit :

– Maintenant, jeunes dames, je suis à vos ordres.

Elles lui sourirent et saluèrent Hugues, puis s'éloignèrent en tenant chacune une main de Sir Stephen. Aucun des deux hommes n'avait remarqué le regard qu'avaient échangé les filles pendant qu'elles écoutaient ce que disait le chevalier à Hugues.

CHAPITRE 2

L'après-midi suivant, alors qu'il ne restait qu'une heure avant l'épreuve, Hugues de Payns commençait à se demander s'il savait quoi que ce fût. Il était à demi convaincu de souffrir de quelque démence, car il lui semblait que son esprit lui était devenu étranger. Au cours de ce laps de temps qui lui paraissait interminable avant de se retrouver devant ses interrogateurs et de subir l'épreuve qu'ils lui réservaient, Hugues avait essayé de se distraire en passant en revue les questions que l'on allait lui poser, mais il avait constaté avec horreur qu'il était incapable de se souvenir d'un seul mot de ce qu'il avait mis tant d'heures à apprendre, et plus il déployait d'efforts pour y parvenir, plus sa peur augmentait. Non seulement il était incapable de se souvenir d'une quelconque réponse, mais il ne pouvait même pas se rappeler les questions de base dont son père et son grand-père l'avaient bombardé pendant des semaines et des mois. Contrarié et soudainement au bord de la panique, il s'imagina pouvoir sentir son cerveau tout entier, immense et complètement dépourvu de substance entre ses oreilles, à la fois trop vaste et trop vide, comme une grotte dans laquelle les sons se répercutent. Il aurait voulu pleurer, et une petite voix en son for intérieur lui enjoignait de s'enfuir à toutes jambes, mais il n'en fit rien. Il demeura simplement assis à cet endroit en attendant d'être convoqué pour le Rassemblement.

Plusieurs minutes plus tard, il se rendit compte qu'il n'était plus seul et leva les yeux pour voir Payen de Montdidier, un de ses amis les plus intimes et un cousin du côté maternel, qui le regardait en souriant, ses yeux bleus débordants d'humour.

– Es-tu prêt ? demanda-t-il.

Hugues se leva, à la fois incrédule et énormément soulagé de savoir que son ami participait d'une façon ou d'une autre à ce qui se produisait ici et qu'il allait faire partie de ce qui allait arriver ensuite.

– Crousty ! Je ne m'attendais pas à te voir ici. Tu ne peux pas savoir comme je suis content de te voir, mon ami… heureux de voir un visage familier… J'étais en train de mourir lentement d'appréhension mêlée de terreur.

Montdidier éclata de rire.

– J'en suis venu à bien connaître cet amalgame de sentiments depuis hier, alors nous pouvons peut-être nous aider mutuellement.

Sur le point de commencer à marcher, Hugues hésita, les sourcils froncés d'étonnement.

– Je ne te suis pas. Que veux-tu dire par « depuis hier » ?

– L'appréhension et la terreur… le mélange dont tu parlais… cela m'a frappé pour la première fois hier, quand j'ai vu la nouvelle amie de ta sœur. Quel est son nom et qui est-elle ?

Hugues écarquilla les yeux de surprise.

– Nouvelle amie ? Tu veux dire Margaret ? L'amie de Louise qui est arrivée d'Angleterre ?

– D'Angleterre ?

– Oui, la grande fille aux cheveux foncés.

– Celle qui portait une robe jaune brillante ?

– Oui, elle portait un vêtement jaune quand je l'ai vue hier avec Louise et son père. C'est de cette dame que tu parles ?

En voyant Montdidier hocher la tête, les yeux ronds, Hugues sourit.

– C'est Lady Margaret St. Clair, la fille de mon parrain, Sir Stephen… Quelles absurdités disais-tu sur l'appréhension et la terreur ?

Le visage de Montdidier s'était assombri en entendant le nom de St. Clair et, maintenant, il secouait la tête.

– L'appréhension de la rencontrer et la terreur en pensant qu'elle pourrait m'ignorer… et si c'est la fille de Sir Stephen St. Clair, je peux être sûr qu'elle m'ignorera.

Pour la première fois depuis plusieurs jours, Hugues avait complètement oublié l'épreuve qui l'attendait, tellement il était captivé par l'air qu'avait pris son ami et les émotions qu'il exprimait de manière si évidente. Incrédule, il se mit à rire, puis réalisa que son ami pourrait prendre sa joie pour de la moquerie et en être blessé. Il secoua plutôt la tête et leva les mains, paumes ouvertes.

– Crousty, es-tu tombé amoureux ? Après avoir vu la dame seulement une fois ? Je connais Margaret depuis des années. Ce n'est pas une beauté, mais…

– Elle est suffisamment belle à mes yeux, Hugues. Ces sourcils, ce front et ce long cou. Il faut que je la rencontre.

Maintenant, Hugues éclata de rire sans retenue.

– Eh bien, c'est facile à organiser. Tu la rencontreras demain et je ne lui permettrai pas de t'ignorer… même si je suis sûr qu'elle ne sera pas tentée un seul instant de le faire… Et je ne dirai même pas à Louise que tu m'as demandé de te la présenter.

Il hésita, puis ajouta, son visage redevenant sombre tout à coup :

– Mais d'ici là, je dois survivre à la soirée qui m'attend.

Montdidier lui adressa à nouveau son bon vieux sourire en disant :

– Par Dieu, si ma rencontre avec Lady Margaret en dépend, alors je me battrai jusqu'à la mort pour toi. Mais on nous attend, et je t'ai laissé debout ici assez longtemps. Partons.

Hugues acquiesça de la tête, ravala sa salive et suivit silencieusement son ami. Payen de Montdidier était connu par tous ses amis sous le nom de Crousty pour deux raisons bien simples : cela venait de « croustillant », un mot qui s'appliquait au pain, dont la prononciation se rapprochait du prénom de Payen qui, à son tour, ressemblait fort au nom de famille de Hugues, de Payns. Cette similarité avait souvent prêté à confusion avant que quelque plaisantin ne commençât à appeler le garçon « Crousty » plusieurs années auparavant. Le surnom était amusant et lui avait collé à la peau, et la confusion avait disparu.

La cérémonie publique du Rassemblement avait toujours lieu dans le hall dallé, directement sous l'étage principal de la salle de réception, au pied du grand escalier en spirale du château et, alors que Crousty le conduisait dans la salle, Hugues s'étonna qu'il s'y trouve tant de gens. Il devait y avoir dans la vaste pièce au moins deux cents hommes, sans compter l'armée de serviteurs et de marmitons qui allaient et venaient dans tous les sens, et aucun d'entre eux ne prêta la moindre attention aux nouveaux arrivants pendant que Hugues suivait Payen à travers le grand hall, jusqu'à une table montée pour douze personnes, perpendiculairement à la grande table du centre. Les chaises à haut dossier étaient toutes occupées sauf deux et, en approchant, Hugues s'intéressa immédiatement aux personnes qui allaient les entourer. Il y avait parmi eux deux frères St. Clair, Robert et Vincent, et, sans trop savoir pourquoi, Hugues s'en trouva rassuré. Robert, l'aîné des deux, était de cinq ans plus âgé que lui et, pourtant, il était son préféré parmi tous les frères St. Clair. Il était l'aîné de quatre fils dont le plus jeune, Stephen, avait quinze ans, le même âge que Louise, la sœur de Hugues. Vincent, qui était assis à côté de son frère aîné et directement en face de Hugues, avait deux ans de moins que Robert, et le dernier frère, Guillaume, nommé ainsi en l'honneur de feu le roi d'Angleterre, avait à peine dix-sept ans et était donc trop jeune pour assister au Rassemblement.

Hugues s'était demandé les derniers temps si Robert St. Clair pourrait faire partie de la confrérie. Étant donné qu'il était le premier fils de Sir Stephen, il lui avait semblé probable, dans son ignorance, que ce serait le cas, mais le propre père de Robert avait précisé la veille au soir que le fait d'être le premier-né ne garantissait pas en soi l'acceptation au sein de la fraternité, et c'est pourquoi Hugues retint sa langue même s'il était dévoré de curiosité. Il y avait à la table un autre ami de Hugues, un « cousin » de dix-neuf ans... Hugues n'était jamais parvenu à bien comprendre les divers degrés de parenté et de consanguinité entre les « familles amies », comme étaient appelés leurs clans, mais Geoffroy de Saint-Omer et Hugues étaient nés à moins d'un an d'intervalle et ils étaient amis depuis leur plus tendre enfance. Hugues, alors incapable de prononcer le nom de Geoffroy, l'appelait Geoff et le nom lui était resté. Maintenant, ils n'avaient même plus besoin de parler. Geoffroy, affalé sur sa chaise et écoutant son voisin, sourit en voyant Hugues approcher et lui fit un long clin d'œil pour lui souhaiter la bienvenue.

Le repas passa rapidement, et Hugues en garda peu de souvenirs, même s'il s'agissait du premier repas de rassemblement auquel il ait participé et l'assemblée la plus importante à laquelle il ait assisté. Il parla à tous les gens qui se trouvaient à sa table, des gens qu'il connaissait de vue pour la plupart, et à tous ceux dont il savait le nom, bien qu'il y en ait eu quatre parmi eux, des visiteurs d'autres régions, qu'il n'avait jamais vus auparavant.

Le repas sembla se terminer avant même d'avoir commencé et, aussitôt que les tables furent enlevées, les divertissements débutèrent avec les musiciens, les bardes, les jongleurs, les mimes et les danseurs en provenance des grands duchés d'Anjou, d'Aquitaine et de Bourgogne. Il y avait même une famille d'acrobates de la cour du roi de France. Toutefois, les artistes n'étaient là que pour servir d'arrière-scène amusante et divertissante aux autres activités qui commençaient maintenant à prendre forme dans toute la salle, et dont la plupart consistaient en de généreuses rasades d'alcool, des paris et des estimations sur les chances des participants au principal spectacle de la soirée, que les convives eux-mêmes allaient présenter.

Au moins le quart des hommes dans la salle, tous jeunes, avaient à peine mangé et n'avaient rien bu pendant le repas, car ils allaient être le centre d'intérêt des activités à venir. Leurs noms avaient été choisis au hasard, au grand chagrin de leurs pairs que le sort n'avait pas désignés, et lorsqu'on allait leur demander plus tard de se lever et d'avancer d'un pas, ils allaient se battre entre eux, seuls ou en groupes, comme si leur vie dépendait de l'issue du combat, ce qui, sous un certain angle tout au moins, était le cas. Ils allaient représenter ce soir-là les véritables artistes, mais le spectacle qu'ils allaient donner et les aptitudes qu'ils allaient montrer seraient surveillés de près et jugés sévèrement par leurs pairs et compagnons, car la concurrence était toujours féroce parmi les chevaliers, et leurs moindres gestes allaient, à n'en pas douter, se refléter sur leur réputation, montrant s'ils étaient ou non des chevaliers compétents et fiables.

En principe, le combat qu'ils allaient engager ne serait qu'une joute sportive, avec des armes de bois et des épées d'exercice émoussées et il n'y aurait aucun risque de blessure ou de décès. Mais, en réalité, il était souvent arrivé qu'un chevalier meure dans de tels événements en essayant trop de ravir une victoire à un adversaire plus fort ou plus habile. Hugues était pleinement conscient de l'importance de cette étape du banquet et il aurait bien aimé pouvoir lui-même y participer, ou même regarder les combats, mais il ne dit rien à personne, parce qu'il n'avait aucun moyen de savoir qui appartenait à la confrérie. Et il savait également que l'activité centrale de ce Rassemblement allait se produire pendant cette étape, dans une des pièces secrètes situées loin sous le château, pendant que l'attention de tous les non-initiés se concentrerait sur les compétitions. La plupart des chevaliers plus âgés avaient déjà commencé à quitter la salle immédiatement après le repas, même s'ils auraient pu rester et jouir des activités, mais cette partie des festivités du soir avait été minutieusement conçue, et était maintenant généralement acceptée comme le domaine des jeunes participants au Rassemblement et, selon la tradition, ils devaient demeurer seuls, sans la présence embarrassante des plus âgés, afin d'apprécier les festivités.

Il n'y avait rien d'aléatoire ni d'accidentel dans les rassemblements régulièrement prévus et les activités qui y avaient lieu, tout comme il n'y avait rien de fortuit dans les similitudes physiques entre tous les hommes présents. Ils étaient tous chevaliers, et cette unique caractéristique les distinguait des autres hommes de plusieurs manières à la fois réelles et tout à fait visibles. Premièrement, ils étaient tous bien nés, même s'il n'existait aucune loi ou exigence voulant qu'un chevalier fût de naissance noble. Il se trouvait simplement qu'une vaste majorité des chevaliers étaient nés dans des familles aristocratiques de propriétaires fonciers. S'ils étaient nés ailleurs, ou dans des circonstances différentes, leur vie et leur travail auraient été définis et tracés à partir du moment de la naissance, et ils auraient passé leur vie en tant que travailleurs ordinaires, obligés par les lois du féodalisme de servir le propriétaire de la terre sur laquelle ils vivaient, et chaque jour aurait été un combat pour subvenir aux besoins de la famille nombreuse dont ils auraient eu la charge alors qu'ils n'étaient encore que des adolescents.

Chez les familles prospères qui possédaient des terres, les fils aînés héritaient des biens en vertu de la loi de primogéniture : les possessions de la famille, ses terres et ses richesses, étaient transmises du père au plus âgé des fils légitimes survivants. On s'attendait à ce que les autres fils — plus jeunes et, en conséquence, inférieurs — acquièrent leur propre fortune et choisissent entre deux professions : la chevalerie ou la prêtrise. La plupart devenaient chevaliers et se battaient pour subvenir à leurs besoins, épousant les causes de leurs suzerains féodaux. D'autres, cependant, qui étaient physiquement plus faibles, ou infirmes, ou qui avaient une inclination ou un don pour la vie intellectuelle, entraient dans les rangs de l'Église où, en tant que clercs, ils pouvaient vivre leur vie, souvent de façon utile, sans constituer un fardeau pour leur famille.

Toutefois, la vaste majorité des jeunes aristocrates, des centaines de milliers d'entre eux dans toute la chrétienté, étaient chevaliers et, à ce titre, étaient formés au combat dès l'enfance. Leur entourage les encourageait à combattre, et attendait d'eux qu'ils sachent tout sur les armes et les chevaux, et qu'ils soient compétents dans tous les types de combats et de guerres. À partir de l'enfance et pendant toutes les étapes de leur croissance, on leur martelait le principe selon lequel le courage physique représentait la seule mesure valable de la valeur d'un homme. Paradoxalement, cependant, sous l'œil sévère de la toute-puissante Église et de ses clercs omniprésents, il leur était en même temps interdit de combattre, ou même de se quereller en public, et ils pouvaient être rigoureusement ou même sauvagement punis s'ils violaient la loi. Ainsi, le besoin était bien réel de créer des occasions comme les rassemblements, au cours desquels les jeunes chevaliers pouvaient combattre légalement, se libérer de leur frustration et de leur énergie accumulées tout en se mesurant, de manière concrète et publique, aux meilleurs d'entre eux.

Hugues jeta de nouveau un regard autour de lui, cherchant des yeux les hommes qui allaient combattre ce soir-là. Ils étaient faciles à repérer, car ils étaient tous sobres et avaient une attitude sérieuse. Chacun d'eux était pensif, mettant au point les stratégies qu'il utiliserait pendant la prochaine épreuve, et, comme Hugues observait à quel point tous se ressemblaient, ses lèvres formèrent un mince sourire, car il savait que, vu de dos, on n'aurait pu le distinguer des autres, mais que l'on aurait immédiatement su qu'il était chevalier.

Dans tous les pays de la chrétienté, on reconnaissait immédiatement un chevalier à sa musculature ; le fait qu'il soit Anglais, Germain, Franc, Gaulois ou Normand n'avait aucune importance. Tous les chevaliers utilisaient des armes semblables, portaient des armures et des ornements presque identiques et combattaient de la même façon, si bien que le seul avantage qu'un individu pouvait avoir sur ses pairs ne pouvait lui venir que d'un entraînement accompli de manière constante et inlassable, impliquant la répétition infinie d'exercices, heure après heure, jour après jour, mois après mois, sans répit, pour essayer d'aller plus loin, de subir davantage, et de résister plus longtemps que ne l'aurait pu tout autre homme dans les mêmes circonstances. Agir autrement et omettre de s'exercer revenait à mourir tôt ou tard sur quelque champ de bataille, la volonté et la force diminuant jusqu'à ce que le chevalier tombe sous les coups d'un autre qui avait simplement travaillé plus fort et s'était exercé plus longtemps et avec davantage de discipline et de détermination que lui. C'est pourquoi aucun chevalier digne de ce nom ne pouvait même envisager de laisser passer une journée au cours de laquelle il n'aurait pas consacré au moins six heures à l'entraînement.

Une grande épée à poignée d'acier, munie d'une lame longue de quatre pieds et large de trois pouces, pouvait peser quatorze livres. Un chevalier désarçonné, encombré par une lourde cotte de mailles de soixante livres, pouvait devoir se lever et abattre cette épée d'une seule main et, avec l'une ou l'autre main, lutter pour sa vie sans repos et pendant de longues minutes. De là découlait le phénomène physique connu sous le nom de « carrure de chevalier » qui, façonnée par des années d'efforts quotidiens, permettait à un pur étranger de reconnaître un chevalier, même à une certaine distance. Les muscles du cou et des épaules, saillants et lourds comme des câbles de navire, descendaient jusqu'à d'énormes épaules et des bras aux muscles puissants, tendus vers l'avant et mis en évidence par les muscles massifs de la poitrine, du dos et du torse ; une taille et des hanches habituellement étroites et solides, au-dessus de cuisses monumentales et des mollets qui semblaient faits de tranches de chair superposées. Il y avait dans la salle de banquet plus de cent cinquante de ccs chevaliers, la seule différence notable entre eux étant que certains étaient plus grands que d'autres. La plupart ne pouvaient ni lire ni écrire, car ils préféraient laisser de telles sottises aux clercs, mais tous étaient prêts à se battre inlassablement, en tout temps et sans provocation, jusqu'à ce que leur grande puissance se soit épuisée et qu'ils s'effondrent inconscients.

Hugues vit que la foule était d'humeur plaisante et paisible, que les vins et la bière étaient excellents et servis en abondance, et que tous les gens présents s'attendaient à passer une merveilleuse soirée de divertissement. Son père et son grand-père avaient déjà quitté la salle parmi les premiers, et ils étaient maintenant suivis par d'autres. Bien que le grand-père de Hugues l'ait prévenu que cela allait se produire et que nul ne s'en rendrait compte, il lui sembla de prime abord que la sortie des chevaliers plus âgés était trop évidente pour passer inaperçue. Mais, heureusement, il vit également que leur départ était masqué, dans une vaste mesure, par un mouvement général alors que les hommes commençaient à changer de sièges et à circuler entre les tables pour parler à des amis et faire des paris sur l'issue des combats qui allaient bientôt débuter. Après cela, il put même relâcher légèrement sa tension et respirer plus calmement jusqu'à ce qu'il réalise brutalement que le moment de sa propre épreuve approchait rapidement.

Ce fut son cousin, Geoffroy de Saint-Omer, qui se leva finalement et fit claquer ses doigts pour attirer l'attention de Hugues. Quelques instants plus tard, tous deux se dirigeaient vers les entrailles du château, la rumeur de la salle des banquets s'évanouissant vite au-dessus d'eux et derrière eux. Geoffroy, qui était habituellement un blagueur invétéré, demeurait maintenant silencieux, et il conduisit promptement Hugues à travers le labyrinthe menant à la pièce secrète et à travers les premières portes, jusqu'à ce qu'ils se retrouvent au milieu du cercle des portes identiques dans le vestibule octogonal. Il frappa à une porte avec la poignée de sa dague et, lorsqu'elle s'ouvrit, il s'avança rapidement et murmura quelque chose au garde qui s'y trouvait, puis tous deux firent signe à Hugues de s'approcher également. Ils lui demandèrent ensemble le mot de passe qu'il avait appris lors de sa dernière visite. Hugues le répéta, résistant à l'envie de sourire devant leur gravité enfantine, puis ils le laissèrent solennellement seul à partir de ce point, pour qu'il trouve lui-même son chemin le long d'un corridor étroit, sombre et sinueux jusqu'à une petite pièce éclairée d'une simple lanterne et ne contenant qu'un prie-Dieu drapé d'un tissu brunâtre qui se révéla être une bure de mendiant. Se souvenant de ce qu'il avait appris durant ses deux visites antérieures, Hugues se dépouilla de ses riches vêtements qu'il laissa tomber sur le plancher et enfila la tunique élimée de mendiant. Puis, vêtu plus pauvrement qu'il ne l'avait été de sa vie entière, il s'assit sur l'unique chaise de bois, pour attendre la suite des événements.

CHAPITRE 3

En attendant de se présenter devant les membres de l'ordre, Hugues était davantage conscient des impressions qu'il ressentait que de toute autre chose. Il n'avait aucune idée de l'identité du messager qui vint le chercher, car l'homme était revêtu des pieds à la tête d'une longue tunique noire et tout signe distinctif qui aurait pu lui révéler son identité était dissimulé. Le passage par lequel il conduisit Hugues jusqu'à la salle était également si sombre que l'on ne voyait rien de précis, alors Hugues, qui tenait l'homme par le coude et le suivait de près avec une extrême prudence, se demanda comment il pouvait bien trouver son chemin sans se heurter à quelque chose. Il allait découvrir plus tard qu'il n'y avait rien contre quoi se heurter, qu'il n'y avait eu, en fait, aucun passage et que les sinuosités et les détours apparents suivaient simplement des lignes tracées sur le vaste plancher d'une seule antichambre peinte en noir. Son guide n'avait eu qu'à garder une main sur une corde de soie noire qui le menait directement à sa destination, la grande salle au-delà.

Hugues sut qu'ils avaient atteint la fin du passage lorsqu'ils franchirent une porte invisible pour se retrouver dans un autre endroit, car le silence, bien que tout aussi profond, avait une qualité différente, dégageant une impression de vastitude qu'il accepta d'emblée, sans se soucier d'en examiner la logique. Toutefois, au moment où il prenait conscience de ces éléments, son guide s'arrêta brusquement de marcher et Hugues, qui le suivait toujours de près, lui rentra dedans, leur faisant presque perdre l'équilibre. Alors qu'il se redressait, retenant son souffle afin d'entendre quoi que ce soit qui vaille la peine d'être remarqué, un minuscule rayon de lumière apparut loin au-dessus d'eux et devint de plus en plus large et brillant jusqu'à ce qu'il projette un halo de lumière dans l'obscurité qui remplissait la salle. Hugues se retint de regarder autour de lui, car lorsqu'il l'avait fait au cours de ses deux dernières visites, son guide l'avait chaque fois puni de son audace en lui perçant le côté avec un quelconque instrument, le faisant saigner à chaque fois. Maintenant, il tenta seulement de voir et d'entendre ce qu'il pouvait.

Il savait qu'il y avait d'autres gens dans la pièce. Il pouvait sentir leur présence tout près, et il avait également éprouvé cette sensation à sa dernière visite antérieure, mais, cette fois, il avait *réellement* l'impression qu'il se trouvait dans la pièce beaucoup plus de gens que l'autre fois. Privé de tout indice sensoriel, il n'avait aucune façon d'évaluer combien de personnes, nombreuses ou non, l'entouraient. Son esprit, il le savait, enregistrait simplement des impressions, et ces impressions devaient être influencées par sa propre connaissance du nombre approximatif de personnes réunies pour le Rassemblement.

Il serra les dents, plia et déplia ses doigts, et se força à prendre une profonde inspiration, cherchant le calme en lui-même et déterminé seulement à laisser le courant des événements prévus le transporter là où il devait aller. À un certain moment, il songea qu'il s'agissait de la tâche la plus difficile qu'il ait jamais dû exécuter, car chaque aspect de son éducation et de sa formation exigeait exactement le contraire de ce qu'il faisait en ce moment. Pourtant, son père et son grand-père avaient tous deux insisté sur le fait qu'il devait rester passif à ce moment et simplement se laisser aller au gré des événements qui survenaient en faisant abstraction de son entraînement et du fait qu'on lui avait appris à remettre en question tout ce qu'on lui disait et à combattre toute personne qui tentait de le manipuler ou de le forcer à faire quoi que ce soit à l'encontre de son propre jugement. *Laisse-toi flotter*, se dit-il, *laisse-toi flotter !*

Quelques minutes plus tard, quelqu'un s'approcha de lui, se tenant suffisamment près pour que Hugues puisse sentir son souffle, et commença à chanter dans une langue qu'il n'avait jamais entendue. Il s'agissait, de toute évidence, d'une longue incantation, mais, à mesure de sa progression, il sembla à Hugues que l'air dans la salle devenait de plus en plus brillant, si bien qu'il put bientôt discerner la forme de l'homme en face de lui et les vagues silhouettes d'autres personnes, fort nombreuses, dans l'obscurité qui l'entourait. Il constata également que son guide vêtu de noir avait disparu sans bruit, probablement au moment où le chanteur s'était avancé vers lui et avait capté son attention.

À partir de ce moment, dès que le chant d'ouverture fut terminé, les événements commencèrent à se dérouler plus rapidement et Hugues fut en mesure de reconnaître, de plus en plus fréquemment, des éléments de ce qu'il avait appris pendant des mois, bien que sous une forme qu'il ne connaissait pas. Mais, pendant tout ce temps, il fut conduit ici et là par une succession de silhouettes portant tuniques et capuchons, puis interrogé par des gens dont les vêtements extrêmement stylisés et fort différents — qu'il entrevoyait dans la pénombre selon leur forme et leur taille plutôt que leurs détails —, il fut porté à croire qu'il s'agissait d'importants représentants de la confrérie. Et toujours, malgré le fait que Hugues ait depuis longtemps perdu la notion du temps, la lumière dans la salle continuait de croître, infiniment lentement mais inexorablement. L'unique source de lumière, un point lumineux bien au-dessus de l'assemblée, demeurait la même, mais Hugues en vint à penser qu'on la faisait lentement descendre, par degrés infinitésimaux, à mesure que se déroulaient les rites, car il voyait de mieux en mieux la silhouette et les formes de chaque personne dans la rangée de sièges entourant l'espace central de la salle, et bien qu'il fît encore beaucoup trop sombre pour discerner leurs traits, il pouvait clairement voir les barres ombragées des carreaux noirs et blancs qui ornaient en alternance le plancher.

Puis, à la fin d'une des réponses les plus longues qu'il avait dû apprendre, deux hommes le forcèrent à s'agenouiller en lui tenant les poignets et en lui pressant les épaules. Ainsi agenouillé, douloureusement conscient qu'il n'aurait pu résister même s'il l'avait voulu, on l'obligea à faire la promesse la plus horrible et la plus sinistre qu'il ait pu imaginer, appelant sur lui et sur les gens qu'il aimait la torture, le démembrement, la mort et la disgrâce si jamais il se rétractait et trahissait les secrets que l'on s'apprêtait à lui révéler. Il fit cette promesse comme on le lui demandait, et il fut autorisé à se relever, entouré par plusieurs hommes qui posèrent les mains sur lui et l'orientèrent doucement vers ce qui devait être un coin éloigné de la salle. Puis on le retourna de nouveau et on lui souleva le menton vers l'unique source de lumière au-dessus de lui. Il remarqua que celle-ci se trouvait maintenant entre deux hautes colonnes qui semblaient former un passage ou un portail, et une nouvelle voix, plus puissante et plus sonore que toutes celles qu'il avait entendues jusque-là, parla dans une langue qui lui était étrangère. Il sentait des corps qui se pressaient de plus en plus contre lui, puis il perçut soudainement un mouvement rapide dans l'obscurité environnante, et plusieurs choses se produisirent en même temps, la pire et la plus inattendue d'entre elles faisant bondir son cœur dans sa poitrine, tellement il était terrifié. Quelqu'un, un inconnu qui se tenait devant lui dans la lumière croissante, se détacha tout à coup du groupe et se pencha d'un geste rapide comme pour attraper quelque chose sur le sol, se tourna, puis s'élança vers Hugues en brandissant au-dessus de sa tête un lourd bâton qu'il abattit dans sa direction. Au même moment, la lumière s'éteignit et Hugues se sentit saisi par de nombreuses mains qui le tenaient fermement en le tirant violemment vers l'arrière pour l'éloigner du coup meurtrier, le projetant durement par terre, et le coup l'atteignit obliquement sur la tempe. Étourdi et désorienté, incapable de se défaire de l'emprise de tant de mains invisibles, son cœur battant la chamade dans sa poitrine, il sentit qu'on le faisait descendre encore plus bas qu'il ne l'aurait cru possible sans que son corps entre en contact avec le plancher, puis on le tira, le tourna d'un côté et de l'autre sans qu'il puisse offrir une quelconque résistance et, pendant quelques minutes épouvantables, il sentit qu'on l'enveloppait dans quelque chose.

Puis, avec une rapidité déconcertante, toutes les mains le quittèrent, tous les sons et les mouvements s'interrompirent et le silence redevint absolu. Terrifié au-delà de tout ce qu'il avait connu, Hugues gisait immobile, retenant son souffle, les yeux fermés, pendant qu'il tentait de comprendre ce qui lui arrivait. Il savait qu'il aurait dû être mort, car il avait vu la taille du bâton avec lequel son assaillant inconnu l'avait frappé, et il avait ressenti l'impact du coup, mais aucune douleur. Et, maintenant, il n'y avait plus rien : ni douleur, ni sensation, ni son, ni lumière ; uniquement les battements de son propre cœur qui se répercutaient dans sa poitrine et dans ses oreilles. Un homme mort pouvait-il quand même entendre de telles choses ou n'étaient-ce que de simples souvenirs de la vie ? Où se trouvait-il maintenant sinon dans quelque antichambre du paradis ou de l'enfer, attendant l'arrivée d'un juge ? Lentement, craintivement, il ouvrit les yeux mais ne vit qu'une obscurité épaisse, aussi profonde que lorsque ses paupières étaient fermées. La pénombre, le silence, l'immobilité absolus qui l'entouraient et l'absence de douleur ou de sensations se combinaient pour le convaincre qu'il était réellement mort et, tandis que son esprit commençait à examiner cette possibilité, il entendit un bruit métallique à peine audible, et une lumière explosa dans l'obscurité au moment où quelqu'un ouvrit la petite porte d'une lampe.

Hugues se raidit de terreur à nouveau, son cœur tressautant dans sa poitrine lorsqu'il vit la personne qui tenait la lampe y insérer un cierge et, quelques instants plus tard, il y eut d'autres cierges allumés à la flamme du premier, si bien que la pièce s'emplit rapidement de lumière. Hugues tenta de rouler sur le côté et de s'asseoir, mais il découvrit qu'il ne pouvait bouger, puis quelqu'un pressa doucement une main contre sa bouche et son menton, l'exhortant de toute évidence à demeurer immobile. Un instant plus tard, il se retrouva à fixer directement un cercle de visages qui le regardaient de très haut. Il était allongé sur le dos. Puis l'homme vêtu d'une tunique et d'un capuchon qui se tenait à ses pieds donna un signal et les autres s'agenouillèrent aussitôt. Hugues sentit encore une fois leurs mains le saisir et le soulever en exerçant une forte pression sur son corps, si bien que ses talons demeurèrent sur le sol pendant que le reste de son corps, raide comme une planche, était redressé. À ce moment, les mains le relâchèrent, par paires, pensa-t-il, jusqu'à ce qu'il se retrouve debout et libéré, regardant l'homme encapuchonné qui lui faisait maintenant face et devinant, à sa carrure, qui il était exactement.

Sir Stephen St. Clair porta la main à son capuchon noir et l'enleva. Son visage était fendu par un large sourire.

– Quel vêtement portes-tu ? demanda-t-il à Hugues.

Surpris par la simplicité de la question, Hugues se regarda et cligna des yeux de confusion, car il n'avait jamais vu ce vêtement auparavant.

– Je ne sais pas, monseigneur, répondit-il en haussant les épaules et en découvrant qu'il était complètement engoncé dans cette étrange tunique blanche, incapable de bouger les bras.

– C'est un linceul, dit St. Clair d'un ton sérieux. Tu sais ce que c'est, n'est-ce pas ?

– Oui, monseigneur. C'est le suaire que porte un homme mort dans sa tombe.

– C'est cela. Et sais-tu pourquoi tu le portes ?

– Non, monseigneur.

–Alors, retourne-toi et regarde où tu étais.

Des mains le saisirent une fois de plus et le tournèrent lentement, le retenant alors qu'il reculait d'horreur. À ses pieds se trouvait une tombe ouverte contenant un crâne blanchi et une paire de fémurs croisés en dessous. Hugues demeura figé un long moment, ébahi, fixant le trou. Il était réel, et son corps y avait reposé. Il comprit pourquoi il lui avait semblé que l'on descendait son corps plus bas que le sol. Puis St. Clair reprit la parole :

– Tu es mort et ton corps a été étendu dans sa tombe, puis la lumière est réapparue et tu es revenu à la vie. Tu es né de nouveau, tu es devenu une autre personne et tu fais à présent partie de notre confrérie. Ton ancienne vie se trouve maintenant derrière toi, terminée et abandonnée, et tu as repris vie dans l'Illumination pour œuvrer à la recherche de la vérité et à la restitution de ce qui était lorsque nous avons commencé. Je te souhaite donc la bienvenue, frère Hugues, au sein de notre fraternité, l'Ordre de la Renaissance de Sion. Maintenant que tu as subi cette épreuve pour te joindre à nous, tu auras l'occasion d'apprendre tout sur notre ancienne et sacrée alliance, et la première étape sur cette voie consiste à enfiler les vêtements de l'initié.

St. Clair recula d'un pas, fit un signe de la main, et quatre hommes vêtus de blanc vinrent entourer Hugues. Ils lui retirèrent rapidement le linceul qui l'enveloppait ainsi que la tunique de jute qu'il portait en dessous, et lui mirent une ceinture fabriquée avec de la laine d'agneau, par-dessus laquelle ils passèrent de riches vêtements d'un blanc éclatant, et quand ils s'éloignèrent de lui, il vit que toutes les autres personnes s'étaient débarrassées des manteaux noirs qu'elles portaient plus tôt et qu'elles étaient maintenant vêtues du même habit que lui. Certaines portaient encore du noir, mais seulement en tant qu'ornement sur leurs vêtements blancs, et Hugues devina que cette parure noire indiquait un quelconque rang hiérarchique parmi ces gens, car tous les ornements étaient différents. Maintenant, la Salle lui apparaissait dans toute sa magnificence, et chaque élément de cette pièce, le plafond, les murs, les meubles et le plancher, tout était noir ou blanc, ou noir et blanc.

St. Clair s'approcha, les bras tendus, et embrassa son filleul, puis il fit un pas de côté alors que le père et le grand-père de Hugues s'avançaient pour accueillir dans la confrérie le dernier membre de la famille. Ils furent suivis tour à tour par chacune des personnes présentes et, tandis que Hugues acceptait leurs souhaits de bienvenue et reconnaissait avec un grand étonnement certaines d'entre elles, il pensait à ce qui venait de se produire et comment plusieurs énigmes qui l'avaient déconcerté jusqu'à ce soir-là trouvaient maintenant leur réponse, et alors même que cette pensée lui venait, sa compréhension augmentait à mesure que les éléments continuaient de se mettre en place dans son esprit. Il avait été Élevé et, maintenant, il savait ce que cela signifiait. Il était symboliquement ressuscité, subissant la mort et l'inhumation, puis était revenu à la lumière et à la vie et, à partir de ce moment, il était littéralement devenu un nouvel homme qui allait vivre une vie nouvelle et différente.

Beaucoup plus tard, lorsque les derniers rites de la soirée furent terminés et que la foule eut commencé à se disperser, Hugues se retrouva assis dans une antichambre fortement éclairée à côté de la pièce principale, partageant une cruche de vin avec son père, son grand-père et son parrain, et lors d'une pause dans la conversation, Sir Stephen St. Clair déposa sa coupe, croisa ses bras sur sa poitrine, puis se pencha vers l'arrière, se balançant lentement sur les pieds de sa chaise. Hugues le regarda, sachant que le grand homme avait quelque chose à dire, mais St. Clair ne souffla mot, se contentant de hausser un sourcil interrogateur.

Hugues secoua la tête, quelque peu surpris.

– Pardonnez-moi, monseigneur, mais je pense que vous voudriez me demander quelque chose ?

St. Clair secoua la tête.

– Non, je veux te dire quelque chose, alors écoute attentivement. Nous sommes frères maintenant, toi et moi. C'est pourquoi je ne veux plus entendre de « monseigneur » de ta part, en particulier en ce lieu. Si jamais tu éprouves un besoin absolument incontournable de te montrer officiel, tu peux m'appeler Sir Stephen, mais, au quotidien, Stephen suffira, comme entre frères naturels. Tu t'es bien comporté ce soir, mais nous savions tous que tu t'en sortirais bien. Et tu te souviens sans doute qu'hier soir, je t'ai donné la permission de me poser n'importe quelle question. Maintenant que tu as été Élevé, n'aurais-tu pas une autre question à poser ?

– Oui, j'en ai une à propos de l'Ordre de la Renaissance de Sion. La renaissance de quoi, ou de qui ? Ou est-ce que le nom fait simplement référence à la cérémonie de l'Élévation ? Et qu'est-ce que Sion et où cela se trouve-t-il ?

– Ah ! ah ! s'exclama St. Clair en ramenant sa chaise sur ses quatre pieds et en se levant.

Il se tourna vers le baron, une main tendue. Le baron Hugo éclata de rire, mit la main à sa ceinture et jeta une bourse à son ami. Le chevalier l'attrapa au vol avec une rapidité féline et se tourna de nouveau vers Hugues en souriant et en tenant la lourde bourse dans sa main.

– Hier, j'ai parié avec ton père que tu me poserais exactement cette question en sachant que ce serait la dernière que tu pourrais poser.

Il lança la bourse dans les airs, la rattrapa, puis la glissa dans sa propre ceinture.

– En ce qui concerne les réponses à ta question, poursuivit-il, tu es maintenant en mesure de les apprendre toi-même, car elles doivent être apprises au prix d'efforts, et méritées, tout comme l'Élévation. Sion est le nom hébraïque qui désigne la Terre sainte, un endroit de salut, ou un sanctuaire. Quiconque songe à poser cette question sait cela. Mais ni moi ni aucun autre de nos frères ne pouvons t'en dire davantage avant que tu n'aies acquis le droit de l'entendre. Même nos membres les plus érudits ont dû acquérir le droit de connaître chaque secret. Et tu obtiendras ces droits au mérite, un par un, comme chacun d'entre nous les a obtenus. C'est ainsi que nous fonctionnons et que nous progressons à travers les niveaux de connaissance de notre ordre : nous étudions, et nous apprenons les rituels — par cœur, mot pour mot — de nos frères dont les plus vénérés ont consacré leur vie à l'acquisition de ce savoir, de cette expérience et de cette sagesse. Nous subissons des épreuves minutieuses pour mesurer notre apprentissage et, quand il est prêt, chacun de nous, à son propre rythme et selon ses propres vœux, progresse jusqu'au niveau suivant de conscience. Certains franchissent les étapes plus rapidement que d'autres, en fonction de leur intellect, de leurs aptitudes et de leurs intérêts. Il n'existe aucun étalon, aucune mesure qui s'applique à l'acquisition des connaissances à partir de maintenant ; il n'y a que l'évaluation de la compréhension et du savoir.

Le coin de la bouche de St. Clair s'étira en un demi-sourire.

– Cependant, dit-il, je peux te promettre que tu prendras plaisir à acquérir ces droits. Les réponses que tu trouveras t'enthousiasmeront… et le savoir que tu acquerras te renversera. De plus, je pense qu'une fois que tu auras commencé, tu apprendras rapidement. Et maintenant, nous devrions rejoindre les autres là-haut.

– S'il vous plaît, attendez un instant. Qu'est-ce qui va arriver ensuite, ici à Payns ?

– Qu'est-ce qui va arriver ensuite ? demanda St. Clair en jetant un coup d'œil à son ami le baron Hugo. Eh bien, en ce qui te concerne, je ne sais pas, mais pendant que nous sommes ici, ton père et moi nous occuperons d'autres choses… comme des mariages, par exemple. J'ai deux filles et quatre fils célibataires, et au moins un d'entre eux devrait bientôt contracter un mariage au sein d'une maison amie. Ton père a également deux filles et deux fils en âge de se marier et tu es l'un de ces fils.

Il s'arrêta un moment, puis reprit :

– Mais je devine à ton visage que tu n'y avais nullement songé. Parle, garçon. À quoi penses-tu ?

– Au nouveau pape.

– Le nouveau pape ? Que voilà un sujet dépourvu d'intérêt ! Qu'en est-il de lui ? Et pourquoi donc un jeune chevalier champenois penserait-il au nouveau pape ?

Hugues secoua ses larges épaules, mais aucune esquisse de sourire n'apparut sur son visage.

– Parce qu'il *est* nouveau, et tous les hommes — en tout cas, tous les chevaliers — devraient penser à lui. Il a promis, dit-on, de mettre un terme à ce qu'il appelle « le problème des chevaliers querelleurs ».

St. Clair fronçait maintenant les sourcils alors que ses yeux passaient de Hugues au baron Hugo.

– Quoi ? Le pape a dit cela ? Je n'ai rien entendu de tel. De quel problème parle-t-il ?

Le baron Hugo lui répondit :

– Le même problème qui hantait notre jeunesse, Stephen, sauf que, maintenant, il est devenu pire que jamais. Le problème de l'exutoire à l'énergie de la jeunesse. Peut-être n'en êtes-vous pas aussi conscients en Angleterre aujourd'hui que nous le sommes ici parce que vous avez constamment vécu dans un état de rébellion et d'insurrection, entourés d'activités militaires continuelles depuis ces deux dernières décennies, à garder vos maudits Saxons à leur place. Mais le problème existe dans toute la chrétienté… Il a toujours existé, comme tu l'admettras sûrement si tu repenses à nos années de jeunesse… Et évidemment, même si personne, jamais, ne l'admettra, la cause principale en est, tout autant aujourd'hui qu'à notre époque, l'Église elle-même… le fanatisme condamnable et officieux des prêtres. Vivant en Angleterre, constamment entourés de Saxons hostiles, vos chevaliers sont sans cesse occupés et évitent ainsi de commettre des stupidités, mais ici, la loi — ce qui signifie bien sûr, l'Église, qui *fait* les lois — interdit aux chevaliers de se battre entre eux en temps de paix, ou de se quereller, ou de briser la paix sociale d'une quelconque manière. Et lorsqu'ils le font — comme ils le font toujours, puisqu'ils sont jeunes et pleins de vie et qu'ils sont si nombreux —, les maudits prêtres froncent les sourcils et les punissent en leur imposant de lourdes amendes et parfois même en les emprisonnant avec menaces d'excommunication…

Le baron s'interrompit et prit une profonde inspiration en s'efforçant de se calmer, puis il continua en secouant la tête :

– De toute façon, c'est malsain. Cela se produit depuis beaucoup trop longtemps et le problème s'aggrave au fil du temps. Mais ces deux dernières décennies, sous la houlette de Grégoire, ont été stupéfiantes. Maintenant règne une profonde anarchie, et la situation est devenue tout à fait intenable. Partout, les prêtres remettent en question et violent la règle de droit… Voilà comment pratiquement tous les chevaliers réunis ici décriraient ce qui s'est produit, et ils feraient ainsi écho à leurs collègues de toute la chrétienté. Mais ce qui arrive *réellement*, la réalité qui sous-tend toute cette situation, est beaucoup plus grave et beaucoup plus inquiétant…

St. Clair avait écouté attentivement, ses sourcils se haussant de plus en plus à mesure que le baron parlait et, maintenant, il eut un geste d'irritation.

– Je vois où tu veux en venir, Hugo, mais tu as tort. Je te l'accorde, Grégoire était un pape ambitieux, mais seulement en ce qui concernait la domination spirituelle de l'Église. Il souhaitait ardemment une réforme au sein de l'Église… et

Dieu sait à quel point cette réforme était nécessaire.

– Elle est encore nécessaire, et Grégoire est mort.

St. Clair ne prêta aucune attention à cette interruption.

– Mais Grégoire ne voulait pas régner sur le monde. Ce n'était pas un dictateur en puissance. Il croyait que Rome devrait diriger le monde sur le plan spirituel, par l'entremise de la religion, et seulement après avoir débarrassé l'Église de la corruption… mais qu'il incomberait toujours aux rois et aux ministres de gouverner sur le plan politique. C'était un homme dur, ce Grégoire VII, en particulier pour les prêtres et les évêques qui s'écartaient du droit chemin, mais il ne rêvait qu'à la gloire de Dieu et non à la sienne.

Le baron renifla, puis haussa les épaules.

– C'est peut-être vrai mais, dans son entourage, peu de gens possédaient ses dons ou sa vision, et seule sa force les gardait bien en main. Et maintenant, il est mort depuis trois ans, et l'homme qui lui a succédé est un être sans colonne vertébrale qui a laissé les fanatiques agir selon leurs désirs, si bien qu'aujourd'hui l'Église remet partout en question le statu quo et essaie, aux quatre coins de la chrétienté, d'arracher le pouvoir des mains des seigneurs temporels… Soit dit en passant, c'est ainsi qu'ils ont commencé à appeler les gens comme toi et moi : des *seigneurs temporels*. Quelque petit clerc astucieux de Rome est sans aucun doute arrivé avec cette nuance, minant ainsi notre ancienne autorité accordée par Dieu en la qualifiant de temporelle et donc de passagère. Par ailleurs, eux, en tant que représentants personnels de Dieu, doivent être considérés comme permanents et immuables. C'est quelque chose qui se préparait depuis des années. J'en ai discuté avec le comte Hugues et avec Foulques d'Anjou, ainsi qu'avec plusieurs autres, et il semble que nous n'y puissions rien, sauf résister et refuser d'endurer leur maudite arrogance… Il n'y a rien de divin dans tout cela, et je sais que tu le sais. Le type de prêtres à qui nous avons affaire ici ne se soucie aucunement des choses divines. Ces prêtres appartiennent complètement à ce monde, et ils aspirent à la puissance et aux plaisirs qu'il contient. Ils achètent leurs postes et vivent dans la fornication, et ils doivent être repoussants aux yeux de Dieu. Grégoire a tenté de mettre un frein à tout cela… de renverser les tendances… et il y est parvenu dans une certaine mesure, pendant un temps. Mais il était seul, son règne a été trop bref, et maintenant ils ont repris le pouvoir. Ce nouveau pape, Urbain, est un inconnu. Il pourrait ou non prendre le parti des fanatiques. Mais s'il le fait, et s'ils gagnent… si nous leur permettons de gagner, alors le monde entier sera dirigé par les ecclésiastiques, et les hommes comme nous feront tout aussi bien de se coucher et de se laisser mourir.

– Mais ils ne gagneront pas, dit St. Clair. Ils ne peuvent pas gagner. En fin de compte, ce ne sont que des prêtres. C'est profondément injuste.

– Non, Stephen, ces prêtres voient les choses autrement. Ils affirment qu'ils doivent l'emporter. C'est inévitable à leurs yeux. Ils disent que c'est la volonté de Dieu, et qui peut les contredire, puisque seuls les prêtres peuvent converser avec Dieu et connaître Ses désirs ? Mais c'est absolument injuste. Je suis d'accord avec toi sur ce point. Il s'agit d'une injustice née de la cupidité et de l'hypocrisie, et de l'odeur nauséabonde de la corruption. Mais même si cela se produit, il faudra beaucoup de temps pour en arriver à une telle issue… Urbain n'a été élu qu'en mars dernier. Il est très jeune et apparemment rempli d'idéaux, d'après ce que l'on m'a dit. Il a juré d'en finir avec toutes ces idioties — à tout le moins, les idioties publiques — et de régler le problème des chevaliers et de leur violence incontrôlée. Je n'ai aucune idée de la manière dont il pourrait s'y prendre sans abolir la chevalerie ou la prêtrise, mais il a entrepris d'y arriver.

– Humm ! eh bien, il pourrait toujours déclencher une guerre quelque part. Ça n'aurait rien de nouveau. C'est le pape, après tout, laissa tomber St. Clair d'un ton mi-figue mi-raisin, mais le baron le prit au sérieux.

– Où, Stephen, et quel genre de guerre ? répondit Hugues. Ce problème ne se limite pas qu'à la France. Il existe dans toute la chrétienté. Partout. Dans notre monde, celui des droits acquis pour la noblesse, il n'existe que deux types d'hommes — les combattants et les ecclésiastiques, les chevaliers et les prêtres. Le monde est à demi rempli de chevaliers et, aux yeux de ceux qui représentent la deuxième moitié, les prêtres, ils sont devenus un fléau.

Sir Stephen St. Clair se raidit et se redressa sur sa chaise, ses yeux fixés sur quelque endroit éloigné, si bien que ses compagnons l'observèrent avec inquiétude. Après un instant, toutefois, il se détendit à nouveau et entreprit de se gratter le menton avec un ongle tout en réfléchissant.

– Grâce à toi, jeune homme, je viens d'avoir une idée géniale, dit-il en se tournant vers Hugues. Grâce à toi et à ton père. Tu as dit que la chrétienté, le monde entier, est rempli de chevaliers et qu'aux yeux de l'Église, ils sont devenus un fléau. Mais tout le monde n'est pas chrétien, et la chrétienté représente, hélas, bien moins que le monde… et la Bible elle-même est remplie de fléaux…

Il demeura silencieux pendant un moment, puis reprit le cours de sa pensée comme si de rien n'était :

– Je dois y réfléchir davantage… consulter des gens… et alors, peut-être pourrai-je parler à ce nouveau pape… peut-être. Mais pas aujourd'hui. Je n'ai aucun désir de me mêler aux ecclésiastiques… Et je ne ressens aucunement le besoin d'aller à Rome ou à Avignon, alors discutons d'autre chose… Avez-vous entendu parler de cette nouvelle machine de siège que les Normands ont inventée, ce trébuchet ? Non ? Cela m'étonne. Je n'en ai pas encore vu, mais, d'après ce que tous en disent, il s'agit d'un instrument terrible, capable de jeter un rocher de la taille d'un colosse plus loin que tout ce qui s'est fait auparavant.

Personne n'avait entendu parler de la nouvelle machine, et la conversation se poursuivit sur les caractéristiques de cet engin que Sir Stephen était le seul à connaître. Hugues se trouva, comme les autres, pris dans la discussion, mais, pour quelque raison inconnue, il lui revint en mémoire le commentaire de son parrain sur le fait que la chrétienté ne représentait pas le monde entier, et lorsque les circonstances le lui rappelleraient des années plus tard, ce fait allait hanter sa conscience pendant très longtemps.

CHAPITRE 4

Au cours des années qui suivirent son Élévation, entre dix-huit et vingt-cinq ans, Hugues de Payns apprit beaucoup de choses sur la vie, tout en faisant de rapides progrès dans les niveaux d'apprentissage de l'Ordre de la Renaissance, mais il manifestait apparemment peu d'intérêt à l'égard des grands changements qui se produisaient dans le monde autour de lui. Il était ce type de jeune homme que les gens pensent motivé, animé par une force qui le distingue des autres et l'incite constamment à réussir tout ce qu'il entreprend. Ainsi, lorsqu'il s'agissait d'accomplir ses devoirs de chevalier, il se battait comme un lion, maîtrisant le maniement de l'épée, de la hache, de la dague, de la massue et de la lance, et même de l'arbalète, et il était imbattable tant dans les tournois que sur les remparts, où sa précision avec les flèches d'arbalète à pointe d'acier devint rapidement un sujet d'émerveillement. Mais, exactement dans le même temps, il accordait une attention constante et profonde à ses études au sein de l'Ordre de la Renaissance et passait beaucoup plus de temps avec ses tuteurs et ses aînés qu'avec les jeunes de son âge.

Un engagement d'une telle envergure comporte ses désavantages dans la mesure où il laisse peu de temps à consacrer aux choses jugées futiles. Si quelqu'un avait songé à solliciter l'opinion de Hugues, il aurait pu s'étonner de découvrir qu'un homme si jeune considérait la détente ou le comportement oisif comme frivoles. Il n'avait aucune envie de faire la fête avec ses collègues chevaliers et personne n'ignorait que, à ses yeux, l'absorption de bière, à seule fin de boire jusqu'à s'enivrer, était un geste absolument inutile et insensé. Ainsi, Hugues s'attira peu la sympathie de ses pairs, mais il avait, croyait-il, suffisamment d'amis ; Geoffroy de Saint-Omer et Payen de Montdidier étaient ses amis depuis l'enfance et il leur aurait confié sa propre vie. Au cours des décennies suivantes, c'est exactement ce qu'il fit, à maintes reprises, aussi longtemps que tous vécurent.

La famille de Geoffroy, le clan Saint-Omer, possédait de vastes domaines en Picardie, et Geoffroy y avait passé près de la moitié de son enfance, habituellement durant les mois d'hiver de chaque année, de manière obéissante, mais non sans protester parfois, puisqu'il était l'un des plus jeunes fils, le cinquième dans l'ordre des héritiers. Cependant, il préférait de loin l'autre moitié de sa vie, celle des longs étés dans le domaine de sa mère, qui se trouvait près de celui des Payns et de la résidence de la cousine préférée de cette dernière, la mère de Hugues, et l'amitié entre leurs mères avait rendu presque inévitable l'amitié entre les deux jeunes garçons.

Geoffroy, tout comme Hugues dans plusieurs domaines, représentait le parfait repoussoir pour les autres. Ils avaient presque le même âge, Geoffroy étant le plus âgé de dix mois, et il n'existait entre eux aucune similitude physique pouvant indiquer un lien de parenté quelconque. Geoffroy, avec sa tignasse blonde, avait toujours semblé, de prime abord, le plus beau des deux, mais, en y regardant de plus près, on pouvait constater que ses yeux bleus étaient nettement plus rapprochés que les yeux bruns de Hugues, et même si les deux garçons avaient une attitude ouverte et amicale, les quelques jeunes filles qu'ils connaissaient semblaient préférer l'allure sombre de Hugues à la physionomie resplendissante de Geoffroy. Comme l'on pouvait s'y attendre, la seule exception à cette règle était la jeune sœur de Hugues, Louise, qui n'avait jamais d'yeux pour personne d'autre que Geoffroy de Saint-Omer depuis qu'elle était assez âgée pour le reconnaître de loin.

Sans doute en raison de leur étroite association depuis l'enfance (Geoffroy se sentait plus proche de Hugues qu'il ne l'avait jamais été d'aucun de ses propres frères), ils maniaient les armes avec un talent égal même si, lorsque c'était nécessaire, Hugues l'emportait habituellement sur

Geoffroy avec les épées. Et avec l'arbalète, une arme pour le moins controversée puisque le fait qu'elle puisse tuer à distance, de manière impersonnelle, ne semblait pas correspondre à l'esprit de la chevalerie, Geoffroy s'en tirait toujours lamentablement et avait donc tendance à considérer cette arme de manière hautaine, affirmant qu'elle était faite pour les vieillards et les infirmes. Il savait lire et était aussi érudit que Hugues, partageant ainsi avec ce dernier une qualité et une aptitude qui suscitaient une profonde suspicion chez leurs camarades chevaliers, dont la plupart étaient ignorants comme des ânes et considéraient l'alphabétisme comme un vice ecclésiastique au même titre que la négligence de soi et l'homosexualité. Mais dans les situations où Hugues avait tendance à être sérieux et concentré au point de sembler parfois rigide et distant, Geoffroy affichait une vivacité d'esprit, un sens de l'humour irrévérencieux, attachant et constant, ainsi qu'une volonté inépuisable de connaître le point de vue des autres. Il pouvait intervenir au beau milieu d'une conversation sans issue ou d'un moment de malaise en lançant un seul commentaire acéré qui déclenchait généralement les rires et évitait les situations déplaisantes.

Le troisième et le plus âgé des membres de leur triumvirat, comme ils aimaient s'appeler, était Payen de Montdidier, un autre descendant de familles amies et un parent éloigné des deux autres, bien qu'aucun d'entre eux ne se soit jamais soucié d'explorer les détails complexes de leur relation parentale ; ils étaient des amis et c'était tout ce qui comptait à leurs yeux. Payen, comme Hugues, était originaire du comté de Champagne et son père, comme celui de Hugues, était un représentant et un métayer ancien et fort respecté du comte Hugues, et la femme du baron Hugo était une Montdidier. Payen était de deux mois plus âgé que Geoffroy, et d'un an plus âgé que Hugues, et il possédait tout ce qui manquait aux deux autres en matière d'apparence physique et d'attrait. Il était grand et mince, avait de longues jambes, de larges épaules et une taille étroite même en bas âge, et il était devenu un homme sans pour autant perdre son charme enfantin ou ses manières engageantes. Dépassant Geoffroy de Saint-Omer d'une tête, Payen était le plus grand des trois. Sa chevelure d'un brun pâle, parsemée de mèches blondes, lui tombait sur les épaules, et ses yeux d'une étonnante couleur ambrée avaient fréquemment attiré les regards, même des plus belles jeunes femmes de leur communauté.

Heureusement pour tous, Payen n'avait aucunement conscience de son charme, et tant son attitude amicale que son sourire lui facilitaient la tâche lorsqu'il s'agissait de faire le tri dans toutes les offres galantes qui lui étaient faites constamment sans jamais offenser aucune de ses amoureuses déçues. Heureusement aussi pour Payen lui-même, ses talents de combattant et de cavalier dépassaient suffisamment ceux de ses rivaux plus maussades et plus jaloux pour qu'il ne soit jamais dérangé par des querelles futiles. C'était un ami fidèle sur qui l'on pouvait compter en toute situation, et Hugues et Geoffroy ressentaient un vide chaque fois que Payen était absent, même si la chose se produisait rarement. Durant l'année qui suivit l'Élévation de Hugues, les trois jeunes hommes vécurent ce qui allait être la période la plus insouciante de toute leur vie, et même si la plus grande partie de leur temps était quotidiennement consacrée à leurs devoirs et responsabilités, ils s'arrangeaient quand même pour trouver du temps afin de s'amuser ensemble.

Il y avait toutefois, malgré l'impossibilité logique d'une telle chose, un quatrième membre au triumvirat, et aucun des trois principaux membres n'aurait songé à le nier si on leur avait posé la question, bien que, si on les avait pressés de répondre, chacun d'entre eux eût souligné les divers éléments qui avaient mené à cette situation. Hugues, en tant que sire de Payns, avait un associé du nom d'Arlo, qui était officiellement et de par sa naissance un serviteur, mais tous deux avaient grandi ensemble et avaient été si inséparables pendant leur enfance que Hugues acceptait simplement Arlo comme une présence constante dans sa vie, partageant la plupart de ses pensées et activités d'abord en tant qu'ami d'enfance et compagnon, puis, plus tard, en tant que camarade de classe lorsqu'ils apprenaient à lire et à écrire et, plus tard encore, alors que les deux garçons devenaient des hommes, à titre d'assistant, d'écuyer, de garde du corps et de compagnon d'armes. Les deux hommes étaient encore plus rapprochés en âge que Hugues ne l'était de Geoffroy et de Payen, et le père d'Arlo, Manon de Payns, avait servi le baron Hugo de Payns toute sa vie. Son fils aîné Arlo était né trois mois avant Hugues et à deux cents pas de distance et, dès le jour de sa naissance, il avait été entendu qu'Arlo, qui s'appelait lui-même de Payns en raison de sa naissance au sein de la baronnie, allait servir le futur sire Hugues, comme son père avait servi le baron Hugo. Depuis lors, tous deux étaient inséparables, partageant dès le début de leur vie cette relation exceptionnelle, fondée sur une confiance absolue et une loyauté mutuelle qui naît parfois entre un maître et son serviteur. Ils en étaient venus à si bien se connaître mutuellement que, souvent, il n'était même pas nécessaire qu'ils se parlent, tant ils pensaient de la même façon, et les deux autres membres du triumvirat avaient totalement accepté Arlo comme s'il faisait partie de Hugues.

L'Ordre de la Renaissance constituait le seul sujet interdit lorsque les quatre hommes étaient ensemble. Aucun des trois autres n'y faisait jamais allusion en présence d'Arlo, et il s'agissait là d'une chose imprévue qui s'était imposée dès le moment où Hugues avait été admis au sein de l'Ordre. C'était le seul aspect de son nouveau statut qu'il n'appréciait pas de bon cœur, car il signifiait qu'après avoir passé dix-huit années à partager ouvertement et entièrement chaque aspect de son existence avec Arlo, il se sentait maintenant obligé, pour la première fois, de lui cacher un aspect important de son existence. Le fait de pouvoir comprendre et même justifier la nécessité d'un tel secret ne diminuait en rien son chagrin, mais il n'avait d'autre choix que d'accepter qu'Arlo n'était pas, et ne pourrait jamais devenir, un membre de l'Ordre, et qu'il n'y avait rien qu'il puisse faire pour modifier cette situation.

Son dilemme se résolut de lui-même d'une façon qu'il n'aurait jamais pu imaginer, car il était convaincu qu'Arlo ne soupçonnait aucunement ce qui se tramait. Vint un jour où Hugues dut exclure Arlo de leur groupe non pas une seule fois, mais trois fois au cours d'un seul après-midi, et il s'en voulut de n'avoir pu le faire de manière moins manifeste — car il était évident qu'Arlo savait qu'il se passait quelque chose. Mais ce soir-là, pendant ce laps de temps qui suivait le repas et précédait l'extinction des feux, Arlo souleva lui-même la question à sa propre manière, rude et directe. La soirée était fraîche et ils étaient assis tous deux à l'extérieur, près d'un feu ronflant à côté des écuries, à aiguiser des lames, Arlo affûtant l'épée de Hugues et Hugues effilant sa propre dague. Arlo parla sans lever la tête :

– Tu as eu un après-midi fort occupé, n'est-ce pas ? Toute la journée, tu as couru ici et là comme une souris dans l'entrepôt d'un meunier.

Le corps tout entier de Hugues se raidit dans l'attente de ce qui allait suivre, mais Arlo ne lui laissa pas la possibilité de parler, car il poursuivit immédiatement :

– Nous avons tous de temps à autre des journées comme ça, dit-il en se redressant.

Il appuya la poignée de l'épée contre son genou avant de se tourner vers Hugues et d'ajouter :

– Tu es grincheux et en colère. Je m'en rends bien compte… Tout le monde peut le voir. Mais les choses ont empiré depuis que tu as assisté à ce grand rassemblement, il y a quelques mois…

Il s'interrompit et saisit de nouveau l'épée, la tenant dans les airs et en scrutant la lame pour y détecter des taches de rouille.

– Sais-tu pourquoi je n'ai pas assisté à ce rassemblement ? demanda-t-il en se tournant juste à temps pour voir Hugues cligner des yeux de surprise en entendant une telle question. Bien sûr que tu le sais. C'est que je n'y ai pas été invité. Et même si je n'y ai pas pensé à ce moment, j'en étais heureux… ou j'en aurais été heureux si j'y avais pensé. Je ne serais pas à ma place dans de tels événements. Je me sentirais mal à l'aise assis là parmi vous autres, chevaliers, dans vos somptueux habits. Tout comme tu te sentirais mal à l'aise d'être assis dans les cuisines avec les serviteurs et le reste d'entre nous, à manger la nourriture que nous mangeons parfois…

Hugues le regardait avec les sourcils froncés.

– Je ne suis pas sûr de comprendre ce que tu dis, Arlo.

– C'est pourtant simple, fit Arlo dans un souffle. Toi et moi sommes des amis, Hugues, mais avant tout, dans la réalité, tu es mon maître et je suis ton serviteur — tu es le fils du baron et moi, le fils du serviteur du baron. Je n'oublie jamais cette réalité, mais parfois tu l'oublies et tu ne le devrais pas. Jamais. Et, maintenant, tu es devenu un homme et tu as de nouveaux sujets de réflexion, des choses que tu ne peux me révéler. Et ceci te préoccupe. De temps en temps, comme aujourd'hui, je te vois te tracasser à ce sujet. Eh bien, tu ne devrais pas parce que cela ne me tracasse pas du tout et je ne veux pas savoir ce qui te rend si tendu. Je sais, te connaissant, qu'il n'y a là rien de mauvais. Mais je sais aussi que ce n'est pas quelque chose à quoi je veux participer, parce que ce n'est pas mon rôle de savoir de telles choses, et je trouve que c'est mieux ainsi…

Il se tut de nouveau et regarda Hugues droit dans les yeux.

– Je suis heureux de faire ce que je fais, ajouta-t-il. J'ai suffisamment de choses à faire pour me tenir occupé, je sais comment les faire et je pourrais même les faire les yeux fermés si nécessaire… M'entends-tu ?

– Oui, répondit Hugues en esquissant un sourire. Tu me dis de m'occuper de mes propres affaires et de te laisser t'occuper des tiennes. J'ai compris.

– Bien, parce que tu vas te couper un doigt si tu continues à ne pas regarder ce que tu fais.

À partir de ce jour, Hugues cessa de ressentir un malaise lorsqu'il demeurait silencieux.

†

Quand vint finalement pour Geoffroy le moment d'épouser Louise, la sœur de Hugues — Geoffroy avait alors presque vingt et un ans, un âge un peu tardif pour commencer à assumer des responsabilités conjugales —, l'événement était attendu depuis si longtemps, si inéluctable qu'il souleva à peine quelques commentaires de la part des deux autres ; malgré son sexe, Louise avait été une bonne amie pour eux pendant des années, et ils savaient fort bien que le mariage de Geoffroy et de Louise n'allait rien changer à l'amitié qu'ils éprouvaient pour lui. Mais personne ne s'attendait à ce que Payen, à peu près à la même époque, convole avec Margaret St. Clair. Les jeunes gens s'étaient rencontrés lorsque Lady Margaret avait accompagné son père en Champagne pour assister à l'Élévation de Hugues, et même si Payen était bien plus amoureux de Lady Margaret qu'elle ne l'était de lui, il devint évident, beaucoup plus tard, qu'il l'avait malgré tout favorablement impressionnée. Si favorablement, en fait, comme le découvrirent plus tard Hugues et ses amis, que Lady Margaret avait tout fait, à partir du moment où ils étaient revenus en Angleterre, pour persuader son père de retourner avec elle dans le monde civilisé qu'était la Champagne.

Sir Stephen, devenu veuf plusieurs années auparavant, se trouvait tout à fait sans défense devant les caprices et les désirs de sa fille unique, et il en avait été ainsi depuis la naissance de Margaret, mais il ne put combler son désir cette fois à cause de ses responsabilités envers le roi d'Angleterre, Guillaume le Roux, fils de Guillaume Ier le Conquérant. Mais, bientôt, ces mêmes responsabilités forcèrent St. Clair, qu'il le veuille ou non, à renvoyer Margaret seule en Champagne. Elle revint dans la baronnie de Payns au début de l'automne de 1091, accompagnée d'une respectable suite et portant une longue lettre de son père à son vieil ami le baron Hugo, qui fit preuve d'assez d'élégance pour dissimuler tout sentiment de doute qu'il pourrait avoir éprouvé devant la réapparition inattendue de la dame et pour l'accueillir à bras ouverts dans son foyer et sa famille. Puis, une fois que sa femme et sa fille débordante de joie eurent entraîné Margaret pour lui montrer où elle allait vivre et pour répartir les gens de sa suite parmi ses propres serviteurs, le baron s'assit et lut la lettre de son ami. Elle était écrite sur six feuilles en peau de mouton minutieusement préparée et grattée, et assouplie avec grand soin, puis rédigée avec une grande précision, si bien que Hugo sut qu'elle avait été dictée à un des scribes de Sir Stephen.

York
Ce cinquième jour de l'an de grâce 1091
À Hugo, baron de Payns dans le comté de Champagne
Je te salue, mon ami.

Cette missive, quand elle te parviendra, sera accompagnée de mon bien le plus précieux, ma fille Margaret, et le simple fait de sa présence auprès de toi alors que je demeure ici en Angleterre te convaincra à quel point je prends cette démarche au sérieux. Si je ne craignais pas tant pour sa sécurité maintenant, je ne me séparerais jamais volontairement d'elle, pas plus que je ne t'imposerais la tâche à laquelle tu dois maintenant faire face : celle de prendre soin de l'enfant d'un autre. Mais Margaret n'est plus une enfant et c'est là un autre facteur ayant contribué à ma décision.

Comme tu le sais, depuis la mort de mon épouse, Margaret a été la lumière de ma vie, et elle a toléré et accepté avec beaucoup de vertu les inconforts et les indignités auxquels ma vie, tout comme ma façon de la vivre, l'a soumise. Un château comme le mien est un endroit qui convient mal à une jeune femme. Ses murs sont faits de terre, devant lesquels se dressent des troncs d'arbres taillés en pointe, et ses dépendances sont primitives, soumises aux courants d'air et boueuses, et ne comportent aucune commodité qui sied à une jeune femme bien née. C'est une forteresse qui ne prétend nullement être un foyer. Il a toujours eu pour seule fonction de défendre sa garnison des ennemis en maraude qui l'attaquent constamment, et j'ai finalement réalisé que, par le simple fait de garder ma fille ici, je la condamnais sinon à la mort, au moins à une vie sordide. Nous, les Normands de Guillaume, occupons maintenant l'Angleterre depuis vingt-cinq ans et cette région de York depuis seize ans, et les Saxons d'ici ne sont ni moins rebelles ni moins sauvages qu'ils ne l'étaient à notre arrivée. Il y a bien des années que j'aurais dû éloigner ma fille, mais, dans ma faiblesse et mon égoïsme, j'ai craint de me séparer d'elle, car il n'y a qu'elle qui évoque pour moi la beauté sur cette terre pluvieuse et froide.

Mais maintenant, nous sommes de nouveau en guerre. Nous devons encore faire face à une invasion du nord et, comme je ne peux assurer sa sécurité, je n'ai d'autre choix que de te l'envoyer en sachant qu'elle ne pourrait être davantage en sécurité qu'entre tes mains.

Malcolm Canmore, le roi d'Écosse, est revenu pour nous vaincre — c'est sa troisième tentative en vingt ans — et le roi Guillaume a de nouveau décidé que je serais celui qui allait une fois de plus le renvoyer chez lui. Quand je l'ai fait, il y a neuf ans, nous pensions que c'était la dernière fois, mais maintenant le Conquérant n'est plus, et Canmore — le nom signifie « grand chef », me dit-on — semble croire que le nouveau roi sera plus facile à chasser que ne l'avait été son père. Quel idiot ! Sa femme, que son peuple vénère comme une sorte de sainte, porte le même nom que ma fille, Margaret, mais elle est la cousine au premier degré d'Egbert, l'héritier saxon de l'ancien trône d'Angleterre, et, pour cette raison, elle s'est montrée assez peu sainte pour convaincre son mari de gaspiller une multitude d'hommes en essayant de regagner son royaume, non seulement une fois, mais trois fois. Alors, je dois partir dans quelques jours. Mon armée s'assemble au moment même où j'écris ces lignes, et elle comprendra tous les hommes disponibles que je pourrai enrôler, et il résulte entre autres de cela que je devrai laisser la défense de mon propre château aux soins d'une poignée de personnes qui garderont les portes fermées jusqu'à mon retour. Face à ces événements incontournables ainsi qu'à la possibilité fort réelle que je puisse ne pas revenir de cette campagne, je me suis arrangé pour t'envoyer ma précieuse Margaret et la confier à ta protection. Elle et sa suite, convenablement escortées à partir d'ici jusqu'à la côte par un contingent entier de mon armée, partiront demain et vogueront vers le sud, le long de la côte est de l'Angleterre et au-delà des détroits jusqu'au Havre sur la côte française. Le responsable de l'expédition, que j'ai moi-même nommé, s'appelle Giscard, et je lui ai confié ainsi qu'à ses deux fils, Michel et Rombaud, assez d'or, dans trois solides coffres, pour constituer une dot convenable dans le cadre d'un quelconque mariage que tu pourrais arranger pour elle dans l'avenir. Le navire qui les transportera est le plus solide vaisseau que j'aie pu trouver, et je suis convaincu qu'il pourra résister aux plus fortes tempêtes, puisque c'est le moment le plus paisible de l'année pour les traversées en haute mer.

Je ne sais quand nous nous reverrons, ni même si nous nous reverrons un jour, mon ami, mais je n'ai aucun doute sur le fait que ma fille adorée ne pourrait être en de meilleures mains dans les circonstances. Prends soin d'elle pour moi et j'espère vous revoir bientôt tous les deux.

St. Clair.

Ce jour-là, le baron Hugo demeura assis pendant un long moment, à lire et à relire cette lettre de son vieil ami, et lorsque les ombres commencèrent à s'étirer dans la cour où il se trouvait, il avait décidé de ne pas agir avec précipitation. Margaret allait être comme une fille pour lui aussi longtemps que nécessaire et, pendant ce temps, ils allaient attendre des nouvelles de Stephen St. Clair.

Cependant, au cours des trois années qui suivirent, aucune nouvelle ne leur parvint d'Angleterre à propos de St. Clair. Personne ne savait même si l'invasion écossaise avait réussi dans le nord. Les Normands étaient toujours au pouvoir dans le sud du pays et tous étaient au courant, mais on ne savait rien d'autre avec certitude, car Guillaume le Roux souhaitait qu'il en fût ainsi et personne n'osait provoquer sa colère. Ainsi, ne sachant pas si son vieil ami était mort ou vivant, le baron Hugo avait assumé pleinement les responsabilités parentales à l'égard de la jeune femme à la fin de sa première année complète de résidence chez lui, et il la traitait exactement de la même façon que ses propres filles, allant même jusqu'à organiser son mariage avec le jeune Payen de Montdidier à l'automne de 1092. Il s'agissait à ses yeux d'une union éminemment convenable, avantageuse pour toutes les parties, une union que, il le savait, le père de la jeune fille approuverait. Les fiancés n'étaient pas aussi visiblement amoureux que l'étaient Louise de Payns et Saint-Omer, mais ils s'appréciaient et s'admiraient mutuellement, et tous s'entendaient pour dire qu'il s'agissait là d'une assise nécessaire pour un mariage durable et réussi.

†

Pendant un certain temps après cet épisode, la vie fut idyllique pour les trois jeunes membres du triumvirat. Les deux d'entre eux qui étaient mariés nageaient dans le bonheur, leurs épouses étant les meilleures amies du monde, et Hugues, le célibataire, s'estimait comblé de pouvoir travailler aussi durement qu'il le souhaitait à ses études sur l'Ordre de la Renaissance, sans les distractions que lui auraient procurées ses amis.

Cette sérénité prit fin un jour de mai 1093 lorsque Geoffroy et Payen se rendirent aux quartiers de Hugues. Ils semblaient fort mal à l'aise et Hugues vit aussitôt que quelque chose de grave s'était produit, et il rangea immédiatement le livre qu'il étudiait, puis se leva.

– Qu'est-il arrivé ? Qu'est-ce qui ne va pas ? demanda-t-il.

Geoffroy et Payen se regardèrent — d'un air coupable, pensa tout de suite Hugues —, et ni l'un ni l'autre ne semblaient vouloir lui répondre. Au bout d'un moment, Geoffroy haussa les épaules, puis s'assit sur un banc contre le mur près de la fenêtre en jetant un dernier regard en direction de Payen avant de se tourner vers Hugues.

– Elles savent, dit-il.

– Qui sait quoi ?

Il s'arrêta un moment, attendant une réponse, puis continua :

– Suis-je censé comprendre ce que tu me dis ? *Elles savent* ? Et, en conséquence, je devrais le savoir aussi ? Avez-vous perdu l'esprit, tous les deux ? *Qui* sait, et *que* savent-elles ?

Payen se racla la gorge.

– Les filles, Margaret et Louise. Elles connaissent l'existence de l'Ordre.

– Elles *quoi* ?

L'étonnement et l'incrédulité qui transparaissaient dans sa question plongèrent ses compagnons dans un silence à la fois profond et inconfortable, et finalement insoutenable.

– Elles connaissent son existence, marmonna Geoffroy. Elles en ont parlé ; elles en ont discuté et ont échangé leurs idées, et elles sont venues nous voir et nous ont demandé directement ce que nous faisons durant les rassemblements.

– Pour l'amour du ciel…

Hugues pouvait à peine parler, tellement il était en état de choc.

– Qu'avez-vous fait ? finit-il par demander. Comment avez-vous pu oublier vos serments aussi facilement ? Les peines encourues pour avoir trahi ces serments n'étaient-elles pas suffisamment horribles ?

– Nous n'avons rien fait, Hugues. Nous n'avons rien oublié et n'avons rien dit. Aucun d'entre nous n'a soufflé mot à quiconque n'appartenait pas à notre loge. Crois-moi, nous nous sommes posé toutes ces questions l'un à l'autre depuis que nous avons appris cela, et ni l'un ni l'autre n'avons même murmuré quoi que ce soit à propos de l'Ordre.

– Pourtant, vos femmes en connaissent l'existence.

Hugues attendit, ne voyant que détresse sur leurs visages, puis poursuivit :

– Quand avez-vous découvert cela ? Quand vous en ont-elles parlé ?

– Aujourd'hui, répondit Geoffroy en regardant Hugues dans les yeux. Cet après-midi même, il y a moins d'une heure. Nous sommes venus te voir immédiatement.

– Et que vous ont-elles demandé ? Pensez-y bien avant de répondre. Qu'ont-elles dit *exactement* ?

Payen semblait perplexe.

– Je… je ne sais pas… Je ne m'en souviens pas. J'ai éprouvé une telle horreur en prenant conscience de ce qu'elles disaient que j'ai oublié tout le reste. Tout ce dont je me souviens, c'est d'avoir pensé : *Elles savent. Comment peuvent-elles être au courant* ?

– J'ai ressenti la même chose, intervint Geoffroy en secouant la tête et en fronçant les sourcils. Je ne pensais à rien d'autre après avoir compris de quoi Louise parlait… Et je ne me souviens plus précisément de ce qu'elle a *réellement* dit.

– Alors, abordons la chose sous un autre angle. Que leur avez-vous dit au départ ?

– N'as-tu pas entendu ce que nous venons de dire ? Nous ne leur avons rien dit, Hugues. En tout cas, je ne l'ai pas fait, et je crois Payen quand il dit qu'il ne l'a pas fait non plus. Mais ce n'est pas là le plus important. Ce que nous devons savoir, c'est ce qu'il faut faire maintenant.

Toujours abasourdi par la nouvelle, Hugues renifla et regarda les deux hommes, puis fit une moue et secoua la tête d'un air contrit.

– Eh bien, nous allons voir mon père et lui demandons ce qu'il convient de faire. Il le saura, et il saura aussi ce qu'il faut faire en ce qui vous concerne. Nous devrions y aller tout de suite… Vous est-il venu à l'esprit d'avertir vos femmes de ne rien dire de plus à ce sujet, à quiconque ?

– Bien sûr, laissa tomber Geoffroy. Elles n'en parleront à personne parce que nous leur avons ordonné de n'en rien faire et qu'elles savent à quel point nous sommes en colère.

– Très bien, alors. Maintenant, allons mettre mon père en colère aussi. Heureusement, il est ici. Je l'ai vu il y a moins d'une heure, à peu près au moment où vos femmes vous interrogeaient sur nos activités. Allons le trouver.

†

– Alors, si j'ai bien compris ce que vous m'avez dit, vos femmes vous ont demandé ce que vous faisiez au Rassemblement, mais vous ne vous souvenez pas exactement ce qu'elles vous ont demandé ?

Hugues songea que le baron était remarquablement calme pour un homme qui venait de découvrir une trahison au sein même de sa famille, et il admira la maîtrise qu'affichait son père, tout en tentant de mesurer la fureur qui devait faire rage derrière son expression calme. Du coin de l'œil, il vit ses deux amis incliner la tête en signe d'acquiescement à ce que le baron Hugo venait de dire.

– Et vous êtes tous deux convaincus qu'elles connaissent, ou tout au moins qu'elles soupçonnent, l'existence de notre ordre. Vous croyez aussi, de manière absolue, que ni l'un ni l'autre n'avez rien dit à vos femmes, à aucun moment, qui pourrait avoir été intempestif, ou irréfléchi, négligent ou indiscret ?

Une fois de plus, les deux hommes acquiescèrent.

– Eh bien, dans ce cas, continua Hugo, si aucun d'entre vous n'a dit quoi que ce soit qu'il n'aurait pas dû dire — et je vous crois quand vous affirmez que vous ne l'avez pas fait —, de quelle façon alors vos femmes ont-elles appris ce qu'elles savent ? Pouvez-vous me le dire ?

Il se retourna vers son fils et le regarda d'un air interrogateur.

– Le peux-tu ?

– Non, père.

Le baron émit un grognement, puis fit de la tête un geste brusque d'acquiescement.

– Alors, je vais vous le dire, grommela-t-il, parce que je sais d'où vient probablement leur information. Asseyez-vous tous.

Quand les trois hommes furent assis devant lui, leurs visages empreints de détresse, il s'appuya contre le dossier de sa chaise et croisa ses bras sur sa poitrine en regardant son fils.

– Je pense que c'est ta mère qui le leur a dit.

Hugues était conscient que sa mâchoire s'était abaissée et qu'il était assis là, la bouche grande ouverte, et il la referma alors que son père disait :

– Réfléchissez à tout cela, maintenant, et faites-le avec votre esprit cette fois, et non avec vos tripes. Pensez à ce qui s'est produit. Pensez-y de manière logique et raisonnable, puis acceptez ce que votre intelligence vous dit de tout ce que cela signifie. La vérité se trouve là, juste sous vos yeux, comme toujours, mais cette fois vous devrez l'accepter et apprendre à vivre avec, aussi étrange puisse-t-elle sembler… J'ai dû faire ce cheminement moi aussi, quand j'avais votre âge. Il nous faut tous passer par là à un moment ou à un autre et, pour quelques-uns, c'est une étape très difficile... Notre mode de vie nous apprend à croire que les femmes nous sont inférieures dans la plupart des domaines. Elles existent pour porter nos fils et pour rendre nos vies plus confortables et plus agréables. N'est-ce pas ? Bien sûr, si vous êtes un homme. Toutefois, les femmes ont tendance à voir les choses différemment, sous des angles que les hommes ne peuvent jamais connaître. Et elles nous perçoivent comme des êtres différents d'elles-mêmes. Elles croient qu'elles sont plus intelligentes et plus humaines que les hommes... et, de leur point de vue, elles ont sans doute raison dans une large mesure. Elles sont certainement intelligentes, à leur propre façon bizarre, et elles tolèrent mal nos façons de faire. Elles nous considèrent, sans exagération, comme des enfants qui n'ont jamais grandi et n'ont jamais atteint la maturité, malgré nos barbes grises et nos visages marqués par le temps.

Le baron s'arrêta un moment, puis reprit :

– Voici la vérité, mes amis, et que vous l'aimiez ou non, vous n'y pouvez rien changer : très peu de membres de notre fraternité ont épousé des femmes stupides, et encore moins sont mariés à des femmes qui ne sont pas issues de familles amies. Et, selon les légendes de notre ancien Ordre de la Renaissance, les familles amies organisent régulièrement des rassemblements depuis plus d'une cinquantaine de générations. Pas seulement cinquante ans, mes jeunes amis, mais cinquante générations. Pouvez-vous vraiment croire que, pendant tout ce temps, nos filles, nos épouses et nos mères, nos sœurs et nos cousines ont été aveugles au point de ne pas se rendre compte que leurs hommes participaient à des événements dont elles étaient tenues à l'écart ? Elles connaissent toutes le secret qui entoure nos activités et les efforts déployés à l'approche des rassemblements. Elles voient, même si elles ne les reconnaissent pas, les changements qui surviennent dans la vie et les activités de leurs fils quand ils approchent l'âge de dix-huit ans. Tout homme qui pense qu'un fils peut complètement dissimuler ses activités au regard de sa mère est un idiot. Mais ce qu'elles savent de plus important, c'est que, peu importe la nature de ces activités, il s'agit d'activités réservées aux hommes, qui remontent à une époque très ancienne, et auxquelles les femmes ne peuvent en aucun cas participer. Elles savent cela, et elles l'acceptent. Certaines l'acceptent plus facilement que d'autres, et il y en a toujours, ici et là, quelques-unes qui, dans leur jeunesse, tentent de découvrir davantage que ce qu'elles sont autorisées à savoir. Heureusement, elles sont fort peu nombreuses et, en fin de compte, elles se découragent toutes devant la fermeté de notre silence. Puis elles se résignent à cette réalité de la vie... Mais n'allez surtout pas croire qu'elles ne savent rien. Vous commettriez ainsi la pire des erreurs. Elles savent. Et nous savons qu'elles savent, même si nous n'y faisons jamais allusion entre nous... Mais elles peuvent tout aussi bien que nous dissimuler ce qu'elles savent. Elles n'en parlent presque jamais entre elles. Elles savent qu'il s'agit de quelque ancien pacte de fidélité, et elles sont heureuses, et mêmes fières, que leurs hommes, leurs familles, soient suffisamment forts et honnêtes pour mériter une telle confiance. Et ainsi, leur savoir inexprimé nous rend plus forts. Vos jeunes épouses apprendront maintenant cette vérité, tout comme vous l'apprenez en ce moment, et vous verrez qu'elles n'aborderont plus jamais ce sujet.

Le baron s'interrompit, regarda les trois jeunes hommes devant lui, puis sourit.

– Je pourrais vous demander si vous avez des questions, mais je sais qu'il est encore trop tôt pour cela. Maintenant, vous avez tous besoin de temps pour réfléchir à ce que vous venez d'apprendre. Alors, allez et réfléchissez.

†

– J'ai une question, laissa tomber Geoffroy en se redressant.

C'était le même jour, en fin d'après-midi, et le soleil couchant étirait les ombres dans l'herbe du pré où les trois amis paressaient sous un arbre, adossés au tronc couvert de mousse depuis plus d'une heure, réfléchissant profondément et parlant peu.

Hugues inclina la tête et, les sourcils froncés, jeta un regard en direction de Geoffroy.

– Pour mon père ? Je n'ai aucune idée de l'endroit où il peut se trouver en ce moment.

– Non, pas pour ton père, pour toi, parce que c'est toi qui as étudié et appris toutes les traditions…

Geoffroy le regardait d'un air grave. Hugues grimaça, puis inclina la tête, acceptant la sincérité de son ami.

– Alors, pose-la. Je ne suis encore qu'un novice, mais j'y répondrai si je le peux. Qu'est-ce que tu veux savoir ?

Geoffroy demeura silencieux pendant un moment, songeant de toute évidence à la façon dont il allait formuler sa question, mais il acquiesça finalement :

– Très bien, alors. Que penses-tu vraiment à propos de tout ce que nous avons appris ?

Hugues demeura immobile pendant plusieurs minutes, les yeux fermés, puis il les ouvrit et se releva à demi en s'appuyant sur un coude, tournant la tête en direction de Geoffroy.

– Quelle sorte de question est-ce là ? Me demandes-tu mon opinion sur tout ce que nous avons appris depuis notre naissance ? Si c'est ce que tu as en tête, alors allons chercher nos épées d'exercice et battons-nous. Il vaudrait beaucoup mieux perdre un après-midi à transpirer sainement qu'à se poser des questions idiotes.

– Non, ce n'est pas du tout ce que je voulais dire… Je ne suis pas sûr de ce que je voulais dire, Hugues, mais c'est important. Qu'est-ce…

Geoffroy s'interrompit encore une fois, le visage tordu en une grimace de frustration.

– Je sais ce que je veux te demander, dit-il, mais je ne sais pas comment l'exprimer convenablement. Laisse-moi y penser pendant un moment.

– Prends tout ton temps, répondit Hugues en s'allongeant de nouveau et en fermant les yeux.

Payen ne bougea pas.

Quelques instants plus tard, Geoffroy fit une nouvelle

tentative :

– Je m'interroge sur ce que tu crois.

Hugues n'ouvrit même pas les yeux.

– Comment cela pourrait-il t'intéresser d'une quelconque façon ? Et pourquoi ? Ce que je crois m'appartient en propre.

– Allons, Hugues, ne fais pas ta mauvaise tête. Je te demande conseil parce que je ne sais pas moi-même ce que je crois.

Cette fois, Hugues ouvrit les yeux.

– Comment peux-tu ne pas savoir cela ? Ce sont probablement les paroles les plus stupides que j'aie entendues de ta bouche, Geoffroy.

– Ça n'a rien de stupide. Tu me connais, Hugues. J'obéis en toute chose à mes aînés et à mes supérieurs. Et je crois tout ce qu'on me dit de croire. Je l'ai toujours fait, depuis nos premiers jours dans la classe du frère Anselme, quand nous n'étions tous que des gamins. Nous n'avions pas le choix, n'est-ce pas ? L'Église nous dit que nous devons croire ce qu'on nous dit. Les prêtres nous affirment que nous ne sommes pas assez intelligents pour comprendre quoi que ce soit sur Dieu et Ses enseignements sans leur aide. Ce sont les interprètes de Dieu, et eux seuls possèdent les compétences nécessaires pour nous expliquer Ses mystères, Ses paroles et Ses désirs. Il en a toujours été ainsi, et je les ai toujours crus… jusqu'à tout récemment…

Il s'interrompit, fixant l'horizon pendant un moment avant de poursuivre :

– Maintenant, je ne sais que croire… et j'ignore *pourquoi* je ne sais pas… Quand je me suis joint à la confrérie et que j'ai tout appris sur les origines de l'Ordre, sur le fait que nos ancêtres étaient Juifs et que nos familles amies étaient issues des esséniens, je n'ai eu aucune difficulté à croire ce que j'apprenais, même si tout cela était nouveau et différent… J'ai pu garder séparées les deux sources d'information, l'histoire ancienne et la vie moderne. Je dois avouer qu'aujourd'hui, je suis étonné d'avoir pu agir de la sorte pendant si longtemps. Mais, depuis quelques mois, je ne sais plus où j'en suis ; tout est confus maintenant… les enseignements de l'Église et de l'Ordre, ce qu'ils ont de cohérent et d'incohérent… tout cela s'entremêle dans mon esprit, si bien que je ne sais plus ce que je devrais croire. J'ai deux sources d'information, chacune semblant aussi crédible que l'autre, chacune clamant sa supériorité, et chacune affirmant être la seule et unique Voie, et ni l'une ni l'autre ne paraissant tout à fait logiques.

Il se tut pendant quelques secondes, puis ajouta d'une voix étrangement monocorde :

– Aide-moi, Hugues.

Hugues ouvrit les yeux et tourna légèrement la tête en regardant son ami, mais avant qu'il n'ait pu émettre un son, Payen, les paupières toujours fermées pour protéger ses rétines de l'éclat du soleil, lança :

– Oui, aide-le, Hugues, pour l'amour du ciel, parce qu'en même temps tu m'aideras aussi et s'il y a une chose que je sais en ce monde aujourd'hui, c'est que j'ai besoin d'aide sur le même sujet, parce que si Geoffroy est aussi confus qu'il l'affirme, je ne peux que le trouver chanceux parce que, moi-même, je ne suis pas du tout confus… je suis complètement aveugle et profondément ignorant en ce qui concerne exactement les mêmes questions.

Hugues se redressa et regarda Payen d'un air surpris. Celui-ci ouvrit les yeux et étendit les mains d'un air impuissant.

– Pourquoi sembles-tu si étonné ? demanda-t-il. Tu me connais bien, mon ami… mieux que n'importe qui d'autre. Je suis un chevalier, et c'est tout ce que je souhaite être. Je suis un guerrier de par ma naissance, un combattant — un rustre bagarreur — et heureux de l'être. Je n'ai ni le temps ni le désir de consacrer ma vie aux choses mystiques qui t'enthousiasment… tous ces murmures sur les secrets et les mystères au sein de l'Ordre. Je n'éprouve aucun besoin de comprendre tout cela, en tout cas pas de la même façon que toi, mais quand je saurai pourquoi tu penses ainsi, je me battrai avec joie pour ton droit de les étudier aussi profondément et aussi souvent que tu le souhaites. Mais, pour l'amour du ciel, Hugues, avant que je puisse en arriver là, tu dois nous dire ce que nous devrions *croire*. Tout ce que nous savons maintenant, c'est que nous n'y comprenons rien. Tu sais que nous te suivrons partout, mais nous apprécierions davantage de te suivre si nous savions pourquoi tu prends telle ou telle direction.

– Crousty a raison, Hugues, intervint Geoffroy d'un ton solennel. Nous ne savons que croire, mais nous croyons tous les deux que, toi, tu sais ce qui est bien, et si tu nous dis de quoi il s'agit, nous te croirons.

Hugues avait renoncé à feindre l'oisiveté peu après que Geoffroy se fut lancé dans cette plaidoirie renversante, et maintenant il se tenait assis, le visage pâle, regardant ses deux amis avec de grands yeux étonnés. Il tenta de parler, mais même si sa bouche s'ouvrit et que ses lèvres remuèrent, aucun son n'en sortit. Alors, il se retourna maladroitement et se mit debout, son visage, si la chose était possible, encore plus pâle qu'auparavant. Geoffroy, voyant son expression, jeta un coup d'œil inquiet à Payen, puis prit de nouveau la parole :

– Hugues, nous ne te demandons pas de commettre un péché ou de trahir quoi que ce soit. C'est une question très directe. Tu es celui d'entre nous qui connaît le mieux ce genre de sujet. Nous te demandons de nous dire ce que tu penses, ce que tu crois, selon ce que tu as appris depuis que tu as adhéré à l'Ordre. C'est tout.

– C'est tout ? demanda Hugues d'une voix grave que lui-même reconnut à peine. C'est tout ? Vous me demandez d'être votre prêtre ! Non pas votre confesseur, pour écouter vos péchés, mais votre guide spirituel, pour vous indiquer la voie du salut. Je ne peux pas faire ça, Geoffroy. Je ne sais pas où se trouve le salut, même pour moi.

– C'est faux, Hugues, répliqua Payen d'un ton pressant. Tout ce que nous te demandons, c'est de nous parler de ce qui, à ton avis, pourrait être vrai. Nous croyons les gens que nous connaissons au sein de l'Ordre, et nous croyons ce qu'ils nous disent. Mais nous n'y comprenons rien une fois sortis des cérémonies rituelles… L'Ordre constitue un monde secret, Hugues. Ici, dans le *vrai* monde, parmi les gens qui n'appartiennent pas à l'Ordre, nous ne savons pas à qui faire confiance… nous ne savons pas qui croire.

Hugues de Payns se tenait debout dans le pré, le dos tourné au soleil couchant, et regardait ses deux amis d'une façon nouvelle, discernant sur leurs visages le doute, la confusion et la détresse. Il resta immobile pendant un long moment, les yeux à demi fermés, observant l'un et l'autre de ses compagnons tandis que leurs commentaires virevoltaient dans son esprit.

Finalement, il inclina brusquement la tête et soupira profondément.

– Il faut que je marche, dit-il. Je ne peux pas penser en restant debout ici. Marchez avec moi et nous verrons ce qui me vient à l'esprit.

Quelques instants plus tard, au bord d'un ruisseau, il s'arrêta et se mit à scruter les eaux immobiles de la rive en cherchant des truites.

– Vous m'avez demandé ce que je croyais, mais ce que j'ai entendu que vous me demandiez, c'était de vous dire la vérité. C'est pour cette raison que j'étais en colère au début… parce que je ne connais pas la vérité. Je pense que je la sais, à cause de ce que je crois… Mais je suis loin de savoir ce qu'est la vérité, parce que tout ce que je crois pourrait être totalement faux.

Il détourna son regard de l'eau et dévisagea ses amis l'un après l'autre.

– Alors, poursuivit-il, je vais vous dire ce que je crois… ou une partie de ce que je crois… et peut-être même la plus grande partie. Mais je tiens absolument à ce qu'aucun d'entre vous ne pense, ou même ne soupçonne, d'une quelconque façon et en quelque circonstance que ce soit, que je crois détenir la vérité. Vous comprenez ? Je ne vous révèle pas la vérité parce que Dieu m'est témoin que je ne la connais pas et que je ne sais même pas où elle se trouve…

Hugues attendit que ses amis aient acquiescé à ses paroles, puis il fit demi-tour et s'éloigna d'eux sans un regard, laissant ses prochaines paroles s'envoler derrière lui jusqu'à ses amis qui avaient entrepris de le suivre.

– Je crois en Jésus, commença-t-il. Je crois qu'il a vécu et qu'il a été crucifié. Mais je ne crois pas qu'il était, physiquement, le fils de Dieu, pas maintenant. Je crois qu'il a été crucifié à cause de ses activités politiques contre les Romains et leurs alliés — Hérode et son clan. Je crois qu'il se battait pour que la nation juive puisse s'unir et se libérer de l'occupation étrangère et qu'elle soit libre de vénérer son propre dieu à sa propre façon. Je crois aussi, parce que notre Ordre m'en a convaincu en me montrant des preuves — non pas simplement en m'en parlant et en m'ordonnant d'y croire —, que Jésus était membre de la secte des esséniens, que certains appelaient « nazôréens », et qu'ils ont créé une communauté qu'ils nommaient la Communauté de Jérusalem, une confrérie regroupant ce que nous appellerions aujourd'hui des moines — une communauté d'hommes dévoués vivant à l'écart du monde dans un état de pauvreté volontaire, pratiquant la chasteté et l'abnégation et s'efforçant de se rendre dignes aux yeux de leur dieu, qui était un dieu rigide et vengeur, avec lequel ils avaient contracté une alliance… une entente selon laquelle ils vivraient leur vie en se conformant strictement à ses attentes… Avez-vous des questions sur tout cela ?

Il continua de marcher en silence, attendant une réaction de ses amis derrière lui, puis il poursuivit :

– Je crois que Jésus a été crucifié et qu'il est mort. Et qu'après sa mort, son frère Jacques, qu'on appelle Jacques le Juste, a continué de diriger leur communauté jusqu'à son décès. Jacques a été assassiné sur les marches du Temple, et sa mort — beaucoup plus que celle de son frère Jésus — a causé une insurrection et une rébellion qui ont directement mené à la dernière guerre des Juifs contre Rome, lorsque Titus a écrasé la nation juive et que les quelques survivants se sont éparpillés aux quatre coins du monde.

Il s'arrêta soudain, se retourna et regarda tour à tour ses deux amis.

– C'est ce que je crois, dit-il, et rien de tout cela ne devrait vous étonner, car vous l'avez entendu auparavant de la bouche de vos parrains et tuteurs au sein de l'Ordre. Nous détenons, à l'intérieur de notre Ordre, des preuves de tout cela, mais il se pourrait que tout ne soit pas vrai… Ou cela pourrait être totalement faux, l'interprétation de ces preuves s'étant perdue au fil des siècles depuis que nos familles sont venues ici après leur fuite de Jérusalem. Pourtant, en mon âme et conscience, je crois que c'est vrai. Mais voici maintenant la partie difficile… Et c'est la partie, je le sais, qui fait que vous ressentez tant de détresse…

Hugues fit à nouveau demi-tour et recommença à marcher, plus lentement cette fois, et ses compagnons l'encadrèrent, avançant tous deux la tête baissée.

– Toutes nos familles… tous ceux qui ne sont pas membres de la confrérie de l'Ordre sont chrétiens, et c'est ce qui rend tout cela si difficile, parce que je crois aussi que l'Église chrétienne, telle qu'elle existe aujourd'hui, se fonde sur un mythe créé par un homme du nom de Paul. Paul était un gentil, nous le savons tous, mais personne ne sait réellement de nos jours ce qu'était un Gentil. Le sais-tu, Geoff ?

Geoffroy secoua la tête et Hugues sourit.

– Eh bien, un Gentil, c'était quiconque n'était pas Juif et, pour les Juifs, c'était tout ce qui comptait. Je pense que Paul était un espion de Rome et qu'il était rémunéré par l'Empire, et je crois que c'était un opportuniste de la pire espèce. Il n'a jamais connu Jésus — bien qu'il ait connu son frère Jacques, et Jacques connaissait Paul et il éprouvait pour lui de l'inimitié et de la méfiance… Je crois absolument que Paul a entendu parler de la cérémonie d'Élévation que pratiquaient les esséniens de la communauté. Il ne peut pas y avoir assisté, car les rites esséniens se pratiquaient en secret et Paul était doublement un étranger, car il était à la fois un gentil et un non-initié, mais je crois qu'il en a certainement entendu parler et qu'il a mal interprété tout ce qu'il a entendu, sauf la partie la plus importante… celle de la résurrection. Il a pris l'idée de résurrection, que des hommes érudits avaient adoptée en secret depuis des siècles et, en se fondant sur sa mauvaise interprétation évidente, il a construit un édifice qui gouverne maintenant le monde dans lequel nous vivons tous. Après un certain temps, il a même inventé un nom pour désigner cet édifice. Il l'a appelé « christianisme », selon le nom grec qu'il a finalement trouvé pour désigner Jésus — le Christ… Puis, lorsqu'il s'est rendu compte de l'immense popularité de son message et qu'il a pu discerner ce qu'il pourrait en faire, il l'a dépouillé de son idée de base, de tout son caractère juif qui aurait pu offenser les Romains, et il a édifié sa nouvelle religion avec beaucoup de talent, de façon à ce qu'elle se conforme aux traditions, aux superstitions et aux goûts romains, y intégrant la plupart des mythes favoris de Rome, de la Grèce et de l'Égypte, et tous leurs dieux…

Hugues se tut un moment pour reprendre son souffle et continua :

– D'abord, il a tiré l'histoire de l'Immaculée Conception de diverses sources… Mithra, le dieu des soldats romains, par exemple, était né d'une vierge, dans une étable. Et Horus, le fils divin d'Isis et d'Osiris, était né également d'une vierge, et il était destiné à mourir en expiant les péchés de l'humanité. Paul a nommé Jésus le « fils de Dieu » selon cette tradition, et il a proclamé que sa résurrection était le signe de son caractère divin. Paul le saint a fait de Jésus le Christ un immortel. Mais la pire chose qu'il ait faite, et la plus évidemment fausse, ç'a été de nier l'existence de Jacques en tant que frère de Jésus en transférant à Pierre le pouvoir de l'évêque fondateur.

– Parle-nous de ce Mithra, dit Geoffroy. Je n'ai jamais entendu parler de lui.

Hugues sourit.

– Ce n'est pas étonnant. C'était un dieu très puissant à cette époque. Il était le dieu de la lumière, et la majorité des soldats de l'Empire le vénéraient comme le Dieu des soldats, mais il a bientôt été complètement absorbé dans le christianisme et il a disparu. Même la croix que vénèrent les chrétiens de nos jours nous vient de lui — la croix blanche à quatre branches de Mithra, et il s'agissait en fait d'un symbole encore plus ancien. Ce n'était certainement pas la croix sur laquelle Jésus est mort.

– Qu'est-ce que tu dis là ? demanda Payen d'un ton scandalisé. Es-tu en train de nous dire que tu ne crois pas à la crucifixion de Jésus ?

– Non, Crousty, ce n'est pas ce que je dis. Jésus a été crucifié. Il n'y a aucun doute dans mon esprit à ce sujet, mais il l'a été sur le seul type de croix qu'utilisaient les Romains, et il s'agissait d'une croix en simple forme de « T », sans montant au-dessus de la barre transversale.

Une fois de plus, son regard passa du visage de Geoffroy à celui de Payen.

– Eh ! tout ce que j'ai dit à propos de Mithra est vrai. Nous en avons des preuves, et même si l'Église a tenté de dissimuler ce fait à la masse, elle n'a pas pu détruire ces preuves, même si elle aurait bien aimé y parvenir. C'est un fait historique démontré par des preuves incontournables et indestructibles.

Il regarda ses amis directement dans les yeux, puis tordit ses lèvres en une grimace avant de poursuivre, son expression et son ton plus sérieux encore qu'à tout autre moment depuis le début de cette conversation.

– Mais tout cela est de l'histoire ancienne et Mithra n'a rien à voir avec ce qui nous préoccupe en ce moment, alors pour répondre autant que je le puisse à vos questions, je dirai ceci : à la simple lecture des traditions de notre Ordre, je suis devenu convaincu qu'il n'existe aucun événement divin ou miraculeux attribué à Jésus qui n'ait déjà existé auparavant et qui n'ait été un objet d'émerveillement des siècles avant sa naissance, qu'il s'agisse de guérir des lépreux ou de ressusciter les morts. Le Jésus qui a vécu en Galilée et est mort sur le mont des Crânes, le Golgotha, était un homme en chair et en os — c'était un patriote et un rebelle. Mais il n'était pas Jésus le Christ, parce que cette dernière partie de son nom — du grec *khristos*, qui signifie « sauveur » — n'existait pas avant que Paul ne l'invente, bien après la mort de Jésus... C'est aussi ce que je crois. Mais surtout... et je pense que c'est ce que vous me demandiez vraiment... je crois que le monde a été détourné du droit chemin par des hommes — des hommes ordinaires, vénaux et égoïstes — qui affirmaient représenter Dieu tout en acquérant ainsi des richesses et un pouvoir matériel. On peut en voir des preuves partout, et il n'est pas nécessaire d'être un saint pour les discerner.

L'Église que Paul a fondée ne contient aujourd'hui — un millénaire plus tard — rien qui n'ait déjà été créé, proposé et promulgué par des hommes, chacun d'entre eux prétendant être en contact avec Dieu, et la plupart d'entre eux ne ressemblant en aucune façon à quoi que ce soit qu'on pourrait qualifier de divin, de pieux ou de saint, et encore moins de chrétien… Ils prêchent et prient en célébrant les vertus divines et chrétiennes, mais, de nos jours, peu d'évêques ou de prêtres se soucient même de dissimuler leur vénalité. Je crois — et je sais, comme vous deux — que la plupart des gens sont conscients de tout cela, même s'ils n'osent pas en souffler mot à quiconque. Aujourd'hui, mes amis, le désespoir parcourt le monde et il porte des vêtements cléricaux. Mais je crois aussi, plus que tout, que notre ancien ordre, l'Ordre de la Renaissance de Sion, renferme les germes du salut qui, un jour, purifiera le monde et ramènera réellement Dieu dans le cœur des hommes…

Hugues s'arrêta une fois de plus et regarda ses amis, constatant le doute, la confusion et l'étonnement dans leurs yeux, puis il sourit et secoua la tête.

– Eh bien, mes amis, vous m'avez demandé ce que je croyais et je vous l'ai dit, et maintenant je vois bien que vous êtes encore plus embrouillés que vous ne l'étiez avant, et vous vous demandez ce que vous avez pu apprendre qui contienne les germes du salut. Eh bien, croyez-moi quand je vous dis que vous l'avez appris… Vous n'avez tout simplement pas encore pris conscience que vous l'avez appris. Mais écoutez-moi maintenant, et je vous entraînerai aussi loin que je le pourrai vers la lumière parce que je ne la vois moi-même que d'une manière confuse… Réfléchissez à cela. L'Église nous dit que Jésus parlait de lui-même comme étant la « Voie » et qu'il a dit à d'autres que le royaume des cieux était en eux. Il leur a demandé de le suivre en leur affirmant qu'il leur montrerait la Voie, et il croyait sans aucun doute que c'était possible, mais, dans notre Ordre, nous croyons qu'il n'a pas dit cela en tant que fils de Dieu… qu'il l'a dit en tant qu'essénien, parce que cela faisait partie de sa vie quotidienne, et que les autres esséniens de sa communauté tenaient le même discours, car ils croyaient que l'homme portait Dieu en lui-même, et que la Voie pour trouver Dieu consistait à le chercher en soi-même...

Il se tut quelques secondes, sembla réfléchir et continua :

– Maintenant, si vous réfléchissez réellement à ce que cela veut dire, vous comprendrez que cela signifie que vous pouvez parler à Dieu dans votre esprit et dans vos propres prières. Et si vous pouvez faire cela, quel besoin avez-vous des prêtres ? Pensez-y un peu, et songez à ce que cela signifie pour nos pères de l'Église... Si un homme peut converser avec Dieu dans son esprit et prier par lui-même, pourquoi aurait-il besoin de prêtres ou d'une Église — quelle qu'elle soit ?

Il s'arrêta de marcher et demeura silencieux, observant Saint-Omer et Montdidier dont les visages trahissaient les pensées, et son sourire s'élargit lorsqu'il vit la conviction apparaître dans leurs yeux.

– Vous voyez maintenant, alors ? Vous voyez en quoi consistera un jour la puissance de notre Ordre ? Un jour, le savoir que nous possédons dictera et démontrera, de façon irréversible, la vérité selon laquelle des hommes ont outrepassé l'alliance entre Dieu et l'humanité et mis le monde en danger pendant qu'ils accumulaient des richesses matérielles. Mais il n'en sera pas toujours ainsi, je vous le promets. Je n'ai aucun doute à ce sujet.

– Quand ? demanda Montdidier sur un ton inquiet.

Mais Hugues ne put que hausser les épaules et secouer la tête.

– Je ne sais pas. Pour le moment, il n'y a rien que nous puissions faire pour promouvoir la solution, parce que nous n'avons pas de preuve irréfutable de ce que nous savons, et qu'on exigera certainement une preuve absolue — réclamée d'une voix forte et furieuse par tous les prêtres et les évêques corrompus du monde — aussitôt que nous lèverons le voile sur le secret. Nous avons notre tradition, et cette tradition nous dicte de retourner un jour à Jérusalem, d'y trouver les écrits anciens qu'y ont dissimulés il y a longtemps nos ancêtres, les pères fondateurs de ce que nous appelons maintenant les « familles amies ». Ces registres — l'histoire écrite de la Communauté de Jérusalem que servaient Jésus et son frère Jacques — montreront les vrais débuts de ce qui allait devenir l'Église chrétienne, même si Jésus et ses compagnons l'appelaient simplement « la Voie »… la vie spirituelle, vécue à chaque moment de chaque jour sous le regard de Dieu et renforcée par la connaissance de l'alliance entre Lui et les hommes qui Le vénèrent… Je crois cela aussi.

– Existe-t-il une carte ?

Hugues se tourna vers Saint-Omer, souriant en entendant la question.

– Une carte ? dit-il en riant. Je n'en ai aucune idée, Geoff. Ça se pourrait… Je n'en sais pas beaucoup plus que toi là-dessus, et, dans tout ce que j'ai dit, je n'ai pas fait mention des mystères. Tout ce que je viens de vous dire, tout ce dont j'ai parlé, est connu de tous… J'ai simplement fait preuve de plus de patience en découvrant les choses et en faisant des liens entre elles.

– Alors, quand partirons-nous ? Crois-tu seulement que nous partirons ?

Hugues haussa à nouveau les épaules et fit un geste de la main.

– Je pense que certains iront, un jour. Nous pourrions tous trois être morts à ce moment, mais je crois que quelqu'un ira et trouvera le trésor et qu'ensuite, le monde sera sauvé — à tout le moins des griffes des ecclésiastiques.

– Et si nous en avions la possibilité ? S'il était possible pour nous d'embarquer sur un navire et de partir à la recherche de ce trésor… viendrais-tu ?

– Est-ce pour cela que tu demandais s'il existait une carte ?

– Bien sûr. Viendrais-tu ?

– Évidemment. Avant même que la personne qui me le demanderait ait terminé sa phrase. Me penses-tu assez fou pour ne pas y aller ?

Payen de Montdidier franchit les deux pas qui le séparaient de Hugues et passa un bras autour des épaules de son ami, puis tendit sa main libre vers Geoffroy de Saint-Omer, qui s'empressa de les rejoindre.

– Si tu y vas, nous irons aussi. Tu vois ? Finalement, il n'y avait rien de difficile dans ce que tu nous as dit, n'est-ce pas ? Et pourtant, c'était tout à fait vrai. Je me sens comme si tous les prêtres de l'Anjou avaient été assis sur ma poitrine et que tu m'en aies débarrassé d'un coup de pied. Maintenant, je peux respirer de nouveau. Et toi, Geoffroy ?

Geoffroy de Saint-Omer ne dit rien, mais il eut un sourire qui en disait long.

CHAPITRE 5

Au milieu de septembre de l'année 1095, le comte Foulques d'Anjou, le quatrième du nom et un des membres les plus importants de l'Ordre de la Renaissance, parraina un grand tournoi près de la ville de Blois, en l'honneur de son deuxième fils, un autre Foulques, qui atteignait sa majorité. Plus tard, ce dernier allait devenir le comte Foulques IV. Les circonstances de cette célébration furent extrêmement scandaleuses, car la mère du garçon avait quitté le comte Foulques quelque temps plus tôt et entretenait ouvertement une relation adultère avec Philippe Ier, roi de France, et cet événement somptueux permettait au comte de montrer à quel point lui et son fils se souciaient peu de la désertion de la femme infidèle.

Hugues, Geoffroy et Payen, ces deux derniers accompagnés de leurs femmes à titre de privilège particulier, assistèrent aux célébrations parmi la suite de leur suzerain, le comte Hugues de Champagne, pour qui le fait d'assister à ces festivités représentait une nécessité politique, et tout comme Louise et Margaret, ils apprécièrent énormément les activités. Maintenant au milieu de la vingtaine, les trois amis s'en tirèrent honorablement pendant les tournois, mais ils étaient heureux de laisser aux jeunes chevaliers les concours les plus éprouvants pendant qu'eux-mêmes se concentraient sur les activités dans lesquelles le talent et la dextérité physique étaient davantage valorisés que les muscles, la carrure et l'endurance pure. Geoffroy, surtout, se distingua dans les classements en utilisant une longue lance, juché sur le dos d'un cheval au galop, pour remporter un nombre impressionnant d'anneaux en guise de trophées. Ces anneaux étaient suspendus à un bras pivotant auquel faisait contrepoids un sac de sable qui pouvait frapper à la vitesse de l'éclair et désarçonner tout cavalier qui ne réussissait pas à attraper parfaitement l'anneau, et Geoffroy, au plaisir évident de son épouse, fut le seul, cet après-midi-là, à prendre le plus d'anneaux possible en demeurant en selle, sans même être effleuré par le sac de sable.

Hugues et Payen attendirent que Geoffroy aille recueillir son prix en espèces sonnantes et qu'il ait confié son cheval à son écuyer, puis les trois hommes partirent à la recherche des dames en jouant des coudes vers une des tentes où l'on servait des rafraîchissements, en riant et en lançant autour d'eux des regards émerveillés devant l'amalgame de couleurs, de musiques et de bruits qui les entouraient. Tous avaient déjà assisté à des événements semblables — il y avait habituellement deux, parfois trois, tournois chaque année non loin de la baronnie de Payen —, mais aucun d'entre eux n'avait jamais rien vu d'aussi magnifique que cette célébration organisée par la maison d'Anjou. Ils comprenaient qu'il s'agissait non seulement d'un tournoi, mais d'une déclaration politique peu subtile, un grand spectacle et une célébration des réussites du comté dans le cadre de diverses entreprises — y compris un pied de nez public à l'intention du roi de France adultère —, rendus possible par l'annexion de la ville de Blois elle-même au comté d'Anjou quatre ans auparavant. Des centaines, et peut-être même des milliers de personnes, étaient venues assister à l'événement d'aussi loin que la Bourgogne, au nord-est du pays, et de Marseille, loin au sud, et les célébrations duraient depuis une dizaine de jours. Le comte Hugues était arrivé une semaine plus tôt, et lui et sa suite allaient retourner chez eux une semaine plus tard.

Les trois amis s'étaient arrêtés pour regarder, avec une certaine crainte, un couple de lions en cage lorsque Arlo les trouva et leur demanda de se rendre immédiatement à la tente du baron Hugo. Ils lui obéirent sans un commentaire, curieux mais non point inquiets, puisque Arlo les avait informés dès le départ que les dames s'y trouvaient déjà. Hugues, Payen et Geoffroy étaient conscients qu'ils avaient connu, au cours des derniers jours, une vie privilégiée, n'ayant aucune responsabilité particulière et étant libres de faire ce qu'ils souhaitaient.

Louise et Margaret étaient assises à l'extérieur en compagnie de plusieurs autres femmes, mais le baron Hugo était dans sa tente, dictant une lettre à Charon, le vieil érudit grec qui était son secrétaire depuis avant même la naissance des trois jeunes chevaliers, et lorsqu'ils entrèrent, Hugo leur fit signe d'attendre et de demeurer silencieux jusqu'à ce qu'il ait terminé, puis il continua à marcher de long en large en se frottant le front d'une main tout en dictant ses pensées. Aussitôt qu'il eut fini, Charon se leva, fit un signe de tête et quitta la tente. Le baron se dirigea vers une table en coin et se servit du vin sans prendre la peine d'en offrir aux autres, puis le but lentement, les sourcils froncés, avant de prendre la parole :

– Nous devons partir demain. Je suppose que vous avez tous profité à satiété des plaisirs que Foulques a mis à votre disposition ?

Les trois amis se regardèrent d'un air étonné, mais ce fut Hugues qui répondit :

– Demain, père ? Pourquoi ? Je pensais que nous…

– Parce que j'en ai décidé ainsi. Cette raison te suffit-elle ?

– Oui, bien sûr. Pardonnez-moi. Je ne voulais pas vous manquer de respect ni me plaindre ; j'étais seulement curieux.

– Je sais, et j'ai réagi ainsi par dépit. Je n'ai pas davantage que vous envie de partir, mais nous n'avons pas le choix. Le comte m'a ordonné de retourner à Payns, afin d'entreprendre les préparatifs pour… novembre.

– Novembre ?… Puis-je demander ce que ce « novembre » signifie ?

– Oui, je suppose. Le comte vient de recevoir un message d'Avignon selon lequel le pape, Urbain, se trouve ici au pays, sur nos terres. Il faisait une tournée dans le sud et l'ouest depuis le début du mois dernier, et il vient tout juste de quitter Avignon, en route vers Lyon, puis, de là, jusqu'en Bourgogne. Mais pendant qu'il se trouvait au Puy, il a décrété qu'il organiserait un autre grand concile comme celui qui a eu lieu en mars à Plaisance, en Italie. Ce concile aura lieu dans le Massif central, à Clermont, et il débutera à la mi-novembre. Tous les hommes d'Église et tous les nobles de toutes les terres et duchés ont été convoqués, et il semble que de grandes choses se produiront au cours de cette réunion. Personne ne sait de quoi il s'agira, mais le comte Hugues m'a confié la responsabilité d'organiser ce qui devra l'être dans son comté de Champagne et, moi, à mon tour, je vous désigne tous trois pour m'assister dans cette tâche. Je vous préviens : ça ne sera pas une tâche facile... Il y a beaucoup à faire et nous avons fort peu de temps pour y parvenir. Heureusement, la majeure partie des récoltes est déjà engrangée, mais le comté est loin d'être prêt à faire quoi que ce soit rapidement. C'est pour cette raison que nous partons demain, et seulement parce qu'il est déjà trop tard pour partir aujourd'hui. Maintenant, allez faire ce qu'il vous reste à faire, car je veux que nous soyons sur la route dès l'aube.

Les six semaines qui suivirent furent, comme le baron l'avait promis, occupées par toutes les exigences inimaginables, mais au moment de partir pour Clermont tout avait été réglé et organisé, et la suite du comte, plus magnifiquement équipée et parée qu'aucune autre dont pouvait se souvenir même le plus âgé des résidants de la Champagne, partit en grande pompe pour répondre à la convocation du pape. Le grand ami du comte Hugues, Raymond de Saint-Gilles, comte de Toulouse, avait ajouté sa propre suite clinquante à ce rassemblement, et la file de cavaliers était fort impressionnante. Une fois de plus, le triumvirat de Payens se trouvait de service. Les trois amis étaient finalement soulagés de la tension qu'ils avaient subie durant les six dernières semaines, et ils étaient en pleine forme et prêts, pensaient-ils, à intercepter et à neutraliser tout projectile théologique que l'assemblée de prêtres pourrait lancer dans leur direction. De nombreuses hypothèses circulaient sur la raison du concile depuis que la nouvelle avait été rendue publique, car, durant le concile de Plaisance, Urbain avait fait publiquement l'annonce d'une alliance entre l'Église d'Occident, représentée par son propre siège épiscopal à Rome, et l'Église d'Orient, représentée par l'empereur byzantin Alexis Comnène. Maintenant, les gens se demandaient quels autres événements d'importance allaient se produire à Clermont et, lorsque le concile débuta, ils surent immédiatement à quoi s'en tenir. Au cours des neuf premiers jours du concile, les trois cents ecclésiastiques présents abordèrent plusieurs questions et prirent des décisions lourdes de conséquences. La simonie, c'est-à-dire l'achat et la vente de fonctions ecclésiastiques ou l'échange de faveurs spirituelles et d'influence contre de l'argent, qui représentait à cette époque le plus grand fléau au sein de l'Église, fut interdite et déclarée anathème. Le mariage des prêtres fut également déclaré anathème et, pour couronner le tout, le roi Philippe Ier de France fut excommunié en raison de son union adultère avec la femme de Foulques, Bertrade de Montfort, comtesse d'Anjou.

Cependant, au dernier jour du concile, alors que la foule qui espérait voir et entendre le pape devenait trop nombreuse pour être contenue dans la cathédrale et ses environs immédiats, la réunion fut officiellement déplacée vers un champ du nom de Champet, à l'extérieur de l'église de Notre-Dame-du-Port, à l'extrémité est de la ville. C'était le seul lieu qui pouvait accueillir toutes les personnes présentes et, lorsque tous y furent réunis, le pape Urbain dévoila le but véritable de cette convocation et, avec l'instinct infaillible d'un impresario-né, il le fit d'une manière spectaculaire, générant le chaos et fomentant une révolution religieuse en un seul discours passionné, inattendu et sans précédent, qui enflamma l'esprit et le cœur de tous ceux qui l'entendirent.

Le pape s'exprima avec une grande éloquence, précisant dès le départ qu'il parlait non seulement aux personnes présentes, mais aux citoyens de tous les royaumes chrétiens d'Occident et, malgré le scepticisme qu'il avait d'abord éprouvé, Hugues se trouva bientôt gagné par la passion du pontife pendant qu'il évoquait les terribles difficultés auxquelles se trouvaient confrontés leurs frères chrétiens en Orient, au moment où ils luttaient contre la brutale répression des Sarrasins et des Turcs seldjoukides. À un certain moment, Hugues se sentit tellement ébranlé par la description détaillée d'une atrocité qu'il saisit le bras de Montdidier, qui se trouvait à ses côtés.

– Ces hommes renversent les autels après les avoir souillés de leurs impuretés, racontait Urbain, sa voix résonnant dans le silence alors qu'il atteignait le point culminant d'une longue suite d'horreurs. Ils circoncisent les chrétiens, et font couler le sang des circoncis ou sur les autels, ou dans les vases baptismaux. Ceux qu'ils veulent faire périr d'une mort honteuse, ils leur percent le nombril, en font sortir l'extrémité des intestins, la lient à un pieu, puis, à coups de fouet, ils les obligent à courir autour jusqu'à ce que, leurs entrailles sortant de leur corps, ils tombent à terre, privés de vie.

Le pape s'interrompit un moment et regarda la foule horrifiée, surveillant les réactions à son discours, et poursuivit :

– J'ai entendu beaucoup de ces tristes récits, de différentes sources, et vous pouvez me croire quand je vous dis que ce ne sont pas des événements isolés. Partout en Orient, de Jérusalem à Constantinople, ces choses arrivent tous les jours…

Il s'arrêta à nouveau, ses yeux constamment en mouvement, puis dit :

– Laissez-moi vous rappeler ce que dit le Seigneur dans son Évangile : « Qui aime son père et sa mère plus que moi, n'est pas digne de moi. Quiconque abandonnera pour mon nom sa maison, ou ses frères, ou ses sœurs, ou son père, ou sa mère, sa femme, ou ses enfants, ou ses terres, en recevra le centuple, et aura pour héritage la vie éternelle… »

Le silence était absolu car les gens ne pouvaient croire ce qu'ils venaient d'entendre de la bouche même du pape. Mais Urbain n'avait pas encore terminé. Loin de là. Il promena son regard autour de lui et étendit les bras.

– Éteignez donc entre vous toute haine, que les querelles se taisent, que les guerres s'apaisent, et que toute l'aigreur de vos dissensions s'assoupisse… Prenez la route du Saint Sépulcre, arrachez ce pays des mains de ces peuples abominables !

Le silence dura pendant quelques secondes, juste assez longtemps pour que Geoffroy de Saint-Omer se retourne, bouche bée, et regarde Hugues dans les yeux, puis un grand tumulte s'éleva et, dans l'air de l'après-midi, un immense cri fusa de la foule : « Dieu le veut ! Dieu le veut ! »

Par la suite, personne ne put dire comment tout cela avait commencé, mais les paroles se répandirent comme un feu de prairie poussé par le vent, presque comme si la foule les avait répétées à l'avance et avait attendu ce moment pour les crier. Le comte et son entourage étaient aussi ébahis que tous par le caractère imprévu de ce qui venait de se produire, mais Hugues fut encore plus surpris par la réaction du comte Hugues lui-même.

De toute évidence, le pape avait minutieusement préparé son allocution dans le but de recruter des chevaliers pour la nouvelle guerre qu'il venait de déclarer, car il y avait devant la foule, près de l'estrade sur laquelle il se tenait, des prêtres déjà pourvus d'une multitude de croix blanches en tissu, en prévision de l'affluence attendue de volontaires. Hugues les remarqua immédiatement et son cynisme à l'égard de tout ce que pouvait lui inspirer l'Église refit surface. Toutefois, il était également évident que personne, pas même le souverain pontife, n'avait prévu la réaction de fureur qu'allait provoquer son discours et son attrait émotionnel. Tous, semblait-il, chevaliers et gens du peuple, jeunes et vieux, femmes et enfants présents, souhaitaient se porter volontaires et se lancer immédiatement à l'attaque contre les Turcs et les Sarrasins infidèles.

– Eh bien, dit Geoffroy à voix haute, c'était un discours remarquable, n'est-ce pas ? *Il Papa* est un orateur accompli.

– À quoi t'attendais-tu, Geoff ? demanda Hugues en hurlant pour se faire entendre. Crois-tu qu'il est devenu pape en étant sourd et muet ?

– Non, je ne crois pas. Mais, pendant un moment, il m'a presque convaincu de me précipiter pour attaquer les Turcs… comme un bon chevalier chrétien désireux de plaire à son évêque et de recevoir une bénédiction ou deux. Qu'en as-tu pensé, Hugues ?

Mais avant que Hugues ne puisse répondre, Pépin, l'homme de confiance du comte, intervint :

– Monsieur le comte exige votre présence, messieurs.

Ils suivirent Pépin sans un mot à travers le cordon des gardes entourant le comte et trouvèrent celui-ci devant sa tente parmi un groupe de ses principaux conseillers, les sourcils froncés et tirant sur sa lèvre inférieure. De toute évidence, il était en profonde réflexion, car même si tous ses conseillers le regardaient, chacun d'eux se tenait coi. Pépin s'approcha immédiatement de lui et murmura quelque chose à son oreille, et le comte se tourna pour faire face aux nouveaux arrivants, les enjoignant d'un geste du doigt de venir à lui, puis il les précéda pour se diriger vers le haut piquet de la tente où pendait son étendard personnel dans l'air immobile. Personne d'autre ne les accompagna et le comte Hugues tira lui-même le rabat de la tente, le tenant entrouvert pendant que les trois jeunes chevaliers y pénétraient.

– Eh bien, dit-il après les avoir suivis à l'intérieur, qu'avez-vous pensé de tout cela ?

Il attendit une seconde ou deux, puis ajouta :

– N'importe lequel d'entre vous peut parler, car je sais que vous en êtes tous trois capables. Est-ce que le pape a titillé votre ardeur masculine ?

– Il était… convaincant, monseigneur, chuchota Geoffroy.

– Et ? Vous a-t-il convaincu, *vous*, Saint-Omer ? Ou un autre d'entre vous ?

– Pas tout à fait, monseigneur, répondit Payen.

Le comte se tourna vers lui, un sourcil légèrement haussé.

– Pourquoi pas ? demanda-t-il.

Payen, qui n'était pas encore prêt à répondre, eut un geste évasif, mais Hugues prit la parole :

– Je crois que c'est une question d'éducation, monseigneur. Nos études nous ont montré que tout ce qui est lié à l'Église, ou organisé par elle, n'existe qu'au profit de l'Église et de ses clercs… C'est pourquoi mes amis et moi hésitions, au départ.

– Une question d'éducation, dites-vous… Alors, n'avez-vous rien appris au sujet de notre homme ?

– Monseigneur ? Je crains que…

– Oui, tu crains de ne pas comprendre. Je sais, je crains la même chose… que tu ne comprennes pas… Maintenant, voici ce que j'exige que tu fasses. Je veux que toi et tes deux amis ici présents alliez directement voir les évêques qui entourent l'estrade et que vous vous portiez volontaires pour participer à la nouvelle guerre du pape. Chacun de vous prendra une des croix de tissu blanc qu'ils distribuent et la coudra immédiatement sur son manteau. Ce soir même, afin que, demain tous vous voient et reconnaissent en vous des saints guerriers du pape.

Hugues était ébahi et il pouvait également constater l'étonnement de ses amis, mais le comte leva la main pour leur intimer l'ordre de garder le silence.

– Arrêtez ! Et réfléchissez. Pensez au nom complet de notre Ordre… Maintenant, songez à ce que le pape suggère. Ensuite, pensez à tout ce temps depuis lequel notre Ordre prépare un retour à son endroit d'origine… et pensez à l'endroit où mènera la nouvelle guerre du pape. Ne croyez-vous pas qu'un voyage à Jérusalem pourrait se révéler avantageux pour un membre de notre confrérie ?

Aucun des trois chevaliers ne fut en mesure de répliquer, dépassés qu'ils étaient par le fait que nul d'entre eux n'avait compris pleinement la signification des paroles du pape. Mais Hugues de Payns s'étonna surtout de la rapidité avec laquelle le comte avait non seulement perçu, mais aussi assimilé cette signification, puis projeté sa propre vision dans l'avenir afin de prévoir les événements futurs à l'avantage de l'Ordre. Et c'est ainsi que Hugues de Payns et ses deux amis se retrouvèrent parmi les tout premiers chevaliers de la chrétienté à accepter la croix de tissu des propres mains du pape Urbain. Obéissant, comme toujours, de façon inconditionnelle aux ordres du comte, Hugues cousit le soir même la croix sur son manteau en étant conscient, mais en refusant obstinément d'y songer, de l'ironie que représentait cet engagement immédiat, au sein de leur ancien ordre secret, envers la nouvelle cause chrétienne. Il leur suffisait, à lui et à ses amis, de savoir que le comte Hugues avait eu d'excellentes raisons de prendre cette décision rapide, et Hugues croyait, avec raison, qu'on les lui dévoilerait plus tard, au moment opportun. Et, étant l'homme qu'il était, il prit immédiatement à cœur ses nouvelles fonctions et se laissa entraîner par l'enthousiasme du moment au point que, comme presque tous ceux qui se trouvaient à Clermont à ce moment-là, il entreprit son odyssée personnelle vers la Terre sainte avec une ardeur fiévreuse frisant l'extase, et hurla avec tous ceux qui l'entouraient la phrase devenue immédiatement un slogan, « Dieu le veut ! », une phrase dont Hugues de Payns allait d'abord se méfier, puis qu'il allait finalement détester au fil des années.

CHAPITRE 6

L'hystérie qui se déchaîna en ce dernier jour du concile de Clermont prit tout le monde par surprise, y compris le pape Urbain lui-même. Pendant des mois, il avait méticuleusement préparé ce qu'il allait dire à l'assemblée, et il avait passé des semaines à tenter de trouver la meilleure façon de présenter son appel chargé d'émotion de façon à le rendre le plus irrésistible possible aux yeux des gens têtus à qui il était destiné. Urbain avait espéré susciter un enthousiasme pour une véritable guerre, une cause glorieuse, parmi les jeunes chevaliers francs oisifs et hargneux et leurs chefs aristocrates, sachant que s'il pouvait obtenir l'engagement et la participation des Francs, alors tous les autres chevaliers et seigneurs de la chrétienté s'empresseraient de joindre le mouvement. C'était là l'unique objectif qu'avait Urbain en prononçant ce discours et en lançant cette initiative au concile de Clermont. Il ne pouvait aucunement se douter de ce qui allait se produire lorsqu'il concrétiserait son plan et le mettrait en œuvre à un moment où étaient rassemblés tous les éléments propres à déclencher une révolution. L'humeur des gens, composée à parts égales de désespérance et de désillusion, associée aux conditions dans lesquelles ils vivaient, et la confluence de tous leurs besoins et croyances, tout cela se trouva réuni en cet après-midi du mardi du 28 novembre 1095 pour créer l'amalgame parfait qui allait susciter une réaction extraordinaire à l'appel passionné d'Urbain. Il en résulta immédiatement un immense chaos… une explosion incroyable et tout à fait spontanée d'émotion vive et d'enthousiasme populaire qui s'empara de toutes les personnes présentes, sans égard à leur sexe ou à leur position sociale, puis s'étendit au-delà pour contaminer quiconque en entendait parler sans y avoir assisté. Ce qui arriva était inconcevable et sans précédent, mais très réel, et, en l'espace de quelques heures seulement, on convoqua un groupe d'ecclésiastiques à la tête froide qui commencèrent à évaluer ce qui s'était passé et de quelle façon il conviendrait de contrôler ce mouvement, car il était évident, dès le départ, que quelque chose de prodigieux avait été déclenché.

C'est ainsi que, une fois que la réalité eut commencé à reprendre ses droits et qu'on put discerner l'ampleur des changements à venir, le pape et ses prêtres mirent sur pied des comités spéciaux afin de réagir à l'épanchement incroyable d'émotions et d'enthousiasme que suscitait la nouvelle guerre sainte du pape parmi la population, et beaucoup d'événements commencèrent à survenir de manière inexorable. Le premier appel aux armes du pape fut modifié pour veiller à ce que la campagne en vue de libérer la Terre sainte soit minutieusement coordonnée et organisée de façon à débuter neuf mois plus tard, en août 1096, lorsque la récolte serait ramassée et engrangée.

Entre-temps, pendant que toute cette fiévreuse activité se déroulait parmi les légions de fonctionnaires cléricaux du pape, les membres du conseil de l'Ordre de la Renaissance, qui œuvrait à son propre programme, avaient minutieusement examiné et analysé l'occasion que le pape Urbain leur offrait de façon si inattendue, et ils avaient commencé à préparer de vastes plans visant à couvrir toutes les possibilités imaginables en s'assurant de pouvoir, dans les faits, effectuer un retour en Terre sainte. La campagne du pape pourrait échouer ; les armées, qui chemineraient à pied pendant la plus grande partie du trajet, pourraient ne jamais atteindre les Lieux saints ; ou si elles y parvenaient, elles pourraient ne pas réussir à chasser les musulmans infidèles qui occupaient la Ville sainte depuis plus de quatre siècles ; mais le but premier de l'Ordre consistait à s'assurer que, si les armées du pape atteignaient leur objectif et que Jérusalem était libérée, l'Ordre de la Renaissance ait déjà sur place des hommes et des ressources et qu'il soit prêt à accomplir son devoir.

Le comte Hugues avait immédiatement su qu'il ne pourrait s'engager dans la guerre du pape cette année-là simplement en raison de ses propres devoirs et responsabilités en Champagne, où il s'était récemment remarié et où il avait amorcé un ambitieux programme d'amélioration de son comté. C'est pourquoi il ordonna au sire Hugues de Payns et à ses compagnons au sein de l'Ordre, de même qu'à tous les autres hommes ordinaires de son comté qui souhaitaient participer à la guerre sainte du pape, de se préparer à une longue absence du foyer, leur recommandant de s'occuper de leurs diverses responsabilités, de mettre leurs maisons en ordre et d'organiser leurs affaires conjugales et domestiques avec soin avant de partir. Puis, au moment prévu, en octobre 1096, il envoya un corps expéditionnaire bien équipé rejoindre l'armée que commandait Raymond de Saint-Gilles, le vétéran comte de Toulouse ainsi que le parrain et supérieur du comte Hugues au sein de l'Ordre de la Renaissance. Hugues de Payns et ses deux amis, ces derniers en ayant reçu la permission réticente de leurs femmes, étaient fiers de chevaucher aux côtés du comte Raymond, et Arlo chevauchait avec eux, à titre d'auxiliaire personnel de longue date et garde du corps de Hugues. Les trois membres du triumvirat étaient heureux qu'il ait décidé de les accompagner car, comme Arlo en fit lui-même la remarque, s'il ne l'avait pas fait, les trois hommes auraient représenté des proies faciles pour les vautours au sein de l'armée et, en outre, aucun d'eux n'avait la moindre idée de la façon de préparer un repas et ils seraient sûrement morts de faim au milieu de l'abondance.

À partir de Toulouse, ils marchèrent vers le sud-est jusqu'à la côte dalmate et au port de Dyrrachium, où ils s'embarquèrent sur un navire pour traverser la mer Adriatique et ensuite traverser Thessalonique en direction de Constantinople qu'ils atteignirent en avril 1097. Ils représentaient une des quatre grandes armées de la chrétienté arrivées dans la capitale byzantine cette année-là. Ils y furent chaudement accueillis par l'empereur Alexis, dont les Turcs avaient ravagé les territoires au cours des dernières années et qui se réjouissait fort de son amitié avec le pape Urbain.

Ils ne restèrent pas longtemps à Constantinople. Les gens d'Alexis leur firent rapidement traverser l'Hellespont jusqu'en pays Turc où les quatre armées se réunirent pour former un seul grand ost. Hugues et ses deux amis étaient vivement impressionnés de faire partie de cette armée remarquablement disciplinée de quatre mille hommes de pied, trois cents chevaliers et trente mille fantassins, qui entreprit presque aussitôt de traverser le pays Turc et d'attaquer les principautés musulmanes de Syrie, de Phénicie et de Palestine même.

Tout se passa comme prévu. Ils capturèrent Nicée et Édesse, puis remportèrent une grande victoire au lieu appelé Dorylée, avant de traverser l'impitoyable désert anatolien pour assiéger l'immense cité d'Antioche.

Tous tirèrent de cet épisode une leçon d'humilité, et les trois amis constatèrent à quel point leurs attentes s'étaient révélées irréalistes. Ils avaient tous entendu parler d'Antioche, une ville fabuleuse de l'Orient mystique, et ils s'en étaient approchés en croyant y trouver une terre biblique où coulaient le lait et le miel, mais ils y trouvèrent plutôt un cloaque surpeuplé, aux prises avec une famine brutale depuis des années et où le climat constamment mauvais avait rendu insupportables des conditions de vie déjà inhumaines. Un sixième des attaquants francs, presque six mille hommes et chevaliers, moururent de faim pendant les huit mois que dura le siège d'Antioche.

†

– Six mille hommes… Six mille…

La stupeur dans la voix de Montdidier traduisait l'expression ébahie sur les visages des autres qui étaient assis à ses côtés, fixant le feu qu'ils avaient allumé contre la fraîcheur de la nuit dans le désert. Le combustible était constitué de morceaux de meubles provenant d'une maison abandonnée et pillée dans la ville et, maintenant, ils étaient assis devant ce feu et semblaient éviter de se regarder, leurs esprits occupés par les nouvelles désastreuses qu'ils venaient tout juste d'apprendre. Montdidier prit à nouveau la parole en regardant cette fois Saint-Omer qui leur avait fait part de cette nouvelle :

– En es-tu certain, Geoff ? Six mille hommes morts de faim ? Ça semble impossible. Ça signifie un sixième des hommes partis pour venir ici. Combien étions-nous en quittant Constantinople ?

Ce fut Hugues qui répondit tout en jetant un coup d'œil en direction de Saint-Omer pour l'enjoindre silencieusement de le corriger s'il se trompait :

– Plus de trente-cinq mille, si je me souviens bien… Je pense que ton estimation est juste, Crousty. Nous avons perdu un homme sur six, si le chiffre de Geoff est exact. Où as-tu entendu ça, Geoff ?

– De Pépin, l'homme du comte Raymond, il y a moins d'une demi-heure. Le chiffre est plausible. Pépin disait que les commandants des quatre armées d'origine avaient ordonné la tenue d'un recensement peu après la reddition de la ville. Nous savions tous que quelque chose du genre se passait, parce que je me souviens que nous étions ensemble quand les prêtres sont passés, il y a plusieurs jours, pour nous poser toutes ces questions sur ceux d'entre nous qui étaient morts, et comment. Nous en avons parlé à ce moment, vous vous souvenez ? Nous nous demandions pourquoi ils posaient toutes ces questions… Eh bien, maintenant, nous le savons. Les résultats ont été rassemblés pendant plusieurs jours et transmis à Raymond de Saint-Gilles aujourd'hui. Pépin venait tout juste d'entendre la nouvelle quand je l'ai rencontré et il m'en a fait part : six mille hommes morts, certains de la peste, mais la plupart de faim. Il ne nous reste maintenant que moins de treize cents chevaliers dont la plupart n'ont pas de monture.

– Tous ne sont pas morts de faim, Geoff, et ce n'est pas non plus le cas des fantassins. Ce chiffre représente le nombre total de morts, mais nous avions subi de lourdes pertes bien avant d'atteindre Antioche. Nous avons perdu trop d'hommes en route jusqu'ici, avant d'apprendre à respecter comme il se doit nos ennemis. Nous aurions dû tirer cette leçon bien plus tôt.

– Oui, tu as raison, Hugues. Mais six mille hommes, c'est quand même énorme.

Hugues éprouva tout à coup de la colère devant l'étonnement de Geoffroy.

– Oui, c'est énorme, répondit-il d'un ton brusque. Mais nous n'y pouvons rien changer et nous n'avons rien à gagner en nous tracassant à ce sujet. Au moins, aucun d'entre nous ne se trouve parmi les morts. Alors, nous devons simplement hausser les épaules et continuer sans ces six mille hommes, faire les ajustements qu'impose leur perte et nous adapter à cette réalité.

Ses deux amis gardèrent le silence et Hugues se pencha vers l'avant, fixant les flammes et songeant qu'il avait dû faire plus d'ajustements dans sa vie au cours des quelques derniers mois qu'il ne l'avait fait pendant ses vingt-six années d'existence. Le siège d'Antioche l'avait obligé à regarder en face sa propre mortalité et à penser à des choses auxquelles il n'avait jamais réfléchi jusque-là. Avant d'atteindre Antioche, les quelques pensées philosophiques qu'il avait étaient entièrement liées à l'Ordre de la Renaissance, à ses exigences et à ses principes. Mais, confronté aux réalités de la vie devant les murs immenses de cette ville, il avait dû réajuster ses priorités et réexaminer sa vie, la voyant pour la première fois telle qu'elle était réellement : la vie d'un homme ordinaire, mortel et si vulnérable, la proie, comme tous les autres hommes, de la peur et des doutes, de la maladie et de la mort par inanition et des dangers liés à l'eau nauséabonde et contaminée qu'ils buvaient. La famine que ses compagnons et lui avaient découverte en atteignant Antioche était quelque chose de complètement nouveau pour eux.

Ils avaient tous entendu parler de la famine et avaient cru savoir de quoi il s'agissait. Ils en avaient tous parlé à un moment ou à un autre à voix basse et l'associait à des époques extrêmement difficiles et à un manque général de nourriture. Mais aucun d'entre eux, du seigneur au rang le plus élevé jusqu'au manant qui suivait l'armée, n'était en mesure d'imaginer la réalité que représentait une famine de longue date découlant d'une absence totale de nourriture de quelque type que ce soit sur de vastes territoires, et aucun non plus n'était capable de faire face à une telle réalité. Les Francs, qui étaient nés et avaient grandi sur des terres fertiles, ne pouvaient imaginer l'absence d'herbe, au départ, et la première leçon qu'ils avaient eu à apprendre était que leurs bêtes mouraient rapidement lorsqu'elles étaient privées de fourrage. Ils avaient donc fini par manger leurs propres animaux, conscients que lorsqu'il n'en resterait plus, ils n'auraient plus rien à manger — et les animaux mouraient en grand nombre, si bien que la majeure partie de leur chair pourrissait dans la chaleur du désert.

Outre la famine qui frappait la contrée, ils s'étaient rendu compte que les conditions climatiques sur la plaine d'Antioche étaient extrêmement mauvaises, alternant entre le point de congélation accompagné de forts vents provoquant d'épouvantables tempêtes de sable, et de longues périodes de forte humidité qui faisaient apparaître des insectes par millions et augmentaient l'inconfort intolérable auquel étaient confrontés les supposés assiégeants, qui reconnaissaient tous la futilité de ce qu'ils tentaient de faire. La ville était si immense qu'au premier regard, Hugues avait su que l'armée franque ne pouvait espérer l'encercler. Elle couvrait trois milles carrés et était protégée par de hauts murs épais, fortifiés par quatre cent cinquante tours. À l'extrémité de la ville elle-même, mais toujours à l'intérieur de ses murs, se trouvait le mont Silpius, surmonté d'une citadelle qui s'élevait de mille pieds au-dessus des plaines où Hugues et ses compagnons mouraient lentement de faim.

La maladie s'était répandue à une vitesse terrifiante au sein de l'armée franque affamée. Personne ne connaissait la nature de la maladie, et les rares médecins parmi les Francs ne pouvaient rien contre elle. Et lorsque le fléau avait atteint son apogée, Hugues, Geoffroy et Payen avaient été atteints en même temps, laissant Arlo, qui était demeuré indemne, s'occuper d'eux. Geoffroy avait rapidement guéri et avait été de nouveau sur pied en quelques jours. Hugues s'en était remis plus lentement, mais il avait bientôt retrouvé ses forces. Cependant, Montdidier avait frôlé la mort pendant plus de deux semaines et, à trois reprises, Arlo avait pensé qu'il était mort, tant il était immobile, et sa respiration, imperceptible. Mais, chaque fois, Payen reprenait vie, respirant de façon laborieuse, et, le onzième soir, sa fièvre était tombée. Il avait alors perdu près du quart de son poids, mais lorsqu'il avait recommencé à reprendre des forces, sa convalescence avait été aussi rapide que celle des autres. Hugues savait qu'ils avaient tous survécu parce qu'Arlo avait réussi à trouver un sac de blé, probablement volé quelque part, qu'il gardait jalousement, en moulant les grains en petites portions entre deux pierres. Il n'avait donné aucune explication sur sa provenance et personne ne lui en avait demandé, car tous étaient trop reconnaissants de jouir du trésor que contenait ce simple sac de jute et du gruau fade mais nourrissant qu'il leur procurait.

Après huit mois et un jour de siège interminables, Antioche était tombée en une seule nuit, le 3 juin, et elle était tombée non pas par la force des armes, mais grâce à la corruption et à la tricherie, quand un des gardes d'une tour avait ouvert la porte d'évacuation d'eau à des agents infiltrés francs en échange d'un exorbitant pot-de-vin. À l'aube, il y avait plus de cinq cents Francs dans la ville. Le son de leurs trompettes à l'intérieur des murs avait provoqué la panique, et le gouverneur musulman de la ville s'était enfui par les portes arrière avec la majeure partie de son armée. C'était précisément ce à quoi pensait Hugues lorsque Geoffroy aborda le sujet.

– J'ai eu une longue conversation avec Pépin. Il venait de terminer son travail et attendait qu'un de ses amis le rejoigne, et il n'y avait personne d'autre alentour, alors nous avions beaucoup de temps pour parler. J'étais étonné de ce qu'il avait à dire sur notre prise de la ville…

– Tu veux dire que Pépin *pense* ? demanda Hugues d'un ton manifestement incrédule.

Saint-Omer le regarda, puis haussa les épaules et étendit les mains en feignant de s'excuser.

– Eh bien, tu comprends ce que je veux dire… Le comte

avait son opinion sur la question et Pépin l'a entendue par hasard.

– Alors, qu'est-ce qu'il a dit qui t'a surpris ?

– Il a dit, répondit Saint-Omer en fronçant le nez, que si l'émir responsable de la ville avait rassemblé ses hommes et s'était tenu sur ses positions, nous n'aurions eu aucune chance de prendre la ville même si nous étions déjà à l'intérieur des murs.

– Hum ! il a sans doute raison. Nous avions à peine cinq cents hommes à l'intérieur et ils étaient confinés dans un espace fermé. Il y avait là des milliers de défenseurs qui auraient pu ne faire qu'une bouchée de nous s'ils avaient réagi différemment. Pépin a-t-il dit quelque chose sur le moment où nous pourrions quitter cet enfer et poursuivre notre route ?

– Je le lui ai demandé, mais tout ce qu'il a pu me dire, c'est que ce ne sera ni demain ni le jour suivant. J'ai eu l'impression qu'en réalité, il voulait dire que nous pourrions être ici pour un long moment à nous regrouper et à rassembler nos forces.

Hugues hocha simplement la tête, sans surprise, et retourna à ses réflexions. Ayant encore à l'esprit les six mille morts, il commença à s'interroger sur le nombre d'hommes qui avaient péri des deux côtés sans qu'un seul guerrier franc ait encore posé les yeux sur Jérusalem et, alors que cette pensée lui venait, il se souvint sans raison particulière de la suggestion de son parrain St. Clair le soir de son Élévation, à savoir que la meilleure chose que pouvait faire le nouveau pape, Urbain, pour régler le problème du comportement incontrôlable des chevaliers au sein de la chrétienté serait de fomenter une guerre. Ce souvenir, après être remonté à sa mémoire, ne le quitta plus et, bientôt, Hugues se souvint de la façon dont Sir Stephen avait évoqué ce soir-là la possibilité de parler au pape de cette idée parce que, comme St. Clair l'avait souligné, la chrétienté n'était pas le monde entier et *vice versa*. Maintenant que cette idée lui était venue à l'esprit, Hugues trouva cette conclusion incontournable, surtout lorsqu'on tenait compte du poste important qu'occupait

St. Clair au sein du conseil de l'Ordre de la Renaissance, et il s'étonna de ne pas avoir établi ce lien plus tôt, car Sir Stephen St. Clair ne disait rien à la légère. Il possédait suffisamment de pouvoir et d'influence pour obtenir une audience auprès du pape et aussi suffisamment d'intelligence et de charme pour rendre ses idées attrayantes aux yeux du pontife.

Quoi qu'il en fût, on ne pouvait nier que l'appel aux armes du pape Urbain avait réglé son problème le plus chronique et le plus pressant — et l'avait du même coup tiré d'embarras — de manière plus efficace que quiconque aurait pu l'imaginer auparavant en procurant aux chevaliers de toute la chrétienté une occasion de combattre pour une cause glorieuse à l'autre bout du monde et de trouver le salut dans une guerre sainte contre les ennemis de leur dieu chrétien. Le pape avait transformé une idée en réalité et, ce faisant, il avait créé un monstre assoiffé de sang qui menaçait d'anéantir tous ceux qui l'approchaient.

Contre toute logique maintenant, et même s'il savait qu'il ne connaîtrait peut-être jamais la vérité, Hugues était de plus en plus convaincu, alors qu'il continuait de fixer du regard le feu qui s'éteignait lentement, que son parrain avait en fait semé cette graine dans l'esprit du pape et, sachant que c'était lui-même, Hugues de Payns, qui avait d'abord eu cette idée, il la trouva à la fois plaisante et effroyable. Effroyable à cause du monstrueux appétit sanglant que l'idée avait provoqué dans le monde et des considérables pertes de vies des deux côtés alors que, jusqu'ici, cette boucherie n'avait rien à voir avec une véritable guerre, et plaisante car il avait aidé concrètement l'Ordre de la Renaissance à atteindre ses objectifs.

Toutes ces pensées le mettant tout à coup mal à l'aise, il se leva et regarda autour de lui, sentant plutôt que voyant la masse sombre des murs de la ville derrière lui et conscient que ses amis l'observaient avec curiosité, mais il garda son visage de marbre et leur souhaita une bonne nuit, puis il se dirigea vers son lit de camp tout en essayant de se convaincre qu'il ne faisait pas preuve de cynisme. Il savait qu'il avait de nombreuses raisons d'être cynique alors qu'il était témoin des gestes quotidiens et du comportement épouvantable des gens qui l'entouraient, les présumées armées de dieu et leurs illustres chefs, et que n'importe qui pouvait voir de ses propres yeux que les puissants d'outre-mer se battaient ici bien davantage pour leur fortune personnelle que pour la gloire de Dieu et de ses Lieux saints, et Hugues se prit à craindre de ne pouvoir dissimuler beaucoup plus longtemps son dégoût à l'endroit de ses compagnons de voyage si leur comportement ne s'améliorait pas. Mais il allait s'écouler encore de nombreux mois avant que Hugues de Payns ne parvienne à reconnaître que les infidèles contre qui ils se battaient étaient, de plusieurs façons, plus chrétiens et plus admirables que ne l'étaient leurs adversaires qui portaient la croix, pour qui le cri « Dieu le veut ! » en était venu à signifier « je le veux ! »

Au cours des quatre années qui s'écoulèrent entre son départ de chez lui en 1095 et son arrivée avec l'armée franque devant les murs de Jérusalem en 1099, Hugues de Payns avait progressivement perdu ses illusions. Cela avait commencé dès le début de son voyage, lorsque les histoires d'horreur sur les premières expéditions étaient parvenues aux oreilles de ceux qui étaient venus par la suite. Des milliers de gens ordinaires, des serfs et des paysans, s'étaient laissé gagner par l'enthousiasme et l'hystérie entourant la nouvelle guerre du pape et, encouragés par des visions de salut par le biais d'un pèlerinage, et par l'idée d'échapper aux terribles labeurs de leur vie quotidienne en méritant une vie meilleure au paradis en récompense de leur sacrifice, ils avaient quitté leurs foyers immédiatement et sans réfléchir, pour se lancer en campagne, ne pensant à rien d'autre qu'au voyage jusqu'en Terre sainte et à l'idée de l'arracher à mains nues aux Turcs. Mais leurs espoirs avaient bientôt été réduits à néant, car seulement quelques semaines après avoir quitté leurs maisons pour la première fois de leur vie, ils avaient commencé à mourir de faim parce que jamais un si grand nombre de personnes ne s'était déplacé dans toute la chrétienté et que rien n'avait été prévu pour faire face aux hordes de voyageurs sans le sou et sans éducation qui dévoraient chaque miette de nourriture provenant de toutes les sources et ne gardaient rien en réserve. Des milliers d'entre eux étaient morts avant même d'avoir atteint les frontières de leur propre contrée et, moins d'un mois après leur départ de leurs foyers en Champagne, l'entourage du comte écoutait avec horreur des histoires de cannibalisme qui survenaient dans les plus belles régions de France.

Jusqu'à ce moment, Hugues avait réussi à conserver quelques vestiges de la foi et de l'entraînement de son enfance, et il s'était accroché à l'espoir que tout pourrait encore bien se terminer et que, dans le cadre de cette nouvelle entreprise, l'Église et ses dirigeants sauraient, pour une fois, laisser de côté leurs motivations les plus sordides et mobiliser les forces du ciel au nom de la multitude de gens qui s'étaient précipités sur les routes à l'appel du pape Urbain. Mais cet espoir s'était vite révélé futile et la désillusion de Hugues n'avait fait que croître par la suite. L'armée qui progressait vers Jérusalem avait entendu des histoires à propos d'un personnage messianique, à demi fou, du nom de Pierre l'Ermite qui avait mené une horde de paysans affamés et en haillons — on a estimé leur nombre à vingt mille — jusqu'aux limites de Constantinople, ravageant et pillant tous les lieux où ils passaient dans leur recherche désespérée de nourriture. Geoffroy avait rapporté à ses amis une rumeur qui paraissait fondée et selon laquelle la horde avait mise à sac la ville de Belgrade et exterminé des milliers de Hongrois par la même occasion. Au moment où ils avaient atteint Constantinople, ces gens étaient apparemment devenus incontrôlables et l'empereur Alexis avait simplement fait fermer les portes de la ville et les en avait banni. Peu après, ils avaient été massacrés par les Turcs. Leur expédition en vue de reprendre la Ville sainte n'avait pas duré six mois et personne parmi eux n'avait fini par fouler le sol où Jésus avait vécu. Entendant plus tard ces faits de la bouche même de gens qui en avaient été témoins ou d'autres personnes qui avaient simplement été renversés lorsqu'on les leur avait racontés, le cynisme croissant de Hugues envers l'Église et ses acolytes prit fermement racine en son âme. Toutefois, il n'était pas encore prêt à affronter ce qui l'attendait à Jérusalem.

CHAPITRE 7

– Oui, c'est ça ! Par les entrailles du Christ, mes amis, je vous jure que nous serons à l'intérieur d'ici midi. Quelqu'un aimerait-il faire un petit pari là-dessus ?

– Nous sommes peut-être fous, Geoff, mais nous ne sommes pas tout à fait stupides. Pas de paris cette fois.

Montdidier fut le seul à lui répondre en criant pour se faire entendre par-dessus le fracas de la maçonnerie qui s'effondrait. Les autres, Hugues et Arlo, étaient trop captivés pour leur prêter attention alors qu'ils scrutaient les murs de Jérusalem criblés de trous, à moins de cinquante pas de l'endroit où ils se trouvaient, pendant que Montdidier poursuivait :

– Aucun d'entre nous n'est assez fêlé pour faire un tel pari. Dieu du ciel, regardez ça ! Aucun mur ne pourrait soutenir pendant longtemps ce genre d'assaut. Voyez, toute la façade est en train de s'effondrer, maintenant.

Effectivement, alors qu'il parlait, une longue fissure s'entrouvrit dans le mur directement devant eux, s'étendant d'un trou à l'autre et, de là, à d'autres brèches, si bien que toute la surface extérieure sembla s'écrouler d'un coup et glisser vers l'avant, arrachant le revêtement extérieur pour exposer les gravats avec lesquels on avait rempli l'espace vide à l'intérieur des fortifications. Mais, aussitôt que cette enveloppe extérieure cessa de glisser, un autre projectile explosa au centre des gravats, déplaçant une immense quantité de débris, et on pouvait facilement voir que, très bientôt, le mur à cet endroit allait s'effondrer complètement sous le tir constant de projectiles.

Hugues, qui jusqu'alors était adossé contre les ruines basses d'un ancien mur de boue séchée, se redressa et rengaina son épée avant de s'avancer et de faire signe à un de ses hommes d'armes de le rejoindre. Quand l'homme s'approcha et se mit au garde-à-vous, Hugues tendit le bras et posa la main sur son épaule, le tournant lentement dans la direction où il pouvait voir les dégâts qu'avait subis le mur.

– Tu vois les dommages là-bas ? Tu sais ce qu'ils signifient ?

Le soldat acquiesça d'un signe de tête et Hugues lui donna un léger coup sur l'avant-bras.

– C'est bien. Maintenant, retrouve messire le comte. Il devrait se trouver dans ses quartiers ou tout près à l'heure qu'il est. Souhaite-lui une bonne journée de ma part et dis-lui qu'à mon avis ce mur s'écroulera ce matin... probablement au cours de l'heure qui vient. Dis-lui que s'il souhaite être parmi les premiers à pénétrer dans la ville, il devrait revenir ici avec toi discrètement. Comprends-tu ce message ?

– Oui, sire.

– Bien. Redis-le-moi, alors.

Il écouta attentivement l'homme répéter l'ordre, puis hocha la tête.

– Parfait, dit-il. Va, maintenant, et ne perds pas de temps. Et souviens-toi que tu ne dois le dire qu'au comte. Ne dis rien à personne d'autre, même si c'est un roi qui te le demande. Va maintenant.

Il regarda l'homme s'éloigner rapidement, puis se tourna vers les autres, tressaillant par réflexe au moment où une explosion particulièrement forte projetait des éclats de pierre dans leur direction.

– Eh bien, mes amis il semble que, pour une fois dans nos vies, nous nous trouvions au bon endroit au bon moment. Quand tout le monde apprendra que la brèche est ici, ils se précipiteront pour y entrer, mais je veux que nous soyons le premier groupe à y pénétrer, alors mettons-nous en formation et assurons-nous que personne d'autre n'y entre avant nous.

Ils formèrent immédiatement un groupe serré et commencèrent à avancer à pas lents, Hugues au centre, Geoffroy à sa droite et Payen, qui était gaucher, sur sa gauche. Derrière eux, légèrement sur la gauche de Payen et portant l'étendard du baron Hugo de Payns, Arlo les accompagnait, le visage impassible, les yeux constamment en mouvement, même s'il savait que le seul danger auquel ils étaient confrontés en ce moment était celui provoqué par les éclats qui volaient de partout.

C'était vendredi, le quinzième jour du mois de juillet de l'an 1099, et les énormes machines de siège que les Francs avaient construites mitraillaient les murs de la ville de grosses pierres depuis des jours, mais ici, devant eux, les effets de ce barrage d'artillerie devenaient de plus en plus visibles chaque fois qu'un projectile frappait la façade. Trois jours plus tôt, on avait identifié le pan de mur qui se trouvait directement devant eux comme étant le point le plus faible de ce côté-ci de la ville, et on y avait apporté trois des machines de siège les plus grandes et les plus puissantes jamais construites, puis on les avait alignées de façon à ce que leurs projectiles frappent tous au même endroit. Les plus petites picrres étaient plus grosses qu'un homme adulte, tandis que les autres avaient la taille d'un cheval ; aussi, les hommes qui avaient pour tâche de les charger sur les trébuchets travaillaient durement. À partir du moment où les trois machines avaient été alignées, les tirs avaient été incessants, une pierre massive frappant le point le plus faible du mur à chaque minute.

Un an plus tôt, Antioche avait subi un siège de huit mois contre quatre mille chevaliers et trente mille fantassins, et les survivants en avaient maintenant oublié les horreurs. Aujourd'hui, Jérusalem était sur le point de tomber après six semaines devant une armée franque qui comptait moins du tiers de celle qui avait capturé Antioche. Mais les Francs, qui étaient sur le point de prendre Jérusalem, constituaient maintenant une armée de vétérans endurcis et amers, chacun d'eux ayant survécu à un voyage cauchemardesque de six mois, d'Antioche à Jérusalem. La famine les avait poursuivis d'un bout à l'autre de la route, et de nombreux guerriers étaient devenus cannibales, dévorant la chair de leurs ennemis abattus afin de demeurer en vie. Le but de leur odyssée, la ville de Jérusalem, le symbole de tous leurs rêves, n'avait aucun espoir de les retenir au moyen de simples murs. Après avoir perdu la moitié de leurs effectifs pendant la marche de trois cent cinquante milles vers le sud à partir d'Antioche, combattant tout le long du chemin vers leur objectif, les survivants francs n'avaient aucun doute sur l'issue des combats ou sur leur bon droit. La Ville sainte leur appartenait de par la volonté de Dieu.

Un peu plus tard ce matin-là — peut-être une heure, ou encore moins, parce qu'ils avaient perdu toute notion du temps —, Hugues et ses trois compagnons se trouvaient dangereusement près des murs, exposés aux éclats mortels que projetait chaque pierre propulsée par les énormes catapultes derrière eux, ainsi qu'au risque moins grand de recevoir des flèches de la part des défenseurs de chaque côté de la zone ciblée par les trébuchets. Les quatre hommes se tenaient les uns contre les autres, les genoux pliés et les boucliers relevés, mais ils s'inquiétaient davantage d'être dépassés par d'autres, car, pendant le temps écoulé depuis que Hugues avait envoyé son message au comte, une foule de guerriers à l'affût s'étaient rassemblés dans l'espace auparavant vide dans les murs, surveillant les dommages dans la maçonnerie et attendant que s'ouvre complètement la première brèche. Jusqu'à maintenant, tous les quatre avaient réussi à maintenir leur position et ils n'entendaient la céder à personne, excepté au comte Raymond, avec qui ils allaient la partager, s'il souhaitait se joindre à eux.

– Le voilà, grogna Payen après avoir jeté un coup d'œil par-dessus son épaule pour s'assurer qu'aucun autre groupe ne s'approchait trop. Le comte Raymond et… six, non, sept chevaliers de Passy l'accompagnent et de Vitrebon. Je ne sais pas…

Ses dernières paroles se perdirent dans le vacarme assourdissant de la maçonnerie qui s'écroulait alors qu'un nuage de poussière apparaissait devant eux, leur cachant totalement les murs, et, pendant un long moment, on n'entendit plus aucun autre son que celui des gravats qui roulaient. Finalement, ce bruit cessa également et, tandis que la poussière commençait à retomber, Hugues prit la parole :

– Ça y est, les gars. C'est une véritable brèche, ou je suis Bourguignon, dit-il en soulevant la masse d'armes qui pendait à son côté et en appuyant son bouclier de manière plus confortable contre son épaule gauche. Maintenant, si nous avons de la chance, les guetteurs verront la brèche et ils cesseront le bombardement. Sinon, nous pourrions nous retrouver dans une situation fort déplaisante en approchant du mur… Arlo, commence à compter. Nous irons de l'avant aussitôt que nous saurons que le bombardement s'est arrêté et que la poussière sera complètement retombée.

Dans le silence régnant, ils entendaient Arlo qui comptait en cadence. Sa voix semblait ridiculement forte, mais elle leur procurait une nécessaire discipline. Normalement, le prochain projectile devrait survenir avant qu'il n'ait atteint le compte de quatre-vingts, mais il atteignit ce nombre et continua jusqu'à cent avant que Hugues ne lui fasse un signe de tête.

– Bien, ils ont arrêté. Bienvenue, monsieur le comte. Souhaitez-vous prendre le commandement ?

Le comte Raymond, qui les avait rejoints silencieusement, secoua la tête.

– Non, sire Hugues, vous semblez avoir la situation bien en main. Continuez.

Hugues acquiesça de nouveau et, levant lentement sa masse d'armes au-dessus de sa tête, il ordonna aux hommes derrière lui de se tenir prêts.

– Bien, dit-il presque sur le ton de la conversation, les tirs ont certainement cessé maintenant, alors nous pouvons y aller. Encore une minute ou deux pour laisser la poussière disparaître. Faites attention où vous posez les pieds, mais gardez la tête levée ; ils vont nous attendre et vous ne souhaitez sûrement pas mourir en regardant vos pieds. Ne bougez pas… attendez…

Une brise souffla qui dégagea la poussière, montrant clairement une brèche en haut du mur.

– Là ! C'est une brèche à n'en pas douter, alors allons-y. Suivez-moi !

Ils grimpèrent sur les gravats jusqu'à la brèche dans le mur et trouvèrent les défenseurs de la cité prêts à les recevoir. Hugues, qui avançait en tête du peloton, se retrouva seul pendant un bref moment, regardant en contrebas les visages basanés des défenseurs qui, tous, semblaient le fixer d'un regard de haine. Il éprouvait un sentiment de calme détachement, une sensation d'irréalité silencieuse, tout en étant conscient de l'instabilité des décombres sous ses pieds alors qu'il s'efforçait de conserver son équilibre, puis une flèche frappa soudainement son écu, le plaquant solidement contre lui et le faisant chanceler. Son talon accrocha quelque chose et il tomba durement sur les fesses, son dos heurtant douloureusement une pierre au rebord acéré, puis ses oreilles se remirent à fonctionner et il se redressa, conscient du chaos d'images et de bruits qui l'entouraient et légèrement surpris du nombre de ses hommes qui se trouvaient devant lui maintenant, car ils l'avaient dépassé lorsqu'il était tombé. Faisant abstraction de la vive douleur qu'il ressentait au bas du dos, il descendit maladroitement la pente de décombres à l'intérieur des murs et se retrouva tout à coup devant un musulman en armure qui, le visage sombre, brandissait un cimeterre dans sa direction. Hugues bloqua le coup avec son bouclier et balança sa masse en un arc court et tranchant, plongeant la pointe à son extrémité dans le casque du musulman. L'homme tomba et Hugues sentit à peine la secousse lorsqu'il retira sa masse. Il se déplaça vers la gauche, brandissant haut sa masse, puis frappa un autre défenseur qui se trouvait sur les genoux, par-dessus un soldat franc, tentant de le poignarder avec sa dague courbée. Une des pointes de la masse atteignit le cou nu de l'homme et le tua instantanément, mais avant même que le Sarrasin n'eut commencé à s'écrouler, Hugues sentit que quelqu'un se précipitait vers lui sur la droite et il savait qu'il n'avait pas le temps de retirer sa masse avant que l'autre ne parvienne jusqu'à lui.

Il relâche sa prise et se tourna vers la gauche en ramenant son bouclier vers lui dans une tentative désespérée pour se protéger pendant qu'il trouvait et saisissait sa dague de sa main droite. Il entendit un souffle rapide près de son oreille, un juron murmuré, puis huma une odeur qu'il avait déjà sentie, et le dos d'un autre homme vint frapper durement le sien. Il posa immédiatement son genou gauche par terre et se retourna en balançant sa dague vers l'extérieur et vers le haut jusqu'à ce qu'il sente sa lame s'enfoncer dans la chair molle, et alors, dans un tourbillon écrasant de corps qui s'agrippaient, entendant le cliquetis des lames et les sons plus lourds des coups des autres armes, tout cela mêlé aux pleurs, aux grognements, aux sifflements et aux cris des hommes à l'agonie, il devina une présence au-dessus de lui — il n'eut pas le temps de la voir réellement — et il sentit une pression d'air alors que quelque chose descendait vers lui et s'abattait sur sa tête, lui faisant perdre connaissance.

†

Hugues revint à lui pour découvrir qu'il ne pouvait bouger son corps et que le seul fait de tenter d'ouvrir les yeux suscitait une douleur presque intolérable, et il demeura immobile pendant un moment, reprenant lentement ses esprits. Il se souvenait avoir été écrasé par des corps luttant dans un combat brutal et sanglant. Il se rappela le moment où il avait tout à coup pris conscience d'un grave danger et où il avait senti une ombre s'avançant rapidement vers lui avant qu'il ne soit frappé. Peu après, il tenta à nouveau d'ouvrir les yeux, plus prudemment cette fois, et il y parvint, mais la douleur n'avait en rien diminué et, bien qu'il pût voir de la lumière cette fois, il ne pouvait rien discerner qui eût du sens à ses yeux, et il ne pouvait toujours pas bouger. Alors, il referma lentement les paupières et s'obligea à respirer régulièrement, combattant un réflexe de panique, jusqu'à ce que son cœur ait repris un rythme normal. Il plia lentement les doigts, profondément soulagé de pouvoir le faire, puis il les appuya contre le sol et poussa en raidissant les bras. Quelque chose céda sur son dos, il poussa donc plus fort, et ce qui s'y trouvait tomba. Puis il ouvrit les yeux pour la troisième fois. Il ressentait encore une abominable douleur, mais, cette fois, il pouvait voir, bien que tout fût fort embrouillé.

Il lui fallut plusieurs minutes de plus pour se libérer et réussir à s'asseoir, mais, à ce moment, il avait compris qu'il gisait près de la base du monticule de décombres derrière le mur de la ville, l'épaule prisonnière d'un fragment de maçonnerie et le visage contre les débris autour de lui. Ses yeux étaient remplis de poussière et de gravillons, ce qui expliquait sa douleur, et le poids qui l'avait maintenu contre terre était celui de deux cadavres, l'un musulman, l'autre franc. Le combat se poursuivait plus loin. Hugues pouvait entendre les bruits de bataille, et il prit conscience que des guerriers francs passaient près de lui, des chevaliers et des hommes d'armes, tous descendant en file à sa droite à partir du sommet de la brèche dans le mur et se dispersant dans les rues et les ruelles de la ville devant lui, courant à toutes jambes comme s'ils craignaient que le combat ne se termine avant qu'ils n'arrivent. Aucun d'eux ne lui jeta le moindre regard.

Hugues se releva, mais réalisa aussitôt qu'il n'était pas encore prêt à aller où que ce fût, car le monde penchait de façon alarmante autour de lui et il s'assit de nouveau. Toutefois, en tombant, il sentit le poids de sa bouteille d'eau frapper contre ses côtes et s'en réjouit. Il tira un chiffon de l'intérieur de sa cotte de mailles et le trempa dans la bouteille, puis essuya le sable et les gravillons de ses yeux, grimaçant de douleur en même temps qu'il ressentit immédiatement du soulagement. Il s'administra le traitement une seconde fois et, maintenant qu'il pouvait mieux voir, il regarda autour de lui, voyant partout des corps. Il remarqua qu'il semblait y avoir, parmi les cadavres, un nombre semblable de défenseurs et d'attaquants, mais se sentit soulagé de ne voir parmi eux personne qu'il connaissait, et il se demanda où se trouvaient Saint-Omer et les autres, et pourquoi ils l'avaient laissé derrière. La seule explication qu'il pût trouver — et qu'il soupçonnait être la bonne, puisque Arlo ne l'avait jamais abandonné auparavant — était qu'ils l'avaient perdu dans le tourbillon des combats et qu'ils ne l'avaient pas vu à l'endroit où il gisait, le visage contre terre et couvert d'une couche de poussière sous deux hommes morts. Ils devaient avoir pensé qu'il se trouvait devant et s'être précipités à sa recherche.

Sachant qu'il n'était pas en danger pour l'instant, Hugues retira son heaume d'acier plat, dénoua les attaches à son cou et repoussa son capuchon de mailles sur son dos, constatant qu'il ne sentait aucune déchirure grave dans les mailles avec ses mains nues. Puis il trempa une dernière fois son mouchoir dans l'eau et s'essuya le visage, le crâne et les mains. Il avait un terrible mal de tête, probablement, se dit-il, à cause du coup qui l'avait terrassé, mais il n'y avait pas de sang sur son chiffon et le reste de son corps paraissait étonnamment en bon état, ses diverses parties réagissant lorsqu'il les faisait bouger. Il se rinça minutieusement la bouche et cracha les derniers gravillons qui s'y trouvaient, puis avala une grande gorgée d'eau, referma la bouteille et remit son capuchon et son heaume, rattachant les liens sous son menton avant de se lever une fois de plus, les bras étendus pour garder son équilibre, mais, à l'exception d'un faible balancement lorsqu'il atteignit la position verticale, il était stable. Son épée se trouvait là où elle devait être, encore dans son fourreau, mais il ne voyait ni son écu ni sa dague et il regarda un moment encore autour de lui avant de finalement apercevoir le manche familier de sa masse d'armes. L'une de ses pointes était encore accrochée à l'épine dorsale du dernier homme qu'il avait frappé et il essaya d'éviter de se demander qui avait été l'homme lorsqu'il tordit et retira l'arme. Il jeta un coup d'œil à la pointe maculée de sang, puis la frappa contre la terre pour en enlever la majeure partie et jeta un dernier coup d'œil autour de lui à la recherche de sa dague. Réalisant alors qu'elle pouvait se trouver n'importe où, dissimulée dans le flanc de n'importe quel corps gisant sur le sol, il abandonna l'idée de la retrouver et tira à la place son épée de son étui. Puis, agrippant fermement la masse dans la main gauche et la longue épée dans la droite, Hugues de Payns pénétra finalement dans la Ville sainte de Jérusalem.

Il porta ses armes toute la journée, mais ne fut même jamais tenté de les utiliser de nouveau sauf, en trois occasions, contre ses propres gens, lorsqu'il les surprit en train de commettre des atrocités sur des personnes qui n'auraient jamais pu, en aucun cas, avoir pris part à la défense de Jérusalem... des femmes vieilles et jeunes, certaines enceintes, et des enfants sans défense, terrifiés.

Vers le crépuscule, après avoir erré dans la ville conquise pendant des heures, il sortit par la porte de Damas, dépassant Saint-Omer et Montdidier sans reconnaître ni l'un ni l'autre, ni répondre à leurs cris. Perplexes, mais le connaissant suffisamment bien pour savoir qu'ils n'auraient droit à aucun remerciement en l'accostant, ses deux amis se tinrent côte à côte et le regardèrent s'éloigner dans l'obscurité croissante. Ils présumèrent qu'il retournait à leur campement, mais ils avaient tort. Le fidèle Arlo, qui avait frénétiquement cherché son ami et son maître toute la journée, demeura éveillé toute la nuit, attendant son retour, mais des semaines s'écoulèrent avant que quiconque ne vît Hugues de Payns de nouveau et, à ce moment, tous, y compris ses trois amis les plus intimes, croyaient qu'il était mort.

Entre-temps, Arlo était devenu squelettique et avait les yeux hagards, car lui seul, parmi les trois amis survivants, avait eu le temps de réfléchir à la perte de Hugues et de se demander ce qui lui était arrivé. Les autres, Geoffroy et Payen, avaient eu la chance de demeurer fort occupés à répondre aux demandes du comte Raymond, qui était tout à fait conscient des conséquences funestes que pouvait avoir la perte d'un ami d'enfance. D'origine modeste, Arlo ne s'attendait à aucune marque de sympathie de ce genre et n'en avait reçu aucune ; il était livré à lui-même. À la fin du troisième jour, après s'être informé partout, il s'était convaincu que Hugues avait été tué par des voleurs, son corps caché dans quelque trou. Il avait parcouru la ville en long et en large au cours des premiers jours, fouillant chaque rue et chaque maison vide, chaque cave pour trouver un signe de son maître avant que le pillage de la ville n'ait été nettoyé, les corps en décomposition rassemblés puis brûlés, et les voies publiques dégagées et rendues à nouveau utilisables.

Ce nettoyage initial, une tâche titanesque d'après toutes les estimations, avait nécessité quinze jours de dur labeur de la part de tous les hommes d'armes et de tous les prisonniers suffisamment valides pour tenir une pelle ou un balai et, pourtant, l'odeur nauséabonde de sang et de mort flottait encore dans les lieux étroits et ombragés de la ville, comme si elle avait été cuite dans les pierres mêmes par l'intense chaleur. Et constatant que toutes ses recherches n'avaient mené à rien, Arlo avait parlé à chacun des personnages haut placés parmi les armées de la croisade. Personne n'avait vu sire Hugues de Payns, et personne ne savait ce qui avait pu lui arriver ou ne semblait s'en soucier.

Puis, un beau matin, sans explication, Hugues revint au camp peu après l'aube, vêtu de haillons sous une simple tunique, et conduisant un âne lourdement chargé de bagages. Il ignora la stupéfaction d'Arlo, se contentant de lui faire un bref signe de tête comme s'il l'avait vu seulement quelques instants plus tôt, puis commença à décharger l'âne, qui transpirait sous sa cotte de mailles, sa tunique matelassée, son armure, sa masse et son épée. Il ne donna aucune explication sur l'endroit d'où il venait ni sur ce qu'il avait fait, et quand Arlo finit par lui demander directement où il était passé, il répondit simplement : « Tout seul, à réfléchir. » Ce fut là la seule explication qu'Arlo reçut jamais, mais il était tout à fait conscient à cet instant que le Hugues de Payns qui était revenu ce matin-là n'était pas le même homme que celui qui avait mené la charge dans la brèche du mur de la ville trois semaines plus tôt.

Arlo envoya immédiatement un message à Saint-Omer et à Montdidier pour les informer du retour de Hugues. Ceux-ci se rendirent dans l'heure qui suivit au camp de Hugues et ils trouvèrent leur ami profondément endormi. Arlo ne voulut pas qu'on le réveille, soulignant que son maître devait être épuisé, sans quoi il ne se serait jamais permis d'être au lit à cette heure de la journée. Acceptant ce fait comme l'évidence même, les deux hommes s'assirent et demandèrent à Arlo de leur dire tout ce qu'il savait. Arlo, bien sûr, ne savait rien de plus qu'eux. Il leur parla du retour discret de Hugues, de sa réserve et de sa quiétude inhabituelles, mais ne put rien ajouter. Hugues avait simplement refusé de lui parler de quoi que ce soit.

Le même soir, les deux chevaliers revinrent et trouvèrent Hugues assis paisiblement devant un feu d'excréments de chevaux et de chameaux, emmitouflé dans un ample vêtement arabe et fixant les tisons. Il se montra cordial, mais refusa de répondre à leurs questions, et quand ils se firent insistants, il parla à l'un d'entre eux tout en évitant platement de répondre à l'autre. Ils endurèrent cela pendant plus d'une heure, puis se retirèrent en secouant la tête.

Ils retournèrent le voir le soir suivant pour découvrir que rien n'avait changé, mais, cette fois, Geoffroy s'assit, les yeux plissés en deux fentes étroites, observant et écoutant, et parlant peu, la bouche tordue dans un effort de réflexion. Le lendemain, il revint seul et s'assit en silence près de son ami pendant plus d'une heure, regardant le feu. Hugues semblait heureux de sa compagnie, et ils demeurèrent dans un silence confortable jusqu'à ce que Geoffroy se racle la gorge et dise :

– Tu sais, j'étais fâché contre toi le jour où les murs sont tombés, et je le suis encore.

Le silence qui suivit dura longtemps, mais au moment où Saint-Omer commençait à penser que Hugues n'allait pas répondre, ce dernier hocha la tête et le regarda de côté.

– Pourquoi ? Quelle raison as-tu d'être en colère contre moi ?

– Pourquoi ? Comment peux-tu seulement me poser cette question, Hugues ? Pourquoi ? Parce que j'avais besoin de toi et que tu n'étais pas là — Crousty et moi avions tous les deux besoin de toi plus que jamais auparavant. Tu es la seule personne à qui nous pouvons faire confiance sans l'ombre d'un doute, et tu as disparu alors que nous avions le plus besoin de toi. Au nom de Dieu, où étais-tu passé ?

Hugues de Payns se redressa sur son siège comme s'il avait été frappé et, pendant un moment, son expression se trouva transformée, le visage courroucé, les plis sous ses yeux traçant une ligne pâle contre le bronzage de son visage.

– Au nom de Dieu ? Tu demandes où je suis allé au nom de *Dieu* ? Je ne suis allé nulle part au nom de Dieu. J'ai couru dans la honte et dans la terreur pour m'éloigner du nom de Dieu, loin dans l'obscurité du désert où je ne pouvais plus entendre son nom crié par des fous. J'ai entendu suffisamment le nom de Dieu ce jour-là pour m'en rendre malade pendant mille vies, et je souhaite ne plus jamais entendre son nom.

Saint-Omer hocha la tête, puis se força à s'asseoir tranquillement, comptant jusqu'à vingt avant de demander d'une voix calme :

– De quoi parles-tu, Hugues ? Je ne comprends rien à ce que tu dis.

Le silence s'étira à nouveau pendant ce qui sembla une éternité avant que de Payns ne réplique d'une voix incommensurablement douce compte tenu du poids de ce qu'il allait dire :

– Dieu a souhaité ce qui arrive à Jérusalem aujourd'hui, Geoff. Dieu l'a voulu. J'ai regardé le visage d'un évêque que j'avais trouvé parce que je voulais confesser mes péchés pour la première fois depuis que j'ai adhéré à notre Ordre, et j'ai vu du sang mêlé à sa barbe et à ses cheveux, et j'ai vu la démence et le goût du sang dans ses yeux et la coupure tachée sur sa robe à l'endroit où il avait nettoyé sa lame du sang qu'il avait versé ce jour-là. Elle pendait d'une ceinture accrochée à son épaule, une longue épée rouillée, vieille, maculée de sang, et j'ai pensé : *Cet homme est un évêque, un des bergers consacrés de Dieu, et il est taché et souillé de sang humain... un prêtre, un homme qui n'a pas le droit de tuer !* Et c'est à ce moment précis que j'ai compris que j'étais le seul, parmi toutes les personnes peuplant Jérusalem ce jour-là, à voir quelque chose de moralement mauvais dans ce qui se produisait, dans ce que nous avions fait et faisions encore. Comment pouvions-nous avoir tort ? Nous réalisions la volonté de Dieu. *Dieu le veut !...* Combien de gens avons-nous tués ce jour-là, le sais-tu ?

Saint-Omer demeura silencieux, regardant ses pieds, puis hocha la tête.

– Oui, Hugues, je le sais. Le chiffre a été rendu public. Tout le monde en était très fier. La plus grande victoire dans l'histoire de la chrétienté… la reconquête de Jérusalem des mains des infidèles…

– Combien, Geoff ?

Saint-Omer prit une profonde inspiration par les narines, puis exhala bruyamment.

– Quatre-vingt-dix mille.

– Quatre-vingt-dix… mille. Quatre-vingt-dix mille âmes…, souffla Hugues en se tournant vers son ami. Pense à ça, Geoff, souviens-toi… Te rappelles-tu à quel point nous étions fiers d'appartenir à cette splendide armée le jour où nous avons quitté Constantinople ? Nous étions quatre armées qui n'en faisaient qu'une, et elle comprenait moins de quarante-cinq mille hommes… moins de la moitié des gens tués à Jérusalem ce jour-là. Te souviens-tu comment ce rassemblement de quelque quarante milliers de personnes, avec ses quatre mille cinq cents chevaliers sur leurs chevaux et les trente mille fantassins nous semblait immense ? Et ici, il y en avait quatre-vingt-dix mille ; un rassemblement deux fois plus important que cette grande armée… mais composé d'hommes, de femmes et d'enfants, tous affamés, fragiles et malades… emmurés dans une ville, sans aide et à notre merci. Et nous les avons massacrés parce que « Dieu le voulait »…

La voix lui manqua et il se leva, puis croisa les bras, la tête penchée, et quand il parla de nouveau, il tenait une main devant ses yeux, le pouce et l'index posés sur ses paupières fermées.

– Je savais que le chiffre était énorme, parce qu'à certains moments et à certains endroits, j'avais presque du sang et des entrailles jusqu'aux chevilles… des endroits où le système d'écoulement fonctionnait mal et où les murs étaient hauts… où il y avait des maisons remplies de gens prospères et de leurs amis, exterminés dans leurs foyers. Et je crois que les cris que j'ai entendus ce jour-là — et que j'entends encore aujourd'hui — ne me permettront jamais plus d'entendre le silence.

Saint-Omer leva les mains vers le ciel et les laissa retomber d'un air impuissant sur ses genoux.

– Hugues…, dit-il.

Mais de Payns l'interrompit aussitôt :

– S'il te plaît, dis-moi que tu n'allais pas me dire que ça n'était pas aussi terrible que le souvenir que j'en ai, Geoff, parce qu'en fait, c'était pire. J'ai vu des hommes que j'avais connus pendant toute ma vie, des chevaliers chrétiens, transformés en bêtes, massacrant au hasard femmes et enfants, certains d'entre eux traînant des vêtements remplis de tout le butin qu'ils ne pouvaient transporter sur eux. J'ai moi-même tué un homme, un chevalier de Chartres, que j'ai surpris en train de violer une petite fille qui n'avait pas plus de sept ans. Il m'a regardé, les yeux déments, et il a crié qu'il réalisait l'œuvre de Dieu en chassant le démon d'elle. J'ai dû lui trancher la tête d'un seul coup et le laisser étendu sur elle parce qu'elle était déjà morte. Il l'avait tuée avant de la violer. Parce que Dieu le voulait, Geoff… Parce que Dieu le voulait, par l'entremise de ses prêtres et de ses fidèles. Ne me parle plus jamais de Dieu.

– Je ne le ferai pas. Tu peux y compter.

Quelque chose dans le ton de Saint-Omer capta l'attention de Hugues et il pencha soudainement la tête de côté, de nouveau curieux.

– Pourquoi étais-tu en colère contre moi ce jour-là ? demanda-t-il. Je crois que tu ne me l'as pas dit.

Saint-Omer secoua la tête.

– Non, je ne te l'ai pas dit, mais, toi, tu me l'as dit ce soir.

Il se tut un moment, s'introduisit l'ongle du petit doigt dans une oreille et en retira un peu de cire qu'il examina minutieusement avant de la jeter dans le feu.

– Et maintenant tu seras sans doute surpris d'apprendre que je suis encore plus en colère que je ne l'étais alors, dit-il en se retournant sur sa chaise et en fixant Hugues. Comment peux-tu affirmer que tu étais le seul à te sentir ainsi ce jour-là ? Comment peux-tu seulement penser une telle chose ? Comment peux-tu… comment peux-tu avoir autant… ? Quel est le mot qu'employait le vieil Anselme pour désigner la fierté excessive ? L'orgueil démesuré, c'est ça. Comment peux-tu avoir tant d'orgueil, Hugues ? C'est insultant... insultant au point que tu mériterais une gifle. C'est insultant pour moi, et pour Crousty, et pour ton père le baron, et le comte lui-même, et tous les autres membres de notre Ordre qui se trouvaient dans la ville ce jour-là. Aucun d'entre nous n'avait d'autre choix que de s'y trouver, si tu prends la peine de t'en souvenir. Nous avions traversé la moitié du monde pour être là. Nous y voyions un devoir sacré, alors nous y sommes tous allés de plein gré. Mais tous n'ont pas apprécié ce qui s'y est produit, et ce que nous y avons vu en a rendu malade plus d'un. Tu n'es pas le seul homme qui ait été dégoûté par ce qui s'est passé à ce moment et à cet endroit. Je pourrais te nommer une centaine d'hommes que je connais personnellement et qui tous ont été écœurés de ce qui s'est produit ici, mais que peuvent-ils y changer ? Les trésors qui ont été saisis sont tous partis dans les coffres des évêques et des nobles... Les personnes qui possédaient ces trésors sont toutes mortes. La ville est devenue inhabitable, elle pue comme le charnier qu'elle est devenue, et je parierais que personne n'y vivra pendant les dix prochaines années, sinon plus. Titus avait détruit Jérusalem, il y a douze siècles, et, maintenant, l'Église de Jésus-Christ, un Juif qui vivait ici à l'époque, l'a détruite à nouveau, et tu as réussi à te convaincre que tu étais le seul à voir ça ? C'est vraiment de l'orgueil démesuré, mon ami, et c'en est trop pour moi. Je te souhaite une bonne nuit.

Saint-Omer se leva brusquement et pivota sur ses talons, mais la voix d'Hugues l'arrêta avant qu'il ne pût faire un pas.

– Attends, Geoff. Attends, attends. Tourne-toi, si tu le veux bien, et regarde-moi, et pardonne-moi dans l'esprit de notre Ordre. Tu as raison sur toute la ligne et je me complaisais dans l'orgueil et, dans mon propre apitoiement sur moi-même, j'étais incapable de voir plus loin que le bout de mon nez. S'il te plaît, mon ami, assieds-toi.

Une demi-heure plus tard, après avoir parlé en profondeur de leurs sentiments les plus intimes et des expériences semblables que d'autres avaient vécues, Hugues dit :

– Merci pour cette conversation, Geoff. Grâce à toi, je me sens beaucoup mieux maintenant, en sachant que tant d'autres partagent ma colère et ma peine. Mais il en existe encore d'autres dont ce n'est pas le sentiment…

– Et qu'entends-tu faire en ce qui les concerne, Hugues ?

– Faire ? Rien du tout. Pourvu qu'ils me laissent en paix, j'ai l'intention de les ignorer.

– Les ignorer ? demanda Saint-Omer, un demi-sourire aux lèvres. Tous ?

– Chacun d'entre eux. Pourquoi est-ce que ça te fait sourire ?

– C'est seulement la façon dont tu le dis. Mais qu'arrivera-t-il s'ils refusent de te laisser en paix ?

Le visage d'Hugues de Payns avait perdu toute trace d'humour ou de compassion lorsqu'il répondit d'une voix monocorde :

– Alors, j'en tuerai quelques-uns, comme eux ont tué à Jérusalem. Cela les convaincra rapidement de me laisser tranquille, et je le ferai sans aucune hésitation si je le dois. À mes yeux, ils ont perdu tout vestige de sentiment humain qu'ils pourraient avoir eu avant de venir ici et je ne veux plus avoir affaire à eux. Pendant que je suis ici en Palestine, mon suzerain est le comte Raymond, et je remplirai mes devoirs envers lui comme avant. À compter de demain, j'irai où il m'enverra et je ferai selon sa volonté, et s'il arrive que je doive partager des responsabilités avec les autres ou combattre à leurs côtés, je le ferai. Mais je ne veux pas avoir affaire à eux autrement.

– Mais…

– Mais quoi, Geoff ? demanda Hugues en souriant alors qu'il montrait sa vraie nature pour la première fois depuis un mois. Pense à cela, mon ami… Pense à moi et à ce que tu es en train de dire… Je n'ai jamais volontairement eu affaire à eux de toute façon… Je passe mes temps libres avec mes amis, et tous mes amis appartiennent à l'Ordre.

Il resta silencieux un moment, puis poursuivit :

– Qu'en est-il de toi et de Crousty ? Que ferez-vous,

maintenant que vous avez vu de quelle manière merveilleuse la Ville sainte a été sauvée pour le plus grand bien de toutes les bonnes âmes chrétiennes ?

Saint-Omer haussa les épaules et fit la moue.

– La même chose que toi. Nous ferons notre devoir ainsi que nous l'avons juré et nous obéirons à notre seigneur le comte. Ce qui me rappelle que je dois aller le voir à l'aube, alors je ferais bien de partir. J'ai l'impression qu'il veut m'envoyer quelque part. Pas Crousty, seulement moi. Ne me demande pas pourquoi, parce que ce n'est rien de plus qu'une impression, mais s'il ne le fait pas, je reviendrai demain soir avec Crousty.

– Qu'il en soit ainsi, et puisse la fortune t'accompagner s'il t'envoie ailleurs… Sois prudent et reviens en toute sécurité.

Saint-Omer fit un signe de tête et se tourna pour partir, puis il regarda Hugues à nouveau.

– Maintenant que la campagne est terminée, nous allons retourner chez nous, tu le sais ? L'armée se disperse.

– Elle se disperse ?

Hugues parut troublé pendant un long moment, comme s'il avait du mal à comprendre ce qu'il avait entendu, puis il sccoua la tête d'un air impatient, comme pour essayer d'y voir plus clair.

– Qu'est-ce que ça veut dire, *se disperse* ? Ce serait pure folie, Geoff, pure folie. L'armée ne peut pas se disperser parce que, au moment où cela se produira, les Turcs vont revenir comme des diables vengeurs, et il n'y aura personne pour les arrêter et nous n'aurons rien accompli. Où as-tu entendu ces absurdités ?

Saint-Omer resta debout un instant, les sourcils froncés, puis il secoua la tête, nullement déconcerté.

– Je ne sais pas vraiment où je les ai entendues pour la première fois, mais tout le monde en parle… de retourner chez nous, je veux dire. Il faut retourner chez nous, Hugues… Surtout ceux d'entre nous qui ont des femmes et des enfants. Nous sommes déjà partis depuis quatre ans et, même si nous partions ce soir, cela ferait six ans quand nous arriverions à la maison.

Il hésita, puis continua :

– De plus, ce n'est pas comme si tout le monde partait. Les enjeux sont trop élevés pour cela ; en ce moment même se créent des royaumes, des duchés et des comtés et il faudra les défendre.

De Payns fronça les sourcils à ces paroles.

– Des royaumes ? De quoi parles-tu, Geoff ? Des royaumes ici sur la terre de Dieu ? Où sont ces royaumes ?

Maintenant, Saint-Omer paraissait en colère. Il leva les mains au ciel.

– Ils ne sont nulle part, Hugues, pas encore. Ce ne sont que des paroles en ce moment. Mais on parle de créer un royaume de Jérusalem, pour la protection des Lieux saints. Les barons et les nobles voulaient que de Bouillon devienne le roi, et ils l'ont nommé il y a une dizaine de jours, pendant que tu étais absent… Mais il a refusé en disant qu'aucun homme ne devait porter une couronne d'argent là où Jésus avait porté une couronne d'épines. Cependant, il a accepté le titre plus modeste d'« avoué du Saint Sépulcre ».

– Hum ! qu'est-ce que ça signifie ?

Hugues connaissait et admirait Godefroi de Bouillon, le duc de la Basse-Lorraine, qui avait été le chef de file incontesté des armées chrétiennes en marche vers Jérusalem, et il se dit que c'était représentatif de l'homme qu'il ait eu la force morale de refuser un royaume en raison de ses croyances. Il était modeste, sans prétentions et même effacé, et son honnêteté et son intégrité indubitables représentaient les vraies raisons qui sous-tendaient sa popularité et le respect que tous avaient pour lui. En y songeant maintenant, Hugues réalisa que le refus de Godefroi de Bouillon allait donner à quelqu'un d'autre l'occasion de devenir roi à sa place, et le poste, une fois proposé, ne resterait pas longtemps inoccupé, mais Geoffroy secoua la tête, refusant de l'envisager aussitôt que son ami l'eut mentionné.

– Il n'en est pas question, dit-il. Le nouveau titre de Godefroi, avoué du Saint Sépulcre, renferme tous les pouvoirs de la royauté sans en utiliser le nom. Il s'agit d'une intéressante manœuvre politique, mais elle peut servir nos intérêts.

– Oui, aussi longtemps que Godefroi vivra. Qui d'autre est impliqué ?

– Impliqué dans quoi, la royauté ? demanda Saint-Omer en haussant les épaules. La foule habituelle, je dirais. Baudouin, le frère de Godefroi, ne se tiendra pas loin… Il est d'une froideur, cet homme. Et puis, il y a Bohémond de Tarente… On dit qu'il s'est déjà approprié Antioche, en faisant son propre fief et se nommant prince d'Antioche… Et on affirme aussi que Baudouin, tout en gardant un œil sur la prétention de son frère à la couronne de Jérusalem, tente de réclamer Édesse pour lui-même, en tant que comte. Il se complote des choses entre ces trois-là… Il y a aussi les deux Robert, celui de Normandie et celui de Flandre, et leur acolyte, Étienne-Henri de Blois, qui a épousé la fille du Conquérant dans un moment de faiblesse et ne cesse de s'en repentir depuis. Il y a bien sûr, également, notre propre comte suzerain, Raymond de Saint-Gilles, avec qui nous sommes venus. Ils se scrutent tous les uns les autres, comme des faucons, faisant les beaux, étirant le cou pour voir ce sur quoi ils pourraient mettre la main.

Hugues avait les yeux de nouveau fixés sur le feu. Il approuvait fortement de la tête, quoi qu'il vît dans la lueur des tisons.

– Je dois avoir une conversation avec le comte Raymond, dit-il, parlant davantage à lui-même qu'à son ami. Je serai là avant que tu ne le quittes, aux premières lueurs de l'aube, et j'essaierai de lui parler. Va maintenant et retrouve ton lit, mon ami, et dors bien.

CHAPITRE 8

– Il n'y a personne qui puisse nous entendre ici, frère Hugues, alors tu peux parler en toute franchise. Qu'est-ce qui te préoccupe ?

Il était encore suffisamment tôt le matin pour que les ombres soient allongées, même si le soleil grimpait rapidement maintenant, sa luminosité augmentant à chaque minute qui passait, mais Hugues se sentait encouragé par le fait que Raymond semblait comprendre de manière intuitive ses besoins. Il avait été étonné de trouver le comte entouré d'une foule de courtisans, pour la plupart des suppliants et des subordonnés, mais très peu de membres de l'Ordre. Il savait que Geoffroy devait être venu avant l'heure de son rendez-vous et qu'il avait reçu ses directives du comte avant son arrivée, parce qu'il n'y avait aucun signe de sa présence. Les gardes avaient immédiatement autorisé Hugues à pénétrer dans l'immense tente sous la bannière de Toulouse, mais il s'était tout de suite arrêté à l'intérieur, regardant autour de lui, peu désireux de se mêler à la masse de gens qui s'y trouvaient. Il avait aussitôt repéré le comte à sa droite au milieu d'un vaste espace et entouré par une troupe d'hommes, mais ailleurs dans cette foule, il avait reconnu plusieurs personnes qu'il avait vues peu de temps auparavant à Jérusalem, semant la destruction, et il n'avait aucune intention de traiter avec quiconque parmi eux.

Heureusement, le comte lui-même avait aperçu Hugues se tenant debout, seul. Il s'était excusé auprès de son entourage et s'était avancé vers lui pour l'embrasser comme un frère. Il avait été heureux d'apprendre de Saint-Omer que Hugues était revenu, lui avait-il dit, et Hugues avait été à la fois étonné et reconnaissant que le comte ne poursuive pas en lui demandant où il était allé pendant ses trois semaines d'absence. Raymond l'avait plutôt dévisagé d'un air interrogateur, avait jeté un coup d'œil à la foule qui les regardait avant de lui demander à voix basse :

– Souhaitez-vous me parler de questions touchant la fraternité ?

Puis, sur un signe d'assentiment de Hugues, il avait ajouté :

– Est-ce suffisamment important pour interrompre cette réunion ?

Hugues avait acquiescé de nouveau et le comte lui avait saisi le bras et, s'exprimant à voix haute pour que les autres l'entendent, il avait lancé :

– Venez alors, sire Hugues, nous allons marcher dans l'air matinal pendant un moment. J'ai besoin de me dégourdir les jambes et je suis curieux d'entendre le récit de vos aventures dans le désert.

Maintenant, loin de la tente et de ses occupants, Hugues s'arrêta de marcher et regarda directement son suzerain.

– J'ai entendu une rumeur, monseigneur, selon laquelle on allait dissoudre l'armée, à présent que Jérusalem a été reconquise.

– J'ai également entendu cette rumeur, répondit le comte, mais les rapports sont peu fiables. Il n'y a aucune possibilité que l'armée soit dissoute. Ce serait pure folie.

– Mais certains de nos gens retourneront chez eux, n'est-ce pas ?

– Oui, c'est vrai, mais il n'y a rien que je puisse faire à ce propos. La plupart des hommes qui se trouvent ici ont pris la croix volontairement, pour reconquérir les Lieux saints, et maintenant que c'est chose faite et que leur but a été atteint, ils croient, avec raison, qu'ils ont accompli leur devoir, et maintenant ils veulent retourner chez eux. Vous comprenez certainement cela ?

– Bien sûr, monseigneur, je peux le comprendre. Mais qu'en est-il de nous ? Qu'arrive-t-il de l'Ordre et de ses intentions, ici à Jérusalem ?

Raymond de Saint-Gilles poussa un profond soupir.

– Il en est de même pour nous. Notre objectif de départ était d'établir une présence ici. C'est ce que nous avons fait, et nous avons acquis le droit d'y rester en participant à la conquête de la Ville sainte.

– Je ne suis pas sûr que j'appellerais cela une conquête, monseigneur.

Le comte commença à froncer les sourcils, mais se retint et inclina finalement la tête.

– Non, dit-il, et je sais pourquoi. Mais vous pouvez vous permettre d'être pragmatique, sire Hugues, alors que je dois agir selon la réalité politique. Ainsi, vous pouvez vous permettre le luxe de ressentir de la colère et de l'outrage, mais je ne le peux pas. Veuillez, s'il vous plaît, accepter ce fait et ne pas remettre en question mes motifs.

– Pardonnez-moi, monseigneur, je ne remettrai jamais en question vos actes, et ne l'ai jamais fait. Je me demandais simplement ce qu'il adviendra de notre mission ici lorsque tout le monde sera parti.

– Ce n'est pas tout le monde qui partira. Certains d'entre nous… des membres de notre confrérie… demeureront ici.

– J'aimerais faire partie de ceux-là, si vous le voulez bien, monseigneur.

Le comte faillit sourire, mais il baissa plutôt la tête en signe d'approbation.

– Si les circonstances étaient normales, sire Hugues, vous resteriez sûrement. En fait, vous êtes la première personne à qui j'ai songé quand j'élaborais mon plan à cet égard, avant de prendre la ville. J'ai pensé vous accorder une promotion et vous laisser ici en tant que responsable des affaires de l'Ordre, mais…

Il s'interrompit, haussa les épaules et ajouta :

– Mais vous aviez disparu et on vous croyait mort. C'était il y a plusieurs semaines. Puis, il y a dix jours, un messager est arrivé avec une lettre du conseil de l'Ordre dans laquelle on demandait que vous retourniez dans la baronnie de votre père où le conseil aura besoin de vous. Vous croyant mort, j'ai répondu en ce sens… mais le courrier n'a pas été envoyé, alors je vais reprendre la lettre et la détruire, et vous embarquerez sur le premier navire en partance pour Chypre et la France.

– Mais…

– Mais quoi, sire Hugues ? demanda Raymond d'un ton légèrement agacé. Vous préféreriez demeurer ici à Jérusalem avec les gens qui se sont mis à vous chérir le jour où vous avez disparu ? Ou avez-vous la prétention de croire que vous savez mieux que le conseil ce que l'Ordre attend de vous ? Écoutez-moi, maintenant, parce que j'ai déjà beaucoup réfléchi à tout cela et je vous aurais envoyé chercher avant la fin de la journée si vous n'étiez pas venu ce matin. Voici ce que j'en pense : nous avons réussi à pénétrer dans Jérusalem, mais, en ce moment, il n'y a rien que nous puissions faire parce que la ville s'est vidée de ses habitants et qu'il y règne l'odeur nauséabonde du sang et des excréments et, si ce n'était du Saint Sépulcre qui se trouve ici, aucun d'entre nous ne demeurerait près de cette ville. Cependant, quand les odeurs auront commencé à disparaître, les hommes se mettront à comploter et les manœuvres politiques prendront le pas sur tout le reste. C'est déjà commencé. Je suppose que vous avez entendu parler du fait que Godefroi a refusé la couronne ?

Voyant le signe d'acquiescement de Hugues, il poursuivit :

– Eh bien, quelle que soit l'issue de cette situation, d'autres événements se produiront ici au cours des quelques prochaines années. Il y aura un royaume de Jérusalem, tout comme il existe déjà une principauté d'Antioche — Bohémond n'a pas perdu de temps à ce sujet. Il y aura peut-être aussi un royaume d'Édesse, et des comtés dans d'autres régions. Tout cela se produira progressivement au cours des quatre ou cinq années qui viennent et, pendant ce temps, nous sommes entourés de plus d'ennemis musulmans que quiconque ne pourrait en compter. Nous avons repris la Terre sainte des mains des infidèles, mais nous aurons beaucoup de difficultés à la conserver… Entre-temps, nous ne pourrions rien faire ici dans l'intérêt de l'Ordre, même si nous connaissions la nature de ses exigences. Et nous ne la connaissons pas. Vous ne savez pas ce qu'on exige de nous, ou de vous, mais, au moins, j'en sais un peu plus que vous. On vous demande de retourner chez vous et de vous remettre à l'étude des traditions de notre Ordre. Puis, quand vous en saurez suffisamment, vous reviendrez ici, soit pour accomplir une tâche déterminée, soit pour attendre d'autres directives… Vous retournerez chez vous avec vos deux frères, Saint-Omer et Montdidier, et vous apporterez des lettres de moi à votre suzerain de Champagne. Maintenant, revenez avec moi, si vous le voulez bien, à l'endroit où mes gens m'attendent, et ensuite vous pourrez commencer à préparer votre voyage de retour.

Il ne leur fallut qu'un bref moment pour revenir et Hugues était conscient de la curiosité qui imprégnait les regards fixés sur eux. Mais il ne leur accorda aucune attention et, quand le comte Raymond lui tendit la main, il s'inclina au-dessus.

– Allez en paix, murmura le comte, et que Dieu vous accompagne, Hugues de Payns. Je vous promets que vous reverrez cette terre.

DEUXIÈME PARTIE

LE RÉVEIL

1116-1118 après J.-C.

CHAPITRE 9

– Un homme descendit de Jérusalem à Jéricho, et tomba entre les mains des voleurs…

Hugues de Payns ne savait pas qui avait parlé et il ne tourna même pas la tête pour le voir, car ce qui pouvait passer ailleurs pour une citation biblique n'était ici, sur la route de Jéricho, qu'un incident banal qui n'avait en rien changé depuis l'époque du bon Samaritain. Les cadavres devant eux captaient l'attention entière de Hugues. On les avait dépouillés de tout objet de valeur, ainsi que de tout ce qui aurait pu les identifier ; leurs corps nus, le visage rouge et le reste du corps d'un blanc laiteux, confirmaient seulement qu'ils venaient de l'autre bout du monde, de la chrétienté. Ils avaient été massacrés, puis dépouillés et laissés à l'endroit où ils étaient tombés parmi les rochers du désert, près de la route, et cela s'était produit fort récemment, car leur chair était encore pratiquement intacte. Les vautours avaient à peine commencé leur festin, et des essaims de mouches se nourrissaient non seulement de leurs blessures, mais également des flaques de sang coagulé couvrant le sol sablonneux. Sur un rocher au-dessus de Hugues et légèrement sur sa droite, un des charognards agita ses grandes ailes noires, mais ne fit aucun mouvement pour retourner à son repas interrompu. Les nouveaux arrivants étaient trop près et il savait par expérience qu'ils l'attaqueraient.

– Il y en a sept, dit Hugues à l'homme assis à ses côtés. Ils doivent être tombés sur un groupe assez nombreux.

– Il n'était pas nécessaire qu'ils soient si nombreux, répondit son compagnon alors que ses yeux se déplaçaient rapidement d'un cadavre à l'autre. Ils ont tous été tués par une flèche… regarde les trous qu'ils ont sur le corps ; aucune blessure d'épée nulle part. Trois ou quatre archers auraient pu faire ça. Je suppose que tu veux leur accorder un enterrement chrétien ?

– Je ne crois pas, Arlo. Nous ne savons même pas s'ils étaient chrétiens. Ce pourrait être des Juifs ou des Levantins. De plus, nous n'avons pas de pelles et le jour tire à sa fin. Il n'y a rien que nous puissions faire ici. Ils sont morts, alors laissons-les comme ils sont. Il ne servirait même à rien de les rassembler en une pile… ils pueront davantage et prendront plus de temps à pourrir. Tels qu'ils sont maintenant, les vautours et les animaux du désert s'en occuperont vite.

Il éleva la voix pour que tous puissent l'entendre :

– Nous allons continuer de chevaucher, mes amis. Nous ne pouvons rien faire ici et nous sommes encore à six milles de Jéricho, et il reste moins d'une heure de lumière. Beaufort, ouvre la marche, si tu le veux bien.

Pendant que les membres du groupe se remettaient en marche, Hugues les examina rapidement, puis conduisit son cheval vers la tête de la colonne où Julien de Beaufort chevauchait le dos droit, son bouclier ramené derrière lui et le manche de sa longue lance reposant au creux de son étrier droit, son regard allant constamment d'un côté à l'autre de la route à la recherche de brigands. Le groupe était composé de dix-huit hommes à cheval bien armés et protégés. Tous portaient des cottes de mailles, des heaumes et des jambières, et leurs manteaux affichaient les emblèmes des nobles à qui ils avaient prêté allégeance. Sire Hugues connaissait la plupart d'entre eux de vue, mais peu de nom. Cependant, tous savaient qui il était.

Au mitan de la quarantaine, Hugues de Payns était regardé avec un respect mêlé d'admiration par tous ceux qui le rencontraient. Vétéran du sac de Jérusalem en 1099, il était devenu un des champions honorés de la chrétienté et un guerrier dont les prouesses demeuraient légendaires dans toute la Terre sainte, non seulement dans le royaume de Jérusalem, mais aussi à Antioche, au nord, et dans les autres royaumes plus petits de la région que les conquérants francs appelaient désormais Outremer, la terre au-delà de la mer. Il avait pris le commandement de cette bande itinérante en raison de son rang, et non parce qu'il avait été nommé à ce poste, et aucun des autres hommes n'avait soulevé d'objection.

Même après quinze ans d'occupation, il était plus dangereux que jamais de voyager dans le royaume parce que les collines entre Jérusalem et Jaffa, trente milles à l'ouest sur la côte, et entre Jérusalem et Jéricho, qui se trouvait à la moitié de cette distance dans l'autre direction, pullulaient de brigands s'attaquant à ces gens — toujours des Francs et habituellement des pèlerins — qui utilisaient les routes de campagne pour voyager entre les Lieux saints. Ainsi, c'était une question de bon sens que d'attendre qu'un voyage, aussi important soit-il, puisse être entrepris au sein d'un large groupe pour des raisons de sécurité. Il s'agissait exactement d'un tel groupe, bien que, par quelque hasard étrange, celui-ci ne comprît que des chevaliers et des hommes d'armes, n'y étant rattachés ni pèlerins ni marchands. Mais même parmi ces professionnels, tous reconnaissaient que, sous le commandement de Hugues de Payns, ils étaient en compagnie d'un vétéran qui savait exactement ce qu'il faisait, et ils lui en étaient reconnaissants.

Hugues chevaucha en silence pendant un moment auprès de sire Julien, et il était conscient, sans même devoir regarder, qu'Arlo chevauchait juste derrière lui, comme il l'avait fait pendant les quatre dernières décennies, mais il savait également que ni lui ni son loyal écuyer ne se sentaient tout à fait à l'aise ici, parce que ce voyage à Jéricho n'avait pas été prévu, et qu'ils avaient depuis longtemps appris que la survie en Outremer reposait sur une minutieuse préparation avant d'entreprendre quelque voyage que ce soit. Mais, quelques jours plus tôt, un homme était venu trouver Hugues avec un mot de son plus vieil ami, Geoffroy de Saint-Omer. D'après le messager, dont Hugues s'était méfié à première vue, un homme au regard fuyant et à l'air fourbe qui, lui semblait-il, aurait pu raconter n'importe quel mensonge dans l'espoir de faire un profit, Saint-Omer se trouvait maintenant sous les soins de l'Ordre nouvellement formé des Hospitaliers à leur hospice secondaire de Jéricho, se rétablissant des atrocités qui lui avaient été infligées alors qu'il était esclave chez les musulmans.

Hugues, qui n'avait pas entendu parler de Geoffroy depuis des années, avait été très surpris de cette nouvelle. Il avait d'abord cru à un coup monté. Saint-Omer était retourné dans ses domaines familiaux en Picardie des années plus tôt, en 1107, après sept longues années en Outremer. Il s'y était retiré avec l'approbation pleine et entière du comte Hugues de Champagne, pour être aux côtés de sa femme convalescente, Louise, la jeune sœur de Hugues, tombée gravement malade pendant que Geoffroy était en Palestine. Mais cela s'était produit des années plus tôt et Hugues était convaincu que s'il avait eu l'intention de retourner en Terre sainte, Geoff aurait communiqué avec son vieil ami et beau-frère par l'entremise de l'Ordre de la Renaissance. C'est pourquoi il se méfiait instinctivement du messager de Jéricho. Toutefois, après avoir réfléchi, il avait rapidement compris que ses soupçons n'avaient aucun sens, puisque si Geoffroy ne s'était pas trouvé à Jéricho, le récit du messager aurait été dépourvu de bien-fondé, et il avait donc ordonné à Arlo de s'occuper des préparatifs du voyage et de trouver un groupe convenable avec lequel ils pourraient voyager aussitôt que possible.

Le comte Hugues lui-même était retourné dans son comté de Champagne l'année précédente, après un bref séjour d'un peu plus d'un an à Jérusalem, et c'est pourquoi Hugues avait demandé à Lucien de Troyes, le représentant du comte en Terre sainte, la permission de voyager jusqu'à Jéricho. Troyes, également membre de l'Ordre de la Renaissance, connaissait bien Geoffroy de Saint-Omer, et il avait immédiatement accordé son autorisation malgré le fait que lui-même se préparait à retourner en France dans les jours suivants.

– Alors, sire Hugues, puis-je vous demander les raisons de votre empressement à vous rendre à Jéricho ? demanda Beaufort en se retournant sur sa selle.

Mais comme Hugues, sorti de sa rêverie, tournait la tête pour le regarder, le jeune homme leva aussitôt la main.

– Pardonnez-moi, s'empressa-t-il d'ajouter, j'étais simplement curieux. Je ne voulais pas être indiscret, mais vous avez dit que vous n'aviez pas prévu de faire ce voyage.

De Payns secoua la tête et rejeta d'un signe de la main les excuses de Beaufort.

– Tu ne m'as pas offensé. On m'a dit qu'un vieil ami, récemment libéré par les Turcs, était soigné à l'hôpital de Jéricho. Je ne savais même pas qu'il était en Terre sainte et encore moins qu'il avait été capturé par les musulmans. Il était retourné chez lui, en Picardie, en 1007, et j'ai toujours supposé qu'il y était resté… Je n'ai eu aucune nouvelle de lui depuis… mais si ce qu'on m'a dit est vrai, alors il doit être revenu il y a quelque temps, et je trouve cela difficile à croire. Pendant des années, je comptais sur sa femme, ma sœur Louise, pour m'envoyer des nouvelles… mais je n'ai pas reçu de lettre d'elle depuis des années, et maintenant je prends conscience que je ne sais même pas si elle est toujours vivante. Est-ce que tu as… ?

De Payns jeta un coup d'œil au jeune homme et répondit lui-même à sa question :

– Non, tu es trop jeune. Mais tu découvriras en vieillissant que le temps a une façon bien à lui de s'accélérer. Jusqu'à il y a deux jours, je ne savais pas qu'il s'était écoulé vingt ans depuis la première fois où je suis venu en Outremer, bien que je sois retourné chez moi depuis… Mais il y a maintenant sept ans que je n'ai pas reçu de lettre de ma sœur.

Derrière les deux chevaliers, Arlo de Payns écoutait leur conversation, souriant à part soi en remarquant la façon dont Beaufort écoutait, les yeux grands ouverts, chaque mot que prononçait sire Hugues, car il savait que le jeune chevalier allait tirer profit de cette rencontre et de cette discussion. Sire Hugues de Payns était connu pour de nombreuses raisons, mais non pour sa loquacité et son attitude amicale à l'égard des étrangers. En fait, il était réputé pour sa brusquerie, pour son caractère taciturne, pour être un homme de nobles principes, d'humeur sombre et d'opinions inflexibles, qui préférait sa propre compagnie et faisait tout pour que les gens l'évitent. Le fait qu'il passait du temps avec Beaufort et allait jusqu'à partager avec lui des renseignements d'ordre personnel était extrêmement inhabituel et il était certain que cette attitude allait faire parler.

†

Lui et son groupe avaient directement voyagé de chez lui, dans la ville d'Amiens, en Picardie, jusqu'à la ville côtière du Havre, où ils s'étaient embarqués pour Marseille, puis jusqu'à Chypre, qui constituait le premier véritable arrêt sur la route vers la Terre sainte. De Payns n'avait pas toujours été inamical ou méfiant. Son changement d'attitude avait été graduel, au fil de plus d'une décennie de conditions de vie difficiles et de leçons de vie durement apprises, mais, en fait, Arlo savait que la dernière phase de la transformation de Hugues s'était amorcée le jour où Jérusalem était tombée, en 1099. C'était le quinzième jour de juillet, un vendredi, le jour du vingt-neuvième anniversaire de Hugues. Depuis ce jour, Hugues était devenu un autre homme, et lorsqu'il avait réapparu après son séjour de trois semaines dans le désert, une absence qu'il n'avait jamais expliquée et dont il n'avait jamais parlé à quiconque y compris le fidèle Arlo, ses compagnons d'armes s'étaient rendu compte que de Payns avait radicalement changé. L'ampleur de sa transformation avait été connue de tous en l'espace de quelques jours après son retour, et plusieurs chevaliers de son entourage en avaient été profondément troublés, ne sachant plus comment se comporter avec cet homme qu'ils avaient cru connaître jusque-là.

Ils perdaient leur temps à se poser ces questions, car de Payns avait simplement rompu tout lien avec eux, ayant décidé qu'il ne désirait en aucune façon avoir affaire à ces guerriers *chrétiens* autoproclamés et leur hypocrisie sanguinaire. Dès le moment où il était revenu de ce séjour de trois semaines dans le désert, Hugues de Payns avait vécu dans un silence délibéré, entouré d'autres chevaliers, mais n'ayant jamais aucun contact avec eux, sauf lorsque son devoir de soldat l'exigeait. Normalement aussi sociable que n'importe qui avant sa disparition, Hugues de Payns ne parlait maintenant plus à personne et réagissait aux tentatives de rapprochement des autres en leur tournant simplement le dos et en s'éloignant sans mot dire. Lorsqu'un chevalier connu pour son intolérance et son tempérament bouillant avait choisi d'en prendre offense et qu'il avait agrippé de Payns par-derrière pour le retourner et lui faire face, Hugues l'avait terrassé d'un seul coup de poing au front qui avait laissé l'homme inconscient. Plus tard ce jour-là, alors que le soir approchait et que l'autre chevalier avait suffisamment récupéré pour se convaincre qu'il avait été attrapé par surprise, il avait renouvelé son attaque contre Hugues avec un couteau, chose que proscrivaient toutes les lois des armées. De Payns l'avait désarmé immédiatement et presque sans effort, utilisant un lourd gourdin de chêne pour briser en deux la lame de l'homme, puis il l'avait assez malmené pour convaincre tous les gens de son entourage du manque de sagesse dont il fallait faire preuve pour essayer d'entrer dans la sphère privée du chevalier de Payns sans y avoir été invité.

Après cet épisode, la rumeur s'était répandue à la vitesse de l'éclair : de Payns était devenu fou et il ne parlait à personne d'autre que son serviteur sauf pour exécuter ses devoirs de chevalier, qu'il accomplissait toujours avec une extrême compétence, entretenant des relations faciles avec les autres jusqu'à ce que se termine la tâche qu'on lui avait assignée et, à ce moment, il se retirait en lui-même une fois de plus et se drapait dans sa solitude comme dans une couverture. Aux yeux de ses compagnons d'armes, il avait franchi la ligne entre l'héroïsme et la folie, mais personne ne cherchait à expliquer son comportement étrange. On tenait seulement pour acquis qu'il avait été victime de quelque mauvais sort pendant le sac de Jérusalem et qu'il avait partiellement perdu la raison, et le fait que, par la suite, il n'avait plus parlé qu'à son serviteur Arlo ou par son entremise, avait semblé confirmer cette croyance. C'est ainsi que sire Hugues était devenu une sorte de légende parmi les soldats, ses exploits et ses excentricités faisant l'objet d'une multitude de commentaires, si bien que, même après son retour en terre chrétienne, les hommes avaient continué à parler de lui, de ses étranges principes et de sa réputation de preux soldat et de combattant féroce, et que personne ne lui en voulait.

Convoqué avec ses amis par leur seigneur suzerain, Hugues était retourné en Champagne au cours de l'année qui avait suivi la prise de Jérusalem et là, pendant les six premières années du nouveau siècle, il s'était immergé dans l'étude des traditions de l'Ordre de la Renaissance, voyageant aux quatre coins de son pays d'origine, de la Flandre, au nord, jusqu'au Languedoc, au sud, afin d'étudier avec certains des plus éminents maîtres et érudits. Lorsqu'il se remémorait cette époque des années plus tard, Hugues la considérait comme la plus agréable de sa vie. Entouré de ses pairs, dont aucun ne conservait un quelconque sentiment de culpabilité à l'égard de ce qui s'était produit à Jérusalem, il avait vécu ce qui était pour lui une vie normale et bien remplie, au cours de laquelle son entraînement quotidien aux armes représentait le seul divertissement qu'il se fût permis, puisque toutes les autres tâches qu'il accomplissait étaient liées à l'étude et à l'apprentissage.

Mais au début dc 1107, il avait été convoqué devant une réunion plénière du conseil de l'Ordre et s'était vu confier la mission de retourner immédiatement en Terre sainte, d'y reprendre contact avec autant de ses frères de l'Ordre que possible, et de leur rappeler leurs serments pendant qu'ils attendraient d'autres directives de France sur la façon dont ils devraient procéder au moment que le conseil jugerait favorable. À l'époque, Hugues avait eu envie, debout devant tous les membres du conseil, de poser des questions plus précises sur ledit moment et les motifs qui justifieraient son choix, mais il avait résisté à cet élan en se disant qu'il serait informé de tout ce qu'il devrait savoir au moment où le besoin s'en ferait sentir. Entre-temps, lui avait-on dit, il allait chevaucher en compagnie d'une centaine de chevaliers et de trois cents hommes d'armes rassemblés par les duchés de Bourgogne, d'Anjou et d'Aquitaine en réponse aux demandes du roi et du patriarche latin de Jérusalem. Il serait rattaché au contingent d'Anjou, sous le commandement de celui que le comte Foulques allait nommer pour le représenter en Outremer.

Enthousiasmé par la possibilité de faire bon usage de

ses nouvelles connaissances, il était parti à la recherche de ses deux amis pour tenter de les convaincre de l'accompagner, mais Payen de Montdidier était en Angleterre, en visite dans le Yorkshire au château de son beau-père, sir Stephen, et Geoffroy de Saint-Omer était chez lui en Picardie, prenant soin de Louise, sa femme malade. Hugues s'était senti coupable de n'avoir pu rendre visite à sa sœur qu'il n'avait pas vue depuis la mort de leur mère cinq ans plus tôt et, à ce moment, il s'était rendu compte qu'il n'avait pas suffisamment de temps pour aller la voir en Picardie. Il s'était contenté de lui écrire une longue lettre sans queue ni tête du type qu'il aimait rédiger et que, il le savait, Louise aimait lire.

Moins de deux semaines après sa rencontre avec le conseil, il se trouvait à bord d'un bateau en partance pour Malte, leur première escale, et, moins de six mois plus tard, il était de retour à Jérusalem et constatait les changements survenus en son absence.

Le principal changement résidait dans le fait que le royaume de Jérusalem était devenu une réalité. Les scrupules qu'avait exprimés Godefroi de Bouillon lorsqu'il avait refusé de porter une couronne d'or à l'endroit où Jésus avait porté une couronne d'épines n'avaient pas freiné son frère Baudouin, plus ambitieux, et lorsque Godefroi était mort après seulement une année en tant qu'avoué du Saint Sépulcre, Baudouin s'était empressé de réclamer le trône. Depuis lors, il avait travaillé d'arrache-pied, et de manière admirable selon le peuple, à consolider son nouveau royaume de Jérusalem et la mainmise chrétienne en Terre sainte, y compris la principauté d'Antioche et les comtés d'Édesse et de Tripoli, jonglant habilement avec les ambitions des divers seigneurs concernés et s'assurant que chacun d'entre eux contribuait au soutien de Jérusalem elle-même en tant que centre administratif de toute la Terre sainte. Au fil des années, la ville s'était débarrassée de son odeur nauséabonde de chair putréfiée, mais, à l'exception de sa garnison d'occupation, elle demeurait encore presque abandonnée par la majorité de ses habitants, et n'y vivaient que quelques civils dont la plupart étaient chrétiens. Le roi lui-même s'était approprié l'énorme mosquée al-Aqsa, le site du Dôme du Rocher, et en avait fait son palais royal. Le fait qu'en agissant ainsi, il avait scandalisé et offensé tous les musulmans dévots n'avait aucune importance aux yeux de Baudouin, mais cela n'avait en rien contribué à ses efforts pour repeupler la ville.

Les nouveaux arrivants des grands duchés avaient été accueillis en grande pompe par le roi Baudouin, qui ne leur cacha pas à quel point il allait avoir besoin d'eux. Son royaume était petit — comme l'était l'ensemble des terres « reconquises » en Outremer, une série de possessions fragiles s'étendant du nord au sud, avec la Méditerranée sur son flanc ouest — et il était menacé tout le long de son périmètre occidental par une immense armée de musulmans qui étaient vingt fois plus nombreux que les conquérants francs, selon des estimations fort optimistes. Cette réalité forçait Baudouin et ses commandants militaires à se tenir constamment prêts à réagir à toute menace sur leurs frontières, mais elle n'était supportable qu'en raison du manque de cohésion du côté de l'ennemi. Les Turcs seldjoukides, les chefs suprêmes d'un empire qui avait duré quatre siècles, ne s'étaient jamais remis de leurs défaites honteuses aux mains des armées franques en 1098 et en 1099. Ils avaient renoncé à leur suprématie sur les peuples musulmans du désert et personne encore n'avait pris la relève, si bien que l'armée franque, aussi petite soit-elle, n'avait jamais dû se déployer pour faire face à une grande alliance des groupes musulmans et avait réussi jusque-là, en 1116, à repousser une invasion de ses territoires. Les nouveaux venus, au nombre de quatre cents, étaient à la fois autonomes et convenablement équipés, et ils représentaient un accroissement considérable de la puissance des forces de Baudouin. Après un accueil enthousiaste, ils avaient été immédiatement intégrés dans la réalité militaire de la vie en Terre sainte.

Le retour de Hugues à la vie quotidienne de Jérusalem et de son royaume l'obligea à prendre une décision qui allait avoir des répercussions sur sa vie entière. Pendant les années qu'il avait passées chez lui, il s'était trouvé à l'aise parmi les membres de sa confrérie, s'immergeant de tout cœur dans le travail et l'étude, et n'exigeant presque rien de ce que les autres hommes trouvaient normal. Il ne s'était jamais particulièrement intéressé aux femmes, non pas parce qu'il ne les aimait pas, mais simplement parce qu'il se trouvait rarement en leur compagnie et n'en ressentait aucun besoin, mais il aurait été étonné de savoir que nombre de gens qui le connaissaient considéraient sa vie comme presque monastique. Hugues avait connu quelques femmes sur le plan charnel, de temps en temps, mais il n'avait jamais été tenté de nouer un quelconque type de relation avec l'une d'elles, et il en était venu, au tout début de sa vie adulte, à accepter le fait qu'il pouvait, chaque fois qu'il le souhaitait, repousser sans grande difficulté tout désir sexuel intense, puisque les femmes, lorsqu'il recherchait leur compagnie, semblaient le trouver attirant. La réalité fondamentale de son existence était, bien qu'il n'y songeât jamais consciemment, que la chasteté était devenue le résultat fortuit d'un style de vie dominé par le devoir, les responsabilités et l'étude en solitaire. Toutefois, la compagnie des hommes était devenue une tout autre affaire.

Parmi sa propre famille et ses frères au sein de l'Ordre de la Renaissance, Hugues de Payns pouvait être lui-même, sans inhibitions ni contraintes. Son point de vue sur les autres hommes, les chevaliers qui n'appartenaient pas à la confrérie de l'Ordre, s'était considérablement modifié en raison des atrocités dont il avait été témoin à Jérusalem le jour de son vingt-neuvième anniversaire et, comme cela se produit souvent, ce sentiment avait renforcé sa perception, vraie ou fausse, selon laquelle l'hypocrisie, la haine, la bigoterie et l'intolérance impitoyable avaient contaminé l'ensemble de l'Église chrétienne et de ses partisans militaires.

C'est ainsi que, peu après son retour en Outremer, Hugues avait délibérément cessé toute relation avec quiconque n'appartenait pas à l'Ordre de la Renaissance et avait concentré toute son attention sur la recherche d'autres membres de l'Ordre. Toutefois, il avait rapidement découvert que la tâche que lui avait confiée l'Ordre était loin d'être facile, et les renseignements à partir desquels il devait travailler étaient, au mieux, incertains. D'après les rapports soumis par les armées après la capture de Jérusalem et vérifiés par l'Ordre à partir de ses propres registres, il y avait en Terre sainte au début du siècle trente-deux chevaliers de l'Ordre, mais Hugues savait qu'ils seraient extrêmement difficiles à retrouver, et quasi impossibles à rassembler. Il doutait de la fiabilité des listes de survivants compilées après la capture de la ville ; les victimes parmi les armées chrétiennes avant la victoire avaient été fort nombreuses sur la route de Constantinople en passant par Antioche, et les dirigeants s'étaient efforcés à grand-peine de présenter leur conquête de la manière la plus favorable possible. Pour cette raison, on avait affirmé devant le reste de la chrétienté que nombre d'hommes étaient demeurés volontairement en Outremer, alors qu'en réalité ils étaient morts. Malgré ces faits et d'autres difficultés, toutefois, Hugues avait pu rétablir le contact avec plusieurs de ses confrères au cours de la première année, mais il n'avait pu réussir à organiser un rassemblement comme l'Ordre le faisait de manière si efficace au pays. Cet échec, dû également aux distances à parcourir lorsqu'il fallait voyager en Terre sainte, et au danger que représentaient les hordes de soldats musulmans qui infestaient les collines désertiques le long des routes, avait eu pour conséquence inévitable que, au fil du temps, Hugues avait perdu son enthousiasme envers une tâche si peu gratifiante, et il était d'autant plus contrarié que les années passaient sans qu'il ne reçoive de nouvelles de la Champagne ou de l'Ordre de la Renaissance.

Bien sûr, conformément à l'idée qu'il se faisait du silence et du secret, il ne soufflait mot à Arlo sur ses doutes et ses désillusions à l'égard de ses supérieurs au sein de l'Ordre et sur l'insuccès de leur entreprise visant à promouvoir ou à poursuivre la prétendue mission de la confrérie en Terre sainte. Au début, il avait attendu avec impatience des directives de la confrérie, puis il était devenu de plus en plus amer et cynique, même à propos de l'Ordre, alors que le silence perdurait année après année et que rien ne se produisait.

Arlo, quant à lui, en homme résolument loyal qu'il était,

avait conservé toute sa vigilance et écouté attentivement tout ce qu'on lui avait dit, ne manquant jamais une parole et devinant fréquemment des choses que Hugues aurait été surpris de constater qu'il avait laissées échapper.

Maintenant, en écoutant sire Hugues converser ouvertement avec le jeune Beaufort, Arlo se dit qu'au moins Hugues semblait sortir du silence qu'il s'était imposé et il en était heureux. Mais peu après, ayant apparemment dit tout ce qu'il avait à dire, sire Hugues se retrancha de nouveau dans son silence et continua à chevaucher les yeux fixés sur l'horizon, sans jamais regarder ni à gauche ni à droite. Beaufort paraissait agréablement surpris que le sire Hugues de Payns lui ait adressé la parole de manière si courtoise, et il était maintenant tout aussi content de chevaucher lui-même en silence. Ainsi, ils progressèrent rapidement sur la route, puis arrivèrent en vue de Jéricho juste avant que la lumière déclinante ne touche la blancheur des édifices dans le lointain. La nuit était complètement tombée au moment où ils atteignirent la première des deux auberges de la petite ville, et leurs adieux furent brefs.

CHAPITRE 10

Hugues et Arlo s'étaient réveillés bien avant l'aube, déjeunant de viande salée froide entre des tranches de pain sans levain tout juste sorti du four et avalant le tout avec de l'eau fraîche et claire du puits de l'auberge, avant de partir pour l'hôpital de Jéricho. Il s'agissait d'un hospice temporaire, mis sur pied tout récemment aux limites mêmes de la ville par les chevaliers de l'Hospital de Jérusalem, afin de contrer une épidémie virulente de peste parmi les pèlerins francs.

Même s'ils arrivèrent très tôt, ils trouvèrent l'endroit grâce aux bruits qui s'en échappaient déjà et furent surpris de découvrir un hameau prospère, presque autosuffisant, qui s'était développé depuis peu de temps entre les murs de boue séchée de l'hôpital lui-même. C'était de toute évidence jour de marché, et la place publique qui se trouvait juste en face des portes principales de l'hôpital était recouverte d'éventaires dressés en toute hâte et de charrettes tirées par des ânes, dont les propriétaires vendaient une gamme étonnante de produits alimentaires et de marchandises diverses.

Arlo vit que l'un des deux gardes à cheval devant les portes venait de les repérer et, en se redressant sur sa selle, signala leur présence à son compagnon d'une seule parole lancée du coin de la bouche, et il se retourna sur sa propre selle pour attirer l'attention de Hugues.

– Il y a des hommes du roi qui montent la garde là-bas. Ils nous ont aperçus. J'ai vu celui de gauche avertir son compagnon quand il nous a vus approcher. Je me demande ce que des hommes du roi font ici… De toute évidence, ils gardent quelque chose.

– Oui. Ils gardent l'hôpital et ses chevaliers. Les

Hospitaliers exercent une fonction importante... beaucoup trop importante pour que Baudouin et l'Église la mettent en péril... C'est pourquoi on les juge dignes de la protection royale, et avec raison. Je ne vois aucun motif de les éviter et peut-être de les énerver en les faisant venir à nous, alors approchons-nous d'eux et présentons-nous. Cela pourrait rendre les choses plus faciles, ultérieurement, s'ils sont bien disposés à notre égard.

Cette idée de protection royale ne quitta pas l'esprit de de Payns alors qu'ils parcouraient les quelques centaines de pas qui les séparaient des gardes. Le nom même de chevaliers de l'Hospital laissait entendre que le nouvel ordre, qui avait été officiellement fondé et nommé un an plus tôt seulement, devait assurer sa propre défense, ses membres étant en mesure, puisqu'ils étaient chevaliers, de combattre pour eux-mêmes. Mais Hugues savait qu'il s'agissait là d'une exagération. Les chevaliers de l'Hospital n'existaient purement et simplement que pour s'occuper des pèlerins chrétiens qui tombaient malades pendant leur voyage vers le lieu de naissance de Jésus-Christ, ou au retour. C'étaient des moines, qui suivaient l'ancienne règle monastique de saint Benoît, et leur ordre possédait un hospice à Jérusalem depuis l'an 600, au moment où le pape Grégoire le Grand avait ordonné à leur abbé, Probus, de construire un tel établissement à cet endroit pour prendre soin des pèlerins chrétiens qui voyageaient en Terre sainte. L'Ordre bénédictin avait entretenu l'hospice pendant tout ce temps, avec une seule période d'interruption, lorsqu'un calife fortement antichrétien l'avait détruit en 1005. Mais on l'avait reconstruit vingt ans plus tard, après la mort du calife, et les frères avaient repris leurs activités à Jérusalem, dirigeant l'hospice de manière efficace et sans problème depuis. Ce n'est que quelques années plus tôt, en 1113, qu'on leur avait attribué le titre ronflant de chevaliers de l'Hospital — dans le seul but de leur permettre de recueillir des fonds plus facilement pour poursuivre leur travail —, mais ils demeuraient résolus à agir de manière pacifique selon leurs principes religieux et, en conséquence, ils ne possédaient aucune arme offensive.

Hugues se souvenait avoir, quelques mois plus tôt, passé presque toute une nuit blanche près d'un petit groupe d'hospitaliers dans un caravansérail à six nuits de Jérusalem. Pour une raison inconnue, la seule auberge de l'endroit s'était tout à coup trouvée envahie de voyageurs et lui, parmi une foule d'autres personnes, avait été forcé de dormir à la belle étoile, couché près d'une demi-douzaine de feux qui les protégeaient du froid nocturne du désert. Peut-être parce qu'ils se sentaient moins astreints à la discipline de leur vie monastique normale, les chevaliers de l'Hospital n'étaient pas pressés de s'endormir après leurs dévotions vespérales, et certains d'entre eux avaient parlé tard dans la nuit, stimulés par un sujet dont, de toute évidence, ils discutaient depuis un certain temps : l'état des routes dans le royaume et les dangers que devaient affronter les pèlerins chrétiens dont le soin et la protection constituaient la raison d'être de l'hôpital à Jérusalem. Leur conversation, à laquelle sire Hugues n'avait pris aucunement part, l'avait tenu éveillé pendant des heures et l'avait profondément impressionné.

Depuis les débuts de la conquête chrétienne, tout le monde savait que la situation sur les routes de la Terre sainte était désastreuse et qu'il fallait y remédier, mais c'était là un de ces sujets que personne n'aborde ouvertement, simplement parce que personne ne peut vraiment y trouver une solution raisonnable qui réduirait le problème, et encore moins le réglerait à tout jamais. C'était la situation classique des agneaux attirant les loups, dans ce cas des pèlerins chrétiens naïfs, éblouis et non armés qui attiraient des hordes sans cesse plus nombreuses de bandits nomades séduits par la possibilité de gains faciles, sans résistance, et cette situation avait franchi depuis longtemps la limite de l'indécence. C'était devenu un scandale qu'aucun chevalier ou guerrier digne de ce nom ne pouvait approuver en toute bonne foi et, pourtant, année après année, personne ne faisait rien à ce propos, et les gens avaient fini par croire qu'aucune mesure ne serait prise.

Dans les faits, il incombait au roi Baudouin de Jérusalem de trouver une solution au problème, mais il se trouvait dans l'impossibilité de détourner ses troupes de leurs fonctions premières, et il pouvait trouver des arguments convaincants pour le démontrer. Même si la guerre contre les Turcs était terminée, maintenait-il, le royaume de Jérusalem représentait encore une présence nouvelle et fragile en Terre sainte, entouré qu'il était d'ennemis affamés et furieux face auxquels lui et les siens devaient demeurer constamment vigilants. Le retour à la maison de tant de conquérants francs triomphants à la fin du premier grand conflit avait laissé Baudouin à la tête d'une très petite armée qui servait à la fois de garnison et de corps de police dans son royaume, et ses ressources étaient toujours étirées jusqu'à leurs dernières limites ; aussi, quand il affirmait qu'il n'avait ni le temps ni les moyens de s'attaquer au problème du brigandage le long des routes, il parlait comme un roi responsable, avec une conviction absolue.

Cela, par malheur — et c'était le thème de la conversation qui avait tant intéressé Hugues —, avait fait naître une idée parmi la populace, une idée totalement inexacte mais étonnamment colportée et crue, selon laquelle les Hospitaliers devraient s'occuper eux-mêmes non seulement de la santé et du bien-être des pèlerins, mais également de leur sécurité en prenant les armes contre les brigands dont le nombre se multipliait dans les collines le long des routes principales. Bien sûr, les chevaliers de l'Hospital étaient des moines bénédictins, pacifiques et patients selon la tradition historique, les diktats de l'Église et leurs vœux sacrés de pauvreté, de chasteté et d'obéissance. Malgré ce que laissait entendre leur titre, ils n'étaient que des chevaliers honoraires, et ils ne pouvaient combattre comme de vrais chevaliers parce qu'ils étaient à la fois des moines et des ecclésiastiques.

En dépit de cela, ils se trouvaient entraînés dans les considérations politiques du royaume et ce fait, ainsi que ses causes, était la principale pomme de discorde au cours de ce débat nocturne. Un des moines était de beaucoup le plus en colère de ses compagnons, car un de ses supérieurs venait tout juste de lui apprendre une nouvelle inquiétante. Le roi, semblait-il, parlait sérieusement d'attirer des colons dans son nouveau royaume, leur promettant des droits sur les terres et sur les eaux. De nouveaux colons. C'était une chose dont on n'avait jamais entendue parler en Outremer : des colons qui viendraient et cultiveraient la terre, s'enracineraient et se referaient une vie à Jérusalem en tant que citoyens du royaume. Il y avait des pèlerins en masse, qui traversaient le territoire à n'importe quelle époque de l'année et par tous les temps mais, par définition, ils ne faisaient que passer. Ils n'avaient aucun désir de s'établir et de commencer ici une nouvelle vie. Les colons, au contraire, allaient abandonner tout ce qu'ils possédaient dans d'autres parties du monde pour se rendre à Jérusalem et y demeurer et, en conséquence, il y avait lieu d'en prendre soin et de les encourager par tous les moyens possibles.

Le moine n'avait rien contre les colons eux-mêmes. Il approuvait tout à fait cette initiative. Ce qui l'avait mis en colère, c'étaient les paroles entendues le matin même et selon lesquelles le roi avait refusé d'envoyer ses troupes nettoyer les routes et les rendre sécuritaires pour les colons qu'il espérait attirer. Comment, se demandait le moine, une personne saine d'esprit pouvait-elle s'attendre à ce que les fermiers, des hommes simples, paisibles et travailleurs, ayant femmes et enfants, prennent le risque d'amener leurs familles dans un endroit où leurs vies pourraient être quotidiennement menacées ? Cela n'avait aucun sens, même si, parmi les compagnons du moine, certains tentaient de trouver des raisons pour justifier la décision du roi.

La discussion s'était poursuivie, quelques moines murmurant qu'ils pourraient un jour être tentés de prendre les armes si la situation continuait à se détériorer, mais le consensus général, comme tant de fois auparavant, avait été qu'il était peu probable qu'on parvienne à faire quoi que ce soit contre les bandits avant la création éventuelle, et selon certains inévitable, d'un nouveau groupe policier, probablement composé de mercenaires, dont le seul rôle serait de rendre les routes de Jérusalem sécuritaires pour les voyageurs.

Ce soir-là, Hugues s'était endormi avec, sur les lèvres, un demi-sourire suscité par l'optimisme naïf des hospitaliers.

Il avait maintenant vécu suffisamment longtemps en Terre sainte pour trouver ridicule la simple idée de motivations altruistes de la part de quiconque sur cette terre de souffrance et rien de ce qu'il avait entendu ce soir-là ne l'avait convaincu du contraire.

Toutefois, depuis cette soirée, il admirait sans réserve les Hospitaliers, et il croyait de tout son cœur qu'ils méritaient toute l'aide possible que l'on pouvait leur apporter ; aussi était-il heureux de constater que les gardes qui l'attendaient ce matin-là, alors qu'il approchait avec Arlo de l'hospice, étaient vigilants et consciencieux. Il se présenta et exposa les raisons de sa visite, puis le plus vieux des deux gardes l'orienta vers l'intérieur en lui indiquant la direction qu'il devait prendre et à qui il devait parler. En un laps de temps étonnamment bref, Arlo et lui arrivèrent devant un lit de camp sur lequel était étendu un homme qui semblait beaucoup trop petit, au premier regard, pour être le Geoffroy de Saint-Omer dont ils se souvenaient. C'était lui, malgré tout, et les deux hommes tentèrent immédiatement de ne pas montrer à quel point ils étaient choqués et peinés de le voir ainsi. Son corps était émacié, amaigri par le manque de nourriture convenable, mais on ne pouvait se méprendre sur la joie qu'il ressentit en les voyant, car il sourit et bougea faiblement, ses lèvres découvrant ses dents en un sourire squelettique.

– Geoff, mon vieil ami ! s'exclama de Payns en se penchant sur le lit et en prenant la main de Saint-Omer pour la serrer doucement. Mon Dieu, c'est merveilleux de te voir.

Il vit Saint-Omer hocher la tête, puis il montra Arlo d'un geste de la main.

– Tu ne reconnaîtrais probablement pas ce vieux bandit après si longtemps, mais c'est Arlo… plus gras et plus chauve et plus âgé, comme le reste d'entre nous.

Saint-Omer sourit de nouveau et souleva lentement une main pour saluer Arlo, mais Hugues l'interrompit avant qu'il ne puisse dire quoi que ce soit.

– N'essaie pas de parler. Nous sommes ici à présent, alors tout ira pour le mieux. Nous sommes venus aussitôt que nous avons reçu ton message et, maintenant, nous allons te laisser un moment pour préparer ton retour à Jérusalem avec nous. Tu seras beaucoup mieux à Jérusalem, tu verras. La ville a beaucoup changé depuis la dernière fois que tu l'as vue.

Hugues réalisa qu'il débitait des banalités et se tut soudainement, puis il demanda à son ami d'attendre un peu et partit, suivi d'Arlo, pour trouver l'homme responsable de l'hôpital de Jéricho.

Il se trouva qu'ils n'auraient pu se présenter à un meilleur moment. Au cours de la dernière semaine, les moines avaient travaillé à rassembler une caravane comprenant un important groupe de chevaliers, pour transporter les plus malades de leurs patients à Jérusalem où ils pourraient bénéficier de meilleurs soins, et les préparatifs se terminaient le jour même. La caravane allait prendre la route le lendemain dès l'aube, mais les frères n'avaient en tout et pour tout que cinq charrettes tirées par des chevaux pour faire le voyage, et tout l'espace dont elles disposaient avait depuis longtemps été attribué à des gens beaucoup plus malades que Geoffroy. Ne se décourageant pas pour autant, de Payns et Arlo passèrent toute la journée à chercher une autre charrette et trouvèrent finalement un chariot à deux roues tiré par un seul cheval, le seul véhicule encore disponible à Jéricho. Il pouvait contenir deux personnes étendues côte à côte sur un lit de paille, et on pouvait le recouvrir et le protéger du soleil grâce à un auvent de tissu tendu entre deux anneaux placés de chaque côté du chariot. Son propriétaire refusa de le vendre, mais, n'en ayant besoin que pour une seule journée, Hugues le loua, avec son propriétaire-conducteur, pour la durée du voyage jusqu'à Jérusalem, et le vieil homme, sachant que sire Hugues lui-même allait servir d'escorte à son ami, accepta sans discuter les conditions du chevalier.

CHAPITRE 11

Ils quittèrent Jéricho à l'heure prévue le matin suivant, et Hugues et Arlo étaient de retour dans leurs propres quartiers à Jérusalem en moins de cinq jours, après avoir laissé Saint-Omer entre bonnes mains dans l'ancien hospice du monastère de Saint-Jean-le-Baptiste, près de l'église du Saint Sépulcre où les Hospitaliers allaient en prendre soin et le ramener à la santé.

Ils n'avaient franchi ce jour-là que la moitié du chemin, ralentis qu'ils étaient par la nécessité de voyager lentement pour ne pas trop secouer les malades et les blessés dans les six véhicules, mais ils formaient un groupe puissant et bien armé, et personne ne s'inquiétait des périls de la nuit à venir alors qu'ils montaient leur camp le long de la route. Hugues et Arlo avaient sorti la civière de Saint-Omer et l'avaient placée près du feu qu'ils avaient allumé pour faire cuire leur nourriture et, après le repas, ragaillardi par une gorgée de vin tirée de la gourde d'Arlo, Saint-Omer avait pris la parole :

– J'ai quelque chose à te demander, avait-il commencé d'une voix fragile. Quand tu es retourné à Payns, en revenant d'Outremer après la première campagne, as-tu trouvé que les choses étaient complètement différentes ?

– Différentes ? avait demandé Hugues après un moment de réflexion en jetant un coup d'œil à Arlo qui les regardait. Oui, maintenant que tu en parles, j'ai eu l'impression que c'était tout à fait différent. Pourquoi me demandes-tu ça ?

Saint-Omer avait acquiescé lentement, en bougeant à peine la tête, et il avait murmuré :

– Parce que la même chose m'est arrivée, et je pensais que je pourrais être le seul. Aucun des autres ne semblait avoir cette impression.

Hugues était demeuré assis, réfléchissant un peu plus longtemps, puis il avait froncé les sourcils.

– Je ne croyais pas que c'était le pays qui avait changé, Geoff. Pas vraiment. C'était moi…

– Moi aussi, avait dit Saint-Omer.

Il s'était arrêté un moment, prenant plusieurs respirations profondes, puis avait poursuivi d'une voix claire et tranquille, en se reposant souvent entre ses pensées et ses paroles :

– Je n'avais rien en commun avec aucun… de mes vieux amis qui n'étaient pas partis avec nous. Et je ne pouvais parler avec aucun d'entre eux de ce que cette vie avait été… à Antioche ou ailleurs. Ils voulaient tous savoir… mais je ne pouvais le leur dire… Je ne voulais pas en parler parce que… parce que je savais qu'ils ne pouvaient l'imaginer… Ils ne pouvaient imaginer la réalité de cela. Et en plus, tout ce qu'ils voulaient entendre… c'était ce qu'ils croyaient déjà savoir… Les prêtres leur avaient dit… tout ce qu'ils devaient savoir… sur la glorieuse guerre sainte… et tout ce que j'ai tenté de dire au début… tout ce qui semblait… contredire les prêtres… les scandalisait et les effrayait. Ils ne voulaient pas vraiment… entendre… ce que j'avais à dire, Hugues…

Hugues avait approuvé de la tête de temps en temps pendant qu'il écoutait. Puis il avait tendu le bras et agrippé le poignet de Saint-Omer.

– J'ai appris les mêmes leçons, tout aussi rapidement que toi, mais, à ce moment, tu étais chez toi en Picardie et j'étais bloqué à Payns.

– Il fallait que je reparte, aussitôt que je suis arrivé à la maison… je n'avais pas le choix… Comme tu le sais… Louise était malade et j'avais été éloigné d'elle trop longtemps… Elle est morte il y a huit ans, en 1008… Le savais-tu ?

– Non, mon ami, mais je m'en doutais, parce que je n'avais pas eu de nouvelles d'elle depuis sept ans, et qu'elle adorait écrire des lettres. Je savais que seulement la mort ou une grave infirmité pouvait l'empêcher de m'écrire. Où est-elle enterrée ? L'as-tu ramenée en Champagne ?

Saint-Omer avait secoué presque imperceptiblement la tête.

– Non, elle repose dans le jardin de notre maison en Picardie… Elle aimait cet endroit… As-tu… as-tu entendu parler de ton père ?

– Non. Qu'en est-il de lui ? Est-il mort lui aussi ?

– Oui… peu après que tu t'es embarqué pour revenir ici… Il n'avait… plus aucune volonté de vivre sans ta mère…

La mère de Hugues était décédée pendant qu'il étudiait dans le Languedoc, et il avait été bouleversé en voyant son père aux funérailles ; une partie de lui était consciente que le baron ne souhaitait plus continuer à vivre. Et maintenant il était mort.

– Alors, Guillaume est devenu baron de Payns ?

– Oui.

– Et comment t'es-tu retrouvé en Outremer de nouveau ? Te sens-tu suffisamment bien pour en parler ou devrions-nous te laisser te reposer ?

– Je suis… fatigué. Pardonne-moi, mon ami… mais nous parlerons demain… et tous les jours par la suite.

Saint-Omer dormait déjà lorsque Hugues s'était levé et s'était approché pour l'installer de façon plus confortable sur sa couche, et Arlo avait apporté une couverture supplémentaire du chariot et l'avait enroulée autour du dormeur, après quoi Hugues et lui s'étaient tous deux couchés. Il était tard, le lendemain, lorsqu'ils avaient déposé Saint-Omer à l'hôpital en même temps que les autres malades de Jéricho. Ainsi, il n'avait pu parler davantage ce soir-là, et Hugues fut en service toute la journée suivante, si bien que Arlo rendit visite seul à Saint-Omer le deuxième soir et s'assit avec le chevalier, parlant de choses et d'autres lorsque ce dernier se sentait en verve. Hugues retourna voir son ami avec Arlo le soir d'après et il se réjouit de constater que Saint-Omer semblait déjà se porter mieux. Il parlait avec plus de force et il avait retrouvé des couleurs. Ce soir-là, leur conversation fut beaucoup plus directe et facile.

– Tu étais sur le point de me dire comment tu étais revenu en Outremer, l'autre soir, commença Hugues en souriant, mais tu t'es endormi avant même de pouvoir commencer.

Saint-Omer lui rendit son sourire et Hugues reconnut

l'ancien sourire irrévérencieux et irrépressible de son ami.

– Excuse-moi, je n'avais pas du tout l'intention d'arrêter, mais mon corps m'a simplement trahi. Je ne te referai pas le coup ce soir, je te le promets… en tout cas pas avant un bon moment.

– J'espère au moins que tu n'as pas fini ton histoire pour Arlo hier soir ?

– Non. Arlo et moi avons parlé d'autres sujets hier soir… de choses sans importance. Mais j'ai bien peur d'être tombé endormi devant lui également.

– Il n'y a pas de quoi t'en faire… tu es malade après tout. Mais je suis curieux d'entendre ton récit. Qu'est-il donc arrivé là-bas ? Pourquoi es-tu revenu ? Je pensais que tu ne remettrais jamais les pieds ici.

Saint-Omer fit la grimace et hocha légèrement la tête.

– C'est un peu pour les mêmes raisons dont nous avons parlé sur la route en venant de Jéricho. Je ne pouvais pas demeurer en place. Dès mon retour à Amiens, je me sentais comme un poisson sorti de l'eau. Puis, après la mort de Louise, j'ai perdu le goût de vivre… comme ton père après la mort de ta mère. Je ne m'étais jamais rendu compte à quel point j'aimais ta sœur avant qu'elle ne tombe malade et que je ne la perde, et alors, je me sentais coupable à cause de toutes ces années que j'avais passées loin d'elle, à jouer au chevalier alors que j'aurais pu être à ses côtés, à profiter de sa santé et de sa beauté. Je te le dis sans ambages, Hugues, je souhaitais mourir, croyant ne jamais pouvoir me débarrasser de cette peine et de cette culpabilité… J'ai même pensé me suicider à deux reprises… mais je ne le pouvais pas. Contrairement aux prédictions, j'avais hérité de tout, mes frères plus âgés étant tous partis d'une façon ou d'une autre. J'étais devenu le pater familias responsable de tout mon satané clan et de ses possessions. Je ne l'ai jamais désiré ni cherché, Dieu m'en est témoin, mais c'est arrivé quand même et je ne voulais pas être mêlé à cela… Alors, j'ai cherché des conseils auprès d'un ami fidèle.

L'hésitation vers la fin de la phrase avait été à peine perceptible, mais Hugues avait vu le bref regard en direction d'Arlo et compris que l'« ami fidèle » désignait l'Ordre de la Renaissance.

– Je vois. Et qu'en est-il ressorti ?

– Un excellent conseil et une aide provenant de mes propres ressources. J'aurais dû consulter mon ami plus tôt parce que la solution, une fois qu'on me l'a indiquée, était évidente en soi. J'ai immédiatement fait quelques recherches et, aussitôt que mes années de deuil officiel furent terminées, je transmis tout mon héritage, terres et biens, à mon plus proche parent, mon jeune cousin de Rouen, une autre ville de Picardie, ne gardant que l'argent dont j'avais besoin pour acheter des armes et de l'équipement pour moi et un petit groupe de fidèles et de cavaliers en armes afin de retourner en Terre sainte. Mes adieux ont été peu nombreux, et la plupart avaient été déjà faits dans le silence de ces mois de deuil, alors plus rien ne nous empêchait de partir dès que les préparatifs ont été achevés. Nous nous sommes rendus directement d'Amiens au Havre, puis de là, vers le sud par bateau jusqu'à Marseille et, ensuite, nous avons navigué en direction de Chypre et finalement d'Outremer.

Il émit un grognement profond, d'un ton railleur, comme s'il riait de sa propre folie.

– Nous n'avons jamais vu les côtes de Chypre, poursuivit-il. Notre bateau a été gravement endommagé lors d'une collision avec un bateau semblable au nôtre pendant une violente tempête estivale dans le détroit de Gibraltar et, moins d'une journée plus tard, nous avons été attaqués et coulés par des pirates. Bien sûr, ils ne voulaient pas nous couler. Ils voulaient nos marchandises, mais le bateau a sombré. À mon avis, il aurait coulé même sans leur attaque, car il y avait un gros trou dans la coque. Finalement, il n'y a eu que trois survivants.

– Seulement trois ? demanda Hugues avec surprise. Combien sont morts alors ?

De nouveau, Saint-Omer eut un hochement de tête à peine perceptible et dit :

– J'ai honte de devoir avouer que je ne le sais pas. Je n'en ai aucune idée parce que je ne prêtais pas attention à ce genre de choses, trop empêtré dans mes propres problèmes pour remarquer ce qui se passait autour de moi. Et quand j'ai voulu savoir, il était trop tard. Mais il y en avait beaucoup. J'avais avec moi une vingtaine d'hommes d'armes et une dizaine de serviteurs, de cuisiniers et autres… Je n'avais nullement l'intention de souffrir encore une fois de la faim en Outremer. Et puis, il y avait aussi une quinzaine de chevaux et de mules, alors c'était un grand navire dont l'équipage était nombreux… peut-être une vingtaine de marins, peut-être même davantage. Je ne peux pas donner un chiffre précis. Mais ils sont tous morts. J'ai été capturé dès le départ, frappé par-derrière, puis traîné à bord de leur navire et enchaîné au mât, d'où je pouvais tout voir. Mes hommes d'armes se sont bien défendus pendant un moment, jusqu'à ce que le pont coule sous leurs pieds, et, comme ils étaient en armure, ils ont coulé comme des pierres. Les pirates nous ont amenés quelque part sur les côtes d'Afrique et je n'ai jamais revu les deux autres prisonniers. Mes ravisseurs avaient constaté, aux vêtements que je portais, que j'étais riche, alors ils m'ont gardé captif pour obtenir une rançon. L'un d'eux parlait notre langue, alors je lui ai dit comment entrer en contact avec mon jeune cousin fortuné de Rouen… Une année s'est écoulée, puis je découvris que mon cousin souffrait d'une grave perte de mémoire et qu'il ne me connaissait plus du tout et jurait qu'il n'avait jamais entendu parler de moi…

– Aah…

Hugues avait failli dire que le cousin n'était certainement pas un membre de l'Ordre de la Renaissance. Il avait complètement oublié qu'Arlo était présent et écoutait. Il s'était tout de même bien rattrapé, pensa-t-il.

– Dis-moi, si tu le veux bien, pourquoi cela me dégoûte sans me surprendre ? Est-ce que je deviens cynique ? Hum… alors, que s'est-il passé ?

– Ils m'ont vendu comme galérien et j'ai passé les quatre années suivantes enchaîné à une rame. Quatre années à n'avoir jamais assez de nourriture et toujours trop de travail. Quatre années de coups de fouet, de douleur et de désespoir, sans amis à qui me confier. Les galériens n'ont pas d'amis, tu sais. C'est quelque chose qui ne te vient jamais à l'esprit jusqu'à ce que tu sois toi-même enchaîné à une rame. Mais c'est vrai, ils n'ont pas d'amis. Leur vie entière se concentre sur le fait de demeurer vivant, et leur survie ne repose que sur leurs propres efforts et leur propre détermination...

Il s'interrompit un moment, les yeux fixés sur quelque image lointaine, puis soupira.

– Mes forces ont duré quatre ans, diminuant graduellement jusqu'à ce qu'un jour je tombe malade et que mon état de santé s'aggrave de jour en jour. Finalement, une nuit où j'étais trop faible pour me lever et être enchaîné à mon banc, ils ont décidé que je n'étais plus bon à rien. Ils m'ont saisi par les poignets et les chevilles et m'ont jeté par-dessus bord.

Geoffroy ignora les réactions de ses deux auditeurs, son attention toujours concentrée sur ce qu'il voyait dans son esprit.

– J'aurais dû mourir, poursuivit-il, mais ça n'a pas été le cas, comme vous pouvez le constater... Ce que je ne suis jamais parvenu à comprendre, c'est qu'ils m'ont jeté par-dessus bord alors que j'étais toujours enchaîné. Ils n'auraient pas dû faire ça. J'avais vu la même scène une dizaine de fois : un homme meurt sur sa rame ; ils lui enlèvent ses fers pour le sortir de là afin qu'un autre esclave puisse prendre sa place ; puis ils lui enlèvent ses menottes parce que le fer rouillé vaut davantage que l'homme mort, et ce n'est qu'à ce moment qu'ils jettent l'homme par-dessus bord. Je ne sais pas pourquoi ça ne s'est pas produit ainsi dans mon cas... c'est peut-être parce que je n'étais pas menotté au banc, alors ils n'avaient pas besoin de m'enlever les fers aux chevilles... ou peut-être qu'ils s'en foutaient ou ne l'ont pas remarqué, mais quelle que soit la raison, ils m'ont jeté avec les chaînes et, contre toute logique, ils m'ont sauvé la vie.

Son regard se fit plus pénétrant et il scruta le visage de ses auditeurs, les entraînant dans son récit.

– Il faisait sombre, rappelez-vous, alors aucun d'entre eux n'avait remarqué qu'un rondin flottait le long de la coque. J'ai dû atterrir en plein dessus et perdre connaissance, mais, d'une façon ou d'une autre — je n'y ai songé que plus tard, quand j'en eus le temps —, ces chaînes se sont accrochées à quelque partie du rondin. Le poids de mon corps a dû déséquilibrer le tronc et le faire rouler, parce que, quand je me suis réveillé, je gisais en travers, un poignet pris sous l'eau d'un côté et mes jambes flottant de l'autre, mais ma tête était au-dessus de l'eau…

– Qu'est-il arrivé alors ?

Arlo était penché vers l'avant, le visage empreint de curiosité, et Hugues réalisa qu'il n'avait aucune idée du temps qu'il venait de passer ici, car son esprit était rempli de l'image de Saint-Omer gisant sur ce morceau de bois.

Saint-Omer grogna de nouveau et son corps bougea, comme s'il s'étirait sous les couvertures.

– Je me souviens m'être éveillé avec une douleur atroce. Mon bras était tordu dans mon dos et étiré presque au point de se casser, et je criais de douleur. Puis j'ai commencé à me débattre. C'était une erreur parce que je déséquilibrai le rondin une fois de plus et il s'est retourné. Je me suis presque noyé à ce moment-là, mais sans trop savoir ce que je faisais, j'ai réussi à rejeter les chaînes autour du rondin et à le faire rouler de nouveau, et c'est alors que j'ai vu les racines. C'était un vieil arbre, et non un morceau de bois qui avait été coupé, et j'ai réussi à me glisser le long de son tronc jusqu'à pouvoir entourer quelques racines avec la chaîne et flotter ainsi, la tête au-dessus de l'eau…

Il s'arrêta un moment, prit une profonde inspiration et poursuivit :

– Puis j'ai passé une journée entière dans l'eau, sentant le sel s'agglutiner en croûte sur ma peau et endurant des douleurs horribles tandis que je combattais l'envie de boire de l'eau de mer. Je jure qu'il n'existe sur la terre de Dieu aucun tourment plus effroyable que la soif, si ce n'est d'en souffrir pendant que son corps est immergé dans l'eau. Je savais que je viendrais à en boire tôt ou tard, mais j'ai lutté pendant un long, très long moment et je pense avoir perdu la raison à un certain point, parce que je me suis tout à coup réveillé la tête sous l'eau, et j'ai paniqué. Mais au moment même où je commençais à me débattre, j'ai entendu un cri et senti des mains me tirer par les bras et les cheveux et me sortir de l'eau. Et c'est à cet instant, mes amis, que j'ai réellement commencé à croire aux miracles. J'avais été recueilli par des pêcheurs maltais. Mon arbre avait dérivé vers un îlot près duquel ils pêchaient et eux-mêmes dérivaient avec le courant, leurs filets tendus de l'autre côté de leur embarcation. Ils ne m'ont vu que lorsque leur bateau a heurté mon arbre. M'ayant sauvé, ils m'ont nourri et ont pris soin de moi jusqu'à ce que je sois suffisamment rétabli pour travailler. Alors, ils m'ont fait travailler, constamment mais sans cruauté, pendant plus d'un mois. Au moment où nous sommes retournés à La Valette, leur port d'attache, j'avais, grâce à de la bonne nourriture et à un travail simple, retrouvé ma santé et mes forces. Je suis demeuré à La Valette durant un autre mois, travaillant comme aide-cordonnier et combattant une congestion pulmonaire, puis je me suis embarqué sur un navire de marchands italiens en partance d'Ostie pour Chypre. De là, j'ai gagné Jaffa, mais j'avais peu d'argent pour m'acheter de la nourriture et je m'affaiblissais de jour en jour. Lorsque j'ai atteint Jéricho, où quelqu'un m'avait dit que je trouverais un nouvel hôpital, j'avais à peine la force de marcher. Les moines m'ont accueilli et, lorsque j'ai été capable de parler à nouveau et de leur dire qui j'étais, ils t'ont fait savoir où je me trouvais.

De Payns demeura assis en silence pendant quelques instants, pensif, puis il aspira une grande bouffée d'air et parla presque comme s'il se parlait à lui-même :

– Oui, c'est ce qu'ils ont fait…

Il aspira l'air de nouveau et se redressa.

– Tu as vécu toute une odyssée, Geoff, mais c'est terminé maintenant, dit-il. Tu es en sécurité à présent parmi tes amis… ou peut-être devrais-je dire *entre* tes amis, puisqu'il n'y a plus qu'Arlo et moi-même. Mais notre seule priorité maintenant est de te remettre sur pied, avec de la chair sur tes os et de nouveau cette lueur dans tes yeux. Ensuite, nous te mettrons sur un cheval et tu manieras ton épée avec les meilleurs d'entre nous, comme c'est ton droit. J'ai parlé au frère précepteur ici lorsque nous sommes arrivés tout à l'heure et il m'a dit que tu devrais pouvoir quitter l'hôpital dans une dizaine de jours. À ce moment, Arlo nous aura trouvé un endroit où vivre… un endroit décent, avec de l'espace et beaucoup de lumière, où nous pourrons nous exercer au maniement de l'épée. Entre-temps, tu dois t'employer à retrouver ta santé, alors dors, mange bien et refais tes forces. Un de nous au moins te rendra visite chaque jour pour t'éviter la déprime, mais demain, je dois aller escorter un groupe de pèlerins d'ici à Jéricho. Je serai parti quatre jours et je viendrai te voir à mon retour. Dors bien, mon ami.

†

Lorsque de Payns et Saint-Omer s'entretinrent à nouveau, cinq autres jours s'étaient écoulés et la santé de Geoffroy s'était améliorée bien au-delà des attentes de Hugues. Il pouvait se lever et se promener facilement, s'aidant d'un bâton, et sa voix avait repris toute sa vigueur. Son regard brillait de nouveau et sa peau avait pris une légère teinte rouge qui lui donnait bonne mine, simplement en passant une heure ou deux dehors chaque jour. Arlo n'avait pas accompagné Hugues ce soir-là sous prétexte qu'il avait des choses à faire et ce dernier n'avait soulevé aucune objection, sachant que son ami était allé à l'hôpital chaque soir pendant les cinq derniers jours. De plus, Hugues souhaitait discuter avec Saint-Omer de certaines choses qu'Arlo ne pouvait entendre.

L'heure du dîner était passée lorsque les deux hommes se retrouvèrent enfin seuls, assis sur des chaises pliantes près d'un des feux que l'on avait allumés plus tôt pour faire cuire la nourriture, à l'écart des oreilles indiscrètes. Saint-Omer massait la paume de sa main droite avec son pouce gauche, remuant ses doigts et les regardant bouger.

– Mes articulations se raidissent, dit-il. Je deviens vieux.

– C'est notre cas à tous, Geoff. Personne ne rajeunit.

– Arlo m'a dit que tu avais repris tes anciennes habitudes de loup solitaire sitôt revenu ici.

Momentanément surpris par cette remarque inattendue,

Hugues haussa finalement les épaules et acquiesça de la tête.

– Oui, répondit-il. Ça me semblait une bonne idée à l'époque et je ne l'ai pas regretté depuis.

– Et maintenant, on te connaît comme le chevalier qui ne parle jamais.

– Pas vraiment. Je parle tous les jours à tous les gens que je rencontre.

– À tous les gens que tu rencontres dans le cadre de tes fonctions, tu veux dire.

– Exactement.

– Mais tu ne parles jamais à quelqu'un d'autre volontairement.

– Non, pas en dehors du service.

– Pourquoi donc ?

– Parce que je n'en ai pas le désir. Nous avons déjà parlé de tout cela, Geoff.

– Oui, mais c'était il y a des années. Tu étais en colère alors — avec raison, je te l'accorde — à cause des péchés commis à Jérusalem. Mais c'était il y a près de vingt ans, Hugues, et bien peu des gens qui t'ont offensé alors sont encore vivants aujourd'hui. Je doute que quiconque d'entre eux se trouve ici à Jérusalem.

– Oh non, Geoff, il y en a encore quelques-uns, et certains détiennent d'immenses pouvoirs.

– Très bien, alors. Je peux comprendre que tu souhaites n'avoir aucun rapport avec eux, mais…

– Il n'y a pas de « mais », Geoff. Rien n'a changé malgré le passage des années… dix-sept, soit dit en passant, et non vingt. Mais les hommes, les chevaliers de Dieu qui sont ici maintenant sont les mêmes qu'auparavant… Ils portent des noms différents, et plusieurs d'entre eux sont plus jeunes, mais ce sont les mêmes et, s'ils en avaient l'occasion, ils agiraient exactement de la même façon que les autres l'ont fait, criant « Dieu le veut ! » en massacrant femmes et enfants.

– J'en doute, Hugues.

– Tu en doutes ? jeta de Payns sur un ton de colère réprimée. Comment peux-tu en douter, Geoff ? Regarde autour de toi et écoute lorsque ces gens parlent de qui ils sont et de ce qu'ils sont déterminés à faire au nom de Dieu. À cause d'eux, de ce qu'ils sont et de ce qu'ils ont fait, le mot « chrétien » me pue au nez. J'ai observé la situation depuis mon retour ici avec Arlo, et j'ai décelé bien peu de sentiments chrétiens chez nos alliés, ou même parmi nos propres troupes ; il n'y a, au sein des armées chrétiennes qui sont venues ici, ni amour, ni tolérance, ni pardon, ni édification… et crois-moi, mon ami, j'ai cherché de tous côtés pendant des mois, chez les dirigeants, les seigneurs, les barons, les comtes, les chevaliers et les hommes d'armes. Je n'ai rien trouvé d'autre que cupidité, avarice et luxure. J'ai vu partout des hommes qui rendaient hommage au Très-Haut et lui adressaient des prières d'humilité et de gratitude pendant que, au même moment, ils s'appropriaient tout ce qu'ils pouvaient voler et se battaient entre eux pour obtenir le pouvoir ici, dans ce nouveau monde qu'ils étaient en train de créer. Nous étions venus ici au départ pour libérer la Ville sainte de Dieu, Geoffroy, et ceux d'entre nous qui étions membres de l'Ordre de la Renaissance y étions venus chercher la Vérité de Dieu, comme il est inscrit dans notre tradition. Mais nous avons plutôt fondé des royaumes pour nous-mêmes. Le royaume de Jérusalem, la principauté d'Antioche, le comté d'Édesse ! Nous avons édifié notre propre empire sur les lieux les plus saints de cette terre, et nous trouvons bien peu la présence de Dieu ou du Jésus des chrétiens où que ce soit sur ce territoire.

De Payns se tut, conscient que Saint-Omer le regardait, les sourcils froncés.

– Dis-moi, si tu le veux bien, pourquoi cela devrait te surprendre, demanda le convalescent.

Hugues cligna des yeux, son visage trahissant sa perplexité, puis il haussa les épaules.

– Je ne comprends pas. Pourquoi quoi devrait me surprendre ?

Son ami était complètement ébahi par son manque de compréhension.

– Que nos frères chrétiens se comportent comme ils le

font ? Tu ne devrais pas t'en étonner, Hugues. Tu as consacré sept ans à l'étude des mystères de notre Ordre après avoir été Élevé et avant de revenir ici. As-tu cessé de croire aux vérités que tu as apprises ?

– Non, je n'ai pas cessé d'y croire, répondit immédiatement Hugues d'un ton indigné. Mais ces vérités ont peu d'importance aux yeux du monde dans lequel nous vivons aujourd'hui. Les rites que j'ai étudiés étaient ésotériques, et d'un niveau plus élevé que tout ce que connaissent la plupart des hommes. Ils ressemblaient bien peu à la vraie vie, et cela m'a été confirmé depuis mon retour par le silence de l'Ordre lui-même. Nous attendions — j'attendais — des directives, une orientation sur ce qu'il fallait faire et comment, mais je n'ai rien entendu.

– C'est étrange, mais je pensais exactement le contraire au cours de ces cinq années et plus, dit Saint-Omer en secouant doucement la tête et en souriant à son ami. Pendant que j'étais enchaîné à cette rame, il me semblait que les leçons que nous avait enseignées l'Ordre quand nous étions jeunes sur la façon dont nous devions vivre et sur ce à quoi nous devions nous attendre de la part de nos frères chrétiens dévots étaient la chose qui se rapprochait le plus de la vérité réelle — la vérité qui prévaut dans le monde dans lequel nous devons vivre. Et même si une bonne part de ce que nous avons appris, là-bas, chez nous, se fondait sur la tradition acceptée de l'Ordre, encore davantage se fondait sur des suppositions… sur ce à quoi nous pourrions nous attendre si ceci ou cela était révélé au grand jour. Maintenant, notre monde tout entier a changé, Hugues, et ce qu'on nous avait prédit s'est produit.

Saint-Omer s'interrompit un moment et regarda son ami dans les yeux.

– Depuis quand n'as-tu pas eu de véritable communication avec nos frères au sein de l'Ordre ?

De Payns haussa les épaules.

– Depuis trop longtemps. Au moins cinq ans… Mais je doute qu'ils aient essayé de me joindre, car je ne me cachais pas. Je préférais seulement vivre dans la solitude.

Il leva une main pour interrompre Saint-Omer avant qu'il ne puisse même commencer à parler et poursuivit :

– Je sais que mes paroles semblent étranges, mon ami, et j'avoue bien volontiers que certaines personnes me croient fou, mais je ne m'en soucie aucunement.

Il s'arrêta un moment, réfléchissant, puis continua :

– Mais il y a en effet bien longtemps que je n'ai parlé à un autre frère que toi. À une certaine époque, lorsque je suis revenu ici pour la première fois, je rencontrais parfois d'autres membres de notre Ordre et, dans ces moments-là — qui se produisaient souvent au hasard, malgré le fait que j'étais à leur recherche —, nous en venions chaque fois à parler de nous rassembler et de répéter au moins nos rituels, même si nous étions trop peu nombreux pour les célébrer. Nous savions tous que les répétitions étaient plus importantes que l'exécution, car les rites eux-mêmes survivraient sans nous et pouvaient passer des années sans être célébrés. Mais les membres de la confrérie, les frères eux-mêmes, se fiant comme ils le font à la mémoire et aux répétitions pour retenir les paroles et la forme, ont constamment besoin de répéter les rituels — de se remémorer leur contenu, sinon leur forme. Au fil des années, la plupart d'entre nous avons réussi à demeurer en contact étroit avec au moins un de nos frères, de façon à pouvoir nous interroger mutuellement. À cette époque, je fréquentais depuis plus de trois ans un chevalier du nom de Philippe de Mansur — je crois me souvenir qu'il affirmait ne pas te connaître. Il venait de Bretagne, alors il est peu probable que vous vous soyez déjà rencontrés. Philippe et moi avons combattu ensemble et accompli notre travail rituel jusqu'à ce qu'il soit tué dans une embuscade sur la route de Jaffa. Depuis lors, je n'ai rien fait. J'ai perdu mes illusions peu après cela…

Hugues resta quelques secondes silencieux, puis reprit :

– Mais il y a un autre élément dont il faut tenir compte. Je peux lire et écrire, je suis une des rares personnes qui sachent le faire ici, alors j'avais beaucoup plus de facilité que tous les autres à réviser et à réapprendre les paroles. Et alors, pendant un moment au début, comme je te le disais, nous avons essayé de nous rassembler de temps en temps. Mais tu sais aussi bien que moi ce qui arrive lorsque tu essaies d'organiser quelque chose pour ton propre plaisir alors que tu te trouves en devoir au milieu d'une guerre. Les hommes que je connaissais à cette époque étaient presque tous de mon âge et nous nous connaissions tous avant même l'appel aux armes du pape. Puis nous étions venus en Terre sainte avec chacun notre seigneur suzerain, et ce seul fait nous tenait éloignés les uns des autres. Cela, plus les exigences de la guerre et du devoir, faisait en sorte que nous ne pouvions jamais nous rencontrer pour nos propres desseins. De plus, les hommes mouraient constamment, si bien que là où nous étions, plusieurs dizaines au début, tous frères au sein de l'Ordre avant le tournant du siècle, nous nous retrouvions moins d'une vingtaine et nous recevions constamment des rapports sur tel ou tel frère qui était mort au cours d'une bataille ou avait succombé à une des épidémies qui foisonnent ici…

Il s'interrompit de nouveau, et Saint-Omer le regarda attentivement alors que de Payns se tenait la tête basse, frottant l'arête de son nez entre son pouce et son index, ses pensées de toute évidence ailleurs, loin de l'endroit où ils étaient assis, auprès d'un feu déclinant. Mais, un moment plus tard, Hugues se redressa de nouveau et poursuivit sur sa lancée :

– Puis, pendant un certain temps arriva une succession de nouveaux visages, des jeunes hommes pleins d'enthousiasme, avides de gloire, avec les yeux brillants et la peau brûlée par le soleil, qui étaient venus de France et allaient partout en serrant la main de tous ceux qu'ils rencontraient jusqu'à ce qu'ils reçoivent une réponse positive. Ceux-là étaient toujours impatients de rencontrer des frères plus âgés et de donner des nouvelles du pays et, pourtant, il se révéla tout simplement trop difficile d'organiser un rassemblement. Neuf d'entre nous ont failli y parvenir un jour, mais, ce jour-là précisément, une caravane fut attaquée à moins de trois milles de l'endroit où nous nous étions réunis, et nous avons passé la nuit à parcourir le désert et à sauver des otages…

De Payns s'arrêta encore, ses yeux se rétrécissant à mesure que les souvenirs lui revenaient.

– C'était après que j'ai choisi de demeurer silencieux, maintenant que j'y pense. En ce temps-là, les membres de la confrérie venaient encore me voir chaque fois qu'ils se trouvaient près de mon camp ou, si j'entendais dire que l'un d'eux se trouvait dans les environs, j'envoyais Arlo prendre contact avec lui et il organisait une rencontre secrète avec le nouveau venu... mais, évidemment, cela ne pouvait s'appliquer qu'aux frères que je connaissais en personne. Les autres, les nouveaux venus, n'avaient aucun moyen de me joindre et, de mon côté, je n'avais aucun moyen de savoir qui ils étaient. C'est ainsi que j'ai pris cette habitude de garder le silence qui s'est étendue même à mes frères de l'Ordre. Je sais que c'est répréhensible. Ce pourrait même être impardonnable, mais je ne puis offrir aucune excuse autre que ma propre excentricité.

Saint-Omer avait observé Hugues les sourcils froncés et, maintenant, il approuva d'un signe de tête.

– Oui, dit-il, certains pourraient y voir de l'obstination.

Les mots étaient accusateurs, mais le ton sur lequel ils étaient prononcés était doux. De Payns acquiesça à son tour.

– Ça se pourrait. C'est vrai. Mais qu'en est-il de toi ? Quand as-tu eu des relations avec des membres de l'Ordre la dernière fois ?

Saint-Omer se tordit sur son siège et jeta un coup d'œil par-dessus son épaule pour s'assurer qu'ils étaient toujours seuls avant de répondre :

– C'était il y a cinq ans, et ils s'inquiétaient pour toi, mon ami. J'apportais des directives pour toi d'Amiens quand j'ai été capturé par les Turcs.

– Pour moi ? D'Amiens ? Je ne connais personne à Amiens.

– Tu me connaissais.

– À part toi, je veux dire. Qui d'autre pourrait m'écrire de là ?

– L'Ordre. Le sénéchal lui-même, Jean Toussaint, seigneur d'Amiens.

– Toussaint m'a écrit ? Pourquoi ? Que pourrait-il vouloir de moi maintenant ?

Saint-Omer étendit les bras et fit une moue d'ignorance.

– Plusieurs choses, si j'en juge par la quantité de messages. Malheureusement, je ne savais rien de leur contenu, dit-il en secouant doucement la tête. Je les ai perdus… de même que tout le reste, quand notre bateau a coulé en mer.

– Tu les as perdus…, fit de Payns en le regardant fixement. Eh bien, c'est ainsi. Tu as tout perdu, mais grâce à Dieu, tu es resté en vie. Mais n'avais-tu aucun indice sur le contenu des lettres ?

– Non, absolument aucun. Pourquoi en aurais-je eu ? Le contenu de ces lettres ne me regardait pas et je n'avais aucun intérêt à savoir ce qu'elles contenaient. Je venais te rejoindre en tant qu'ami, selon la suggestion de l'Ordre qui avait besoin de moi pour te remettre ces documents. Je n'ai rien pensé à ce sujet. Je savais que tu les lirais quand nous nous verrions et que si tu décidais de me parler de leur contenu, cela signifierait que les frères dirigeants au pays avaient souhaité que je le sache. Mais si je m'étais interrogé sur leur contenu avant qu'elles ne soient livrées, j'aurais pu être tenté d'y jeter un coup d'œil, pendant les longues nuits de voyage, en courant le risque de rompre mon serment sacré. De toute façon, maintenant que des années se sont écoulées, je suppose que nos frères au pays ont appris que je n'étais pas arrivé en Terre sainte et qu'ils ont soit modifié leurs intentions à ton égard, soit décidé de transmettre leurs directives à quelqu'un d'autre. Tu n'as reçu aucun message d'eux entre-temps ?

– Pas un mot, soit-il écrit ou parlé, et c'est vraiment étrange, parce que tu dois être parti d'Amiens plus d'une année après que le comte Hugues a quitté la Champagne pour revenir ici. Il est arrivé il y a presque trois ans, en 1114, et est demeuré pendant près d'un an. J'étais de service à Édesse durant la majeure partie de cette période, mais je l'ai vu, bien que brièvement, à plusieurs reprises, et pourtant il ne m'a jamais rien dit à propos de ces messages… et il ne savait rien de ta mésaventure, maintenant que j'y pense. Ton nom n'a jamais été mentionné, et nous aurions parlé de ta disparition, en tant que membre de l'Ordre, si le comte avait su quoi que ce soit à ce propos, fit Hugues d'un air pensif. C'est vraiment étrange, car le comte occupe un poste élevé au conseil de l'Ordre, alors je suppose qu'il doit tout savoir à propos de moi.

Saint-Omer agita une main en hochant lentement la tête de droite à gauche.

– Non, Hugues. Il se peut que les membres du conseil n'aient pas ressenti le besoin d'informer quiconque de ce qu'ils t'avaient demandé l'année précédente. Ils avaient besoin de toi à ce moment, il y a six ans, pour une chose précise, et quelle qu'elle ait été, le besoin était urgent. Je me souviens avoir pensé à l'époque qu'il devait s'agir d'une question importante en voyant l'attitude de ceux qui m'avaient confié la tâche de te retrouver. Mais, après une année, peut-être que cela semblait moins urgent, ou qu'ils s'attendaient à avoir bientôt des nouvelles de toi… Nous ne pouvons pas deviner les directives qu'ils t'avaient envoyées. Mais ce pourrait être une bonne idée que tu leur écrives maintenant que tu as recommencé à communiquer.

– C'est ce que je vais faire, tu peux en être sûr. Lucien de Troyes repart pour la Champagne demain et, une fois rendu, il fera un rapport directement au comte Hugues, car il est son représentant… Je sais qu'il n'est pas encore parti, puisque je lui ai parlé ce matin pour lui dire que tu allais bien. Maintenant, je dois le retrouver et lui dire tout ce que tu viens de me confier, et il lui apportera des nouvelles de nous.

– Est-il l'un d'entre nous ?

– Un membre de l'Ordre ? Bien sûr, autrement je ne songerais pas un instant à lui confier un message verbal. Il est devenu membre deux ans avant moi, mais il est originaire d'Argonne, alors il se peut que tu ne l'aies jamais rencontré.

– Très bien… Ainsi, il fait partie de l'Ordre…

Saint-Omer inclina la tête, se remit sur ses pieds, quelque peu déséquilibré pendant un moment, en écartant d'un geste de la main Hugues qui s'apprêtait à l'aider.

– Je vais bien. Reste où tu es. Mais je suis fatigué et il fait de plus en plus froid. Va, maintenant, et trouve ce Lucien de

Troyes. Assure-toi de tout lui raconter pour qu'il puisse dire que tu n'as jamais eu connaissance de quelque tâche qui t'ait été assignée. Je peux retrouver mon chemin jusqu'à mon lit. Dors bien, et nous reparlerons demain.

Hugues souhaita une bonne nuit à son ami et partit à la recherche de Lucien de Troyes, qui en était aux derniers préparatifs de départ. Les magnifiques pièces romaines que le comte et son assistant avaient occupées au cours des trois dernières années étaient maintenant vides, tous leurs meubles ayant été nettoyés et emballés pour le voyage par les hommes de Troyes, et les pas de Hugues résonnaient sur les dalles du plancher. Il trouva sire Lucien dans une minuscule chambre près de l'entrée de ses quartiers. Le chevalier écouta attentivement son visiteur, sans jamais l'interrompre, pendant que celui-ci lui racontait ce qu'il venait d'apprendre. Il hocha la tête à la fin du récit et promit d'en informer le comte Hugues le plus tôt possible et de lui demander de transmettre le message aux membres dirigeants du conseil de l'Ordre.

Le matin suivant, Hugues assistait au départ de sire Lucien, accompagné d'un groupe restreint mais lourdement armé. Ils prirent aussitôt la direction de la côte où un navire attendait pour les transporter à Chypre et, de là, en plusieurs étapes, jusque chez eux. De Payns savait qu'il allait davantage entendre parler de l'Ordre de la Renaissance maintenant qu'il avait brisé son silence, mais il n'avait aucun moyen de savoir quand cela se produirait et, pour l'instant, il était satisfait d'attendre et d'aider son ami Geoffroy à retrouver sa santé et sa vigueur. Il regarda le bateau du chevalier de Troyes et de ses hommes jusqu'à ce qu'il ait disparu à l'horizon, puis il se tourna, fit signe à Arlo d'approcher et lui demanda d'apporter leurs épées et autres armes pour les aiguiser.

CHAPITRE 12

– Il y a un damoiseau qui te cherche, sur la place du marché.

De Payns abaissa la lame qu'il polissait jusqu'à ce qu'elle repose sur son genou et leva lentement la tête pour regarder Arlo de sous le bord du tissu qui protégeait sa tête contre le soleil éblouissant.

– Le connaissons-nous ?

– Non. Comment pourrions-nous ? C'est un damoiseau, comme je te l'ai dit.

– Lui as-tu dit où me trouver ?

– Me prends-tu pour un idiot ? S'il doit te trouver, il le fera lui-même. Je sais comment mériter tes remerciements, et c'est une tâche fort difficile… et ce n'est jamais en disant aux gens comment et où te trouver. Tout ce que j'en retire, ce sont des mots durs…

Mais, au moment même où Arlo lui parlait, Hugues pouvait voir l'étranger approcher derrière lui, venant des portes du caravansérail, suivi de près par un serviteur menant une mule chargée d'un coffre de bois, et il cessa d'entendre les grommellements de son ami pendant qu'il examinait le nouvel arrivant, le damoiseau, comme Arlo l'appelait. Il n'était pas nécessaire d'être très intelligent pour comprendre d'où venait le nom de « damoiseau », ou ce qu'il représentait. Le nouvel arrivant était grand et rose pâle à la façon de tous les nouveaux arrivants en Terre sainte, le teint des gens qui n'avaient pas encore eu le temps de s'acclimater à l'éclat cruel du soleil du désert et aux gifles des vents chauds qui soufflaient le sable sur la peau exposée. On les reconnaissait immédiatement à leurs vêtements trop neufs et mal adaptés au climat d'ici, leurs couleurs trop voyantes, leur cotte de mailles et leur armure encore rouillées et humides du voyage en mer qu'ils venaient d'accomplir. Il allait falloir des mois dans l'air sec du désert avant que leurs mailles ne prennent un aspect bruni, poli par le sable, et que leur propriétaire ne puisse passer pour un vétéran.

Les damoiseaux étaient tout ce que leur nom suggérait : des vierges parmi les carnivores ; des innocents parmi les satyres ; des cavaliers néophytes qui n'avaient pas encore combattu les guerriers à cheval les plus féroces du monde. La plaisanterie qui courait en Outremer était que la pâleur des damoiseaux venait de leur peur à l'idée de voir leur premier janissaire turc se ruant sur eux au triple galop.

Celui-ci représentait un parfait spécimen de sa race, avec la fraîcheur caractéristique des nouveaux arrivés. Ses vêtements affichaient encore la luminosité des climats humides, et ses yeux brillants trahissaient le fait qu'il n'avait encore vu, et encore moins combattu, aucun musulman hostile. L'homme avança jusqu'au feu de Hugues et s'adressa directement à lui.

– Je cherche le sire Hugues de Payns et on m'a dit que je le trouverais ici. Est-ce vous ?

Hugues, qui était assis sur une pierre près du feu, posa son épée à longue lame par terre, la pointe vers le feu, et se redressa de toute sa taille, conscient de l'expression sur le visage de l'homme et de la raison de son étonnement, car Hugues n'était aucunement vêtu comme un chevalier chrétien. Il était sans armure et portait les longs vêtements amples des nomades du désert et, maintenant, il rejetait dans son dos les extrémités pendantes de son burnous.

– Je suis Hugues de Payns. Qui es-tu ?

L'homme s'avança de trois pas et s'agenouilla près du feu, saisissant la main de Hugues avant que le chevalier, surpris, ne puisse la retirer.

– Pardonnez-moi, sire Hugues, d'avoir tant tardé à vous joindre, mais je vous cherche depuis mon débarquement à Jaffa, il y a plus d'un mois.

Il hésita, les yeux levés vers Hugues qui était encore trop surpris pour reprendre sa main.

– Je m'appelle Gaspard de Fermond. Vous êtes un homme difficile à trouver, monseigneur.

– Je ne suis pas ton seigneur. Je suis un simple chevalier au service du comte Hugues de Champagne et tu n'aurais dû avoir aucune difficulté à me trouver parce que je vis ici ouvertement, parmi les autres chevaliers.

Le nouvel arrivant rougit, mais ne courba que légèrement la tête, en refusant de laisser la main que de Payns essayait de retirer.

– Je sais cela, monseigneur, dit-il, mais lorsque je suis venu ici la première fois à votre recherche, quelqu'un, me jurant que vous y étiez, m'a envoyé à Jéricho…

– Je te l'ai dit, je ne suis pas ton seigneur, l'interrompit de Payns en lui jetant un regard courroucé. Pourquoi étais-tu à ma recherche ? Qui t'a envoyé me trouver ?

– Pardonnez-moi, monseigneur, mais vous êtes réellement mon seigneur. Feu votre père, le baron Hugo, m'a lui-même fait chevalier et m'a donné une propriété à l'intérieur de sa baronnie, alors vous êtes mon seigneur suzerain, comme le comte Hugues de Champagne est le vôtre. En ce qui concerne la personne qui m'a envoyé, je pense que vous devez le savoir si vous réfléchissez un moment à qui sait que vous vous trouvez ici.

Comme il prononçait ces paroles, la main du damoiseau bougea dans celle de Hugues, pressant la jointure puis bougeant d'une manière caractéristique qui fit comprendre à Hugues qu'il avait devant lui un autre membre de l'Ordre de la Renaissance. Toutefois, conscient de la façon dont l'homme lui avait retenu la main, Hugues s'était préparé à quelque chose de ce genre et ne laissa paraître aucune réaction sur son visage. Il se contenta de faire discrètement le même geste et reprit enfin sa main, invitant l'homme à s'asseoir sur une autre pierre près de la sienne.

– Assieds-toi, Fermond, lança-t-il, et permets-moi de te donner un conseil. Ne laisse jamais passer l'occasion de ramasser une pierre convenable pour t'asseoir près du feu dans ton campement. Elles sont étonnamment rares en ce lieu, et les chevaliers francs n'aiment pas s'asseoir sur le sol.

Les pierres d'une taille convenable pour s'asseoir sont précieuses ici... Si tu passes quelque temps dans ce pays, tu apprendras cette vérité. Maintenant, assieds-toi et dis-moi ce que tu as à me dire.

Hugues agita une main en direction d'Arlo.

– Voici Arlo, également de Payns. Il m'accompagne depuis notre enfance et il est à la fois mon ami et mon bras droit.

Lorsque les deux hommes eurent échangé des hochements de tête, Hugues poursuivit :

– Quand as-tu mangé et bu pour la dernière fois ? Nous avons une outre de vin, amer mais potable, un peu de pain d'hier et du fromage de chèvre. Arlo, pourrais-tu apporter tout cela ?

Il regarda partir Arlo, puis se tourna vers Fermond.

– Arlo est fiable, mais il ne fait pas partie de l'Ordre. Qu'as-tu pour moi ?

– Premièrement, la preuve que je suis la personne que j'affirme être. J'ai assisté à votre Élévation.

Hugues était abasourdi, mais il s'était entraîné pendant de nombreuses années à éviter que son visage ne trahisse sa pensée et, ainsi, il demeura immobile même si mille pensées lui traversaient l'esprit. Il n'avait absolument aucun souvenir de cet homme. Ni son visage ni son nom ne lui étaient familiers, et rien à propos de cet individu n'éveillait un quelconque souvenir en lui. De plus, il aurait juré que Fermond était d'au moins trois ans plus jeune que lui et, pourtant, si ce qu'il disait était vrai et qu'il avait assisté à l'Élévation à Payns, il devait avoir au moins un an de plus que Hugues. Cependant, Fermond démontra en quelques minutes qu'il disait la vérité, car non seulement il se rappelait clairement l'événement, mais il savait quels autres chevaliers y avaient assisté et de quoi ils avaient parlé après la célébration, et se souvenait même d'une histoire amusante que le grand-père de Hugues avait racontée au sujet de la nuit où son fils, le père de Hugues, s'était vu accorder le même honneur. Hugues écouta avec plaisir et, lorsque son hôte eut terminé, il hocha la tête.

– De toute évidence, tu es celui que tu prétends être. Alors, si tu le veux bien, dis-moi ce que tu as à me dire.

Mais Fermond se racla la gorge et jeta un coup d'œil autour de lui.

– Y a-t-il un endroit tout près où nous pourrions marcher et penser, peut-être parler, sans être vus ni entendus ?

Hugues le regarda d'un air surpris.

– Dans un caravansérail ? Bien sûr, si tu souhaites te faire trancher la gorge. Il n'existe aucun endroit « sécuritaire » dans aucune hostellerie que je connaisse dans toute la Terre sainte, excepté celle-ci, dit-il avec un large sourire. Tu as de la chance parce que cette auberge est exceptionnelle. Son propriétaire est un honnête homme qui a huit colosses de fils, et c'est pourquoi je demeure ici chaque fois que j'ai envie d'être tranquille. Il y a un ruisseau pas très loin, de l'autre côté des murs. Nous pouvons marcher jusque-là. Mais voici Arlo. Nous allons d'abord manger, puis nous marcherons et nous parlerons.

†

– Avez-vous entendu parler de la mort du sire Geoffroy de Saint-Omer ?

Ils avaient mangé et s'étaient éloignés du caravansérail pour trouver le ruisseau dont avait parlé de Payns et, maintenant, ils marchaient le long du sentier bordé de hautes herbes qui en suivait la rive.

– Geoffroy de Saint-Omer est mort ?

– Oui, monseigneur. Il a été fait prisonnier et tué par des pirates il y a cinq ans, en route pour la Terre sainte.

– Il sera fort désolé d'entendre ça… parce qu'il était en bonne santé il y a dix jours, la dernière fois que je lui ai parlé.

De Payns sourit devant la stupéfaction qui se lisait sur le visage de l'homme, puis il eut pitié de lui.

– Geoffroy a été capturé, mon ami, amené en mer et vendu comme esclave, mais il n'a pas été tué. J'ai envoyé un message en France, il y a six mois, pour dire qu'il avait survécu, mais tu dois l'avoir croisé. Il a passé quatre années comme esclave sur une galère et s'est miraculeusement échappé, grâce à Dieu, il y a presque un an de cela. Il a réussi à se rendre à Jéricho et me l'a fait savoir, et je l'ai ramené à Jérusalem où il a maintenant retrouvé sa pleine forme. Il a dit qu'au moment où il a été fait prisonnier, il transportait des lettres pour moi de la part du conseil de l'Ordre. Elles ont sombré avec le bateau sur lequel il naviguait.

Fermond referma sa bouche béante et acquiesça d'un air sombre.

– Que Dieu en soit remercié, en effet, s'il a survécu. Nous n'avions eu aucune nouvelle de lui depuis son départ, et nous ne nous attendions pas à en recevoir, mais le conseil commençait à s'inquiéter de n'avoir pas entendu parler de vous depuis lors, après plusieurs années. Puis nous avons entendu dire que le navire de sire Geoffroy avait été capturé par des pirates et que tous avaient péri. Peu après, on m'a envoyé, ainsi que trois autres chevaliers, pour vous trouver... Avez-vous rencontré un des autres ?

– Non, tu es le premier à me joindre, et j'admets que je suis extrêmement curieux maintenant de savoir de quoi il s'agit.

– C'est très simple, monseigneur. Le sénéchal et le conseil de l'Ordre m'ont envoyé pour vous rappeler vos responsabilités envers vos frères à la maison, en France.

– Mes responsabilités. Je vois... Maintenant dis-moi, si tu le veux bien, qui est sénéchal de l'Ordre maintenant, et quelles sont ces responsabilités dont tu parles si allègrement ?

Fermond cligna lentement des yeux, se demandant de toute évidence si Hugues se moquait de lui, mais quand ce dernier se tut, il cligna des yeux encore davantage et secoua la tête d'étonnement.

– Le comte est sénéchal... Le comte Hugues... Il a été nommé à son retour en France l'année dernière, peu après la mort de Jean Toussaint, seigneur d'Amiens, ne saviez-vous pas cela ?

– Pas plus que tu n'avais appris le retour de Geoffroy de Saint-Omer. Comment aurais-je pu le savoir ? Notre Ordre est une société fermée et, par-dessus tout, secrète, Fermond. Cela signifie que les nouvelles sur des sujets pareils voyagent lentement et font rarement du bruit. Mais je suis heureux d'apprendre la nomination du comte Hugues. Il fera un excellent sénéchal. Son tempérament convient bien à ce rôle et sa gouvernance profitera à tous, y compris à l'Ordre lui-même… Parlant de l'Ordre, j'aimerais en savoir plus sur ces responsabilités dont tu parlais. Quelles sont-elles et en quoi me concernent-elles ?

L'homme ouvrit de nouveau la bouche, cherchant ses mots, et dit :

– Vos responsabilités envers l'Ordre… son histoire et tous ses enseignements.

De Payns cessa de marcher et regarda autour de lui, faisant mine d'ajuster le tissu de sa tunique tout en s'assurant qu'ils étaient toujours seuls.

– Tu fais du bruit, Fermond, mais ton discours n'a pas beaucoup de sens. Comment puis-je être responsable de l'Ordre et de tous ses enseignements ?

– Pas responsable de l'Ordre, monseigneur… je voulais dire : responsable à l'égard de l'Ordre, comme nous le sommes tous.

Il s'éclaircit la gorge et son ton devint beaucoup plus solennel alors qu'il livrait un message appris par cœur :

– Pendant des centaines d'années… et ce sont là les paroles mêmes que le comte a prononcées pour que je vous les répète… tout ce que l'Ordre de la Renaissance a fait visait à en arriver à la situation qui existe maintenant en Terre sainte, dans le royaume, et dans la cité de Jérusalem. Le sénéchal en avait observé des indices pendant qu'il était ici lui-même, alors qu'il était conseiller mais pas encore sénéchal. Cependant, on l'avait envoyé ici à cette époque pour observer et prendre des notes, et il n'avait aucune autorité pour faire quoi que ce soit de sa propre initiative. On lui avait ordonné de revenir au pays et de rapporter à ses compagnons du conseil tout ce qu'il avait vu et appris. Il vous avait volontairement laissé derrière, sur le terrain, mais il n'avait pas la permission de vous dire quoi que ce soit sur ses agissements pendant sa brève visite — car il n'est resté que quelques mois, n'est-ce pas ?

De Payns haussa les épaules.

– Oui, moins d'un an, laissa-t-il tomber.

– Eh bien, il vous a envoyé un cadeau... Vous avez probablement remarqué que je suis venu accompagné d'un homme menant une mule.

– Oui, j'ai vu ça.

– Eh bien, le coffre est pour vous, de la part du sénéchal lui-même. Il est cadenassé et scellé, et vous devez absolument vous assurer, au moment de l'ouvrir, que personne n'a tenté de le faire ou n'y est parvenu.

– Que contient-il, des insignes ?

Fermond parut surpris.

– Oui, des insignes, mais comment pouvez-vous le savoir ?

De Payns sourit.

– Il n'y a rien de sorcier là-dedans. La dernière fois que le comte et moi étions ensemble, nous en avons parlé. Le comte lui-même avait déjà possédé tous les emblèmes de l'Ordre de la Renaissance, mais ils ont été perdus et détruits lors d'une attaque-surprise contre la caravane qui les menait de Jaffa à Jérusalem, il y a des années. Et bien sûr, nous n'avions aucun moyen de les remplacer sans envoyer quelqu'un en France pour en ramener d'autres.

Fermond inclina la tête d'un air grave.

– Eh bien, sire Hugues, maintenant que vous et les autres membres de l'Ordre en Outremer avez reçu les insignes, il est de mon devoir solennel de vous transmettre ce message : le sénéchal vous charge, sire Hugues de Payns, de repenser aux mystères que vous avez appris lorsque vous prépariez votre entrée au sein de la confrérie, et de chercher maintenant, dans l'exercice de vos devoirs en Terre sainte, des façons et des moyens de porter ces mystères jusqu'à leur point culminant.

Fermond se tut et Hugues cessa de marcher. Il plia son bras gauche sur sa poitrine et y appuya son coude droit, tapotant ses incisives avec l'ongle de son pouce.

– De porter ces mystères à leur point culminant, dit-il après un moment, comme s'il se parlait à lui-même. Comme je l'ai dit tout à l'heure, du bruit mais pas de sens. Sais-tu ce que signifie ce que tu viens de me dire, Fermond ? Parce que, moi, je n'en ai aucune idée.

Fermond ignora la question et répondit par la sienne propre :

– Avez-vous entendu parler du comte Foulques d'Anjou ?

– Existe-t-il un Franc qui n'en ait pas entendu parler ? L'Anjou est pleine de comtes Foulques. J'ai rencontré Foulques III et Foulques IV, le père et le fils. Duquel parles-tu ?

– Ni de l'un ni de l'autre, monseigneur. Les deux sont morts. Le comte au pouvoir maintenant est Foulques V. Il est un officier supérieur de notre Ordre.

– Évidemment, tout comme ses ancêtres.

– Oui... eh bien, on m'a demandé de vous dire que le comte Foulques viendra en Outremer au cours de la prochaine année, si tout va bien, pour prendre la responsabilité des activités de l'Ordre de la Renaissance ici ainsi que pour contrôler et coordonner vos efforts en vue de réaliser votre tâche première.

– Qui te l'a demandé ?

– Le conseil.

– Je vois... et le comte doit contrôler et coordonner mes efforts en vue de quelle tâche première ?

Fermond toussa, puis recommença à marcher, prenant soin de murmurer lorsqu'une femme voilée s'approcha d'eux en portant, avec autant de grâce que de facilité, une jarre d'eau sur sa tête.

– Il ne s'agit pas de vos propres efforts, monseigneur... il s'agit des efforts de nos frères en Terre sainte. On vous demande de rassembler tous les frères que vous pourrez trouver en ce lieu, de rétablir ici les coutumes et les rituels de l'Ordre de la Renaissance, et de trouver un moyen d'entreprendre l'excavation des ruines du Temple du roi Salomon afin d'y redécouvrir les trésors et les artéfacts qui, d'après notre tradition, y seraient enterrés.

Hugues fit quelques pas en silence, tête inclinée, semblant digérer ce qu'il venait d'apprendre. Tout à coup, il se mit à rire, en premier lieu d'étonnement, puis, rejetant la tête en arrière, il s'esclaffa bruyamment, sa voix retentissante effrayant les oiseaux sur les dattiers des alentours. Fermond sembla d'abord surpris, mais il continua à marcher et ne dit rien jusqu'à ce que la soudaine gaieté de Hugues se soit évanouie. Cependant, quand il prit une inspiration pour parler, sire Hugues l'interrompit d'un geste rapide de la main.

– Un instant ! Ne dis rien pour le moment, si tu le veux bien. Accorde-moi du temps pour penser à ce que je dois maintenant te dire. Tu as eu des mois pour examiner ce que tu allais me dire et tu l'as dit. Je n'ai eu que quelques minutes pour absorber tout cela, et maintenant je dois réagir.

Il redevint ensuite silencieux, marchant lentement et résolument, la tête toujours courbée, regardant les petits nuages de poussière que soulevaient ses sandales sur le sentier. Puis il grogna de nouveau, posa un bras sur l'épaule de son compagnon, le forçant à s'arrêter, et le tourna vers lui pour qu'ils puissent se regarder dans les yeux.

– Sur ton honneur, Fermond, ces directives viennent-elles du comte Hugues ou du conseil de l'Ordre ?

Fermond sembla un moment paralysé d'étonnement, puis il haussa les épaules, comme pour demander si cela faisait une quelconque différence. De Payns attendit et, finalement, Fermond répondit :

– Du conseil. On les préparait déjà avant la mort de monseigneur Toussaint. Le comte Hugues les a simplement transmises aux membres du conseil après avoir accepté le poste de sénéchal. Mais c'est lui qui a envoyé les insignes.

– Oui, c'est ce que je pensais. Maintenant, écoute-moi bien, Fermond. Je veux faire preuve d'esprit pratique, composer seulement avec la réalité de ce que tu proposes, mais je ne peux pas. Je n'ai jamais rien entendu de plus idiot que ce que tu viens de suggérer… Que je dois… qu'est-ce que c'était déjà ?… Ah oui ! trouver un moyen d'entreprendre une excavation dans les ruines du Temple du roi Salomon ?

N'est-ce pas ce que tu as dit ?

Gaspard de Fermond se racla la gorge une fois de plus et opina du chef, se sentant de plus en plus penaud. Il n'avait aucune idée de ce qui pouvait paraître idiot dans ses paroles, mais, de toute évidence, de Payns le tenait pour un imbécile. Cependant, maintenant, de Payns approuvait énergiquement de la tête.

– Eh bien, dit-il, à première vue il n'y a pas de réel problème autre que de rassembler les frères au même endroit pour une certaine période de temps. Vois-tu, Fermond, nous avons tous des seigneurs différents, des maîtres différents, et ils sont éparpillés aux quatre coins du royaume et des comtés, dispersés dans toute la Terre sainte, en fait. Tous ces seigneurs ont chacun leurs exigences à l'endroit de leurs hommes, en matière de devoir et de présence, et, comme peu d'entre eux sont membres de notre Ordre au départ, cela rend d'emblée ce que tu proposes très difficile : réunir les frères en un groupe de travail et les garder à Jérusalem — peut-être pendant des mois — sans donner d'explications à quiconque… Des explications, que beaucoup pourraient exiger, sur qui nous sommes et pourquoi nous sommes ainsi rassemblés, d'une telle façon et pour une si longue période, car Jérusalem n'est pas comme les autres villes de la chrétienté… Les gens qui ont donné ces directives n'ont aucune idée de la véritable nature de Jérusalem… C'est une ville qui renaît au moment même où nous parlons. Nous l'avons mise à sac au cours de notre première campagne, et peut-être crois-tu savoir ce que cela signifie, mais laisse-moi te dire que tu ne le sais pas, parce que tu n'étais pas là. Nous avons détruit la ville, et nous avons massacré ses habitants, et nous marchions dans le sang jusqu'aux genoux le jour où la ville est tombée entre nos mains. Nous avons tué tous ceux qui y vivaient… c'est-à-dire tous ceux que nous avons pu trouver, car quelques-uns, très rares, ont réussi à s'échapper. Puis, pendant la décennie suivante, la ville est demeurée à l'abandon, puant comme le charnier qu'elle était. Seulement quelques personnes y vivaient jusqu'à il y a tout au plus quelques années, quand le roi Baudouin s'est rendu compte que

Jérusalem était le centre de son royaume et qu'elle n'était même pas en mesure de se protéger contre les brigands.

De Payns s'interrompit, jeta un coup d'œil à son compagnon, puis poursuivit :

– Depuis lors, les choses ont changé. La ville se repeuple, ce qui, en soi, n'était pas chose facile à réaliser. Elle est isolée, éloignée qu'elle est de tout autre bastion fortifié, et elle n'a pas d'autre port pour la desservir que celui de Jaffa, distant de trente milles. Baudouin a amorcé le processus de repopulation en attirant des chrétiens syriens d'au-delà du Jourdain, en leur offrant des terres et des maisons pour leurs familles, et il a réussi à trouver des hommes pour reconstruire et allonger les murs nord de la ville. Mais il devait aussi les nourrir, et Jérusalem n'a jamais été bien pourvue en terres agricoles. Alors, il a aboli toutes les taxes sur la nourriture apportée à Jérusalem pendant qu'il imposait de lourdes taxes sur tous les produits sortant de la ville. Autrement dit, il a fait en sorte que des citoyens puissent vivre de nouveau ici dans la stabilité… Toutefois, cela ne change rien au fait que Jérusalem est enclavée et pauvre. Elle n'a ni port ni marchands pour l'approvisionner, et n'a pour seule justification de son existence que le fait de représenter un centre religieux, de recevoir les pèlerins qui s'y rassemblent en masse pour visiter les Lieux saints. Et, en conséquence, elle n'offre aucun moyen de dissimuler le type d'activités qu'exigent les directives que tu as apportées… Mais oublie ce problème pour le moment et songe à ceci… Si, par quelque miracle, nous étions capables de rassembler tous nos frères, nous pourrions simplement commencer à creuser… aucun problème là. Les ruines du Temple sont évidentes, au sud-est de la ville, elles ne sont pas cachées et tous peuvent les voir, et elles sont abandonnées depuis plus d'un millénaire. Personne ne s'en sert pour quoi que ce soit, sauf comme fondement sur lequel les musulmans ont édifié la célèbre mosquée al-Aqsa. As-tu déjà vu la mosquée ?

Fermond secoua la tête.

– Non, monseigneur. Comme je l'ai dit, je suis arrivé depuis peu. Je n'ai parcouru la ville que brièvement, puis je me suis rendu à Jéricho, à votre recherche.

– Eh bien, dans ce cas, tu l'as peut-être vue, mais tu ne l'as sans doute pas reconnue. En fait, ce n'est plus une mosquée. C'est maintenant la résidence officielle du nouveau roi de Jérusalem, Baudouin du Bourg, le deuxième roi Baudouin à occuper ce poste. Et ainsi, le palais du roi se trouve bien au-dessus des ruines du Temple… Et, vois-tu, pour rendre les choses encore plus difficiles, ce temple est en réalité celui d'Hérode, même si tout le monde tient pour acquis qu'il s'agit du Temple de Salomon. Ce n'est pas le cas. La partie visible du Temple en ruine a été construite par Hérode, il y a un millier d'années, et elle a été terminée juste à temps pour être détruite par les Romains lorsqu'ils se sont fatigués des rébellions et de l'agitation des Juifs et qu'ils ont décidé de tous les tuer et de détruire une fois pour toutes la province à problèmes qu'était la Judée. On m'a dit que le temple qui s'y trouve maintenant n'a jamais servi de lieu de culte, qu'il a été détruit avant d'être achevé. J'ai aussi entendu dire qu'il avait été construit sur le site du Temple de Salomon, mais il ne s'agit que d'une tradition transmise au fil des siècles pendant plus d'un millénaire. Nous n'avons aucun moyen de confirmer ou d'infirmer ce fait aujourd'hui…

De Payns regarda de nouveau Fermond, un sourcil légèrement haussé et un petit sourire moqueur sur les lèvres.

– Et même si nous avions la preuve que le Temple de Salomon se trouve vraiment à cet endroit, nous n'aurions pas trop de difficulté à l'excaver. Il nous suffirait d'en demander la permission au roi Baudouin. Il est le roi de Jérusalem et, à ce titre, il possède la ville et le Temple. Je n'ai aucun doute sur le fait que cette autorisation serait rapidement accordée. Surtout quand nous lui apprendrons l'existence du trésor que nous cherchons.

– Mais…

– Ah oui… le « mais »… mais nous ne pouvons souffler mot du trésor à quiconque, n'est-ce pas ? Ce doit être secret, sacro-saint, comme le sont nos activités. Ainsi, nous devons excaver le Temple en secret, en trouvant le moyen de nous accommoder du fait qu'il se trouve au sommet d'une colline en pleine ville, et nous devons le faire tout en maintenant le secret sur l'existence même de notre confrérie et de notre Ordre, tout cela à la face même des citoyens de cette ville, et sans éveiller ni soupçons ni curiosité, même parmi nos propres camarades chevaliers, mais non-initiés, sur ce que nous faisons…

Il se tut pendant un long moment pour permettre à son interlocuteur de bien comprendre ses propos, puis reprit :

– Dis-moi, mon ami, sans compromettre ta loyauté envers le sénéchal ou les conseillers qui ont préparé ces ordres et ont demandé de les envoyer — parce que je ne peux croire que le comte Hugues puisse être à l'origine d'une idée si stupide —, as-tu une quelconque idée sur la façon dont nous pourrions entreprendre cette tâche ? Si oui, je jure que je me dénuderai la tête et m'inclinerai devant toi, et je résisterai à la tentation de te dire de retourner en France et de mettre les idiots qui t'ont envoyé au défi de venir ici et de constater de leurs propres yeux la stupidité et l'arrogance de leur demande.

Fermond continua à marcher sans mot dire, les joues empourprées, et de Payns tendit la main et lui saisit le haut du bras.

– Comprends-moi bien, mon ami, dit-il, je sais que tu n'as aucun reproche à te faire à ce sujet. Ce n'est pas ta faute. Tu n'es que le messager et tu viens tout juste d'arriver en Outremer. Mais demain soir, nous serons de retour à Jérusalem et, le lendemain, j'irai te montrer le mont du Temple. Tu verras immédiatement que les hommes qui t'ont envoyé ici avec ces demandes n'ont jamais vu ni imaginé ce à quoi nous devrions faire face.

L'expression de gêne sur le visage de Fermond avait fait place à une vive inquiétude.

– Est-ce que vous êtes en train de dire, sire Hugues, que vous n'obéirez pas aux ordres du conseil ?

– Non, pas du tout. Ce que je dis, c'est qu'il ne semble pas possible que quiconque, y compris le sénéchal et les conseillers eux-mêmes, puisse accomplir la tâche qu'ils nous confient, à moi et à mes frères, ici à Jérusalem. Mais, selon tes directives, je dois essayer de trouver un moyen qui me permettrait d'atteindre l'objectif que tu as décrit, n'est-ce pas ?

Il acquiesça de la tête en réponse au geste d'affirmation de Fermond.

– C'est ce que je pensais et je puis donc te promettre que j'obéirai fidèlement à cet ordre. J'examinerai tout ce que mon imagination pourra concevoir afin d'obéir au sénéchal. Je n'ai aucune idée du temps qu'il faudra, mais si le comte Foulques d'Anjou vient ici cette année, j'aurai quelque chose à lui montrer — même si ce n'est que l'esquisse des plans que j'aurai examinés et rejetés. Combien de temps demeureras-tu parmi nous ?

Fermond secoua la tête.

– Je ne peux rester plus longtemps qu'il ne le faut pour livrer certains messages qui relèvent de ma responsabilité. Immédiatement après, je dois partir pour Chypre afin d'y rencontrer plusieurs membres de notre confrérie.

– Alors, je te souhaite bonne route, car c'est une époque difficile pour les voyageurs, et je soupçonne que tu ne voyageras pas en bonne compagnie.

– Non, mais si Dieu nous accompagne, je survivrai pour livrer mes nouvelles.

CHAPITRE 13

– De toute évidence, Dieu ne l'a pas accompagné.

La nouvelle de la mort de Gaspard de Fermond venait tout juste de leur parvenir, et c'étaient là les premières paroles prononcées depuis qu'Arlo la leur avait annoncée. Ce dernier l'avait entendue au marché de la bouche d'un chevalier de sa connaissance, lequel l'avait lui-même apprise d'un autre chevalier qui avait connu Fermond et avait reconnu son corps mutilé au bord de la route, à moins de deux lieues des portes de la ville. Arlo se tenait toujours debout, à l'endroit où il avait annoncé la nouvelle, et Geoffroy de Saint-Omer était assis, bouche bée, à la table, tenant une miche de pain dans ses mains, immobilisé au moment de la couper en deux. Hugues se leva en s'appuyant des deux mains sur la table et marcha jusqu'à la fenêtre ouverte en prenant une grande inspiration.

La voix de Saint-Omer était incertaine lorsqu'il prit la parole :

– Que veux-tu dire, Hugues, par « Dieu ne l'a pas accompagné » ?

– Ce sont pratiquement les dernières paroles que m'a adressées Fermond à la fin de notre première conversation, il y a quatre jours. Il a dit qu'il devait se rendre ensuite à Chypre et je lui ai dit d'être prudent…

– À Chypre ?

Hugues se retourna brusquement, exaspéré par la lenteur de Saint-Omer.

– Oui, à Chypre. Il devait y livrer des nouvelles de la part du comte Hugues à… certaines connaissances du comte, je ne sais pas à qui.

Hugues jeta à peine un regard en direction d'Arlo, mais le

minuscule haussement de sourcils de celui-ci lui révéla qu'il avait saisi la petite hésitation et en avait conclu avec raison que ses amis allaient aborder le sujet auquel il n'avait pas accès. Arlo pivota sur lui-même et s'éloigna immédiatement, mais de Payns parlait encore à Saint-Omer et ne remarqua pas son départ.

– Il a dit que les messages étaient importants et que si Dieu l'accompagnait, il survivrait jusqu'à ce qu'il ait rempli sa mission. Cette phrase m'est revenue à l'esprit et je l'ai répétée. J'espère qu'il est mort rapidement.

Il fit le signe de la croix et, regardant autour de lui, il constata avec surprise qu'Arlo était parti.

– Une autre mort sur les routes de la Terre sainte, laissa tomber Saint-Omer, dégoûté. Ça devient vraiment insupportable.

Hugues se retourna vers lui.

– Non, Geoff, ce n'est pas insupportable. Les gens le supporteront parce qu'ils n'ont pas d'autre choix, sinon ils devraient demeurer chez eux pour toujours et n'aller nulle part. Personne ne peut endurer cette idée. Aucun degré de terreur n'empêchera les gens de voyager — en tout cas, pas longtemps.

Saint-Omer, qui avait finalement coupé le pain, en trempa un morceau dans un petit bol d'huile d'olive et le mâcha pendant un moment, les yeux fixés sur quelque point devant lui, alors qu'il réfléchissait à ce qu'il venait d'apprendre. Puis il prit une profonde inspiration et poursuivit :

– Je t'ai vu avec lui il y a deux jours, sur le mont du Temple. Que faisais-tu là-bas ?

– Je lui montrais seulement les environs, répondit Hugues. Il voulait voir le Temple.

– Et ça lui a fait plaisir ? Il n'y a rien à cet endroit, à part de vieilles écuries qui n'ont servi à personne depuis des siècles.

– Il voulait que nous creusions à cet endroit.

Saint-Omer écarquilla les yeux.

– Il voulait quoi ? Il voulait que nous creusions ? Des chevaliers ?

– Non, pas des chevaliers… des frères de notre Ordre.

– Hum… creuser où ? Dans la montagne ?

– Oui, mais vers le bas, jusqu'aux ruines du Temple… sous ces ruines, en fait. Il m'a transmis un ordre du conseil selon lequel je dois rassembler tous les membres de la confrérie qui sont actuellement en Outremer et trouver un moyen de faire des fouilles sous le Temple pour y découvrir le trésor qui, selon notre tradition, y est caché.

Saint-Omer demeura silencieux pendant un moment, puis secoua la tête comme pour essayer de s'éclaircir l'esprit.

– Oui, notre tradition nous dit qu'un trésor est caché à cet endroit, Hugues… mais ce ne sont que des traditions populaires… rien de plus. Il n'y a aucune vérité qu'on puisse démontrer à ce sujet. C'est une légende.

– Je suis tout à fait d'accord avec toi sur ce point, mais ce pourrait être vrai malgré tout, Geoff. J'y songe depuis que Fermond l'a mentionné, et je ne pense pas que ça puisse être fait… l'excavation, je veux dire. Pas sans risquer d'être découverts et de trahir tous nos secrets. Mais je pense réellement que notre tradition pourrait reposer sur des faits concrets… Le trésor pourrait s'y trouver… s'il s'agit du bon temple.

De Payns vit l'incompréhension se dessiner sur le visage de Saint-Omer et ajouta :

– Le Temple que nous voyons ici aujourd'hui est le Temple d'Hérode, Geoff. Il a été détruit en 70 par Titus, le fils de l'empereur Vespasien. Il est censé avoir été érigé sur les ruines du Temple de Salomon, mais nous ne savons pas si cela est vrai. Si c'est le cas, nous devrions creuser sous les ruines — en secret, bien sûr — et trouver le trésor. Ce n'est pas facile, mais maintenant je dois penser sérieusement à le faire, alors j'apprécierais que tu y songes aussi.

– Oh non ! s'exclama Saint-Omer en levant la main. Ne me mets pas une telle responsabilité sur les épaules, Hugues de Payns, parce que c'est impossible à réaliser. C'est peut-être la tâche qui t'a été confiée et, si c'est le cas, tu as toute ma sympathie, mais ce n'est en aucune façon ma responsabilité, et je ne souhaite nullement en hériter ou même en partager la responsabilité.

– Alors, va au diable, espèce de parasite ingrat… après toute la peine que j'ai eue et tous les efforts que j'ai faits pour toi, en te soignant de mes propres mains.

Le ton était loin d'être aussi cinglant que les mots eux-mêmes le laissaient entendre. Il s'agissait plutôt d'une insulte proférée gentiment entre amis, et les deux hommes se turent pendant un moment jusqu'à ce que Hugues reprenne la parole :

– Sérieusement, Geoff, il doit exister un moyen d'y parvenir… Fais un effort, au moins.

Saint-Omer soupira et acquiesça :

– Oui, c'est possible qu'il en existe un, comme tu le dis, mais j'ai l'impression que tu crois que je pourrais savoir quoi faire, et ce n'est pas le cas. Je n'ai même aucune idée de l'endroit où nous devrions commencer à chercher. La seule chose à laquelle je puisse penser, c'est à la confrérie elle-même. Combien y a-t-il de nos frères en Terre sainte ces temps-ci ?

– Je ne sais pas. Dieu du ciel, Fermond devait savoir cela. J'aurais dû le lui demander.

– Il est trop tard maintenant. Que penserais-tu d'envoyer Arlo chercher des nouvelles des familles amies ? Serait-ce possible ?

– Oui, s'il accepte d'y aller. Normalement, ce n'est pas le genre de chose que je lui demanderais de faire, parce qu'il devra beaucoup voyager, et nous ne savons que trop bien à quel point les routes sont dangereuses. Mais Arlo a été mes yeux et mes oreilles depuis que je suis retiré du monde, alors il pourrait déjà savoir ces choses. Nous allons le lui demander.

Hugues fit venir Arlo qui écouta la question, puis se mit à énumérer les noms en comptant sur ses doigts :

– Archambaud de Saint-Agnan, Gondemare d'Arles, Payen de Montdidier, Raymond de Rossal, Geoffroy Bisol, et vous deux, bien sûr.

– Payen ? Montdidier est ici en Terre sainte ?

– De temps en temps, répondit Arlo. Il va et vient, m'a-t-on dit.

– Qui te l'a dit et pourquoi ne m'en as-tu pas parlé ?

– Archambaud de Saint-Agnan me l'a dit, et tu étais dans une de tes périodes de solitude à l'époque... C'était il y a des années. J'ai oublié ce fait par la suite, croyant que si Payen souhaitait nous voir, il le ferait. Mais ça n'est jamais arrivé.

Hugues parut surpris en entendant ces paroles, mais il ne dit rien car il s'était soudain rendu compte qu'il avait posé une question sur les membres des familles amies, mais que chaque nom mentionné par Arlo appartenait à un membre de l'Ordre. Il s'éclaircit la gorge avant de demander :

– Ce sont là les seuls noms que tu connaisses parmi toutes les familles amies en Outremer ?

– Non, répondit Arlo dont le visage demeurait de marbre. À l'exception de Payen, ce ne sont là que les noms des membres des familles amies qui sont venus, à répétition, poser des questions à ton sujet pendant que tu vivais dans ton... isolement. J'ai jugé que ce seraient les noms qui t'intéresseraient le plus.

– Oui, c'est un fait, dit Hugues en jetant un regard oblique à Saint-Omer, dont le visage ne trahissait aucune pensée. Je connais la plupart d'entre eux, mais pas tous : Archambaud et Payen, bien évidemment. Je ne savais même pas qu'ils étaient encore ici. Je connais Geoffroy Bisol, aussi, et j'ai entendu parler de Gondemare d'Arles, bien que je ne l'aie jamais rencontré. Mais j'ai bien aimé ce que j'ai entendu à son sujet. Et ce Raymond de Rossal, qui est-il ?

– C'est un autre nouveau venu... si on peut l'appeler ainsi après sept ans. Il est venu s'enquérir de toi aussitôt après son arrivée et, malgré le fait que je ne l'autorisais pas à t'approcher, il ne cessait de revenir en espérant finir par te rencontrer. Mais, à cette époque, j'avais été bien entraîné et surtout bien averti, alors je ne t'ai rien dit à propos de ses visites sauf comme ça, en passant, après la première visite. Et puisque tu n'avais pas semblé avoir envie de le rencontrer, je n'ai rien fait d'autre.

– Eh bien, je veux le rencontrer maintenant. Et les autres aussi, déclara Hugues en se tournant vers Saint-Omer. Qu'en penses-tu, Geoff ?

Saint-Omer haussa les épaules tout en acquiesçant, et Hugues se retourna vers Arlo.

– Peux-tu organiser une réunion ? lui demanda-t-il.

– Cela dépend du moment où tu veux les rencontrer.

– Aussitôt que possible, mais cela dépendra du temps qu'il te faudra pour les trouver et leur demander de venir ici. Combien de temps te faudra-t-il, à ton avis ?

Arlo leva ses épaules massives et se gratta le menton.

– Ça dépend de l'endroit où ils se trouvent. Accorde-moi deux semaines pour déterminer combien de temps il faudra pour communiquer avec eux et je pourrai te le dire à ce moment. Peux-tu faire cela ?

– Oui, mon ami, facilement, répondit de Payns en souriant. Avec tous les « cela dépend » que tu débites, nous n'avons pas d'autre choix. De plus, il y a seulement une heure, je n'aurais jamais cru te demander un jour une telle chose. Prends tout le temps nécessaire, et tant mieux si tu n'en perds pas. Mais dis-moi franchement, Arlo, pourquoi as-tu choisi précisément les noms de ces personnes parmi toutes celles que tu as rencontrées ?

Arlo se redressa de toute sa taille, regarda tour à tour son employeur et Geoffroy de Saint-Omer, puis de nouveau Hugues, et il secoua la tête comme s'il ne pouvait croire qu'il lui demandait d'expliquer une chose aussi évidente.

– *Sire* Hugues, dit-il en accentuant délibérément la prononciation du titre honorifique, je t'ai accompagné jour et nuit depuis notre enfance et tu sais que je ne suis ni sourd ni aveugle. J'espère que tu as également compris que je savais garder le secret sur ce qui vous concerne, toi et tes amis... parce que si tu ignores cela, je serai forcé de croire que tu m'as considéré comme un parfait idiot pendant toutes ces années.

De Payns acquiesça, quelque peu surpris.

– Ah ! eh bien, maintenant que tu en parles, je me suis toujours fié d'une manière absolue à ta discrétion, sans même y penser... ou réfléchir au fait que tu n'es, comme tu l'as dit, ni aveugle ni sourd.

Il se permit d'esquisser un mince sourire.

– Je suppose que cela signifie qu'il ne reste qu'à décider si nous allons ou non te tuer pour ce que tu as appris ?...

– Me tuer pour ce que j'ai appris ? Et qu'en est-il de ce que tu as laissé échapper ? Ton argument est faible, sire Hugues. Tu peux toujours jeter les hauts cris, si tu le désires, mais je ne suis pas si écervelé. J'ai déjà refilé tous les renseignements que j'avais sur toi et on m'a généreusement récompensé pour ma trahison. Quand veux-tu que je commence à rechercher ces gens ?

– Immédiatement.

Arlo opina du chef.

– D'accord, je partirai demain. J'amènerai Jamal et voyagerai comme si je faisais partie de ses gens, et je reviendrai quand j'aurai retrouvé tous tes amis. Entre-temps, je demanderai à Jubal de s'occuper de vous deux pendant que je serai parti. Autrement, vous allez probablement mourir de faim, lança-t-il avant de quitter les lieux, laissant les deux chevaliers en tête-à-tête.

– C'était une décision très soudaine de convoquer tout le monde ici, n'est-ce pas ?

De Payns haussa les épaules.

– Je suppose que oui, mais nous aurions dû le faire depuis longtemps. Toi et moi avons parlé de la nécessité d'organiser un rassemblement. Ça me semble être le bon moment, si nous pouvons réunir tout le monde. Même si nous ne pouvons rien faire à propos de l'excavation que le conseil nous demande d'entreprendre, ce sera une bonne chose que nos frères se réunissent et se remémorent le rituel après si longtemps.

– Oui, si tous peuvent s'en souvenir.

– Je le peux, Geoffroy, tout comme toi, parce que nous pouvons tout lire et réapprendre d'ici là, si nécessaire. Ce ne sera pas difficile, pour nous ou pour quiconque d'autre. Nous avions bien appris notre leçon dès le départ, alors nous nous en souviendrons rapidement. J'en suis certain.

– Tu as sans doute raison... Il y en a peut-être d'autres ailleurs aussi... Tu sais... des jeunes membres de la confrérie qui ne se sont pas présentés encore.

– Oui, je sais, répondit Hughes, et je suis prêt à vivre avec cette réalité. Mais pour cette première assemblée, je préférerais restreindre nos activités aux personnes que je connais et en qui je peux avoir confiance, ce qui est probablement plus important…

Il garda le silence pendant un instant, un sourcil haussé, puis ajouta :

– Je sais, parce que je le vois dans tes yeux, que tu es sur le point de me demander si je me méfierais d'un des membres de la confrérie. Et la réponse est oui. Ce sont tous des hommes, Geoffroy, et ils sont vulnérables devant les faiblesses humaines, et j'ai vu suffisamment d'hommes et leurs faiblesses, ici dans le désert, pour me convaincre de ne faire confiance à nul homme avant de l'avoir observé attentivement pendant un certain temps. Peut-être trouves-tu cela épouvantable, mais c'est ainsi que je suis ces temps-ci.

Saint-Omer se leva et s'étira de tous ses membres, se haussant sur la pointe des pieds et grognant de satisfaction.

– Je ne trouve pas ça épouvantable du tout, dit-il quand il eut fini. Je me sens exactement comme toi, bien que pour des raisons différentes. Quand on passe quatre années enchaîné à une rame, on apprend combien il existe peu de gens dans le monde qui vaillent la peine qu'on leur permette de vivre, et encore moins à qui l'on puisse faire confiance. Alors, nous serons les quelques-uns d'entre nous qui nous connaissons.

– Oui, pour la première fois du moins, et nous confierons l'organisation à Arlo. Il ne nous décevra pas.

– Où les mettras-tu ? Toutes ces pratiques et répétitions feront du bruit, alors nous devrons choisir un lieu isolé… Ce sera probablement très difficile, en fait, maintenant que j'y pense. Il se peut qu'il se trame ici plusieurs manigances politiques secrètes, mais tout ceci se passe surtout entre les prêtres et les nobles dans les palais. Ce ne sera pas une tâche facile de réunir des chevaliers comme nous et de faire en sorte que nos rencontres et nos intentions, et encore plus nos rituels, demeurent cachés de tous…

– Ibrahim Farraq, l'interrompit tout à coup Hughes. Tu ne le connais pas encore, mais moi, si. Il y a longtemps, j'ai sauvé la vie de son fils favori et nous nous sommes liés d'amitié. Il comprend ce qu'être discret signifie et il dirige la meilleure auberge d'Outremer à l'aide de ses huit fils. Je m'arrangerai pour que nous demeurions tous là quand nous allons nous réunir et Ibrahim fera en sorte que nous ne soyons ni observés ni dérangés pendant notre séjour. Fais-moi confiance, mon ami, tu n'as aucune inquiétude à te faire sur cette question.

†

Arlo ne les déçut pas. Il retrouva les cinq autres chevaliers en moins de deux semaines et, après avoir consulté de Payns au sujet de la date qui convenait le mieux, il repartit le deuxième jour d'octobre, toujours vêtu de la longue tunique ample des habitants de l'endroit, pour retrouver chacun d'eux et les convoquer à la réunion à Jérusalem le dernier jour du mois, à la Toussaint. Hugues ignorait totalement combien de temps pourrait durer leur assemblée ; aussi ordonna-t-il à Arlo de demander à chacun d'eux de se préparer à passer dans la ville au moins une semaine. Et peut-être dix jours.

Le jour dit arriva et Geoffroy et Hugues étaient à la fois enthousiastes et impatients à l'idée de revoir leurs vieux amis. Arlo était revenu une semaine auparavant en disant que les cinq hommes, y compris Payen de Montdidier, feraient le voyage, et de Payns avait informé son supérieur, le responsable du contingent de Champagne depuis que le comte Hugues et son assistant étaient retournés en France, qu'il allait prendre un congé de deux semaines pour passer quelque temps avec de vieux amis de sa région d'origine qu'il n'avait pas vus depuis des années. Ensuite, il s'était rendu à la grande auberge d'Ibrahim Farraq et de ses huit fils où il avait pris les arrangements nécessaires pour que ses hôtes y soient logés et nourris, et il était à présent pleinement convaincu que tout était prêt pour l'arrivée de ses amis. Cependant, il lui tardait que ceux-ci arrivent, car il s'était rendu compte, maintenant que sa solitude délibérée prenait fin, à quel point ils étaient importants à ses yeux. Après les horreurs du sac de Jérusalem, ces hommes, comme son serviteur Arlo, faisaient partie du groupe fort restreint d'hommes non corrompus dans l'esprit de Hugues de Payns. À part Gondemare, il les connaissait tous trop bien et depuis trop longtemps pour penser, et encore moins croire, qu'ils avaient activement participé aux atrocités qui l'avaient tellement éloigné du monde et, d'après tout ce qu'il avait entendu au sujet de Gondemare, il était prêt à croire la même chose à son propos.

Ainsi, il était déçu de devoir attendre leur arrivée le jour prévu, mais ils se présentèrent enfin, les deux premiers d'entre eux chevauchant côte à côte, émergeant d'un épais nuage de poussière soulevé par l'arrivée d'une immense caravane d'au moins une centaine de chameaux lourdement chargés, tous transportant du butin de guerre. Mais les couches de poussière accumulées pendant une marche d'une centaine de milles sur les routes du désert ne réussirent pas à déguiser la masse familière d'Archambaud de Saint-Agnan, un formidable guerrier et un admirable compagnon, et de Payen de Montdidier, que Hugues n'avait pas vu depuis plus d'une décennie.

Heureusement, Hugues, Geoffroy, Arlo et Jubal, qui s'était mis au service de Geoffroy de Saint-Omer en tant que serviteur et garde du corps, les avaient attendus près du caravansérail d'Ibrahim Farraq, et ils avaient prévenu ce dernier de la prodigieuse soif qu'auraient sans aucun doute leurs hôtes en arrivant. Toutefois, ils ne savaient rien au sujet des autres. Saint-Agnan et Montdidier, accompagnés chacun d'un homme de confiance, étaient passés par la porte nord de la ville. Personne ne savait par où les autres allaient arriver, car Arlo les avait tous trois trouvés au sud de Jérusalem ; Gondemare d'Arles et Geoffroy Bisol, dans la région de Bethléem ; et le cinquième homme, Raymond de Rossal, dans les environs de Jéricho. Ce fut Arlo qui suggéra qu'ils aillent attendre les trois autres à la porte sud-est, en tenant pour acquis que la route y était plus large, plus fréquentée et, par conséquent, plus sécuritaire que toute autre. Ayant déjà consommé plusieurs cruches de bière locale amère, ils enfourchèrent leurs montures et se dirigèrent vers le sud autour des murs de la cité jusqu'à une colline basse d'où ils pouvaient voir les voyageurs approcher alors qu'ils arrivaient en vue des murs de Jérusalem.

Cependant, le crépuscule survint sans qu'ils n'aient vu aucun voyageur emprunter la porte sud-est et, bien avant, Montdidier et Saint-Agnan avaient commencé à se plaindre en riant de la façon dont ils étaient traités. Ils avaient fait un voyage aussi long qu'inconfortable pour atteindre la ville, soulignaient-ils, et alors, plutôt que de leur offrir à manger et de les laisser se reposer, on leur avait fait boire de la bière forte et on les avait obligés à rester assis pendant des heures sous le soleil ardent à attendre l'arrivée de personnes qui semblaient résolues à ne pas se pointer.

C'était un argument difficile à réfuter, mais au moment même où il allait répliquer, Hugues vit Arlo, du coin de l'œil, devenir soudainement tendu et se hausser sur sa selle, relevant automatiquement la pointe de sa lance à la verticale.

– Qu'est-ce qui se passe ? demanda-t-il, craintif sans raison valable.

Arlo ne répondit pas, le corps penché au-dessus de la tête de son cheval, les yeux fixés avec intensité sur l'horizon qui s'assombrissait.

– Dieu du ciel, es-tu sourd ? Qu'est-ce qu'il y a, Arlo ? Que vois-tu ?

– Je vois de la douleur. Regarde là-bas, près des rochers à droite, dans l'ombre de la montagne.

De Payns scruta les ombres pourpres du crépuscule croissant et entrevit du mouvement. Il y avait des gens qui bougeaient à cet endroit et, tandis que ses yeux s'habituaient à la lumière différente, il vit ce qui avait alarmé Arlo : un groupe de gens allant à pied, qui ne couraient pas comme si leur vie était en danger, mais qui avançaient aussi vite que possible. Leurs vêtements poussiéreux les rendaient pratiquement invisibles dans le sable, et il crut d'abord qu'ils étaient la proie d'un groupe de cavaliers. Mais il réalisa aussitôt qu'ils étaient en fait protégés par les cavaliers qui les poussaient dans le dos, les forçant à marcher aussi rapidement qu'ils le pouvaient, et formant un écran mobile entre eux et leurs poursuivants, car même s'il ne pouvait encore voir ceux-ci, Hugues n'avait aucun doute sur le fait qu'ils existaient vraiment.

– Des pèlerins, grogna-t-il, et sept cavaliers. Se peut-il que ce soient nos amis, sept d'entre eux, plutôt que trois ?

Saint-Omer répondit sur sa gauche :

– Probablement. Il se peut qu'ils aient accompagné d'autres voyageurs. Je reconnais Rossal, même d'ici, alors les deux autres avec lui doivent être Gondemare et Bisol. Les autres pourraient être n'importe qui. Mais pourquoi… ?

Il s'interrompit brusquement alors qu'un autre groupe de cavaliers sortait de derrière une excroissance rocheuse à moins d'une lieue de l'endroit où ses compagnons et lui se trouvaient, répondant ainsi à sa question non formulée. De Payns calculait déjà la vitesse, le temps et les distances.

– Ce sont des bandits. Ils auront atteint ces pèlerins avant que nous n'ayons fait la moitié du chemin vers eux, mais si nous agissons maintenant, nous pourrons les distraire. Vous êtes prêts ?

Il entendit le bruit familier des armes retirées de leurs gaines et des heaumes de métal placés sur les têtes de ses compagnons, mais, à ce moment, il se penchait déjà sur sa selle, labourant le flanc de son cheval avec son éperon et pointant sa longue lance vers les ennemis, qu'il distinguait maintenant suffisamment pour en compter le nombre. Il y en avait quinze ou seize, mais c'était beaucoup plus qu'assez pour l'emporter sur un groupe de sept adversaires. Mais, comme tous les brigands, ils étaient indisciplinés et peu enclins à jouer les héros lorsque les probabilités n'étaient pas de beaucoup en leur faveur, et de Payns espérait que le seul fait de les voir, ses sept compagnons et lui, chevauchant à leur rencontre, pourrait aider les pèlerins en démoralisant leurs attaquants.

Son estimation première de la vitesse et de la distance avait été exacte, car les bandits étaient parvenus à distance de tir de leurs proies bien avant que de Payns et ses compagnons ne soient suffisamment près pour présenter une quelconque menace, mais la seule vue de leur groupe approchant au galop suffit pour faire réfléchir leurs attaquants, et les sept cavaliers sur la défensive tirèrent pleinement profit de leur indécision, se regroupant en une file disciplinée et chargeant droit vers le centre de leurs ennemis, les partageant en deux groupes distincts et laissant deux d'entre eux gisant immobiles sur le sol.

Les bandits s'arrêtèrent, puis s'écartèrent, essayant de se regrouper avant de se retourner et d'attaquer les pèlerins, mais leurs victimes n'étaient plus sans défense ; les cavaliers qui venaient à leur rescousse avaient déjà franchi plus de la moitié de la distance, et les événements s'enchaînaient à toute allure. Les brigands pouvaient maintenant entendre le lourd galop des chevaux des Francs et, ils le savaient, leur avantage numérique allait s'évanouir. Ils se séparèrent de nouveau une dernière fois et tournèrent bride, s'attendant de toute évidence à ce que les Francs abandonnent la poursuite et les laissent s'échapper. Mais de Payns n'avait aucune intention de laisser ces bandits s'en tirer si facilement. Bouillant de rage, il resserra ses rênes et exhorta son cheval à courir plus vite, sachant instinctivement que ses sept compagnons formeraient un groupe serré derrière lui. Ce à quoi il ne s'attendait pas, cependant, c'est que les sept autres cavaliers viennent se joindre à eux en formation serrée, si bien que les quinze hommes, chevaliers et compagnons, adoptèrent tout naturellement une formation en pointe qui semblait ne donner aux ennemis en déroute aucun autre choix que de s'enfuir.

Ils les pourchassèrent sur plus d'une lieue, jusqu'à ce que de Payns réalise que la nuit était presque venue et que leurs ennemis, avec leurs montures plus légères, les entraînaient de plus en plus profondément dans le désert où, étant nomades, ils reprendraient rapidement l'avantage qu'ils avaient perdu. À contrecœur, il mit fin à la poursuite, et son groupe et lui retournèrent vers la ville qui avait depuis longtemps disparu derrière l'horizon. L'atmosphère était à la fête parmi les hommes, rendus joyeux par leur réunion et par cette longue poursuite, et ils chevauchèrent vers Jérusalem de fort bonne humeur.

Gondemare, Rossal et Bisol étaient là, mais les quatre autres hommes leur étaient étrangers. Deux d'entre eux étaient des chevaliers, chacun accompagné d'un homme d'armes, et même s'ils étaient au service de Baudouin II, roi de Jérusalem, ils ne venaient là qu'en visite, étant partis de l'ancienne ville de garnison de Césarée. Les sept hommes avaient joint leurs forces trois jours plus tôt, voyageant ensemble pour se protéger et se soutenir mutuellement, étant convaincus que seul un groupe puissant et confiant oserait attaquer sept Francs en armes et à cheval. Ils n'avaient rencontré ce groupe de pèlerins que le matin, et avaient chevauché avec eux par la suite, et ils ne s'étaient rendus compte qu'ils étaient pourchassés par les brigands que peu de temps avant que Hugues et son groupe ne les aperçoivent.

Lorsqu'ils revinrent à la route, les chevaliers constatèrent, sans nullement s'en étonner, que tous les pèlerins étaient partis. De l'endroit où ils se trouvaient, ces derniers pouvaient voir les murs de la ville au moment où leurs sauveteurs les avaient dépassés et, de toute évidence, ils s'étaient empressés d'atteindre Jérusalem avant que la nuit ne tombe, plutôt que de les attendre pour les remercier, parce qu'ils n'avaient aucun moyen de savoir si les chevaliers s'étaient précipités ou non vers leur mort et si leurs ennemis n'allaient pas faire demi-tour pour venir terminer leur besogne.

Un des deux chevaliers de Césarée, le plus jeune, s'étonnait que les brigands se soient tant approchés des murs de la ville, mais il n'était en Outremer que depuis deux ans et n'avait pas passé cette période à Jérusalem ni dans les environs. Ce jeune homme, qui se nommait Antoine quelque chose — de Payns ne réussit jamais à retenir son nom au complet — avait le caractère enflammé et l'innocence de la jeunesse, et il était surpris que la discipline puisse être aussi relâchée ici, au centre même du royaume, et qu'un ennemi audacieux puisse même songer à s'aventurer si près des murs. De Payns et ses compagnons écoutaient son monologue outragé et se regardaient les uns les autres, tordant les lèvres et haussant les sourcils de temps en temps, bien qu'aucun ne voulût être celui qui ferait perdre au jeune chevalier ses illusions en lui révélant la véritable situation dans la ville et ses environs.

Le reste de cette soirée — ou le peu qu'il en restait après que les sept frères se furent installés à l'auberge d'Ibrahim Farraq — se passa dans la convivialité, plusieurs d'entre eux ne s'étant pas vus depuis des années, bien que tous aient participé à la conquête de Jérusalem et à la fondation du royaume. Finalement, ils s'entendirent pour se rassembler le lendemain, d'abord pour répéter ensemble les rituels depuis longtemps négligés de leur Ordre, puis, en fin d'après-midi, pour célébrer les rites eux-mêmes pour la première fois en Terre sainte. De Payns leur ordonna alors d'aller se coucher, sachant qu'une bonne nuit de sommeil leur ferait davantage de bien que des bavardages jusqu'à l'aube. Ils partirent sans un mot de protestation, tout comme lui, mais il fut d'abord surpris, puis fâché, de découvrir qu'il n'arrivait pas à trouver le sommeil, et il demeura éveillé longtemps, son esprit grouillant d'idées. Il s'endormit finalement juste avant l'aube pour être éveillé peu après, avec le sentiment de n'avoir aucunement dormi.

CHAPITRE 14

Les sept frères de l'Ordre de la Renaissance passèrent une bonne partie de la journée suivante, de l'aube au milieu de l'après-midi, à revoir et à répéter les rituels régissant la célébration qui allait avoir lieu plus tard, mais ils commencèrent par boucler une des pièces principales sans fenêtre, au milieu du caravansérail, et ils placèrent des gardes à l'extérieur, devant et derrière, pendant que les autres faisaient leur possible pour transformer la pièce en un lieu qui ressemblait à la loge rituelle de l'Ordre de la Renaissance. Ils ouvrirent le coffre qu'avait envoyé le comte Hugues et en retirèrent le contenu qui, découvrirent-ils, comportait entre autres choses plusieurs grands draps rectangulaires blancs et noirs et, en les disposant aux endroits appropriés, ils réussirent à transformer la grande pièce pour qu'elle s'apparente, autant que possible, aux austères temples où ils se rassemblaient au pays. Il manquait les carreaux noirs et blancs recouvrant en alternance le plancher, mais tout le reste de ce qui se trouvait dans la pièce sombre se conformait au modèle original en étant soit d'un noir profond, soit d'un blanc éblouissant. Lorsque les arrangements furent terminés, ils verrouillèrent les portes puis s'en retournèrent chacun dans leurs quartiers pour préparer le rituel de l'après-midi. La cérémonie tant attendue se déroula parfaitement, de Payns la présidant et chacun des autres chevaliers jouant un rôle important et, quand ce fut terminé, tous éprouvaient un fort sentiment d'accomplissement.

Ne voulant pas laisser s'étioler les sentiments de joie qu'ils avaient partagés, les chevaliers prirent un autre repas ensemble à l'auberge ce soir-là, dans la pièce qu'ils avaient utilisée plus tôt comme temple et, par la suite, alors qu'ils étaient assis autour de la table, ils bavardèrent de choses et d'autres, notamment de la façon dont les pèlerins qui se rendaient aux Lieux saints faisaient toujours l'objet d'attaques de la part des bandits sur les routes. Cela les amena à réfléchir sur les véritables raisons qui sous-tendaient l'attitude apparemment indéfendable et égoïste du roi Baudouin en cette matière, puis ils en vinrent à parler du sempiternel sujet de la vénalité de l'Église ou, tout au moins, de ses représentants parmi les clercs. Lorsqu'ils eurent tous exprimé leur tristesse à ce propos et que leur indignation eut commencé à s'apaiser, de Payns décida que le temps était venu d'aborder le sujet le plus important dont il voulait discuter avec eux : les étranges directives du conseil de l'Ordre de la Renaissance que Gaspard de Fermond lui avait apportées d'Amiens. Ayant maintenant capté leur attention, il répéta mot pour mot les directives du conseil, n'émettant aucune commentaire personnel, mais demandant simplement leur opinion aux autres chevaliers.

Il ne craignait nullement de laisser ses compagnons parler à voix haute et en toute franchise, car la grande pièce dans laquelle ils étaient réunis ne ressemblait plus au temple en lequel elle s'était transformée plus tôt ce jour-là. Tous les signes en avaient été éliminés et les insignes de l'Ordre étaient de nouveau soigneusement rangés dans leur coffre. La pièce ne comportait que deux entrées dont l'une menait aux cuisines, et les deux étaient bien gardées contre les intrus ou les oreilles indiscrètes, d'autant plus que de Payns savait qu'Ibrahim ne permettrait à personne de s'approcher de ses hôtes. Arlo montait la garde à l'extérieur, devant la porte principale, et Jubal, devant l'entrée des cuisines.

La première réaction des cinq nouveaux arrivants en entendant les ordres de France fut un mélange d'incrédulité et de colère, car ils virent immédiatement l'impossibilité d'accomplir ce qu'on leur avait ordonné, tout comme de Payns et Saint-Omer avant eux. De Payns demeura calmement assis et écouta tout ce qu'ils avaient à dire, évitant soigneusement d'émettre un jugement ou une opinion, mais leur permettant simplement de laisser libre cours à leur indignation. À la fin, toutefois, une seule opinion avait été exprimée, bien qu'en cinq versions différentes : l'ordre venant de France était une aberration qui ne pouvait être concrétisée sans trahir le secret — considération plus importante que tout — de l'existence de l'Ordre de la Renaissance. La question du trésor caché était à peine digne de mention en comparaison de la réalité que chacun des hommes acceptait d'emblée : le fait d'agir comme on le leur avait ordonné attirerait sans aucun doute la curiosité des représentants officiels de l'Église et de l'État, et menacerait le caractère secret de leur Ordre. Seul un idiot — ou des idiots — qui n'avait jamais vu Jérusalem ou l'emplacement extrêmement visible du temple pouvait avoir imaginé des directives aussi stupides.

De Payns se tut pendant tout ce temps, attendant que le flot de colère commence à diminuer, mais lorsqu'il leva la main, tous firent immédiatement silence et six paires d'yeux se tournèrent vers lui. Il regarda tour à tour chacun des hommes, puis hocha la tête comme pour reconnaître qu'il avait bien agi et il commença à parler lentement, presque de façon hésitante, son regard se déplaçant d'un visage à l'autre :

– J'ai un plan, mes amis, que j'aimerais vous soumettre… C'est une idée qui ne m'est venue que la nuit dernière… et je dois vous avouer tout à fait franchement que lorsqu'elle m'est venue, j'ai pensé que c'était pure folie, le résultat d'une trop grande incrédulité devant ce que l'on nous avait demandé de faire… Puis je suis demeuré éveillé pendant des heures, examinant tous les aspects positifs et négatifs que je pouvais imaginer. En définitive, au moment où mon esprit grouillait encore de toutes les possibilités et impossibilités, je me suis endormi. Je sais que je n'ai dormi qu'un court moment, parce que j'ai l'impression maintenant de n'avoir pas fermé l'œil de la nuit. Mais je me suis réveillé à l'aube, convaincu que cette stratégie audacieuse et en apparence complètement folle dont j'avais rêvé pourrait peut-être fonctionner. Et plus j'y ai pensé aujourd'hui — et cette idée a occupé mon esprit tout au long des cérémonies au temple —, plus je me suis convaincu que ce n'était pas seulement possible, mais réalisable… ne serait-ce que parce que rien de tel ne s'est jamais produit auparavant et que cela nous offre la possibilité de devenir invisibles aux yeux du monde entier.

Hugues s'interrompit et s'enfonça dans sa chaise, attendant une réaction, les bras croisés sur la poitrine, mais personne ne prit la parole. Toutefois, il était évident, d'après l'expression de leurs visages, que tous attendaient qu'il leur expose son plan, et il se surprit à goûter cette capacité de les faire attendre en se posant mille questions. Réprimant le sourire qu'il sentait monter en lui, il renifla plutôt et prit une gorgée de la coupe que l'un de ses compagnons avait placée devant lui pendant qu'il parlait, et le vin rouge corsé lui fit plisser les lèvres. Il s'essuya la bouche du revers de la main, puis poursuivit :

– Il y a deux personnes au sommet de la hiérarchie ici à Jérusalem et, à plusieurs égards, ce sont des rivaux. Alors, j'imagine qu'ils s'en veulent mutuellement et se détestent probablement… bien qu'il ne s'agisse là que d'une supposition de ma part, faite malgré l'attitude solidaire qu'ils présentent au monde en général. Il s'agit de Baudouin II, le roi, et Gormond de Picquigny, le patriarche latin de Jérusalem. Deux hommes puissants, sûrs de leur primauté dans leur propre milieu : l'État et l'Église. Ils se tolèrent parce qu'ils n'ont pas le choix, et ils dépendent l'un de l'autre. Ils œuvrent donc ensemble la plupart du temps. Mais il existe un sujet sur lequel ils ont des opinions tout à fait contraires, et c'est ce banditisme qui a tellement outré notre jeune compagnon de Césarée hier.

Tous se souvenaient du jeune chevalier qui refusait de croire que ce qu'il avait vu pendant son bref voyage reflétait réellement ce qui se passait à Jérusalem, et ils avaient déjà évoqué l'hésitation bien connue des rois Baudouin Ier et son successeur et homonyme Baudouin II à engager leurs maigres ressources en hommes et en armes dans une lutte contre une situation qu'eux et leurs ministres, tout au moins, jugeaient sans grande importance.

– Ce Baudouin vient tout juste d'être couronné, continua Hugues, mais il a adopté la position de son prédécesseur sur cette question, alors le patriarche latin ne s'est trouvé en rien soulagé à la mort du vieux roi. Ils s'étaient disputés à ce propos pendant des années et, maintenant que le nouveau roi est au pouvoir, l'Église et la monarchie ne sont pas davantage près d'arriver à un accord qu'elles ne l'étaient au début des pourparlers…

Parmi son auditoire, personne ne bougeait, l'attention des chevaliers se concentrant sur ce qu'il leur disait, même s'il n'avait rien dit d'étrange ou d'inconnu pour eux. Mais ils savaient, peut-être à cause de l'intensité de son ton, qu'ils allaient entendre quelque chose de nouveau et peut-être d'une grande importance. Conscient de cette situation, de Payns reprit :

– Chaque année, maintenant que la Terre sainte est considérée comme un endroit sécuritaire et à l'abri des Turcs seldjoukides — ce qui, bien sûr, n'est pas le cas —, de plus en plus de pèlerins arrivent en masse pour visiter les Lieux saints et ils se trouvent tous sous l'autorité et la responsabilité du patriarche latin. Et pour cette raison, le patriarche ne cesse d'exhorter le roi à faire le nécessaire pour protéger ces pèlerins, qui sont sûrement les victimes les plus volontaires, les plus stupides et les plus irresponsables de l'histoire de l'humanité. La plupart d'entre eux arrivent sans autres armes que les houlettes de bois qui semblent leur servir de symboles. Peu d'entre eux portent même des couteaux, et moins d'un sur mille a une épée ou une hache, ou même un arc. Ils arrivent convaincus que, simplement parce qu'ils font leur pèlerinage, ils échapperont à leur culpabilité terrestre et auront droit à l'absolution et au salut éternel. Ils viennent en croyant aveuglément que Dieu et ses saints anges les protégeront, et ils ne prennent aucune précaution en ce qui concerne leur propre sécurité, ne font aucun effort pour se protéger. Ils viennent comme des brebis à l'abattoir, et ces bandits qui foisonnent se font une joie de les accueillir. Les pèlerins arrivent pour la plupart de Jaffa, et ils parcourent à pied la distance les séparant de Jérusalem le long d'une route qui longe la ville d'Ascalon, laquelle est, comme vous le savez tous, un nid de vipères — une ville qui existe seulement pour que ses citoyens puissent s'attaquer continuellement aux pèlerins chrétiens sans défense. Chaque année, il y a davantage de pèlerins, et comme ces pèlerins représentent des victimes tellement faciles, chaque année, il y a plus de brigands… Des groupes de plus en plus nombreux apparaissent constamment, certains formant de véritables armées, et tous devenant de plus en plus audacieux, car ils savent que personne ne les pourchassera en tentant de se venger et d'obtenir réparation…

Il s'arrêta et regarda de nouveau les hommes un à un.

– C'était exactement ce qui sous-tendait la discussion que j'ai entendue parmi les Hospitaliers ce soir-là près de Jéricho. La situation ici est devenue si scandaleuse que les gens commencent à s'attendre sincèrement à ce que les Hospitaliers fassent quelque chose pour y remédier. Et ceci, mes amis, est à la fois ridicule et effrayant, parce que les chevaliers de l'Hospital, comme vous le savez, ne sont chevaliers que de nom. Ce sont des moines et ils l'ont toujours été. Des moines de l'Ordre de saint Benoît, voués à une vie de piété et de sacrifice. Ces hommes ne peuvent combattre. Ils n'ont pas appris à le faire et cela leur est absolument interdit par leur Ordre.

– Pourquoi le roi ne fait-il rien ?

La question venait de Gondemare. De Payns le regarda et haussa presque imperceptiblement les épaules.

– Il dit qu'il ne peut pas, qu'il n'a ni les hommes ni les ressources pour le faire. Et je le crois. Ses armées sont étirées au possible, surveillant les frontières et servant de garnison aux forteresses et châteaux plus importants, et leur fonction première est de protéger le royaume contre les menaces d'invasion. Baudouin n'exagère pas et il n'esquive pas non plus le sujet en affirmant cela. Toute personne dépourvue de préjugés peut voir ce qu'il en est. Baudouin doit défendre les frontières et s'occuper du royaume de Jérusalem en même temps. Il ne peut se permettre d'affaiblir ses défenses simplement pour défendre les routes contre des bandes de brigands nomades. Et pourtant, cette réalité constitue son dilemme, car, pour que sa ville prospère, il ne peut, sur le plan pratique ou logique, permettre que la situation actuelle se perpétue. Pour que sa ville continue d'exister, Baudouin doit trouver un moyen de protéger du brigandage ses routes et leurs voyageurs.

– Alors, probablement que rien ne sera fait, répliqua Archambaud de Saint-Agnan d'une voix plaintive.

De Payns se retourna pour le regarder directement.

– C'est vrai, admit-il. Rien… pour le moment, tout au moins. Il n'existe actuellement aucune force armée digne de ce nom qui puisse régler ce problème sans rien déranger d'autre, peut-être gravement, alors rien ne sera fait avant qu'un tel groupe n'apparaisse…

– Et les pèlerins continueront de mourir.

– Oui, je le crains.

Payen de Montdidier prit la parole :

– Quel est ce plan dont tu parlais, Hugues ? Tu as dit que tu avais un plan qui nous permettrait d'effectuer des fouilles dans le temple, n'est-ce pas ?

– En effet.

– Et est-ce que cela a un quelconque lien avec les pèlerins ?

– Possiblement.

– De quelle façon ? Vas-y, mon vieux, dis-nous comment nous pouvons accomplir l'impossible sur deux fronts.

Hugues se gratta la nuque.

– Je ne suis pas certain que nous le puissions, dit-il, mais n'as-tu pas aimé pourchasser ces brigands hier ? Je sais que j'ai apprécié, et je le referais immédiatement si je le pouvais. Mais vous rendez-vous compte… avez-vous seulement réfléchi à ce que nous faisions ? demanda-t-il en voyant leurs visages inexpressifs. Nous les avons affrontés. Nous les avons effrayés, et s'ils avaient été deux fois plus nombreux, cela n'aurait rien changé. Ce que nous avons fait était si inattendu qu'ils n'ont eu aucun moyen d'y réagir, alors ils ont tourné bride et se sont enfuis. C'était peut-être la première fois depuis des années que quiconque… *quiconque* à Jérusalem… montrait une quelconque volonté de se battre et de répliquer à ces animaux… Mais nous l'avons fait. Nous les avons chassés et c'est ainsi qu'a germé l'idée qui m'est venue.

– Allez, Hugues, dis-nous ce que c'est !

De Payns fit une moue et pencha la tête sur le côté.

– C'est *ça*. Je pensais que nous pourrions former ce groupe qui protégerait les pèlerins, ou au moins le début d'un groupe.

Saint-Agnan intervint immédiatement :

– C'est complètement fou. Tu rêves, Hugues. Mais même s'il s'agissait d'une chose que nous voulions faire, Cherbourg ne me laisserait jamais quitter son service pour une telle raison... pour aller parcourir le désert en tous sens dans le but de protéger des pèlerins sales et insignifiants pendant qu'il a de vraies tâches à me confier. Je parierais qu'aucun de nos seigneurs ne le ferait non plus. Souvenez-vous que nous sommes liés par l'honneur. Nous devons accomplir notre devoir envers nos seigneurs suzerains dans l'obéissance et la patience, et notre allégeance est éternelle.

– J'y ai songé, répondit de Payns d'un ton calme. J'y réfléchis encore. Depuis quand es-tu au service du seigneur de Cherbourg ?

– Depuis avant que le pape ne lance sa première guerre, c'est-à-dire depuis vingt ans.

– Ne crois-tu pas que tu l'as suffisamment servi ?

– Qui, le pape ou Charles de Cherbourg ? Et suffisamment pour quoi ? Tes paroles sont étranges, Hugues.

– Non, sauf ton respect, je ne suis pas d'accord avec toi. Je n'ai absolument rien d'étrange, Archambaud. Au contraire, je suis fatigué, inquiet, et on m'a donné une série de directives qui semblent irréalisables, alors je cherche d'autres solutions. J'ai pensé prendre ma retraite.

Saint-Agnan lui lança un regard courroucé.

– Que veux-tu dire par « prendre ta retraite » ? Tu veux dire : cesser de servir le comte Hugues ? Tu ne peux pas faire ça. Aucun d'entre nous ne le peut. Nos vœux de chevaliers nous lient pour la vie.

– Ces vœux peuvent être supplantés par des vœux plus nobles, plus solennels.

Il se fit un silence empli de stupeur et d'incompréhension, jusqu'à ce que Montdidier demande :

– Des vœux plus solennels ? Comme des vœux de clerc ou de prêtre ?

– Oui, sauf que je pensais davantage à des vœux monastiques. Je me disais que je pourrais devenir un moine, répondit de Payns en les dévisageant et en s'esclaffant. Je vous l'ai dit, que ça me semblait complètement fou au départ, n'est-ce pas ? Eh bien, maintenant, il est possible que cela vous semble fou pendant un moment, mais continuez de m'écouter... Je ne comprends pas encore les tenants et les aboutissants de ce que je propose ici, mais il y a quelque chose en moi... quelque chose qui me dit que ce que je voudrais entreprendre est bien. Écoutez-moi maintenant.

Il se leva et se mit à arpenter la pièce de long en large, laissant ses pensées s'échapper de ses lèvres à mesure qu'elles lui venaient, et faisant de grands gestes afin de souligner certains points, comptant un à un ces derniers sur les doigts de la main.

– Deux hommes, souvenez-vous... le roi et le patriarche latin. Tous deux ont les mêmes problèmes — un urgent besoin de rétablir l'ordre, de rendre les routes sécuritaires et de protéger les pèlerins qui voyagent en nombre croissant jusqu'ici —, et ni l'un ni l'autre ne peuvent les régler. Le roi ne veut et ne peut, stratégiquement, laisser aller un seul chevalier qui servirait cette cause, et le patriarche latin, en tant que clerc, ne possède pas de guerriers dont il puisse se servir pour régler son problème. Et maintenant, outre ces difficultés, il existe un autre élément, ajouté récemment à ce chaudron, et qui soulève déjà des difficultés particulières. Le roi et le patriarche veulent tous deux favoriser la colonisation du royaume, pour des raisons évidentes aux yeux de quiconque voit la nécessité d'une croissance économique.

Il s'arrêta et attendit qu'ils le regardent tous une fois de plus pour continuer, d'une voix différente :

– Écoutez, je sais que rien de tout cela ne vous intéresse. C'est le genre de détail insignifiant et ennuyeux que nous préférons laisser à d'autres qui y trouvent du plaisir, pourvu qu'ils nous laissent libres, en retour, de vivre nos vies dans le respect des préceptes de notre code chevaleresque et de notre conscience. Mais écoutez bien ce que j'ai à vous dire, car cela nous concerne tous de différentes façons, alors nous devons y prêter attention immédiatement. Nous le devons, ne serait-ce que pour cette fois-ci… Le royaume de Jérusalem, qu'il s'agisse de l'Église ou de l'État, doit encourager la venue de colons s'il veut croître et prospérer. Il a besoin de fermiers et de marchands… de citoyens qui ne soient pas que des soldats, mais des gens qui produisent de la nourriture et des biens dont les gens comme nous ont besoin pour survivre… Mais ces colons, surtout de paisibles fermiers, ne viendront pas ici avant d'être sûrs qu'ils y seront en sécurité. Ils n'emmèneront pas leurs familles, leurs femmes et leurs enfants dans une région dangereuse, sur une terre sauvage. Quiconque s'attendrait vraiment à ce qu'ils fassent une pareille chose vit dans un monde de rêve. Et pourtant, même en sachant cela, le roi ne va rien faire en affirmant qu'il a les mains liées par d'autres devoirs et responsabilités…

Il fit une pause, son regard se déplaçant d'un homme à l'autre.

– Maintenant, en gardant cela à l'esprit, supposons pour un moment que j'aille voir le patriarche Gormond de Picquigny, et lui dise que moi-même, ainsi que plusieurs de mes vieux compagnons, tous des vétérans, et tous des chevaliers de la Croix ayant reçu de grands honneurs, sommes fatigués de nous battre et de faire campagne, rendus malades par la sauvagerie perpétuelle que nous avons vue et connue, et que par conséquent nous avons décidé que nous aimerions nous retirer du service militaire actif, faire pénitence pour nos péchés et adopter la vie monastique… De nous sept, seulement deux ont laissé des femmes et des enfants dans la chrétienté, et ni l'un ni l'autre ne s'attendent à y retourner. Qui plus est, nous avons fini par aimer ce pays plus que notre terre natale, parce qu'il nous nourrit et nous inspire depuis deux décennies maintenant, et nous ne trouverions rien de plus souhaitable ou désirable que de nous retirer des affaires du monde en prononçant des vœux monastiques et en vivant le reste de nos vies ici, sur cette Terre sainte devenue notre foyer spirituel, dans la prière, la paix et la solitude. Quelle serait sa réaction, d'après vous ?

– Il te ferait enfermer pour cause de folie, grogna Saint-Agnan. Tu es un chevalier, un soldat. Tu n'as pas l'étoffe d'un moine. C'est clair comme de l'eau de roche.

Quelques-uns des hommes sourirent d'une manière incertaine en entendant ces paroles, et de Payns ne répliqua pas, mais regarda seulement ses compagnons dans les yeux, un à un, attendant leurs réponses. Montdidier toussota et fit glisser ses pieds sur le sol, toussota de nouveau, puis s'éclaircit la gorge.

– Même si ton idée semble ridicule, Hugues, il pourrait être tenté de te donner son autorisation… sauf que ces gens ne lui serviraient à rien.

Hugues jeta un regard interrogateur en direction de Saint-Omer, puis fixa de nouveau Montdidier.

– Pourquoi ? Que veux-tu dire, Payen ? Explique-toi.

– Eh bien, la seule raison à laquelle je peux songer pour qu'il t'écoute, c'est que nous sommes tous des chevaliers vétérans… Il pourrait utiliser nos compétences et notre expérience. Mais si nous devenons des moines, comme tu le suggères, nos talents de combattants ne lui seront d'aucune utilité. Les moines n'ont pas le droit de se battre, même verbalement entre eux, bien qu'ils le fassent tout le temps. Mais combattre avec des armes, comme nous le faisons ? C'est anathème.

– C'est vrai, Crousty. Ce serait un sacrilège. C'est tout à fait vrai. S'il nous acceptait en tant que moines, toutes nos prouesses, notre entraînement, notre discipline et nos compétences lui seraient inutiles. Nous ne serions pas plus utiles pour lui que les Hospitaliers.

– Mais les Hospitaliers sont très utiles, Hugues, objecta Saint-Omer immédiatement. À leur propre façon, en faisant ce qu'ils font le mieux, ils sont d'une aide inappréciable.

De Payns sourit.

– Oui, c'est vrai aussi, Geoff. Ils sont utiles, n'est-ce pas ? Tu le sais mieux que nous tous. Et le patriarche le sait aussi. Il sait aussi que le naïf peuple de Jérusalem s'attend à ce que les moines de l'hôpital combattent comme des chevaliers.

Geoffroy demeura assis pendant un moment, clignant des yeux, puis demanda :

– Que dis-tu là, Hugues ?

Sa voix était suffisamment calme pour que tous les autres se penchent vers l'avant, attendant la réponse de Hugues.

– Tu sembles parler logiquement, mais tout ce que tu dis est énigmatique.

De Payns leva les épaules.

– Pas si tu vois les choses sous un autre angle. Gormond de Picquigny, le patriarche latin de Jérusalem, possède en Terre sainte tous les pouvoirs du pape dans la chrétienté. Il peut faire des rois, des comtes, des ducs et des chevaliers, et il peut faire et défaire des évêques. Il s'ensuit donc qu'il peut faire des moines.

– Bien sûr qu'il le peut, personne ne remet cela en question.

– Imagine des moines soldats, Geoffroy. Des moines combattants. Des moines combattants vétérans, qui ne rendraient des comptes qu'à Gormond de Picquigny en tant que leur supérieur ecclésiastique. Pensez-vous que cette idée pourrait avoir de l'attrait pour lui ?

Cette fois, le silence était profond et reflétait le caractère impensable de ce que suggérait de Payns, et il laissa l'idée flotter perceptiblement au-dessus d'eux avant de continuer :

– Pensez-y sérieusement, mes amis, et oubliez toutes les règles qui vous diraient un millier de fois pourquoi ceci ne pourrait jamais exister. Nous vivons une époque différente, qui exige des mesures différentes, des orientations différentes et des solutions différentes à des problèmes différents. Alors, imaginez, si vous le voulez bien, des moines soldats, des guerriers religieux liés par des vœux, responsables devant le patriarche seul… et non le roi, et non les seigneurs féodaux. Si nous devenions de tels moines, nous pourrions alors consacrer complètement notre temps à surveiller les routes et à protéger les pèlerins, débarrassant ainsi à la fois Gormond et le roi Baudouin de leur pire épine au pied. Et, liés comme nous le serions par le vœu de pauvreté, nous ne demanderions pas à être payés — seulement d'être soutenus par la charité et les aumônes de l'Église.

– Des moines soldats ? laissa tomber Archambaud Saint-Agnan d'un ton méprisant qui exprimait tout son scepticisme. Des moines *soldats* ? C'est ridicule, Hugues. Qui a jamais entendu parler d'une telle chose ? C'est aussi ridicule que la copulation de vierges.

Cette fois, aucun d'eux ne sourit devant l'humour rude de Saint-Agnan, et de Payns inclina la tête.

– C'est vrai, Archambaud, mais tu es un chevalier, alors tu sais mieux que n'importe quel clerc que la logique n'a aucunement sa place au milieu d'une bataille… Et ne te méprends pas, c'est vraiment d'un combat que nous discutons en ce moment. Nous sommes sur le point, que nous le voulions ou non, de nous engager dans un combat pour la survie de notre Ordre et, pour le gagner, nous devrons mener les batailles de l'Église chrétienne en protégeant ses pèlerins, certainement — et je n'y vois rien de mal —, mais aussi en feignant d'accepter son hégémonie et en défendant l'existence de ce royaume chrétien de Jérusalem, même s'il s'ensuit une contradiction évidente.

Il demeura silencieux pendant quelques secondes, puis reprit :

– Écoutez tous ce que j'ai à dire. Personne n'a jamais entendu parler de moines soldats parce qu'une telle chose n'a jamais existé. Mais cette idée cessera d'être ridicule aussitôt que le premier ordre de moines soldats sera créé afin de faire face à des circonstances suffisamment extraordinaires pour justifier une telle chose. Gormond de Picquigny possède la puissance et l'autorité pour le faire, et je crois que les enjeux sont suffisamment particuliers pour le justifier.

– Mais pourquoi même songer à faire une telle chose, sire Hugues ? demanda Gondemare, prenant la parole pour la première fois.

De Payns lui sourit.

– Cela nous donnerait les moyens d'obéir aux ordres du sénéchal.

– Quoi ? s'écria immédiatement Saint-Agnan. Tu veux dire : creuser le temple ? Nous étions tous d'accord plus tôt sur le fait que c'était impossible. Comment pourrait-il en être autrement maintenant ?

De Payns avait toutefois préparé une réponse qu'il donna aussitôt que la question fut posée.

– Parce que nous envisageons de devenir des moines guerriers sans le sou, mon ami. Quand nous le serons devenus, nous aurons des chevaux, mais nous n'aurons pas les moyens de leur fournir nourriture et abri... pas plus que pour nous. Et ainsi, en paiement partiel pour nos services, nous demanderons au roi et au patriarche de nous installer, avec nos chevaux, dans les vieilles écuries au-dessus des ruines du Temple. Je vous garantis que Gormond de Picquigny ne soulèvera aucune objection, car il aura acquis nos talents militaires à ses propres fins. Le roi ne s'opposera pas à ce qu'un groupe de chevaliers fiables installe ses quartiers sur ses propres terres. Et une fois installés dans les écuries, nous pourrons commencer à creuser en toute sécurité et dans le secret. Cela devrait résoudre nos problèmes les plus immédiats, pendant un moment tout au moins.

– Hugues, tu as l'esprit d'un pape, murmura Saint-Omer. C'est une brillante idée, mon ami.

Cependant, Saint-Agnan n'allait pas s'apaiser si facilement.

– Oui, il se peut que tu aies raison, mais devons-nous vraiment devenir moines ? Je ne sais pas grand-chose sur les moines, mais je n'aime pas l'idée de prononcer des vœux de moine. Que devrions-nous endurer si nous donnions suite à cette idée ?

– Trois vœux, Archambaud, sans plus. Pauvreté, chasteté et obéissance.

– Chasteté, me faire jurer de demeurer chaste ? Jamais !

De Payns regarda rapidement Saint-Omer et lui fit un clin d'œil.

– Allons, Saint-Agnan, sois honnête, lança-t-il à l'énorme chevalier. Quand t'est-il arrivé pour la dernière fois d'avoir des pensées impures pour quoi que ce soit d'autre qu'une belle chèvre ? Quel âge as-tu maintenant ? Quarante ans ? Plus encore ? Et tu as été ici pendant plus de la moitié de ta vie. Tu as l'odeur d'un vieux bouc, comme nous tous, et aucune femme respectable ne s'approcherait de toi, même s'il y avait ici des femmes respectables. Vraiment, je te le demande, quelle importance la chasteté a-t-elle pour toi ?

Saint-Agnan grogna, puis sourit, pas le moins du monde offensé.

– Oui, dit-il, je te l'accorde. Mais qu'en est-il des autres vœux… obéissance… et pauvreté, au nom de Dieu ?

– Tu les respectes tous deux déjà, mon ami… et au nom de Dieu, aussi. C'est la base même du rituel que nous avons observé aujourd'hui. Tu as fait les deux vœux que tu remets en question maintenant, avec de légères différences, quand tu as été Élevé au sein de l'Ordre. Tu as juré d'obéir aux supérieurs que Dieu t'a donnés et tu as juré de tout mettre en commun avec tes frères de l'Ordre… n'est-ce pas ? demanda-t-il en attendant un signe d'acquiescement de Saint-Agnan. Oui, je suis heureux que tu t'en souviennes. Tu as fait vœu d'obéissance alors, Archambaud, et, en définitive, de pauvreté.

Personne ne semblait avoir quoi que ce soit à ajouter et de Payns regarda tour à tour ses compagnons jusqu'à ce qu'il soit certain que tous attendaient ce qu'il allait dire, puis il eut un demi-sourire et pencha la tête.

– Écoutez, mes amis, commença-t-il, je vois bien que vous avez tous des doutes à ce sujet, certains d'entre vous probablement plus que d'autres. Et j'avoue franchement que, il y a quelques heures, j'éprouvais la plupart de ces doutes. Mais la nuit dernière, j'ai pensé à beaucoup de choses et ce n'est que maintenant que je vois que toutes ces choses se concentrent sur le dilemme devant lequel nous sommes, alors laissez-moi vous en parler…

Il prit une gorgée de vin avant de poursuivre :

– Vous connaissez tous l'exil que je me suis imposé, ces dernières années, en me coupant de tous… Cette attitude, cet état d'esprit, découlaient de la déception… et de quelque chose qui est proche du désespoir… désespoir pour mes camarades et pour moi-même, et pour mes croyances et mes idéaux défigurés… parce que partout où je regardais, il me semblait voir des hommes qui marchaient péniblement dans le sang, avec aux narines une sorte de puanteur qu'on m'a appris à détester quand j'étais jeune... Comme vous le savez tous, nos frères chrétiens font grand état de leur foi et de sa puissance. Ils disent que c'est un don surnaturel de Dieu, et les prêtres parlent du fait de perdre la foi comme s'il s'agissait de la plus grande catastrophe qui puisse arriver à un homme, la perte de son âme. Et ils disent que le plus grand péché contre la foi est le désespoir, parce qu'il nie l'existence de l'espoir... Eh bien, mes amis, j'étais au désespoir pendant toutes ces années, au désespoir à cause de ce que j'avais vu chez mes frères humains toute ma vie et de l'aisance avec laquelle le comportement qui a inspiré mon désespoir peut être pardonné, et *est* pardonné, par l'Église, qui laisse les hommes mystérieusement propres, absous de toute culpabilité, et libres d'aller et de commettre les mêmes atrocités encore et encore... Il n'y a pas de péché, nous enseigne-t-on, qui ne puisse être pardonné simplement en le confessant à un prêtre...

Il se redressa et porta ses mains à son visage, puis, en frottant ses yeux fermés, il dit :

– Mais la plupart des prêtres sont tout aussi vénaux et corrompus que les hommes auxquels ils pardonnent en invoquant la clémence de Dieu.

Il inclina la tête à nouveau en clignant des yeux.

– La plupart d'entre eux le sont, ai-je dit. Pas tous. Il y en a probablement parmi eux qui croient sincèrement, mais je n'ai jamais rencontré une de ces personnes. C'est la vérité, et elle me renverse. J'ai été élevé, comme vous tous, parmi les chevaliers et les guerriers, et j'ai appris les lois de la chevalerie alors que je savais à peine marcher. Et j'ai aussi appris les lois de Dieu et de l'Église, mais j'ai également appris très tôt que peu de gens, à part les membres de ma famille, respectaient en quoi que ce soit les lois de Dieu. La plupart d'entre eux — seigneurs, chevaliers et soldats — n'obéissaient qu'à ces lois qui avaient le pouvoir de les punir et de les faire souffrir en ce monde. L'autre monde, ils le laissaient complètement entre les mains des prêtres. Et les prêtres, les clercs, consacraient tout leur temps à s'occuper d'eux-mêmes. Ils parlaient de bonne volonté aux autres, mais seulement dans la mesure où cela les enrichissait concrètement par de l'argent, du pouvoir ou des postes de prestige… Puis, après plusieurs années de découragement croissant en observant tout cela, j'ai été admis dans l'Ordre de la Renaissance et j'ai découvert que l'amour de Dieu, tout comme ma foi en Dieu, pouvaient s'épanouir hors du cadre de l'Église. Cette découverte a transformé ma vie entière, car cela m'a appris à voir et à me rendre compte, pour la toute première fois de ma vie, que chaque chose qu'accomplissent les gens dans la vie est influencée et dictée par l'Église et que, de nos jours, celle-ci est menée par des hommes vénaux, cupides et corrompus qui n'œuvrent que pour leur propre gloire. Oh, on s'attend à ce que nous croyions que les hommes d'Église sont tous choisis et bénis par Dieu, et l'on nous encourage à faire confiance aux prêtres et à leur confier nos âmes immortelles, mais qui nous dit tout cela ? Ce sont eux, bien sûr. Les prêtres nous disent quoi faire et quoi penser en toute matière qui concerne Dieu — et, en vérité, dans tous les domaines. Ils parlent de la miséricorde infinie de Dieu et ils affirment Le représenter dans ce monde… et ils précisent fort clairement que si nous leur désobéissons, ou si nous choisissons de ne pas les croire, ils ont le pouvoir de nous punir, de nous condamner et même de nous damner pour l'éternité.

Hugues s'arrêta et regarda encore une fois les autres un à un, tous captivés par son discours.

– Ils condamnent les gens à la damnation éternelle, mes frères. Pensez-y encore un moment, car c'est quelque chose que nous avons tendance à ne pas vouloir regarder en face. Les prêtres vouent malicieusement les gens ordinaires aux feux éternels de l'enfer et ils le font simplement parce qu'ils le peuvent, parce qu'ils possèdent et apprécient la puissance et le désir de régner sur la vie des hommes et de les déposséder de leur âme. Et pendant qu'ils le font, ils prêchent la miséricorde infinie de Dieu. Qui peut les contredire, croyant que Dieu leur parle ?

Il fit une autre pause, et sa voix prit un ton nouveau.

– Notre Ordre nous a enseigné que nous pouvions changer tout cela. Vous souvenez-vous de l'enthousiasme que vous avez ressenti en découvrant cela ? En vous apercevant que nous pourrions un jour faire du monde entier un endroit meilleur ? Telle que nous la connaissons aujourd'hui, l'Église a été édifiée par des hommes, et non par Dieu, pas plus que par Son fils prétendument né d'un homme, Jésus. Jésus est né d'un homme, bien sûr, mais ce qu'on croit être son Église a été usurpé, puis transformé et façonné bien après sa mort par Paul le gentil et par ses associés et conseillers romains. Mais notre Ordre, l'Ordre de la Renaissance de Sion, nous a donné l'espoir de changer tout cela un jour, non pas en tuant tous les prêtres indignes, mais en révélant la vérité, la *vraie* vérité sur ce qui s'est produit il y a mille ans, ici à Jérusalem… J'avais oublié cela, mes amis. J'avais perdu cela de vue, parmi toutes les horreurs et tout le carnage qui se sont produits ici depuis que nous y sommes venus pour la première fois. Je l'ai oublié parce que, croyais-je, je n'avais eu aucune nouvelle de l'Ordre lui-même. Mais j'avais tort, et maintenant que les nouvelles sont arrivées, aussi étranges puissent-elles me sembler, j'en suis venu à voir et à savoir ce que je crois… Je ne crois aucunement en l'homme lui-même, mais je crois que Dieu nous a menés ici, chacun d'entre nous, dans un but précis. Et je crois que ce but, c'est le plan qui m'est venu à l'esprit la nuit dernière, pendant que je sommeillais… On nous demande… ou nous ordonne, si vous voulez… de trouver, de redécouvrir la vérité derrière la tradition de notre Ordre. Et quand nous l'aurons trouvée, nous aurons commencé à redresser tous les torts que la véritable perte de la foi — la manipulation et la distorsion des vrais enseignements de Jésus et de ses frères juifs — a provoqués en ce monde. Et nous changerons cela. Et ensuite, même si nos noms sont depuis longtemps effacés des mémoires, les gens se souviendront et parleront de nos accomplissements…

Il s'arrêta, et le silence ne fut rompu que lorsqu'il demanda :

– Alors, qu'en dites-vous ? Que voulez-vous faire ?

– Nous nous rasons le crâne et nous creusons, acquiesça Saint-Agnan alors que les autres inclinaient la tête en signe d'assentiment.

†

Ce soir-là, quand il finit par se coucher, Hugues ne réussit pas à s'endormir tout de suite et se retourna bientôt sur le dos, conscient qu'il allait, contrairement à son habitude, passer une nuit agitée. Normalement, il s'endormait aussitôt couché et se réveillait reposé, peu importe la durée de son sommeil, se rappelant à peine être allé au lit. Au besoin, il pouvait même sommeiller debout ou perché sur sa selle. Mais, invariablement, le fait de ne pas s'endormir immédiatement signifiait que quelque chose le préoccupait. Pourtant, cette fois, il n'avait aucune idée de ce qui pouvait le tracasser et, après s'être tourné et retourné dans son lit pendant un bon moment, il rejeta ses couvertures et décida d'aller marcher dans l'air frais de la nuit. Il enfila la longue tunique arabe flottante qu'il portait, comme la plupart de ses compagnons, pour son confort et sa commodité lorsqu'il n'était pas en armure, et accrocha à son épaule la ceinture qui soutenait son épée avant de se rendre jusqu'aux portes principales menant à la cour, où il bâilla et se gratta la tête, frissonnant légèrement dans la froidure du désert.

– Hugues, pourquoi ne dors-tu pas ?

Surpris par cette intervention inattendue, Hugues pivota sur ses talons et vit Payen de Montdidier assis sur un banc contre le mur sur sa droite, éclairé par la pleine lune et les flammes vacillantes d'un brasero qui brûlait tout près.

– Crousty ! Tu m'as fait peur… mais je te retourne ta question : pourquoi, *toi*, tu ne dors pas ?

Montdidier secoua la tête.

– Je le devrais. Mais je vais y aller maintenant, parce que je suis gelé jusqu'aux os. Je suis assis ici à réfléchir depuis un long moment.

– À quoi pensais-tu ?

– À Margaret, ma femme… et à mon fils Charles, et

à Hélène, ma fille. Elle aura huit ans demain et je l'avais oublié, jusqu'à ce soir, quand tu as mentionné que seulement deux d'entre nous avaient des familles au pays…

Hugues ne savait que répondre à cela, car jusqu'à ce que Montdidier en parle, il n'avait même pas songé à l'effet que ses paroles pouvaient avoir eu sur les deux hommes en question, Montdidier et Gondemare. Maintenant, la douleur qui imprégnait la voix de son ami était trop évidente pour qu'il puisse l'ignorer.

– Payen, dit-il, étonné de son propre manque d'égards, pardonne-moi. Je n'avais pas l'intention…

– Je sais, Hugues. Tu as simplement dit la vérité, et tes paroles n'avaient rien d'étonnant pour moi. À ce sujet, les dés ont été jetés il y a longtemps, avec le consentement de tous, celui de Margaret aussi bien que le mien… mais tu m'as pris par surprise quand tu as abordé la question si soudainement… et par la suite, je ne pouvais cesser d'y penser.

Sa voix s'éteignit et il demeura silencieux pendant un moment, fixant le vide, avant de poursuivre :

– Je me suis souvenu de l'anniversaire de ma fille et cela m'a fait penser à ce que sont devenues nos vies… nos vies à tous… et à quel point elles ont dévié, finalement, de ce que nous espérions quand nous étions jeunes, enthousiastes et débordant de grandes idées.

Il sourit en regardant ses pieds, puis, secouant la tête, il se tourna vers Hugues, toujours souriant.

– Te souviens-tu combien nous avons été frappés d'horreur quand nous avons découvert que nos femmes étaient au courant de l'existence de l'Ordre ? Nous pensions qu'elles avaient tout découvert à propos de l'Ordre. C'était la chose la plus épouvantable que nous puissions imaginer à cette époque.

Hugues sourit également.

– Oui, je me souviens à quel point la nouvelle était dramatique. Nous pensions vraiment que nous avions commis une sorte de péché mortel… que nous avions trahi la confiance que nous avaient accordée nos frères.

– Oui, ça semblait terrible à l'époque… et maintenant, ça semble risible.

Hugues inclina la tête sur le côté, intrigué par le ton de son ami.

– Risible ? Comment cela ? Il ne m'est jamais venu à l'esprit de rire de tout cela.

– Non, pas cela, pas le fait qu'elles le sachent, dit Montdidier en agitant un doigt en signe de négation. Je pensais à toutes les choses vraiment horribles que nous avons endurées plus tard, au cours des années qui ont suivi… les scènes d'horreur devant Antioche et Jérusalem… Je songeais à quel point nous étions naïfs en pensant que la plus grande menace que nous ayons à craindre était la découverte de nos secrets par nos femmes… Dieu du ciel, Hugues, si ce n'avait été pour nos femmes, ta sœur Louise et ma Margaret, toi et Geoff et moi serions peut-être dans nos foyers aujourd'hui, à vieillir tranquillement en sécurité, et honteux d'être là-bas alors que nos responsabilités se trouvaient ici en Terre sainte. Nous nous serions trouvés lâches et faibles d'avoir changé d'idée à cause de nos femmes.

Hugues émit un grognement de désapprobation.

– J'en doute. Mais je ne contesterai pas la vérité de ce que tu affirmes. Si ce n'en avait été de nos femmes, ou plutôt si nos femmes n'avaient pas été qui elles étaient, nos vies pourraient avoir été fort différentes. Mais elles comprenaient notre responsabilité, et même si elles ne savaient pas jusqu'à quel point nous étions liés à nos frères, elles savaient, comme mon père nous l'avait dit ce jour-là, que nous avions de graves responsabilités qui dépassaient de loin les liens qui nous unissaient à elles. Chacune d'entre elles a essayé de trouver de quelles responsabilités il s'agissait, mais aucune n'y a consacré beaucoup d'efforts, parce qu'elles savaient et acceptaient que les femmes de nos clans s'étaient toujours posé des questions à ce sujet sans jamais savoir rien d'autre que leurs hommes avaient quelque chose de particulier… qu'ils étaient bénis, ou maudits, d'une façon différente des autres hommes. Et elles savaient que leur devoir en tant qu'épouses et mères de nos enfants était de nous appuyer, même si elles ne savaient pas ce que cela pouvait entraîner. Pour elles, comme pour toutes les autres épouses et mères avant elles, les conséquences résidaient dans l'acceptation d'un sacrifice pour une cause plus grande dont elles ignoraient tout. Alors, elles ont pris du recul et nous ont permis de faire ce que nous devions...

– Penses-tu que nous aurions fait la même chose de toute façon ?

Hugues haussa les épaules.

– Je ne peux répondre à cette question, parce que le besoin ne s'en est jamais fait sentir. Louise et Margaret étaient heureuses de vous libérer, Geoff et toi, pour que vous puissiez accomplir votre devoir. Je n'avais ni épouse ni responsabilité envers quiconque. Mais elles ont accepté leur devoir tout comme nous avons accepté le nôtre. Elles auraient pu pleurer et hurler. Elles ont décidé de n'en rien faire, et elles se sont préparées à vivre sans leurs hommes. Que Dieu les bénisse.

– Oui, que Dieu les bénisse...

Montdidier se leva et se dirigea vers la porte, puis il hésita et posa une main sur l'épaule de Hugues.

– Il me vient tout à coup à l'esprit, dit-il, que je ne sais même pas si Margaret est toujours vivante. Elle est peut-être morte maintenant.

Hugues regarda son ami dans les yeux et pencha la tête.

– Oui, ça se pourrait, répondit-il, mais si c'est le cas, ça ne peut être arrivé qu'au cours de l'année qui vient de s'écouler. Sinon je pense que nous en aurions déjà entendu parler. Elle est probablement aussi vivante et robuste que toi, coulant des jours heureux à Payns.

Montdidier demeura debout quelques instants sans bouger, puis acquiesça :

– Oui, tu as probablement raison. Je l'espère. Maintenant je vais me coucher, et tu devrais en faire autant, ou au moins te reposer si tu ne peux pas dormir.

Hugues renifla et ramena les pans de sa tunique autour de lui avant de retourner dans l'auberge avec son ami.

CHAPITRE 15

Au milieu de la matinée du lendemain, avec la coopération de ses six compagnons, de Payns avait en main un plan d'action qui allait amener sa proposition à l'étape suivante. Ils avaient été ensemble depuis l'aube à discuter de la meilleure façon d'approcher Gormond de Picquigny, et Hugues trouvait maintenant ses idées assez étoffées, et fondées sur des bases suffisamment solides pour lui permettre d'aller de l'avant immédiatement. C'est ainsi qu'une heure avant midi, il avançait sur la route principale menant à la résidence du patriarche latin, vêtu de ses plus beaux atours et de son armure, et accompagné dc Saint-Omer, de Saint-Agnan et de Montdidier, tous trois semblablement vêtus, dans les habits qu'ils avaient apportés pour leur premier rassemblement. Il n'était pas venu un instant à l'esprit de de Payns de se demander si le patriarche pourrait, pour une quelconque raison, ne pas pouvoir ou ne pas vouloir les recevoir. Il faisait ce chemin pour rencontrer l'homme, et non l'habit. Il connaissait et aimait Gormond de Picquigny depuis des années et il savait que cette affection était réciproque, alors il attendait avec impatience la rencontre à venir et passait de nouveau en revue ce qu'il allait dire au patriarche lorsqu'il sentit le bras de Saint-Agnan se poser sur sa poitrine pour qu'il s'arrête.

Arraché à ses réflexions, il leva les yeux pour voir deux files d'hommes venant en courant sur sa droite. Ils s'arrêtèrent et se donnèrent le bras pour leur barrer la route. C'étaient des hommes de la garde du palais royal, et de Payns se tourna spontanément pour voir qui ils escortaient, mais il ne put voir qu'une calèche fermée. Comme elle approchait et les dépassait, il remarqua les fenêtres munies de lourds rideaux et l'escorte qui accompagnait le véhicule, une dizaine d'hommes armés, en uniforme, devant le carrosse et une dizaine d'autres derrière, tous portant le même insigne héraldique. Il réprima l'élan d'impatience que provoquait en lui le fait d'être ainsi retenu, parce qu'il savait que cette attente n'allait pas durer. Les gardes royaux qui longeaient la rue et regardaient stoïquement les observateurs étaient depuis longtemps habitués à cette procédure. Ils attendirent que le carrosse soit passé derrière eux, puis la dernière section d'entre eux rompit le cordon et courut reprendre sa position en tête du cortège, laissant la rue libre pour ceux qui attendaient de traverser.

Saint-Agnan resta planté sur le côté de la rue à regarder le carrosse disparaître dans la courbe suivante.

– Qui était-ce ? demanda-t-il.

– La famille royale, lui répondit Hugues. Probablement une des filles du roi, si l'on en juge par les rideaux fermés.

Hugues marcha vers la droite, où l'entrée d'une étroite ruelle était à peine visible parmi les ombres, et ses compagnons, qui avaient écouté attentivement, le suivirent de près le long de la ruelle, puis empruntèrent un autre passage étroit qui les mena à une large rue devant l'entrée principale d'un édifice imposant et bien gardé.

– Le palais du patriarche, annonça Hugues. Restez près de moi.

Il traversa adroitement la place grouillante de monde, circulant entre une mer de bétail composée de chameaux, de chevaux, de bestiaux, de porcs et de chèvres, et une masse de gens colorée et multilingue, puis se présenta au garde de l'entrée principale. Quelques instants plus tard, ayant été dûment reconnus comme ne représentant aucune menace pour le patriarche, ses trois compagnons et lui furent introduits dans une pièce haute de plafond, richement décorée, où on leur demanda d'attendre que le patriarche puisse les recevoir.

Ils eurent à peine le temps d'admirer les trésors qui ornaient la pièce, et encore moins de s'ennuyer, que le patriarche latin arrivait, souriant de toutes ses dents et accueillant chaleureusement de Payns avant de mettre ses amis à l'aise avec une chaleur et une courtoisie égales. Toutefois, les échanges de politesses furent brefs parce que les quatre visiteurs étaient des soldats, peu habitués aux amabilités sociales et au protocole, et aussitôt qu'ils furent tous assis, de Payns exposa directement la raison de leur visite et entreprit de livrer la plaidoirie qu'il avait préparée. À partir de ce moment, le patriarche commença à comprendre ce qui lui était demandé. Il demeura assis, immobile, sans interrompre son interlocuteur.

Quand de Payns eut terminé, Gormond de Picquigny fronça les sourcils, réfléchissant de toute évidence à ce qu'il venait d'entendre, puis il saisit une petite cloche d'argent qu'il fit tinter et la replaça sur la petite table près de lui.

– Votre demande est particulière, mon ami, déclara-t-il alors que les tintements s'éteignaient. En vérité, je n'ai jamais rien entendu de tel. Il me faudra du temps pour y réfléchir.

Une porte s'ouvrit à l'autre bout de la pièce et un homme de haute taille, au visage sombre, entra, portant la pourpre d'un évêque, et s'approcha du patriarche qui leva une main en direction de de Payns.

– Excusez-moi, dit-il calmement aux quatre chevaliers en se tournant vers le nouvel arrivant. Avez-vous eu des nouvelles d'Acre ?

– Oui, monseigneur.

– Excellent, répondit le patriarche avant de faire de nouveau face à ses visiteurs. Vous devez me pardonner, mes amis, mais nous attendions impatiemment des nouvelles de nos associés à Acre, et je dois invoquer les exigences de ma fonction pour vous laisser seuls pendant que je m'occupe de cette affaire. Ce ne sera pas long, alors ne vous sentez pas obligés de partir. Mes gens vous apporteront de la nourriture et des boissons, et je devrais être de retour avant même qu'ils n'aient eu le temps de vous servir. Je n'ai simplement qu'à lire la lettre et à prendre une décision selon son contenu. Quand ce sera terminé, l'évêque Odon que voici s'occupera du reste en mon nom. Je vous en prie, mettez-vous à l'aise et attendez-moi.

– Il ne va pas nous l'accorder, lança Saint-Agnan aussitôt que la porte se fut refermée derrière le patriarche.

Ils tournèrent tous les yeux vers lui, mais Saint-Omer fut le premier à répondre :

– Qu'est-ce qui te fait croire ça, Archambaud ?

– Eh bien, il a été clair, n'est-ce pas ? Le fait qu'il parte en nous laissant ici avant même d'avoir fini de nous écouter, n'est-ce pas un mauvais signe ?

De Payns intervint pour manifester son désaccord :

– Il nous a bien écoutés, Archambaud. Il n'y a aucun doute là-dessus. Et le fait qu'il quitte la pièce en est le meilleur indice. Il souhaite être seul un moment pour soupeser les aspects positifs et négatifs de notre proposition. Et plus longtemps il sera parti, plus il aura de temps pour songer à nos suggestions. S'il avait décidé de rejeter notre proposition, il l'aurait fait immédiatement et nous serions déjà sur le chemin du retour. Cet homme n'est pas devenu patriarche de Jérusalem en étant stupide ou en hésitant à prendre des décisions.

– Qu'en est-il de cette urgence à Acre ? Est-ce que cela ne nécessitera pas toute son attention ?

La préoccupation de Saint-Agnan fit surgir un sourire au coin de la bouche de de Payns.

– Il n'y a aucune nouvelle d'Acre, dit-il. La cloche n'est qu'un simple moyen qui permet au patriarche de se donner du temps. La personne qui vient au son de la cloche est d'accord avec tout ce que le patriarche demande ou suggère et lui fournit un prétexte pour quitter la pièce aussi longtemps qu'il le désire, sans offenser quiconque indûment. Dans ce cas-ci, son départ joue en notre faveur. Le patriarche examine notre affaire. Nous avons fait tout ce que nous pouvions, et je ne crois pas que nous aurions pu mieux nous présenter que nous l'avons fait, alors nous devons attendre qu'il ait réfléchi et en soit venu à une conclusion qui sera la plus avantageuse pour lui — et qui est de la plus haute importance — au niveau tant personnel qu'officiel... Mais j'ai confiance. Il aurait pu nous demander de revenir demain ou la semaine prochaine. Le fait qu'il nous ait demandé de rester me démontre qu'il est intrigué par notre proposition. Toutefois, ce que nous suggérons semblerait hérétique aux yeux de tout autre prêtre à qui nous raconterions la même chose, et nous ne devons pas perdre cela de vue. Mais Picquigny est un homme d'une autre trempe, et il a des besoins particuliers… Tout ce qui lui reste à faire maintenant, et ce n'est déjà plus entre nos mains, c'est de décider si les avantages que nous proposons suffiront à contrebalancer les risques que comporterait pour lui notre proposition s'il décidait de l'accepter.

Finalement, ils n'attendirent qu'une heure. Les serviteurs du patriarche, tous des moines, s'affairaient autour d'eux de manière silencieuse et efficace, déposant devant eux un repas léger mais délicieux de volaille froide, de pain à peine sorti du four, de dattes fraîches et de fromage de chèvre, le tout servi avec une variété de sorbets et de jus de fruits glacés, et les quatre chevaliers avaient à peine fini leur repas lorsque Gormond de Picquigny revint. Il refusa gracieusement de prendre part au repas — il restait encore un grand plat de dattes sur la table — et se versa lui-même une coupe d'un liquide pétillant avant de se rasseoir au même endroit, près de la table à la cloche d'argent. Il ne fit aucune mention d'Acre, mais aborda plutôt d'emblée le sujet de la visite des chevaliers, parlant surtout à de Payns, tout en promenant constamment son regard d'un homme à l'autre, si bien que tous avaient le sentiment de participer à la conversation.

– Maintenant, je dois comprendre très clairement et très exactement ce que vous suggérez car, d'après ce que j'ai déjà entendu, votre proposition pourrait me rendre la vie extrêmement difficile à plusieurs points de vue… Vous me demandez d'intercéder en votre nom auprès de vos seigneurs suzerains, à qui vous avez prêté serment de loyauté, afin de les convaincre de se passer de vos services pour une cause plus noble, et de vous autoriser tous à adopter une vie de pénitence, de prière et de retraite. C'est bien cela ?

Hugues de Payns acquiesça :

– Oui, monseigneur patriarche, en résumé, c'est de cela qu'il s'agit. Nous souhaitons recevoir l'autorisation de nous consacrer à Dieu maintenant, après une vie entière consacrée au service de nos maîtres et au respect de nos vœux de chevaliers.

Il y eut un long moment de silence avant que Picquigny ne hoche solennellement la tête.

– Je ne crois pas pouvoir vous rendre ce service, mes amis, dit-il d'un ton calme. Même avec la meilleure volonté du monde. Ces vœux chevaleresques dont vous parlez vous lient pour la vie. Personne sur cette terre ne peut y mettre fin.

De Payns leva la main, l'air surpris.

– Pas même dans le but de mieux servir Dieu ?

– En tant que moines, vous voulez dire ? demanda le patriarche d'un air dubitatif. Qui pourrait définir la signification de *mieux* ? Et l'amélioration touche-t-elle la prière seulement ? Si c'est le cas, je crains que votre cause ne soit perdue d'avance. Il ne manque pas de moines dans la région, ces jours-ci, et tous prient ; certains, je le crains, plus efficacement que d'autres. Mais tous ont un autre but, une fonction — une tâche ou un devoir, si vous voulez — en plus de leurs prières quotidiennes. Les Hospitaliers en sont probablement le meilleur exemple. Aujourd'hui, ils sont officiellement des chevaliers, mais ce sont des moines pour la vie. Leur fonction, qui ne s'est en rien modifiée depuis le premier jour de leur formation il y a un siècle, a toujours été de servir les pèlerins malades et en convalescence qui visitent les Lieux saints. C'est là leur tâche et, en tant que patriarche de Jérusalem, je compte beaucoup sur leurs services nombreux et sans réserve, leur sens du sacrifice et leur bonne volonté. Mais ce sont des moines qui ont adhéré à la règle de saint Benoît, et tout ce qu'ils font se fonde sur cette règle sacrée. Elle leur donne leur autorité et impose une structure à leurs vies… une structure rigide… à chaque minute de leur vie…

Il s'interrompit, puis regarda chacun des hommes, un demi-sourire sur les lèvres.

– Accepteriez-vous, poursuivit-il, de vous soumettre à la règle de saint Benoît, ou songez-vous à autre chose en cette matière ?

Saint-Agnan se racla la gorge nerveusement avant de

demander :

– Ne pourrions-nous pas avoir notre propre règle ?

Le patriarche émit un rire puissant et bref.

– Oui, vous le pourriez, et facilement, lorsque vous aurez passé vingt ou trente ans à démontrer votre dévouement en matière de discipline et de prière ainsi qu'envers un mode de vie qui vous différencie de tous les autres ordres monastiques. Mais je suppose que vous avez en tête quelque chose de plus immédiat, non ?

Il se tourna à nouveau vers Hugues de Payns.

– Dites-moi, mon ami, car je suis curieux : qu'est-ce qui a servi de déclencheur à tout cela ? Quelle pensée, quel argument ou quel incident a mené à votre décision de franchir ce pas et de venir ici chercher mon appui ?

Questionné de manière si directe, Hugues sentit son visage s'empourprer alors même qu'un sentiment de culpabilité lui nouait l'estomac. Il s'était toujours vanté d'être franc, et il n'avait jamais menti ouvertement à quiconque ; alors même dans la situation présente, avec tant de choses qui dépendaient directement de sa réponse, il ne pouvait pas et ne voulait pas mentir au patriarche. Il leva les épaules et commença à étendre les bras en signe d'impuissance, étant sur le point de révéler l'ensemble de son projet, lorsque la vérité survint tout à coup dans son esprit. Il ne douta pas que son intuition soit autre chose qu'une révélation directe et, secoué comme il l'était, il se contenta d'acquiescer de la tête et fit plutôt un geste qui suggérait un certain embarras, puis frappa ses paumes l'une contre l'autre sans faire de bruit, son esprit s'efforçant à toute allure de trouver les mots qui serviraient le mieux sa cause sans constituer un mensonge délibéré.

– J'ai reçu…

Il s'arrêta, fronça les sourcils, puis recommença sur un ton plus emphatique en levant pieusement les yeux vers le plafond :

– J'ai reçu... des directives inattendues et incroyables, monseigneur… des directives qui me sont parvenues au début comme des exigences inconditionnelles, mais qui se sont plus tard révélées ambiguës, déraisonnables et dépourvues de substance. Elles ne contenaient aucune orientation… rien que je puisse interpréter comme concret ou absolu. Je savais seulement que j'avais l'obligation morale de répondre à ces demandes et que, ma vie étant ce qu'elle est aujourd'hui, j'étais… et semblais destiné à demeurer… incapable de les exécuter. Je me suis éveillé un matin avec à l'esprit cette impossibilité dont je n'ai pu me débarrasser depuis ce jour.

Les sourcils du patriarche s'étaient haussés d'un cran.

– C'est… impressionnant, dit-il, maître de Payns… Et serais-je en droit de demander le contenu de ces… directives ?

– Oui, monseigneur, très certainement. Et si vous les comprenez mieux que moi, je vous serai reconnaissant de m'éclairer…

Il s'arrêta un moment, réfléchissant profondément, puis continua :

– On m'a ordonné de repenser à ma vie, de réexaminer tout ce qui s'est produit d'important depuis mon enfance, et d'essayer de toutes mes forces de trouver des moyens d'utiliser toutes mes compétences et mes habiletés pour provoquer de grands changements dans la Ville sainte et découvrir et révéler la vérité qui se cache au cœur du royaume de Jérusalem.

Gormond de Picquigny demeura silencieux pendant un long moment, seul son visage de marbre indiquant son incapacité à réagir immédiatement à cette étonnante déclaration, puis il retrouva sa contenance.

– *Vos* compétences et habiletés, dites-vous. Les vôtres seules, ajouta-t-il en faisant un geste en direction de Saint-Omer et des autres. Et qu'en est-il de vos amis ?

De Payns haussa les épaules, éprouvant une grande satisfaction. L'appât était lancé, et il pouvait sentir l'intérêt du poisson à son égard.

– Je leur ai parlé de mon dilemme, répondit-il. Je leur ai confié mes pensées, et ils en ont conclu que j'avais reçu un appel, un ordre direct, bien qu'ambigu, et ils souhaitent m'aider à le réaliser. C'est pourquoi nous sommes ici.

– Je vois. Combien êtes-vous en tout ?

– Nous sommes sept, monseigneur.

– Hum…

– Mais nous pourrions être plus nombreux. Je n'en ai parlé qu'à mes amis les plus intimes. Les six à qui j'en ai parlé ont tous décidé de se joindre à moi, mais ils ont déjà d'autres noms, des amis à eux qu'ils aimeraient voir se rallier à notre groupe.

– Les nobles considéreront cela comme une mutinerie. Vous le savez, n'est-ce pas ? Ils y verront une diminution de leurs ressources.

– Comment cela se pourrait-il, monseigneur ? Même si notre nombre doublait, nous ne serions même pas vingt chevaliers, tous vieillissants après une vie de durs et loyaux services. On pourrait difficilement affirmer qu'il s'agit d'un affaiblissement des armées de Jérusalem.

– Quoi qu'il en soit, sire Hugues, vingt chevaliers vétérans…

– Vingt chevaliers vieillissants, monseigneur, et en vérité, moins de la moitié de cela, car nous avons tous dépassé la fleur de l'âge.

Le patriarche plissa les lèvres, mais ne dit rien et de Payns poursuivit :

– Et même dans ce cas, monseigneur, je me dois de contredire ce que vous avez dit tout à l'heure à propos du fait que chaque ordre de moines a ses propres tâches, ses propres responsabilités en plus de ses prières quotidiennes et de sa piété… Nous n'avons aucune motivation ni orientation de ce genre. Mais nous pourrions en avoir, si l'on choisissait pour nous une fonction qui convienne à ce que nous sommes.

Sa voix, d'abord pleine d'enthousiasme, prit rapidement un ton de découragement.

– Mais tout ce que nous savons faire, c'est combattre et les moines ne combattent pas…, déclara-t-il en secouant la tête. Ah, monseigneur le patriarche, s'il pouvait exister un ordre de moines soldats… quelle contribution nous pourrions apporter ! Ce serait vraiment une façon pour nous de servir Dieu dans la piété et aussi de servir un noble dessein… Il est dommage qu'un tel ordre n'existe pas. Mais nous pouvons apprendre à exécuter d'autres tâches. Nous pouvons nous adapter. Nous aurions toute la bonne volonté nécessaire pour entreprendre quelque tâche qui nous serait attribuée.

Il se tut alors, constatant le silence de ses amis et imaginant les pensées qui défilaient dans l'esprit du patriarche. Puis Gormond de Picquigny se leva et brandit sa main droite pour les bénir, alors tous s'agenouillèrent devant lui, tête baissée.

– Revenez demain à la même heure, Hugues de Payns. Je vais réfléchir à vos propos et je vous donnerai une réponse demain quand vous arriverez. Ce sera peut-être une réponse dont vous souhaiterez discuter par la suite avec vos amis, mais vous pouvez venir seul pour la recevoir. Par la suite, si nous devons discuter davantage, nous aurons le temps de le faire. Mais, pour l'instant, ne parlez à personne de ce dont nous avons discuté aujourd'hui. C'est bien compris ? Maintenant, allez en paix.

†

Geoffroy de Saint-Omer leva la tête de l'échiquier qui le séparait de Payen de Montdidier au moment où la porte s'ouvrit sans bruit.

– Ah, enfin ! s'exclama-t-il. Nous pensions que tu ne reviendrais jamais.

Hugues de Payns se tenait devant la porte toujours ouverte en attendant que ses yeux s'habituent à l'obscurité de la pièce. Saint-Omer et Montdidier le regardaient, assis à la table brillamment éclairée près de la fenêtre et, derrière eux, sur un lit contre le mur gauche où il se reposait dans la semi-obscurité, Gondemare s'était relevé sur un coude. De Payns remarqua l'absence de Saint-Agnan et de Rossal, mais avant qu'il ne puisse demander où ils étaient, les deux hommes arrivèrent derrière lui, le poussant vers le milieu de la pièce où tous entreprirent de le harceler de questions. Il écouta sans mot dire pendant quelques instants, puis leva les bras en leur criant :

– C'est assez, pour l'amour de Dieu ! Écoutez-vous un peu. Vous êtes comme une bande de vieilles femmes. Vous ne pouvez pas parler tous en même temps, si vous voulez vraiment des réponses. Laissez-moi le temps d'enlever mon manteau et de déposer mes armes, et je vous dirai tout. Mais je ne resterai pas planté ici à entendre vos cris. Saint-Agnan, trouve Ibrahim et demande-lui de nous apporter à boire et à manger, s'il te plaît, et, les autres, asseyez-vous autour de la table comme des gens bien élevés.

Saint-Agnan alla trouver l'aubergiste et de Payns prit un moment pour se débarrasser de son attirail de combattant. Puis, lorsqu'il eut enlevé son long vêtement et le turban qu'il préférait porter plutôt que le heaume de fer des Francs, il alla s'asseoir au bout de la table où il attendit le retour de Saint-Agnan. Entre-temps, personne ne lui adressa la parole, mais tous le regardaient, tentant de discerner quelque indice de ce qu'il avait à dire et, aussitôt qu'ils furent tous rassemblés, il commença à parler sans perdre de temps en préliminaires :

– Il a dit oui. Nous aurons notre autorisation.

Il attendit que se terminent les bruyantes manifestations de joie et reprit la parole :

– Cela n'arrivera ni aujourd'hui ni demain. Il faudra peut-être un an ou même plus. Mais cela se produira. Le patriarche veut que cela se produise.

– Comment ? Qu'a-t-il dit ? demanda Saint-Agnan avec son impatience habituelle.

De Payns leva les épaules.

– Il m'a expliqué ce qu'il voulait dans les grandes lignes, et il s'est montré très clair sur la question, même s'il a abordé le sujet avec une certaine subtilité… En fait, si nous ne nous étions pas efforcés de lui suggérer exactement ce que nous voulions de lui, j'aurais pu penser que l'idée venait de lui. Certes, il croit qu'elle vient de lui, et c'est là le meilleur résultat que nous pouvions obtenir… Il m'attendait quand je suis arrivé et son secrétaire, l'évêque Odon, m'a tout de suite conduit jusqu'à lui… dans la petite salle où il travaille habituellement et non dans la salle d'audience où il nous a reçus hier. Il a immédiatement renvoyé Odon et l'a suivi jusqu'à la porte extérieure pour vérifier qu'il avait bien quitté l'antichambre avant que nous ne commencions à parler.

– Odon n'a pas dû apprécier, grogna Saint-Agnan. Hier, il m'a donné l'impression d'être une personne qui aime savoir tout ce qui se passe partout.

– Oui, il paraissait contrarié, mais il est parti sans dire un mot. Gormond de Picquigny n'est pas un homme que l'on peut contredire de façon inconsidérée... De toute façon, aussitôt que nous nous sommes retrouvés seuls, le patriarche m'a rappelé ce que j'avais dit sur le fait que nous étions prêts à entreprendre une tâche comme les autres ordres monastiques si quelqu'un désirait nous en attribuer une qui semblait appropriée, et il a de nouveau mentionné mes commentaires selon lesquels il est dommage qu'il n'existe pas un ordre de moines soldats, bien qu'il ne se soit pas étendu sur ce sujet. Il a plutôt directement enchaîné sur le problème du brigandage sur les routes et celui des menaces croissantes à la sécurité et au bien-être des pèlerins qui se rendent aux Lieux saints. Il savait évidemment que nous connaissons bien la situation et comprenons qu'il s'agit d'un problème constant pour l'administration du royaume, mais il m'a tout de même expliqué en long et en large pourquoi le roi est incapable de le résoudre, tellement il est litigieux. Et il s'est efforcé encore davantage de s'assurer que j'étais bien au fait de ses propres responsabilités en tant que patriarche latin, à titre de responsable officiel de la sécurité de toute l'Église à Jérusalem, y compris les prêtres et les clercs qui administrent les affaires quotidiennes de l'Église, et les pèlerins qui se confient à son autorité en Terre sainte.

De Payns s'arrêta, puis regarda tour à tour ses compagnons.

– Vous savez, continua-t-il d'une voix teintée d'émerveillement, je viens de me rendre compte seulement maintenant qu'il parlait chaque fois de la Terre sainte. Il n'a pas une seule fois mentionné le royaume de Jérusalem, et le mot « Outremer » n'a pas non plus franchi ses lèvres au cours de notre conversation, et ce n'est que maintenant que je comprends que notre patriarche considère que sa fonction et ses responsabilités n'ont absolument rien à voir avec le roi Baudouin ou avec ses ambitions en ce qui concerne Jérusalem, ou la façon dont il voit le royaume en tant qu'État civil. Gormond de Picquigny ne se soucie que de la réalité religieuse de Jérusalem… la Ville sainte au cœur de la Terre sainte. Pour lui, rien d'autre n'a d'importance, et le roi et ses nobles ne sont que des trouble-fête qui nuisent à la gestion des affaires ecclésiastiques du patriarche…

Hugues prit soudain conscience de l'expression étonnée de ses compagnons et se racla la gorge, secouant la tête comme pour remettre ses idées en place.

– Oui, eh bien… il m'a alors demandé de lui donner ma propre opinion sur ce qui devrait être fait… sur ce qu'il fallait faire à propos de la situation sur les routes, et je n'avais pas grand-chose à dire. Mais je lui ai raconté notre petite escapade de l'autre soir, quand nous avons poursuivi les brigands dans le désert, et ceci m'a amené à réfléchir à voix haute sur le fait qu'il suffirait en réalité de bien peu de chevaliers pour mettre fin aux déprédations de ces gens. Il était d'accord avec moi sur le fait que les difficultés augmentent, de même que le nombre de brigands, pour la simple raison qu'ils ne font face à aucune opposition. Personne ne leur met de bâtons dans les roues. Personne ne les affronte et il n'y a même aucune opposition durant leurs attaques. Je lui ai dit que les choses changeraient rapidement si seulement quelqu'un pouvait rassembler même un groupe minuscule de chevaliers disciplinés et déterminés qui patrouilleraient sur les routes. La simple menace de leur présence, ai-je ajouté, une fois cette présence établie et attendue, réduirait probablement de beaucoup le nombre de tels incidents… Et, ayant dit cela, je me suis tu.

À cet instant, quelqu'un frappa doucement à la porte, et de Payns fit signe aux autres de se taire alors que l'aubergiste lui-même ouvrait toutes grandes les portes et pénétrait dans la pièce. Deux serviteurs au visage souriant portaient sur leur épaule un immense plateau de nourriture, et un autre, un géant du nom de Youssouf, portait un énorme plat de cuivre débordant de fruits frais. La conversation prit un tour trivial tandis que les serviteurs s'affairaient à déposer la nourriture sur la table et, pendant un long moment après leur départ, aucun des chevaliers ne prêta attention à rien d'autre que la nourriture devant lui : du pain frais, encore chaud, avec du fromage crémeux au lait de chèvre, un plat d'olives agrémentées d'huile et d'herbes, trois sortes de fruits frais, divers fromages à pâte dure, deux volailles froides et un assortiment de saucisses séchées. Les sept hommes ne dirent mot jusqu'à ce que la nourriture ait disparu et qu'ils se soient adossés à leur chaise en rotant discrètement de satisfaction.

Finalement, ce fut Rossal qui ramena tout le monde au sujet de discussion.

– Hugues, commença-t-il, il y a quelque chose que je ne comprends pas. Tu as dit croire que le patriarche approuvait ta demande et que celle-ci convenait à ses desseins personnels, mais qu'il faudrait peut-être un an ou plus pour la mettre en œuvre... Je pensais que le patriarche latin de Jérusalem avait en Terre sainte les mêmes pouvoirs spirituels que le pape à Rome dans toute la chrétienté. N'est-ce pas vrai ? Et s'il en est ainsi, pourquoi aurait-il besoin de tant de temps pour t'accorder ce que tu demandes ?

De Payns s'essuya le menton et se rinça la bouche avec une gorgée de jus de raisin frais avant de répliquer, et même le moins attentif de ses compagnons pouvait voir qu'il réfléchissait ardemment à la façon dont il allait répondre. Finalement, il s'appuya contre le dossier de sa chaise et frotta sa barbe du bout des doigts.

– Rien n'est jamais aussi simple qu'il paraît, Raymond. Ce qui peut paraître à nos yeux une simple question de logique, de cause et d'effet, est rarement vu sous cet angle par ceux qui ont pour tâche d'administrer avec souplesse les affaires du monde... Gormond de Picquigny, outre le fait qu'il soit le patriarche latin de Jérusalem et en conséquence le chef spirituel de ses fidèles en Terre sainte, se doit quand même de vivre en harmonie avec ses homologues temporels. Il pourrait sans ambages faire ce qu'il souhaite, conscient qu'il est de la supériorité du représentant de Dieu, ici en Terre sainte, mais, en agissant ainsi, il se mettrait probablement à dos chaque roi, chaque comte et chaque homme de naissance noble possédant un quelconque pouvoir sur son territoire. À mon avis, ce serait stupide et, si vous y songez pendant un moment, je ne doute point que vous m'approuviez. Selon un ancien dicton du Nouveau Testament, l'esprit est prompt, mais la chair est faible. C'est là une vérité très simple, sauf que, dans sa faiblesse autoproclamée, la chair peut parfois être brutalement forte, et c'est ce dont le patriarche doit tenir compte…

Il resta silencieux pendant quelques secondes, puis reprit :

– Il pourrait changer d'avis dès demain et émettre un décret, fort du pouvoir absolu de l'Église selon lequel un chevalier sur trois, par exemple, doit être rattaché aux affaires de l'Église pendant toute la durée de son séjour en Terre sainte et ne dépendre que de lui-même en tant que principal représentant de l'Église ici. Il peut sans aucun doute le faire, car il en a le pouvoir, du moins en théorie. Et il est probable que plusieurs des seigneurs touchés par la proclamation s'y soumettraient en croyant que Dieu s'exprime directement par la bouche de Ses représentants sur terre. En même temps, il y en aurait d'autres, nombreux, qui se rebelleraient à cette simple idée — avec, parmi eux, quelques hommes cyniques et égoïstes qui choisiraient d'interpréter cela en fonction de ce qu'ils considèrent comme étant les intérêts de l'Église —, réagissant contre ce qu'ils estimeraient être une intrusion injustifiée de l'Église dans leurs affaires légitimes. Toutes ces perceptions, ces croyances et ces interprétations constituent un bourbier dans lequel aucun homme sain d'esprit et visionnaire ne souhaiterait se retrouver, car, une fois ce refus évoqué et le germe de la désobéissance fermement implanté chez les rebelles, qui pourrait prédire les mutineries qui s'ensuivraient et combien de temps il faudrait pour régler les différends ainsi mis au jour ?

Personne ne répondit jusqu'à ce que Saint-Agnan demande :

– Alors, que va-t-il arriver maintenant ?

De Payns écarta les bras, paumes ouvertes.

– Je n'en ai aucune idée. Premièrement, le patriarche devra convaincre le roi que ce qu'il propose — cette idée de nous utiliser en tant que patrouille armée — comporte des avantages évidents. À ce sujet, je pense qu'il n'aura aucune difficulté. Le roi a absolument besoin d'une solution de ce genre pour se dégager de la pression qui pèse sur ses propres épaules. Ce que nous offrons pourrait représenter exactement ce qu'il cherche... Mais ce n'est pas le roi qui nous préoccupe le plus. C'est un homme intelligent et il peut y voir son propre avantage. Malheureusement, nous pourrions dire pratiquement la même chose des gens à qui nous devons notre allégeance féodale. Eux aussi voient bien leur avantage, et il n'y a rien dans notre proposition qui leur apporte quelque bénéfice. Ils perdent sur tous les plans, parce que ce sont eux qui doivent absorber, de manière permanente et sans indemnisation, la perte de nos services. Ce sont eux que Gormond de Picquigny devra convaincre du bien-fondé de son idée en cette matière, et je ne sais absolument pas comment il pourrait aborder cette tâche. Mais je sais que je lui souhaite la meilleure chance du monde dans cette entreprise...

Il s'arrêta de nouveau, réfléchissant, puis secoua fortement la tête.

– C'est tout ce que j'ai à dire. Je crois que notre demande sera mise en œuvre. Je ne sais pas ce qui en découlera en fin de compte, sauf que nous deviendrons des moines chrétiens, soutenus à même les fonds de l'Église, que nous prononcerons les mêmes vœux solennels qui nous lient déjà en grande partie et que nous rendrons des comptes en premier lieu, bien que de manière purement superficielle, à Gormond de Picquigny, le patriarche latin de Jérusalem.

Saint-Omer leva une main.

– Qu'en est-il des écuries, Hugues ? demanda-t-il. As-tu pensé à lui en parler ?

– Bien sûr. Et le patriarche a immédiatement donné son accord sans la moindre hésitation. Les écuries seront nôtres à partir du moment où le roi Baudouin aura donné son accord et que nos plans se concrétiseront. Il n'a même pas réfléchi avant d'accepter ma requête. Et pourquoi l'aurait-il fait ?

Ces écuries sont abandonnées depuis des siècles. Et maintenant, il voit que nous en ferons bon usage, d'une manière qui n'entraînera aucun débours pour lui et le roi. Ainsi soit-il.

Ses compagnons se joignirent immédiatement à lui pour répéter l'ancienne bénédiction de leur Ordre :

– Ainsi soit-il.

TROISIÈME PARTIE

LES MOINES DU MONT DU TEMPLE

1118 après J.-C.

CHAPITRE 16

Prisonnière sans défense dans son carrosse vacillant et entourée de cris d'hommes en bataille, Morfia de Mélitène ne souhaitait nullement croire que sa vie était sur le point de se terminer, mais elle était trop pragmatique pour douter de la réalité de ce qui lui arrivait. Cela venait de se produire avec son escorte, sire Alexandre Guillardame, et maintenant il était étalé de manière disgracieuse devant elle, le visage contre le siège, le sang et les lambeaux de son cerveau éclaté dispersés sur ses jupes, l'odeur nauséabonde de ses entrailles éparpillées remplissant l'espace minuscule de la boîte dans laquelle elle se trouvait confinée. Il avait été le second de deux jeunes chevaliers qui l'accompagnaient dans le carrosse lorsque l'attaque avait débuté, tous deux bien à leur aise, leur heaume sur le plancher à leurs pieds et le capuchon de leur cotte de mailles rejeté sur leurs épaules alors qu'ils conversaient plaisamment, faisant de leur mieux pour l'amuser et la divertir pendant le long voyage. Puis le véhicule avait heurté quelque objet, s'était incliné dangereusement d'un côté, ses chevaux paniqués le tirant hors de la route et s'arrêtant alors que les cris de colère d'hommes apeurés fusaient de toutes parts.

Avant même d'avoir pu réagir au changement soudain, les trois occupants du carrosse avaient entendu le tonnerre des sabots alors qu'une troupe de cavaliers — Morfia avait été trop confuse et effrayée à ce moment pour se demander de qui il s'agissait — s'était précipitée sur eux et, avant qu'elle n'ait eu le temps de demander ce qui se passait, ses deux hommes d'escorte tentaient d'ouvrir la porte du carrosse, chacun entravant les mouvements de l'autre dans sa hâte et cherchant en même temps ses armes, son heaume oublié sur le plancher. Antoine de Bourgogne avait ouvert la porte et était sorti le premier, sans se rendre compte qu'il avait saisi le bras de sa dame pour s'appuyer afin de se donner un élan. Momentanément consciente de la douleur à son bras, Morfia l'avait regardé atterrir sur ses pieds et tomber sur les genoux, ses mains agrippant le manche de la longue lance qui l'avait transpercé au moment où il sautait. Alors qu'il tombait vers l'avant, sa vue s'était trouvée obscurcie par la masse du jeune Alex Guillardame qui, lui aussi, tentait de maintenir son équilibre dans l'étroite ouverture de la porte du carrosse vacillant. Puis elle avait entendu un son de déchirure bref et violent qui s'était terminé par un bruit sourd lui rappelant, de façon incongrue, le son d'une hache frappant le tronc d'un arbre ; puis un grognement étranglé sortant de la bouche du jeune chevalier tandis qu'il pivotait rapidement sur lui-même pour se trouver face à elle, son visage complètement fracassé, son crâne réduit en miettes par la force de la flèche d'arbalète qui avait heurté le sommet de sa tête.

Alors que ses yeux s'écarquillaient d'horreur, le chevalier mort continuait de se retourner, sans doute sous l'impact du projectile qui l'avait tué, refermant de nouveau la porte sous le poids de son corps qui s'effondrait, si bien que les lourds rideaux bloquaient complètement la vue, mais non le son, de ce qui se passait à l'extérieur. Pétrifiée, Morfia avait regardé le cadavre de l'homme tomber lentement vers elle, la masse liquide de ce qui avait constitué son cerveau se déversant de sa tête pour tomber avec un bruit sourd et humide. Ce n'est qu'à ce moment qu'elle avait saisi toute l'horreur de la situation, criant et lançant ses deux pieds en l'air tant sa panique et son indignation étaient vives. Ses pieds joints avaient violemment heurté l'épaule gauche de Guillardame et le choc l'avait soulevé de nouveau en le retournant, si bien que, cette fois, il était retombé en s'éloignant d'elle, le visage sur le banc où il était assis quelques instants plus tôt. Encore incrédule et figée, elle avait entendu le gargouillement de son sphincter qui se relâchait, puis avait suivi un laps de temps au cours duquel elle ne s'était souvenue de rien, comme si elle avait eu l'esprit totalement paralysé.

Elle ne savait pas combien de temps s'était écoulé depuis, parce qu'elle avait perdu conscience de tout ce qui l'entourait pendant un bon moment, mais lorsqu'elle retrouva ses esprits, la bataille faisait toujours rage à l'extérieur, et elle se sentit de nouveau envahie par la panique. Toutefois, Morfia était une femme forte et déterminée, et cette fois elle était suffisamment consciente pour lutter contre les sentiments d'impuissance qui l'envahissaient par vagues et pour chercher autour d'elle quelque moyen de se défendre.

La poignée de la dague de Guillardame se trouvait juste devant elle, émergeant de la ceinture à sa taille. Morfia la saisit, puis la retira de son étui au moment même où son carrosse se balançait violemment sous un puissant choc qui la projeta contre le côté droit de la voiture. Pendant qu'elle était étendue là, bras et jambes écartés, mais tenant toujours la dague dans une main, un bras surgit à travers la fenêtre devant elle et arracha le rideau, révélant le visage grimaçant, aux dents noircies, de l'homme qui avait sauté sur le carrosse et l'évaluait maintenant en savourant par avance son prix.

Morfia se releva et agrippa la dague plus fortement encore, se préparant à s'élancer sur l'homme aussitôt qu'il essaierait d'ouvrir la porte du carrosse ou de s'approcher d'elle. Elle sentit son cœur s'arrêter dans sa poitrine lorsque ses doigts tentèrent de l'atteindre, même si elle savait qu'il ne pouvait l'attraper de l'endroit où il se trouvait. Puis, si rapidement qu'elle ne put comprendre tout de suite ce qui arrivait, il avait disparu, arraché du carrosse par trois lourds boulets de métal à pointes de fer qui s'étaient abattus sur sa tête et son épaule avec une force meurtrière. Elle vit les boulets le frapper. L'un d'eux écrasa le côté de son visage, un autre, sa tête enturbannée, tandis que le troisième frappait le haut de son épaule. Elle sentit monter en elle un nouveau haut-le-cœur qu'elle réprima, fortement déterminée à tout faire pour sauver sa vie à partir de ce moment, puis elle vit un bras recouvert de mailles sous un vêtement bleu brillant qui pénétrait à l'intérieur du véhicule pour en ouvrir la porte, et le carrosse se balança brutalement alors qu'un autre homme transférait son poids sur celui-ci et passait la tête par la fenêtre.

C'était un homme d'allure jeune, portant un heaume de métal par-dessus un capuchon de mailles qui encadrait un visage extrêmement bronzé et une courte barbe foncée, et dont les yeux d'un brun profond s'écarquillèrent de surprise lorsqu'il la vit le dévisager. Il demeura suspendu à cet endroit, face à face avec elle pendant un long moment, puis se retourna et regarda par-dessus son épaule ce qui se passait derrière lui.

– Vos chevaux sont morts, madame, dit-il d'une voix forte. Je ne peux pas vous amener à un endroit plus sécuritaire, et il est trop dangereux de risquer votre vie en vous faisant chevaucher derrière moi, alors je vais rester ici pour vous protéger. Jubal !

Cette fois, son sauveur avait hurlé tout en faisant un grand geste du bras pour attirer l'attention d'un autre homme au moment où il relâchait la porte et sautait sur le sol.

– Jubal !

De toute évidence, cela eut l'effet escompté, car en s'approchant pour le regarder par la fenêtre du carrosse, Morfia vit le chevalier qui mettait ses mains en porte-voix et criait :

– Ici ! Viens me rejoindre avec trois autres !

Il se retourna en direction de la reine qui était maintenant près de la fenêtre et regardait fixement le carnage environnant. Le combat s'était éloigné, mais il y avait encore, où qu'elle portât les yeux, des groupes d'hommes luttant entre eux.

– Jubal sera ici dans un instant, madame, et il vous protégera jusqu'à ce que tout soit fini.

L'homme s'amenait en courant, suivi de trois autres, tous vêtus de manière identique d'une futaine brune recouvrant une cotte de mailles. Le chevalier au vêtement bleu se retourna en s'adressant à l'homme qui arrivait :

– Occupe-toi de la dame, Jubal. Assure-toi qu'elle reste en sécurité. Je reviens bientôt.

Il jeta un regard à Morfia, la salua en portant la main à son front, puis se retourna en attrapant les rênes de son cheval. Un moment plus tard, il avait enfourché sa monture et s'éloignait rapidement vers le lieu de la bataille.

Morfia se sentait vidée de l'intérieur, comme si ses organes vitaux avaient été arrachés sans avertissement ; sa bouche était sèche, sa langue collée à son palais. Elle essaya en vain d'avaler, et tandis que les premiers signes de panique se propageaient en elle, l'homme du nom de Jubal murmura quelques paroles à ses trois compagnons et s'avança pour ouvrir la porte de son carrosse. Ses yeux s'écarquillèrent quand il vit le corps ensanglanté, et ses narines se contractèrent de dégoût en sentant l'odeur qui s'en dégageait.

– Pouah ! grogna-t-il en clignant des yeux et en agitant une main devant son visage. Nous allons vous sortir de là tout de suite, madame. Prenez ma main et je vais vous aider à descendre.

Née et élevée en Arménie, Morfia n'était jamais allée en France, mais elle était mariée à un Franc depuis des années maintenant, et quelque chose dans la façon de parler de l'homme lui semblait étrange, même si ses paroles coulaient et avaient un ton autoritaire. Elle supposa qu'il n'était pas originaire de France. Elle saisit la main qui lui était offerte, sentant sur sa paume et ses doigts la corne épaisse formée par l'usage fréquent de l'épée et elle se dit, presque inconsciemment, que, de toute sa vie, elle n'avait jamais pris avec autant de joie la main d'un subalterne. Elle franchit la porte et demeura un moment en équilibre sur le marchepied de son carrosse en essayant de ne pas regarder le corps du jeune Antoine de Bourgogne sur le sol, agenouillé de manière obscène, le manche de lance brisé qui le transperçait l'empêchant de tomber. À nouveau prise de nausée, elle ferma les yeux, inspira profondément et les rouvrit, puis descendit. Le colosse à ses côtés lui tint fermement le bras jusqu'à ce qu'il soit sûr qu'elle ne tomberait pas, et la relâcha. Ses trois compagnons lui tournaient le dos, surveillant les alentours, leur épée à la main et leur bouclier appuyé sur leur bras libre.

– Ector, où sont les chevaux ?

Jubal avait parlé d'une voix calme mais tendue, ses yeux se déplaçant constamment alors qu'il regardait au loin, craignant une autre attaque. L'homme à qui il avait parlé leva son bouclier qu'il pointa vers la gauche où quatre chevaux s'étaient regroupés, leurs rênes traînant sur le sol.

– Bon. Nous allons marcher jusqu'à eux et les prendre. Restez vigilants. Ce n'est pas un bon endroit ou un bon jour pour mourir, alors efforçons-nous de ne pas en arriver là. Madame, pouvez-vous marcher avec nous jusqu'à ces chevaux ?

Morfia, encore incapable de parler, acquiesça de la tête, mais elle sentait ses forces lui revenir de minute en minute. Les quatre hommes l'entourèrent et ils partirent en direction des chevaux, et Morfia éprouva à la fois plaisir et surprise en découvrant qu'elle serrait toujours entre ses mains la dague de Guillardame. Toutefois, ce sentiment se transforma en dégoût lorsqu'elle s'aperçut que les jupes froides et humides de sa robe s'étaient collées à ses jambes, frottant désagréablement contre ses cuisses pendant qu'elle marchait. Lui revint alors en mémoire ce qui avait atterri sur elle en provenance du crâne éclaté du chevalier mort et elle s'efforça de regarder ailleurs. Malgré ses efforts, elle ne put par la suite ignorer cette sensation ; son imagination s'en était emparée, et elle pouvait réellement sentir la masse visqueuse de matière sanglante qui glissait lentement vers ses genoux, jusqu'à ce que lui vienne à l'esprit une image qu'elle ne pouvait plus supporter. Avec un grognement de dégoût, elle tomba sur les genoux, son estomac se soulevant de répulsion, et retira des deux mains le tissu collé à sa peau, délogeant ainsi les matières qui s'y trouvaient, puis frottant le vêtement taché avec des poignées de sable tandis que les quatre hommes la regardaient fixement.

Quand elle eut terminé, l'espace entre ses doigts était maculé de caillots de sang, et elle commença à les frotter aussi, sentant la peau de ses mains se fendiller sous le sable, et elle eut un haut-le-cœur incontrôlable. Plus tard, quand elle eut fini de vomir, le dénommé Jubal lui tendit la main sans un mot et l'aida à se relever. Elle vacilla un moment, puis retrouva la maîtrise de ses mouvements. Elle aspira profondément, avec un grand frisson, et commença à marcher lentement mais sûrement vers les chevaux que Jubal avait montrés plus tôt. Tandis qu'elle marchait, en sécurité entre les quatre colosses, elle serra les dents amèrement et entreprit consciencieusement de reconstruire son monde intérieur et de reprendre sa personnalité normale.

C'était Morfia de Mélitène, devenue Morfia de Jérusalem, épouse de l'homme le plus puissant d'Outremer : Baudouin II, nouvellement couronné roi de Jérusalem qui, jusqu'à seulement un an auparavant, avait été le comte Baudouin du Bourg, seigneur du comté d'Édesse, loin au nord de Jérusalem et près de sa ville natale en Arménie. Le premier roi Baudouin de Jérusalem avait été le frère de Godefroi de Bouillon, le champion qui avait mené les légions franques à la victoire au cours de la première expédition en Terre sainte, et il avait régné pendant dix-huit ans. Puis, comme il était mort sans héritier l'année précédente, la royauté était échue à l'époux de Morfia, son homonyme et parent le plus proche.

Morfia avait épousé Baudouin en 1102, peu après qu'il fut devenu comte d'Édesse, et lui avait depuis donné quatre enfants, toutes des filles : Mélissende, Alix, Hodiema et Joveta. Morfia avait toujours été une épouse et une mère efficace et loyale, et elle avait beaucoup apprécié d'être la femme du célèbre comte d'Édesse, mais personne n'avait été plus étonné qu'elle lorsque le royaume de Jérusalem avait été offert à Baudouin à la mort de son cousin. Et maintenant, elle était reine de Jérusalem, épouse d'un roi inexpérimenté mais déterminé, dont le territoire était menacé par une alliance entre les mêmes Turcs seldjoukides que les Francs avaient vaincus en 1099. Son rang et son titre étaient très récents pour elle, et elle était tout à fait consciente de la responsabilité qu'ils impliquaient. Et maintenant qu'elle avait commencé à croire qu'elle n'allait pas mourir ce jour-là, elle sentit monter en elle la détermination de forcer son mari à faire quelque chose pour remédier à cette situation scandaleuse sur les routes de son royaume.

Ils avaient atteint les chevaux et, au moment où Ector et un autre homme se précipitaient pour saisir les rênes des destriers, Morfia s'arrêta et regarda autour d'elle les résultats du massacre qui venait de se produire. Elle avait entrepris son voyage accompagnée d'une escorte de chevaliers deux fois plus nombreux que d'habitude, seulement parce que Baudouin avait insisté. Elle devait se rendre à al-Assad, une oasis située à moins de dix milles de la ville, où Baudouin Ier avait entretenu une maison et un domaine pour son propre usage, ainsi que pour ses amis et les dignitaires en visite, et où son meilleur et plus vieil ami, Alixi de Mélitène, l'attendait en ce moment. Morfia et Alixi se connaissaient depuis toujours, leurs pères étant tous deux issus de la noblesse arménienne, de même que des partenaires commerciaux et des amis d'enfance. Morfia avait même nommé sa deuxième fille Alix en l'honneur d'Alixi. Elle avait été confinée à son lit pendant plusieurs jours après l'arrivée récente d'Alixi, souffrant d'une maladie quelconque, et, peu désireuse d'être vue sous un mauvais jour, elle avait décidé que son ami et plusieurs autres invités devaient partir avant elle pour l'oasis et s'amuser tout en l'attendant.

L'oasis d'al-Assad avait toujours été un endroit sécuritaire, renommée avec raison pour sa beauté et sa tranquillité, mais un rapport digne de foi était parvenu au roi la veille du départ de Morfia, selon lequel le banditisme semblait en forte hausse dans la région de l'oasis, bien que rien n'indiquât la présence de brigands à l'oasis elle-même ou dans ses environs immédiats.

Morfia, maintenant guérie et résolue à jouir des prochains jours à l'abri des exigences de ses enfants, avait ri des préoccupations de Baudouin quand, après avoir lu le rapport sur les brigands, il s'était mis à se tracasser au sujet de l'organisation de son voyage et de sa sécurité. Mais sa patience s'était épuisée après avoir passé quelques heures à écouter son époux lui faire part de ses inquiétudes, et elle avait commencé à éprouver de la colère face à ce qu'elle considérait comme sa sottise jusqu'à ce que, dans un élan de furie qui l'avait surprise et réduite au silence, le roi avait décrété qu'elle allait prendre avec elle une escorte beaucoup plus nombreuse ou qu'il allait la faire enfermer dans le palais pour l'empêcher de partir.

Elle s'était pliée à sa volonté, ravalant sa propre colère,

et avait accepté plus d'hommes pour l'escorter. Et maintenant, ses soldats gisaient partout autour d'elle sur le sable parsemé de pierres, des piles inertes de lambeaux sanguinolents qui représentaient en réalité des hommes étalés, au corps étrangement tordu, la majorité d'entre eux portant les couleurs héraldiques du royaume de Jérusalem. Il était vrai qu'il y avait parmi eux des brigands, reconnaissables à leurs vêtements et à leurs armes, qui avaient péri pendant le combat, mais même une femme qui n'y connaissait rien en matière militaire pouvait clairement voir que les attaquants avaient beaucoup moins souffert de l'affrontement que les défenseurs. Maintenant, en parcourant des yeux le champ de bataille, elle vit que les combats semblaient terminés. Le dernier ennemi avait disparu ou avait été tué, et la plupart des hommes qu'elle voyait converger lentement vers l'endroit où elle se tenait avec Jubal et les autres lui étaient inconnus. Elle vit quelques-uns de ses propres hommes parmi eux, mais les autres, à l'exception des deux chevaliers en vêtement bleu, portaient la même futaine brune que Jubal et ses trois compagnons, et elle se tourna vers Jubal en lui jetant un regard de colère.

– Qui êtes-vous ? Je n'ai jamais vu aucun d'entre vous auparavant. D'où venez-vous ?

Jubal la regarda, le visage inexpressif.

– Nous sommes d'ici, madame, de Jérusalem. Nous rentrions chez nous à la fin d'une patrouille sans incident et, par pur hasard, nous vous avons aperçus de là-bas, dit-il en montrant du doigt une crête basse à environ trois milles de l'endroit où ils se trouvaient. Nous avons vu le soleil qui se reflétait sur vos armoiries et nous nous sommes arrêtés pour regarder et, alors, comme nous nous trouvions sur une crête, nous avons remarqué les autres qui s'approchaient de vous par-derrière, là-bas.

Il indiqua une autre direction et poursuivit :

– Nous savions que vous ne pouviez les voir, et nous savions aussi, à leur nombre, que vous auriez besoin d'aide, et nous sommes venus. Mais ils vous ont atteints bien avant nous.

Il haussa ses larges épaules.

– Quoi qu'il en soit, dit-il, nous sommes arrivés à temps pour vous sauver, madame, et c'est une bénédiction. Voici venir sire Geoffroy, notre commandant.

– Mais qui êtes-vous donc ? demanda Morfia d'une voix chargée d'émotion.

Il la fixa alors avec surprise, comme si elle devait savoir qui ils étaient.

– Je suis Jubal, madame, de la Patrouille du patriarche.

La Patrouille du patriarche ! Bien sûr, elle connaissait le nom. Tout le monde, à ce moment-là, en avait déjà entendu parler, même si, dans son cas, c'était Baudouin qui lui en avait parlé la première fois. Au départ, l'appellation était péjorative — le nom prononcé avec dédain lorsque s'était répandue la rumeur selon laquelle le patriarche latin, Gormond de Picquigny, s'était acquis les services d'une petite bande de chevaliers vétérans à qui il avait accordé le privilège de prononcer les vœux monastiques en échange de quoi ils s'étaient engagés à consacrer leur vie et leurs talents de combattants à l'Église de Jérusalem pour protéger et défendre les pèlerins et les voyageurs.

En premier lieu, ces moines chevaliers ou ces chevaliers monastiques avaient suscité une grande hilarité, car l'idée même était ridicule. Les Hospitaliers, récemment formés, étaient des moines et l'avaient toujours été, et tous savaient que leur nouveau titre de « chevalier » relevait davantage de la politique que d'autre chose et avait pour but de les aider à recueillir des fonds pour leurs œuvres. Ces chevaliers étaient des guérisseurs, et non des combattants. Mais on parlait de ces nouveaux venus comme de moines combattants — des clercs militaires ! L'hilarité s'était amplifiée, alimentée par le fait qu'il n'y avait au début que sept de ces fous. Sept chevaliers vieillissants — car tous avaient immédiatement supposé que le mot « vétéran » signifiait dans ce cas « vénérable » —, déterminés à surveiller et à pacifier toutes les routes du royaume de Jérusalem.

Tous s'accordaient qu'il fallait absolument agir, car l'attaque la plus récente et la plus scandaleuse s'était produite en plein jour contre un vaste groupe de pèlerins et d'autres voyageurs presque en vue des murs de Jérusalem. Une grande troupe de brigands sarrasins avaient massacré plus de trois cents pèlerins et en avaient pris une soixantaine en otage afin d'obtenir une rançon. Le roi avait fermement refusé de participer à une quelconque expédition de représailles en affirmant, comme toujours, que les pèlerins et les voyageurs ne le concernaient en rien, et que le bon sens lui dictait de garder toutes ses forces là où elles seraient le plus efficaces en cas d'invasion par les armées seldjoukides qui se massaient sur ses frontières. Tout le monde s'entendait pour dire que le patriarche latin ne savait plus à quel saint se vouer, et la plupart des gens concédaient qu'il avait agi par désespoir. Mais tout de même..., disait-on avec mépris, sept vieillards...

Puis Baudouin avait parlé à Morfia des rapports qui commençaient à lui parvenir des routes du désert, des histoires étonnantes à propos de petites bandes de soldats en armures, terriblement compétents, qui semaient le chaos parmi les brigands assez stupides ou malchanceux pour s'approcher de leur territoire, et qui pourchassaient et exterminaient sans merci ceux qui pensaient avoir été assez fortunés pour s'échapper et éviter une riposte.

Les activités des bandes de brigands étaient vite devenues moins honteusement évidentes, et les attaques au grand jour avaient presque cessé quelques semaines seulement après l'apparition de la nouvelle force. Ainsi, sept mois plus tard, les seules attaques survenant où que ce soit dans le royaume étaient celles que lançaient de vastes bandes organisées comme celle qui venait de frapper la suite de Morfia. Maintenant, la plupart des routes du royaume ne présentaient plus de dangers pour les voyageurs.

Les gens avaient depuis longtemps cessé de se moquer de la Patrouille du patriarche. Ils avaient également cessé d'utiliser le nom. Ils avaient plutôt commencé à parler des moines du mont du Temple...

Puis les patrouilleurs eux-mêmes avaient adopté le nom de Patrouille du patriarche et, d'une insulte, le nom était devenu un honneur.

Maintenant, Morfia regardait le chef de cette patrouille approcher. Les sourcils froncés en pleine réflexion, il ne s'était visiblement pas rendu compte de sa présence, et Morfia de Mélitène n'avait pas l'habitude de passer inaperçue. Elle avança d'un pas et se plaça droit devant lui, scrutant ses yeux bleus étonnamment vifs, puis elle les vit s'écarquiller de surprise en l'apercevant et elle recula.

Vieillissant ? pensa-t-elle. *Cet homme n'est pas vieux. Il est mature, mais il n'y a rien de vieux chez lui. Et voyez comme il me toise. Couverte de sang comme je le suis, je dois paraître monstrueuse.*

Elle parla, le forçant à détourner les yeux de ses vêtements tachés et à croiser son regard :

– Je désire vous remercier, sire, de m'avoir sauvé la vie. Je vous dois beaucoup, et je vous promets que la reconnaissance de mon époux ne sera pas moindre que la mienne.

Un minuscule tic apparut entre les sourcils de l'homme et se transforma en un froncement.

– Je me passerais volontiers de sa reconnaissance et de la vôtre, madame, en sachant que votre époux ne fera plus jamais quelque chose d'aussi stupide que de vous permettre de voyager de nouveau sur ces routes sans une escorte plus nombreuse.

Morfia releva brusquement la tête, indignée par ses paroles même si elle savait qu'il avait raison.

– Vous êtes insolent, monsieur.

Le pli entre les sourcils de l'homme se creusa davantage.

– Vraiment, madame ? Il semble que, dans votre monde, le chemin soit court entre la reconnaissance et l'hostilité. Si nous n'étions pas intervenus, vous seriez captive en ce moment et vous appelleriez la mort de vos voeux. Si vous trouvez mes paroles insolentes, regardez vos hommes morts autour de vous.

L'un des chevaliers de Morfia s'avança en levant un bras pour l'interrompre.

– Ça suffit, sire, aboya-t-il. Comment osez-vous parler ainsi à notre reine ?

Le chevalier du nom de Geoffroy jeta à peine un regard à l'homme qui le défiait, mais ses yeux s'écarquillèrent encore une fois et il répéta le titre, le prononçant lentement et le transformant en une question :

– Ma reine ?

Il la regardait encore de la tête aux pieds, constatant l'état de ses vêtements et, sans aucun doute, le désordre de sa chevelure, et probablement aussi, maintenant qu'elle y pensait, son visage poussiéreux et sûrement taché par le sang de ses doigts gluants.

– Oui, la dame Morfia de Mélitène, épouse du roi Baudouin et reine de Jérusalem. Agenouillez-vous et saluez-la, glapit encore le chevalier du roi.

Le dénommé Geoffroy tourna légèrement la tête et regarda l'homme avec un mépris évident, puis, l'ignorant complètement, il se retourna sans un autre regard en direction du chevalier, vers l'endroit où se tenait Morfia.

– Pardonnez-moi, madame. Si j'avais su qui vous étiez, j'aurais été moins critique. Mais, malgré tout, ce que j'ai dit était vrai.

Morfia inclina la tête.

– Je le sais, sire. J'ai été offensée sans raison. Puis-je vous demander votre nom ? dit-elle en lui adressant son plus beau sourire.

– Oui, madame. Je suis Geoffroy de Saint-Omer... ou plutôt, j'étais Geoffroy de Saint-Omer. Je suis maintenant tout simplement le frère Geoffroy.

– Je comprends votre problème, répondit la reine en souriant. Pendant des années, j'ai été comtesse d'Édesse, mais maintenant je suis reine de Jérusalem. Il faut un certain temps... d'adaptation pour s'habituer à ces titres. Eh bien, frère Geoffroy de Saint-Omer, si vous voulez bien venir me voir au palais, je serai heureuse de vous exprimer ma reconnaissance, ainsi que celle de mon époux et de mes enfants, de manière plus officielle et gracieuse. Quand puis-je attendre votre visite ?

Le chevalier se redressa de toute sa taille et posa son poing droit fermé contre le côté gauche de sa poitrine, en la saluant d'un signe de tête.

– Pardonnez-moi, madame, mais je crains de ne pouvoir faire cela. Je suis moine à présent et, bien que je ne sois qu'un novice, je me sens déjà lié par des vœux qui m'empêchent de me mêler aux femmes, même lorsqu'elles ont autant de grâce…

Il hésita, puis poursuivit avec un sourire à peine perceptible :

– … ou peut-être en particulier lorsqu'elles ont autant de grâce… Quoi qu'il en soit, j'en apprécie l'idée.

Il regarda autour de lui d'un air maintenant grave.

– À présent, si vous m'y autorisez, je vais trouver des chevaux et un moyen de transport pour vous, puisque votre carrosse est devenu inutilisable, et nous vous escorterons jusqu'à la ville.

Un instant plus tard, il était parti et Morfia resta là à attendre pendant que ses sauveteurs préparaient son départ vers son foyer et sa famille. Toutefois, il ne lui déplaisait aucunement d'être laissée à elle-même, car elle avait réalisé, avec une clarté effroyable, que lorsque les hommes d'Église affirmaient qu'*au milieu de la vie, nous sommes dans la mort*, ils parlaient littéralement. Sa propre survie à la suite du massacre qui venait de se produire était un petit miracle qu'elle gardait chaudement blotti dans sa conscience, remarquant les merveilles qui se produisaient tout autour d'elle, maintenant qu'elle se trouvait en sécurité. Elle était également consciente de la nécessité de songer à un moyen concret et immédiat de récompenser ces gens qui l'avaient secourue sans égard à leur propre sécurité, ces moines soldats qui ne demandaient rien en retour. Aux premiers jours de leur existence, elle avait entendu dire que les patrouilleurs du patriarche étaient des vieillards titubants et, malgré les indices du contraire qui étaient apparus par la suite, elle avait nonchalamment accepté l'idée selon laquelle ils étaient par conséquent incompétents et avaient une influence infime sur la réalité de son monde. Maintenant, elle leur devait la vie, au-delà de tout doute, et elle n'allait jamais plus permettre à quiconque parmi ses connaissances de parler d'eux en mal ou de les traiter avec mépris. Elle savait maintenant que seul un idiot pouvait accepter les opinions des autres à n'importe quel propos sans essayer d'en déterminer la vérité, et Morfia de Mélitène était loin d'être une idiote — elle avait bien failli l'être, et elle le savait, mais cela n'allait plus se reproduire.

Même Baudouin, son époux, avait eu tendance à se montrer méprisant et à considérer la nouvelle brigade de l'archevêque comme étant de peu de valeur malgré le fait incontournable qu'elle lui était utile sur le plan politique. Morfia savait pouvoir modifier rapidement et facilement cette perception, et elle résolut de le faire aussitôt revenue chez elle. Le chef de la patrouille, Saint-Omer, avait semblé sincère lorsqu'il avait affirmé ne vouloir aucun remerciement ni aucune récompense, et Morfia n'avait à aucun moment douté de sa sincérité ou de son intégrité. Cela faisait de lui et de ses compagnons des êtres remarquables parmi les hommes de sa connaissance, et elle décida de trouver quelque façon extrêmement efficace de les récompenser sans compromettre leur honneur ou leur intégrité. Elle songeait encore aux moyens d'y parvenir, souriant à cette idée, lorsqu'ils revinrent avec un chariot propre pour la prendre et l'amener chez elle.

CHAPITRE 17

Les deux entrées des écuries que le roi avait cédées aux nouveaux gardiens de la paix du patriarche latin étaient à peine visibles, à moins de savoir exactement ce que l'on cherchait, pensa Saint-Omer quand ils y arrivèrent. Même ainsi, alors que l'on s'en approchait, l'endroit semblait étrangement désert, le seul signe de vie visible étant la petite horde de chevaux qui paissaient tranquillement dans l'enclos fermé près de l'ancien mur sud. En avançant davantage, toutefois, tandis que ses yeux s'habituaient à la luminosité réfléchie par les murs de pierres blanches, il aperçut la silhouette d'un homme assis sur une chaise à dossier de cuir près de la plus grande des deux ouvertures vaguement rectangulaires. Avec sa chaise renversée contre le mur, l'homme pouvait sembler profondément endormi, mais il portait la même tunique brune sans ornement que les compagnons de Saint-Omer, et tous savaient qu'il était de garde, posté à cet endroit pour s'assurer qu'aucun étranger ne mette les pieds dans les écuries ou ne vienne à proximité.

Même de près, les entrées des écuries ne ressemblaient en rien à des portes. Ce n'étaient que des trous creusés dans les murs qui avaient été construits d'une extrémité à l'autre de la vaste entrée d'une ancienne caverne dans le coin sud-ouest du mont du Temple pour en faire un lieu d'entreposage. Elles n'étaient ni symétriques ni semblables et, en les regardant nonchalamment, un observateur n'aurait vu que deux trous noirs aux bords irréguliers et sans intérêt. Au-dessus d'elles, les dominant de toute sa hauteur, s'élevait la haute colline paysagère que surmontait l'ancienne mosquée d'al-Aqsa, le site du Dôme du Rocher, l'un des trois grands sanctuaires de l'islam, avec La Mecque et Médine. Depuis la prise de Jérusalem en 1099, la magnifique mosquée avait été désacralisée et profanée, convertie en un palais royal qui abritait les rois chrétiens de Jérusalem, et c'était maintenant la résidence du roi Baudouin et de sa femme Morfia.

Le garde ouvrit les yeux, se leva en bâillant et s'étira à l'approche de Saint-Omer et de ses compagnons, puis il traversa lentement la cour pour ouvrir la barrière de l'enclos, la tenant largement ouverte jusqu'à ce que les nouveaux arrivés y soient entrés et soient descendus de leur monture. Saint-Omer et Gondemare, l'autre chevalier au sein du groupe, retirèrent la selle de leur propre monture, mais avant qu'ils ne commencent à les brosser, le garde s'approcha d'eux et les informa que les chevaliers tenaient en ce moment même une réunion et souhaitaient qu'ils les rejoignent aussitôt que possible. Alors que les deux chevaliers se regardaient mutuellement, Jubal prit les rênes des mains de Saint-Omer.

– Je vais m'occuper des chevaux, dit-il. Vous devriez rejoindre tout de suite les autres chevaliers. N'oubliez pas de leur dire que vous avez rencontré la reine.

Saint-Omer se redressa immédiatement, cherchant quelque trace d'humour sur le visage de Jubal, mais l'expression de ce dernier était indéchiffrable ; son attitude, tout à fait habituelle.

– Merci, Jubal, je n'oublierai pas, répondit Saint-Omer en faisant signe à Gondemare de l'accompagner aux écuries.

Les deux entrées donnaient sur un vaste espace commun. Un peu plus loin à l'intérieur, les ruines d'un deuxième mur, construit en briques de boue pour protéger l'endroit des intempéries et sur lequel certains signes montraient que s'y étaient déjà trouvées deux larges portes de bois à double battant, s'étiraient latéralement. En leur milieu, un autre mur, à angle droit par rapport au premier, divisait en deux parties l'immense espace. Le plafond était très élevé, de la hauteur, peut-être, de deux hommes, et taillé dans la pierre elle-même, mais il se projetait plus bas, en un arc progressif s'étendant à droite et à gauche. Il y régnait une forte odeur de paille et de chevaux, et l'espace sur la droite du mur mitoyen comportait des stalles à présent en cours de reconstruction après des décennies d'inutilisation, tandis que la partie de gauche avait déjà été divisée en petites pièces à demi cloisonnées qui servaient de simples lieux d'habitation, avec de modestes lits de camp, quelques tables et chaises rudimentaires et plusieurs autres meubles grossiers.

À l'extrémité de cette partie, loin de l'entrée, une vieille cloison de bois, haute et solide, munie d'une seule porte étroite, divisait la pièce de nouveau, latéralement cette fois, et procurait aux moines un espace où ils pouvaient se rencontrer et prier en privé. Un autre homme montait la garde devant cette porte, un chevalier sans écu, vêtu d'un simple vêtement blanc par-dessus une cotte de mailles. Il se leva aussitôt que Saint-Omer et Gondemare franchirent l'entrée principale et les suivit du regard jusqu'à ce qu'ils s'arrêtent directement devant lui, puis il leur demanda, d'une voix officielle et guindée, la raison de leur présence en ce lieu. Tour à tour, les deux hommes firent un pas vers lui et murmurèrent quelque chose à son oreille, après quoi il hocha la tête et se détendit visiblement.

– J'ai toujours peur que quelqu'un oublie le mot de passe, chuchota-t-il. Nous avons été trop longtemps sans nous rassembler régulièrement. Je suis content de vous voir revenir sains et saufs. Vous êtes-vous amusés un peu ? dit-il ironiquement.

Saint-Omer défit la ceinture soutenant son épée et son fourreau et la posa par terre aux pieds de l'homme, puis il répondit :

– Oui, à la dernière minute. Nous avons mis fin à une attaque plus tôt aujourd'hui, à moins de cinq milles d'ici. Ils étaient nombreux aussi.

À ses côtés, Gondemare se relevait après avoir déposé ses armes près de celles de Saint-Omer. Il pointa le menton en direction de la porte fermée.

– Qu'est-ce qui se passe là ?

Le garde, Geoffroy Bisol, secoua la tête.

– Je n'en sais pas plus que vous, mais c'était assez important pour convoquer une assemblée de tout le conseil. J'apprendrai tôt ou tard ce qu'il s'y produit, mais un nouveau est arrivé aujourd'hui, alors je sais que cette réunion a un rapport avec ça. André de Montbard, tu le connais ?

Gondemare fit non de la tête, mais Saint-Omer acquiesça :

– Oui, je le connais… ou je devrais dire que je l'ai connu. Je n'ai plus entendu parler de lui depuis mon enfance. D'où est-il venu, le sais-tu ?

– Directement de France, à le regarder. C'est un damoiseau. Il est arrivé aujourd'hui au milieu de l'après-midi, et sire Hugues a immédiatement fait passer le mot pour nous rassembler tous. Saint-Agnan et Montdidier étaient partis dans la ville pour faire quelques courses pour le patriarche, alors le rassemblement a été reporté jusqu'à leur retour. Ils l'ont commencé depuis peu, pas même une demi-heure, alors ils doivent en être encore au rituel. Attendez, je vais annoncer votre arrivée.

Bisol prit sa dague dans son étui et la retourna pour frapper le seuil avec son manche et, quand la porte s'ouvrit, il salua le garde à l'intérieur, entra et annonça les nouveaux venus par leurs noms : sire Gondemare d'Arles et sire Geoffroy de Saint-Omer. Aucune mention de leurs titres monacaux. Les deux hommes pénétrèrent alors dans l'espace derrière la cloison. Bisol referma la porte derrière eux, puis retourna monter la garde.

Malgré la lueur que projetaient plusieurs lampes et chandelles, Saint-Omer mit un moment à reconnaître les diverses personnes rassemblées, mais il aperçut finalement Hugues de Payns debout dans un coin est de la longue pièce rectangulaire, vêtu de la tenue de cérémonie de l'Ordre de la Renaissance de Sion, et il s'inclina dans sa direction, lui adressant le salut traditionnel des gens qui arrivaient en retard au Rassemblement. Près de lui, Gondemare en fit autant, répétant mot à mot la même formule. De Payns courba la tête en signe d'acceptation de leur salutation et, en même temps, l'homme à sa droite, que Saint-Omer avait reconnu comme une version beaucoup plus âgée du André de Montbard dont il se souvenait, pencha également la tête en signe de bienvenue. De Payns leva alors la main droite, paume ouverte, pour faire signe aux nouveaux arrivants de demeurer là où ils étaient et amorça les dernières prières de la cérémonie du Rassemblement. Tous attendirent en silence, tête penchée, jusqu'à l'exhortation finale, qu'ils répétèrent en chœur, puis la tension se relâcha et ils s'assirent aussi confortablement qu'ils le purent ici et là, certains sur des tabourets rudimentaires à trois ou quatre pieds, d'autres sur des rondins et des pierres tachées de suie. De Payns lui-même céda à André de Montbard la seule chaise de bois qu'ils possédaient, puis il se tourna vers ses compagnons.

– Notre visiteur nous apporte des nouvelles de chez nous, frères, dit-il. C'est pourquoi je pense qu'il devrait prendre la parole en premier, puisque aucun d'entre nous ne sait ce qu'il a à dire.

Il se tourna vers Montbard.

– Sire André, voulez-vous vous adresser à nous ?

Montbard ne fit aucunement mine de se lever. Il pivota simplement sur sa chaise et parcourut lentement la salle des yeux, croisant le regard de chacun des six hommes qui l'entouraient, puis il frotta entre le pouce et l'index la crête de son nez proéminent.

– Eh bien, déclara-t-il, je n'ai pas grand-chose de nouveau à vous apprendre et, pourtant, j'ai beaucoup à dire et à apprendre de vous, alors permettez-moi de commencer en vous offrant la bénédiction et les bons vœux du comte Hugues de Champagne, sénéchal de notre Ordre, et des membres du conseil. Ma mission première est de vous informer que le comte Foulques d'Anjou, qui devait vous rendre visite cette année, ne pourra pas venir. Le comte a des problèmes pressants et doit demeurer près de chez lui cette année, mais il espère qu'ils auront tous été résolus en temps voulu pour lui permettre de venir l'an prochain.

Il s'interrompit, regarda de nouveau autour de lui, puis fit un signe de la main pour indiquer la pièce où ils se trouvaient.

– Je dois avouer que tout ceci me renverse. Ce qui me renverse, c'est ce que vous avez accompli et le peu de temps qu'il vous a fallu pour réussir à le faire… Et pourtant, je ne sais pas ce que vous avez réellement fait... Qu'avez-vous donc fait, en vérité ?

De Payns éclata d'un rire bref et profond.

– Nous sommes devenus des moines, avec la tonsure et tout.

– Oui, ça, je le sais. Mais, pourtant, vous n'en êtes pas, n'est-ce pas ? Vous n'avez pas réellement pris l'habit.

– Non, pas réellement. Nous sommes toujours des novices. Nous n'avons pas encore prononcé nos vœux. Mais nous sommes en formation, engagés à prononcer ces vœux en toute solennité, quand le temps sera venu.

– Mais pourquoi, Dieu du ciel ? Pourquoi avez-vous pensé qu'il était nécessaire d'agir ainsi ?

– Parce que le nom de Dieu représentait la seule chose que nous puissions imaginer qui nous donnerait même une faible chance d'obéir aux directives impossibles que nous avions reçues de France. Si nous n'avions pas choisi de devenir moines, nous n'aurions eu aucune chance de faire ce que l'on nous demandait. Et même alors que nous sommes devenus des moines en formation, nous ne sommes pas encore certains de l'ampleur de ce que nous pouvons réaliser, mais maintenant, installés ici, *sur le terrain*, nous avons au moins la possibilité d'essayer.

– Comment ? demanda Montbard, perplexe. Je veux dire... je sais que les ordres que vous avez reçus étaient idiots et pratiquement impossibles à exécuter en réalité. C'est en grande partie la raison qui m'amène ici aujourd'hui. On m'a envoyé pour modifier ces directives après avoir examiné les contraintes de votre situation. J'ai apporté des papiers avec moi qui pourraient simplifier votre tâche, mais nous en reparlerons plus tard. Ce que vous devez comprendre maintenant, car je suis sûr que cela doit vous tenailler depuis le départ, c'est que, pendant des mois, le comte Hugues ne savait rien de ce qui vous avait été demandé. Les directives que vous avez reçues par l'entremise de Gaspard de Fermond ont été émises et expédiées sans que le comte en ait pris connaissance, car s'il l'avait fait, il y aurait apposé son veto en faisant remarquer à quel point elles étaient stupides. Toutefois, aucun des conseillers qui ont émis les ordres n'avait jamais visité Jérusalem et tous étaient — comme ils le sont encore — incapables de saisir la réalité qui existe ici, ou l'impossibilité de ce qu'ils vous demandaient. Maintenant, s'il vous plaît, racontez-moi comment vous avez abouti ici, pourquoi vous êtes devenus moines et vivez dans ces écuries.

Une demi-heure plus tard, il savait tout des activités de la confrérie à Jérusalem depuis l'année précédente et, quand de Payns se tut, Montbard demeura assis en silence pendant un moment, secouant la tête d'admiration avant de commencer à poser des questions :

– Alors, vous avez dit que le patriarche s'attendait à avoir des difficultés à convaincre le roi de vous accorder ce que vous demandiez, mais il les a, de toute évidence, surmontées. Qu'a-t-il fait ?

Geoffroy de Saint-Omer grogna et prit la parole sur le ton clair et sec qui reflétait son intelligence et son éducation :

– Il a fait la chose la plus simple possible. Il a évité toute possibilité de conflit ou de malentendu en expliquant précisément au roi ce que nous espérions faire. Mais il l'a fait d'une telle façon que Baudouin a immédiatement vu les avantages qui pouvaient en découler pour lui-même. En tant que roi et commandant en chef de l'armée de Jérusalem, menacé d'invasion de tous côtés, il avait toujours refusé de réduire ses forces défensives d'une quelconque manière simplement pour défendre des pèlerins qui devraient pouvoir s'occuper d'eux-mêmes… Mais, voyez-vous, nous ne faisions pas à proprement parler partie de son armée. Nous avions tous un seigneur suzerain à qui nous devions d'abord allégeance, alors qu'eux, en retour, lui devaient la leur. Ainsi, étant le roi, il pouvait leur imposer sa propre volonté en nous soustrayant légalement à leur autorité, au nom de notre sainte mère l'Église tout en s'assurant qu'il améliorerait sa propre réputation en prenant une telle mesure — une mesure salutaire, révolutionnaire, même — que tout le monde interpréterait clairement comme un pas important vers l'élimination des actes de brigandage dont étaient victimes les pèlerins et les voyageurs.

Saint-Omer s'interrompit et fit signe à de Payns de

poursuivre.

– Baudouin n'est pas stupide, et nous en avons tenu compte en allant le voir et en lui soumettant notre affaire. Il a immédiatement compris que nous ne lui coûterions rien, et qu'il n'avait rien à perdre en nous permettant de faire ce que nous souhaitions... Au pire, a-t-il décidé, nous serions inefficaces, mais nous constituerions tout de même une présence militaire visible sur les routes, un fait qu'il pourrait souligner afin de démontrer qu'il avait fait des efforts. Et au mieux, par contre, et toujours gratuitement pour lui, nous pourrions au moins réussir à diminuer les dangers que devaient affronter les pèlerins sur le réseau routier. Alors, il nous a accordé la permission royale de nous mettre sous l'autorité de l'Église en tant que moines soldats, notre loyauté première étant ainsi transférée au patriarche Gormond et le simple fait de notre existence améliorant sa réputation à titre de roi et de dirigeant judicieux.

– Des moines soldats... Personne n'a jamais imaginé une telle chose. C'est une contradiction en soi.

– Non, pas du tout. C'était peut-être le cas auparavant, pendant de nombreuses années, mais aujourd'hui c'est une réalité et il n'y a rien de vraiment contradictoire en cela, compte tenu de la situation qui prévaut ici en Terre sainte.

– Je m'étonne que le pape ait pu permettre une telle chose.

– Ici, frère, Gormond, le patriarche latin de Jérusalem, *est* le pape en tout sauf de nom, et ses besoins prennent le pas sur toute autre considération.

– Et combien étiez-vous, sept ?

– Oui. Sire Geoffroy et moi étions les premiers, puis Saint-Agnan, Rossal, Montdidier, Gondemare, ici, et Geoffroy Bisol, qui monte la garde à l'extérieur, se sont joints à nous plus tard. Alors, maintenant nous sommes sept.

– Et vous serez bientôt huit, dit Montbard en regardant tour à tour chacun des hommes présents. Ce serait un honneur pour moi de me joindre à vous, si vous le voulez bien. Le comte Hugues m'a autorisé à le faire, et à demeurer ici parmi vous si je le souhaitais. Pourvu, comme je l'ai dit, que vous m'acceptiez parmi vous...

– Pourquoi pas ? fit de Payns avec un sourire. Vous êtes déjà l'un d'entre nous, lié par les mêmes vœux… sauf que vous devrez maintenant faire vœu de chasteté en plus. Est-ce un obstacle à vos yeux ?

Montbard le regarda à son tour en souriant.

– À mon âge ? Pas le moindrement. Ma femme est décédée il y a six ans, et même avant cela la flamme s'était atténuée. Non, ce vœu de chasteté ne me dérange en rien. Mais…, poursuivit-il en hésitant, il y a des hommes ici, parmi vous, qui ne sont ni chevaliers ni membres de notre Ordre. J'en ai vu six, au moins, en arrivant ce matin, tous vêtus de la même tunique brune et de la cotte de mailles. Qui sont-ils et quelle est leur fonction ?

De Payns se tourna de nouveau vers Saint-Omer.

– Geoffroy, souhaiterais-tu répondre à cette question ? demanda-t-il. C'était ton idée de les enrôler au départ.

– Oui, répondit Saint-Omer en se levant et en faisant un signe de la tête en direction de Montbard. Bienvenue parmi nous, maître Montbard. Vous ne vous souvenez pas de moi mais je vous ai connu pendant mon enfance, quand vous veniez rendre visite à mon père, Henri Saint-Omer de Picardie.

Montbard acquiesça gracieusement.

– Je me souviens très bien de votre père, maître Saint-Omer, bien que je craigne de n'avoir aucun souvenir de vous.

– C'est normal. Je n'étais qu'un jeune garçon la dernière fois que je vous ai vu, et vous étiez déjà un chevalier de renom.

Il s'interrompit un moment, fit un geste de la main et poursuivit :

– Les hommes dont vous parlez représentent la raison principale pour laquelle nous sommes en mesure de faire ce que nous faisons. Nous les appelons des « sergents », et même s'ils ne sont ni chevaliers ni membres de l'Ordre, nous leur faisons entièrement confiance parce que nous les connaissons tous très bien. La plupart d'entre eux sont venus ici avec nous lorsque nous sommes arrivés pour la première fois afin de combattre les Turcs, et ils sont demeurés avec nous en tant que serviteurs, camarades, gardes du corps et compagnons d'armes. Nous n'avons absolument aucun doute sur leur loyauté et leur bonne foi à notre égard... Quand nous nous sommes engagés dans la vie monastique, nous avons dû abandonner notre ancienne identité et tous les insignes héraldiques qui y étaient associés et, dans ce contexte, nous devions également libérer toutes les personnes à notre charge et nos partisans, car nous avions renoncé au monde. Malheureusement, toutefois... et c'est là une chose que nous avions omis d'envisager au départ... ces hommes loyaux n'avaient nulle part où aller à ce moment et aucun moyen de se rendre ailleurs de toute façon parce qu'ils dépendaient totalement de nous pour subvenir à leurs besoins, en contrepartie de leur travail, de leur soutien et de leur loyauté. Nous avons constaté avec regret que nous ne les avions pas libérés du tout. Ce que nous avions fait, c'était de les emprisonner sans ressources dans un monde étranger qu'ils ne pouvaient raisonnablement espérer quitter. Alors, ils ont refusé d'être renvoyés. Ils ont plaidé leur cause, de manière convaincante, en disant qu'ils nous protégeaient et nous appuyaient depuis des années et que devenir moines avait peu d'incidences sur le fait que nous continuerions d'avoir besoin de leur soutien, puisque nous n'avions pas l'intention de cesser de combattre. Nous étions toujours des chevaliers, même si nous devenions des moines, et cela signifiait qu'ils devaient encore pouvoir nous servir en tant que chevaliers, sinon en tant que moines. C'était un argument fort convaincant... en particulier si nous songions que, si les sept d'entre nous devions surveiller seuls les routes — et il semblait à cette époque que nous pourrions n'avoir aucun autre choix —, personne parmi nous ne serait en mesure de travailler aux excavations... Et c'est ainsi que nous avons ajusté notre pensée et modifié nos idées originales et que je suis allé voir Hugues pour lui soumettre ces réflexions. Il s'est occupé du reste à partir de ce moment. Hugues ?

De Payns opina du chef et poursuivit :

– Nous avons parlé au patriarche de faire participer ces

hommes en tant que sergents bénévoles, et d'en faire des frères laïques, liés par notre horaire de prières et la règle que nous allions suivre, mais libres de ne pas prononcer les vœux.

Il leva ses larges épaules d'un air modeste.

– Chacun de nous, continua-t-il, avait à son service au moins deux de ces hommes, quelques-uns davantage, et plusieurs d'entre eux avaient des proches — des amis et de la famille, des frères d'armes, et des vétérans qui avaient perdu leurs propres chevaliers à la suite d'une maladie ou au cours d'une bataille. Alors, maintenant nous sommes sept chevaliers — huit, une fois que vous vous serez joint à nous — et vingt-trois sergents.

– Ils portent tous le même uniforme. Où avez-vous trouvé l'argent pour les vêtir de la même façon ?

– Les uniformes nous ont été donnés par le patriarche, probablement pour démontrer de manière plus visible sa contribution au bien-être du royaume. Nous avons accepté ce cadeau avec reconnaissance, sans remettre en question ses motivations.

– Et qu'en est-il de vos vœux de pauvreté ?

– C'est une bonne question. Nous en sommes arrivés à un compromis à ce sujet après avoir discuté avec le patriarche. Il exige que nous demeurions une force combattante, mais, comme le roi, il ne souhaite nullement prendre en charge notre équipement. Il affirme que son diocèse ne peut se permettre de telles dépenses en permanence. Geoffroy, ici présent, a pris soigneusement note de cette affirmation et nous a rappelé plus tard les paroles exactes du patriarche. Alors, nous nous sommes accrochés à sa propre expression… dépenses *permanentes*… et lui avons souligné que nous-mêmes n'étions pas sans ressources. Comme le veut la coutume, nous devions céder tous nos biens à l'Église en prononçant nos vœux, en contrepartie de son appui indéfectible. Nous avons donc suggéré au patriarche que nous pourrions modifier le vœu normal de pauvreté afin de l'adapter à nos exigences particulières, et aux siennes, ici à Jérusalem. Ainsi, chacun d'entre nous, en tant que moine, ferait personnellement vœu de pauvreté, mais plutôt que de verser tous nos biens à l'Église, nous mettrions plutôt tous nos biens en commun avec nos frères, pour le bien de notre confrérie et de ses entreprises.

Montbard écarquilla les yeux d'incrédulité.

– Mais c'est *notre* vœu, dit-il, le même que nous avons tous prononcé en devenant membres de l'Ordre de la Renaissance : celui de détenir toutes choses en commun, pour le bien de tous.

– Bien sûr, répondit de Payns avec un large sourire. Mais nous n'en avons rien dit au patriarche et il était heureux d'accepter notre proposition sans poser plus de questions, car, ainsi, il n'avait plus à se soucier à l'avenir de nous procurer des armures, de l'équipement, des armes, des selles ou des chevaux. Nous sommes donc raisonnablement bien équipés et en mesure de combler nos besoins courants, pourvu qu'ils soient modestes.

Lorsque de Payns eut terminé, Montbard secoua de nouveau la tête d'admiration, puis il jeta un regard autour de la pièce.

– Vous m'étonnez grandement, chacun d'entre vous... Et vous participez tous à ces patrouilles ?

– Oui, pour l'instant, fit de Payns en s'étirant de tous ses membres. Mais nous espérons que le temps viendra où seuls les plus jeunes d'entre nous... et pas plus de deux ou trois à la fois... patrouilleront, accompagnés par des sergents. Cette façon de faire sera avantageuse pour nous.

– Oui, approuva Saint-Agnan, cela le sera parce que personne ne sait quels chevaliers patrouillent ou à quelle fréquence, ou l'endroit où ils vont, et personne ne s'en soucie pourvu que les routes demeurent sûres. Alors, quelques-uns d'entre nous consacreront la majeure partie de leur temps aux patrouilles pendant que les autres creuseront.

– Mais pouvez-vous à ce point faire confiance à ces sergents ? demanda Montbard sur un ton dubitatif en s'adressant à de Payns. Vous m'avez dit que c'était le cas, et je vois bien que vous croyez ce que vous dites, mais je dois quand même exprimer un fort doute, puisque ces hommes sont étrangers à notre Ordre et ne connaissent rien de ses secrets. Comment ferez-vous pour qu'ils ne sachent rien de ces excavations secrètes ? Je ne vois pas comment cela pourrait être possible sur une longue période.

– Nous ne le savons pas encore, répondit de Payns d'un air impassible, mais nous ferons en sorte qu'elles *demeurent* secrètes. Nous n'avons aucunement l'intention de permettre à quiconque n'appartenant pas à la confrérie de soupçonner, ou même d'imaginer, qu'il se passe ici des choses à son insu. Ce serait pure stupidité. Cela pourrait signifier que les sergents devront un jour ou l'autre s'installer ailleurs. Cela ne devrait poser aucun problème, puisque les choses se sont toujours passées ainsi car nous étions des chevaliers et eux, des gens du commun. Maintenant que nous sommes sur le point de devenir des moines liés par des vœux solennels alors qu'ils demeurent des frères laïques, la même division s'appliquera. Des vies séparées et des quartiers séparés. Et des activités séparées — exercées, dans notre cas, en secret.

– Comment vous appellerez-vous — ou nous appellerons-nous ?

– Que voulez-vous dire ?

– Il vous faut un nom, Hugues… Vous et vos frères. Si vous devenez des moines, vous aurez besoin d'un nom qui convienne à ce que vous faites et à ce que vous êtes. La Patrouille du patriarche convient plutôt mal à une confrérie de moines.

– Qu'y a-t-il de mal avec ce nom ? Je trouve qu'il nous décrit bien, dit Gondemare.

– Il manque de dignité. Il faut un nom qui convienne mieux, qui reflète notre objectif.

– Les pauvres chevaliers du Christ.

C'était Hugues de Payns qui avait parlé et tous les regards convergèrent vers lui pendant que s'installait un profond silence, alors que chacun des hommes réfléchissait à ce qu'il venait d'entendre, mais, une fois de plus, ce fut Montbard qui parla.

– D'où ce nom vient-il ?

– Je ne sais pas. Les mots me sont simplement venus à

l'esprit et je les ai prononcés à voix haute.

– C'est parfait. Qu'en dites-vous ? demanda Montbard en s'adressant aux autres.

Seul Montdidier n'était pas d'accord.

– Je pense que c'est hypocrite, lança-t-il.

Hugues tourna les yeux vers lui, son visage reflétant sa surprise.

– Hypocrite ? Que veux-tu dire ? Comment peux-tu affirmer cela, Payen ?

– Facilement, Hugues, parce que c'est le cas. Il est hypocrite de notre part d'utiliser le nom du Christ, en croyant ce que nous croyons tous… Et l'hypocrisie de l'Église est ce qui nous consterne le plus.

De Payns poussa un profond soupir.

– Crousty, nous en avons déjà discuté une centaine de fois. Nous sommes tous d'accord sur l'importance de la tâche qui nous attend. Nous sommes également d'accord sur le fait que l'Église chrétienne est une institution contestable, fondée sur le désir des hommes de servir leurs propres fins primaires. De plus, nous sommes tous d'accord que ce n'est qu'en faisant semblant de nous conformer aux diktats et aux attentes de l'Église que nous pourrons mener à bien notre tâche. Et nous avons agi jusqu'ici sur la base de ces ententes. Ce nouveau nom est conforme à tout ce sur quoi nous nous sommes entendus : il nous permettra de faire notre travail sans être harcelés par quiconque et il nous donnera une apparence de probité et de fiabilité. Je pense que nous devrions garder ce nom. Que tous ceux qui sont d'accord lèvent la main.

Le vote se termina à sept contre un, et Montdidier, résigné, leva aussi la main en murmurant qu'il retirait son objection. Le nom plaisait à tous les autres, chaque homme présent le répétant au moins une fois, et quand ils eurent fini, ils se levèrent tous en regardant de Payns qui haussa les épaules et déclara :

– Ainsi soit-il. À compter de ce jour, nous nous appellerons les « pauvres chevaliers du Christ » et prions Dieu qu'ainsi, nous puissions accomplir la tâche qui nous a été confiée.

– Amen, ainsi soit-il, répondirent les autres en chœur.

– Entre-temps, toutefois, nous avons d'autres responsabilités urgentes, dit Montbard en les dévisageant tous avant de revenir à de Payns. C'est pourquoi nous sommes ici. À votre avis, quand pourrons-nous commencer à creuser ?

La question amena un sourire amer sur les lèvres de de Payns, qui se tourna pour regarder ses compagnons avant de se lever et de marcher vers le milieu de la pièce.

– Venez voir ceci, dit-il en les appelant d'un signe de la main.

Montbard se leva et le suivit docilement jusqu'à un trou creusé dans le plancher. C'était un trou très large d'à peine trois doigts de profondeur, dont on avait bien nettoyé le fond, enlevant la terre et la poussière pour exposer le sol rocheux.

– C'est ce sur quoi nous nous trouvons, annonça de Payns en s'accroupissant pour balayer de la main la roche nue. C'est exactement comme les voûtes de pierre au-dessus de nos têtes. Ce n'est pas sans raison que l'on appelle cet endroit le « mont du Temple ». C'est réellement une montagne. Mais s'il y a sous nos pieds un temple en ruine, comme la tradition de notre Ordre voudrait nous le faire croire, alors il doit avoir été creusé à grands frais, et sa construction n'est mentionnée nulle part dans les Écritures. Je crains qu'il n'y ait rien que nous puissions faire avant d'en savoir plus sur notre recherche... par exemple où nous devrions commencer à creuser... Aucun d'entre nous ne verra d'objection à creuser un tunnel à travers le roc, si c'est vraiment nécessaire, mais jusqu'à ce que nous connaissions la direction dans laquelle creuser notre tunnel, ce serait pure folie que d'entreprendre ces travaux.

André de Montbard fronçait les sourcils en observant la cavité peu profonde devant lui, ses bras croisés sur sa poitrine pendant qu'il mâchouillait sa lèvre inférieure, puis il pivota sur ses talons et regarda autour de lui, scrutant les murs comme s'il pouvait voir à travers. Finalement, il se tourna vers de Payns, inclinant la tête comme s'il en était arrivé à une décision.

– J'ai peut-être la solution à ce problème. Un des documents que m'a confié le sénéchal est une carte minutieusement retranscrite à partir des archives de l'Ordre. Ça devrait être une carte du Temple de Salomon et du labyrinthe de tunnels qui l'entourent.

Il leva rapidement une main pour prévenir toute interruption.

– J'ai dit : ça *devrait*, poursuivit-il. C'est une copie fidèle d'un ancien document, mais nous ne pouvons certifier que son ancienneté. En effet, d'après nos registres, il appartient à l'Ordre depuis un millénaire, mais il date de beaucoup plus longtemps et sa précision n'a jamais été vérifiée, pour autant que je sache. Je l'ai ici avec moi. Elle se trouve parmi mes affaires, dans la longue malle de voyage que j'ai laissée dans l'autre pièce, et si vous avez un plan ou une carte de la ville actuelle, nous pourrions comparer les deux.

– Effectivement, nous pourrions le faire, répondit de Payns en claquant des doigts pour attirer l'attention. Montdidier et Gondemare, veuillez apporter la malle de sire André, s'il vous plaît.

Peu après, tous étaient rassemblés autour de la table à regarder la carte déroulée devant eux et tenue en place, aux quatre coins, par de petites pierres. Pendant un long moment, personne ne parla, tous s'efforçant de comprendre ce qu'ils regardaient, essayant en vain de comparer les lignes du dessin devant eux à la réalité du paysage environnant.

Finalement, ce fut Archambaud de Saint-Agnan qui posa un index sur la carte.

– Là, grogna-t-il, n'est-ce pas l'endroit où nous nous trouvons maintenant ? Regardez, on peut voir la ligne du mur, là, et elle suit la dépression ici, où se trouvent les lignes ondulées. C'est là que nous sommes maintenant, dans les écuries.

– Il n'y a aucune écurie indiquée ici, Saint-Agnan.

Saint-Agnan ne daigna pas lever les yeux pour voir qui avait parlé.

– Non, bien sûr, il n'y a aucune écurie indiquée. Le palais du roi n'y apparaît pas non plus, pas même la mosquée d'al-Aqsa qu'il était à l'origine. Le Temple couvrait tout cet endroit, lorsque la carte a été dessinée. Ces écuries ont été entourées de murs dans la caverne plus tard, ici même, après que le *nouveau* temple a été détruit et probablement après que la mosquée a été construite, et c'était plus de six cents ans après la destruction de ce nouveau temple. Quand le premier temple a-t-il été détruit et quand cette carte a-t-elle été dessinée, Hugues ?

De Payns leva les épaules et regarda André de Montbard qui fit une grimace et dit :

– Le premier temple ? Je ne peux qu'émettre une supposition… Au moins deux mille ans ? Titus a détruit le Temple d'Hérode quarante ans après la mort du Christ et c'était il y a douze cents ans. Cette carte représente le Temple de Salomon, qui avait été construit plusieurs centaines d'années auparavant.

– Eh bien, au nom de tout ce à quoi nous aspirons, j'espère que tu as tort, Saint-Agnan.

De Payns avait parlé d'une voix forte, attirant vers lui le regard de tous les hommes présents.

– Comment cela ? Pourquoi dis-tu cela ? Je ne peux qu'avoir raison si l'on se fie à cette carte devant nous. Et si j'ai raison…

Saint-Agnan hésita, les sourcils froncés, puis frappa du doigt le même endroit sur la carte.

– Si j'ai raison, continua-t-il, nous nous trouvons exactement *là* en ce moment.

– Je suis d'accord, s'empressa de dire de Payns. Mais si tu as raison, et que nous nous tenons à cet endroit, nous sommes… permets-moi…

Il se pencha sur la carte et plaça son pouce à l'endroit désigné par Saint-Agnan, puis étendit la main pour placer son majeur au centre de ce qui était, selon les indications de la carte, le corps principal du temple. Il le tint à cet endroit, sa main largement ouverte, et regarda sur le sol la distance réelle, plissant la bouche en réfléchissant avant de poursuivre :

– Je dirais que nous nous trouvons à au moins soixante pas… le mot « enjambées » serait plus exact en fait… à soixante enjambées du mur extérieur du temple proprement dit où nous voulons nous trouver. Et ce calcul ne tient pas compte que nous sommes au-dessus du sol alors que notre cible se situe bien en dessous.

– Eh bien ? demanda Saint-Agnan d'un air perplexe. Nous savions dès le départ que nous allions devoir creuser... Nos directives étaient claires à ce sujet.

Il fronçait les sourcils, de toute évidence surpris par le ton de voix négatif de de Payns. Les autres ne dirent pas un mot, mais on pouvait lire sur le visage de plusieurs d'entre eux, à la façon dont leur regard passait de Saint-Agnan à de Payns, qu'ils étaient d'accord avec Saint-Agnan. Seuls Saint-Omer, Montdidier et de Montbard avaient conservé un visage de marbre, et ce fut Saint-Omer qui s'adressa finalement à Saint-Agnan d'une voix suffisamment forte pour que tous l'entendent :

– Ce que Hugues dit, Archambaud, c'est que le palais du roi se trouve directement derrière nous, alors la seule direction dans laquelle nous puissions creuser notre tunnel, c'est tout droit, puis obliquement, jusqu'à ce que nous puissions tourner de nouveau et nous diriger vers les assises du temple. Et l'espace entre nous et notre cible est occupé par le mont du Temple. Il occupe tout l'espace. S'il nous faut creuser un passage souterrain d'ici à notre objectif, nous devrons creuser du début à la fin dans la pierre. Il nous faudra des années, et nous n'avons pas d'outils, pas plus que nous ne sommes des ingénieurs.

L'explication cloua le bec à Saint-Agnan dont les oreilles s'empourpraient à mesure qu'il comprenait la véracité des paroles de Saint-Omer, mais André de Montbard continuait de scruter le dessin, pianotant d'un air pensif à l'endroit que le colosse avait indiqué.

– Saint-Agnan a peut-être tort, murmura-t-il, pensif. Nous pourrions mal interpréter ce qui se trouve ici, mais, même dans ce cas, il n'y a aucun doute que nous nous trouvons sur un rocher. Il faut que nous en apprenions davantage sur cet endroit. Nous devons savoir où creuser, et comment procéder, alors où allons-nous trouver plus d'informations sur ce genre de choses ?

Le silence se fit pendant un moment, jusqu'à ce que Saint-Omer prenne de nouveau la parole, le visage marqué d'une grimace.

– Vous n'allez pas aimer ce que je vais vous dire, André, mais la réponse à cette question se trouve dans nos propres archives, en France, où, de toute évidence, quelqu'un aurait dû effectuer plus de recherches avant de vous envoyer ici. Notre Ordre possède dans ses archives plus de renseignements précis sur Jérusalem et son Temple que toute autre source où que ce soit. Ce qui s'est produit ici même fait partie de notre histoire, après tout, et nos ancêtres sont partis avec leurs documents en les protégeant du vol, de l'humidité et de la destruction. Personne — aucun individu, aucune organisation, aucune entité — ne possède des renseignements plus exacts ou plus précis que notre Ordre à ce sujet.

Il regarda ses compagnons avant d'ajouter :

– Je ne devrais pas avoir à rappeler cela à quiconque, puisque c'est la raison pour laquelle nous sommes ici et pour laquelle nous devons faire face à cette tâche.

– Mais nous sommes *ici* et les renseignements dont nous avons besoin se trouvent là-bas, chuchota de Payns. Nous pourrions aller les chercher, mais cela demanderait du temps… peut-être des mois… Alors, que devrions-nous faire en attendant ? Montbard, avez-vous quelque idée à ce sujet ?

– Oui, répondit-il en se tournant pour regarder de Payns par-dessus son épaule. Deux choses. Premièrement, nous devrions examiner tous les autres documents que j'ai apportés. Je ne les ai même pas regardés parce que le comte Hugues m'a demandé de vous les livrer en personne, mais je sais qu'il y en a beaucoup. En fait, la seule chose que j'ai vue, c'est cette carte, parce que le comte était fier du travail de retranscription et qu'il me l'a montrée avant mon départ. Vous avez vu qu'elle se trouvait parmi plusieurs autres dessins dans son propre contenant. Pour autant que je sache, le reste de ces documents pourrait renfermer toutes les informations dont nous avons besoin, car le comte était tout à fait conscient de ce que l'on vous avait demandé.

Il indiqua du doigt la malle dont il avait sorti le dessin qu'ils venaient d'examiner. Le couvercle en était ouvert, révélant la présence d'une épaisse sacoche de cuir sous le long cylindre qui avait contenu la carte du temple et plusieurs autres cartes plus petites.

– Je soupçonne que chacune de ces feuilles de parchemin, chaque document et chaque dessin dans cette sacoche sera directement relié à notre sujet de discussion.

De Payns, qui scrutait le paquet comme tous les autres, acquiesça et regarda Montbard.

– Vous avez peut-être raison. Aussitôt que nous en aurons terminé ici, nous examinerons soigneusement tous ces documents un à un. Mais vous avez dit qu'il y avait deux choses que nous pouvions faire. Quelle est l'autre ?

– Confirmer ou infirmer les soupçons de Saint-Agnan sur la carte, parce que s'il a raison, le trésor que nous cherchons pourrait se trouver sous les fondations du palais même… sous la mosquée.

Il ignora la profonde inspiration de de Payns et poursuivit, en murmurant comme s'il se parlait à lui-même :

– Si c'était le cas, notre tâche pourrait exiger moins de temps. Elle ne serait pas moins ardue parce qu'il nous faudrait quand même creuser à travers le roc, mais la distance pour atteindre notre but serait moindre ; des années de travail, tout de même, mais sans doute moins…

Il leva les yeux de la carte, sa voix reprenant un ton normal :

– Il faut que nous trouvions une carte de la ville plus récente et que nous situions le temple sur celle-ci. Alors, nous pourrons comparer les deux et trouver précisément ce que nous avons sur ce dessin. Où pourrions-nous trouver une telle chose ?

– Je doute que cela existe, intervint Payen de Montdidier, qui n'avait pas prononcé une parole depuis qu'il avait retiré son objection à propos de leur nouveau nom. S'il existe une telle carte, il n'y a que deux endroits où elle pourrait se trouver, et ni l'un ni l'autre n'est facile d'accès pour nous : soit que le roi en possède une dans son palais, soit que le patriarche en ait une dans sa résidence. Aucun des deux ne devrait jamais avoir besoin de cette carte, et si nous nous informons à son sujet, on nous soupçonnerait sans doute de préparer un complot avant même que nous n'ayons fini de formuler la demande. Mais si vous le voulez, je tâterai le terrain la prochaine fois que je me rendrai à la résidence du patriarche. Je me suis lié d'amitié avec un des principaux clercs là-bas et, en y réfléchissant suffisamment, je pourrai trouver le moyen de lui poser une question nonchalamment, sans attirer ses soupçons.

– Parfait, Crousty. Fais cela, dit de Payns.

Puis il se tourna vers Saint-Omer et demanda :

– Comment s'est déroulée ta patrouille, Geoffroy ? Rien de particulier à nous raconter ?

Saint-Omer acquiesça, puis se leva pour livrer son rapport de manière officielle, mais ses premières paroles visaient à créer un effet :

– Oui, maître de Payns. Aujourd'hui, nous avons sauvé la vie de la femme du roi, la reine Morfia, et elle nous a chaleureusement remerciés.

Puis, s'étant assuré que tous étaient maintenant suspendus à ses lèvres, il raconta en détail tout ce qui s'était produit.

Dès les premiers jours de leur formation, les chefs de patrouille avaient pris l'habitude de faire un rapport à leurs compagnons, dès leur retour aux écuries du mont du Temple, et de répondre aux questions que cela pouvait susciter, car, étant donné que leurs activités étaient nouvelles et que les brigands ne s'attendaient pas à les trouver sur leur route, chaque sortie était différente et valait la peine d'être étudiée après coup, tous étant parfaitement conscients qu'une leçon apprise au cours d'une patrouille pouvait sauver la vie de l'un ou de l'autre d'entre eux plus tard. Toutefois, après un certain temps, les brigands ayant peu à peu perdu de leur agressivité face à qui était devenu une poursuite ou des représailles certaines, seules les patrouilles qui donnaient lieu à quelque événement sortant de l'ordinaire occasionnaient un interrogatoire serré. La première mention du nom de la reine Morfia avait causé une certaine émotion, mais lorsqu'il devint évident que rien de grave ne lui était arrivé au cours de l'attaque, l'intérêt des chevaliers s'étiola rapidement. Tous ne pensaient qu'à une chose : les documents qu'André de Montbard leur avait apportés de France.

La réunion fut levée aussitôt que Saint-Omer eut terminé son rapport, puis on étala les documents pour les étudier et, avant le soir, de Payns, Saint-Omer et Montbard, les trois seuls d'entre eux qui pouvaient lire avec une certaine facilité, avaient découvert qu'il n'était pas nécessaire de trouver une carte contemporaine de Jérusalem. Presque tous les renseignements dont ils avaient besoin étaient contenus, sous une forme ou une autre, dans les documents du sénéchal. Dans une lettre écrite de sa propre main et adressée à de Payns, Hugues de Champagne expliquait qu'il comprenait exactement les difficultés auxquelles Hugues et ses compagnons devraient faire face en s'acquittant de la tâche qui leur avait été confiée, et comment il avait fait tous les efforts possibles pour leur procurer des copies extrêmement précises de tous les documents qu'il avait pu trouver à propos du Temple à Jérusalem et de l'emplacement du trésor qu'ils devaient chercher. Il rappelait à de Payns que ces copies étaient elles-mêmes des copies de copies, car les originaux étaient si anciens qu'il fallait les protéger avec le plus grand soin dans des contenants scellés pour empêcher qu'ils ne pourrissent ou ne se dégradent de quelque autre manière. Toutefois, précisait-il, les copies avaient été réalisées par les meilleurs clercs en ce domaine, et l'on avait soigneusement examiné chacune d'elles afin de s'assurer qu'elle correspondait en tous points à son original. Il avait envoyé deux copies de chaque document, l'une dans la langue originale dans laquelle les renseignements avaient été d'abord rédigés, et l'autre en latin commun, en lequel les documents avaient tous été traduits après leur arrivée dans la Gaule ancienne, plus d'un millénaire auparavant.

Pendant les quelques jours qui suivirent, les trois chevaliers répertorièrent et recoupèrent tous les renseignements que contenaient les documents envoyés par le comte, et ils purent établir, sans l'ombre d'un doute, que leur cible se trouvait, tout au moins en partie, sous les fondations de la mosquée al-Aqsa, l'édifice qui était devenu le palais royal du roi de Jérusalem. Selon leurs estimations, ils étaient séparés d'au moins soixante pas de leur objectif dans les entrailles de l'ancien temple, et une grande partie de cette distance était constituée de roche. Ils avaient appris, en lisant ces documents, que les niveaux inférieurs du mont du Temple lui-même étaient farcis de tunnels creusés au fil des millénaires, mais toutes les entrées de ces tunnels semblaient avoir été confinées à l'intérieur de l'enceinte du temple. Ainsi, seuls les gens se trouvant à l'intérieur du temple étaient en mesure d'y pénétrer, et le temple avait été détruit dix siècles plus tôt par les prêtres juifs eux-mêmes, dans le but de déjouer les légions avides de Titus. Les chevaliers savaient que, même s'il était tout au moins concevable qu'ils croisent un ancien tunnel au cours de leurs excavations et qu'ils puissent, par la suite, n'avoir qu'à déblayer les débris accumulés, les chances que se produise un tel événement étaient minimes.

Hugues de Payns résuma la situation en quelques mots pour les autres chevaliers au cours de leur réunion suivante, pendant que leurs frères sergents étaient en ville, célébrant un jour de fête locale.

– L'emplacement du temple — notre distance par rapport à lui — correspond à ce que nous pensions. Nous sommes très loin de notre objectif. Mais il existe d'autres éléments qui, pris ensemble, rendront notre vie plus intéressante à l'avenir. Nous avons examiné les renseignements qu'a envoyés le sénéchal, et nous pouvons vous dire plusieurs choses avec une certitude absolue en nous fondant sur ce que nous avons découvert dans les documents... La première chose, c'est que le trésor que nous cherchons se trouve ici. Nous n'avons aucun doute à ce sujet et nous pensons connaître exactement son emplacement... Par malheur, la tâche qui consistera à le trouver, ou plus précisément à l'atteindre risque d'être titanesque. Le roc sous les fondations du temple est truffé de passages et de tunnels, mais personne ne sait par où y accéder, et nous ne disposons d'aucun moyen normal de les atteindre. Nous savons tous que nous ne pouvons simplement aller dehors et commencer à creuser près des murs du palais et que nous devons en conséquence creuser à la verticale, à travers la roche même de la montagne, d'ici, de ces écuries…

Il s'arrêta un moment pour permettre à ses compagnons d'absorber ce qu'il venait de dire, puis ajouta :

– Nous croyons qu'il nous faudra creuser à une distance d'au moins trente pas à la verticale, puis que nous devrons, de là, obliquer vers les fondations du palais qui, croyons-nous, sont aussi celles du premier temple, celui de Salomon… peut-être cinquante ou soixante pieds plus loin. Cela prendra des années mais, avec de la chance et de bonnes mesures de sécurité, nous pouvons y arriver.

– Qu'entends-tu par « mesures de sécurité » ? grommela Geoffroy Bisol.

De Payns le regarda, puis sourit.

– Je parle de protection, frère. Nous allons adopter des mesures pour nous assurer que personne de l'extérieur ne puisse jamais s'approcher suffisamment d'ici pour soupçonner que nous creusons des tunnels.

– Comment y arriverons-nous, surtout au début ? demanda Bisol. Quand on creuse le roc avec des marteaux, des gouges et des massues de fer, ça fait beaucoup de bruit. Et de qui veux-tu parler quand tu dis « personne *de l'extérieur* » ? Tu veux dire : de l'extérieur de notre groupe, ici, ou de l'extérieur de notre Ordre ? Parce que si tu veux dire de l'extérieur de notre Ordre, alors je suis d'accord avec le frère Montbard : nos propres sergents seront sans doute ceux qui réduiront nos plans à néant. Ce ne sont pas des gens stupides, Hugues, et si tu penses que tu peux réussir à faire en sorte qu'ils ne se doutent de rien pendant des années, tu te trompes lourdement.

– Ce serait même suicidaire, en fait, renchérit de Payns en inclinant la tête. Je suis d'accord avec toi. Mais ce n'est pas du tout ce que je veux dire. Nous ne pourrions pas cacher à nos propres hommes le fait que nous creusions. Mais nous pourrions en donner une explication plausible sans leur dire exactement tout ce que nous faisons. Nous pourrions dire, par exemple, que nous excavons un monastère souterrain — des cellules de moines creusées à même le roc — en tant qu'exercice pénitentiel à la gloire de Dieu. Je vous promets que nous aurons d'excellentes raisons qu'accepteront immédiatement nos frères sergents. Mais quand je parle des gens de l'extérieur, je parle des personnes étrangères à notre petit groupe, ici, dans ces écuries. Nous sommes, ou serons en temps et lieu, un ordre de moines, et cela signifie que nous serons retirés du monde... et ainsi le monde n'aura aucune raison pour s'imposer à nous ou mettre le nez dans nos affaires. Personne ne nous dérangera, et personne n'envahira notre vie privée et notre solitude. En ce qui concerne le bruit de l'acier sur le roc, ce ne sera que temporaire. Il continuera aussi longtemps que le travail se poursuivra, mais il s'évanouira lentement pour les gens de l'extérieur à mesure que le tunnel progressera sous terre.

– Quelle largeur aura ce tunnel et qui creusera ?

– Nous tous, et le tunnel vertical sera aussi étroit que possible... suffisamment large pour qu'un homme puisse donner des coups de marteau et pour qu'un autre s'agenouille et tienne le foret... et pour que l'un ou l'autre puisse se servir d'une pelle de manière raisonnablement confortable, mais pas beaucoup plus. Nous aurons besoin de barres à mine — des ciseaux, comme les appelle Jubal —, puis de lourds marteaux, de même que des pioches, des pelles et de plusieurs autres types d'outils. Lorsque nous aurons creusé suffisamment, nous aurons besoin de palans et de poulies pour remonter les débris... Mais tout cela se présentera plus tard en temps et lieu.

De Payns s'arrêta alors, conscient du silence qui régnait parmi son auditoire, et regarda dans les yeux chacun des hommes présents avant de continuer :

– Nous travaillerons probablement par équipe de deux, au moins au départ, quel que soit le temps nécessaire pour faire ce travail. C'est là autre chose que nous n'apprendrons que par l'expérience. Et petit à petit, à mesure que nous établirons une routine et que le tunnel s'approfondira, nous aurons besoin d'autres hommes qui travailleront à sortir les débris et à s'en débarrasser. Mais, si Dieu le veut, le travail se poursuivra de jour et de nuit sans pause et, pendant ce temps, nous continuerons de surveiller les routes. Les patrouilles se poursuivront sans répit et seront effectuées par des escouades de dix sergents, chacune menée par au moins un chevalier, mais parfois, pour l'effet, par deux ou plus. Ainsi, le travail de surface et le travail souterrain se feront de pair.

– Ça semble… complexe, dit Bisol en courbant sagement la tête et en triturant sa barbe.

– Ça l'est, et ça le sera, mais c'est réalisable, frère, dit de Payns en se redressant et en portant son regard sur les hommes assemblés. Bien sûr, tout cela est très nouveau et tout semble être survenu très rapidement, mais nous avons beaucoup progressé ces derniers jours. Nos préparatifs vont bon train et, dans moins d'un mois, le vrai travail débutera. Entre-temps, nos patrouilles sont efficaces, et cela ne nous nuira pas d'avoir sauvé la vie de la reine Morfia. Prions Dieu que la chance continue de nous sourire, frères. Ainsi soit-il.

CHAPITRE 18

Leur bonne fortune se poursuivit le lendemain lorsque de Payns et Saint-Omer furent convoqués chez le roi. Quand ils se présentèrent au palais à l'heure prévue, ils furent immédiatement admis en sa présence, un événement si rare que les deux hommes se sentaient nerveux lorsqu'on les conduisit dans la salle d'audience.

Baudouin du Bourg, roi de Jérusalem, les accueillit avec une extrême cordialité, leur serrant la main et renvoyant ses gardes en demandant à l'un d'entre eux de faire venir sa femme et ses enfants. De toute évidence, Morfia et ses filles attendaient tout près d'être convoquées, car elles arrivèrent presque immédiatement, accompagnées de leur gouvernante. Le roi présenta les deux chevaliers à ses quatre filles, leur expliquant que c'étaient eux qui avaient sauvé la vie de leur mère aux mains des brigands sarrasins la veille, et les filles firent tour à tour aux deux hommes une révérence, courbant la tête comme on le leur avait enseigné, tout en murmurant leurs remerciements. Seule la plus âgée, Mélissende, donna l'impression d'être sincère, comme il convenait à une jeune princesse. Sa sœur Alix, de presque deux ans sa cadette, semblait maussade et agressive, les sourcils froncés. Les deux plus jeunes, Hodiema et Joveta, étaient des petites filles ordinaires, avec leurs zézaiements et leurs habituels éclats de rire. Aussitôt la petite cérémonie terminée, leur père frappa dans ses mains et les renvoya avec leur gouvernante, les regardant affectueusement jusqu'à ce que les portes se referment derrière elles, mais avant qu'il ne puisse se tourner complètement vers ses hôtes, de Payns prit la parole :

– Votre Majesté, je dois souligner que je n'étais pas un des deux hommes qui ont sauvé madame la reine…

– Je sais cela, maître de Payns, tout comme ma femme.

La reine sourit et inclina la tête en direction de de Payns tandis que son époux poursuivait :

– Mais je ne voyais pas la nécessité de jeter la confusion dans l'esprit des enfants. Deux chevaliers ont sauvé la vie de leur mère, et elles les ont rencontrés et remerciés. C'est tout ce dont elles se souviendront. Maintenant, veuillez vous asseoir et Morfia et moi nous joindrons à vous.

Les chevaliers échangèrent un regard interrogateur en allant s'asseoir à la table qu'avait indiquée le roi, et le couple royal y prit place en leur faisant signe de s'asseoir en même temps. Il y avait sur la table un plateau et des coupes de verre avec une grande aiguière d'argent, et la reine Morfia elle-même les servit. Lorsqu'ils eurent goûté au délicieux mélange doux et citronné, le roi s'adossa à son siège et se racla la gorge avant de prendre la parole, et de Payns, à tout le moins, était bien conscient de la façon dont la reine surveillait son mari, son regard passant sans cesse de ses lèvres à ses yeux.

– Il n'y a pas de mots, je suppose, pour exprimer convenablement à quel point je vous suis redevable, dit-il finalement, pendant qu'un sourire se dessinait de manière inattendue sur ses lèvres. Mon épouse me l'a fort bien fait comprendre. Mais, même sans cela, je serais quand même assis devant vous en ce moment et vous dirais la même chose. Jusqu'à hier, après que vos gens l'ont ramenée, je n'avais jamais vraiment pensé aux conséquences qu'aurait entraînées sa disparition… non seulement aux mains de brigands, mais de toutes les façons possibles. Sa mésaventure d'hier et votre arrivée opportune m'ont fait réaliser à quel point elle s'en est tirée de justesse et m'ont fait voir, très clairement, l'ampleur de ce que signifierait pour moi la perte de cette femme. Je n'exagère pas lorsque je dis que je ne trouve pas les mots qui pourraient même commencer à décrire une telle chose… Donc…

Il s'interrompit, mais il était évident, d'après son ton, qu'il ne faisait qu'une pause pour songer à ce qu'il dirait ensuite, et ni de Payns ni Saint-Omer ne bougèrent un muscle.

– Quand j'ai entendu parler pour la première fois de vous et de vos amis, sire Hugues, j'ai cru que vous pourriez être un souci pour moi et représenter une source d'irritation…

Il leva péremptoirement une main comme s'il croyait que l'un des deux hommes pourrait tenter de l'interrompre ou de le contredire.

– J'ai depuis changé d'idée à ce sujet parce que la valeur de ce que vous faites pour notre royaume est très vite devenue évidente, même aux yeux de vos détracteurs les plus virulents. On ne m'a jamais compté parmi eux, mais, au début, je n'hésitais pas à lancer quelques blagues à vos dépens. Cependant, à titre de roi de Jérusalem, et c'est là une chose que vous savez très bien, j'ai dû faire face, depuis le jour où j'ai accepté la couronne, à ce douloureux problème auquel vous avez choisi de vous attaquer : le brigandage qui semble maintenant mettre en péril l'existence même de cet État. Je me trouvais face à un dilemme auquel je n'entrevoyais absolument aucune solution… Nous sommes entourés — notre royaume est entouré — d'armées musulmanes sur le point de fondre sur nous. Au départ, il n'y avait que des Turcs seldjoukides et ils ne nous inquiétaient pas beaucoup parce que nous les avions déjà battus et chassés de Jérusalem en 99. Mais c'était il y a presque deux décennies. Maintenant, nous avons amorcé un nouveau millénaire, et nous nous retrouvons devant un nouveau type d'ennemis, une race de peuples guerriers, je veux parler des Sarrasins. Nous savons actuellement peu de chose sur eux, mais je ne doute nullement que nous soyons destinés à en apprendre davantage et cela, à nos dépens. Pour l'instant, je constate seulement que mes espions insistent sur le fait que les Sarrasins sont là-bas, dans le désert de Syrie, qu'ils attendent patiemment aux abords de nos frontières. La seule chose qui les retienne de nous attaquer immédiatement, c'est que notre propre armée est préparée et vigilante, mais ce barrage serait fatalement rompu à partir du moment où j'enverrais des hommes dans ce qui constituerait, selon moi, une tentative futile de piéger et de combattre des ennemis aussi fuyants et aussi mobiles que le sont ces bandes de brigands. En fait, pour ce que j'en sais, les pires d'entre eux pourraient ne pas être des brigands du tout, mais plutôt des agents infiltrés envoyés par les Sarrasins pour nous harceler et me donner l'envie de faire exactement cela : diviser mes forces pour tenter de les combattre.

Le roi s'arrêta un moment, regarda ses interlocuteurs et reprit :

– Puis vous et vos gens êtes venus et vous êtes présentés à Picquigny qui, même s'il est un homme d'Église, est un excellent stratège et un homme pragmatique qui ne craint aucunement de se battre pour la bonne cause. Comme vous le savez, il m'a transmis votre demande, et il m'a souligné que j'agirais dans mon intérêt, à peu de frais, en vous libérant de vos devoirs de chevaliers envers vos suzerains et en vous plaçant désormais sous son autorité, sous réserve que vous acceptiez d'entretenir vos aptitudes de combattants et de surveiller les routes... Au départ, cette seule suggestion m'a secoué, car il s'agissait, et il s'agit encore, d'une idée à la fois incendiaire et révolutionnaire. Des chevaliers combattants ? Certainement. C'est dans l'ordre des choses et c'est comme Dieu l'a voulu. Mais des moines combattants ? En ceci, les paroles de Dieu sont sans équivoque, inscrites sur les tablettes de pierre que Moïse a ramenées de la montagne : *Tu ne tueras point...* Mais notre patriarche, un dévot et un saint homme, est suffisamment pieux et illuminé pour savoir que Dieu fournit Ses propres solutions contre ce qui menace Ses enseignements et Son Église... J'y ai songé pendant un long moment, et j'ai finalement décidé que Gormond avait raison, alors j'ai fait comme il me conseillait... Mais j'étais fortement motivé en pensant que je pourrais tirer profit de vos services sans qu'il ne m'en coûte rien. Je vous avoue franchement que si cela n'avait pas été le cas, je n'aurais jamais accepté de vous relever de vos anciennes responsabilités. Maintenant, je vois bien — et, je le souligne une fois de plus, sans qu'ait été nécessaire l'intervention de ma femme — que j'avais tort d'être si...

Il secoua la tête un instant.

– Je ne sais même pas quel mot employer : Cynique ? Cupide ? Peut-être les deux.

Le roi s'appuya au dossier de son siège et tendit une main vers sa femme, qui la prit dans la sienne, puis il inclina la tête.

– Je sais que vous ne demandez rien pour vous-mêmes, et je sais aussi que vous avez l'intention de prononcer des vœux de pauvreté. Et la reine m'a clairement mentionné qu'elle vous croit tout à fait sincères... Par conséquent, je respecte vos convictions et vos souhaits, mais j'éprouve tout de même le besoin de faire quelque chose, trouver une manière concrète de vous aider, par exemple en vous procurant des armes, des armures ou des chevaux. Je puis certainement étendre sur vous ma protection et c'est ce que je fais maintenant, et je demanderai que l'on consigne mes souhaits par écrit.

Il sourit à nouveau, avant de poursuivre :

– Ceci n'aura sans doute aucune conséquence réelle en matière d'argent ou de confort, mais garantira au moins que, dorénavant, personne ne vous ridiculisera ouvertement et vous évitera de commettre un péché en combattant les malotrus et les rustres soi-disant chrétiens, simplement pour défendre votre honneur.

Il regarda les deux hommes, l'un après l'autre, et toute trace d'humour avait quitté son visage.

– Maintenant, y a-t-il quoi que ce soit que je puisse faire pour vous en retour de ce que vous avez fait pour moi hier ?

De Payns jeta un regard oblique à Saint-Omer qui lui rendit son regard en secouant la tête, et le roi demanda immédiatement :

– Quoi ? De quoi s'agit-il ? Il y a une chose sur laquelle vous n'êtes pas d'accord. Dites-moi ce que c'est.

De Payns le regarda et leva légèrement les épaules.

– Votre Majesté, il s'agit d'une question interne, une chose dont nous discutons depuis des mois.

– Une affaire interne ? À quel sujet ?

De Payns haussa de nouveau les épaules en lançant un autre regard oblique à son compagnon.

– Cela concerne les écuries dans lesquelles nous sommes logés, Votre Majesté.

– Ah ! c'est compréhensible. L'endroit doit être invivable. Je vais immédiatement trouver un autre endroit où vous loger.

– Non ! s'exclama de Payns qui, surpris de sa propre véhémence, inclina immédiatement la tête. Pardonnez-moi, monseigneur, mais nous ne sommes pas du tout malheureux dans nos quartiers, à part que certains de nos frères les trouvent trop luxueux.

Le roi s'aperçut de la pression croissante qu'exerçaient les doigts de sa femme sur les siens et lui jeta un coup d'œil. Elle le regardait fixement, les sourcils froncés en une expression qu'il lui connaissait bien. *Demande-lui ce qu'il veut dire* signifiait l'expression, plus éloquente que des mots. Il toussota et se tourna vers de Payns.

– Trop... luxueux, dit-il. Je ne suis pas certain de comprendre ce que vous entendez par là, sire Hugues, alors je pense que vous devriez y penser un moment, puis m'expliquer exactement ce que vous voulez dire. Pourriez-vous faire cela ?

– Bien sûr, monseigneur.

De Payns demeura assis en silence pendant un moment, rassemblant ses idées, après quoi il courba la tête et prit la parole.

– Nous ne sommes des moines que depuis très récemment, monseigneur. En fait, nous ne sommes que des novices sous la seule autorité du patriarche Picquigny et, dans bien des cas, nos vies ont été... moins qu'exemplaires et plusieurs des vertus chrétiennes en étaient définitivement absentes. Ainsi, plusieurs de nos frères... nous sommes sept, comme vous le savez, bien qu'il y en ait en ce moment un huitième qui souhaite se joindre à nous... donc, plusieurs de nos frères croient que nous devrions montrer plus de zèle en cherchant l'illumination et le salut. Ils croient que nos quartiers actuels dans nos écuries sont trop chauds... trop confortables et qu'ils prédisposent à l'oisiveté et nous détournent de notre devoir. Alors, ils aimeraient changer les choses.

– Pour les rendre moins luxueuses, vous voulez dire ? fit le roi en fronçant les sourcils. Dieu du ciel, comment croient-ils pouvoir faire une pareille chose ? Le sol est en pierre, n'est-ce pas ? Comment pouvez-vous rendre du roc moins confortable ?

Hugues de Payns leva les épaules en donnant l'impression que lui aussi avait du mal à comprendre cela, mais il n'avait pas encore fini de parler.

– Ce qu'ils voudraient que nous envisagions tous, monseigneur, c'est d'entreprendre une tâche véritablement pénitentielle. Ils proposent que nos frères, une fois libérés de leurs devoirs et de leurs obligations, travaillent tous à l'excavation d'un vrai monastère sous les écuries, dans la roche même du mont du Temple.

– Et qu'entendez-vous par *excavation d'un vrai monastère* ?

La reine se pencha vers l'avant, intervenant pour la première fois :

– Je pense, mon époux, que sire Hugues parle de creuser ces cellules monastiques dans la pierre. N'ai-je pas raison, sire Hugues ?

Les joues de de Payns s'empourprèrent.

– Oui, madame, mais si je puis vous adresser une telle demande, veuillez m'appeler frère Hugues plutôt que sire Hugues. Mais c'est vrai, nous parlons de creuser dans le sol, plutôt que dans les murs.

– Vous voulez dire creuser un tunnel *à la verticale* ? demanda le roi d'une voix incrédule. Pourquoi, Dieu du ciel, faire une pareille chose ?

– Pour rendre hommage à Dieu, monseigneur. Les moines font ce genre de choses. En creusant à la verticale, nous augmenterons le travail nécessaire, accroissant ainsi la valeur pénitentielle de ce que nous faisons, tout en nous abaissant sous le niveau de chaleur et de confort que génèrent les corps et la présence des chevaux et la proximité des écuries. Cela nous prendrait du temps, probablement des années, mais nous finirions par creuser une galerie centrale menant à une chapelle et, à partir de là, chaque moine creuserait sa propre cellule.

– Et vous croyez vraiment que cette… chose… cette

entreprise… en vaudrait la peine ?

De Payns sourit aux deux personnages royaux.

– Eh bien, ainsi, notre dévouement aurait un but lorsque nous ne patrouillons pas ou que nous ne nous réunissons pas pour prier. Cela nous empêcherait de sombrer dans la paresse et l'ennui.

– Qu'utiliseriez-vous pour creuser votre trou ?

De Payns secoua la tête.

– Je ne sais pas, monseigneur. Je suis un soldat et non un ingénieur, mais l'un d'entre nous le sait. Il parle de forets, de marteaux et de pinces, et aussi de poulies, de câbles et de chariots pour évacuer les débris. Je suis certain qu'il sait tout ce qu'il y a à savoir à ce sujet.

– Et vous-même croyez que cette tâche en vaut la peine ? J'ai eu l'impression pendant un moment que ce n'était pas le cas.

– Oh non, monseigneur. Je pense que c'est une excellente idée en principe. Mais, au départ, elle serait coûteuse, et c'est pour cette raison que je ne l'ai pas soutenue entièrement devant le conseil. Mais je n'ai certainement aucun doute sur la valeur de l'idée.

– Et qu'arrivera-t-il si vous trouvez un trésor ?

De Payns réussit à garder un visage de marbre.

– Un trésor, monseigneur ? Pardonnez-moi, mais je ne comprends pas. Nous creuserions un tunnel à même la pierre.

– Oui, mais peut-être pas tout le temps. Vous pourriez trouver quelque chose pendant toutes vos excavations… un coffre rempli d'or ou de pierres précieuses, par exemple. De telles choses se produisent. Si vous trouviez un trésor, qu'en feriez-vous ?

Le chevalier fit un signe de dénégation.

– Je ne sais pas, monseigneur. Je n'avais jamais songé à cela.

Baudouin éclata de rire.

– Eh bien, moi, j'y ai songé. N'oubliez pas deux choses : vous avez fait vœu de pauvreté, et Jérusalem est mienne. Ainsi, tout trésor, qu'il s'agisse de monnaies, de lingots d'or ou de pierres précieuses, m'appartient. Je vous en verserais une partie en tant que paiement équitable pour votre labeur. Agréez-vous cette proposition ?

– Certainement, monseigneur, et avec joie, mais…

– Excellent ! Alors, vous allez parler à cet homme qui connaît la question et faire la liste des outils dont vous aurez besoin. Je les achèterai et vous les fournirai moi-même, au nom de la reine. Y a-t-il autre chose ?

– Non, monseigneur. Il n'y a rien d'autre que la nécessité de vous exprimer nos remerciements.

Le roi se leva d'un bond, tenant toujours la main de la reine et l'attirant à lui.

– C'étaient nos remerciements que nous devions exprimer, frère Hugues, ainsi que toute notre amitié. Si vous avez besoin de quoi que ce soit d'autre plus tard, faites-le-moi savoir immédiatement.

Il s'arrêta soudain en regardant de Payns.

– Qu'y a-t-il ? Vous semblez avoir songé à autre chose.

Le chevalier secoua la tête.

– Non, monseigneur, je pensais simplement à la nécessité de demeurer discrets… Si les gens nous entendent creuser, ils pourraient s'interroger sur ce que nous faisons… Mais ils n'entendront rien, puisque nous ne creuserons qu'à l'intérieur de nos écuries… Toutefois, il y a autre chose. Vous devez sans doute savoir que nous avons des associés que nous appelons des sergents. Ils étaient autrefois nos serviteurs et des membres de notre personnel, avant que nous ne devenions moines, et maintenant ils nous aident comme ils le faisaient dans le passé, mais d'une manière différente. Ce sont tous des combattants et, sans eux, nous ne pourrions accomplir la moitié de ce que nous faisons.

Le roi avait hoché la tête pendant qu'il écoutait ce discours, et de Payns conclut :

– Mais ce sont des frères laïques et non des moines.

– Je ne vous suis pas. Quelle importance cela a-t-il ?

– Cela n'en a aucune, monseigneur, sauf sous un aspect. Quand nous aurons prononcé nos vœux, ils devront loger dans des quartiers séparés, alors j'aimerais obtenir votre approbation pour leur construire des baraquements à l'extérieur des écuries.

Baudouin émit un grognement et propulsa du doigt une poussière imaginaire sur le devant de sa tunique.

– Vous avez mon approbation. Construisez ce dont vous avez besoin. En ce qui concerne ceux qui se demandent ce que vous faites, laissez-les se poser des questions autant qu'ils le veulent. Je saurai ce qui se passe à cet endroit et c'est tout ce qui compte. Mais vous avez raison de penser qu'il vaut mieux ne pas susciter de rumeurs, alors ce sera un secret entre nous quatre… Pas un mot sur une quelconque excavation, ni sur un quelconque trésor.

Il porta un doigt à ses lèvres en exagérant le geste avec ironie.

– Silence et discrétion, mes amis, silence et discrétion. Portez-vous bien.

Les deux chevaliers se levèrent et s'inclinèrent, demeurant pliés à la taille jusqu'à ce qu'ils soient seuls, puis ils quittèrent la résidence royale.

†

– Pourquoi tout ce cirque et d'où cela venait-il ?

De Payns se retourna vers son ami, souriant déjà devant l'hostilité dans la voix de Saint-Omer.

– Je me demandais au bout de combien de temps tu commencerais à me harceler après avoir quitté le palais. J'ai compté vingt-deux pas.

– Je me faisais discret, répondit Saint-Omer. Je ne voulais pas commencer à crier après toi en présence des gardes du roi. Ils ont tendance à manquer d'humour lorsqu'il y a du remue-ménage près du roi. Maintenant, me diras-tu ce que signifiait ton… ton spectacle de tout à l'heure ?

– À quoi servent les spectacles, Geoff ? À divertir, à amuser et à concentrer l'attention… toujours concentrer l'attention. Mais nous sommes encore trop près des gardes pour en parler. Nous en discuterons plus tard, avec les autres.

Saint-Omer s'arrêta brusquement pour faire face à son

ami, mais parla d'une voix basse :

– Non, Hugues, nous allons en discuter maintenant parce que je veux comprendre ce que tu as fait ce matin, avant même que nous n'ayons abordé le sujet avec les autres. J'ai de la difficulté à croire ce que j'ai entendu tout à l'heure, mais j'y étais et c'est ce que j'ai entendu. Alors, tu vas m'en parler, et j'espère que, cette fois-ci, je le comprendrai en plus de l'entendre.

– Très bien, mais marchons de ce côté, au-delà de la cour où nous ne risquons pas d'être entendus… Maintenant, que crois-tu m'avoir entendu dire ?

– Je ne *crois* rien. Je t'ai entendu révéler nos plans au roi.

– En es-tu certain, Geoffroy ? Qu'ai-je révélé ?

– Que nous avons l'intention de creuser un tunnel sous le roc jusqu'aux fondations.

– Oh… je vois, j'ai mentionné les fondations, n'est-ce pas ?

– Eh bien… tu ne l'as pas fait… mais je savais ce que tu voulais dire.

– Mais le roi le savait-il, Geoff ? Savait-il ce que j'avais en tête ?

Saint-Omer hésita, réfléchissant avant de répondre :

– Non… Il pensait que tu parlais de creuser un monastère à même le roc.

– Comme c'est étrange ! C'est exactement ce que je pensais vouloir dire aussi, et pourtant tu as cru comprendre autre chose. Et le roi s'est-il fâché de ma présomption ?

– Non, mais… Damnation !

Saint-Omer pointa un doigt vers son ami mais demeura silencieux, son visage grimaçant œuvrant indépendamment de son esprit tandis qu'il réfléchissait à ce qu'il allait dire, puis ses yeux s'écarquillèrent et il se mit à rire.

– Que le diable t'emporte, Hugues de Payns, tu es le manipulateur le plus retors, le plus dénué de scrupules et le plus brillant que j'aie connu. Tu n'as dit ou fait aucune des choses que je croyais. Et tu as dupé le roi lui-même aussi complètement que tu m'as dupé.

– Oh non, il n'y avait aucune duperie dans ce à quoi tu as pensé, mon ami. Tu t'es dupé toi-même en t'inquiétant exagérément de ce que pouvait voir Baudouin dans mon esprit et de ce qu'il pouvait y lire de mes véritables intentions. Je le voyais sur ton visage, et c'est pourquoi j'ai cessé de te regarder à un moment donné pour éviter que quelqu'un d'autre n'y voie les mêmes préoccupations que moi. Et en ce qui concerne la duperie du roi, je n'ai rien fait de tel. Je ne lui ai pas menti non plus. Nous avons vraiment eu la discussion que j'ai décrite quand nous avons évoqué la possibilité de feindre de creuser un monastère… C'était il y a quelque temps, je te l'accorde, et rien n'en est ressorti, mais tu y étais, alors tu dois t'en souvenir. Ce soir-là, nous avons parlé de tout ce que j'ai dit à Baudouin.

– Oui, je sais. Je le savais aussi quand tu lui en parlais, mais je ne comprenais pas ce que tu faisais, et je suppose que je me suis affolé. Mais tu étais éblouissant, maintenant que je sais ce qui se passait réellement. Tu as désarmé le roi, complètement réduit à néant toute possibilité d'éveiller ses soupçons à cause de quelque rapport sur des activités ou des bruits inhabituels, puis tu l'as convaincu, sans même sembler essayer de le faire, de fournir tous les outils dont nous aurons besoin. Je ne peux simplement pas croire que tu aies fait tout cela en moins d'une demi-heure.

– N'oublie pas le trésor.

– Oui, le trésor . Quand il a commencé à en parler, j'étais convaincu qu'il savait ce que nous allions faire et qu'il parlait du trésor que nous cherchions. J'ai eu envie de vomir, tellement je craignais qu'il en soit ainsi, mais j'ai compris qu'il ne parlait que d'un trésor ordinaire… d'or et de bijoux… et pas du tout de notre trésor.

– Il entretient peu d'espoir que nous trouvions quoi que ce soit, car il sait qu'il peut n'y avoir aucun trésor au cœur de la pierre.

Saint-Omer fronçait les sourcils.

– Qu'allons-nous faire si nous trouvons de l'or et des pierres précieuses parmi les trésors que nous cherchons ?

– Nous en trouverons certainement. Les archives en parlent très clairement. Elles mentionnent des objets précieux, les ornements du temple et des joyaux de grande valeur. Nous sommes à la recherche du trésor d'un temple, Geoffroy. Sans compter ce qu'il peut contenir si l'on se fie aux connaissances et aux traditions de notre Ordre. Il contiendra aussi certains objets particuliers. Quand donc as-tu vu un prêtre ou un temple dépourvu de richesses ? Mais c'est là un pont que nous pourrons traverser une fois que nous l'atteindrons. Entre-temps, le roi ne s'attend pas à ce que nous trouvions quoi que ce soit. Il est tout à fait ravi de nous laisser creuser au cœur du mont, pourvu que nous continuions à surveiller les routes et les chemins. Et c'est ainsi que nous le ferons, Geoffroy. C'est ainsi que nous le ferons. Maintenant, pouvons-nous retrouver les autres pour les informer ?

Saint-Omer sourit et tendit sa main ouverte pour l'inviter à le précéder et les deux hommes se dirigèrent vers le coin sud-ouest du mont du Temple, de Payns sifflant tranquillement entre ses dents.

QUATRIÈME PARTIE

LA TENTATRICE

1120-1125

CHAPITRE 19

– Il semble increvable, dit Gormond de Picquigny, le patriarche latin de Jérusalem.

Hugues de Payns sourit à demi, les yeux fixés sur le spectacle qui se déroulait devant eux.

– Il le paraît, acquiesça-t-il, mais vous devriez savoir, entre tous, qu'il ne faut jamais se fier aux apparences. Il se fatiguera petit à petit, comme tout le monde, mais la différence que vous voyez, c'est qu'il est beaucoup plus jeune que les autres, avec en plus la force et la détermination de la jeunesse. Ah ! regardez-le... il se déplace comme un chat. J'aimerais en avoir quatre de plus de sa trempe.

Ils regardaient un tournoi, un combat d'entraînement auquel participaient cinq épéistes, à quatre contre un, et l'homme solitaire, le plus jeune d'entre eux, donnait l'impression que ses quatre adversaires étaient une bande de maladroits. Il tenait à deux mains une large épée munie d'une longue lame fuselée auprès de laquelle les armes de ses opposants semblaient ridicules, et il maniait son arme de manière brillante, la transformant par ses mouvements rapides en un rideau impénétrable d'éclairs chatoyants. Deux de ses adversaires avaient convergé sur lui en même temps, l'un d'eux bloquant sa lame avec la sienne tandis que l'autre en profitait pour s'avancer vers lui, mais, à ce moment, le jeune homme virevolta avec aisance et fit un bond, son pied de devant cherchant et trouvant le sommet d'une murette derrière lui. Pendant un moment, il se tint là, les genoux ployés pendant qu'il cherchait son équilibre, puis il s'élança, doublant la distance entre lui et ses rivaux avant qu'aucun de ces derniers n'ait pu réagir à son premier saut, et quand ses pieds touchèrent de nouveau le sol, il éclata de rire et y planta la pointe de son épée, signalant une pause qu'acceptèrent avec joie ses adversaires hors d'haleine.

– C'est bien, Stephen, cria de Payns alors que les membres du groupe se détendaient et tentaient de reprendre leur souffle.

Le patriarche se tourna vers lui en souriant.

– Je comprends que vous soyez impressionné, mais pourquoi n'en auriez-vous pas quatre de plus comme lui ? Et pourquoi seulement quatre ? Pourquoi pas une vingtaine comme lui ?

De Payns rit de bon cœur.

– Pourquoi pas ? Je devrais en avoir une vingtaine comme lui, comme vous dites, mais cela n'arrivera jamais, parce que ce garçon est un phénomène en soi. Il est… il est incroyable. J'ai encore du mal à croire qu'il se trouve ici-même, parmi nous. Je pense chacune de mes paroles, monseigneur. Très peu de jeunes hommes de son âge, sans doute moins d'un sur cinq ou dix mille, possèdent le talent de combattant dont use celui-ci avec tant d'aisance, mais pas un sur mille d'entre eux, jeunes comme ils le sont, et puissants, gorgés de la sève montante et du sentiment d'immortalité de la jeunesse, ne pourrait être tenté d'abandonner les plaisirs qui l'attendent pour prendre la robe et vivre comme un moine.

– Oui, je vous l'accorde… Le monde et la chair ont beaucoup d'attrait pour les jeunes hommes. Mais d'où celui-ci sort-il ? Vous m'avez amené ici pour le voir, mais vous ne m'avez même pas dit son nom, ni rien à son propos… Qui est-il et d'où vient-il ?

– Je suppose que j'ai hérité de lui.

Le visage de de Payns affichait un demi-sourire alors qu'il observait la performance du jeune chevalier en parlant au patriarche sans le regarder.

– Son grand-père était mon parrain, poursuivit-il, le vieux Sir Stephen St. Clair. *Le* Stephen St. Clair qui a envahi l'Angleterre avec les Normands en 1066 et est devenu plus tard l'homme de confiance et l'ami de Guillaume le Bâtard, duc de Normandie et roi d'Angleterre. Vous avez sûrement entendu parler de lui, n'est-ce pas ?

Il se tourna vers le patriarche qui secouait poliment la tête.

– Vous n'avez jamais entendu parler de Sir Stephen St. Clair ? C'est réellement étonnant. Il était réputé comme étant l'homme qui avait tué Harold Godwinson, le roi d'Angleterre, pendant l'invasion de 1066. Je dis qu'il était réputé l'avoir fait parce que St. Clair l'a toujours nié, mais le roi Guillaume lui-même affirmait avoir vu la chose se produire et jurait qu'il avait gagné sa couronne pour cette raison, alors les gens croyaient davantage ses paroles que les protestations de St. Clair.

– Alors, comment est-il possible que son petit-fils se trouve ici en Terre sainte et songe à devenir moine ?

– Il n'y a pas réellement de lien direct, mais le père du jeune Stephen et moi étions amis quand nous étions jeunes. Pas des amis intimes, mais suffisamment proches pour avoir une haute estime l'un pour l'autre, bien qu'il ait été de cinq ans mon aîné. Robert s'est marié jeune à une de mes cousines au premier degré. Elle lui a donné un fils, le jeune Stephen…

Le moine chevalier arrêta soudainement de parler. Le patriarche attendit quelques instants, puis demanda :

– Et alors ?

Mais de Payns regardait autre chose et leva la main pour lui faire signe d'attendre.

Le patriarche se redressa, éprouvant un léger sentiment d'indignation.

– Quoi ? Qu'est-ce qui ne va pas ?

Mais au moment où il posait cette dernière question, il en vit lui-même la réponse. Un officier magnifiquement vêtu et trois hommes moins décorés s'étaient approchés sans être vus derrière eux et les avaient maintenant dépassés, s'avançant prudemment sur le sol inégal parsemé de pierres, jusqu'aux cinq combattants qui discutaient, debout. On voyait clairement à leurs manteaux bleu pâle ornés de glands dorés que les nouveaux venus étaient des gardes royaux, et les cinq chevaliers, qui étaient eux aussi tous vêtus de la même façon, de futaines brunes sans ornement héraldique, ne s'aperçurent de leur présence qu'au moment où ils les atteignirent. Les cinq hommes se retournèrent pour faire face aux gardes, le visage inquiet et le corps dans une attitude de défi. Les gardes s'arrêtèrent à deux pas d'eux. De Payns et le patriarche se trouvaient trop loin pour entendre ce qu'ils disaient, mais la voix du capitaine, qui parlait au plus jeune des chevaliers, était claire.

De Payns fit volte-face pour regarder derrière lui et vit un carrosse fermé, tiré par une paire de chevaux et entouré d'une importante escorte. Les rideaux des fenêtres du carrosse étaient fermés.

– La voiture royale, dit-il d'un ton calme qui attira l'attention de Picquigny. Pourrait-il s'agir de la reine ?

Maintenant, le patriarche regardait aussi, et il secoua la tête.

– Non, ce n'est pas la reine. Pas aujourd'hui. Son Altesse est indisposée depuis plusieurs jours. Il y a une maladie qui se propage ces temps-ci, et elle l'a attrapée il y a quelques jours… rien de très grave, mais suffisamment pour que la reine reste dans ses appartements. Et ce n'est pas le roi non plus, parce qu'il serait ici en train de nous parler. Non, ce doit être une ou plusieurs des filles… Le carrosse est suffisamment grand pour les contenir toutes les quatre, bien que je doute qu'elles consentent à passer du temps ensemble.

Il jeta un coup d'œil sur sa gauche, où le jeune chevalier et ses compagnons discutaient maintenant calmement avec le capitaine en se dirigeant vers le carrosse, discrètement entourés par les trois autres gardes. Quatre d'entre eux avaient rengainé leurs épées, mais le plus jeune, St. Clair, tenait toujours sa longue lame brillante contre son épaule d'un air désinvolte tout en marchant.

Tandis qu'ils approchaient du carrosse, un des soldats royaux en ouvrit la porte alors que le chevalier que de Payns avait appelé Stephen se penchait pour regarder à l'intérieur.

– Alix, dit Gormond de Picquigny d'une voix résignée. Ce doit être Alix. C'est la seule qui ait assez d'audace pour passer outre aux usages d'une manière aussi cavalière. Votre chevalier pourrait se trouver en danger, de Payns.

– À cause de la princesse ? demanda de Payns en riant. Elle est minuscule par rapport à lui.

– Je ne parlais pas de danger physique… Je voulais dire : en danger de commettre un péché. Il se trouve mortellement menacé et nous ferions mieux d'y aller et de tâcher de sauver son âme. Je ne doute point que la princesse sera… ravie de me voir ici.

De Payns était conscient du sarcasme qui imprégnait les paroles du patriarche, mais il n'avait aucune idée de ce qui les justifiait, et il décida sur-le-champ qu'il était préférable pour lui de se taire jusqu'à ce qu'on lui demande de parler, mais il suivit Picquigny alors que celui-ci partait en direction du carrosse.

Dans l'obscurité qui régnait à l'intérieur de la voiture, Alix vit les deux hommes se diriger vers elle, mais ils étaient loin et elle les chassa immédiatement de son esprit en constatant qu'ils étaient âgés et donc indignes de son intérêt pour le moment. Toute son attention était concentrée sur le jeune homme qui s'approchait d'elle, un jeune homme à l'allure volontaire et aux yeux d'un bleu brillant, un léger froncement de sourcil plissant son grand front alors qu'il atteignait la porte et se penchait pour scruter l'obscurité qui la dissimulait.

– Vous souhaitiez me parler, madame ?

Ses yeux passaient sur elle sans la voir, et elle ne répondit pas, sachant qu'il était temporairement aveuglé par le soleil et qu'elle était libre de l'observer autant qu'elle le souhaitait pendant quelques instants avant que ses yeux ne s'habituent au changement de lumière. Il s'était arrêté tout près de son carrosse et avait planté sa longue épée dans le sol à ses pieds, sans savoir qu'elle le regardait par un minuscule interstice entre les rideaux de cuir. Puis, avec ses deux mains, il avait détaché les lacets sous son menton et tiré vers l'arrière le capuchon de sa tunique de mailles, puis l'avait rejeté sur son dos, libérant ainsi une chevelure blonde étonnamment longue qu'il avait secouée comme un chien avant de la gratter du bout des doigts et de placer ses mèches collantes de sueur derrière ses oreilles. Puis il avait repris son épée, la serrant fermement sous un bras avant de s'avancer calmement vers le carrosse.

Alix s'était rapidement éloignée des rideaux, appuyant son dos contre le coin du carrosse en entendant les soldats à l'extérieur se préparer à ouvrir la porte et, dans le flot de lumière brillante, l'étranger s'était approché jusqu'à ce que ses épaules bloquent la porte et s'était penché pour regarder à l'intérieur, de toute évidence incapable de la voir et fronçant les sourcils en raison du passage rapide de la lumière à l'obscurité. Profitant du moment, elle s'était appliquée à examiner la perfection du corps du jeune homme : des yeux extraordinairement bleus sous des sourcils blonds et des cils épais, une bouche faite pour embrasser, des lèvres larges et pleines, impeccablement arquées, des dents parfaitement formées et d'un blanc éclatant, et de longs cheveux dorés et soyeux qui tombaient en boucles sur son cou athlétique alors qu'il se penchait davantage, toujours incapable de la voir clairement dans l'obscurité du carrosse.

En général, les chevaliers avaient une longue barbe, mais gardaient la tête rasée de près pour des raisons de confort et d'hygiène parce qu'ils portaient la plupart du temps leur capuchon de mailles serré. Cet homme faisait exactement le contraire en rasant son menton et en portant ses cheveux longs. Était-ce par vanité ? Elle se posa brièvement la question, puis rejeta cette pensée, la jugeant futile. S'il était vaniteux, cela jouerait en sa faveur, car il serait facile de flatter sa vanité, mais, pour l'instant, cela n'avait pas d'importance.

C'était par le plus pur des hasards qu'elle l'avait remarqué en passant, car elle retournait chez elle après avoir rendu visite à une amie. Elle était d'humeur maussade parce que l'amie en question l'avait contrariée en tombant malade, comme beaucoup de gens qu'elle connaissait, condamnant ainsi Alix à passer une soirée ennuyeuse dans une solitude qu'elle n'avait pas prévue. C'est pourquoi la jeune fille avait erré de par les rues dans un isolement volontaire, boudant toute seule dans l'obscurité de son carrosse, les rideaux de cuir fermés pour la protéger de la lumière aveuglante du soleil. Elle avait entendu le son métallique des armes et une série de cris enjoués alors qu'elle passait près d'un groupe de soldats. Elle n'avait aucune idée de la raison pour laquelle elle avait tiré le rideau en entendant ce bruit en particulier, car elle avait déjà dépassé plusieurs groupes semblables le long de la route. Jérusalem était un État enclavé, sans cesse attaqué par des ennemis de l'extérieur, et son père entretenait une vaste armée constamment sur le pied de guerre, ce qui signifiait que le bruit des armes et les cris d'enthousiasme, ainsi que le rire des hommes pour qui la vie était une suite sans fin de séances d'entraînement, d'exercices de combat et de bousculades indisciplinées, faisaient partie des sons familiers dans la ville.

Mais quelque chose de particulier dans le bruit que faisait ce groupe spécifique de brutes avait provoqué son mécontentement, et elle avait écarté les rideaux d'un geste brusque, puis s'était penchée vers l'avant, prête à décharger sa colère sur eux d'une façon ou d'une autre, mais, au moment d'ouvrir la bouche pour appeler ses gardes, elle avait aperçu l'homme qui se tenait maintenant devant elle, et oublia tout le reste. Même de loin et alors qu'il était vêtu de la tête aux pieds d'une lourde cotte de mailles, elle s'était immédiatement rendu compte qu'il était très différent de la majorité des gens qui l'entouraient. C'était peut-être la façon qu'il avait de bouger, car, en soi, cela le distinguait des autres, mais dès qu'Alix avait porté les yeux sur le jeune homme qui semblait voler dans les airs comme un léopard que l'on aurait revêtu d'acier, elle n'avait eu d'yeux que pour lui.

Cette première impression de grâce fluide, naturelle, avait à jamais marqué sa mémoire, parce qu'elle était unique. Tous les chevaliers étaient extrêmement forts. C'était un fait si évident que les gens n'en étaient plus conscients, car lorsque des hommes se battaient et s'entraînaient au combat pendant aussi longtemps et de manière aussi intensive que le faisaient les chevaliers, à manier quotidiennement des armes lourdes pendant des heures, ils développaient une imposante stature musculaire, de même que la force et la détermination qui allaient de pair avec un effort prolongé. Mais ce qu'ils développaient rarement, c'était la légèreté des mouvements, la grâce et l'agilité. Prisonniers de la masse de muscles qu'étaient devenus leurs corps, les chevaliers avaient tendance à marcher d'une manière lente et inexorable, les épaules penchées vers l'avant et les genoux fléchis. C'était là une posture qui se prêtait au style de combats qu'ils connaissaient le mieux, l'affrontement armé, face à face et lame contre lame, jusqu'à ce que le meilleur gagne.

Mais celui-ci était d'une race différente. Alix avait d'abord vu une forme imprécise qui se déplaçait très vite, mais, presque aussitôt, ses yeux et son esprit s'étaient ajustés à ce qu'elle voyait et elle avait remarqué les quatre silhouettes accroupies qui se tournaient en même temps, trop tard, pour poursuivre l'adversaire qui s'était jeté sur eux, se servant d'une murette comme d'un tremplin pour sauter pardessus leurs têtes. Il avait atterri derrière eux, les genoux pliés, puis avait tourné sur lui-même avec agilité et frappé du plat de sa lame le plus proche de ses quatre adversaires avant de se tourner à nouveau et de sauter dans les airs pour saisir une traverse qui dépassait d'un toit à proximité, l'utilisant pour se remonter d'une seule main sur le rebord d'une fenêtre d'où il avait salué de la main, en riant, ses quatre compagnons pour finalement disparaître à l'intérieur du bâtiment. Toute cette scène n'avait duré que quelques instants et, lorsque Alix avait finalement pu crier au conducteur d'arrêter le carrosse, l'homme avait disparu.

Le capitaine de ses gardes avait promptement répondu à son appel et, après lui avoir ordonné de descendre de cheval, la princesse lui avait montré les quatre infortunés chevaliers qui regardaient encore la fenêtre où s'était trouvé le jeune homme, l'exhortant à revenir. Elle lui avait expliqué qu'il y avait un cinquième homme dans ce groupe, qu'il était de plus haute taille que les autres, et qu'elle désirait lui parler immédiatement. À ce moment, toutefois, le garçon était réapparu derrière l'édifice dans lequel il avait disparu plus tôt et s'était lancé à l'assaut des quatre autres, qui ne l'avaient pas encore vu.

– C'est lui, là-bas, avait-elle dit en le pointant inutilement du doigt. Amenez-le-moi tout de suite.

Le capitaine, qui connaissait bien les caprices de la

princesse, avait incliné la tête sans mot dire et était parti sur-le-champ, à pied, en faisant signe à trois gardes de mettre pied à terre et de l'accompagner.

Alix avait alors refermé les rideaux de son carrosse et regardé la scène par un interstice entre les deux rideaux pendant que le capitaine parlait aux hommes, qui avaient alors cessé de se battre. Et maintenant, scrutant le visage de l'homme qu'elle avait convoqué, Alix était extrêmement heureuse de l'impulsion qu'elle avait eue de regarder par la fenêtre.

Le garçon cligna des yeux, les frotta, les rouvrit et, cette fois, il put au moins voir où elle était assise. Il cligna de nouveau des yeux, plusieurs fois, les écarquilla autant qu'il le pouvait, puis prit la parole :

– Pardonnez-moi, madame, mais je me suis trouvé soudain aveuglé dans cette obscurité. Je ne pouvais pas vous voir au début. L'officier a dit que vous souhaitiez me parler. Est-ce exact ?

– C'est exact, Sir. Pourrais-je savoir votre nom ?

– Mon nom ? Stephen, madame... Sir Stephen St. Clair, d'York et d'Anjou.

– Bien alors, Sir Stephen. Et savez-vous qui je suis ?

Le jeune chevalier fit non de la tête. Maintenant, ses yeux s'habituaient rapidement à la pénombre du carrosse. Elle pouvait voir ses pupilles s'élargir.

– Je suis Alix du Bourg.

Il courba la tête mais il était évident que le nom ne lui disait rien, et elle fronça les sourcils.

– Êtes-vous arrivé récemment ? Pourquoi ne vous ai-je jamais vu auparavant ?

St. Clair secoua encore la tête.

– Je l'ignore, madame. Je ne suis pas arrivé dernièrement, mais je ne suis pas non plus ici depuis longtemps. Je suis arrivé il y a trois mois, pour me joindre aux frères de la Patrouille du patriarche.

Les yeux d'Alix s'écarquillèrent de surprise.

– Les frères ! Êtes-vous moine ?

– J'espère en devenir un bientôt, madame. Pour l'instant, je suis un novice et j'étudie la règle.

– La règle ? Qu'est-ce que c'est ?

– La règle de saint Benoît, madame. Le style de vie conçu par saint Benoît lui-même et qu'ont adopté les moines.

– Ah ! bien sûr.

Le regardant de près, Alix voyait bien que, malgré sa beauté, il avait quelque chose d'un peu idiot, qu'il manquait d'imagination et n'avait pas une once d'humour. Un petit nuage de poussière s'introduisit dans le carrosse par-derrière lui, de minuscules grains de sable brillant dans les rayons du soleil entourant la masse du chevalier, et la princesse toussa délicatement dans le mouchoir de lin qu'elle tenait entre ses doigts.

– Veuillez entrer et fermer la porte, s'il vous plaît, dit-elle. J'ai quelques questions à vous poser et je préférerais le faire sans avaler de la poussière chaque fois que j'ouvre la bouche.

– Des questions, madame ? Quelle sorte de questions pouvez-vous donc avoir à me poser ? Vous ne me connaissez pas du tout.

Il était vraiment adorable, debout à cet endroit, avec ses grands yeux innocents, et Alix esquissa un petit sourire ironique.

– Croyez-moi, murmura-t-elle en le faisant pencher davantage pour entendre ce qu'elle disait, nous pouvons y remédier rapidement. Mais je connais vos frères. Ils ont un jour sauvé la vie de ma mère et, même si cela s'est produit il y a plusieurs années, elle leur voue une reconnaissance éternelle et elle est souvent en relation avec eux. J'aimerais savoir, entre autres choses, où vous avez appris à voler de cette façon, vêtu d'une cotte de mailles complète et de jambières de mailles, alors, si vous le voulez bien, montez et racontez-moi. Asseyez-vous et refermez la porte pour nous protéger de la poussière et de l'éclat du soleil.

De toute évidence, St. Clair ne savait comment réagir à ce petit discours et ses sourcils se froncèrent encore davantage, puis il inclina la tête, retira l'épée de sous son bras, la plaça avec soin contre le siège à sa droite et saisit des deux mains les montants de la porte pour se hisser à l'intérieur. Mais, avant qu'il n'ait eu le temps de le faire, il entendit une voix profonde l'appeler derrière lui et Alix vit ses yeux s'agrandir de surprise alors qu'il redescendait et se tournait afin de faire face à celui qui lui avait parlé. Furieuse que quiconque ose intervenir dans ses affaires ou l'interrompre, Alix se leva d'un bond et sortit rageusement la tête par la porte pour se retrouver face à face avec le patriarche Gormond de Picquigny.

– Princesse Alix ! s'écria-t-il d'une voix fort différente de celle avec laquelle il avait appelé St. Clair. Quelle joie de vous rencontrer ici, par hasard, si loin de chez vous ! Puis-je vous demander ce qui vous amène en ce lieu et pourrais-je vous aider en quoi que ce soit ?

Il s'était avancé jusqu'à sa porte et, maintenant, il abaissait le marchepied de la pointe de sa chaussure et tendait une main à la princesse pour la soutenir alors qu'elle descendait de son carrosse. Alix n'avait d'autre choix que d'obtempérer, et elle sortit lentement du véhicule, gardant les yeux sur ses pieds à chaque pas. Elle avait vu la surprise dans les yeux du chevalier lorsqu'il avait entendu Picquigny s'adresser à elle par son titre, et elle était furieuse, sachant qu'il serait maintenant impressionné par son rang et donc, selon toute probabilité, plus difficile à séduire. Elle aurait aimé cracher au visage de ce vieux fouineur, mais elle se força à sourire gentiment.

– Merci, monseigneur le patriarche, mais je n'ai nullement besoin d'aide. J'ai simplement aperçu Sir Stephen, ici, et me suis arrêtée pour lui demander comment il appréciait son séjour parmi les frères de votre patrouille.

– Ma patrouille… Pardonnez-moi, princesse, mais il me vient tout à coup à l'esprit que vous ne vous souvenez peut-être pas de mon compagnon que voilà, même si je sais que vous l'avez déjà rencontré. Puis-je vous présenter le frère Hugues de Payns, le fondateur de la confrérie à laquelle appartient le frère Stephen ici présent ? Vous avez pour la première fois rencontré le frère Hugues le lendemain du jour où votre mère a été sauvée des brigands sarrasins, il y a de cela plusieurs années.

Pendant qu'Alix relevait la tête pour regarder de Payns, le patriarche glissa une main à l'intérieur du carrosse et reprit l'épée que St. Clair avait posée contre un des sièges, puis la tint avec désinvolture par l'étui alors qu'il se retournait vers les autres.

Alix avait souri chaleureusement à de Payns, qui posa son poing ganté de mailles contre sa poitrine pour la saluer, sa bouche se tordant légèrement pour lui retourner son sourire.

– Je me souviens très bien de cette occasion, frère Hugues, même si j'étais jeune, déclara-t-elle d'un air modeste. Je venais tout juste de mentionner l'incident à Sir Stephen. N'est-ce pas, Sir Stephen ?

– Je m'appelle simplement frère Stephen, madame.

La peau dorée de St. Clair s'était profondément empourprée, sans doute, songea Alix, parce qu'il était conscient de la manière évidente dont elle mentait et l'entraînait dans son mensonge.

– Frère Stephen, dit-elle en inclinant la tête. Bien sûr. J'avais oublié que vous aviez renoncé au monde.

– Ce n'est pas tout à fait vrai, princesse, murmura le patriarche en rendant son épée à St. Clair qui rougit encore davantage. Le frère Stephen n'est qu'un novice aujourd'hui, mais, bientôt, il prononcera ses vœux en renonçant à la société civile, et à bien davantage... En fait, il renoncera au diable, au monde et à la chair pour consacrer sa vie à Dieu. Un destin magnifique pour n'importe quel homme.

Alix réussit à garder son sourire, même si elle allait par la suite se demander pendant des mois comment elle avait pu dissimuler la rage qui s'était emparée d'elle devant l'insolence à peine voilée du vieil hypocrite. Elle savait qu'il la désapprouvait pour des raisons morales, mais elle se souciait comme d'une guigne de sa désapprobation à son endroit parce que, même puissant comme il l'était, avec son patriarcat latin et son accès direct au roi, il n'avait aucun motif concret de l'accuser. Avertie des années auparavant des soupçons qu'il entretenait sur son comportement sexuel, elle avait depuis déployé d'immenses efforts pour s'assurer qu'il n'ait rien à raconter à son père. Elle s'était montrée extrêmement prudente et même, ces derniers temps, très abstinente. Elle savait aussi qu'il avait des soupçons sur son comportement dans plusieurs autres domaines dans lesquels leurs chemins se croisaient parfois. Elle lui en voulait de ses soupçons, peu importe qu'ils soient fondés ou non, mais elle acceptait également qu'elle ne pouvait rien y changer. Du moins, pas pour le moment, alors qu'elle n'était encore qu'une princesse sans pouvoir. Une fois devenue reine — et elle avait la ferme intention d'y parvenir —, les choses allaient beaucoup changer. À ce moment, elle serait en mesure de remettre à sa place le vieil indiscret et tous ceux qui partageaient son opinion à son sujet.

Se trouvant maintenant dans une situation où elle ne pouvait gagner, Alix accepta l'inévitable et conserva un visage dénué de toute trace de colère ou d'amertume. Elle inclina gracieusement la tête en direction de de Payns puis vers le jeune St. Clair, leur souhaitant à tous deux de se bien porter, puis elle se tourna et adressa au patriarche lui-même un sourire qui exprimait l'affection et l'admiration les plus pures, le remerciant de s'être inquiété pour elle et lui assurant qu'elle allait transmettre ses sincères salutations à sa mère convalescente. Puis elle revint à son carrosse et grimpa les marches, le patriarche tenant de nouveau sa main tendue.

Aussitôt qu'elle fut à l'intérieur, Picquigny recula d'un pas et leva la main pour faire signe au conducteur de démarrer. Les chevaux se raidirent, le carrosse commença à rouler et Stephen St. Clair se tint au garde-à-vous, regardant s'éloigner le véhicule comme s'il pouvait voir à travers le bois la jeune femme à l'intérieur. Il n'avait, de sa vie, jamais vu personne d'une telle beauté, et il gardait à l'esprit l'image de la jeune fille se penchant vers lui, tenant à la main une longue chaîne qui pendait de son cou, laissant glisser lentement la croix d'or dans son autre main. Il savait qu'il était dangereux pour lui de songer à sa beauté, et qu'il allait devoir prier pour trouver la force de résister à la tentation, mais, en entendant la voix désapprobatrice de son supérieur lui rappeler ses devoirs, il sut également, sans l'ombre d'un doute, que le visage souriant d'Alix allait être la dernière chose qu'il verrait avant de s'endormir ce soir-là.

CHAPITRE 20

Alix, de nouveau en sécurité dans la pénombre de son carrosse, avait ordonné à son conducteur de l'amener immédiatement au palais, où elle passa le reste de la journée à pleurer de rage, furieuse à l'idée d'avoir été humiliée, bien que de manière subtile, par le patriarche. Elle aurait voulu crier et lancer des objets, mais elle se contenta de mordre sauvagement dans le morceau de tissu torsadé dont elle avait, le matin, entouré sa chevelure, sachant qu'en s'abandonnant à sa rage, elle ne ferait que se donner en spectacle aux serviteurs et aux soldats qui l'entouraient, lesquels se feraient un plaisir, plus tard, de bavarder au sujet de son comportement. Alors, elle demeura assise en silence, tendue comme une peau de tambour, tordant méchamment le tissu dans sa main et imaginant tous les châtiments qu'elle aurait adoré infliger de ses propres mains au vieux patriarche. Il y avait peu de choses dans sa vie, et encore moins de gens, qu'Alix du Bourg ne pouvait dominer ou régir, mais Gormond de Picquigny faisait partie de ces gens et cette situation la remplissait d'amertume. Une seule fois auparavant, deux ans plus tôt, elle avait tenté de le remettre à sa place lorsque ses interventions étaient devenues intolérables, mais sa tentative s'était terminée par un désastre, provoquant une rare crise de fureur de la part de son père, qui l'avait chapitrée devant une foule entière de gens. À partir de ce moment, Alix s'était montrée extrêmement prudente dans ses relations avec le patriarche, choisissant de l'éviter complètement chaque fois que la chose était possible et d'ignorer son existence autant qu'elle le pouvait, lorsque les circonstances les mettaient en présence l'un de l'autre.

Son père représentait une autre des rares personnes

qu'elle ne pouvait dominer, malgré que, la plupart du temps, il pouvait sembler aux yeux des autres que Baudouin faisait preuve d'une trop grande indulgence à son égard. Alix savait simplement, et ce depuis l'enfance, qu'elle n'avait pas intérêt à trop provoquer son père et n'allait jamais le défier délibérément. Baudouin était un autocrate qui n'avait à répondre de ses actes à personne, et ses accès de colère, même s'ils étaient peu nombreux, étaient imprévisibles, violents et fort dangereux. Alix du Bourg ne doutait pas le moins du monde que son père fût capable de commettre un meurtre lorsqu'il était furieux, et elle prenait grand soin d'agir prudemment en sa présence.

Elle s'était rendu compte du moment où son carrosse avait commencé à grimper la pente menant aux portes principales de la résidence royale lorsque les roues renforcées de fer s'étaient mises à cliqueter bruyamment sur les pavés de pierre, et elle avait rapidement essuyé ses dernières larmes, puis s'était enroulé la tête dans son long châle de soie. Quand le capitaine de son escorte avait ouvert la porte, elle était demeurée assise, immobile, jusqu'à ce qu'il ait fait tomber le marchepied, puis elle était descendue promptement, refusant le bras qu'il lui tendait et gardant la tête entièrement drapée dans son châle en en tenant une extrémité sur son visage, à la façon des musulmanes. Elle avait pénétré immédiatement dans la résidence et s'était dirigée vers ses appartements, sans dire un mot à quiconque, traversant en silence les hauts couloirs jusqu'à l'escalier principal et à l'étage supérieur, ne s'arrêtant qu'au moment où elle avait vu devant elle les portes ouvertes des appartements de sa mère. Elle avait hésité un moment, se demandant si elle devait entrer sans être annoncée, dans l'espoir qu'il ne se trouverait personne dans la première pièce, ou si elle devait faire volte-face et retourner à l'étage inférieur puis se rendre jusqu'au couloir de derrière qui lui permettrait de pénétrer dans ses propres appartements par l'autre côté. Elle avait suivi sa première idée et avait fait quelques pas d'un air déterminé, tenant la tête haute, mais la voix de sa mère l'avait accueillie aussitôt qu'elle avait eu franchi la porte, comme si elle l'avait attendue.

– Alix ? Alix, pour l'amour du ciel, mon enfant, qu'est-ce qu'il t'arrive ? On dirait que tu reviens de la guerre et que tu as été attaquée par des bandits. Viens ici tout de suite.

Alix s'arrêta net, murmurant des paroles qui auraient scandalisé sa mère si elle les avait entendues, puis se retourna et scruta la chambre au-delà des portes ouvertes, où la reine Morfia se tenait debout en la regardant d'un air impérieux, entouré de ses femmes.

– Mère, dit-elle d'un ton neutre en inclinant la tête, je croyais que vous étiez indisposée et confinée à votre lit.

– Je l'étais, répliqua sa mère d'un ton glacial. Mais, maintenant, je me sens beaucoup mieux que tu ne le sembles. Où étais-tu donc passée, mon enfant, et que t'est-il arrivé pour te retrouver ainsi échevelée ?

– J'ai pleuré, mère. De rage et d'humiliation.

La voix d'Alix était aussi froide que celle de sa mère, complètement dénuée d'inflexions.

– Tu as pleuré ? Puis-je te demander pourquoi ?

– C'est la vie qui m'a fait pleurer, mère, répondit Alix, et non, vous ne pouvez pas me poser d'autres questions.

Le visage de Morfia prit un air de colère et elle releva la tête.

– Tu es insolente et, même si la chose n'a rien d'étonnant en soi, elle te convient très mal. Je te suggère de passer de l'eau froide sur tes yeux bouffis avant que ton père ne te voie. Tu pourras te joindre à nous quand tu auras surmonté ta sottise et que tu pourras au moins faire semblant d'être sociable.

Alix tourna les talons et se dirigea rapidement vers ses appartements, consciente qu'aucune des servantes de sa mère ne lui avait jeté le moindre coup d'œil au cours de la discussion. Non pas qu'elle s'y fût attendue. Elles n'auraient pas osé, parce qu'elles devaient vivre sous le même toit qu'Alix et qu'elles étaient assez prudentes pour ne pas se la mettre à dos. Elles étaient les créatures de sa mère, mais elles avaient appris que, même si Morfia semblait parfois être partout et tout savoir, elles ne pouvaient toujours se fier sur la présence de la reine pour se protéger de la vengeance d'Alix si elles pensaient pouvoir s'amuser de la façon dont Morfia la traitait, même lorsqu'elle n'était qu'une enfant.

Morfia de Mélitène représentait l'âme damnée de sa fille, celle qui lui empoisonnait la vie, même si Alix reconnaissait elle-même qu'elle tenait sa mère, bien qu'à contrecœur, en haute estime. En vérité, Alix considérait sa mère comme étant dix fois plus virile que son père car, même s'il avait toujours été tout à fait clair que Baudouin régnait d'une main de fer sur son comté d'Édesse lorsque c'était nécessaire, Alix savait depuis l'enfance que sa formidable mère régnait sur le comte avec la même sévérité. Pour cette seule réalisation, Alix respectait sa mère depuis qu'elle était assez âgée pour savoir ce qu'impliquait le respect. Mais le respect n'avait rien à voir avec l'affection, et la mère et la fille n'avaient jamais éprouvé ce sentiment l'une envers l'autre. Elles n'avaient même jamais failli être proches, et non seulement Alix ne savait pas pourquoi, mais elle avait depuis longtemps cessé de s'en préoccuper.

Lorsqu'elle était âgée de dix ou onze ans, elle avait traversé une période au cours de laquelle elle examinait tout ce qu'elle faisait, tentant de cerner ce qu'il pouvait bien y avoir chez elle — dans son apparence, son comportement ou son tempérament — qui attirait infailliblement l'antipathie et la désapprobation de sa mère, mais, n'y étant jamais parvenue, elle avait finalement décidé que cela devait être lié à son apparence physique, à sa ressemblance avec son père.

Alix était venue au monde avec la couleur de peau et les traits de son père, ses cheveux blonds et ses yeux noisette, et elle était la seule des quatre enfants à lui ressembler d'une quelconque façon. Les trois autres ressemblaient toutes à Morfia qui, même aujourd'hui, à un stade de sa vie suffisamment avancé pour avoir quatre filles en âge de se marier, possédait une beauté exotique, un visage sans défaut et une ossature délicate qui mettaient en relief les traits de ses ancêtres de l'aristocratie arménienne. Dès le début, comme l'avait découvert Alix des années plus tard, Morfia s'était totalement entichée de sa première fille, Mélissende, fascinée qu'elle était par la perfection de l'enfant et par le fait indiscutable qu'elle était le portrait même de sa mère. Au moment de la naissance d'Alix, un an et demi plus tard, il était déjà trop tard pour qu'elle puisse faire concurrence à son aînée dans le cœur de leur mère et, avant qu'elle ne soit suffisamment âgée pour prendre conscience de telles choses, Mélissende avait grandi jusqu'à devenir une copie conforme de sa mère, adoptant même les couleurs de ses vêtements, une créature d'une beauté renversante qui s'attirait invariablement les soupirs et les manifestations d'admiration de tous ceux qu'elle croisait. Alix, quant à elle, avait une apparence ordinaire. Elle n'était pas dépourvue d'attraits, mais, aux côtés de sa sœur, elle semblait quelconque. Toutefois, elle était vive d'esprit, extrêmement intelligente, à la manière de son père, et alors que les années passaient et qu'elle apprenait à discerner toutes ces choses, elle était devenue de plus en plus consciente que sa sœur Mélissende avait été dotée à la naissance d'une grande beauté mais de peu d'intelligence et qu'elle était, en réalité, une personne terne et ennuyeuse.

À dix ans, peu après avoir réalisé cela pour la première fois, même si elle n'avait pas encore atteint l'âge auquel elle consacrerait du temps à réfléchir à l'importance de cette découverte et à ce qu'elle pourrait signifier pour elle dans l'avenir, Alix avait orienté son talent croissant pour l'observation critique vers ceux et celles qui l'entouraient, et plus particulièrement vers sa mère la comtesse. Elle n'en avait pas décidé ainsi ; elle avait simplement commencé à le faire et, ayant entrepris cet exercice, elle l'avait trouvé passionnant, car elle s'était rendu compte très progressivement, après plus d'une année d'observation, que sa mère était un être fascinant qui méritait amplement d'être étudiée, en particulier lorsqu'elle était loin de son époux le comte et qu'elle agissait selon ses propres desseins. Et Alix avait rapidement découvert que Morfia avait de nombreux desseins ainsi que toute une gamme de moyens pour les réaliser.

Toutefois, observer sa mère mettre ses projets à exécution représentait un processus beaucoup plus compliqué et secret que n'impliquait le simple mot « observer », car Morfia de Mélitène avait décidé, des années plus tôt, que ce qu'elle faisait durant ses moments de loisir ne regardait qu'elle, et elle faisait tout son possible pour que sa vie demeure privée. Lorsqu'elle se trouvait en public avec son époux, jouant le rôle de la femme loyale de Baudouin en tant que comtesse d'Édesse, elle était la dignité incarnée ; dans des situations plus intimes, avec sa famille et ses amis, elle jouait avec brio le rôle de l'amie bienveillante et celui de la mère préoccupée, se gagnant une réputation de sainte vivante dont l'existence entière était vouée au bien-être de son époux et de ses filles. Mais, en privé, Morfia était Morfia. Elle protégeait son intimité au point de se barricader dans sa solitude, et les gens qui la connaissaient sous d'autres aspects auraient eu du mal à la reconnaître.

Alix avait rapidement compris que si elle souhaitait réellement observer sa mère pendant ses heures d'isolement, elle devrait le faire en se cachant, comme une espionne, parce que Morfia n'allait pas tolérer sa présence. Pour être juste, toutefois, elle reconnaissait que cette intolérance s'étendait à tous et qu'elle ne représentait pas une exception à cet égard. Quand Morfia souhaitait une présence au sein de sa solitude, elle convoquait la personne qu'elle avait envie de voir. Autrement, la comtesse d'Édesse demeurait seule, œuvrant avec ardeur à ce qui dominait ses intérêts du moment.

Alix ne trouvait rien d'étrange au comportement de sa mère ; au contraire, elle acceptait ce fait comme étant anodin parce que c'était ainsi qu'elle-même aurait préféré vivre si elle en avait eu le choix. En très peu de temps, au fur et à mesure qu'elle apprenait les secrets de chaque recoin des pièces que sa mère utilisait, elle avait pu se rendre complètement invisible, assise, accroupie ou étendue en silence dans toutes les pièces du palais qui avait, à une époque, servi de résidence à un gouverneur romain. Et au fil du temps, en surveillant et en écoutant, elle en était venue à comprendre qu'elle avait beaucoup à apprendre de sa mère, malgré le fait que Morfia ne faisait jamais aucun effort pour lui enseigner quoi que ce soit. C'est ainsi qu'Alix était pratiquement devenue obsédée par l'étude du comportement de sa mère, apprenant et absorbant les techniques qu'employait Morfia pour accomplir ses desseins.

Pendant des années, tout au long de son enfance, Alix avait été jalouse de sa sœur aînée Mélissende, qui semblait bénéficier de toute l'attention que sa mère devait prodiguer à quelqu'un d'autre qu'elle-même, mais, au fur et à mesure que ses deux plus jeunes filles grandissaient, Morfia avait remarqué qu'elles lui ressemblaient et avait commencé à passer plus de temps avec elles, faisant tout, dès lors, pour qu'elles deviennent un jour les épouses d'hommes prospères et puissants. De toute évidence, elle avait décidé que Mélissende n'allait présenter aucune difficulté quand viendrait le temps de lui trouver un mari. Mais, pendant tout ce temps, Morfia avait négligé sa deuxième fille, ne lui accordant qu'un intérêt superficiel et des critiques sévères. Elle ne voyait ou ne sentait jamais le besoin d'affection et d'approbation de l'enfant et ne soupçonnait jamais que, à cause de sa propre négligence, elle s'était faite une ennemie implacable au sein même de sa famille. Elle remarquait seulement qu'Alix était constamment maussade, de mauvaise humeur et hargneuse, déplaisante et peu avenante envers les hôtes de sa mère, toujours vêtue de manière terne, et toujours en passe à des corrections et des réprimandes.

Pour sa part, Alix avait décidé, avant son treizième anniversaire, que son principal rôle dans la vie était de confondre et de contrarier sa mère en tout. Comme Baudouin et Morfia n'avaient engendré aucun fils, elle avait toujours su que sa sœur Mélissende, premier enfant légitime de son père, serait l'héritière légale, destinée à épouser le futur comte d'Édesse le plus convenable que l'on puisse trouver. Mais déjà, à treize ans, Alix éprouvait pour sa belle et sotte sœur un si grand mépris qu'elle avait décidé qu'il lui serait facile d'évincer Mélissende lorsque le temps serait venu, et de la remplacer à titre de future comtesse. Elle ne savait trop de quelle façon elle atteindrait son but, mais elle savait exactement en quoi il consistait, et elle était convaincue, depuis le moment où cette pensée lui était venue à l'esprit, qu'elle allait remplacer Mélissende et ce, sans trop de difficultés. Cette décision prise, elle avait considéré ce fait comme indéniable et elle avait joui d'innombrables heures de plaisir en imaginant la rage de sa mère à ce moment. Elle savait que cela arriverait parce que, malgré toutes les choses qu'elle avait omis ou négligé d'enseigner à Alix, Morfia lui avait révélé, tout à fait inconsciemment, un secret dont sa sœur Mélissende n'aurait jamais besoin, ou ne serait pas suffisamment intelligente pour l'utiliser : Morfia avait enseigné à la deuxième de ses filles comment manipuler les hommes.

Pendant des années, Alix avait observé le comportement des hommes en présence de sa mère et comment, parfois de manière très étonnante, sa mère se comportait elle-même en présence des hommes qu'elle souhaitait influencer ou soumettre à sa volonté, et c'était pour la jeune fille un éternel sujet de fascination. Elle avait vu nombre de ces hommes — car Édesse, et même la Terre sainte dans son ensemble, constituait une communauté restreinte — interagir avec sa mère dans des situations particulières où Morfia était l'épouse du comte et eux, peu importe l'envergure de leur pouvoir dans d'autres domaines, étaient les sujets féodaux de son époux. Mais quand ils se retrouvaient en tête-à-tête avec sa mère, Alix avait remarqué à quel point leur comportement changeait, dans quelle mesure il demeurait formel tout en devenant plus intime, avec des nuances et des variations de signification et d'intention qui n'en étaient que plus claires parce qu'elles n'étaient ni déclarées ni avouées.

Toutefois, pendant toutes les heures qu'elle avait passées à observer de telles rencontres, Alix n'avait jamais vu sa mère se laisser aller à la moindre inconvenance, mais elle avait regardé avidement les hommes en question se pavaner comme des oiseaux exotiques autour de la comtesse, chacun d'eux étant à l'évidence convaincu qu'il était sur le point de voir cette hautaine et séduisante épouse aristocratique succomber à ses avances. Et à plusieurs occasions, toujours avec une fébrilité qui l'obligeait à retenir son souffle en imaginant ce qui allait se produire ensuite, elle avait regardé sa mère réagir de manière alarmante à de telles approches, flirtant ouvertement, battant outrageusement des paupières et se déplaçant parfois avec des manières et des mouvements qui mettaient délibérément en évidence son magnifique corps de femme mûre — sa mère ne devait pas avoir plus de trente-cinq ou trente-six ans à cette époque. Mais jamais Morfia n'avait laissé une situation échapper à son contrôle ou permis à un homme de la toucher. Un seul d'entre eux était allé jusqu'à livrer ses sentiments profonds après un semblable badinage amoureux en projetant vers l'avant ses hanches et son phallus en érection en signe à la fois d'invitation et de défi. Alix, qui les surveillait d'un balcon, avait à peine réprimé un cri d'excitation en voyant ce qu'il avait fait, mais sa mère n'avait pas perdu son assurance pour autant.

– Il me semble évident, monsieur, avait-elle dit en souriant et en fixant l'homme droit dans les yeux, que j'ai quelque chose que vous désirez. Et, comme vous le savez, il y a quelque chose que je souhaite obtenir de vous en retour. Il serait facile de combler l'un ou l'autre vœu sans que quiconque y perde au change, mais le défi consiste à décider lequel d'entre nous devrait s'engager en premier, n'est-ce pas ? Maintenant, vous pouvez ergoter et vous plaindre, et jurer que je suis dans l'erreur, mais au fond de votre cœur vous savez, tout comme moi, que je serais sotte de m'engager la première dans ces circonstances.

L'homme s'était avancé vers elle, mais Morfia avait déjà levé la main en signe d'avertissement et il s'était arrêté, la regardant intensément pendant que sa virilité commençait visiblement à s'affaiblir, puis il avait brusquement acquiescé et réajusté son vêtement avant de lui dire qu'elle avait raison et qu'il allait surveiller son comportement à l'avenir. Il n'avait pas clairement déclaré qu'il reviendrait réclamer son prix, mais Alix s'était trouvée remplie d'admiration devant le sang-froid de sa mère, et elle avait pris soin de retenir cette expression, *s'engager*, et ce qu'elle signifiait.

En espionnant ainsi, elle avait tiré d'autres leçons, mais toutes se résumaient en un fait incontournable : les hommes, devant des possibilités de plaisir érotique et de conquête, pouvaient être manipulés comme des pantins entre les mains d'une femme raisonnable, déterminée et imaginative. Alix avait bien retenu cette leçon en théorie, mais, à treize ans, elle n'avait pas encore eu l'occasion de la mettre à l'essai. Elle aurait pu le faire n'importe quand, bien sûr, avec n'importe quel garçon du palais, mais elle n'avait aucun intérêt pour les garçons, non plus, pour le moment, que pour la sexualité en soi. Elle avait observé la sexualité dans presque toutes ses manifestations, des animaux en rut jusqu'aux personnes s'accouplant, et, dès l'âge de onze ans, elle était parfaitement au courant de ce qu'un homme ou un garçon pouvait se faire avec sa propre main. Elle savait même que les femmes plus âgées trouvaient plaisir à copuler, car elle les avait entendues parler de ces choses, mais, en se fondant sur tout ce qu'elle avait vu, elle se demandait quel plaisir pouvait découler d'une pratique aussi violente et prosaïque et elle n'avait nullement envie d'accomplir physiquement l'acte. Ce qui attisait son intérêt, c'était le pouvoir qu'elle pourrait en tirer, et l'acquisition et l'usage de ce pouvoir par la simple suggestion d'une satisfaction érotique éventuelle. Elle n'était pas encore assez âgée pour penser en termes de luxure, et elle ne comprenait pas tout à fait les techniques ou les mécanismes de ce qu'elle finirait par entreprendre, mais elle savait que si elle voulait un jour réaliser son rêve de devenir comtesse d'Édesse, elle allait avoir besoin de toute l'aide qu'elle pourrait obtenir de tous les hommes puissants qu'elle connaissait afin d'évincer sa sœur aînée, et elle était prête à faire tout ce qu'il faudrait pour se procurer cette aide.

Outre la question de l'engagement et de son report, Alix avait depuis longtemps réalisé l'importance de la discrétion et du subterfuge, car son père aurait versé le sang à plus d'une occasion, y compris probablement celui de sa femme, si jamais il avait eu des soupçons sur ce qui se produisait sous son toit. Elle avait également acquis une conscience aiguë du pouvoir ahurissant que pouvait avoir même la plus subtile allusion sexuelle. Et peut-être encore plus important que ces deux leçons, elle avait appris les avantages que l'on pouvait retirer du sentiment de culpabilité, en aucune façon lorsqu'il s'appliquait à elle-même, mais lorsqu'il était délibérément utilisé contre un homme. Ainsi, elle avait besoin d'une occasion de se mettre à l'épreuve, et elle l'avait fait en se fiant fortement aux pouvoirs assujettissants de la culpabilité lorsqu'elle avait décidé de séduire l'un des nombreux amis de sa mère, un évêque vieillissant du nom de Grosbec, qui allait bientôt retourner au royaume de France qu'il avait quitté des décennies auparavant.

Alix avait observé cet homme autour de sa mère pendant quelque temps, remarquant de quelle façon il la regardait avec une avidité constante, mais surtout lorsqu'il pensait que Morfia ne le voyait pas... Évidemment, Alix avait vite compris que Morfia n'était jamais inconsciente du regard de Grosbec mais feignait seulement de l'être, utilisant ce simulacre comme un moyen de manipuler l'homme qui pourtant avait énormément de pouvoir et d'influence parmi ses pairs ecclésiastiques, malgré le fait qu'il se préparait à quitter pour toujours la Terre sainte. Morfia avait particulièrement besoin de l'influence de Grosbec à ce moment pour s'assurer de conserver sa mainmise sur un enjeu particulier qu'étudiait et soupesait un groupe de clercs nommé par le zélé évêque d'Édesse, Odon de Fontainebleau.

Grosbec, l'ecclésiastique le plus âgé et le plus respecté du comté, avait ses entrées auprès de tous les membres du groupe, et Morfia avait fait davantage d'efforts qu'à l'ordinaire pour chercher à plaire au vieil évêque et pour le convaincre d'utiliser son influence en sa faveur. Comme elle avait peu d'expérience au moment où elle s'était aperçue pour la première fois du comportement de sa mère avec Grosbec, Alix avait mis du temps à comprendre ce qui arrivait lorsque les deux conspirateurs se rencontraient — car il s'agissait bien d'une conspiration —, et ils se rencontraient toujours dans la chapelle la plus proche des appartements de la comtesse. Pourtant, au cours de ces réunions, ils parlaient peu de choses particulières. Ils ne priaient certainement pas ensemble, et Alix trouvait étrange qu'ils puissent passer un si long moment à rester assis ou debout ensemble, et à perdre du temps inutilement.

Elle savait exactement ce que sa mère attendait de l'évêque — ils en avaient parlé ouvertement à plusieurs reprises. Mais, jour après jour, Grosbec continuait d'affirmer que le groupe était encore loin d'émettre un jugement sur la question et, alors, Morfia et lui s'assoyaient simplement dans la chapelle, s'adressant rarement la parole, et Alix ne parvenait pas à comprendre comment Morfia, qui n'était habituellement pas une personne religieuse, pouvait passer tant de temps à seulement fixer l'autel pendant que Grosbec la regardait. Intriguée, et tout à fait incapable de saisir ce qui se passait, Alix demeurait chaque jour assise dans sa cachette au balcon, scrutant la pénombre de la chapelle, son regard se déplaçant constamment de Morfia à Grosbec. Ils se rencontraient toujours à trois heures de l'après-midi, et ils demeuraient ensemble entre un quart d'heure et une demi-heure, à la fin de quoi l'évêque se levait et Morfia inclinait la tête pour recevoir la bénédiction de l'évêque, puis retournait à ses appartements en laissant Grosbec derrière.

Cependant, un vendredi après-midi, l'évêque avait brisé la routine et s'était mis à souffler bruyamment, son corps tout entier saisi de tremblements alors qu'il agrippait le dossier d'un banc pour se soutenir, puis il était demeuré là où il était, la tête inclinée, et était resté ainsi, immobile. Depuis quelques instants, il se tenait debout à regarder Morfia, se balançant lentement, faisant pivoter ses hanches et, lorsqu'il s'était soudainement raidi et qu'il avait paru étouffer, Alix avait failli se trahir, mais elle s'était retenue à temps simplement en remarquant que sa mère, qui se trouvait beaucoup plus près de Grosbec, semblait n'avoir rien entendu de cette explosion, car elle ne montrait aucun signe d'inquiétude. Morfia s'était contentée de se lever du prie-Dieu sur lequel elle était agenouillée devant l'autel et de se tourner vers lui. Elle l'avait regardé un long moment en silence, avec sur le visage une expression étrange qu'Alix ne lui avait jamais vue auparavant, puis elle avait incliné la tête d'un air modeste pour recevoir la bénédiction de l'évêque. Quand cela avait été fait, elle avait fait demi-tour et était partie, et Grosbec était demeuré debout en la regardant s'éloigner, le visage pâle et les yeux hagards.

Plus tard, en songeant à tout ce qui s'était produit pendant ces quelques minutes, Alix avait compris non seulement ce qui était arrivé, mais également, de façon intuitive, la dynamique de la relation entre ces deux êtres, relation qui l'avait tant intriguée par le passé. Grosbec était un voyeur, et elle savait ce que cela impliquait. Même si jeune, elle ne voyait rien de scandaleux dans le fait que l'évêque Grosbec ait eu une vie sexuelle. Il y avait partout des clercs licencieux et personne ne s'en souciait. La chose était normale aux yeux des gens. Le seul élément inhabituel dans ce qu'elle avait appris était que l'évêque était un voyeur plutôt qu'un acteur. Alix connaissait un autre voyeur, un garçon qui vivait dans l'enclave de son père, un être étrange de deux ou trois ans son aîné, qui aimait mater les autres personnes pendant qu'elles faisaient ces choses, et Alix l'avait un jour observé alors qu'il se donnait ouvertement du plaisir en les regardant. Plus tard, elle avait posé des questions à son sujet et découvert qu'il était renommé pour son caractère étrange et qu'il ne désirait aucunement faire l'acte avec une fille. Pour cette raison, ses compagnons se moquaient de lui et lui lançaient des quolibets, mais il ne faisait aucun effort pour changer. Il aimait voir les gens copuler et il ne s'en cachait pas, et Alix avait été étonnée d'apprendre que beaucoup de gens l'encourageaient et semblaient même apprécier qu'il les regarde. Alix savait maintenant que Grosbec était un voyeur mais, plus important encore, elle avait compris que Morfia le savait également et qu'elle se servait de cette connaissance à ses propres fins.

Trois jours plus tard, le groupe de clercs avait formulé son jugement, et pris une décision en faveur de Morfia. Grosbec et elle s'étaient rencontrés une fois de plus dans la chapelle le même après-midi, mais, cette fois-ci, Alix éprouvait un plaisir physique en étant consciente qu'elle savait maintenant quoi chercher. Elle avait vu la tension croissante dans l'attitude de Grosbec pendant qu'il scrutait Morfia, mais, tout à coup, cette dernière s'était levée et s'était dirigée vers l'autel où elle avait allumé plusieurs cierges. Alix était convaincue qu'il s'agissait d'une manifestation délibérée de reconnaissance et d'une récompense pour le vieil évêque, car, au moment où la comtesse s'était penchée pour choisir les cierges, puis s'était étirée sur la pointe des pieds pour allumer les plus hauts, au sommet du candélabre, son corps et ses mouvements dégageaient une sensualité évidente, et l'effet sur Grosbec avait été immédiat et sans ambiguïté. Et par la suite, quand il avait eu repris son attitude normale, Alix savait très exactement le moment où Morfia allait se retourner. Mais, cette fois, la comtesse avait ouvertement souri, remerciant Grosbec de ce qu'il avait fait pour elle et lui disant que, malheureusement, elle ne serait plus en mesure de le rencontrer régulièrement. L'évêque avait paru déçu, mais il s'était contenté d'acquiescer de la tête sans protester.

†

Au cours du mois suivant, Alix du Bourg avait appris de nombreuses et précieuses leçons qui allaient influencer sa vie pendant des années. Elle avait découvert, sans en être trop étonnée, que toutes les histoires qu'elle avait entendues sur le côté agréable des aventures amoureuses étaient fondées et, après avoir goûté aux fruits du succès avec sa brève et remarquablement facile conquête de l'évêque Grosbec avant son départ pour la France, elle en était rapidement venue à acquérir la confiance en soi nécessaire pour agir avec tout le courage que lui procuraient ses convictions. Toutefois, c'est en voyant sa mère fermer les yeux sur le comportement libidineux de l'évêque Grosbec dans la chapelle qu'Alix avait acquis le savoir dont elle avait besoin pour défier Morfia à partir de ce moment, car le fait de savoir que sa mère prétendument sainte ne se gênait pas pour faire preuve d'hypocrisie en se prêtant aux exigences lubriques d'un vieil ecclésiastique pour atteindre ses buts avalisait la détermination qu'avait Alix de jouer le jeu de sa mère, et de le jouer au grand jour, sans aucune trace d'hypocrisie, sachant que sa mère serait renversée si jamais elle entendait parler du comportement scandaleux de sa fille.

Ainsi s'était installé un nouveau mode de vie au sein de la famille du comte Baudouin : Alix avait simplement arrêté de faire semblant d'être polie avec sa mère ou de lui obéir et, en retour, Morfia avait redoublé de désapprobation, critiquant amèrement et bruyamment la jeune fille chaque fois que l'occasion se présentait. Le comte lui-même, forcé de vivre avec cette mésentente constante entre les deux femmes, en était venu à ignorer totalement leurs accrochages et avait désormais évité de se retrouver en compagnie des deux en même temps. Morfia avait continué de jouir chaque jour de ses « moments de solitude » et, pendant ce temps, sa fille l'imitait dans ses propres appartements en créant sa propre solitude. Comme elle l'avait toujours fait, Morfia vivait avec ses propres desseins et stratagèmes, manipulant sans scrupules les gens pour arriver à ses fins pendant que, à son insu, sa fille agissait de même en concentrant toutes ses ambitions et toute son énergie intellectuelle sur l'éviction future de sa sœur, tandis qu'elle orientait son énergie sexuelle vers l'acquisition d'un pouvoir inébranlable sur les hommes, tout en se plaisant, par vengeance, à continuellement défier sa mère la comtesse.

Puis était survenue la mort du roi Baudouin Ier de Jérusalem et l'offre étonnante de la couronne à son propre père, qui était alors devenu le roi Baudouin II, haussant ainsi le statut de son épouse au rang de reine, et incitant la deuxième de ses filles à hausser de même ses ambitions plus que jamais auparavant, car, maintenant, Alix était déterminée à devenir un jour reine de Jérusalem.

Mais jusqu'à ce qu'elle pose les yeux sur le jeune novice Stephen, Alix n'avait jamais vraiment recherché la présence d'un homme pour le simple plaisir de se trouver en sa compagnie, mais le fait que cet homme était un moine, et donc un idéaliste, et qu'il était également athlétique, fort et viril à tous les égards, avait suffi pour éveiller chez la princesse un nouveau genre de désir, et elle entreprit de faire sa conquête.

CHAPITRE 21

Au cours des six semaines qui suivirent leur première rencontre, Stephen St. Clair rencontra la princesse trois autres fois, selon toute apparence par le plus pur hasard. Détaché du monde comme il l'était, il ne lui vint pas à l'esprit qu'Alix pouvait faire surveiller ses moindres mouvements afin de l'intercepter au moment où elle le souhaitait, et il aurait été sincèrement stupéfait si quiconque lui avait laissé entendre qu'elle pourrait avoir quelque intérêt d'ordre charnel à son égard. Mais même lui, malgré sa modestie et sa naïveté en la matière, finit par s'interroger sur la fréquence de ses rencontres avec la princesse pendant cette période, surtout parce qu'elle occupait souvent son esprit et qu'elle lui causait, malgré lui, une certaine gêne. Il avait commencé à rêver d'elle et à répandre involontairement sa semence pendant la nuit et, même si l'événement en soi n'avait rien de réellement nouveau pour lui, il ne se souvenait pas avoir eu par le passé de rêves particuliers ayant de telles conséquences. Ces rêves avaient toujours été dérangeants et vaguement perturbants, discernables seulement par les preuves qu'ils laissaient sur son drap. Mais, ces derniers temps, il s'était réveillé soudainement avec un sentiment de libération à plusieurs occasions, son esprit imprégné du visage de la princesse, de même qu'avec le souvenir terriblement physique de sa chair brûlante contre la sienne.

L'expérience, et son impuissance à empêcher qu'elle ne survienne ou même à l'extirper de son esprit au cours de la journée, avait commencé à l'inquiéter sérieusement et il songeait qu'il devrait trouver un prêtre et se confesser de ce qui, croyait-il, devait être un grave péché. Il ne l'avait pas encore fait parce que sa formation au sein de l'Ordre lui prenait beaucoup de son temps, mais la conscience qu'il avait de la nécessité de le faire — d'évacuer la culpabilité qu'il ressentait — influait grandement sur la façon dont il se comportait avec Alix quand il se retrouvait devant elle. La première fois, le lendemain du jour où il avait rêvé d'elle, il n'avait pu la regarder dans les yeux, et il était si embarrassé qu'il n'avait pu lui parler. Alix avait accepté la chose sans se laisser démonter, amusée par sa timidité pitoyable, presque ingénue, mais elle avait brusquement mit fin à la rencontre, le laissant seul dans sa misère.

La deuxième rencontre s'était déroulée de façon quasi identique, sauf que, cette fois, St. Clair avait réussi à bégayer quelques mots en réponse aux nombreuses questions d'Alix. Mais, une fois de plus, la jeune femme avait décidé que le temps n'était pas encore venu pour elle d'exécuter ses desseins en ce qui concernait le jeune chevalier, et elle s'était contentée de faire en sorte qu'il se sente à l'aise en sa compagnie, l'amenant subtilement à accepter de manière plus placide et moins intense sa présence afin de lui faire croire, au bout du compte, que son intérêt envers ses frères et leurs activités était sincère. Elle était de trois ans sa cadette, ayant dix-huit ans et lui, vingt et un, mais, en matière d'expérience de vie, Alix du Bourg était des décennies plus âgée que lui. St. Clair était puceau ; sa vie entière, vécue dans cette Angleterre humide et lugubre, l'avait fort mal préparé à faire face à la beauté féminine.

Alix, quant à elle, avait été élevée dans un monde différent où la sexualité, bien que souvent dissimulée à la vue du public, constituait une partie importante de la vie, et elle avait été une enfant précoce, au courant des us et coutumes érotiques des hommes et des femmes depuis bien avant la puberté. Elle avait perdu sa virginité alors qu'elle atteignait son quatorzième anniversaire, après avoir délibérément séduit un homme éminemment puissant du comté d'Édesse. Elle l'avait peu à peu rendu fou pendant plusieurs semaines, le provoquant et le manipulant par des regards et des gestes lascifs, puis par des mouvements et finalement des caresses, jusqu'à ce qu'il perde toute inhibition et qu'elle le contrôle tout à fait. Il n'était pas le premier qu'elle avait ensorcelé par ses sourires et ses regards entendus, car c'est Grosbec qui avait eu cet honneur, mais il avait été le premier homme avec qui elle avait couché.

Depuis lors, Alix exultait devant le pouvoir qu'elle pouvait exercer sur les hommes, séduisant ceux qu'elle souhaitait utiliser, mais ne se laissant jamais séduire, et même cet aspect du contrôle qu'elle exerçait sur eux la comblait de plaisir, ayant décidé qu'elle ne se montrerait jamais vulnérable en permettant à un homme de s'imposer à elle. Imitant en cela sa mère, Alix était la seule organisatrice de sa vie sexuelle et elle n'avait jamais connu d'échecs ni même de résistance.

Mais maintenant, avec ce moine à la fois attirant et désespérément étrange, elle se retrouvait démunie, ne sachant quoi faire ni même quoi lui dire, car elle avait constaté que chaque fois qu'elle orientait la conversation vers un sujet qu'il connaissait mal, il avait tendance à paniquer et en perdait la voix. Elle n'avait aucun moyen de savoir que la simple crainte de dire quelque chose qui trahirait ses pensées luxurieuses le rendait muet, mais elle savait d'instinct qu'il était impatient de passer du temps avec elle, car elle ne pouvait se méprendre en voyant la joie sur son visage chaque fois qu'il la rencontrait. Elle continua donc à tenter de le conquérir, bouillante d'impatience, pendant qu'il se tourmentait et que son plaisir coupable le torturait.

C'est au cours de leur troisième rencontre que les dés furent jetés et qu'Alix passa de la tolérance amusée à la colère. Elle avait embauché des espions pour guetter le retour de St. Clair d'une longue patrouille et, l'ayant souvent fait suivre, elle savait déjà ce qu'allaient être ses activités en revenant aux écuries du Temple, où logeaient les moines. Il ferait un rapport à ses supérieurs, dormirait pendant tout le reste de la journée pour reprendre les forces qu'il avait perdues durant ces longues chevauchées sous le soleil du désert, puis, le lendemain, il se rendrait au marché à l'extérieur des murs de la ville, par la porte sud-ouest, où il passerait toute la matinée à errer parmi les étals, goûtant abondamment les divers aliments et boissons que l'on y trouvait. Plus tard, rassasié par la nourriture riche et les boissons sirupeuses ainsi que par les sorbets pétillants des marchands, il reviendrait au mont du Temple, où il disparaîtrait pendant plusieurs jours, œuvrant à quelque tâche à laquelle ses compagnons et lui se livraient dans l'obscurité de leurs quartiers, jusqu'à ce que revienne son tour de partir à nouveau en patrouille. Il était aussi prévisible que l'aube et le crépuscule. Sa routine ne variait jamais et il empruntait toujours la même route pour aller au marché et en revenir.

†

Soliman el-Kharif savait que la princesse *ferenghi* était préoccupée, car elle faisait partie de ses meilleurs clients mais également des plus difficiles, connaissant fort bien l'art du tissage des tapis malgré son jeune âge, et il était ardu de lui plaire même en temps normal. Aujourd'hui, il le devinait, elle avait en tête quelque chose d'autre que la qualité de sa marchandise, mais il était trop âgé et connaissait trop bien les règles du commerce pour montrer qu'il s'en rendait compte, de même qu'il était trop habitué aux bienfaits de la miséricorde d'Allah pour voir son manque de concentration comme autre chose que ce qu'il était réellement : un cadeau du ciel. La princesse avait déjà payé une somme exorbitante pour deux tapis qu'elle n'aurait même pas envisagé d'acheter un autre jour, et il était évident pour le vieux marchand, à la façon dont ses yeux observaient constamment les gens qui marchaient dans la rue, qu'elle se fichait pas mal de ses articles en ce moment, mais utilisait simplement sa boutique pour attendre que quelqu'un vienne la rejoindre ou passe devant. Et ainsi, conscient qu'il avait déjà bien profité de la distraction de la jeune femme, il la quitta et grimpa sur la plateforme où se trouvait sa chaise de propriétaire et d'où il pouvait surveiller tout le magasin. Il se tint debout à cet endroit pour attendre patiemment ce qui allait se produire, alors qu'elle faisait semblant d'examiner sa marchandise et qu'il était en mesure de regarder par-dessus les présentoirs suspendus de ses tapis et de scruter la foule à l'extérieur. Soliman ne savait pas qui était la personne qu'elle attendait, mais il était convaincu qu'il s'agissait d'un homme. En balayant la foule du regard, il se demanda nonchalamment s'il pourrait repérer l'homme en question avant qu'elle-même ne le voie venir, mais, à ce moment précis, il vit un grand gaillard à l'autre bout de la rue, sa tête et ses épaules dépassant tout le monde autour de lui, et il sut qu'il n'avait plus à se demander qui la princesse attendait. L'homme qui approchait était un jeune et gigantesque *ferenghi* aux cheveux blonds, avec des épaules de la largeur de la rue et des yeux si brillants que Soliman, même avec sa vue défaillante, pouvait les voir à cinquante pas et, alors qu'il fendait la foule, toutes les têtes se retournaient sur son passage.

Aussitôt qu'il eut aperçu le jeune homme, Soliman se tourna pour regarder la princesse, conscient qu'elle ne l'avait pas encore vu approcher. C'était une jeune femme charmante, cette princesse des Francs, et, paradoxalement, les gens de l'endroit, les concitoyens de Soliman, dont plusieurs pouvaient à peine supporter la vue des *ferenghi*, avec leur visage rougeaud et leur démarche arrogante, leur lourde cotte de mailles et leur longue épée, avaient du respect pour elle. Cependant, Alix était née parmi les croyants et, malgré qu'elle fût chrétienne, elle parlait l'arabe sans accent et se conduisait en public comme devait le faire une femme musulmane, en dissimulant modestement son visage et en portant des vêtements amples qui n'offensaient personne. Il avait entendu des rumeurs selon lesquelles elle était considérée parmi les siens comme une femme sans scrupule, mais il n'avait vu chez elle aucun indice autorisant une telle calomnie. Aujourd'hui, elle était voilée et portait un vêtement musulman fait d'un lourd tissu bleu brodé de fils verts et or, qui la cachait des pieds à la tête, ne laissant à découvert que les yeux, qui s'écarquillèrent lorsqu'elle aperçut finalement le géant blond qui marchait en direction de la boutique.

Au premier coup d'œil, Soliman vit que le Franc aux cheveux d'or ne savait pas que la princesse se trouvait là. Le garçon, qui, de manière intelligente, portait un vêtement adapté au désert plutôt que l'armure suffocante des *ferenghi* et, à l'épaule, une longue épée droite, avançait d'un pas nonchalant en grignotant un morceau de viande et regardait autour de lui, ses yeux se déplaçant sans cesse d'un visage à l'autre et d'un étalage à l'autre, rien n'échappant à son regard outre le visage de la jeune femme qui se penchait avec empressement vers l'avant en le regardant à travers un espace entre deux tapis pendus de Soliman. Ce dernier la vit se redresser brusquement et claquer des doigts de manière impérieuse, puis envoyer sa servante accoster le géant et lui demander de venir. L'homme fronça les sourcils, puis saisit le fourreau de la longue épée qui était accrochée à son épaule et suivit la servante, ignorant de toute évidence qui il allait rencontrer. Mais quand il se redressa après s'être penché pour entrer dans la boutique de Soliman et vit la princesse qui l'attendait tout sourire, sa surprise et sa confusion étaient comiques à observer et Soliman, qui s'apprêtait à descendre de sa plateforme, décida plutôt de demeurer là où il était, de regarder et d'écouter.

– Frère Stephen, dit la princesse en l'accueillant, quelle agréable surprise ! Vous êtes la dernière personne que je me serais attendue à voir flâner dans le marché. Si quiconque m'avait posé la question, je lui aurais dit que vous deviez être dans le désert avec vos compagnons chevaliers, surveillant les routes et terrorisant les brigands.

Ah, songea Soliman, *c'est l'un d'eux, les chevaliers du mont du Temple, ceux qui se font appeler la Patrouille du patriarche. Où ont-ils pu trouver un cheval suffisamment fort pour transporter un homme d'une telle carrure ?*

À n'en pas douter, le Franc était mal à l'aise, car son visage s'était rapidement empourpré, et le marchand de tapis se rapprocha quelque peu, tendant l'oreille pour entendre ce qu'il allait dire.

– Madame la princesse, bredouilla le garçon, pardonnez-moi, je n'ai pas… je n'avais aucune idée…

– De quoi ? Que j'étais ici ? répondit la princesse en riant. Comment auriez-vous pu le savoir ? Je ne savais pas moi-même il y a une heure que je viendrais ici. C'est ce qu'on appelle un hasard… une rencontre provoquée par la simple chance.

Elle sembla hésiter, puis poursuivit :

– J'étais justement sur le point de déguster un gâteau et un sorbet. M'accompagnerez-vous ? Ce serait un grand plaisir pour moi.

D'un claquement de doigts, Alix appela de nouveau sa servante et lui ordonna de leur apporter des rafraîchissements, puis, se souvenant brusquement de l'endroit où elle se trouvait, elle se retourna pour chercher Soliman des yeux. Celui-ci se présenta immédiatement, faisant une révérence et souriant au géant franc. Quand la princesse entreprit de lui demander la permission de manger dans sa boutique, il écarta sa question d'un geste de la main avant même qu'elle n'ait terminé sa phrase et leur offrit lui-même des rafraîchissements. Mais Alix ne voulut rien entendre. C'était déjà assez, dit-elle, qu'il lui accorde ce privilège et elle lui en était extrêmement reconnaissante. Soliman fit une nouvelle courbette et la laissa avec son hôte « imprévu ».

Pendant un court moment, entre le départ de Soliman et le retour de la servante d'Alix, St. Clair se tint debout, l'air gauche, regardant les tapis étendus tout autour et suspendus à des traverses pour donner l'illusion qu'il s'agissait de murs. Ses yeux bougeaient constamment, passant d'un objet à un autre. Il essayait de regarder n'importe quoi sauf Alix, et elle fut contrainte de l'obliger à parler et à la regarder.

– Les tapis sont magnifiques, n'est-ce pas ?

Il fronça les sourcils, presque comme s'il ne savait que répondre, et la jeune femme mit un moment à réaliser que, en vérité, il ne savait comment réagir.

– Se peut-il… ? Avez-vous déjà vu des tapis auparavant, frère Stephen ?

Il secoua la tête, la ride profonde entre ses sourcils montrant sa perplexité.

– Non, madame. Je n'ai jamais vu des tapis comme ceux-là. Mais ils sont superbes. À quoi servent-ils ?

– À quoi servent-ils ? répéta-t-elle en riant, amusée de son ignorance. Ils ne servent à rien, frère Stephen, ils *sont* simplement… Ils couvrent les planchers, pour que l'on marche dessus. Vous avez sûrement déjà vu des tapis dans les territoires chrétiens ? Tout le monde possède des tapis.

St. Clair se retourna brusquement pour lui faire face et lui parla les dents serrées, les muscles tendus de sa mâchoire lui donnant un air fâché, même si elle savait qu'il ne l'était pas :

– Il pleut en Angleterre, princesse, il y a de la boue partout et les journées sont froides la plupart du temps. L'été y est court et il y a peu de soleil… Des objets comme ceux-ci, si nous avions quoi que ce soit qui y ressemble, nous les accrocherions aux murs pour éliminer les courants d'air. Nous utilisons pour cela des tapisseries, mais elles sont raides et sans beauté. Nous n'avons rien d'aussi riche et splendide que ces tapis, avec toutes ces couleurs et ces douces textures. Ce serait péché que de mettre sur un sol des objets si beaux pour qu'on y répande de la boue et que les chiens y fassent leurs besoins.

Il se tut un moment et se racla la gorge avant de continuer :

– Bien sûr, j'avais remarqué que de telles choses étaient très différentes dans ce pays. Tout est plus chaud… plus propre… spacieux et aéré. C'est la chaleur. Quand le temps n'est pas constamment humide et froid, on peut faire les choses différemment. Mais dans nos quartiers, dans les écuries, le sol est de pierre et nous y répandons de la paille…

Il s'interrompit tout à coup, conscient qu'il la regardait directement et qu'elle en faisait autant avec un large sourire sur les lèvres. Elle attendit, puis, voyant qu'il n'allait rien ajouter, elle éclata de rire avec délices.

– Ainsi, vous pouvez parler. Je ne vous ai jamais entendu parler si longuement depuis notre première rencontre, frère Stephen. Êtes-vous conscient de cela ?

Il semblait embarrassé.

– Je le suis maintenant. Et je suis le *frère* Stephen. Je ne devrais pas être ici.

– Oh, s'il vous plaît, restez et partagez quelque nourriture avec moi. Voyez, elle arrive maintenant.

Le jeune chevalier se tenait debout d'un air incertain, se demandant visiblement s'il devait partir ou rester, mais, en voyant le geste d'Alix qui l'exhortait à rester, il se laissa choir lentement sur une des trois chaises que Soliman réservait à ses clients et ensuite, pendant presque une demi-heure, la princesse s'appliqua consciencieusement à le mettre à l'aise et à miner ses défenses contre sa féminité. Elle lui servit des gâteaux au miel que ses serviteurs avaient spécialement apportés pour elle, des gâteaux faits d'amandes écrasées et fortement imprégnés de la sève de la plante connue sous le nom de haschisch dont elle avait un approvisionnement ample et régulier, et qui lui était livré par des personnes qui auraient grandement inquiété son père s'il les avait connues.

Mais ce qu'Alix n'avait aucun moyen de savoir, c'était que la confiance en soi de St. Clair était extrêmement fragile du simple fait qu'il était devenu obsédé par tout ce qui la concernait et qu'il savait fort bien que l'attirance qu'il éprouvait pour elle était déraisonnable. Il avait toujours été timide et maladroit en sa présence, peu loquace et hésitant depuis leur première rencontre, et elle en était rapidement venue à se dire que la chose était normale chez lui et qu'elle lui donnait un certain charme — un timide garçon dans le corps immense d'un héros —, mais comme elle n'avait jamais connu d'autres aspects de sa personnalité, elle était incapable d'imaginer comment il pouvait se comporter en d'autres circonstances, lorsqu'elle n'était pas là pour influencer sa conduite. Rien dans son apparence ou son comportement n'indiquait qu'il consacrait, ces jours-ci, la majeure partie de son temps à rêver d'elle, soit-il éveillé ou endormi, et il était encore moins évident qu'il était rongé par la culpabilité pour cette raison et, ainsi, Alix agissait en toute confiance, sans se rendre compte à quel point sa proie était proche du désespoir. Dans ses efforts pour le mettre à l'aise, elle évitait délibérément toute tentative de séduction, choisissant plutôt de le traiter comme une sœur le ferait, croyait-elle, et tentant d'agir de manière tout à fait naturelle. C'était pour elle une chose extrêmement difficile à réaliser, presque impossible en fait, et il en résulta le contraire de ce qu'elle avait désiré.

St. Clair, qui la regardait bouger avec un tel manque apparent d'artifice, était trop ingénu pour reconnaître ce qu'il avait devant les yeux. Il voyait bien davantage que ce qu'elle lui montrait : il voyait la façon dont son vêtement collait à sa peau, mettant en évidence les courbes et les creux de son corps ; il voyait la façon dont elle se laissait choir sur sa chaise, s'appuyant si bien contre le dossier que ses seins étaient mis en évidence et que la courbe de ses cuisses, si clairement écartées sous le fin tissu de son vêtement, devenaient à ses yeux le centre de l'univers et qu'il se tordait mentalement de culpabilité et de dégoût de lui-même, croyant que son désir d'elle était une abomination et un crime contre une innocente jeune femme.

Si elle avait eu le moindre soupçon de ce qui se passait dans son esprit, Alix aurait été ravie et aurait affiché ses sentiments de façon beaucoup plus évidente, mais elle ne le savait pas et ne pouvait le savoir, alors elle poursuivait son manège, se comportant comme si toute sexualité était étrangère à sa nature, évitant de faire ouvertement les gestes ou les sourires de séduction qui, normalement, imprégnaient si fortement son comportement. Et ce faisant, elle nourrissait l'imagination débridée du jeune chevalier par une série de mouvements du corps desquels elle n'était réellement pas consciente et qui le mirent dans un état tel qu'il ne put empêcher que survienne une crise aussi soudaine qu'inattendue. Ainsi, la princesse fut à la fois fâchée et surprise quand il se leva brusquement, le visage pâle comme la mort, et s'enfuit.

Plus tard, quand elle prit le temps de réfléchir calmement à ce qui s'était passé, Alix se révéla parfaitement incapable de comprendre la situation. Il s'était levé et s'était éloigné d'elle à toutes jambes. Cela, elle le savait. Sa rage s'était à peine dissipée au cours des heures qui s'étaient écoulées depuis, mais elle n'avait pas la moindre idée de la raison pour laquelle il avait agi ainsi ou de ce qui avait déclenché ce comportement pour le moins étonnant. Aucun homme ne l'avait jamais insultée de la sorte, et Alix était résolue à obtenir vengeance.

Elle savait qu'il était moine et, par conséquent, lié par un vœu de chasteté, mais cela n'avait aucune importance à ses yeux, car elle avait eu de nombreux amants ayant pris le même engagement, des amants tous plus haut placés que lui, et leurs vœux ne les avaient jamais détournés de son lit. Alix se croyait simplement trop désirable pour que l'on puisse lui résister en invoquant un vœu chimérique. Elle entreprit donc de chercher d'autres raisons plus prosaïques pour expliquer le comportement du moine, commençant par supposer qu'il avait déjà une amante qui devait, immanquablement, être haut placée et bien connue, puisqu'il y avait si peu de femmes chrétiennes à Jérusalem. Même Alix ne croyait pas qu'un moine chrétien dévot, et en particulier un moine rigide et dépourvu d'humour, puisse avoir une relation sexuelle avec une musulmane. Elle l'avait fait espionner et suivre auparavant, entre ses patrouilles, mais elle ne l'avait fait que pendant le jour, car, à cette époque, elle ne soupçonnait en aucune façon qu'il puisse avoir une liaison amoureuse avec quiconque. Elle décida que, désormais, ses espions allaient le surveiller nuit et jour.

Un mois plus tard, ayant reçu une partie des rapports réguliers du chef de ses espions, la princesse se trouva forcée d'admettre, à contrecœur, que le frère Stephen n'avait aucune relation avec une femme, chrétienne ou musulmane. Ses gens s'étaient assurés qu'il n'aille nulle part sans être surveillé de près. Ils avaient pris note de chaque personne à laquelle il avait parlé et même de chaque achat qu'il avait fait au marché. Deux d'entre eux l'avaient suivi jusque dans le désert quand il était parti en patrouille, et ils n'avaient rien vu qui puisse éveiller leurs soupçons.

Cette confirmation ne laissa à Alix d'autre choix que de penser qu'il pouvait être homosexuel. Cela, songea-t-elle, expliquerait certainement son étrange attitude. C'était peut-être un sentiment de répulsion sexuelle qui l'avait fait fuir de chez Soliman. Elle avait de la difficulté à imaginer une telle chose, et encore moins à la comprendre, mais cette possibilité avait l'avantage d'apaiser sa susceptibilité.

Pourtant, après un autre mois de surveillance et d'écoute,

ses espions ne purent rien lui fournir qui puisse nourrir ses soupçons. Le frère Stephen n'avait pour compagnons que ses frères chevaliers, et il était de loin le plus jeune d'entre eux. À la nuit tombée, ils disparaissaient tous dans les écuries pour dormir, et ils étaient souvent debout à prier aux heures les plus incongrues du jour ou de la nuit, leur existence entière dominée par la règle de saint Benoît qu'ils observaient. Mais on ne pouvait voir absolument rien, même avec la meilleure volonté du monde, qui suggérât que l'un des moines se laissait aller à des activités sexuelles.

Alix demeurait en colère et tout aussi résolue à ne pas lui pardonner, même après deux longs mois, mais elle était, de façon exaspérante, toujours aussi incapable de chasser le jeune moine chevalier de son esprit ou de ses fantasmes sexuels, imaginant à plusieurs occasions, lorsqu'elle se trouvait avec un mauvais amant, que c'était Stephen St. Clair qui la chevauchait brutalement.

CHAPITRE 22

– Entrez !

L'évêque Odon de Fontainebleau, anciennement évêque d'Édesse et maintenant secrétaire de Gormond de Picquigny, patriarche latin de Jérusalem, ne releva même pas la tête en entendant frapper à la porte, mais il reconnut le bruit de pas de celui qui pénétrait dans la pièce, et il se carra dans sa chaise, déposant sa plume d'oie et se frottant les yeux avec ses doigts. Il émit un énorme bâillement et croisa ses mains derrière sa tête. Devant lui se tenait un petit homme maigre et quelconque, avec les yeux trop étroits et un long nez pointu, qui portait une lourde boîte reliée en cuir afin de ressembler à un grand livre de comptes. L'homme avait un visage de marbre, une allure discrète et son vêtement était terne au point de passer inaperçu. S'il y avait eu dans la pièce une autre personne qui eût pu attirer l'attention davantage, le petit homme serait presque devenu invisible.

Odon le regarda pendant un long moment avant de laisser retomber ses mains de derrière sa tête et de croiser ses bras sur sa poitrine.

– Parle-moi, alors. Qu'as-tu découvert ?

L'homme hocha la tête d'une manière à peine perceptible.

– Sur ce que vous m'avez demandé de chercher, rien. Il n'y a rien à trouver. Les espions de la princesse sont partout… pas moins de six en tout temps, et ils sont remplacés toutes les quatre heures, mais ils perdent tous leur temps et sont probablement bien payés pour le faire. Vous m'avez demandé de les surveiller, de découvrir ce qu'ils cherchent. La réponse, monseigneur l'évêque, est qu'ils ne trouvent rien mais, beaucoup plus surprenant encore, ils n'ont aucune idée de ce qu'ils cherchent. On leur a demandé de surveiller le moine soldat — le plus jeune, le combattant — et ils le font, mais ils ne savent pas pourquoi ils le surveillent. J'ai parlé à six d'entre eux en trois jours. Ils m'ont tous dit la même chose : ils n'ont rien vu, rien trouvé.

– Alors, tout cela n'a été qu'un gaspillage de temps et d'argent, en plus des pertes qu'a subies Alix ? C'est cela que tu me dis ?

– Non, pas du tout, monseigneur. J'ai dit que je n'avais rien trouvé de ce que vous m'aviez demandé.

– Tu as trouvé autre chose ?

– Peut-être. Je crois que oui, mais vous ne serez peut-être pas d'accord. De toute façon, j'ai découvert quelque chose d'intéressant.

– Quelque chose d'intéressant, mais pas ce que je t'ai demandé de découvrir. Je vois. Et est-ce que je devrai te verser une somme supplémentaire pour me dire de quoi il s'agit ? Allez, vide ton sac.

Le visiteur ne se laissa pas le moindrement démonter par l'attitude de l'évêque. Il ouvrit la boîte et en extirpa un mouchoir sale qu'il utilisa pour se moucher, et le replaça dans la boîte en reniflant délicatement.

– Il se passe quelque chose dans les écuries.

L'évêque écarquilla les yeux d'incrédulité.

– Bien sûr qu'il se passe quelque chose dans les écuries ! Il y a toute une confrérie de moines qui y vivent avec leurs chevaux.

– Non, il n'y a pas seulement ça. Il s'y passe quelque chose d'étrange.

– D'étrange… je vois. Est-ce que ces moines tiennent un bordel là-bas ?

– Ce n'est pas impossible. Ils pourraient forniquer avec les chevaux. Je ne pourrais le dire. Je n'ai pas pu m'approcher suffisamment pour voir ce qui se passait, même si je me suis rendu plus près des écuries que personne n'aurait pu le faire. Ce sont des gens particuliers. Ceux qu'ils appellent des sergents vivent dans des baraquements construits juste en face de l'entrée des écuries elles-mêmes ; seuls les vrais moines vivent à l'intérieur. Et ils ne se mélangent pas beaucoup… les sergents et les moines, je veux dire… Remarquez, à mes yeux, ce sont tous des moines, et tous les moines sont égaux. Mais ceux-là ne le sont pas.

– Tu ne sais pratiquement rien et la majeure partie de ce que tu sais est faux. Premièrement, ce sont des chevaliers et des sergents — des nobles et des manants — et, parmi les moines, il y a les frères et les laïcs. Deux excellentes raisons pour qu'ils s'isolent les uns des autres. Maintenant dis-moi exactement, s'il te plaît, la nature de tes soupçons.

– Je vous l'ai dit, je ne sais pas, mais il s'y passe quelque chose d'étrange. Il m'a semblé qu'il y avait là une porte que ne franchit personne d'autre que les neuf chevaliers. J'ai entendu des bruits qui provenaient de cet endroit, également, comme s'ils creusaient dans la pierre.

– Comme s'ils creusaient dans la pierre. Es-tu conscient que ces écuries sont construites directement au sommet du mont du Temple et qu'elles sont même, par endroits, creusées dans la colline ? Alors, imaginons, pendant un moment, que ces chevaliers souhaitent agrandir l'espace dans lequel ils vivent… Le seul moyen qu'ils auraient de le faire serait de creuser dans le roc. Qu'en penses-tu ?

– Oui, peut-être, mais…

– Je sais, je sais… mais tu soupçonnes qu'il s'y passe quelque chose d'étrange. Alors, dis-moi de quoi il s'agit. Cette porte, par exemple, celle que personne d'autre que les chevaliers n'est autorisé à franchir, où est-elle ?

– Elle se trouve à l'intérieur… dans la partie la plus obscure de leurs quartiers, tout au fond.

– Là où les chevaliers vivent, tu veux dire ?

– Oui. L'endroit est séparé en deux parties, une pour les chevaux et l'autre pour les moines.

– Et tu dis que les sergents vivent à l'extérieur ?

– Oui, certains d'entre eux travaillent à l'intérieur des écuries, mais ils n'y vivent pas. Ils ont construit une caserne contre le mur.

– Alors, les seules personnes qui vivent dans les écuries sont les chevaliers… Pourquoi est-il étrange que seuls les chevaliers utilisent cette porte en particulier, ou toute autre porte, s'ils sont les seuls à vivre là ? T'est-il venu à l'esprit qu'il pourrait s'agir de leurs latrines ?

– Non, monseigneur l'évêque. Les latrines se trouvent de l'autre côté, dans une étable, et les sergents y vont et en viennent en tout temps. Mais il y a toujours un chevalier près de cette porte. Il ne monte pas visiblement la garde à cet endroit, mais il reste que, chaque fois qu'un sergent s'approche un tant soit peu de cette porte, quelqu'un apparaît et le fait déguerpir… toujours avec une extrême gentillesse, mais toujours, sans exception. Qui ferait monter la garde devant des latrines ? Je les surveille maintenant depuis des semaines et j'ai vu la même chose se produire d'innombrables fois. Et je n'ai jamais vu un seul sergent franchir cette porte.

– Alors, tout cela a éveillé tes soupçons… ou y a-t-il quelque chose que tu ne m'as pas dit ?

Le petit homme secoua la tête.

– Non, il n'y a rien de plus.

– Je vois. Eh bien, au risque de te déplaire, je dois te dire que tes soupçons ne m'intéressent en rien, Gregorio, et je ne te paie pas pour être soupçonneux. Je peux moi-même créer tous les soupçons dont j'ai besoin, sur n'importe quoi et n'importe qui, y compris toi. Ce que j'exige de toi, mon petit fonctionnaire, en retour du traitement que je te verse, ce sont des faits réels, fondés sur des preuves concrètes. Ce que tu soupçonnes demeure intangible jusqu'à ce que tu puisses affirmer avec certitude que c'est réel et m'en fournir la preuve. Comprends-tu ce que je te dis, Gregorio ?

Le petit homme opina du chef, et l'évêque grogna en retour, puis se pencha sur son bureau et reprit sa plume.

– Alors, va-t'en et ne reviens pas avant de pouvoir dire avec certitude que ce que tu soupçonnais se passe réellement.

Odon se plongea à nouveau dans son travail avant même que Gregorio ne se soit retourné pour partir, mais, aussitôt que la porte se fut refermée derrière son espion, l'évêque se leva, jetant sa plume sur le bureau, et marcha à grands pas jusqu'à la fenêtre, de laquelle il pouvait voir une cour où une gerbe d'eau jaillissait joyeusement d'une fontaine de marbre entourée de palmiers nains. Il était en colère et il était jaloux, et bien que la colère ne fût pas un sentiment nouveau pour lui, la jalousie l'était certainement, et Odon avait de la difficulté à faire face à cette situation.

Il ne se faisait aucune illusion sur ce qu'il ressentait. Il aimait penser que la faute en revenait entièrement à la princesse Alix, et s'il y avait eu quelqu'un à qui il pût en parler, il aurait pu lui exposer en détail tous les événements et toutes les occasions qu'elle avait utilisés pour le prendre au piège. Mais, bien sûr, ce n'était pas là une chose dont il aurait pu discuter avec quiconque et, de plus, au fond de lui-même, il connaissait la vérité. Ce n'était pas du tout la faute d'Alix. Elle ne l'avait pas forcé à coucher avec elle, ni la première fois, ni les autres. C'était lui qui s'était laissé aller à s'enticher d'elle, tout en sachant qu'à n'importe quel moment et à n'importe quel endroit de son choix, la princesse pouvait écarter les jambes pour quiconque croisait son regard au bon moment. Elle semblait insatiable, elle était belle et elle était terriblement jeune, dix-huit ans, par rapport aux quarante-deux ans d'Odon. Et là se trouvait le fondement de sa jalousie. Il n'était plus assez jeune pour garder Alix satisfaite. Il ne l'avait jamais été, dès le départ, presque quatre ans plus tôt, lorsqu'elle avait quatorze ans.

Il avait également su avec certitude, dès le début de leur relation, les raisons pour lesquelles elle lui avait accordé ses faveurs. Il avait été son confesseur pendant des années et, à mesure qu'elle vieillissait, il avait éprouvé une excitation croissante en écoutant le contenu de plus en plus cru de ses confessions à l'époque où elle commençait à se livrer à des expériences sur elle-même, et sur la sexualité en général. Elle lui avait relaté avec une abondance de détails, et pendant plusieurs mois, l'attirance qu'elle éprouvait envers un des jeunes hommes de la cour de son père, ainsi que les rêves et les fantasmes qu'elle nourrissait à l'endroit du garçon. À partir de ce moment, tirant de plus en plus plaisir de ses expériences, elle avait régalé son confesseur en lui racontant les détails les plus intimes et les plus crus de son entreprise de séduction du pauvre homme. Évidemment, une fois qu'il avait eu lui-même cédé à ses charmes, Odon avait découvert qu'Alix avait tiré de l'exercice un plaisir pervers, n'hésitant pas à exagérer ou même à inventer, car elle savait exactement quel effet elle produisait sur l'homme derrière la grille du confessionnal. Alors, au moment où elle avait été prête à le séduire, elle avait déjà bien préparé le terrain.

Et bien sûr, il y avait une contrepartie. Alix ne faisait rien, ne donnait rien, sans qu'il y ait contrepartie. En échange du droit qu'elle lui accordait de jouir de son jeune corps magnifique, Odon fournissait à la princesse des renseignements délicats, confidentiels et extrêmement privilégiés sur tout ce qui avait lieu dans la salle du conseil du roi, puisqu'il était le lien entre ce dernier et le patriarche. Le fait qu'Alix était à peine âgée de quatorze ans au moment où cette entente avait été prise n'avait aucune importance. En son âme et conscience, Alix du Bourg, élevée comme l'enfant préférée d'un père supérieur aux autres hommes par son pouvoir et son influence, n'avait jamais vraiment été une enfant. Plus mature que les autres filles de son âge, elle était déjà une femme d'une grande subtilité, possédant ce type d'intelligence qui s'épanouissait dans les intrigues, et elle avait déjà des ambitions très claires pendant que ses amies et ses sœurs en étaient encore à leurs jeux d'enfants.

Odon le savait, et il savait qu'elle allait tenter de le suborner et de l'utiliser, et il lui en avait voulu beaucoup pour cette raison, mais quand fut venu le moment de soupeser ses scrupules par rapport à ses désirs sexuels, de mesurer l'importance de ses principes par rapport aux plaisirs de la cuisse nue d'Alix dans la paume de sa main, sa décision n'avait tenu aucun compte de tous les nobles idéaux dont il avait toujours été si fier.

Sa présente colère venait du fait qu'il avait découvert, presque deux mois plus tôt, grâce à l'un de ses nombreux espions, qu'Alix s'était amourachée du jeune moine chevalier du nom de St. Clair. L'espion en question était une vile servante suffisamment proche d'Alix pour être devenue invisible, sa présence constante étant acceptée et tenue pour acquise, alors il pouvait se fier à ce qu'elle lui rapportait.

C'était elle qui avait entendu les directives d'Alix à son intendant, un eunuque du nom d'Ishtar, afin qu'il fasse surveiller le moine St. Clair — le frère Stephen, comme il s'appelait lui-même — et de la tenir au courant de l'identité de ses amantes et de ce qu'il faisait avec elles.

Bien sûr, les espions n'avaient trouvé aucune amante, et aucune preuve que St. Clair ait fait quoi que ce soit de répréhensible, ce qui avait incité Alix à creuser davantage et à chercher dans d'autres directions et, malgré qu'il sût que St. Clair ne faisait rien de malhonnête, à mesure qu'il voyait croître l'obsession d'Alix pour ce moine chevalier, Odon avait demandé à ses espions de surveiller les siens en espérant trouver quelque chose qu'il pourrait utiliser pour discréditer le moine et faire en sorte qu'il devienne *persona non grata* aux yeux de tous, y compris d'Alix. Maintenant, pendant qu'il regardait la cour et songeait à ce que Gregorio lui avait dit — ses soupçons et leur manque de fondement, mais également sa conviction qu'il se passait quelque chose d'« étrange » dans les écuries —, Odon sentit germer en lui les prémices d'une idée qu'il pourrait utiliser contre Alix, à tout le moins pour susciter son intérêt et lui rappeler son désir pour elle. Encouragé par cette pensée, il se concentra sur cette idée et, comme les grandes lignes d'un plan commençaient à se former dans son esprit, il retourna à sa table de travail en sifflotant nonchalamment, signe évident, pour tous ceux qui le connaissaient, que l'évêque était en profonde réflexion.

CHAPITRE 23

– Odon, vous êtes vraiment pénible aujourd'hui. Je vous ai envoyé chercher pour que vous me divertissiez cet après-midi, mais, depuis que vous êtes arrivé, vous n'avez cessé de broyer du noir comme un vieux gâteux.

– Sottise, ma chère princesse. Disons donc les choses telles qu'elles sont. Vous m'avez convoqué dans l'espoir de pouvoir me soutirer des renseignements sur quelque sujet qui vous intéresse en ce moment. Quand les choses se sont-elles passées autrement ? Mais, cette fois, je n'ai rien pu vous apprendre, malgré mon amour pour vous et mon désir de vous plaire, parce que je ne sais pas ce que vous voulez. Si vous persistez à feindre l'innocence et à ne pas me demander directement ce que vous voulez savoir, alors vous pouvez difficilement m'accuser d'être incapable, parfois, de deviner vos véritables intentions.

Alix du Bourg demeura silencieuse pendant un moment, le regardant d'un air vindicatif.

– Je suis très heureuse que vous ayez souri en disant cela, monseigneur l'évêque, dit-elle précisément au moment où il savait qu'elle le regarderait ainsi. Autrement, j'aurais pu penser que vous vous montriez insolent. Ainsi, vous avez réussi à m'amuser pour la première fois depuis votre arrivée, alors venez vous asseoir près de moi, je veux vous murmurer des secrets à l'oreille.

S'émerveillant encore, peut-être pour la millième fois, de la façon dont une personne si jeune pouvait sembler si mature et si sociable, l'évêque Odon se leva lentement et se tint debout quelques instants en souriant à Alix avant de traverser obligeamment la pièce pour se rendre jusqu'au canapé où elle était assise, le regardant, ses jambes modestement repliées sous ses jupes. Malgré sa maturité apparente, songeait l'évêque, sa jeunesse et son manque d'expérience ne pouvaient être constamment dissimulés. Sociable ou non, et extraordinairement au fait des façons de faire et d'être des hommes et des femmes, sous certains aspects sa jeunesse transparaissait comme à travers un verre fin, et cette détermination cajoleuse à obtenir ce qu'elle voulait en était une manifestation.

Tout en avançant vers elle, l'évêque se dit qu'il avait joué son rôle à la perfection cet après-midi-là, prenant un air si parfaitement équilibré entre la distraction et la préoccupation, qu'il avait éveillé l'intérêt de la princesse tout en l'agaçant considérablement. Et une fois son intérêt éveillé, ce n'avait été qu'une question de temps avant qu'elle ne fasse quelque chose pour le satisfaire malgré son agacement. Maintenant, elle était visiblement intriguée, sachant qu'il pensait à une chose pour laquelle il était prêt à risquer ses foudres, et Odon savait que rien ne pourrait l'arrêter avant qu'elle n'estime avoir tiré de lui chaque élément d'information qu'il possédait, même s'il était possible que ses renseignements n'aient absolument aucun intérêt à ses yeux.

Il s'approcha jusqu'à se dresser devant elle au point qu'elle dut renverser la tête pour le regarder, exposant du même coup la perfection de son long cou, un large décolleté qui se terminait sur les premières courbes de ses seins, et il sentit son membre se raidir. Elle sourit et leva une main languissante, agitant ses doigts jusqu'à ce qu'il les prenne dans sa propre main, puis elle referma la sienne et l'attira vers elle.

– Venez, asseyez-vous avec moi.

Il allait s'asseoir à ses côtés, mais elle resserra sa prise et l'attira plus près, arquant son dos et poussant ses fesses contre le fond du canapé pour lui faire de la place afin qu'il puisse s'asseoir tout contre elle, entre ses jambes. Dès qu'il fut assis, il sentit le corps de la jeune fille contre le bas de son dos et sa main droite se poser sur son ventre, tout juste au-dessus de l'os pubien, le serrant contre son corps jusqu'à ce que sa tension diminue et qu'il repose complètement contre elle, son bras sur la courbe de la hanche d'Alix et ses doigts sentant la chaleur de la peau douce derrière son genou, sous la robe diaphane.

– Voilà. Êtes-vous bien ?

Il sourit et inclina la tête, laissant sa main droite s'arrêter sur la courbe de sa taille, pliant les doigts en une caresse délicate. Elle sourit et émit un petit bruit de contentement, et il pressa davantage ses doigts contre sa peau, caressant plus fermement la chair pendant que les doigts de son autre main s'écartaient et saisissaient sa cuisse au-dessus du genou.

– Ah, espèce d'animal, murmura-t-elle, souriante, tandis qu'elle levait lentement sa jambe un peu plus haut, posant son talon contre le dossier du canapé et laissant les doigts inquisiteurs de l'évêque glisser lentement le long de sa cuisse pendant que sa propre main se déplaçait avec une facilité née d'une longue expérience pour pénétrer sous ses vêtements épiscopaux.

Odon ne se laissa aller à jouir de la sensation qui s'ensuivit qu'un court moment avant de saisir le poignet d'Alix, car il savait à quel point ses doigts pouvaient rapidement lui faire libérer sa semence et que, une fois celle-ci répandue, il manquerait probablement de temps pour la régénérer.

– Attends, ma chérie. Sois patiente pendant un moment.

Alix s'était arrêtée aussitôt qu'il lui avait saisi le poignet et, maintenant, elle le regardait d'une manière étrange, un sourcil haussé, comme si elle se demandait ce qui n'allait pas chez lui, mais elle avait desserré sa prise jusqu'à ce qu'elle devienne moins intense, mais toujours agréable, et Odon relâcha la sienne de la même façon alors qu'il poursuivait sur un ton calme et délibéré :

– Si je dois vous révéler mes pensées aujourd'hui, il y a beaucoup de choses dont nous devrons parler, parce que je réfléchis encore aux possibilités qui m'ont été offertes, et je suis sûr que vous préféreriez, tout comme moi, que je garde l'esprit alerte… que je concentre toute mon attention sur mes paroles, si vous voyez ce que je veux dire… plutôt que de risquer de perdre cette concentration en me fatiguant et en devenant épuisé trop tôt. Êtes-vous d'accord avec ça ?

Alix continua de le regarder d'un air interrogateur pendant un long moment, puis elle sourit et pencha modestement la tête, faisant jouer ses doigts plus délicatement, comme des ailes de papillon.

– Je suis d'accord, répondit-elle. Il vaut beaucoup mieux garder un conteur alerte pendant qu'il donne sa prestation que de risquer qu'il tombe endormi dans quelque coin parce que son récit l'intéresse de moins en moins…

Elle sourit encore et retira sa main de sous les robes de l'évêque.

– Alors, quelle est cette histoire ? Vous avez toute mon attention.

– Et vous avez toute la mienne, madame.

S'ensuivit un long silence, brisé seulement, de temps en temps, par de profondes et soudaines inspirations de l'évêque jusqu'à ce que la princesse se retire de derrière lui, se lève et se mette à califourchon sur lui. Quelques instants plus tard, elle tenait fermement son membre entre ses cuisses et elle se pencha vers l'arrière, le maintenant prisonnier de tout son poids.

– Voilà, dit-elle dans un murmure. Maintenant, si vous restez là sans bouger pendant un moment, vous devriez pouvoir vous concentrer sur ce que vous avez à me dire. Faites en sorte que je reste intéressée et à l'écoute, mon cher évêque, car seulement ainsi pourrez-vous éviter la fin brutale de cet état de félicité. Dites-moi ce qui vous préoccupait si visiblement aujourd'hui.

Odon ferma les yeux, rassembla ses idées et commença à parler, ne s'arrêtant que pour bouger légèrement, et chaque fois qu'il le faisait, Alix bougeait avec lui, ses mains serrant légèrement ses épaules, ses yeux fixés sur ceux de l'ecclésiastique, surveillant chaque expression de son visage tout en se rendant à ses désirs sans l'enflammer.

– Ce sont ces maudits moines, commença-t-il. Les créatures de Gormond.

– Qu'en est-il d'eux ? demanda Alix en s'efforçant de garder un visage de marbre et une voix ennuyée. Vous voulez parler de la Patrouille du patriarche ? Quelle raison auriez-vous de les maudire ? Je crois comprendre qu'ils se sont montrés utiles à plusieurs occasions, et que leurs souhaits sont fort modestes. Quel rapport ont-ils avec vous ?

– En superficie, rien, mais, plus profondément, ils commencent à m'embêter en prenant trop de mon temps, du temps que je peux difficilement me permettre de perdre avec eux.

– Comment cela ? demanda Alix en changeant presque imperceptiblement de position, de côté et vers l'arrière, tout juste assez pour que l'évêque concentre son attention là où elle le désirait.

Il émit un grognement et ferma les yeux pendant un moment, puis revint à son sujet :

– Eh bien, ils ne sont plus aussi modestes ni aussi discrets. Ça fait maintenant des années qu'ils ne s'appellent plus la Patrouille du patriarche. Ils s'appellent maintenant les « Pauvres chevaliers du Christ ».

Il ne tentait nullement de cacher son dédain à l'endroit des moines soldats ou de leur nouveau nom, mais il était tout à fait conscient de la nécessité de ne nommer personne, et tout particulièrement le jeune St. Clair, car si Alix en venait à découvrir qu'il savait ou soupçonnait quoi que ce soit à propos de son intérêt pour le garçon, ses réactions seraient imprévisibles, et Odon désirait éviter sa colère.

Alix éclata de rire.

– Les quoi ? Quel nom ridicule ! Les Pauvres chevaliers du Christ… Ils nagent en plein délire. Mais en quoi cela vous concerne-t-il ?

– Ça ne me concerne en rien… Je ne m'intéresse absolument pas à la façon dont ils s'appellent… Ils peuvent bien s'appeler les Sœurs de la Vierge Marie s'ils le souhaitent, pourvu qu'ils évitent de parler en public de leurs idées stupides et de leur apostasie. Non, c'est ce qu'ils font qui m'inquiète.

Alix était immobile maintenant, le fixant du regard.

– Et que font-ils qui vous inquiète tant ?

– Je…

Odon se raidit soudainement en poussant un long soupir

et s'immobilisa, pleinement concentré, ses doigts agrippant les cuisses d'Alix jusqu'à ce que la menace d'une explosion inattendue se soit dissipée, puis il retomba sur le dos en soufflant bruyamment.

– Doux Jésus, c'était proche…

– Oui, ça l'était, mais c'est passé. Dites-moi, que font les moines qui vous préoccupe tant ?

– Ils creusent, dit Odon d'une voix encore quelque peu tremblante. Je crois qu'ils creusent.

Alix retira les mains de ses épaules et se redressa de surprise.

– Ils creusent ? Que me dites-vous là ?

– Ils creusent un tunnel. Je crois que les Pauvres chevaliers du Christ creusent un tunnel dans leurs écuries.

La princesse le regardait d'un air stupéfait, puis elle se mit à rire.

– Pourquoi creuseraient-ils un tunnel ?

– Parce que, de toute évidence, ils cherchent quelque chose. C'est la raison pour laquelle n'importe qui creuse un tunnel… soit pour trouver quelque chose à l'autre bout, soit pour s'enfuir à un autre endroit. En ce qui les concerne, s'ils avaient simplement souhaité s'enfuir ailleurs, ils n'avaient qu'à partir… Donc, ils cherchent quelque chose.

– Mais que pourraient-ils bien chercher ? Et comment avez-vous découvert qu'ils faisaient cela ?

Leur dernier échange avait été si intense qu'ils avaient pour un moment oublié l'autre activité à laquelle ils se livraient seulement quelques moments plus tôt. Odon secoua brusquement la tête.

– Il y a là deux questions. À laquelle voulez-vous que je réponde en premier ?

– La première. Que cherchent-ils ?

– Je ne le sais pas, et c'est ce qui m'agace. Premièrement, il n'existe aucun endroit où ils puissent creuser, sauf à la verticale, dans la roche même. Ces écuries ont été creusées à même le mont du Temple. C'est de la pierre brute.

Alix émit un bâillement.

– Alors ? demanda-t-elle, où voulez-vous en venir ?

– Là où je veux en venir, ma chère, c'est qu'ils pourraient bien être en train de creuser un tunnel vers le bas dans la pierre, mais ça n'a aucun sens, s'ils cherchent quelque trésor, simplement parce qu'il ne peut pas y avoir de trésor caché dans la pierre brute.

– Non, à moins que la pierre ne soit moins solide qu'elle ne le semble et que, sachant cela, ils cherchent à atteindre cette matière moins solide…

– Mais comment pourraient-ils… ?

– Chut ! Laissez-moi réfléchir. Comment vous êtes-vous rendu compte qu'ils faisaient ces travaux ?

– Un de mes gens me l'a dit.

– Vos gens ? Qui sont ces gens ? Êtes-vous en train de me dire que vous avez des espions parmi les moines soldats ?

L'évêque haussa les épaules et Alix poursuivit, laissant la question de côté pour le moment :

– Très bien, alors. Qu'est-ce que cet espion a découvert ?

Odon pressa son corps contre celui d'Alix, mais son érection avait disparu et il ne ressentit que de la chaleur et une douce humidité. Il soupira et se résigna devant l'inévitable.

– Qu'il se passe quelque chose de suspect dans les écuries, une chose que seuls les moines soldats peuvent savoir… D'après ce qu'il a pu voir, les sergents, les frères laïques, ne savent rien de ce qui se passe, ou s'ils savent quelque chose, ils semblent tenir absolument à le cacher. Mon homme a fini par conclure qu'ils ne savent vraiment rien, une chose remarquable en soi, au sein d'une communauté aussi petite et étroitement liée que la leur.

– Et qu'a-t-il appris, cet homme ? Qu'a-t-il vu ?

– Eh bien, il n'a rien vu… rien de concret. Mais il les a observés pendant des semaines et a noté tout ce qui se produisait.

– Et qu'en est-il de l'excavation ? A-t-il vu cela ? A-t-il vu quoi que ce soit qui indique l'excavation ou le creusage d'un tunnel ?

– Eh bien, non, pas exactement. Mais il en a entendu le bruit.

– Qu'a-t-il entendu ?

– Un martèlement. Le bruit qui se produit quand on creuse dans la pierre. Il a entendu ces bruits venant des écuries, un martèlement sourd, la nuit, quand tout est calme alentour.

– Votre homme pourrait être un idiot et un menteur, Odon, et je serais idiote de vous croire sans aucune autre preuve.

– Oui, vous avez raison, princesse, je n'ai aucune preuve, mais j'ai des soupçons et j'ai de bonnes raisons de croire que ces soupçons sont fondés, quelle que soit la forme qu'ils prendront en fin de compte. Et je serais à mon tour bien idiot de ne pas révéler mes soupçons à votre père le roi. Les écuries lui appartiennent. S'ils creusent un tunnel ou font des travaux sans sa permission, ils doivent en répondre devant le roi, comme ce serait mon cas si j'évitais de lui faire savoir ce que je crois. Je pense que ces moines soldats cachent quelque chose et que nous devrions ouvrir une enquête sur leurs activités. Et quand cette enquête sera terminée, nous saurons ce qu'ils cachent.

Alix s'était mise à réfléchir en écoutant ce que l'évêque disait et, maintenant, elle secouait lentement la tête, assimilant toutes les paroles qu'elle avait entendues. Odon se racla la gorge, mais avant qu'il n'ait pu reprendre la parole, elle lui fit signe de se taire et lui plaqua une main contre le sternum pendant que son autre main descendait jusqu'à l'endroit où leurs deux corps se rejoignaient, ses doigts inquisiteurs ramenant son membre à la vie comme par magie jusqu'à ce qu'il remplisse de nouveau sa main. Puis, pendant un moment, il demeura ainsi, la tête rejetée vers l'arrière pendant qu'elle l'amenait lentement au point où il se mit à trembler et à soulever les hanches de désir, puis s'arrêtant juste avant qu'il n'explose. Odon frôlait l'extase, tremblant de plaisir inassouvi alors qu'Alix le regardait en réfléchissant profondément et, lorsqu'elle le vit commencer à reprendre conscience de ce qui l'entourait, elle continua ses mouvements, sachant que cette fois il tiendrait à ce que les choses atteignent leur conclusion. Elle le laissa s'acheminer vers ce but, voyant le demi-sourire sur son visage se transformer en une grimace de plaisir et, estimant le moment venu, elle se leva brusquement, et le tint, le bras dressé, jusqu'à ce qu'il s'affaisse en haletant et lui demande avec colère ce qu'elle faisait.

Elle lui adressa un sourire doucereux.

– Je suspends le plaisir, monseigneur, pour prolonger l'excitation. Vous m'appréciez, n'est-ce pas ? Vous aimez le plaisir et le caractère interdit de ce que je vous fais et de ce que je vous permets de me faire. Le désir que vous avez de moi vous rend sauvage et vous garde jeune, et le danger qu'il représente fait en sorte que vous revenez toujours vers moi pour en avoir davantage. Vous vous vautrez dans le plaisir de forniquer avec la fille du roi, ou de la débaucher et d'être débauché par elle dans toute sa jeunesse perverse, malgré le fait... ou peut-être *à cause* du fait que si vous étiez surpris en train de faire une telle chose, vous seriez un homme mort. N'est-ce pas ainsi ? Je le sais, cher Odon, parce que vous me l'avez souvent dit. C'est pourquoi je vous demande de réfléchir très soigneusement à ce que je vais vous dire maintenant et de croire que je suis absolument franche. Alors, lorsque je serai convaincue que vous comprenez réellement et croyez ce que je vais vous dire, nous pourrons continuer, et je vous expliquerai, pour une fois, ce qui se passe dans mon esprit. Sommes-nous d'accord ?

Odon inclina la tête, son visage exprimant l'étonnement, mais ses yeux rivés au triangle de poils si lascivement exposé en raison de la manière dont elle tenait ses jupes serrées autour de sa taille.

– Sommes-nous d'accord, Odon ? Regardez-moi dans les yeux et répondez-moi.

À contrecœur, il leva les yeux vers son visage et opina du chef.

– D'accord, murmura-t-il.

– Bien. Maintenant écoutez attentivement.

Alix plia les genoux en descendant lentement vers lui, s'arrêtant au moment où elle allait l'atteindre, mais demeurant effrontément offerte à son regard.

– Regardez-moi, Odon. Voyez ce que j'ai ici et pensez-y. Vous ne verrez, ne sentirez, n'embrasserez, ne caresserez ce corps ni n'en jouirez d'une quelconque façon pour le reste de votre vie, si vous dites un seul mot à qui que ce soit sur ce dont nous venons de parler, qu'il s'agisse de mon père le roi ou de son saint patriarche.

Odon avait reculé de surprise, ses sourcils haussés exprimant l'incrédulité, et elle s'abaissa rapidement sur lui jusqu'à ce qu'elle le sente pénétrer en elle.

– Sens-moi, Odon, sens cela et demande-toi si tu crois vraiment que je suis sincère en te disant cela.

Elle se retira rapidement encore une fois et se tint debout, laissant tomber ses jupes pour dissimuler complètement ses jambes.

– Me crois-tu ?

Odon de Fontainebleau baissa lentement la tête, et ses yeux exprimaient une conviction totale.

– Je vous crois... Absolument et complètement. Je n'ai aucune idée de la raison pour laquelle vous me demandez ceci, ou pourquoi vous me menacez de la sorte, mais c'est une menace puissante, et je n'ai aucune envie qu'elle se concrétise. Je ne dirai rien, n'en parlerai à personne. Mais je mourrai peut-être en me demandant encore pourquoi.

Le visage d'Alix s'illumina d'un large sourire de pure joie, une de ces si rares et si belles illustrations du fait qu'elle était, en réalité, à peine plus qu'une enfant, avec la joie et l'enthousiasme enfantins toujours présents en elle. Le cœur d'Odon fondit d'un coup, comme c'était toujours le cas lorsqu'il la voyait ainsi.

– Non, cela ne vous arrivera pas ! s'exclama-t-elle, se tournant sur un pied pendant qu'elle levait l'autre. Ce ne sera pas nécessaire, monseigneur. Et je vais vous dire exactement pourquoi il doit en être ainsi.

La jeune femme s'arrêta un moment, hésita sur le bout du pied, ses yeux toujours brillants de joie puérile.

– En tout cas... je vais le faire dans un moment... quand nous aurons terminé nos ébats.

Elle rassembla à nouveau ses jupes, les tenant serrées contre sa taille, et descendit lentement vers lui, se léchant les lèvres, la bouche lascive, et regarda sa réaction alors qu'elle s'approchait de lui.

Cette fois, il n'y eut aucune restriction ni retenue, et leur copulation fut brève et incandescente, presque terminée avant qu'elle n'eût commencé.

†

– Pourquoi me puniriez-vous aussi sévèrement si je parlais de ceci à votre père ? Vous avez affirmé que vous alliez me le dire.

Ils étaient redevenus des personnes respectables, assis à la table près de la fenêtre, buvant du vin glacé et mangeant des confiseries, leurs vêtements bien en ordre.

– Je vais vous le révéler, mais d'abord vous devez me dire quelque chose. Croyez-vous réellement que les moines soldats soient en train de creuser un tunnel dans le mont du Temple ?

– Oui, je le crois.

– Très bien. Qu'est-ce qu'il y a en dessous, le savez-vous ?

– Sous le mont du Temple ? demanda-t-il en souriant. Rien, je suppose, à moins qu'une montagne possède des racines.

– D'où vient ce nom, le savez-vous ?

Odon haussa les épaules.

– Il vient du nom du temple hébreu qu'Hérode avait fait construire à son sommet.

– À son sommet et autour de lui, dit-elle. Le temple était vaste, Odon, plus vaste que ce que l'on pourrait penser en regardant ce qu'il en reste. Et sa propriété était aussi très étendue. Je le sais parce que Gormond me l'a dit. Il s'intéresse beaucoup à l'histoire de Jérusalem et au Temple en particulier. Savez-vous quand il a été détruit ?

– Je sais que c'était il y a longtemps.

– Oui. La ville et son temple ont été détruits, et la plupart de ses citoyens massacrés par le général romain Titus il y a plus d'un millénaire, et ceux qui ont survécu ont été dispersés aux quatre vents. Songez-y, Odon, un millier d'années et plus. La ville a été reconstruite, mais pas par les Juifs, car il n'en restait pratiquement aucun de vivant dans toute la Judée, et, sans fidèles juifs, le temple ne pouvait pas être reconstruit. Ses ruines sont restées abandonnées depuis... Et cela pour une seule et bonne raison : les Romains avaient détruit l'endroit, et lorsque les Romains détruisaient quelque chose, il n'en restait rien.

Odon courba la tête, assimilant lentement ces paroles, puis demanda :

– Est-ce important ?

– Bien sûr que c'est important. Aussi important que le fait que vous croyiez que ces moines soldats creusent un tunnel à l'intérieur du mont du Temple. Pourquoi des gens perdraient-ils leur temps à creuser une montagne afin de trouver les débris d'un édifice détruit mille ans plus tôt ? Qu'est-ce qu'ils pourraient chercher ?

– Un trésor enterré ?

– Après dix siècles ? Quelle sorte de trésor pourrait-il y avoir là et comment pourraient-ils avoir appris son existence ?

– Ils ont une carte, dit Odon, les yeux brillants. Ils doivent en avoir une.

– Une carte de quoi, venant d'où et dessinée par qui ? demanda Alix d'une voix lourde de scepticisme. Gormond m'a dit que le Temple d'Hérode avait été construit à l'époque de Jésus et que sa construction avait été achevée peu de temps avant sa destruction... Et nous savons que les Romains auraient cherché et confisqué tout objet de quelque valeur à l'intérieur et autour du temple, parce que c'est ce qu'ils faisaient toujours. Mais Gormond m'a aussi dit que, selon ce qu'il savait, le Temple d'Hérode avait présumément été construit par-dessus un autre temple plus petit et beaucoup plus ancien, le premier Temple de Salomon.

– Vous voulez dire : le roi Salomon, le législateur ?

– Connaissez-vous un autre Salomon qui ait fait construire un temple ?

Odon demeura silencieux, ignorant le sarcasme dans la voix d'Alix, jusqu'à ce qu'elle prenne de nouveau la parole :

– Mais ce que je ne parviens pas à comprendre, c'est que,

si ces gens creusent réellement, comme vous le supposez, alors pourquoi creuseraient-ils *là,* dans les vieilles écuries, et directement dans le roc ?

– Parce qu'ils le peuvent.

Aux yeux d'Odon, c'était l'évidence même, et il croisa ses bras sur sa poitrine, tirant sur sa lèvre inférieure avant de poursuivre :

– Réfléchissez. Ils peuvent creuser à cet endroit en secret, alors que s'ils creusaient n'importe où ailleurs, les gens s'en rendraient compte et commenceraient à poser des questions. Les écuries leur appartiennent, puisque le roi les leur a cédées. Alors, même si le travail est beaucoup plus difficile, le fait qu'ils creusent à cet endroit n'a rien d'énigmatique : c'est pour des raisons de secret, de sécurité et de commodité, malgré les inconvénients.

– Non. Je ne doute pas de votre raisonnement jusqu'ici, mais il doit y avoir autre chose. Le trésor doit se trouver tout près. Il serait étonnant qu'ils commencent à creuser dans les écuries, malgré tout ce que vous venez de dire, si leur objectif se trouvait à un mille de distance.

– Cela semble logique, dit l'évêque.

– En conséquence, ils doivent avoir trouvé quelque chose qui leur donne une raison valable de chercher à cet endroit... Quelque trésor caché ? Ils doivent avoir trouvé quelque chose... Et n'oubliez pas que ce sont des moines, Odon, des nouveaux moines, remplis d'enthousiasme et ayant fait vœu de pauvreté, alors nous pourrions raisonnablement nous attendre à ce qu'ils soient immunisés contre la tentation de la cupidité. Ainsi, quoi qu'ils aient trouvé par hasard, cette chose semble être suffisamment précieuse à leurs yeux pour qu'ils renoncent à leurs vœux.

Alix leva une main pour intimer à Odon l'ordre de se taire, même s'il n'avait fait aucun geste laissant entendre qu'il allait parler.

– Et maintenant, la noble et respectueuse créature que vous êtes transmettrait cette information à mon père, comme il est de votre devoir. Et mon père ferait enquête et découvrirait la vérité qui se cache derrière tout cela, et tout ce que l'on découvrirait serait immédiatement versé au trésor royal pour le bien du royaume. Et qui sait, selon la valeur de la découverte, vous pourriez même recevoir une petite récompense pour votre dévouement…

– Vous semblez penser que ce ne serait pas une bonne chose.

– Oh non, pas du tout. Ce serait une excellente chose, pour mon père… Une source de richesse, peut-être incalculable, dont il n'avait jamais soupçonné l'existence. Et il n'aurait à la partager avec personne, parce qu'il est le roi et que le trésor aurait été trouvé sur ses terres. Il lui reviendrait… entièrement.

– Je vois…, dit Odon, un large sourire aux lèvres. Et vous préféreriez plutôt qu'il soit entièrement vôtre ?

Alix battit des paupières en le regardant, une fossette se formant sur sa joue.

– Bien sûr. Ne souhaiteriez-vous pas la même chose, si vous vous trouviez dans ma position ? Et, cela va de soi, je serais beaucoup plus généreuse envers vous que ne le serait mon père… Je n'aurais d'autre choix que de l'être, n'est-ce pas, puisque vous connaîtriez mon secret ?

– Sommes-nous en train de parler de trahison, madame… De crimes entraînant la mort.

– Sottise, mon cher évêque. Nous parlons de rêves, de fantasmes, de rien de plus que de simples idées informes, qui n'ont absolument rien de concret dans les faits.

– En ce moment…

– Oui.

– Alors, de quelle façon agiriez-vous, madame, si les choses changeaient et que la réalité se modifiait ?

– Je n'en ai aucune idée mais, au moment où cela se produira, je le saurai. Ces moines soldats ne sont que neuf… ces Pauvres chevaliers du Christ, et ils gardent le secret sur leurs activités sans même le révéler à leurs propres frères subalternes, alors il ne devrait pas être difficile de trouver un moyen d'interrompre leurs travaux le moment venu.

Sa bouche s'étira en un large sourire.

– Je suis certaine que vous trouverez un moyen de dédommager ces pauvres chevaliers, même s'ils s'adonnent à des activités traîtresses… Êtes-vous prêt à travailler avec moi dans cette affaire ?

– C'est dangereux, fit l'évêque en hésitant de manière délibérée, le visage pensif. Si jamais le roi venait à découvrir ce qui se passe…

Il se mit à hocher la tête, très lentement au début, puis avec plus d'ardeur.

– Mais oui. Oui, je marche avec vous.

– Très bien, Odon, répondit Alix d'une voix qui avait pris un ton de doux contentement. Maintenant, venez près de moi et voyons si nous pouvons trouver quelque façon de sceller notre pacte.

CHAPITRE 24

Quand Odon partit finalement cet après-midi-là, Alix s'étendit à nouveau sur son canapé, s'éventant d'une main languissante et réfléchissant longtemps et profondément. Odon avait passé presque trois heures dans ses quartiers, un laps de temps scandaleusement long pour tout homme enfermé seul avec une femme, soit-elle jeune ou vieille, mais Alix ne s'en souciait nullement. Les membres de son personnel étaient tout à fait conscients que leur discrétion en de telles matières représentait le principal facteur qui leur permettait de continuer à mener une existence grandement privilégiée. Elle savait qu'aucun d'entre eux n'oserait dire un mot sur ce qu'elle faisait de sa vie privée, au risque de perdre la vie.

Malgré ce qu'elle avait affirmé à Odon, Alix n'avait aucune idée de la façon dont elle pourrait s'y prendre pour découvrir le secret des moines soldats. Elle ne connaissait pas beaucoup Hugues de Payns, mais suffisamment pour savoir qu'elle perdrait son temps en essayant de le faire céder à ses désirs. Premièrement, de Payns était déjà trop vieux et ses habitudes de guerrier, trop bien ancrées pour envisager une escapade amoureuse avec une femme assez jeune pour être sa petite-fille. Son plus proche associé, Geoffroy de Saint-Omer, était taillé dans la même étoffe. Ils étaient plutôt aimables, mais incorruptibles. Alix avait déjà rencontré de tels hommes auparavant et elle les trouvait tous, sans exception, dépourvus d'humour et réfractaires à toute tentative de séduction, les seuls animaux mâles du monde qu'elle ne pouvait plier à sa volonté.

Il ne lui restait donc qu'une seule autre source de renseignements, Stephen St. Clair, et elle se sentait si peu sûre de ses chances de succès auprès de lui qu'elle avait, malgré elle, de la difficulté à songer à lui de manière objective. Il était le seul homme jeune qui ait réussi à résister à l'un de ses assauts directs, et elle n'était absolument pas convaincue de pouvoir faire quelque chose pour que cela se passe autrement lors d'une autre rencontre, parce qu'il lui semblait qu'elle avait épuisé toutes ses ruses, et cela en vain, durant leur dernière et désastreuse rencontre. Pendant des mois, elle avait été furieuse qu'il l'ait fuie comme un paysan timoré pourrait fuir une épidémie, et pourtant elle n'avait rien fait pour le punir. Elle se disait qu'il avait agi de la sorte par grandeur d'âme, parce que c'était un moine et qu'il était donc peu sociable et maladroit, mais elle savait bien que si elle ne l'avait pas fait molester, c'était dans le seul but de se protéger elle-même. Personne ne savait ce qui s'était passé entre eux mais, si elle continuait dans cette voie, songeait-elle avec appréhension, quelqu'un pourrait apprendre la vérité et la couvrir de ridicule. Alix du Bourg détestait l'idée d'être ridiculisée.

Par pure nécessité, elle s'était finalement convaincue que, ce jour-là, le comportement du jeune homme était attribuable à ses propres conflits intérieurs et qu'il n'avait rien d'insultant envers elle. Son visage terrifié, sa pâleur et sa fuite abjecte pouvaient seulement découler de ses convictions religieuses, même si — et c'était là une chose qu'elle en était venue à envisager bien après l'événement — son attitude aurait pu s'expliquer par une simple nausée engendrée par le haschisch généreusement mélangé aux gâteaux qu'ils avaient mangés cet après-midi-là. Après avoir utilisé la drogue pendant des années, elle-même n'éprouvait plus la nausée qu'elle causait parfois, mais, pour un débutant comme St. Clair, les effets pouvaient être dévastateurs. Elle en était certaine, parce qu'elle avait tout fait pour découvrir la vérité, et, maintenant, après avoir trouvé des faits nouveaux qui avaient sollicité son attention et son intérêt pendant plusieurs mois, sa colère à l'endroit de St. Clair avait diminué sans toutefois se dissiper complètement.

Quoi qu'il en soit, cependant, Alix n'appréciait guère l'idée de devoir rencontrer le jeune homme une fois de plus, et pourtant elle savait qu'elle devait le faire, si elle voulait conserver quelque espoir d'apprendre ce que les moines soldats fabriquaient dans leurs saintes écuries. Elle savait qu'elle ne pouvait pas simplement s'y rendre et voir ce qui s'y passait, même en tant qu'Alix, princesse royale de Jérusalem. On considérait les écuries du Temple comme une terre sacrée que son propre père avait accordée aux moines et depuis réservée à leur usage par le patriarche en personne. Étant une femme, Alix n'avait aucun droit d'y pénétrer. Elle le savait depuis des mois, mais elle savait également qu'aucun homme n'appartenant pas à leur confrérie n'était autorisé à y entrer non plus. Seuls les membres de l'Ordre des Pauvres chevaliers du Christ y étaient admis, et ils étaient peu nombreux. Même leurs sergents, leurs serviteurs-guerriers, n'en avaient pas le droit.

Une idée germa tout à coup dans son esprit, la forçant à hésiter, puis à y songer. Elle demeurait imprécise, mais Alix savait déjà sans l'ombre d'un doute, de manière intuitive, qu'elle était excellente et qu'une plus profonde réflexion allait lui donner forme. La princesse saisit un minuscule ensemble de trois clochettes de laiton et l'agita, et quelques instants plus tard apparut Ishtar, son intendant.

– Princesse ?

Alix le regarda, songeuse.

– M'as-tu dit hier qu'Hassan, le marchand de chevaux, était de retour ?

– Oui, princesse. Il est arrivé au marché avec un nouveau troupeau — un très petit troupeau — pendant que je m'y trouvais, un peu après l'aube.

– As-tu remarqué quelque chose d'inhabituel dans son petit troupeau ?

– Oui, madame. J'ai remarqué deux choses, en fait. Il avait une paire de poneys blancs qui semblaient jumeaux. D'après le peu que j'ai pu apercevoir d'eux, ils semblaient parfaits.

Alix acquiesça, se mordant légèrement la lèvre. Ishtar était né et avait été élevé parmi les chevaux et elle appréciait ses opinions, parce que les chevaux représentaient la seule chose dans sa vie qu'elle croyait pouvoir estimer et aimer sans réserve.

– Fais-le venir ici aussitôt que possible. Dis-lui de venir directement me voir. Je vais l'attendre ici.

Ishtar s'inclina et s'éloigna aussitôt pour exécuter ses ordres. Alix se rendit à la fenêtre, tenant ses bras contre sa poitrine, ses coudes dans ses mains, tandis que ses yeux regardaient la lumière de l'après-midi, ne voyant rien d'autre que les images qui habitaient son esprit.

L'homme qu'elle avait convoqué, Hassan le marchand de chevaux, était bien davantage que ce qu'il paraissait être, et Alix le connaissait maintenant depuis cinq ans, depuis le jour de ses treize ans, à Édesse, alors qu'il lui avait livré le cadeau d'anniversaire de son père, une pouliche arabe noire, sans le moindre défaut, qu'elle avait immédiatement nommé Minuit. À partir de ce moment, pendant près de trois ans, Alix s'était rendue chez le marchand pour passer du temps avec lui et ses chevaux chaque fois qu'il rentrait à Édesse, et lorsqu'elle était venue vivre à Jérusalem avec sa famille en tant que princesse royale, elle avait continué de favoriser son établissement. Depuis qu'elle avait rencontré Hassan pour la première fois, elle lui avait acheté sept magnifiques chevaux pour son usage privé, mais elle en était également venue à le connaître et à se fier à son jugement sur des sujets qui dépassaient de loin les chevaux.

Leur relation avait pris un nouveau tour après deux ans de familiarité croissante entre eux, un tour qui n'avait rien à voir avec la sexualité, même si, à l'époque, Alix avait déjà depuis longtemps entrepris sa carrière de femme concupiscente. Hassan n'était pas un vieillard, mais c'était un homme austère qui avait des idées bien arrêtées sur ce qui était permis et ce qui ne l'était pas en société — société qui englobait, à ses yeux, à la fois les musulmans et les chrétiens. Il était confiant en son statut auprès de son dieu, le nom d'Allah n'étant jamais éloigné de ses lèvres, et Alix avait appris qu'il avait la ferveur d'un zélote.

Alix n'avait même pas seize ans lorsqu'une de ses amies avait été violée et cruellement battue dans l'enceinte de la ville. La jeune fille, qui s'appelait Farrah, était musulmane et du même âge qu'Alix, et elle était la fille unique d'un marchand arabe itinérant. Alix s'était liée d'amitié avec elle plusieurs années auparavant, à Édesse, lorsque le père de Farrah s'y était établi, et il avait depuis fondé une entreprise prospère dans la ville, laquelle était devenue un centre de commerce approvisionné par des fournisseurs du monde entier qui lui apportaient de tout, tant des épices et des tissus que des parfums et des bijoux exotiques. Farrah avait été assaillie en plein jour, alors qu'elle revenait de chez une amie, et elle avait été abandonnée gisante dans une ruelle près du commerce de son père. Elle avait été retrouvée le même soir, mais personne n'avait vu ou entendu quoi que ce soit, et personne ne semblait avoir la moindre idée de l'identité de celui qui avait pu perpétrer un acte si horrible. Le seul indice permettant d'identifier le mécréant était un anneau d'oreille que l'on avait retrouvé dans le poing fermé de Farrah. Il était en or et portait des traces de sang indiquant qu'elle l'avait arraché de l'oreille de son assaillant.

Alix était furieuse et avait clamé publiquement sa colère en offrant une importante récompense pour tout renseignement qui aurait pu conduire à la capture du violeur, mais sa tentative n'avait donné aucun résultat jusqu'à ce qu'elle se rende au campement de Hassan un mois plus tard, lorsqu'il était revenu à Édesse. Alors qu'ils étaient assis dans sa tente à discuter d'un cheval particulièrement beau, il lui avait présenté une petite boîte et en avait retiré le couvercle pour lui montrer un morceau de velours soigneusement plié. Alix avait tendu la main pour prendre la boîte et déplier le tissu, mais Hassan l'avait arrêtée d'un geste, puis avait renversé le contenu de la boîte sur la table. Alix avait mis un certain temps à y reconnaître deux oreilles humaines : l'une avec le lobe déchiré et égratigné, et l'autre toujours ornée d'un anneau d'or identique à celui qui avait été trouvé dans la main de Farrah.

La jeune fille avait d'abord eu une brève réaction d'horreur, suivie d'un haut-le-cœur qu'elle avait combattu avec opiniâtreté, déjà consciente de l'exultation qui montait rapidement en elle pour y chasser tout autre sentiment. Là, sur la table devant elle, se trouvaient les symboles de sa vengeance et de sa détermination à l'obtenir alors que tous les gens qu'elle connaissait, lui semblait-il, l'exhortaient à oublier cet incident. Les dents serrées, elle s'était obligée à toucher l'oreille qui portait encore l'anneau. La chose avait une texture qu'elle n'avait jamais sentie auparavant, froide et dure, et ne montrant aucune caractéristique qui eût pu laisser entendre qu'elle avait déjà été humaine ou chaude et vivante. Lorsque Alix avait écarté les doigts et laissé retomber l'oreille sur la table, l'anneau avait émis un son sourd. Elle s'était redressée et avait fixé Hassan qui la regardait avec un visage inexpressif.

– Où est-il ? Où détenez-vous ce qui reste de lui ?

Alix parlait parfaitement l'arabe, qui était en fait sa langue maternelle, même si officiellement elle était Française. Mais elle était née dans un monde musulman au sein duquel le français était la langue des *ferenghi*, les étrangers francs, et elle avait parlé aisément l'arabe bien avant avoir appris la langue de son père.

L'espace d'une fraction de seconde, un minuscule tic qui aurait pu être le début d'un sourire avorté avait fait tressauter un côté de la bouche de Hassan, mais il avait secoué la tête et aucune trace d'humour n'était apparue finalement sur son visage.

– Je ne le détiens pas. L'homme est mort, tué alors qu'on s'emparait de lui. C'était il y a quelque temps déjà.

Il fit un geste du pouce pour indiquer les oreilles.

– On me les a apportées hier, emballées dans de la glace et du sel.

Soucieuse de conserver un visage de marbre, Alix avait incliné la tête.

– Je demanderai qu'on vous apporte la récompense cet après-midi.

– Ce n'est pas nécessaire. Je ne cherche pas à obtenir de récompense. Je n'ai pas besoin d'argent.

– Peut-être pas, mais l'homme qui vous les a apportées en a sans doute besoin.

Hassan avait secoué la tête d'un air résolu.

– Il a déjà été payé. Je l'ai récompensé quand il m'a apporté les preuves.

– Je vois. Vous voulez dire qu'il a fait cela pour vous et non pour moi ou pour obtenir la récompense.

C'était une affirmation et non une question, et lorsque Hassan avait acquiescé, Alix avait ajouté :

– Alors, pourquoi avez-vous commandé cela ? Que souhaitez-vous obtenir de moi ?

Maintenant, Hassan souriait de toutes ses dents.

– Je ne veux rien de votre part, princesse Alix... Rien d'autre qu'une prise de conscience.

Puis il s'était arrêté un moment pour lui laisser le temps de bien comprendre ses derniers mots et le ton sur lequel il les avait prononcés et, quand il avait vu qu'elle allait prendre la parole afin de l'interroger à ce propos, il avait repris calmement :

– Vous êtes une jeune femme absolument remarquable pour votre âge, princesse Alix, et j'ai l'impression que vous êtes destinée à apporter de grands changements dans ces territoires, pour les musulmans aussi bien que les chrétiens. Je suis persuadé qu'un jour vous remplacerez votre père ici en tant que dirigeant, car il n'existe aucune loi empêchant qu'une femme règne sur une de vos terres franques... et je crois que vous deviendrez une dirigeante encore meilleure et même plus puissante que lui.

– Oui. Vous pouvez compter là-dessus.

Le ton d'Alix était extrêmement grave, et rien sur le visage de son interlocuteur n'avait donné à penser qu'il doutait de ses paroles alors qu'elle poursuivait :

– Mais comment, ou pourquoi, cela pourrait-il avoir une quelconque importance pour vous, un musulman et un marchand de chevaux ?

– Parce que je suis beaucoup plus que l'un et l'autre.

Alix avait immédiatement pris un air interrogateur, mais le visage de Hassan s'était éclairé d'un large sourire.

– Pour réellement faire mon devoir envers le saint nom d'Allah, je dois étudier l'humanité. Alors, quand je vous vois hausser les sourcils comme vous venez de le faire, j'en conçois un grand espoir pour l'avenir, parce que vous ne craignez pas de faire ce qui, à votre avis, doit être fait.

Il avait nonchalamment montré du doigt les oreilles sur la table.

– Vous ne craignez pas de dire la vérité, avait-il continué, et vous ne craignez pas non plus d'exiger et de prendre ce que vous voulez et ce qui vous semble juste. Ceci vous rend unique parmi les gens qui vous entourent, la plupart d'entre eux préférant plutôt subir la honte et les insultes que de parler et de dire des vérités qui risqueraient de leur nuire plus tard. Au sein d'une société où les compromissions et la corruption sont partout répandues, vous représentez, même à votre très jeune âge, une brise rafraîchissante.

Alix s'était aperçue qu'elle appréciait grandement cette conversation, tout à fait consciente que son esprit fonctionnait de manière claire et concise et que, quoi qu'il puisse se produire ici en ce moment, elle était absolument en mesure de s'occuper de ses propres intérêts.

– Et qu'est-ce que cette prise de conscience a à voir avec tout cela ?

– Tout, avait laissé tomber Hassan d'un ton duquel avait disparu tout vestige de légèreté ou d'humour. Vous découvrirez, au fil de votre vie, qu'il y aura des gens qui vous offenseront, vous chagrineront, vous dérangeront et vous rendront furieuse. Certains d'entre eux contrarieront vos projets, mineront votre réputation, tenteront de faire échec à vos plus grandes ambitions, et se rendront, de manière générale, insupportables. En ce qui concerne plusieurs de ces personnes, vous serez en mesure de traiter avec elles selon vos propres termes. Je n'ai aucun doute sur le fait que vous avez déjà appris la manière de garder la plupart de ces gens à leur place. Mais il y en aura toujours quelques-uns, princesse, qui se montreront intraitables, leur inimitié représentant une source constante de contrariété et de frustration… et la plupart du temps, malheureusement, vous vous retrouverez pour une raison ou pour une autre incapable d'agir avec eux de la manière dont ils le méritent. C'est là qu'intervient la prise de conscience dont je vous parlais.

Il avait de nouveau indiqué les oreilles sur la table.

– On ne reverra plus jamais le propriétaire de ces ornements. Il a disparu de la surface de la terre et de la conscience des hommes.

Hassan s'était tu encore une fois, fixant son regard sur elle, puis il avait dit, d'un ton délibéré, de façon à ce qu'il n'y ait aucune ambiguïté dans ses paroles :

– Tout le monde peut disparaître, princesse. Tout le monde. Il n'y a absolument personne au monde qu'on ne puisse faire disparaître soudainement, complètement et mystérieusement. C'est là quelque chose que la plupart des gens, les gens ordinaires, ne peuvent pas même envisager. Ils sont incapables de reconnaître, et moins encore de croire, que ces choses peuvent s'organiser facilement et qu'en fait, elles surviennent quotidiennement autour d'eux. Mais cette vérité comporte également un autre aspect, princesse, et c'est un aspect extrêmement important une fois qu'on l'a bien saisi : il n'existe personne au monde aujourd'hui qu'on ne puisse faire mourir d'une manière violente et révoltante, et d'une manière extrêmement visible, dans n'importe quel lieu public et à n'importe quelle heure du jour.

La bouche d'Alix s'était asséchée et elle avait dû humecter ses lèvres avant de pouvoir répondre, car elle comprenait exactement ce que Hassan lui disait.

– Vous voulez dire qu'on peut tuer une personne pour l'effet qu'aura son assassinat.

– Exactement.

– Comme les Assassins, qui tuent pour l'effet, et pour semer la terreur.

Hassan avait haussé les épaules de manière éloquente.

– Je m'étonne que vous connaissiez le nom, mais oui, si vous voulez, comme les Assassins. Les *Haschischins*. Mais il est fort peu sage de parler ouvertement des Haschischins ou de leurs activités. Et ce n'est pas nécessaire non plus. Les mères évoquent ce nom pour effrayer leurs enfants et faire en sorte qu'ils se comportent convenablement. Toutefois, la plupart des gens ne croient pas vraiment que les Haschischins existent… Mais entre nous, et en privé, nous discutons de possibilités et de conscience, et non de l'existence ou de la non-existence d'un groupe particulier. J'aimerais, princesse Alix, que vous acceptiez, comme un cadeau de moi, de demeurer consciente que les choses dont nous venons de discuter sont faciles à organiser et qu'elles sont exécutées de manière très efficace. Vous n'aurez qu'à venir me voir, en tout temps, et la chose sera réglée. Comprenez-vous ce que je viens de vous dire ?

Un long silence avait suivi avant qu'Alix ne secoue la tête, comme ébahie, et dise :

– Oui, mais…

– Il n'y a pas de « mais », princesse, il n'y a que la conscience. Gardez cela à l'esprit pour toujours, mais n'en parlez à personne.

Maintenant, en repensant à cette conversation avec Hassan, Alix songea qu'elle n'avait jamais eu l'occasion de recourir à ses services spécialisés même si elle en était venue à le connaître suffisamment bien pour savoir qu'elle n'hésiterait pas à aller le voir si le besoin s'en faisait sentir. Il était différent de tous les autres hommes qu'elle connaissait, et elle le respectait et l'admirait énormément, tout en ignorant volontairement le fait que son père l'aurait fait exécuter sans hésitation aucune s'il avait connu la véritable identité de Hassan. D'ailleurs, son nom n'était pas vraiment Hassan. Ce n'était là qu'un titre indiquant son rang et son statut à ceux qui connaissaient un tant soit peu l'organisation à laquelle il appartenait. Il était, comme elle l'avait soupçonné durant cette conversation, un Assassin, le membre le plus important de cette société secrète que les Francs d'Outremer craignaient tant. C'était un musulman chiite ismaélien, il était né au Yémen, comme le fondateur de son organisation des siècles plus tôt, et il avait été formé pour devenir un *fedayin*, un de ces fanatiques prêts à sacrifier leur vie pour la cause à laquelle ils croyaient ou pour laquelle ils combattaient.

Lorsque Alix avait commencé à s'intéresser à la question, tout cela lui avait semblé fort complexe, mais quand Hassan avait entrepris de le lui expliquer, elle avait vite découvert que c'était en réalité très facile à comprendre. Dès le début de leur relation, il avait clairement décidé de lui accorder une confiance implicite, pour des raisons qu'il n'avait jamais pris la peine d'expliquer, ni à elle ni à quiconque d'autre — elle était, après tout, une femme *et* une chrétienne franque, deux aspects de sa personne qui auraient dû empêcher toute relation entre eux —, et même si elle n'avait jamais pu cerner la raison pour laquelle il avait décidé de le faire, elle avait toujours été profondément consciente de l'honneur qu'il lui faisait en agissant de cette façon.

Il lui avait révélé qu'il avait adopté le nom de Hassan en l'honneur d'Al-Hassan, Hassan ibn al-Sabbah, le cheikh d'Alamut, dont on parlait à cette époque, à voix basse et sur un ton de crainte mêlée de respect, comme étant le Vieil Homme de la Montagne, le fondateur des Assassins. La secte existait depuis le VIIIe siècle mais, ces dernières années, après la prise de la forteresse d'Alamut, le charismatique Al-Hassan avait décidé de faire de ses partisans des fanatiques religieux chiites voués à la destruction des califes abbassides sunnites au pouvoir. Depuis ce temps, les Assassins chiites avaient entrepris une campagne de terreur centrée sur l'assassinat public d'éminents personnages sunnites. Leur arme préférée était la dague ; ils prenaient soin de ne tuer que la personne visée, et exécutaient souvent leurs victimes dans des mosquées.

Comme ils n'utilisaient que des dagues, leurs assassinats étaient toujours soudains, inattendus, violents et terrifiants, exigeant un contact physique avec la victime, et leurs attaques donnaient l'impression d'être impitoyables et inéluctables. La plupart du temps, le tueur portait un déguisement qui lui permettait de s'approcher de sa cible et, le meurtre qui s'ensuivait, exécuté de manière sanglante et brutale dans un endroit passant, suscitait la plus grande attention et semait la terreur et la confusion parmi les ennemis. En raison de cette proximité, les meurtriers étaient souvent incapables de s'enfuir de la scène de leur crime, mais lorsqu'ils se trouvaient confrontés à une mort certaine, les Assassins ne se suicidaient jamais. Ils préféraient la célébrité liée au fait d'être tués par ceux qui les avaient capturés.

Hassan lui avait expliqué que leur nom, les Haschischins, que les Français avaient transformé en « Assassins », signifiait prétendument les « mangeurs de haschisch », et tous croyaient que ce nom leur avait été attribué par leurs ennemis implacables, les musulmans sunnites. D'après les sunnites orthodoxes, les mangeurs de haschisch désacralisaient leur corps en le polluant avec des drogues, afin d'atteindre un état de transe qui leur permettait de tuer avec une telle sauvagerie et une telle absence de conscience, même dans les lieux saints.

Hassan rejetait cette assertion des sunnites comme étant absurde, affirmant que leurs actions étaient de toute évidence politiques et servaient leurs propres fins. Il avait admis d'emblée que son peuple avait recours au haschisch. Mais il soutenait que c'était pour des raisons religieuses, dans le cadre de leurs rituels initiatiques lorsqu'ils joignaient les rangs de l'organisation secrète et, par la suite, afin de mieux méditer. Il avait rappelé à Alix ses propres expériences avec le haschisch que ses gens lui fournissaient régulièrement. La drogue avait un effet apaisant plutôt que stimulant, et ses utilisateurs devenaient dans une certaine mesure amorphes, et certainement incapables de violence. En aucun cas les Assassins n'utilisaient cette drogue pour augmenter leur courage ou leur dévouement dans leurs entreprises, mais aucune personne qui connaissait un tant soit peu le noble et austère Al-Hassan, avait-il dit à Alix, ne pouvait croire que ce cheikh dévot puisse se laisser aller à consommer des substances débilitantes. Hassan croyait quant à lui que le nom de « Haschischins » signifiait à l'origine « les fidèles d'Al-Hassan » dans le dialecte des Ismaéliens du Yémen.

Alix ne se faisait aucune illusion quant à la franchise de Hassan à son égard ; elle savait qu'il avait une idée derrière la tête en l'amadouant ainsi, quelque chose dont, tôt ou tard, il retirerait un avantage et qui conviendrait à ses projets. Mais il fallait s'y attendre dans le monde où elle vivait, et cela ne la tracassait pas du tout. Tous les gens au pouvoir, où que ce soit, tentaient constamment de préserver et d'accroître ce pouvoir. De plus, sachant ce qu'elle savait sur Hassan, elle se trouvait également prévenue, et par conséquent prémunie contre tout ce qu'il pourrait tenter dans l'avenir, et elle savait qu'il en était tout à fait conscient.

Elle entendit le bruissement et le cliquetis des rideaux de grains derrière elle et se retourna pour faire face à son visiteur.

– Vous m'avez envoyé chercher, princesse. Comment puis-je vous être utile ?

– Asseyez-vous, Hassan, et écoutez ce que j'ai à vous dire. J'ai un problème que je ne crois pas pouvoir résoudre sans votre aide…

Elle vit une lueur d'intérêt apparaître dans ses yeux et leva vivement une main, paume vers l'avant, en souriant.

– Non, je n'envisage pas de faire disparaître quelqu'un, mais il y a une personne — un homme — de qui j'ai besoin d'une aide particulière.

Le sourire de Hassan fut instantané.

– Vous avez besoin de l'aide d'un homme ?

Ignorant son sourire railleur, Alix lui parla du moine soldat St. Clair et lui expliqua comment son haschisch ordinaire avait eu peu d'effet sur lui. Elle prit soin de ne donner à Hassan aucune indication qui lui aurait permis de comprendre que ce qu'elle attendait du moine était un renseignement, lui demandant simplement s'il connaissait quelque substance ou combinaison de substances qui ferait en sorte qu'un homme oublie ce qui lui était arrivé pendant qu'il en subissait l'influence. La jeune femme était plus que ravie de laisser Hassan tirer toutes les conclusions salaces qu'il voulait de ce qu'elle lui demandait, et elle fut enchantée d'apprendre que, à la même heure le lendemain, elle aurait en sa possession le moyen de surmonter toute résistance de la part du frère Stephen.

CHAPITRE 25

St. Clair faisait un rêve fort plaisant mais pourtant effrayant qui l'incitait à lutter pour se réveiller, conscient que quelque chose n'allait pas et qu'il n'aurait pas dû dormir. Ce n'était pas la femme dans son rêve qui lui causait de l'inquiétude, car il ne voyait pratiquement rien d'elle, enveloppée qu'elle était dans de lourds vêtements, et son seul contact physique avec elle était la douloureuse pression qu'elle exerçait sur son poignet gauche, le tirant derrière elle plus vite qu'il ne voulait bouger, titubant parfois, incapable de maintenir le rythme. Il savait, vaguement, qu'elle avait un joli visage, une peau bronzée avec de grands yeux bruns, mais si quelqu'un lui avait demandé comment il le savait, il n'aurait pu le dire.

Cette femme de rêve était venue à lui dans une pièce obscure, le secouant pour le réveiller et parlant de manière inintelligible sur un ton extrêmement pressant, le tirant par le bras pendant tout ce temps jusqu'à ce qu'il se lève du lit. Il soupçonnait qu'elle l'avait peut-être aidé à s'habiller, bien qu'il n'en ait gardé aucun souvenir clair, puis elle l'avait mené à travers un labyrinthe cauchemardesque de passages sinueux et faiblement éclairés, tous apparemment identiques. Elle le tirait pour qu'il allonge le pas chaque fois qu'il essayait de ralentir, et s'arrêtait parfois de façon inexplicable pour le pousser contre le mur, son corps collé contre le sien et une main sur sa bouche, comme pour l'empêcher de crier. Chaque fois qu'elle avait fait ce geste, croyait-il se souvenir, il avait eu l'impression que quelqu'un lui brûlait les poignets. Puis ils étaient arrivés devant une porte qu'ils avaient franchie ; la lumière l'avait aveuglé et il avait fermé les yeux pour se protéger de son éclat. Mais elle avait continué de l'entraîner à sa suite en le rudoyant.

Maintenant, elle s'était arrêtée et il s'était arrêté avec elle, debout sans bouger pour la première fois depuis, lui semblait-il, des heures ou même des jours. Il avait encore l'impression que ses poignets étaient en feu, et il y avait dans sa poitrine une douleur qui devenait insupportable chaque fois qu'il tentait de respirer trop rapidement ou trop profondément, mais il savait qu'il ne rêvait plus car les douleurs qu'il ressentait étaient réelles. Il y avait aussi des bruits venant de quelque part, mais ils paraissaient assourdis, distants et déformés. Il se concentra afin de mieux écouter, et fit des efforts pour se réveiller complètement. La femme ne lui tenait plus la main, la lumière ne lui causait plus tant de douleur derrière ses paupières, et il pouvait sentir la surface d'un mur contre son dos, bien qu'il n'eût aucun souvenir de s'être appuyé contre un quelconque mur.

Il savait que les rêves pouvaient être fort déroutants et acceptait ce fait, mais, maintenant, la colère s'emparait de lui. Il ouvrit lentement les yeux et se redressa en s'éloignant du mur, tournant la tête pour regarder la femme à côté de lui, mais elle avait disparu, si toutefois elle s'était bien trouvée là, et il était seul, dans une sorte de ruelle entre de hauts murs près d'un carrefour d'où provenaient tous les bruits qu'il entendait. C'est tout ce qu'il put voir et dont il put prendre conscience avant de s'affaisser lourdement et de perdre connaissance.

†

– Frère Stephen !

La voix se fit entendre encore une fois, criant son nom de loin, mais elle était dure et insistante et il ne pouvait continuer de l'ignorer, bien qu'il secouât la tête pour protester et qu'il tentât de se retourner et de trouver à nouveau refuge dans le sommeil.

– Frère Stephen ! Maître St. Clair, réveillez-vous !

Il ouvrit les yeux, les plissant pour se protéger de la lumière, et vit quelqu'un qui se tenait au-dessus de lui. Alors, son entraînement prit finalement le dessus. Il roula sur le côté, se jetant violemment vers l'arrière, et tenta de saisir sa dague. Mais il n'y avait pas de dague à sa ceinture. Il ne portait pas de ceinture. Et son roulement sur lui-même n'avait été qu'un soubresaut maladroit digne d'un homme complètement ivre. Il fronça encore les sourcils, plissant toujours les yeux pour se protéger de la lumière vive, et regarda la silhouette qui le dominait.

– Frère Stephen ? C'est vous, n'est-ce pas ? Vous êtes le frère Stephen des Pauvres chevaliers du Christ ?

– Qui… qui es-tu ? demanda-t-il en bredouillant.

Mais la réponse fut immédiate :

– C'est vraiment vous ! Dieu soit loué, nous pensions tous que vous étiez mort.

Le jeune moine fit un effort considérable pour retrouver sa lucidité et, lorsqu'il tenta de s'asseoir, l'homme le saisit par une épaule pour le soutenir. Stephen n'avait même pas la force de le repousser et il demeura dans cette position pendant un moment, respirant lentement et luttant contre la panique qui menaçait de l'envahir. Quelques instants plus tard, il réussit à s'asseoir de façon plus droite et regarda ses jambes allongées, ses mains ouvertes, vit des cercles rouges de chair arrachée autour de ses poignets, et son regard se concentra sur la tunique rugueuse qu'il portait, une tunique qu'il n'avait jamais vue auparavant.

Il tenta une fois de plus de parler, mais ses mâchoires semblaient soudées l'une à l'autre. Il se racla la gorge et cracha faiblement, puis essaya de nouveau, émettant cette fois une sorte de croassement.

– Où suis-je… et qui es-tu ? Dis-moi cela d'abord. Qui es-tu ?

– Giacomo Versace, frère Stephen. Je suis un de vos sergents… en fait, pas exactement le vôtre… mais je suis nouveau. Vous ne me connaissez pas, mais je vous ai vu plusieurs fois depuis que je me suis joint à votre groupe.

St. Clair tentait toujours de rassembler sa salive pour pouvoir parler.

– J'en remercie le ciel, alors, balbutia-t-il, parce que je

pensais que je devais te reconnaître et j'en étais incapable. Où suis-je et comment suis-je arrivé ici ?

– Nous sommes dans une ruelle près du souk, mais je n'ai aucune idée de la façon dont vous êtes arrivé ici ni du moment où cela s'est produit. Je passais par ici en me rendant à la rue des orfèvres et je vous ai vu étendu là. J'ai pensé que vous étiez mort ou soûl, et j'aurais poursuivi mon chemin sans m'arrêter si je n'avais pas aperçu la pâleur de votre peau. Je remercie Dieu de m'être arrêté, car j'ai été témoin d'un miracle : Lazare revenu d'entre les morts.

Stephen réfléchit à ces paroles pendant un moment, tentant de comprendre ce que l'homme venait de dire, puis il inclina la tête sur le côté.

– Lazare, dis-tu ? Parles-tu de moi ?

– Oui, de toute évidence. Nous avons dit une messe de requiem pour votre âme il y a plus d'un mois en croyant que vous aviez été attaqué et assassiné quelque part, car vous aviez disparu sans laisser de trace dix jours auparavant et nous avions parcouru le territoire entier à votre recherche... Où étiez-vous ? Qu'avez-vous fait ?

– Que veux-tu dire par là ? Je suis ici, à Jérusalem, depuis que je suis revenu de la patrouille...

Il hésita un moment, puis poursuivit :

– Quand était-ce ? Hier probablement. Nous avons perdu deux hommes — l'Anglais Osbert d'York et Grimwald de Bruxelles — dans une escarmouche avec une bande de Sarrasins.

– C'était il y a plus d'un mois, frère Stephen. Depuis ce moment, vous aviez disparu et nous croyions tous que vous étiez mort.

Stephen demeura assis en silence pendant un long moment avant de finalement tendre la main.

– Aide-moi, si tu veux bien. Je crois que tu ferais mieux de me ramener auprès de mes frères tout de suite. Je me sens épouvantablement malade et mon esprit ne tourne pas rond. Ramène-moi au mont du Temple.

†

Quand il se réveilla de nouveau, St. Clair savait où il se trouvait et il se rappela être allé au lit. Ce dont il n'avait aucun souvenir, c'était la longueur de l'intervalle entre ces deux événements, mais ses compagnons lui apprirent plus tard qu'il avait dormi pendant deux jours entiers, ne s'éveillant qu'une fois, et très brièvement, pendant tout ce temps, et qu'il était retombé malade pendant cinq autres jours. De toute évidence, comme il entendit Hugues de Payns le dire plus tard à Geoffroy de Saint-Omer le jour où il se réveilla finalement, son corps avait grandement besoin de repos et de nourriture, car, après s'être éveillé de ce marathon de sommeil, il s'était senti suffisamment affamé pour dévorer un cheval. Il se rendait compte que tous ses compagnons le surveillaient de près, inquiets pour sa santé, mais aucun d'entre eux ne tenta de l'interroger davantage qu'ils ne l'avaient fait le jour où on l'avait découvert et sauvé.

Son retour aux écuries du mont du Temple avait suscité une grande agitation, et l'analogie qu'avait utilisée son sauveteur sur la résurrection de Lazare s'était révélée juste. Tous ses amis et ses frères s'étaient rassemblés autour de lui, bouche bée pour la plupart, touchant son corps et ses vêtements comme pour s'assurer qu'il se trouvait réellement parmi eux et vivant, puis les questions avaient fusé, des questions auxquelles St. Clair lui-même se trouvait dans l'impossibilité de répondre parce qu'il ne se souvenait de rien de ce qui lui était arrivé depuis ce que ses amis appelaient sa disparition. Ils lui avaient dit qu'il était revenu d'une patrouille longue et difficile au cours de laquelle ses hommes et lui avaient chevauché aussi loin que la ville des voleurs d'Ascalon, à vingt-deux milles au nord-ouest, à la poursuite d'une bande de brigands sarrasins qui avait attaqué et volé une caravane. Cette caravane avait voyagé sans aucun problème tout au long de la route vers le sud, d'Édesse à Jérusalem, pour finalement être attaquée et dévalisée à quelques heures seulement de la fin de son voyage.

Stephen et ses hommes étaient arrivés sur la scène moins d'une heure après le départ des brigands, et il avait immédiatement décidé de les prendre en chasse. Deux jours plus tard, après avoir passé des heures à chercher sur une terre rocheuse des traces de leurs proies, qui s'étaient dissimulées de manière experte, ils avaient fait l'objet d'une embuscade en traversant le lit d'un ruisseau tari, et bien qu'ils aient remporté la victoire et repris les biens volés à la caravane, ils avaient perdu deux hommes au combat.

De retour à Jérusalem, Stephen n'avait eu aucune envie de célébrer ce triomphe ; il avait fait son rapport à la confrérie et s'était rendu en ville, selon son habitude, simplement pour être seul et échapper aux conversations de ses amis, préférant pleurer à sa façon la perte de ses deux compagnons.

Il n'était pas revenu ce soir-là, et une recherche effectuée dans toute la ville avait révélé que personne ne l'avait vu dans un de ses endroits favoris. La recherche avait duré trois jours et y avaient participé la garde royale et un grand nombre de chevaliers qui s'étaient portés volontaires pour la simple raison qu'ils appréciaient les efforts des Pauvres chevaliers du Christ en général et St. Clair en particulier, car sa jeunesse et ses prouesses l'avaient rendu très populaire malgré qu'il fût moine. On dut bientôt reconnaître que l'on avait cherché partout et que l'on n'avait trouvé aucun indice sur l'endroit où le frère Stephen avait pu aller ou sur ce qui lui était arrivé.

Finalement, c'était Hugues de Payns lui-même qui, après avoir consulté ses frères et le patriarche latin, l'avait, en l'absence du corps de St. Clair, mais en étant totalement convaincu que tout avait été fait pour retrouver le chevalier, déclaré mort quinze jours après sa disparition, affirmant qu'il avait été enlevé et tué par des personnes inconnues, probablement en représailles pour ses activités contre les brigands. On avait célébré des messes pour le repos de son âme et nombreux étaient ceux qui y avaient assisté, notamment le roi lui-même, accompagné de sa reine et de leurs filles.

Mais aujourd'hui, Stephen St. Clair était revenu, miraculeusement remis sur pied, semblait-il, et, même s'il ne se souvenait pas de l'endroit où il était allé ni de ce qui lui était arrivé, il paraissait en assez bonne santé. L'après-midi de son retour, le patriarche lui-même était venu aux écuries pour rendre visite au fils prodigue et l'accueillir à nouveau au sein de la confrérie et il avait annoncé qu'il allait faire célébrer plusieurs messes afin de remercier le ciel pour le retour du chevalier. St. Clair était demeuré éveillé et avait conservé un esprit vif tout au long des activités qui avaient entouré son retour ce jour-là, et il avait même mangé un copieux repas dans la soirée avec les autres moines, mais, ensuite, il s'était rendu jusqu'à sa couche et était tombé profondément endormi, si bien que le cycle des prières de cette soirée et du jour suivant n'était pas parvenu à le déranger. Cependant, quand il s'était réveillé le deuxième soir, il avait l'air complètement fou et ses compagnons avaient dû l'attacher à son lit avec de larges lanières de cuir et le surveiller à tour de rôle, car, pendant plus de cinq jours, il s'était comporté comme une bête blessée, rageant, gémissant et incapable de conserver la nourriture qu'on lui faisait absorber.

À présent conscient du temps qui s'était écoulé, il se réveilla au milieu de la matinée, se sentant reposé, en forme et terriblement affamé, pour découvrir que ses compagnons refusaient qu'il quitte son lit. Il fut ainsi forcé d'y demeurer pendant qu'ils lui apportaient jusqu'à satiété du ragoût nourrissant et du pain croustillant fraîchement sorti du four.

Vers le milieu de l'après-midi, Hugues de Payns et Geoffroy de Saint-Omer lui rendirent visite, et il sut immédiatement que c'était à titre officiel, car, en arrivant, ils demandèrent à Gondemare d'Arles et à Raymond de Rossal qui se trouvaient là de sortir. Stephen accueillit les deux hommes d'un hochement de tête silencieux, puis s'assit sur son lit, le dos droit contre le mur de sa cellule. Il ne souffla mot, attendant qu'ils commencent leur rapport, car il savait qu'ils avaient approfondi l'enquête sur sa disparition en se fondant sur le peu de renseignements qu'il avait pu leur donner à son retour.

– Je suis heureux de constater que tu redeviens toi-même, frère Stephen, commença de Payns, parce que pendant un certain temps, il y a quelques jours, nous avons envisagé de te faire subir un exorcisme pour chasser les mauvais esprits de ton corps. Mais le patriarche est lui-même venu te voir, et il a décidé que tu avais simplement besoin de temps pour récupérer… Je suis heureux qu'il ait vu juste.

Il s'interrompit un moment, puis continua :

– Nous avons fait une enquête à partir de ce que tu nous as dit à ton retour, et nous sommes maintenant d'accord sur le fait que tu as été enlevé. Cela semble évident à présent, et il n'y a plus là aucun mystère. Mais jusque-là, nous n'avons pu découvrir où tu étais détenu, ni la raison pour laquelle tu l'étais, et nous voilà devant toute une série de mystères.

St. Clair fronça les sourcils.

– Je ne comprends pas.

– Nous non plus, frère, mais les mystères sont là, dit de Payns en levant une main et en commençant à compter sur ses doigts. Tu as été enlevé. Mais pourquoi ? Certainement pas pour obtenir une rançon, parce que nous n'avons reçu aucune demande en ce sens et que personne ne nous a signalé que tu avais été enlevé. Et ta disparition n'avait certainement rien à voir avec ta haute position, puisque tu n'es plus Sir Stephen St. Clair, mais un moine sans le sou, ayant récemment fait vœu de pauvreté. Alors, pourquoi quelqu'un voudrait-il t'enlever ? De toute évidence, ce n'est pas par vengeance ou par punition pour quelque mauvaise action, réelle ou non, autrement tu serais sûrement déjà mort… Et tu as été torturé. Tu avais des brûlures et des côtes cassées, et ton corps tout entier portait des marques de coups et des contusions. Tes poignets et tes chevilles portaient des cicatrices de menottes et de chaînes également ; pourtant, il y a une énigme même là, car tu as disparu pendant plus d'un mois et, selon les médecins qui t'ont examiné, il n'y avait aucune blessure ou marque sur ton corps qui semble avoir été faite il y a plus de dix jours…

Il secoua la tête avec une expression d'incompréhension profonde.

– Et plus étonnant encore, ajouta-t-il, tu étais propre. As-tu quelque souvenir de tout ça ?

Les yeux de St. Clair s'écarquillèrent de surprise, puis le pli entre ses sourcils réapparut, plus profond qu'auparavant.

– Propre ? Que veux-tu dire par « propre » ? De quoi

parles-tu ?

– Je veux dire : propre, récemment lavé, baigné… propre comme un Sarrasin.

– Récemment ? C'est impossible. J'ai pris un bain à Pâques, avec tous les autres, pendant les rites de Pâques, mais je ne me suis pas baigné depuis. Tu te trompes.

De Payns leva les épaules.

– Je ne me trompe pas, car je ne connais rien à ces choses. C'est le médecin qui t'a examiné quand tu es revenu — il en avait reçu l'ordre du patriarche en personne — qui l'a remarqué. Il a dit que tu avais des cicatrices de torture, mais qu'il était clair que ton corps avait été baigné et… quel mot a-t-il employé, Geoffroy ? Bichonné, oui, c'est ça. Ton corps a été baigné et bichonné il y a seulement quelques semaines. Quand nous lui avons demandé ce qu'il voulait dire, il nous a expliqué que tes ongles d'orteils et de doigts avaient été limés et que toute la saleté entre tes orteils et dans les creux de ton corps avait été enlevée… nettoyée.

– Mais c'est impossible, frère Hugues ! Je me souviendrais d'une telle agression honteuse, et je n'en ai aucun souvenir. Comment peux-tu expliquer cela ?

De Payns haussa les épaules d'un air compatissant.

– Comment quiconque peut-il expliquer de telles choses, frère Stephen ? dit-il en levant une main en signe d'avertissement. Je t'en prie, ne te fâche pas. Il est compréhensible que tu le nies, mais n'oublie pas que tu n'as aucun souvenir de quoi que ce soit qui t'est arrivé pendant tous ces jours où tu étais parti. Rien du tout. Aucun souvenir. Aucune conscience. Et pourtant tu étais de toute évidence vivant quelque part, et certainement éveillé pendant toute cette période… Alors, je dois te le demander de nouveau, et je te supplie d'être patient et d'obéir : peux-tu te rappeler quelque chose, peut-être profondément enfoui en toi, qui pourrait nous aider à trouver une réponse à ces questions ? C'est peut-être quelque chose dont tu as perdu le souvenir, ou quelque chose dans ton esprit que tu ignores pour une raison ou pour une autre, ou une quelconque pensée, quelque image ou idée que tu as rejetée du revers de la main, la jugeant sans importance ?

St. Clair demeura silencieux pendant un long moment, puis se mit à parler, hochant la tête comme pour approuver ce qu'il voyait dans son esprit :

– Un enlèvement. Oui, tu as raison. Je me souviens maintenant de ce qui s'est produit… ou d'une partie. Je me trouvais au marché, flânant entre les étalages quand un voleur a dérobé la bourse d'un marchand devant mes yeux et il m'a aperçu. Il est resté là à me regarder, la bourse dans une main et un petit couteau dans l'autre, puis il s'est retourné et est parti en courant. Il boitait, et je l'ai poursuivi dans une ruelle. Il y faisait sombre, mais je pouvais le voir courir devant moi, puis j'ai vu d'autres silhouettes venir vers moi et m'encadrer, et, là, j'ai reçu un coup puissant… La seule chose dont je me souvienne ensuite, c'est de remonter la ruelle… peut-être la même… le jour où le sergent m'a ramené.

– Et tu ne te souviens de rien d'autre ? Réfléchis. Tout ce dont tu peux te souvenir pourrait avoir de l'importance maintenant.

St. Clair secoua la tête.

– Non, je ne me souviens de rien d'autre, sauf de la femme, et elle n'était qu'un rêve.

– Pourquoi dis-tu ça ? Comment sais-tu qu'elle n'était rien de plus qu'un rêve ?

– Parce qu'elle n'était pas là quand j'ai ouvert les yeux et que je me suis retourné pour la remercier. J'étais seul dans la ruelle.

– Mais elle t'a mené là, à cet endroit.

St. Clair haussa à peine les épaules, sans confirmer ni infirmer, et de Payns l'aiguillonna davantage :

– Quoi ? Tu en doutes ? Si elle ne l'a pas fait, alors comment t'es-tu rendu à cet endroit ? Ou penses-tu qu'il s'agissait vraiment de la même ruelle et que tu y es resté pendant un mois entier sans que personne ne te voie ?

– Attends ! s'exclama St. Clair en levant la main et en réfléchissant intensément. Je me souviens maintenant qu'elle est venue me voir plus d'une fois. J'étais sur une sorte de lit de camp, la première fois, dans une pièce sombre, et je ne pouvais pas bouger. Je me souviens… ou je crois me souvenir... que je souffrais énormément. Elle tenait une lampe et elle s'est penchée vers moi, me regardant dans les yeux, puis elle a essuyé mon visage avec un linge froid et elle est partie, mais je l'ai vue à cet instant faire un signe de tête, comme s'il se trouvait quelqu'un à l'autre bout de la pièce, quelqu'un que je ne pouvais voir. Je me souviens avoir essayé de me tourner pour regarder, mais, à ce moment, j'ai ressenti une douleur si vive dans mon dos que j'ai perdu connaissance.

– Et elle est revenue te voir ?

– Oui, une autre fois, lorsqu'elle m'a aidé à me lever et m'a emmené. Il n'y avait personne d'autre cette fois-là, et toutes les portes étaient déverrouillées. Elle m'a mené directement à l'extérieur et à travers un labyrinthe de tunnels jusqu'à la ruelle où le sergent m'a trouvé, et aussitôt que nous sommes arrivés à cet endroit, alors que j'étais encore aveuglé par le soleil, elle doit être repartie d'où elle était venue.

– Mais tu sais où tu étais, alors nous devrions retrouver le chemin que tu as emprunté pour t'enfuir si nous explorons chaque entrée qui aboutit à la ruelle.

– Oui, sauf que je ne sais pas dans quelle ruelle je me trouvais en m'éveillant. Tout ce que je sais, c'est que j'étais dans une ruelle, et tout le reste n'avait aucune importance pour moi à ce moment, dit Stephen.

– Mais le sergent le saura, n'est-ce pas ? Alors, il pourra nous y ramener.

De Payns et Saint-Omer, qui n'avait prononcé aucune parole, se levèrent et le premier se pencha pour donner une tape amicale sur le bras de St. Clair.

– Prends soin de toi et repose-toi. Nous demanderons au sergent Giacomo de retrouver l'endroit et nous remonterons ainsi jusqu'à tes ravisseurs.

Ils firent exactement ce qu'ils avaient suggéré. Le sergent Giacomo se rappelait l'endroit exact où il avait trouvé le jeune chevalier, mais bien que l'on fouillât minutieusement tous les édifices environnants, on ne trouva aucun indice qui aurait pu permettre de retrouver les ravisseurs du frère Stephen, non plus que l'endroit où il avait été enfermé.

Après un certain temps, à mesure que les mois passaient et que d'autres sujets de préoccupation se présentaient, le mystère entourant la disparition de St. Clair en vint à faire partie des légendes, à demi enfouies dans les mémoires, de la nouvelle confrérie.

CINQUIÈME PARTIE

CONFESSIONS

CHAPITRE 26

Hugues de Payns s'immobilisa un moment et essuya du revers de sa main gantée une goutte de sueur qui perlait au coin de son sourcil. Ses yeux commençaient déjà à le piquer en raison du filet constant de sueur qui descendait le long de ses tempes à partir de son capuchon de mailles et, à l'intérieur de ses lourds gants couverts de métal, ses mains étaient chaudes et moites. Il avait l'impression que la peau de sa poitrine et de son dos était en feu, et il pouvait sentir un torrent de transpiration coulant au centre de sa poitrine, et un autre dans le creux sa colonne vertébrale qui s'accumulait en haut de ses fesses. Il jura silencieusement et cligna des yeux, sachant qu'il était battu, mais refusant d'admettre qu'il était trop vieux pour combattre si durement en plein soleil de l'après-midi.

Devant lui, Stephen St. Clair s'était également arrêté et avait posé par terre la pointe de son épée, attendant patiemment que son supérieur retrouve ses forces et recommence à avancer. Les deux hommes s'exerçaient depuis presque une heure, chacun vêtu de son armure des pieds à la tête, avec son épée et son lourd écu, mais de Payns remarqua avec tristesse que St. Clair semblait à peine conscient de la chaleur ou du temps qui s'était écoulé depuis le début de l'exercice. *Ah, être jeune à nouveau !...*, pensa-t-il en jetant impulsivement son écu, puis, empoignant son épée des deux mains, il s'élança directement vers son jeune adversaire, espérant le prendre par surprise et avoir un avantage temporaire.

St. Clair le vit venir et leva son bouclier au-dessus de sa tête pour bloquer le puissant coup que de Payns allait lui asséner, mais, en même temps, il se laissa tomber sur un genou et se jeta vers l'avant, balayant l'air en un arc d'argent afin que le plat de son épée vienne heurter le genou du vieil homme avec suffisamment de force pour que celui-ci s'affaisse, puis il se remit d'un bond sur ses pieds. Il s'était relevé aussi rapidement que son adversaire était tombé, et il avança d'un pas pour presser la pointe de son épée contre le cou recouvert de mailles de de Payns.

– Rends-toi, dit-il.

De Payns, à genoux, le regarda d'un air furieux pendant un moment, puis inclina la tête.

– Avec joie, répondit-il. Aide-moi à me relever.

Quelques instants plus tard, ils avaient jeté par terre leurs armes et leurs lourds gantelets, retiré leurs capuchons de mailles et grattaient avec leurs ongles leurs cheveux couverts de sueur brillant sous le soleil. Puis, lorsqu'ils eurent bien gratté leurs crânes, ils se laissèrent glisser côte à côte contre un rocher de la taille d'un cheval et s'assirent, en regardant vers le haut de la colline où était située l'entrée de leurs écuries. Devant l'endroit où se trouvaient jadis deux grandes entrées dans le mur inférieur surmontant la colline, il y avait maintenant une série de casemates et de baraquements construits sur une période de plusieurs années pour y loger les frères laïques que l'on appelait les « sergents de l'Ordre ». Il y avait maintenant des sergents partout où de Payns portait son regard, chacun d'entre eux occupé à quelque tâche qui lui était propre et aucun ne s'occupant des deux chevaliers. Il n'y avait pas d'ombre à l'endroit où ils étaient assis, mais il était encore tôt, et la distance était trop grande pour que de Payns envisage de grimper jusqu'en haut de la colline afin de pénétrer dans la fraîcheur des écuries où régnait la pénombre. Il allait finir par le faire, mais pas avant que sa respiration n'ait repris son rythme normal et que la chaleur intense ne se soit atténuée.

Ni l'un ni l'autre ne parlaient et, au bout d'un moment, de Payns se rendit compte que son compagnon somnolait, son menton descendant lentement sur sa poitrine, comme s'il était trop fatigué pour garder la tête droite. Intrigué, il était sur le point de pousser doucement le jeune homme de la main lorsque celui-ci sursauta et releva brusquement la tête, regardant autour de lui avec des yeux écarquillés avant de se tourner vers de Payns.

– Je dois te parler, maître Hugues, si tu veux bien m'accorder un moment. C'est une question d'une grande importance et j'avais l'intention de t'en parler depuis longtemps, mais j'ai toujours trouvé un prétexte pour ne pas le faire.

De Payns serra les lèvres, se demandant ce qui allait venir, mais il n'était pas vraiment étonné. Depuis un certain temps, il avait remarqué que le jeune frère était tourmenté, et le fait qu'il utilise le mot « maître » était fort révélateur car, même si Hugues était véritablement le maître de leur fraternité, nommé à ce poste par le sénéchal de l'Ordre de la Renaissance de Sion, le titre était rarement évoqué à haute voix au sein de leur très secrète confrérie. De toute évidence, il y avait quelque chose qui tracassait énormément le jeune chevalier, une chose qui le troublait suffisamment pour qu'il cherche conseil auprès de son supérieur, et Hugues se demanda de quoi il pouvait s'agir, puisqu'il n'était ni prêtre ni confesseur. Il était un simple chevalier, un moine de nom seulement, pour les besoins de la confrérie. Il renifla et essuya du doigt une autre goutte de sueur.

– Alors, nous devrions monter aux écuries. Il y fait plus frais et nous pourrons parler plus confortablement et en privé. En plus, nous devenons terriblement paresseux, assis de cette façon au soleil. Dieu pourrait nous frapper d'une insolation tous les deux. Alors, viens. Lève-toi et allons-y.

Ils rassemblèrent leurs armes et leurs équipements respectifs, puis remontèrent la colline pour gagner l'obscurité fraîche de la caverne qui abritait les écuries, s'arrêtant un moment dans l'entrée jusqu'à ce que leurs yeux s'habituent à la pénombre. Ils continuèrent rapidement à l'intérieur. La grotte avait subi de grands changements depuis que les moines soldats y avaient emménagé, quelques années plus tôt. À l'endroit où il y avait déjà eu deux pièces d'à peu près égale dimension sous le toit de pierre en forme de voûte, il semblait n'y avoir maintenant qu'une seule pièce, à la droite des deux entrées, et elle était subdivisée en rangées bien ordonnées de stalles pour les chevaux, avec une solide plateforme pour entreposer le foin au-dessus, à laquelle on accédait par une série de marches épaisses et solides... une grande réalisation dans une communauté où le bois était rare sous toutes ses formes, et où le bois d'œuvre représentait une marchandise précieuse et recherchée.

Toutefois, c'était la partie située à gauche de l'entrée qui avait subi les plus importantes modifications. Ce qui avait été un vaste espace vide au départ était devenu un labyrinthe de pièces sans plafond, toutes ouvertes sur l'immense voûte de pierre au-dessus d'elles et toutes solidement construites, avec des murs épais constitués de fragments de pierres mêlés à du mortier. La plupart de ces pièces servaient d'espaces d'entreposage, bien que certaines fussent utilisées comme cellules pour les neuf frères — spartiates, nues et sans aucun confort, selon la tradition monastique —, mais il y avait également là une spacieuse chapelle et un réfectoire, même si, pour des raisons évidentes, les cuisines avaient été installées à l'extérieur de la grotte, dans un édifice de pierre construit à cet effet. Au fond de la grotte, près de la chapelle, se trouvait une autre pièce encore plus spacieuse, contenant des tables, des chaises et des étagères, qui faisait office de salle des archives pour le maître et ses clercs, et le mur arrière ne comportait qu'une seule porte entièrement recouverte de lourds rideaux de laine feutrée servant à étouffer les sons qui auraient pu s'en échapper. C'était l'unique entrée menant à l'excavation qui se poursuivait là maintenant, sans aucune interruption, depuis des années, et les débris que l'on en retirait constituaient la source de l'ample approvisionnement d'éclats et de fragments de pierres utilisés pour construire les murs à l'intérieur de la caverne, ainsi que les baraquements des sergents à l'extérieur.

Les deux hommes se rendirent directement à la salle des archives où se traitaient la plupart des affaires cléricales de la petite communauté — et de l'Ordre, plus vaste et plus secret, qui supervisait les affaires de la communauté. Il ne s'y trouvait personne à cette heure du jour et de Payns fit signe au jeune homme de s'asseoir pendant qu'il ouvrait une armoire et y prenait une grande cruche d'eau et des tasses, qu'il remplit. Ils demeurèrent assis un moment à boire tranquillement, ne pensant à rien d'autre qu'au plaisir que cela leur procurait, alors que de Payns avait vidé deux pleines tasses et que St. Clair finissait sa troisième. Puis, visiblement détendu, de Payns s'étira et se carra dans sa chaise, frottant ses paumes contre son ventre.

– Très bien alors, frère. Parle. Je suis tout à toi.

St. Clair réfléchit pendant un moment, puis releva la tête.

– Je suis tourmenté par des démons, laissa-t-il tomber.

– Tu es tourmenté…

La voix de de Payns s'éteignit presque complètement d'étonnement, car il ne s'était aucunement attendu à ces paroles, mais il poursuivit :

– Des démons ?

– Des diables… un diable.

– Un diable. Je vois… Quel genre de diable, le sais-tu ?

– Oui. Un succube.

– Ah ! un succube… C'est… c'est un diable fort répandu. Un diable femelle.

– Oui, je sais. Je ne le sais que trop bien. Je suis possédé.

– Eh bien, Stephen, je n'irais pas jusqu'à affirmer cela.

De Payns se sentait mal à l'aise. Le seul fait d'avoir une semblable conversation dépassait son expérience, mais il savait qu'il ne pouvait l'éviter, alors il essaya d'amenuiser l'importance de la question en se montrant rassurant.

– En tant qu'hommes célibataires, nous sommes tous tourmentés par un succube de temps en temps.

– Je sais cela, maître de Payns. Il en a toujours été ainsi, et j'en ai toujours été aussi conscient que n'importe qui depuis que je suis devenu un homme. Mais ça me semblait en quelque sorte normal… Cela se produisait une fois par mois, ou parfois deux, et je l'oubliais aussitôt après. Cette malédiction qui me frappe maintenant est différente.

– Différente ?… De quelle façon ?

– De toutes les façons… Avant que cela ne commence, je faisais des rêves certaines nuits, des rêves dont je me souvenais à peine mais dont je voyais la preuve au réveil. Mais tout ceci a changé. Maintenant, cela arrive toutes les nuits. Et j'ai parfois des rêves dont je me souviens très clairement… d'endroits que je peux presque reconnaître bien que je ne sois jamais allé dans aucun d'entre eux… et de sensations si intenses que je peux sentir leur réalité. Toutes les nuits, maître Hugues. La prière n'y peut rien, pas plus que la fatigue, et pourtant je lutte chaque soir pour ne pas tomber endormi. Mais, alors, je m'endors quand même, et je rêve. Je suis pratiquement au désespoir.

Il y eut un long silence pendant lequel de Payns observa le jeune chevalier, sentant sa détresse et, pendant ce silence, un de leurs compagnons, Archambaud de Saint-Agnan, entra et, hésitant sur le seuil, comprit en les regardant que les deux hommes avaient une conversation privée. Il jeta à de Payns un regard interrogateur, puis, sur un signe de la main à peine perceptible de ce dernier, il se retira. Tandis que Saint-Agnan s'éloignait, de Payns se retourna vers St. Clair.

– Tu as dit « avant que cela ne commence ». Te souviens-tu quand cela a commencé ? Y a-t-il une date ou un événement particulier que ton esprit associe à ce début ?

– Non, pas précisément, soupira St. Clair. Mais cela a commencé après ma… maladie.

– Tu veux dire : ton enlèvement.

– Oui. Mon enlèvement ou ma maladie. Que nous l'appelions n'importe comment, je ne peux me souvenir de rien de ce qui s'est produit pendant cette période. Cela me semble être davantage une maladie qu'autre chose. Mais c'est par la suite que cela a commencé.

– Mais c'était il y a presque huit mois. Quand ces rêves ont-ils commencé ?

– Je ne sais pas, maître Hugues, mais je pense que c'était trois ou quatre mois après mon retour. J'étais conscient de… certaines choses, certaines incohérences dans le fonctionnement de mon corps… Et à mesure que le temps passait, j'en suis devenu de plus en plus conscient, parce qu'elles se produisaient plus souvent, de une à deux fois par mois jusqu'à trois ou quatre, puis une fois par semaine, et deux fois par semaine. Maintenant, comme je l'ai dit, cela se produit chaque nuit et je ne me maîtrise plus. Je suis possédé.

De Payns se leva et se mit à arpenter la pièce, les mains jointes derrière le dos, la tête inclinée sur la poitrine, et St. Clair demeura assis en regardant droit devant lui alors que le vieil homme passait d'un côté et de l'autre. De Payns s'arrêta finalement et se tint debout devant lui.

– Je ne peux t'aider à régler ce problème, frère Stephen. Il dépasse mes compétences et mon expérience. Mais je ne crois pas que tu sois possédé. Je veux que tu ailles voir le patriarche, Gormond de Picquigny. Dis-lui tout ce que tu viens de me raconter. C'est un bon chrétien et il saura comment t'aider.

La déception parut évidente sur le visage de St. Clair.

– Oui, maître Hugues, mais c'est justement le fait qu'il soit chrétien qui me dérange. Ai-je besoin de prières chrétiennes maintenant, crois-tu, après m'en être passé si longtemps ?

– Tu as besoin de prières et de l'aide d'un homme bon et noble qui puisse intercéder en ta faveur auprès de notre Dieu, qui est le même que le sien. Je n'ai aucun doute à ce sujet. Le fait qu'il soit dans l'erreur quant à ses croyances n'a aucune importance en l'occurrence et je suis tout aussi certain de cela... et, étant donné que je suis ton maître, tu peux me faire confiance et croire la même chose avec une certitude absolue. As-tu quelque doute à ce sujet ?

– Non, maître Hugues.

– Excellent. Alors, je vais aller le voir dès aujourd'hui pour lui parler et m'assurer qu'il te recevra aussitôt que possible. Entre-temps, tu passeras le reste de la journée en prière et tu attendras que je te convoque. Maintenant, va en paix. L'archevêque Gormond te rendra la paix de l'esprit, et s'il pense que tu es vraiment possédé, il exorcisera n'importe quel démon qui t'habite. Va maintenant.

CHAPITRE 27

Gormond de Picquigny, le patriarche latin de Jérusalem, se tenait debout, songeur, près d'une fenêtre ouverte, le coude droit posé sur sa main gauche pendant qu'il s'appuyait contre le mur, se grattant le nez du bout d'un doigt et regardant distraitement dans la cour. Dans sa chapelle privée, le plus jeune chevalier de Hugues de Payns était agenouillé devant l'autel, attendant le retour du patriarche. Toutefois, ce dernier n'avait nullement l'intention de retourner près de lui avant d'avoir pris le temps de déchiffrer et d'interpréter tout ce que le jeune homme lui avait dit, et il se trouvait déjà face à une énigme à laquelle, pensait-il, il pourrait n'y avoir aucune solution. Toutefois, il savait sans l'ombre d'un doute que St. Clair n'était pas possédé par des démons. Ensorcelé, peut-être — et cette pensée, qui lui était venue de nulle part, fit presque sourire le patriarche —, mais, de toute évidence, le jeune moine n'était pas possédé.

De Payns était venu le voir la veille, et Gormond l'avait accueilli les bras ouverts, comme toujours, car il éprouvait une grande affection pour lui, mais, après avoir écouté ce que le moine soldat avait à lui dire, il avait été incapable de réagir aussi rapidement qu'il l'aurait voulu, car il devait, ce même soir, s'occuper de trois évêques en visite — et leur donner des instructions, ce qui était beaucoup plus important — et il avait dû repousser au lendemain sa rencontre avec le frère Stephen. Maintenant, il avait entendu tout ce que le jeune homme avait à lui confier et, même si cela l'avait attristé, il ne s'en était pas étonné, parce que cela confirmait seulement ce qu'il avait soupçonné depuis le jour où le moine était revenu de façon si surprenante. Il lui avait posé une question précise, une question à propos de la couleur et inspirée par une parole de St. Clair, et la réponse avait confirmé ses soupçons et lui avait permis de comprendre une partie des nombreux éléments de cette histoire. Gormond de Picquigny savait maintenant qui avait enlevé St. Clair, mais il n'avait absolument aucune idée des raisons qui avaient sous-tendu l'enlèvement.

En se fondant sur les détails imprécis des rêves confus du jeune homme, et sur une couleur particulière qu'il avait décrite après plusieurs questions pressantes, le patriarche était convaincu que St. Clair avait été détenu dans le palais royal, l'ancienne mosquée al-Aqsa et, sachant cela, il avait compris qu'une seule personne pouvait avoir perpétré cet enlèvement : la fille indisciplinée et têtue du roi, la princesse Alix. C'était là la source de la perplexité actuelle de Gormond, car même s'il avait vu la fascination d'Alix pour la débauche et la luxure augmenter et s'épanouir depuis son enfance, et malgré le fait qu'il ne s'était jamais fait d'illusions sur le type de personne qu'était la fille du roi, le patriarche ne voyait aucune logique dans ce qu'il venait d'entendre, à moins que l'enlèvement et l'emprisonnement n'aient été dictés que par un simple appétit sexuel non partagé. Il se souvenait clairement de la fois où il avait sauvé le jeune moine des griffes d'Alix, et il avait constaté la fureur de la jeune femme au moment où il était intervenu, mais, même dans ce cas, il avait du mal à croire qu'Alix ait pu déployer tant d'efforts, après tant de mois, seulement pour obtenir ce qu'elle voulait d'un jeune moine totalement innocent. Cela n'avait aucun sens.

Le patriarche savait que, déjà à huit ans, Alix du Bourg aimait les chevaux, considérant de toute évidence qu'ils possédaient les nobles attributs de la beauté et de la vertu si évidemment absents chez les gens avec qui elle devait vivre. Il savait aussi qu'ayant passé la majeure partie de son temps dans les écuries royales, parmi ses animaux chéris, elle s'était habituée à la vue de leurs ébats sexuels et n'y voyait rien d'étonnant. Il était également certain, puisqu'il n'existait aucune inhibition sexuelle entre les gens du commun qui travaillaient au palais, qu'elle avait souvent vu des hommes en rut s'ébattre avec des femmes dans la paille et parmi les bottes de foin.

Bien avant qu'elle ne devienne visiblement une femme, le patriarche avait appris de la bouche de nombreuses personnes, heureuses d'espionner la jeune fille du comte Baudouin et de lui rapporter ses faits et gestes, qu'Alix du Bourg était une experte dans l'art de la séduction, de la luxure et de la débauche.

Picquigny savait que, de par sa nature même et son statut, Alix pouvait avoir, et avait eu pendant des années, tous les hommes qu'elle désirait, et qu'elle se préoccupait si peu de la réaction de ses parents — elle avait éclaté de rire devant l'indignation du patriarche lorsqu'il lui avait révélé qu'il connaissait ses péchés — qu'elle ne voyait aucunement la nécessité d'agir avec circonspection en toute chose qu'elle entreprenait, pourvu que ses activités et son comportement en public demeurent relativement discrets et qu'elle ne fasse aucun geste d'éclat qui aurait pu embarrasser son père ou entacher sa dignité et, ainsi, lui attirer peut-être ses foudres mortelles.

Il savait, sans l'ombre d'un doute, qu'Alix était une hédoniste, habituée aux luxes et aux plaisirs exotiques du mode de vie oriental qu'elle appréciait si ouvertement et sans aucune honte. Il était cependant tout à fait inconcevable que, habituée comme elle l'était depuis l'enfance à tous les plaisirs et délices parfumés du rituel qui entourait le bain des Arabes et des Turcs parmi lesquels elle vivait, elle ait pu s'abaisser à faire enlever un moine soldat puant, couvert de poussière, ascétique et sans le sou, même si ce moine était, sur le plan militaire, héroïque et digne de louanges. Et il était encore plus inconcevable qu'elle ait agi ainsi en secret et qu'elle ait fait tant d'efforts pour s'assurer qu'il retourne sain et sauf parmi ses frères après l'avoir torturé au cours des dernières semaines de sa captivité. Il s'agissait là, selon Picquigny, du dernier aspect impondérable de cette énigme. Il était convaincu qu'Alix du Bourg n'aurait pas hésité un seul instant à ordonner l'assassinat de n'importe quel homme qu'elle aurait considéré comme une cause de souci. Pour mille raisons, St. Clair n'aurait pas été digne du regard d'Alix, aussi repoussant et répugnant pour elle qu'un rat, mais si c'était elle qui, pour quelque raison que ce soit, avait organisé son enlèvement, il serait devenu une cause de souci et aurait été, en conséquence, assassiné. Et pourtant, ce n'était évidemment pas le cas... Le patriarche laissa échapper un profond soupir et se redressa.

Picquigny était convaincu que le frère Stephen se trouvait sous l'emprise sexuelle d'Alix. Le jeune homme n'en était pas conscient, et il aurait été renversé à cette simple idée, mais le fait était évident aux yeux de l'archevêque. En racontant ses rêves, St. Clair avait mentionné une couleur particulière — le violet — reliée aux scènes de fornication, et le patriarche savait que cette couleur n'existait qu'à un endroit dans tout le royaume de Jérusalem : dans la chambre de la princesse Alix. Il était absolument impossible que le jeune St. Clair sache cela sans avoir pénétré dans cette pièce.

Le fait que St. Clair n'ait aucun souvenir de s'y être trouvé n'avait aucune importance pour le patriarche. Picquigny savait, grâce à ses espions, que la princesse avait souvent recours aux opiacés et autres stupéfiants pour augmenter son plaisir physique, et il savait également, d'après sa propre expérience, à quel point les opiacés pouvaient être étonnamment efficaces. Plusieurs années auparavant, il était tombé de cheval et avait subi une fracture ouverte de son fémur gauche qui avait mis du temps à guérir, le faisant souffrir continuellement et le mettant en danger de mort si la blessure était devenue gangreneuse.

Par bonheur, cela ne s'était pas produit, mais les médecins chrétiens de la cour du roi — à cette époque, Baudouin Ier était toujours vivant — n'avaient pu rien faire pour lui et, en désespoir de cause, son personnel avait eu recours aux services du célèbre médecin musulman d'Alep, Ibn Al-Zahir, en espérant qu'il pourrait faire quelque chose pour soulager leur évêque de ses douleurs intolérables. Le médecin syrien avait immédiatement ordonné qu'on lui administre des opiacés, et la terrible douleur s'était évanouie en quelques instants à la grande surprise et au grand soulagement de Gormond. Et avec l'arrêt de la douleur — ou plus précisément sa suspension —, sa guérison avait commencé.

Les collègues de Gormond, oubliant leur précédente impuissance à faire quoi que ce soit pour l'aider, avaient aussitôt commencé à parler jalousement de sorcellerie, mais il les avait rapidement réduits au silence — à l'époque, il n'était qu'un évêque, mais un évêque compétent et éloquent qui s'était attiré un immense respect parmi ses pairs. Il connaissait les opiacés, leur avait-il dit, depuis des années grâce à ce qu'il avait lu à leur sujet. Il savait que les chirurgiens et les médecins des légions romaines avaient utilisé les opiacés pendant des siècles, et il avait lu dans les livres de nombreux exemples de la façon dont leurs pouvoirs analgésiques frisaient la magie. Ce qu'il n'avait pas été en mesure d'imaginer avant de l'avoir vécu lui-même, c'était à quel point les opiacés pouvaient se révéler efficaces. Il les avait utilisés, et avait remercié Dieu qu'ils existent, et, sous leur influence, il avait perdu toute conscience, et tout souvenir, de la douleur de laquelle ils le protégeaient. Mais il était aussi devenu dépendant de ces médicaments et, une fois ses blessures guéries, le processus de sevrage qui s'était ensuivi avait constitué l'une des expériences les plus pénibles de sa vie.

Ayant constaté les effets intenses et débilitants qu'avait subis le jeune moine au cours des jours qui avaient suivi son retour, Gormond y avait reconnu le même processus de sevrage des opiacés qu'il avait lui-même enduré des années auparavant. Il n'en avait soufflé mot à personne, déclarant seulement qu'il allait prier pour le chevalier et que celui-ci reprendrait ses esprits en peu de temps et, même s'il avait alors nourri quelques soupçons, il ne savait pas encore avec certitude qui était responsable de cette situation. À présent, Picquigny était profondément convaincu que Stephen St. Clair avait été enlevé par la princesse, pour des raisons connues d'elle seule, et qu'il avait été fortement drogué pendant toute sa captivité.

Le patriarche se demandait maintenant quoi faire. Il ne voyait aucun avantage au fait de révéler ce qu'il avait appris au jeune chevalier, ou à ses compagnons moines, car il savait que St. Clair, impétueux comme il l'était parfois, se précipiterait sans doute chez la princesse pour lui demander une explication, ce qui n'entraînerait rien d'autre que de la colère et de la tristesse chez tous les gens concernés. De plus, et Gormond était certain de cela, s'il disait au jeune homme, ou à quiconque d'autre en fait, qu'il avait été enlevé par la princesse, il perdrait assurément tout espoir d'en découvrir les raisons cachées. Il était persuadé qu'Alix avait agi ainsi pour des motifs très précis et, maintenant que sa curiosité était éveillée, Gormond de Picquigny était bien résolu à les découvrir.

S'éloignant de la fenêtre, le patriarche alla s'asseoir à la longue table de travail contre le mur est, et martela le bois de ses doigts pendant un long moment avant de se relever et de se rendre directement à la chapelle où St. Clair l'attendait.

– Ces rêves, mon fils, dit-il en entrant, j'y ai réfléchi, de même qu'à l'épreuve que tu as traversée. Tu dis que tu te souviens bien de certains d'entre eux une fois que tu es réveillé… T'en souviens-tu avec plaisir ?

Le jeune homme s'était levé brusquement à l'arrivée du patriarche et, maintenant, ses yeux s'écarquillèrent d'étonnement.

– Non, monseigneur le patriarche, je…

– Eh bien, y songes-tu avec plaisir avant d'aller au lit ou de t'endormir ?

– Non, monsei…

– Et te mets-tu dans un état d'esprit qui te permette d'accepter les rêves avant de t'endormir ?

– Non…

– C'est bien ce que je pensais et j'en suis heureux. Mais je devais le demander pour te faire comprendre que ces questions ont un but précis.

St. Clair se tenait debout, regardant le patriarche la bouche légèrement ouverte et l'œil interrogateur, et Gormond leva la main pour lui faire signe de s'avancer.

– Viens avec moi, si tu le veux bien.

Il conduisit le jeune homme hors de la chapelle jusque

dans la pièce où il se trouvait plus tôt. Il tira une chaise pour St. Clair, lui enjoignant de s'asseoir, et s'assit lui-même sur un coin de la table.

– Peut-être as-tu oublié cela, dit-il, ou peut-être ne l'as-tu jamais su, même si j'ai choisi d'en douter, mais l'élément principal d'un péché mortel — le seul sans lequel il ne peut y avoir de péché —, c'est l'*intention.* L'intention de commettre un péché. Et l'intention de pécher implique deux choses : le fait de savoir clairement qu'un geste entraînera la perpétration d'un péché mortel et, ensuite, la décision d'aller de l'avant et de pécher de façon délibérée, malgré le fait qu'on en connaît de manière certaine les conséquences. Comprends-tu ce que je viens de te dire ?

St. Clair secoua la tête lentement, l'air de n'avoir rien compris, et Gormond soupira, puis parla plus lentement, énonçant clairement chaque point en levant un doigt.

– Je t'affirme, en tant que patriarche latin de Jérusalem, que je ne détecte aucun péché en toi, frère Stephen… Tu n'as rien fait qui puisse justifier que tu te sentes coupable… Ces événements échappaient totalement à ton contrôle… Tu les as subis contre ton gré et, conséquemment, tu es innocent à tous égards.

Il s'arrêta un moment, semblant réfléchir, et poursuivit :

– Je crois qu'une grande partie de la douleur que tu éprouves découle du fait que tu crois commettre des péchés en ces matières, alors écoute-moi bien maintenant, mon fils : ce n'est pas le cas. Crois ce que je te dis, et je pense sincèrement que ces rêves s'évanouiront… Pas tout de suite, c'est certain, et pas rapidement non plus, mais, lentement et sûrement, ils disparaîtront. Prie Dieu pour qu'Il te soutienne et te guide, et mets-toi sous Sa protection. Il ne t'abandonnera pas. Maintenant, va en paix et présente mes salutations au frère Hugues.

CHAPITRE 28

– Frère Hugues, le frère Stephen est revenu.

Payen de Montdidier hésita en voyant l'incompréhension dans le regard de son supérieur, puis ajouta :

– Le frère Stephen. Tu m'as demandé de t'avertir quand il reviendrait de son entretien avec le patriarche.

– Le patriarche ?

Hugues de Payns semblait toujours confus, puis, soudain, son visage s'éclaira et il comprit.

– Oui, bien sûr, le frère Stephen. Demande-lui de venir me voir immédiatement, si tu le veux bien, frère Payen.

Tandis que Montdidier s'éloignait pour obéir à son ordre, de Payns retourna au document qu'il examinait lorsque son ami l'avait interrompu, son index parcourant de nouveau les lignes sur la vieille carte. Ce matin, peu après le départ de Stephen St. Clair pour le palais du patriarche, la nouvelle que les moines chevaliers attendaient depuis des années était finalement arrivée. Mais elle n'était pas venue d'Anjou. Elle était venue du sol sous leurs pieds où, contre toute attente, les deux frères qui travaillaient au petit matin dans le tunnel avaient débouché sur un couloir plus ancien qui courait au-dessus et un peu à gauche de celui qu'ils étaient en train de creuser. La percée s'était faite par hasard, mise en évidence seulement par une soudaine fissure dans le toit du tunnel. Ce dernier avait été, depuis des années, constitué de roche compacte et, pourtant, il y avait maintenant un trou par lequel s'écoulait un flot de débris et de poussière. Aussitôt que le déversement s'était arrêté, les moines avaient poursuivi leur travail avec une prudence accrue, et il était immédiatement devenu évident qu'ils étaient tombés sur quelque chose qu'ils n'avaient jamais rencontré auparavant.

En entendant le récit de cette découverte plus tard, Hugues n'avait eu aucun doute sur le fait qu'ils avaient trouvé un des tunnels dessinés sur la carte qu'il examinait maintenant. Plus précise que celle qu'avait apportée André de Montbard, elle avait été minutieusement recopiée à partir de l'ancien document d'origine et retirée des archives de l'Ordre plusieurs années auparavant par le comte Foulques d'Anjou avant de partir à Jérusalem, et les tunnels qu'elle illustrait remontaient à des temps immémoriaux et avaient été construits sous le mont du Temple lui-même après que les Hébreux se furent enfuis d'Égypte.

Le comte Foulques, le cinquième du nom, était membre du conseil de l'Ordre de la Renaissance, mais il était également l'un des nobles les plus puissants de France et, pendant sa visite à Jérusalem, qui n'avait été en apparence qu'un pèlerinage privé dans les Lieux saints, il avait montré un intérêt manifeste pour le travail qu'effectuait l'Ordre des Pauvres chevaliers du Christ, allant même jusqu'à partir une fois en patrouille avec de Payns et Saint-Omer pour voir de ses propres yeux ce que faisait le nouvel ordre. Par la suite, il avait exprimé haut et fort son désir d'apporter son soutien aux moines soldats, et il avait insisté pour devenir membre honoraire de l'Ordre, accordant en contrepartie aux frères un financement annuel de trente livres d'argent tirées des revenus de ses propres domaines en France. Son approbation avait de beaucoup amélioré la réputation des moines soldats, car Foulques lui-même était tenu en haute estime par la famille royale et il avait témoigné un intérêt plus que passager à la princesse Mélissende, l'aînée des filles de Baudouin et l'héritière de la couronne de Jérusalem.

En se remémorant maintenant la visite de Foulques, Hugues dut faire un effort pour le chasser de son esprit et se concentrer sur la question du jour. Par pure coïncidence, il avait été la première personne que Gondemare d'Arles et Geoffroy Bisol avaient rencontrée en sortant du tunnel, fous de joie, après leur soudaine découverte, et, même s'il était abasourdi par l'ampleur inimaginable des conséquences de cette trouvaille, il avait conservé une présence d'esprit suffisante pour les calmer avant que leur exubérance et leur exaltation naturelle n'en viennent à mettre en péril le secret que les frères s'étaient tant efforcés de garder. Les deux moines avaient été déçus lorsque de Payns leur avait demandé d'être prudents, mais leur enthousiasme était si irrépressible qu'il les avait renvoyés à leur travail temporairement, jusqu'à ce qu'il puisse rassembler les frères pour leur annoncer la découverte.

Il n'avait pas encore eu le temps de le faire. Il n'avait même pas encore eu le temps de calmer son propre enthousiasme, car cette découverte représentait le premier signe, en plusieurs longues années de travail ardu, que les légendes, tout comme la réalité sur laquelle reposaient tous leurs espoirs et leurs entreprises, pourraient, en vérité, avoir quelque fondement. Son premier geste, après avoir renvoyé les moines à leur travail dans le tunnel, avait été de retirer la vieille carte de la malle dans laquelle elle était rangée et de la comparer à l'orientation du tunnel qu'ils creusaient depuis les derniers mois. Ils avaient creusé leur premier tunnel à la verticale, jusqu'à une profondeur de quatre-vingt-six pieds, selon les calculs de Montbard, puis, se fiant à l'analyse mathématique la plus minutieuse possible, réalisée par deux frères qui étaient extrêmement compétents dans ce domaine, ils avaient adopté une méthode logique quant à l'orientation du creusage, bifurquant vers le nord-est jusqu'à une profondeur qui devait leur faire croiser un autre tunnel. Hugues était secrètement convaincu qu'aucun d'entre eux ne s'attendait à ce que la chose se produise, car tous savaient que les possibilités de déboucher sur un autre tunnel étaient infinitésimales. C'était pratiquement une folie de croire qu'ils pourraient creuser verticalement, puis horizontalement, et trouver une autre excavation creusée des milliers d'années auparavant. Et pourtant, c'était exactement ce qu'ils avaient fait.

De Payns entendit un bruit derrière lui et il se retourna promptement pour voir St. Clair qui entrait. Le jeune moine se redressa et le salua légèrement de la tête.

– Tu m'as envoyé chercher, frère Hugues ? demanda-t-il.

– Oui, Stephen. Comment s'est passé ton entretien avec

le patriarche ?

St. Clair inclina la tête, le visage sombre.

– Assez bien, je crois. Il ne pense pas que je sois possédé.

– Je le savais. Je te l'avais dit avant de t'envoyer le voir. Que t'a-t-il dit ?

– Pas grand-chose, répondit St. Clair. Il m'a écouté attentivement pendant que je lui racontais tout ce que tu m'avais exhorté à lui dire, puis il m'a tout fait raconter de nouveau, m'interrompant souvent, cette fois, avec de nombreuses questions dont plusieurs me semblaient fort étranges et parfois illogiques.

– Comme quoi ? Peux-tu te souvenir de quelques-unes de ces questions ?

– De certaines parties, fit St. Clair en poussant un profond soupir. Il s'intéressait beaucoup aux couleurs que je voyais dans mes rêves, bien que j'aie été à peine conscient de ces détails.

– Des couleurs ?

– Oui, il insistait pour que j'y réfléchisse et, comme j'y songeais, elles me sont revenues... Des couleurs étranges que je pourrais difficilement décrire... Des jaunes, des violets et des rouges... Puis, quand je m'en suis finalement souvenu, il a semblé perdre tout intérêt pour le sujet. En fin de compte, il m'a dit qu'il ne me croyait pas possédé. Il m'a enjoint de faire confiance à Dieu, qui n'allait pas m'abandonner, et il m'a dit qu'une grande partie de mes tourments venait de ma conviction d'avoir commis un grave péché. Il a essayé de me persuader que je n'avais commis aucun péché, puisque je n'en avais pas l'intention, mais j'ai vu trop de chevaliers, debout devant des gens massacrés qu'ils n'avaient pas eu l'intention de tuer au départ, pour croire cela. Un meurtre est un meurtre, et un péché est un péché.

– Je vois. A-t-il ajouté autre chose ?

– Seulement que je devrais prier et que mes tourments, quelle qu'en soit la cause, finiraient par disparaître. Lentement au départ, mais de façon évidente au fil du temps.

– Alors, il croit que tu devrais reprendre ton travail au

sein de la patrouille ?

Le regard que lui lança St. Clair était plein de cynisme.

– T'attendais-tu à autre chose, maître Hugues ? Je patrouille quatre fois plus que les autres frères. Bien sûr qu'il souhaiterait que je retourne patrouiller, mais il ne l'a pas dit.

De Payns émit un sourd grognement et se retint de réprimander le jeune moine pour son ton irrité, se souvenant que St. Clair avait subi beaucoup de pression récemment. Il se tourna plutôt et s'éloigna, grattant du bout d'un doigt une soudaine démangeaison dans son oreille et laissant le jeune homme debout au milieu de la pièce.

– Je pense que tu ne devrais pas retourner en patrouille avant quelque temps, dit-il en se retournant et en désignant la table et les chaises. Assieds-toi.

Tandis que St. Clair se dirigeait lentement vers la table, de Payns continua :

– Je crois qu'il ne serait pas dans ton intérêt, actuellement, de sortir dans le monde auquel tu as si récemment renoncé, alors j'ai l'intention de te garder ici pendant un certain temps, loin du monde extérieur. J'aurais du travail pour tes jeunes muscles… du travail que tes frères plus âgés seront heureux de te voir entreprendre.

Un large sourire éclaira son visage et il s'assit de l'autre côté de la table.

– Nous avons eu une nouvelle formidable aujourd'hui, Stephen… Une nouvelle qui justifie tout le travail que nous avons abattu depuis que nous sommes venus ici. Gondemare et Bisol ont débouché dans un tunnel ce matin, peu après que tu es parti rencontrer Picquigny. Je n'ai pas vu ce tunnel encore, et aucun des autres n'est même au courant que cela s'est produit — je le leur dirai aussitôt que nous aurons terminé cette conversation. Il s'agit de toute évidence d'une ancienne excavation, et elle semble avoir été comblée intentionnellement. Gondemare et Bisol s'entendent sur ce point. Le couloir est plein de débris. Cela signifie qu'il s'agit sans doute d'un des tunnels scellés et remplis par les légionnaires de Titus après la capture de Jérusalem. C'était il y a plus d'un millénaire, Stephen. Onze cent cinquante ans, en fait. Songe un peu à cela. C'est inimaginable.

Il s'interrompit et demeura calmement assis pendant quelques instants, tentant de se représenter cet intervalle de temps dans son esprit, puis il reprit la parole :

– À compter de maintenant, le travail sera plus facile, mais il demeurera quand même ardu. Nous n'allons plus devoir creuser dans le roc, mais nous devrons retirer beaucoup plus de débris et ce, beaucoup plus rapidement qu'auparavant. Tu as une question à me poser ?

– Qu'en est-il… ? Comment saurons-nous où nous nous trouvons ? Je me souviens t'avoir entendu dire, il y a longtemps, qu'il y avait des dizaines, peut-être même des centaines de passages là-dessous.

– Grâce aux mathématiques, répondit de Payns en souriant. Nous devrons d'abord trouver une intersection avec un autre tunnel. Notre tunnel a fait son œuvre et, à partir de maintenant, il ne servira plus que de galerie d'accès aux travaux. Quand nous aurons trouvé cette nouvelle intersection, nous serons en mesure de situer notre position exacte par rapport à cette carte. Il nous faudra peut-être beaucoup de temps, peut-être même des années, mais nous savons maintenant que notre objectif est à portée de main, et que le but en question existe réellement. Alors, pourras-tu te contenter de travailler sous terre pendant un moment, loin de la lumière du soleil ?

St. Clair inclina la tête, son visage complètement dénué d'expression.

– Oui, maître Hugues.

CHAPITRE 29

Au cours des semaines et des mois qui suivirent, ils se rendirent compte qu'il existait, dans le réseau de tunnels nouvellement découvert, des zones où l'air était meilleur, plus pur qu'ailleurs, et ce phénomène semblait dépendre des ondulations des tunnels eux-mêmes, car ils n'avaient rien de régulier. Parfois, une branche du tunnel s'étendait sans inclinaison sur des dizaines de pas, puis, sans raison apparente, il remontait ou descendait sur une certaine distance, revenant parfois à son niveau d'origine, et Montdidier avait été le premier à remarquer que l'air semblait toujours plus épais et plus vicié dans les parties les plus profondes. En disant cela, il avait soulevé une controverse, car il y avait peu d'autres choses dans ces profondeurs qui puissent attirer l'attention de ses camarades, mais, après des mois de débat en faveur et à l'encontre de cette observation, un consensus s'était formé sur son opinion.

Stephen s'était trouvé dans une de ces zones où l'air était pur à peu près au même moment la veille et il savait que, s'il avait été ailleurs, il n'aurait pu voir ce qu'il avait découvert à cet endroit, car un des principaux avantages de ces zones d'air pur était que la lumière de leurs lanternes et chandelles y semblait toujours plus brillante, comme si les flammes des chandelles elles-mêmes se réjouissaient de se trouver dans un air propre. Ce jour-là, il avait travaillé en douceur, pelletant des débris dans de petits chariots qu'ils avaient construits pour retirer les gravats des tunnels. En finissant de remplir chaque chariot, il tirait le câble qui y était attaché, et l'homme qui travaillait derrière lui ramenait le chariot rempli, puis lui renvoyait un chariot vide. Peut-être à vingt ou trente pas de l'endroit qu'ils creusaient, il y avait une fissure latérale dans le tunnel, formée par quelque mouvement du sol qui s'était produit depuis que le tunnel avait été creusé et, à côté de la fissure, s'ouvrait une profonde crevasse verticale. Elle était moins dangereuse qu'elle ne le paraissait à première vue, car la fissure était à peine plus large qu'un pas d'homme, mais elle semblait infiniment profonde, comme ils l'avaient constaté en laissant tomber des pierres qui ne renvoyaient aucun bruit d'impact, et les chevaliers y déversaient maintenant depuis des mois leurs détritus.

L'espace dans lequel St. Clair avait travaillé la veille était plus étroit que d'habitude, et il était accroupi, seul à l'extrémité du tunnel, quand il avait cru apercevoir un reflet parmi les fragments de pierre devant lui. Curieux, il avait agrippé la lampe près de lui et s'était avancé, le reflet devenant plus puissant. Il avait trouvé un joyau, une pierre bleue translucide en forme de larme et presque aussi large que son pouce, son extrémité la plus étroite reliée à un cercle d'argent conçu, de toute évidence, pour faire passer une chaîne. Il avait tenu l'objet devant la lumière pour l'examiner et s'était surpris à sourire d'appréciation devant sa beauté, sa couleur et sa texture, douce et froide au toucher, puis il l'avait laissée tomber dans sa poche et avait recommencé à excaver après avoir reposé sa lampe par terre. Ce n'était pas le premier objet précieux qu'ils aient déterré depuis qu'ils avaient découvert les tunnels. Ils en avaient déjà trouvé plus d'une vingtaine, dont plusieurs magnifiques pièces de joaillerie et un certain nombre de pièces de monnaie de cuivre, d'argent et même d'or à l'effigie de plusieurs César, surtout Auguste et Tibère, et quelques-unes de Néron.

Ce jour-là, fixant le mur de débris devant lui, St. Clair se tenait debout, une main dans sa poche, frottant distraitement son pouce contre la surface lisse de la pierre et se sentant à la fois coupable et idiot. Il n'avait pas remis le joyau au frère Geoffroy comme il aurait dû le faire à la fin de sa journée de travail, la veille, et il s'était posé des questions sur son comportement au moment même où il avait croisé le chevalier. La pierre n'avait pas la moindre valeur pour lui ni pour ses frères, à moins qu'ils ne souhaitent éventuellement la vendre, ce qui aurait été pure folie. St. Clair n'avait aucun désir de la posséder, pas plus que de la regarder, car, dans la semi-obscurité permanente du dortoir, sa beauté aurait été inapparente. La vérité toute simple était qu'il avait éprouvé un vague sentiment de réconfort en caressant sa surface, et il avait décidé de ne pas s'en départir immédiatement. Maintenant, alors qu'il la frottait doucement, il décida de la garder juste un peu plus longtemps. Puis, sa décision prise, il se redressa rapidement et enfonça sa pelle d'un grand coup dans le mur devant lui.

Une semaine plus tard, et vingt pas plus loin dans le tunnel, le mur devant lui s'affaissa en partie alors qu'il en retirait une autre pelletée de petites pierres et de poussière, et ses yeux se posèrent par hasard sur une brèche entre le sommet du monticule de débris et le plafond du tunnel. Il grimpa immédiatement sur le tas de gravats et rampa prudemment, en protégeant la flamme de sa chandelle, dans une des rares parties du tunnel à n'avoir pas été remplie. Mais à peine y était-il entré que la flamme de sa chandelle commença à vaciller et qu'elle diminua jusqu'à une fraction de sa taille normale, indiquant que l'air y était vicié. Il se tourna et rampa vers la sortie pour s'asseoir et attendre que l'air devienne plus respirable.

Dès le moment où il avait passé la tête et les épaules dans l'espace étroit, St. Clair s'était mis à toussoter en raison de la fumée âcre provenant de la chandelle, et il se sentit ébranlé en réalisant à quel point il avait été près de perdre connaissance. Il se laissa tomber, la face contre terre, sur l'amoncellement de débris et aspira l'air à grandes bouffées, jusqu'à ce qu'il se sente suffisamment fort pour avancer sur les coudes et se laisser glisser. Puis, se retournant sur le dos au pied du monticule, il se redressa et se hissa sur ses talons jusqu'à un endroit contre le mur d'où il pouvait regarder l'étroite brèche près du plafond.

Il savait qu'avant que quiconque ne puisse pénétrer dans cette partie du tunnel, il faudrait dégager complètement les débris qui le bloquaient pour permettre à l'air frais d'y entrer, mais il ne se sentait pas pressé d'entreprendre cette tâche. Il avait failli céder à la panique au moment où il sortait en rampant de l'endroit, luttant contre des vagues de nausée et de vertige pendant qu'il tentait de respirer un air plus pur, et il était satisfait, pour l'instant, de jouir du plaisir simple de respirer de l'air frais. Loin derrière lui dans le tunnel, il entendait le son des voix et le roulement des roues pendant que ses compagnons de travail, Montdidier et Rossal, vidaient le dernier chariot qu'il leur avait envoyé, alors il sut que, malgré la confusion qu'avait engendrée chez lui sa mésaventure, l'épisode avait duré peu de temps. Tout à coup, son estomac se noua, il eut un haut-le-cœur et se mit à quatre pattes pour vomir, puis, se sentant mieux, il s'éloigna et roula sur le dos, une épaule contre la paroi du tunnel, alors qu'il regardait le plafond en forme d'arche et se concentrait pour respirer profondément et régulièrement, appréciant l'air beaucoup plus pur et plus frais, lui semblait-il, que la normale, qui semblait provenir d'un endroit près de lui. Quelques instants plus tard, sa main se posa sur sa poitrine où la pierre bleue pendait maintenant au bout d'une ficelle attachée à son cou, et il commença à en frotter doucement la surface entre son pouce et son index, son attention se portant de moins en moins sur ce qui l'entourait. Il ne songeait plus à remettre la pierre à ses frères, car, après l'avoir touchée ainsi pendant une semaine, il en était venu à accepter son geste et sa décision. L'objet lui-même n'avait que peu de valeur, mais il lui procurait un réconfort ; aussi s'était-il convaincu qu'il n'avait pas commis un péché en le gardant temporairement pour lui. Il ne se laissait pas aller à se demander pourquoi il avait besoin d'un réconfort, ou ce qui avait provoqué ce besoin, mais il se disait fréquemment qu'il n'avait commis aucune faute.

Toutefois, il y avait eu des moments, pendant tout ce temps, où sa conscience l'avait tiraillé, car il avait beau faire, son esprit ne cessait de lui remémorer les serments et les vœux qu'il avait prononcés, et il ne voyait aucun avantage, dans de tels moments, à tenter de comprendre la logique qui sous-tendait son comportement. Cela le tracassait de plus en plus, et maintenant il y pensait de nouveau en entendant l'éclat de rire caractéristique de Rossal au loin, alors que

Montdidier, qui l'avait rejoint, devait avoir lancé quelque blague.

Ses huit Pauvres chevaliers du Christ et lui, avec le soutien de leurs frères sergents, avaient acquis une solide réputation au cours des années qu'ils avaient passées en tant que moines soldats à Jérusalem. Ils étaient généralement considérés comme des amis et de précieux alliés des autorités religieuses, comme des gens fiables, dépourvus d'ambitions matérielles et, en conséquence, dignes de confiance dans un monde où peu d'hommes inspiraient ou méritaient la confiance. Gormond de Picquigny, le patriarche, comptait énormément sur eux pour protéger le flux croissant de pèlerins qui se rendaient dans la ville, et le roi Baudouin lui-même ne cachait pas que les activités de la confrérie, qu'il évoquait en parlant de « ses » moines, lui simplifiaient beaucoup la tâche de défense des frontières et de maintien de ce qu'il appelait « la paix du Christ » sur son territoire.

St. Clair trouvait la chose ironique, et il se demandait souvent ce qu'en pensaient ses frères, bien qu'il n'abordât jamais le sujet avec aucun d'entre eux. Une règle tacite était apparue depuis la formation de leur groupe à Jérusalem, qui leur interdisait de discuter de toutes choses les différenciant les uns des autres, excepté dans le cadre de leurs rassemblements rituels de l'Ordre de la Renaissance. Mais même à cette occasion, personne ne mentionnait l'ironie de leur situation, car les rassemblements se produisaient rarement maintenant et la nécessité du secret absolu était suffisamment impérieuse pour bannir toute discussion sur des sujets délicats liés à l'Ordre. Il y avait trop de gens aux alentours, trop peu d'intimité réelle dans les écuries pour permettre des rassemblements réguliers de l'Ordre. Un jour, peut-être auraient-ils des quartiers dans lesquels ils pourraient procéder à leurs rites et cérémonies, mais ce n'était pas encore le cas et, entre-temps, ils vivaient ensemble chaque jour de l'année, leur comportement et leur façon de vivre leur rappelant constamment leurs devoirs et responsabilités. La conscience qu'ils avaient de cette situation, jointe au risque d'être entendus par des oreilles profanes, faisait en sorte qu'ils ne parlaient pas entre eux de choses qu'eux seuls savaient.

Toutefois, Stephen St. Clair ne pouvait s'empêcher de s'étonner de la nature contradictoire de leur existence même, et il passait beaucoup de temps à réfléchir à la froide réalité et au cynisme ahurissant qu'impliquait le fait d'être un moine soldat.

– Qu'est-ce qui te tracasse ?

La voix l'avait surpris, et il ouvrit les yeux pour voir Montdidier qui le regardait d'en haut, directement au-dessus de lui. Stephen émit un grognement et s'appuya sur un coude, puis indiqua, au sommet du monticule de débris, l'espace étroit qui menait au tunnel vide.

– Je suis allé…

Il pouvait à peine parler, tant sa langue et ses lèvres étaient couvertes d'une épaisse couche de poussière. Il cracha avec difficulté et tenta en vain de s'humecter les lèvres avec sa langue avant de parler à nouveau d'une voix rauque :

– Je suis allé là-bas et j'ai failli mourir. L'air y est vicié.

Montdidier grogna en regardant l'espace sombre devant lui.

– C'était un geste idiot. Tiens, bois un peu, dit-il en tendant sa gourde au jeune homme. Qu'y a-t-il de l'autre côté ?

St. Clair se rinça la bouche et cracha, puis avala une grande gorgée d'eau et inclina la tête en rendant la gourde à Montdidier.

– Une partie de tunnel vide. J'ai rampé jusque-là pour voir sa longueur, mais j'ai dû revenir parce que je n'y voyais rien. Nous allons devoir déblayer l'entrée et laisser l'air pur pénétrer avant d'y aller.

– Bien sûr que nous allons faire ça… C'était stupide de ta part, frère. Tu aurais dû savoir qu'il fallait appeler quelqu'un avant d'y entrer. Te sens-tu mieux ?

– Je me sentirai mieux dans quelques instants. Merci.

– Hum… j'ai constaté que tu n'avais pas renvoyé de chariot depuis longtemps, alors je suis revenu voir ce que tu faisais. Tu es complètement couvert de poussière, le savais-tu ? Tu en as partout. Même sur le visage.

St. Clair se frotta une joue du revers de la main et sentit la couche poussiéreuse sur sa peau.

– Ça vient des débris, quand j'ai rampé en haut du monticule… La poussière est fine comme de la farine là-bas.

Montdidier haussa les épaules, d'un air imperturbable.

– J'ai pensé que tu étais mort quand je t'ai vu couché là. Tu semblais t'être transformé en pierre. Puis je t'ai vu respirer. Ça n'était pas malin de faire une chose pareille. Tu aurais pu mourir en l'espace de quelques instants. En fait, tu aurais pu être mort avant même que je pense à revenir voir ce qu'il se passait.

– Je vais bien maintenant. Aide-moi à me relever.

Montdidier le remit sur pied et St. Clair épousseta la majeure partie de ses vêtements, puis reprit sa pelle et retourna à son travail avant que l'autre n'ait commencé à s'éloigner et, pendant qu'il pelletait, il oublia le tunnel derrière les débris et se remit à réfléchir à ce qui le préoccupait plus tôt, le grand secret de son Ordre et la place que ce dernier occupait au sein du royaume de Jérusalem.

Quand Montdidier avait interrompu le fil de ses pensées, il songeait au cynisme, et il continua à y réfléchir, reconnaissant que l'hypocrisie était allée de pair avec le cynisme lorsqu'ils avaient fondé leur Ordre de moines soldats du mont du Temple.

Stephen St. Clair représentait une exception à son époque : c'était un chevalier qui savait bien lire et avait reçu une bonne éducation, qui avait été élevé au sein d'une famille chrétienne dévote et à qui l'on avait enseigné à faire preuve d'éthique, de jugement et de modération dans tout ce qu'il entreprenait. Avant d'adhérer à l'Ordre de la Renaissance et de se rendre finalement en Outremer pour obéir à un ordre direct du comte Hugues de Champagne, qui l'avait soigneusement choisi pour la tâche à effectuer, Stephen avait vécu et servi en tant qu'homme d'armes ordinaire et l'expérience l'avait suffisamment déçu pour qu'il envisage sérieusement d'entrer dans les rangs de l'Église. Lié par son devoir féodal envers son seigneur suzerain et motivé par la nécessité de remplir scrupuleusement ses engagements, il s'était rendu auprès du comte en personne et lui avait expliqué pourquoi il souhaitait abandonner le monde des armes pour celui de la prière, un geste auquel personne ne se serait attendu.

Le comte Hugues, étonné comme rarement auparavant, s'était immédiatement intéressé à ce remarquable jeune homme, sachant déjà que St. Clair était le premier-né d'une des familles amies. Par la suite, il avait entrepris une enquête à son sujet et découvert que St. Clair avait, plusieurs années auparavant, reçu l'autorisation d'être admis au sein de l'Ordre de la Renaissance, mais qu'il avait quitté la maison et était allé combattre à l'étranger avant d'avoir pu être initié, et le comte avait rapidement organisé les choses pour que l'Ordre puisse tirer profit le plus tôt possible des immenses compétences du jeune chevalier, qui consistaient en un mélange de deux savoirs radicalement opposés, celui des armes et celui de la prêtrise, en l'utilisant à ses propres fins en Outremer. À cette époque, Hugues était l'un des rares hommes dans le monde qui savaient que les objectifs de l'Ordre en Terre sainte s'étaient considérablement étendus et multipliés au cours des dernières années, depuis la révolution qu'avait déclenchée Gormond de Picquigny en fondant l'Ordre des moines soldats connu, de manière officieuse au début, comme la Patrouille du patriarche.

Depuis les tout premiers temps de la chevalerie, s'était installée une inimitié entre les hommes d'Église et les militaires, et les différences entre les deux groupes n'avaient cessé de croître. Les chevaliers de la chrétienté, qui n'étaient au mieux que des chrétiens de nom, n'avaient aucune retenue et, quoi qu'ils fassent, ils ne craignaient nullement les représailles à leur endroit, car, en définitive, les représailles en question consistaient toujours à les envoyer se battre et c'était là leur seule raison d'être. Ils étaient des centaines de milliers, chacun édictant sa propre loi, et, jusqu'au moment où le pape Urbain les avait tous enrôlés pour libérer la Terre sainte de la poigne des musulmans infidèles, ils avaient menacé la chrétienté tout entière de sombrer dans l'anarchie la plus complète.

Maintenant, la Terre sainte pullulait de chevaliers qui, en

grande majorité, ressemblaient bien peu aux chrétiens selon le sens traditionnel, éloignés qu'ils étaient de tout vestige d'influence civilisatrice, de leurs femmes, de leurs familles et de leurs responsabilités sociales. Ils étaient tous des guerriers et se comportaient tous à la manière sauvage des soldats. Nombre d'entre eux avaient commis des crimes graves, chez eux et en Outremer, et la plupart étaient encore si incontrôlables que, jusqu'à la formation du nouvel ordre de moines soldats à Jérusalem, aucune personne éduquée et saine d'esprit n'aurait pu croire qu'une telle chose fût possible. Avant que le patriarche n'ait pris cette initiative, aucun clerc n'avait jamais été autorisé à porter les armes et encore moins à tuer des êtres humains. Le cinquième commandement, « Tu ne tueras point », ne comportait aucune ambiguïté et son application, bien que générale, touchait plus précisément les hommes d'Église de tous les niveaux.

Cependant, Gormond de Picquigny avait vu les choses selon une perspective différente : celle d'un important prélat devant faire face à la tâche apparemment irréalisable qui consistait à protéger tout un patriarcat de la destruction par des armées hostiles et antichrétiennes qui l'entouraient de toutes parts. Motivé par ce besoin urgent et implacable, il avait mis en pratique quelques définitions morales de son propre cru, qui étaient à la fois radicales et innovantes, en déclarant sans ambages que les hommes qui avaient juré de servir Dieu devaient, par définition, avoir le devoir chrétien de défendre leur Dieu et Ses œuvres contre les incroyants qui cherchaient à éliminer Ses serviteurs au sein de Son royaume terrestre. Dans les faits, le patriarche avait fourni un prétexte pour la création d'une nouvelle race d'hommes d'Église et, du même coup, avait rendu non seulement pardonnable, mais digne de louanges que des prêtres et des moines combattent et tuent d'autres hommes au nom de Dieu et de Sa sainte Église, et il était évident que, à titre de patriarche latin de Jérusalem, il ne voyait ni cynisme ni hypocrisie dans une infraction aussi évidente aux règles et aux interdictions qui avaient existé depuis des siècles, afin de s'adapter aux exigences politiques du moment.

Le comte Hugues, en tant que sénéchal de l'Ordre de la Renaissance avait, jusqu'à un certain point, entretenu des rapports avec le nouvel ordre de moines soldats dès la fin de sa formation. Toutefois, à un autre niveau, secret celui-là, il avait fait partie des personnes qui avaient rendu une telle chose possible dans le but de favoriser les desseins de l'Ordre, et il avait clairement vu les avantages d'avoir dans son camp un jeune chevalier du calibre de St. Clair. Sir Stephen St. Clair s'était rapidement intégré à la maisonnée du comte et avait immédiatement accepté d'adhérer par la suite à l'Ordre, parrainé par le comte lui-même. Il s'était comporté de façon si enthousiaste devant ses tuteurs qu'il en était devenu membre en un temps remarquablement court. À peine trois ans plus tard, apportant les propres instructions du comte sénéchal, il avait été envoyé à Jérusalem pour joindre les rangs de l'ordre nouvellement formé des moines soldats.

Maintenant qu'il était devenu un membre admiré et honoré des Pauvres chevaliers du Christ, considérés par tous comme les champions dc la foi, St. Clair se surprenait fréquemment à secouer la tête d'incrédulité et de tristesse, et il savait que ses compagnons devaient être tout aussi conscients que lui de l'ironie de leur situation parce qu'ils étaient, eux aussi, des membres de l'Ordre de la Renaissance de Sion, ce qui signifiait, par le fait même, qu'ils n'étaient pas chrétiens.

C'était là le plus important secret de leur confrérie, et ils le protégeaient, littéralement, au péril de leur vie, car ils auraient été sur-le-champ condamnés à mort si la vérité avait été connue ou même soupçonnée. Tous avaient été élevés dans des familles chrétiennes et leurs parents, ainsi que leurs frères et sœurs, étaient chrétiens, comme l'étaient également leurs serviteurs et leurs associés, les frères sergents qui les aidaient et faisaient le plus gros du travail lorsqu'ils partaient en patrouille. Mais les neuf chevaliers avaient renoncé au christianisme lorsqu'ils avaient été Élevés en étant admis au sein de l'Ordre de la Renaissance.

Même en se remémorant cet épisode après tant d'années, St. Clair ne cessait de s'en étonner, car ce seul geste de renonciation avait représenté, pour lui et pour chacun de ses compagnons, l'engagement le plus important et le plus lourd de conséquences de toute leur vie, et c'était un geste qu'aucun d'entre eux n'aurait accepté de faire s'il lui avait été présenté de quelque autre façon. On ne leur avait pas demandé d'abjurer leur ancienne religion, ni de la condamner. Enveloppés par la chaleur et la confiance de leurs plus proches parents et de leurs amis les plus chers, certains d'entre eux les parrainant, et de tous leurs camarades, sachant par ailleurs que chacun d'entre eux avait parcouru le même chemin au cours des années précédentes, les néophytes avaient simplement appris qu'il existait d'autres traditions, plus anciennes, à propos de l'illumination, que celle du christianisme prédominant dans leur monde à cette époque, et qu'eux et leurs ancêtres étaient issus d'une telle tradition. Le fait que leurs traditions aient été fermement ancrées dans les principes du judaïsme représentait une anomalie qui étonnait la plupart des nouveaux membres, mais ils en venaient rapidement à accepter que, après un millénaire d'examen approfondi du contenu et de la forme de ses coutumes et rituels officiels, la judaïté fondamentale de l'Ordre n'était pas plus étonnante, et non moins juive, que les origines du christianisme lui-même.

Stephen St. Clair avait hésité à accepter cette perspective sans lutter, et il pouvait encore se souvenir, presque mot pour mot, de la discussion qui avait été à l'origine de sa conversion, bien qu'en vérité, il se fût agi davantage d'un débat vigoureux que d'une discussion rationnelle, et il était demeuré, croyait-il à cette époque, perplexe. Maintenant, pendant que son corps s'adaptait au rythme facile et entraînant du pelletage de débris dans les chariots pour qu'ils soient déversés dans la crevasse, il y songeait de nouveau, et c'était encore le sujet qui le préoccupait le plus, des heures plus tard, lorsqu'il s'étendit sur son lit de camp et qu'il se mit à tourner d'un côté et de l'autre, se remémorant clairement cet après-midi lointain et incapable de trouver le sommeil malgré sa fatigue.

CHAPITRE 30

Ce dont Stephen se souvenait le plus à propos de son oncle, Sir William St. Clair — et cela l'amusait, comme toujours, que ce soit la première chose qui lui vienne à l'esprit même après tant d'années —, c'était qu'il semblait trop jeune pour être un oncle. Les oncles, avait toujours estimé Stephen, se situaient au même niveau que les pères, c'est-à-dire des membres d'une génération plus âgée et, en conséquence, trop difficiles à comprendre pour les jeunes de son âge. Mais cet oncle avait été le plus jeune demi-frère de son père, né du grand-père de Stephen à un âge avancé et d'une nouvelle femme, plus jeune, qui avait remplacé la grand-mère depuis longtemps décédée du jeune homme. Et, en vérité, Sir William St. Clair méritait qu'on se souvienne de lui et qu'on le respecte pour plusieurs autres raisons que son éclatante jeunesse, car il était le successeur naturel de son père, l'austère et distingué Sir Stephen St. Clair qui avait débarqué à Hastings, en Angleterre, avec Guillaume le Bâtard en 1066. Plus qu'aucun de ses nombreux frères, William affichait tous les traits de son père — sa stature et sa force colossales, son charme et sa vivacité d'esprit, son intelligence et son habileté incomparable avec toutes les armes imaginables. Il était parti guerroyer contre les Turcs seldjoukides en Outremer à un âge précoce et il avait gagné une solide réputation de courage avant d'être gravement atteint par une flèche seldjoukide au cours d'une escarmouche près de Damas en Syrie, après quoi il était demeuré gisant dans le désert pendant une journée et demie avant d'être retrouvé par Cédric, son loyal écuyer qui, bien qu'il n'eût été soldat, avait accompagné Sir William toute sa vie et était venu dans le désert, à ses propres risques, pour trouver et enterrer, croyait-il, le corps de son maître.

Personne n'avait jamais pu dire avec certitude à quel point William était passé près de la mort là-bas dans les dunes du désert, mais personne non plus ne contestait qu'il en était venu encore plus près par la suite, lorsque une terrible blessure à l'épaule s'était infectée. Pendant des mois, sous les soins d'un médecin arabe qu'avait trouvé Cédric, il était resté suspendu entre la vie et la mort et, lorsqu'il avait finalement retrouvé un peu de ses forces et qu'il avait entrepris sa convalescence, le médecin ayant convaincu Cédric de ramener son maître en Angleterre. Avec une partie de ce qui restait de l'or que Sir William avait apporté, Cédric avait payé leur passage sur un bateau jusqu'à Chypre où ils avaient trouvé un autre vaisseau, plus solide, qui naviguait à destination de Marseille. Leur voyage avait été long, les menant de Chypre en Crête, puis en Sicile, en Sardaigne et en Corse, et finalement sur la côte sud de la France d'où William était remonté jusqu'en Champagne pour rendre visite à son lointain cousin maternel, le comte Hugues, arrivant par hasard juste à temps pour assister à l'Élévation de son neveu Stephen qu'il n'avait jamais vu, et qui n'était que de trois ans son cadet. William souhaitait retourner tôt ou tard en Angleterre, avait-il déclaré, mais, pour l'instant, il était satisfait de demeurer en France, mangeant et buvant au soleil et retrouvant tranquillement sa santé.

Stephen s'était pris d'affection pour lui dès le moment où ils s'étaient rencontrés, et il savait que ce sentiment était réciproque, mais il avait été élevé dans un foyer où les gens élevaient rarement la voix et, au début, il trouvait déconcertantes l'exubérance naturelle et les opinions tranchées de son oncle. À l'époque où il était soldat, il avait rapidement appris que la meilleure façon de se soustraire aux cris incessants de ses compagnons chevaliers consistait simplement à se réfugier dans la solitude chaque fois qu'il le pouvait et, à partir du moment où ses compagnons avaient découvert qu'il désapprouvait leur comportement, il n'avait eu aucune difficulté à demeurer seul. Toutefois, il ne désirait nullement éviter son oncle William, et il s'était vite habitué à sa voix puissante et à son exubérance jusqu'à les trouver étrangement agréables après un certain temps.

Le jour de la discussion qui avait tant impressionné Stephen, Sir William avait reçu un coup d'épée d'exercice à son épaule blessée, et il était encore pâle et grimaçant lorsque Stephen avait pénétré dans la pièce où il était assis en compagnie du comte Hugues, partageant un cruchon de vin devant un énorme feu de cheminée. Il se faisait déjà tard, cet après-midi d'hiver, et cette partie de la France subissait ce jour-là un froid inhabituel. Le repas du soir dans le grand hall n'allait être servi que deux heures plus tard et, normalement, Sir William aurait encore été en train de s'exercer dans la cour et le comte Hugues occupé avec ses clercs à travailler sur ses livres de comptes. Mais la blessure à l'épaule de Sir William avait changé tout cela, et les deux hommes profitaient de cette occasion pour sortir de leur routine. Le comte avait fait un signe de tête en direction de Stephen pour lui indiquer de prendre une chaise près du foyer et l'inviter à se servir du vin, et lorsque le jeune homme avait refusé et était demeuré debout, le comte Hugues avait tourné la tête et demandé :

– Qu'est-ce qui ne va pas ? Tu sembles malheureux. Souhaitais-tu me parler ?

Stephen avait haussé les épaules, quelque peu embarrassé.

– Oui, monseigneur, mais cela peut attendre. Je ne savais pas que vous étiez en compagnie d'oncle William. Je reviendrai plus tard…

– Non, nous allons en parler maintenant parce que je soupçonne que cela a un lien avec tes études sur l'Ordre de la Renaissance et, si c'est le cas, les opinions de William seront tout aussi valables que les miennes. Est-ce à propos de l'Ordre ?

Ayant vu le signe d'acquiescement de Stephen, il avait également incliné la tête.

– Bien. Qu'est-ce qui te tracasse ?

Stephen avait haussé les épaules.

– C'est… c'est difficile à…

– Non, ça ne l'est pas. Ça ne l'est jamais lorsqu'il s'agit

en définitive de dire la vérité. Tu as simplement peur de la dire. Allez, vide ton sac.

– J'ai du mal à croire ce qu'on m'a dit à propos de saint Paul.

Le visage d'aucun des deux hommes n'avait révélé le moindre signe de surprise, et le comte avait éclaté de rire.

– Et tu as raison, puisqu'on t'a enseigné à le vénérer pendant toute ta vie. Ce que tu entends maintenant au sein de l'Ordre te semble un blasphème. Avoir de la difficulté à accepter cette idée démontre seulement que tu es vivant et que tu réfléchis convenablement.

– Oui, eh bien…

– Eh bien, rien, mon garçon. Accepte-le. Ce que tu apprends maintenant au sein de notre Ordre est la vérité, notée par écrit au début et demeurée inchangée depuis plus d'un millier d'années. Par ailleurs, tout ce que tu as appris de ces choses jusqu'à maintenant est une vérité *fabriquée*, telle que perçue par les hommes qui ont édifié la communauté chrétienne mondiale.

– Mais saint Paul est le saint le plus vénéré du calendrier de l'Église.

– Oui, c'est ainsi… Mais cela ne change rien au fait que l'Église pourrait se tromper. Et les bons et loyaux chrétiens n'osent pas se demander si Paul pourrait être le plus grand saint de l'Église seulement parce qu'il s'est attribué lui-même ce titre…

Il s'était interrompu un moment, regardant Stephen, puis avait demandé :

– Sais-tu qui sont les Maccabées ?

– Euh… c'étaient des Juifs… Non, je ne sais pas.

– Et est-ce que les Séleucides signifient quelque chose pour toi ?

– Non.

– Eh bien, ce sera le cas quand tu en sauras davantage. Les Maccabées étaient les grands prêtres héréditaires du Temple juif avant la venue des Séleucides et des Romains, avait dit le comte avant de se tourner vers son cousin :

– William, raconte-lui l'histoire des Séleucides en t'en

tenant aux éléments de base.

Sir William avait esquissé un sourire, puis il avait acquiescé et parlé à Stephen, faisant un signe de tête en direction du comte Hugues :

– Il n'arrête jamais de me mettre à l'épreuve, celui-là. Très bien, mais avant que je ne commence, sache ceci, mon neveu : cette difficulté que tu éprouves maintenant n'a rien de nouveau. Nous sommes tous passés par là... Nous avons connu les mêmes craintes, éprouvé les mêmes incertitudes, eu les mêmes réactions... Chacun des membres de l'Ordre de la Renaissance a dû combattre ce doute, se poser la même question. Alors, tu n'es pas le seul. Garde ce fait à l'esprit en écoutant ce que nous avons à te dire. Tu me comprends ?

Stephen avait approuvé et son oncle avait poursuivi :

– Excellent. Maintenant, écoute attentivement... Nous avons des preuves — que tu verras bientôt de tes propres yeux — à l'appui de tout ce que tu es sur le point d'entendre, et tout cela a été écrit, comme dit Hugues, il y a plus de dix siècles. Les Séleucides constituaient une dynastie très puissante, une lignée de rois descendant directement d'un des généraux d'Alexandre de Macédoine, et ils ont régné sur la Syrie pendant des centaines d'années.

– Alexandre de Macédoine... Vous voulez dire : Alexandre le Grand ?

– Oui. Que sais-tu de lui ?

– C'était un Grec, et il a conquis le monde quelque trois cents ans avant la naissance du Christ.

– Oui, il était Grec, tout comme ses généraux qui se sont partagé son empire à sa mort — tous des Macédoniens... helléniques. L'un d'eux était Ptolémée, qui a conquis l'Égypte et fondé la dynastie de laquelle était issue Cléopâtre, et un autre était Séleucos, le fondateur de la dynastie ayant régné sur l'Asie mineure et la Sicile pendant des siècles, se mariant avec des Arabes et diluant leur sang hellénique pour produire une race bâtarde... Il n'y avait rien de mal à cela, comme l'ont prouvé les Romains. Mais un jour, les Séleucides ont engendré un certain Hérode — qui s'appelait lui-même « le Grand » — qui s'est autoproclamé roi des Juifs après avoir épousé Mariamne, la dernière princesse des Maccabées. Il a alors massacré le reste des Maccabées et entrepris de fonder sa propre lignée, dont le plus célèbre descendant, à notre avis, était Hérode Antipas, le tétrarque de Galilée. Le clan d'Hérode et tous ceux qui y étaient associés étaient désormais connus sous le nom d'« hérodiens », et les Juifs — en particulier les patriotes juifs fanatiques, les zélotes — les détestaient tous, car ils étaient des gentils et que coulait dans leurs veines un sang impur et non-Juif. Mais, aux yeux des Juifs, la plus grande faute d'Hérode a été de remplacer tous les prêtres maccabées du Temple par ses propres prêtres, les pharisiens. Les Juifs… les vrais Juifs dévots… y voyaient le pire des sacrilèges : des gentils impurs et des faux prêtres désacralisant le Temple…

Il s'arrêta un moment, comme s'il cherchait quelque idée en lui-même.

– Ce sera plus facile pour toi de saisir tout cela, mon neveu, si tu comprends d'abord ceci : les faux prêtres désacralisant le Temple ne nous semblent pas tant avoir commis un sacrilège aujourd'hui, mais c'est parce que, étant chrétiens, nous sommes habitués à penser que nos églises — toutes nos églises, des basiliques aux cathédrales en passant par les petites chapelles, représentent la maison de Dieu. Nous entendons par là que ce sont des endroits de prière et de vénération, des lieux où nous pouvons nous rassembler pour rendre hommage à Dieu.

Il s'était tu de nouveau pendant quelques instants avant de reprendre :

– Mais les Juifs ne voyaient pas les choses ainsi. Ils n'avaient qu'un temple, à Jérusalem, qui constituait littéralement la maison de Dieu. Yahvé, leur Dieu au nom imprononçable, vivait à l'intérieur de cette maison, dans le Saint des Saints, et c'est pourquoi le simple fait d'approcher l'endroit impliquait de nombreux rituels. Les gens qui y pénétraient s'y trouvaient en présence de Dieu lui-même, le Dieu unique des Juifs. Il était là, dans le Saint des Saints. Il ne vivait pas au ciel ni au paradis. Il vivait parmi Son peuple choisi, dans le temple qu'ils avaient construit pour Lui… Alors, lorsque

Hérode a nommé ses propres prêtres, des prêtres séleucides, pour s'occuper du temple, puis invité les Romains à assurer leur protection, il a indigné tous ceux qui avaient la moindre fierté d'être Juifs… Voilà la situation politique en Judée au moment de la naissance du Christ. Les hérodiens non-Juifs étaient au pouvoir, sous l'égide d'Hérode Antipas, soutenus par les armées de Rome, et ils avaient contre eux les Juifs — les Hébreux et les Israélites — qui formaient des dizaines de sectes et de factions dont la plupart attendaient le Messie, le roi juif qui allait les libérer, et tous réclamaient à grands cris leur indépendance, leur autonomie et leur liberté du joug de leurs suzerains romains. Certaines de leurs activités et leurs points de vue étaient souvent fort différents, mais ils étaient réunis, pour ainsi dire, en un seul mouvement visant à rompre les chaînes étrangères qui les maintenaient prisonniers.

William avait regardé le jeune Stephen droit dans les yeux.

– As-tu suivi tout ce que je viens de dire ?

– Oui, je crois bien.

– Bien. Voici maintenant le deuxième niveau de compréhension, avait-il dit en jetant un coup d'œil au comte. Veux-tu continuer à partir d'ici ?

Le comte Hugues avait souri et secoué la tête.

– Non, tu te débrouilles fort bien.

– D'accord.

William avait plissé les lèvres pendant un moment, réfléchissant à ce qu'il allait dire.

– C'est difficile de raconter tout cela brièvement. J'ai dit que les sectes juives étaient unies au sein d'un mouvement, et c'était le cas, bien qu'il n'existe aucun nom pour le désigner. Mais nous savons qu'il s'agissait d'un mouvement révolutionnaire, parce qu'il a débouché sur une révolte contre Rome et la destruction de la nation juive… Quoi qu'il en soit, ce… mouvement… était qualifié par ses opposants, les pharisiens et leurs alliés hérodiens, de mouvement messianique et donc de mouvement belliqueux visant à supplanter les autorités juives et à créer un gouvernement révolutionnaire nationaliste. Conséquemment, les hérodiens ont fait valoir aux Romains qu'ils constituaient un pouvoir imposant la paix et l'ordre, voué à maintenir le statu quo et la stabilité de l'État juif. Et comme le statu quo jouait en faveur de Rome, le reste s'est ensuivi tout naturellement…

Sir William fronçait les sourcils, se concentrant pleinement sur ce qu'il tentait d'expliquer.

– Mais la situation était beaucoup plus complexe… Selon le point de vue de Rome, ce mouvement impliquait bien davantage qu'un simple sentiment de patriotisme. Pour les Romains, le patriotisme représentait l'amour de leur terre natale, Rome elle-même. Mais aux yeux des Juifs, le patriotisme impliquait l'amour de Dieu, et celui du peuple élu de Dieu en tant qu'entité, et leur terre natale était celle de Dieu. C'est ce qui a généré tous les problèmes qui allaient suivre.

Il s'était interrompu et Stephen avait demandé impatiemment :

– Qu'est-ce qu'il s'est passé ?

– Rien qui ne s'explique facilement comme je l'ai dit à l'instant, mais je vais essayer. Il existait vers cette époque chez la plupart des sectes juives un élément commun, un élément directement relié aux politiques touchant les riches et les pauvres, ceux qui n'avaient rien par rapport à ceux qui avaient tout. La classe gouvernante en Judée était hérodienne. Ces gens possédaient toute la richesse, simplement parce qu'ils s'en étaient emparés avec l'appui des Romains, qui n'étaient que trop heureux d'avoir au pouvoir un vassal favorisant Rome et souhaitant garder à leur place les Juifs querelleurs et les quelques descendants encore vivants des Maccabées.

– Un instant. Qu'entendez-vous exactement par « hérodiens » ?

Sir William avait haussé un sourcil, puis il avait grogné et dit :

– Penses-y, mon garçon. La famille d'Hérode détenait tout le pouvoir, et elle s'en servait pour créer de nouveaux prêtres, des percepteurs d'impôt et une multitude d'autres serviteurs de sa cause, et tous ces gens devaient leur gagne-pain aux hérodiens. Par conséquent, comme des vassaux à l'égard de leurs seigneurs suzerains, ils étaient loyaux envers les hérodiens.

Stephen avait acquiescé, comprenant la comparaison avec le système féodal, et Sir William avait repris :

– Par ailleurs, les Juifs qui vivaient en Judée ne possédaient rien… Moins que rien, en fait, parce que la plupart d'entre eux s'étaient endettés auprès d'usuriers hérodiens. Le système au sein duquel ils vivaient leur imposait d'emprunter énormément d'argent pour survivre, car c'était ainsi qu'avait été entièrement structurée leur société depuis que le clan d'Hérode avait pris le pouvoir. Les taxes sans cesse croissantes, y compris les dîmes versées au temple, faisaient en sorte que les gens demeuraient très endettés, et ils étaient forcés d'emprunter pour pouvoir payer leurs dîmes, plus les nouvelles séries de taxes. C'était un cercle vicieux mortel… Et c'est ainsi qu'est née cette… tradition… ce culte… de la pauvreté enraciné dans une droiture rigide, dont les zélotes représentaient le principal appui. Une autre secte, les ébionites ou esséniens, se nommaient eux-mêmes « les pauvres d'Israël », ou parfois encore plus simplement « les pauvres ».

À ce moment, William s'était tourné vers le comte Hugues qui écoutait attentivement, le visage inexpressif.

– Ai-je oublié quelque chose ?

Le comte avait pris une profonde inspiration, comme s'il était étonné par cette question, puis il avait secoué la tête.

– Rien d'important. Je suis fasciné en constatant à quel point tu as bonne mémoire.

William avait incliné la tête et porté de nouveau son regard vers Stephen.

– Les pauvres. Te souviens-tu des paroles de Jésus à propos du chameau qui pourrait passer dans le chas d'une aiguille ?

– Oui, évidemment. C'est plus facile que pour un homme riche d'accéder au royaume des cieux.

– Exactement. Aux yeux des Juifs de l'époque de Jésus, les riches étaient soit des hérodiens, soit des Romains… ce qui signifiait qu'ils n'étaient définitivement pas Juifs, et les Juifs de Judée formaient la race la plus suffisante au monde... Le peuple élu de Dieu... Cela ne veut rien dire pour nous aujourd'hui, mais il devait être intolérable pour eux de voir leur pays, tout comme le temple qui incarnait leur religion, gouverné et possédé par une race bâtarde, à demi arabe et à demi grecque, ces deux moitiés inacceptables aux yeux de Yahvé. Et, simplement à cause de leur extrême rigidité, ils devaient trouver encore plus insupportable de se voir forcés de vivre avec les pharisiens, les faux prêtres qu'avait créés Hérode pour remplacer les grands prêtres maccabées qu'il avait massacrés. Alors, imagine à quel point leur colère a dû être ravivée tandis qu'ils subissaient le mépris des usuriers du temple et l'indignité d'avoir à traiter avec eux au départ, et de savoir qu'ils n'y pouvaient rien, car le pouvoir se trouvait entièrement entre les mains de ces riches, et des Romains tant détestés — qui avaient essayé d'ériger une idole de leur empereur blasphémateur à l'intérieur du Saint des Saints, dans le temple même —, leur procurant ainsi le pouvoir de protéger les usurpateurs.

Sir William était demeuré silencieux pendant quelques instants, laissant à Stephen le temps de réfléchir à ce qu'il venait de dire.

– Les Juifs vivaient dans un monde sans nuances, Stephen, sans position de compromis entre les deux extrêmes. Quiconque n'était pas Juif était un gentil et ne pouvait hériter du royaume de Dieu... Mais, même pour un Juif, il était très difficile de plaire à Dieu et il y avait parmi les sectes messianiques un groupe de gens issus des ébionites, ou des esséniens, bien que certains les aient appelés « nazaréens » ou « nazarites », qui avait formé une petite communauté à Jérusalem... une communauté encore plus rigide et conservatrice, sous certains aspects, que celle des zélotes... une communauté vertueuse, fondée sur l'attente de la venue du Messie et sur le triomphe des Juifs et de leur Dieu dans le monde entier. Un des dirigeants de ce groupe s'appelait Joshua ben David — nous l'appelons Jésus — et, selon les registres de l'Ordre, il n'a jamais affirmé être le Messie, et n'a jamais pensé être le Christ, le sauveur du monde. Il n'était qu'un homme, extraordinaire à certains égards. Mais il avait plusieurs frères et il participait à un mouvement révolutionnaire, alors il s'est mis à dos les pharisiens, les nouveaux grands prêtres, et ceux-ci l'ont dénoncé aux Romains, qui l'ont crucifié.

Ayant dit cela, William St. Clair s'était levé et s'était rendu jusqu'à la table près du mur pour y prendre le cruchon de vin et s'en remplir une coupe avant d'en offrir aux autres. Le comte Hugues avait accepté, mais Stephen avait refusé d'un geste de la main. William avait haussé les épaules, puis il avait bu à grandes gorgées, avait de nouveau rempli sa coupe, l'avait finalement posée et s'était assis sur le rebord de la table.

– Ça donne soif de parler, avait-il dit. Peu importe si on parle bien ou mal, clairement ou de manière confuse. As-tu compris ce que je te racontais ?

– Jusqu'ici, oui. Mais je ne vois toujours aucun rapport avec saint Paul.

Sir William avait jeté un coup d'œil à Stephen, puis au comte, et vice versa.

– Paul était un Séleucide.

Le visage de Stephen reflétait son étonnement.

– Un Séleucide ? Vous voulez dire : à demi Grec et à demi Arabe ? Non, il était un Gentil, un citoyen romain de Tarse.

– Les Séleucides étaient des Gentils, et nombre d'entre eux étaient également citoyens romains. Et peut-être Paul venait-il de Tarse. C'était du moins ce qu'il voulait faire croire à tous, plus tard au cours de sa vie, mais, en vérité, personne ne sait réellement aujourd'hui qui était Paul ou d'où il venait. Personne ne sait rien sur le début de sa vie jusqu'au moment où Dieu l'aurait prétendument jeté de son cheval, après quoi il aurait admis ouvertement avoir été un persécuteur des chrétiens. Mais il n'y avait pas de chrétiens à cette époque, Stephen. Il n'y avait que des Juifs. Le christianisme n'avait encore été ni défini ni nommé… Mais nos registres, qui le désignent clairement comme étant l'homme que tu appelles saint Paul, nous indiquent qu'il était hérodien

— et qui plus est un membre de la famille d'Hérode, dont il était un cousin —, qu'il portait le nom de Saül, et qu'il avait été envoyé, à titre d'ambassadeur, par les « gardiens de la paix » hérodiens afin d'inviter l'armée romaine qui campait hors de Jérusalem à pénétrer dans la ville. À ce moment, le même Saül a expédié un rapport sur l'événement aux quartiers généraux de Néron à Corinthe en Grèce, un endroit qu'a beaucoup aimé fréquenter Paul vers la fin de sa vie. De toute façon, nous parlions de la crucifixion.

Il s'était tourné vers le comte Hugues.

– Raconte-lui la crucifixion, Hugues. C'est toi qui me l'as racontée, et je n'ai jamais oublié ce que tu m'avais dit, alors je pense que tu devrais le dire à mon neveu.

Le comte déclara qu'il aurait préféré écouter et apprécier le récit plutôt que d'avoir à réfléchir, mais William n'avait rien voulu entendre, et Hugues avait finalement rendu les armes en soupirant profondément.

– De nos jours, on attache énormément d'importance à la Croix, Stephen, et au fait que les Juifs ont crucifié le Christ. Tu sais cela, évidemment.

Stephen avait opiné du chef en haussant légèrement les sourcils.

– Bien sûr, monseigneur. Tout le monde sait cela.

– Ah, tout le monde sait ça. Tout homme sait cela, avait déclaré le comte Hugues en secouant la tête d'un air sombre. Tu dois toujours faire attention lorsque tu utilises ces mots, Stephen, parce que, la plupart du temps, ils ont tendance à signifier le contraire de ce qu'ils semblent dire. Les choses que « tout le monde sait » sont rarement ce qu'elles semblent être, et elles sont rarement vraies. Alors, commençons par la vérité absolue que nous pouvons démontrer sans l'ombre d'un doute : les Juifs n'ont pas crucifié le Christ. Nous sommes même en mesure d'affirmer que les Juifs ne détestaient pas le Christ, parce que les Juifs n'avaient jamais entendu parler du Christ ; que le nom n'existait pas jusqu'à ce que Saül, ou Paul, si tu préfères, l'utilise pour la première fois, des années après la mort de Jésus, en parlant de lui comme du Christ… *Christos* était un obscur mot grec signifiant

« sauveur » avant que Saül ne l'attribue à Jésus pour souligner sa soi-disant divinité. Alors, l'argument qui condamne les Juifs comme étant les assassins du Christ est une pure invention... C'est un mensonge vicieux, créé à des fins politiques... On ne peut non plus arguer que les Juifs détestaient l'*homme*, même en oubliant son côté « Christ », parce que la haine exige de grands efforts et de l'abnégation, et qu'ils n'avaient aucune raison de haïr Jésus collectivement. Il était l'un d'eux, un membre de leur mouvement et un citoyen de Judée. Dieu sait que, à cette époque, l'atmosphère était déjà suffisamment chargée de haine, mais elle se concentrait essentiellement entre la famille séleucide d'Hérode et ses partisans, et le peuple de Judée, les Juifs. Elle provenait dans une égale mesure des deux côtés. Mais il est pratiquement certain que les Juifs n'auraient pas détesté Jésus, en tant que chrétien ou à quelque autre titre, tout simplement parce qu'il était l'un d'entre eux, le peuple que Dieu avait élu. Il était un Juif.

Il avait regardé Stephen un moment sans rien dire, puis il avait repris son récit :

– Et ils ne l'ont certainement pas crucifié non plus, parce qu'ils n'en avaient pas le pouvoir. La crucifixion était un châtiment romain. Les Juifs n'ont pas non plus — en tant que groupe — réclamé le sang de Jésus et n'ont pas appelé sur leurs têtes et celles de leurs enfants la colère de Dieu pour avoir causé sa mort. C'est pure folie que de le prétendre et d'y croire. Penses-y quelques instants. Peux-tu imaginer n'importe quelle foule de gens appelant la colère de Dieu sur leurs têtes et celles de leurs enfants, et agissant ainsi non seulement délibérément, mais à l'unisson, sans préparation ni répétition ? Cela défie l'entendement, et pourtant les gens y croient. Tu le crois, n'est-ce pas ?

– Si je crois à ça ?

Stephen avait été complètement pris de court par la question et il avait bafouillé pendant un moment avant que son oncle ne s'apitoie sur son sort.

– Bien sûr que tu y crois, parce que tu n'as pas le choix : tout au long de ta vie, dès que tu as été en âge de comprendre, les gens les plus importants dans ta vie t'ont dit que c'était la vérité... que tu devais le croire, sinon tu serais excommunié et condamné aux flammes éternelles de l'enfer. C'est ce que l'Église te dit. C'est ce que les prêtres te disent. Un moine t'affirmera la même chose, si tu en arrêtes un sur la route et le lui demandes. Et il n'existe rien, nulle part, qui laisse entendre le contraire ou rien qui ne t'enseigne ou ne t'explique les choses sous un autre angle. Rien. Alors, que peux-tu faire d'autre que de croire ce qu'on te dit ?

Il s'était soudainement arrêté et, d'une manière théâtrale, avait levé une main, paume ouverte, vers le jeune homme.

– Mais examinons de plus près la crucifixion avant de passer à autre chose. La crucifixion. La façon dont les Romains et les Juifs ont cherché à humilier le Fils de Dieu en le clouant sur une croix pour qu'il devienne la risée du monde, comme si la crucifixion était une invention particulière conçue pour humilier Jésus. Tu sais tout de cette affaire, n'est-ce pas ?

– Je..., avait bredouillé Stephen avant de faire un mouvement de la main et de hausser une épaule, sur la défensive. Vous me demandez si je sais tout à propos de cela ? Je vous aurais répondu oui il y a quelques minutes, mais maintenant...

– Et tu as bien raison. Raison de douter. Raison de te poser des questions, parce qu'il n'y avait absolument rien de particulier dans la crucifixion, sauf peut-être pour l'homme qui la subissait. C'était un événement courant. À l'époque romaine, la crucifixion était le type de mise à mort le plus répandu pour les criminels, qu'il s'agisse de voleurs, de mécréants, de meurtriers, de rebelles, de dissidents politiques ou de déserteurs de l'armée romaine. Si les Romains jugeaient qu'un homme devait mourir, il mourait. Si l'homme en question était riche ou avait des relations haut placées, il pouvait mourir rapidement, décapité ou étranglé, mais si c'était l'État qui réclamait sa mort et voulait en faire un spectacle public, en faire une leçon visant à dissuader les autres, il était crucifié et mourait lentement, dans des souffrances atroces. Jésus a été condamné à titre de criminel politique... de rebelle. Et c'est de cette façon qu'il est mort. Et à part les gens qui le connaissaient et ceux qui étaient proches de lui, personne ne s'en souciait vraiment…

Le comte s'était arrêté un moment pour laisser à Stephen le temps de digérer ses dernières paroles.

– Mais la croix romaine qu'on utilisait pour la crucifixion était en forme de « T » avec seulement trois branches — une, longue et droite, et l'autre, tout en haut, s'étendant des deux côtés. Il n'y avait pas d'autre planche verticale posée au-dessus de la jonction. Comprends-tu ce que je suis en train de te dire ?

– Non, monseigneur, avait répondu Stephen en fronçant les sourcils.

Le comte avait incliné la tête.

– La croix chrétienne comporte quatre branches, n'est-ce pas ? avait-il demandé.

Puis, sans attendre la réponse de Stephen, il avait continué :

– Eh bien, ce n'était pas le cas de la croix romaine. Elle n'avait, comme je te l'ai dit, que trois branches et formait un « T ». La forme n'a jamais changé parce que ce n'était pas nécessaire : la croix en « T » avait parfaitement bien fonctionné pendant des siècles. Alors, d'où vient la croix chrétienne à quatre branches, symbole bien connu au nom duquel nous combattons. Veux-tu le savoir ?

Stephen avait approuvé silencieusement d'un signe de tête.

– C'est un symbole ancien, l'un des plus vénérés parmi les légions romaines. Il symbolisait Mithra, le dieu de la lumière. Le soi-disant dieu des soldats, né dans la crèche d'une étable dans les temps anciens, d'après les centaines de milliers de personnes qui étaient ses fidèles.

– C'est un blasphème !

– Non, frère Stephen, c'est de la politique et c'est aussi la mise en œuvre du pouvoir… la manipulation de l'esprit et du comportement des hommes par le biais d'images simples, faciles à comprendre. C'est ainsi que les choses se passent depuis le début des temps, et un homme commence à devenir sage au moment où il comprend pour la première fois qu'il n'y a rien de nouveau sous le soleil. Rien. Nulle part. Jamais. Tout s'est produit, a été vu et accompli, dit et pensé et expérimenté auparavant.

Stephen fixait avec une incrédulité teintée d'horreur son seigneur suzerain, un des hommes les plus puissants du royaume, incapable de croire ce qu'il l'entendait affirmer. Il avait cherché frénétiquement un argument qui pourrait le contredire, et finalement l'image qu'il voulait saisir lui était tout à coup venue à l'esprit.

– Pas l'Immaculée Conception de Jésus !

Le comte avait répondu sans aucune hésitation :

– Il y a eu l'immaculée conception d'Horus, l'homme-dieu, fils d'Isis et d'Osiris d'Égypte, et l'immaculée conception de Mithra lui-même, qui était né dans une étable et dont le destin a été de mourir pour l'humanité tout entière.

Sir William St. Clair avait observé en silence le visage de son neveu qui reflétait une multitude d'émotions, puis il avait secoué la tête et était intervenu d'une voix douce :

– Stephen, tu as toute la vie devant toi pour vérifier le bien-fondé de ce que Hugues vient de te dire, mais ce qu'il t'a dit est la vérité. Il n'y a rien, dans toute la chrétienté et ses croyances, qui n'ait été vu ailleurs dans le monde, bien avant l'époque de Jésus.

Un silence s'était alors installé entre les trois hommes, car les deux plus âgés ne souhaitaient rien ajouter à ce moment et Stephen ne savait tout simplement pas quoi répondre. Après un instant le jeune homme s'était levé et avait traversé la pièce jusqu'à la table où il s'était servi une coupe de vin, et il s'était tenu debout à cet endroit, buvant à petites gorgées et fixant le mur devant lui pendant que les deux autres attendaient en le regardant. Finalement, il avait avalé une longue gorgée et s'était retourné vers les deux hommes d'un air de défi.

– Vous n'avez toujours rien dit sur le rapport qu'il y avait avec saint Paul.

Ni l'un ni l'autre ne lui avaient répondu tout de suite, puis Sir William avait levé haut son bras blessé et refermé son autre main sur son épaule pendant qu'il en faisait bouger la jointure, grimaçant de douleur.

– Tu as mal formulé ton commentaire, Stephen. C'est précisément Paul qui avait un lien avec toute cette affaire, avait-il dit, les dents serrées.

Il avait baissé son bras et s'était détendu en exhalant bruyamment par la bouche.

– Paul a tout changé, Stephen, de la réalité d'alors jusqu'à celle d'aujourd'hui, des Juifs jusqu'aux Gentils. Tout cela, c'est l'œuvre de Paul.

– Bien sûr que c'était l'œuvre de Paul, avait répliqué Stephen. C'est lui qui a répandu la parole au départ.

– Oui, c'est peut-être vrai, mais, en la diffusant, il l'a complètement transformée ; il en a fait ce qu'elle n'avait jamais été censée être. Il a éliminé ce qu'il y avait là-bas à Jérusalem — le mouvement que Jésus et ses disciples appelaient « la Voie ». Il en a extirpé tout ce qu'elle comportait de juif, la vidant ainsi de sa vraie signification, et l'a transformé en quelque chose d'inoffensif — en une idée suffisamment terne pour que les Romains l'acceptent. Il en a retiré toute la moralité juive rigide, inflexible et impopulaire, et il a réinventé l'histoire dans le style de ses ancêtres grecs, avec leur amour des contes fantastiques, dramatiques, fictifs et tout à fait invraisemblables. Et, ce faisant, il a transformé Jésus, un simple Juif aux nobles idéaux et au patriotisme farouche en Fils de Dieu, conçu par une vierge, ce qui signifie, soit dit en passant, qu'il a dépossédé Jésus de sa famille, de ses parents et de ses frères… Je t'entends déjà dire : « Mais Jésus n'avait pas de frères. S'il en avait eu, la Bible les aurait nommés… » Eh bien, je te répondrai — et je ne suis pas le seul à penser cela — qu'il en avait, mais les Évangiles ont été réécrits pour en effacer toute trace et pour présenter Jésus selon la volonté de leurs rédacteurs, car comment une mère vierge aurait-elle pu avoir donné à Jésus des frères plus âgés ?

Il s'était arrêté une fois de plus et avait regardé son neveu.

– Jésus avait des frères, Stephen. Tu en étais conscient, quelque part dans ton esprit, n'est-ce pas ?

Le jeune homme avait secoué la tête et William avait grogné, puis il s'était levé et avait parlé d'une voix claire :

– Eh bien, oui. Un en particulier, qui est même mentionné dans les Évangiles et dans les Actes des apôtres, par Paul lui-même, comme étant Jacques, le frère de Jésus. On l'appelait Jacques le Juste, en raison de ses nobles principes et de sa rectitude inflexible. C'est lui qui a remplacé Jésus. Après la crucifixion, Jacques est devenu le chef de leur mouvement, le groupe qui n'avait pas d'autre nom que celui que nous appelons maintenant, au sein de l'Ordre, la Communauté de Jérusalem. C'était la communauté d'origine — l'Église, le mouvement, appelle-le comme tu veux — fondée par Jésus et ses compagnons, ce qui signifie qu'il s'agissait là de la première Église. Et, après la mort de Jésus, son premier dirigeant a été Jacques, son frère, et non Simon, connu sous le nom de Pierre. C'était Jacques…

Finalement, c'est le comte qui avait mis un terme à la discussion ce jour-là en rassemblant toutes les idées que Stephen avait entendues en un ensemble de réflexions à explorer plus tard, au moment où le jeune homme serait prêt à en entendre davantage.

– Tu en as suffisamment entendu cet après-midi pour te donner le vertige, avait-il affirmé. Autant de renseignements et d'une manière si soudaine et imprévue… Je sais cela, tout comme William. Mais souviens-toi de ce que nous avons dit plus tôt à propos du temps. Tu as toute la vie devant toi pour étudier et réexaminer ce que nous t'avons dit, et toutes nos archives sont à ta disposition ainsi que les plus érudits parmi nos compagnons, qui seront heureux et honorés de partager leur savoir avec toi… Tout ce que nous te demandons, c'est de garder l'esprit ouvert et de demeurer conscient du fait qu'il existe toujours d'autres points de vue sur n'importe quel sujet que l'esprit humain puisse imaginer. En ce qui concerne particulièrement l'homme connu sous le nom de saint Paul, tu apprendras qu'il existe des écrits du passé, de sa propre époque, affirmant assez clairement qu'il n'était pas celui qu'il prétendait être et que, à plusieurs égards, il n'était pas honnête. D'autres personnes tout aussi érudites maintiennent que son amour des usages romains dont on a tant fait l'éloge a fait de lui un lèche-botte, un confident et un espion de l'empereur Néron… D'autres encore laissent entendre — et je n'accuse personne en disant cela, je dis simplement que ces gens laissent entendre — qu'il pourrait avoir participé directement au meurtre de Jacques lui-même, car Jacques ne se souciait pas de Paul et ne cachait pas sa désapprobation à son endroit, alors que Paul considérait clairement Jacques — et il l'affirmait dans ses propres écrits — comme une menace en certifiant qu'il nuisait à la diffusion de la parole de Dieu auprès des gentils. En conséquence, il le dénigrait et le dénonçait en clamant qu'il méritait d'être arrêté et châtié. Il n'y a pas de doute sur le fait qu'il avait raison à propos de la nuisance qu'il représentait, car Jacques était un Juif, un homme qui faisait partie du peuple élu de Dieu, et qu'il n'y avait aucune place dans son monde pour les Gentils…

Il était resté songeur un instant, puis avait repris :

– Il existe évidemment beaucoup plus de renseignements à ce sujet que n'en connaissent la plupart des hommes, mais nous qui sommes membres de l'Ordre, qui descendons directement des esséniens, les « hommes pauvres » de la Communauté de Jérusalem elle-même, et qui acceptons la Voie telle qu'ils la percevaient, à savoir comme une règle de vie, nous avons le devoir de clarifier les choses sur la façon dont tout cela a commencé. À partir de maintenant, garde constamment cela à l'esprit et respecte les vœux que tu as prononcés au moment de ton Élévation.

Il avait regardé Stephen avec sympathie.

– Tu sembles confus et ébranlé, avait-il dit. Et c'est normal. Mais maintenant tu dois partir et réfléchir à tout ce que nous avons dit dans cette pièce aujourd'hui. Penses-y, et si tu as d'autres questions, reviens et pose-les à n'importe lequel de nous deux. Va en paix, maintenant.

CHAPITRE 31

Les graines qui avaient été semées dans l'esprit de Stephen ce jour-là avaient fermement pris racine et, au cours des deux années qui avaient suivi, avant qu'on ne l'envoie rejoindre la nouvelle confrérie à Jérusalem, Stephen St. Clair avait étudié avec un intérêt insatiable tout ce qui touchait de près ou de loin la Communauté de Jérusalem, la Voie des esséniens et la naissance de ce qui, par l'entremise de Paul, allait devenir le christianisme tel qu'on le connaissait douze siècles plus tard, et il en était bientôt venu à oublier le nombre d'heures qu'il passait ici et là dans le pays à écouter ses compagnons plus âgés, les archivistes de l'Ordre de la Renaissance, raconter et interpréter les traditions dont ils s'étaient faits les gardiens. Les archives représentaient constamment pour lui une source de surprise, car bien qu'elles aient couvert une vaste gamme de sujets, elles prenaient singulièrement peu de place, s'agissant surtout de rouleaux de parchemins qui étaient beaucoup plus légers et moins volumineux que les lourds livres reliés connus sous le nom de codex. Elles étaient également décentralisées, éparpillées parmi les principales maisons des familles amies et conservées de peine et de misère par les membres plus vieux qui avaient entrepris de les étudier et de les protéger. Stephen avait vite découvert qu'elles étaient étonnamment mobiles et constituaient des éléments de diverses collections — toujours sous la forme de copies méticuleusement retranscrites, puisque les originaux étaient trop précieux et trop fragiles pour être manipulés —, car les archivistes qui s'intéressaient aux différentes parties des traditions se les échangeaient fréquemment.

Le jeune homme en était venu à connaître à fond la politique en Judée à l'époque d'Hérode ainsi que les objectifs et les croyances des diverses sectes et sous-sectes qui participaient à tous les niveaux au mouvement messianique, et il avait rapidement appris à se fier à son propre jugement lorsqu'il évaluait des informations, et à ses intuitions lorsqu'elles étaient appuyées par des recherches approfondies.

Par exemple, il avait vite découvert qu'un des fonds d'archives, près de l'ancienne ville de Carcassonne dans le Languedoc, contenait des copies des écrits originaux de l'historien juif Flavius Josèphe et, en étudiant ceux-ci, avec l'aide de ses mentors qui les examinaient depuis des années, il en était venu à estimer que, malgré le caractère particulièrement égocentrique de ses écrits, Josèphe avait décrit minutieusement, avec un luxe de détails, la situation politique et militaire qui prévalait en Judée et en Palestine à son époque. C'est en comparant les points de vue et les descriptions de Josèphe dans *La guerre des Juifs et les antiquités juives* aux points de vue et descriptions des enseignements et des écrits chrétiens que Stephen en était venu à comprendre, sans l'ombre d'un doute, de quelle façon l'évangéliste Paul avait expurgé les enseignements de la Communauté de Jérusalem et les avait utilisés pour créer le christianisme à sa propre image et à ses propres fins, peu après la destruction de Jérusalem, en éliminant de la nouvelle religion le nationalisme juif antiromain et ses prohibitions à propos des gentils afin de les rendre politiquement acceptables aux yeux des autorités impériales de son époque et des citoyens polyglottes de l'Empire romain.

Stephen avait également été fasciné par l'émergence du christianisme impérial des centaines d'années plus tard, à partir du moment où, au IVe siècle, l'empereur Constantin avait romanisé l'Église en éliminant le caractère révolutionnaire qui avait attiré son attention au départ. Dans un geste qui, comme l'avaient admis les prédécesseurs de St. Clair au sein de l'Ordre, relevait d'un génie politique sans précédent, Constantin avait fait de l'Église une partie intégrante de l'institution que représentait l'Empire romain en transformant son pape et ses cardinaux en princes impériaux, et le couronnement de son œuvre avait consisté à leur accorder un palais terrestre qui allait, par la suite, symboliser leur importance dans le monde matériel et marquer, pour le peu de gens qui s'en souciaient ou qui osaient regarder les choses en face, la véritable fin du mouvement qu'avaient lancé Jésus, Jacques et les autres membres originaux de la Communauté de Jérusalem.

St. Clair n'oublierait jamais l'ivresse qu'il avait ressentie en lisant et en entendant ces choses pour la première fois, car il s'agissait là d'informations à la fois grisantes et effrayantes qui lui semblaient au départ posséder des relents d'apostasie et d'hérésie. Mais, à cette époque, ses parrains lui avaient déjà clairement déclaré que l'Ordre de la Renaissance pouvait démontrer le bien-fondé de tout ce qu'il affirmait, et les preuves qu'il possédait, ramenées clandestinement de Judée par des prêtres fugitifs et leurs familles, étaient impressionnantes par leur portée, leur grand âge et leur évidente authenticité. Stephen s'était rendu compte par lui-même qu'il y avait là une multitude de documents, et plusieurs de ses prédécesseurs, des archivistes et des spécialistes des écrits anciens depuis un millier d'années, avaient consacré leur vie entière à étudier, traduire et interpréter ce qui s'y trouvait.

Il croyait maintenant de façon implicite que l'Ordre de la Renaissance de Sion représentait l'unique descendant légitime de la Communauté de Jérusalem sur terre et que, si l'on venait à découvrir son existence, il serait immédiatement éradiqué par la créature de saint Paul, l'Église chrétienne, qui, ces douze derniers siècles, avait éliminé toute opposition dans un effort à la fois impitoyable et constant pour protéger son propre pouvoir et ses propres valeurs, et faire en sorte que le monde entier demeure soumis à sa volonté… une volonté qui avait, sans aucun doute possible, été conçue et formulée par des hommes. C'était là un élément d'une grande importance, car ces soi-disant représentants de Dieu, qu'il s'agisse d'évêques, d'archevêques, de cardinaux, de papes ou de patriarches, étaient tous des hommes… des êtres mortels qui, en vivant et en agissant comme ils le faisaient, prouvaient quotidiennement qu'ils connaissaient peu de choses sur leur ancêtre prétendument immortel, cet homme qui avait vécu longtemps auparavant en Judée et était mort sur une croix pour avoir fomenté une rébellion contre Rome, et qu'ils s'en souciaient fort peu.

St. Clair croyait maintenant que Paul avait été bien davantage un cynique égoïste qu'un saint. Celui-ci avait eu suffisamment de flair et d'instinct opportuniste pour reconnaître un magnifique concept quand il s'était trouvé en sa présence. Et ainsi, il l'avait usurpé, expurgé, puis l'avait transformé inexorablement en un organisme autorégénérateur, un instrument de révolution et de réforme si puissant, mais finalement destiné à accumuler des richesses, que l'empereur Constantin, qui s'était en bout de ligne révélé être aussi opportuniste et égoïste que Paul, avait décidé de s'en occuper personnellement en le transformant et en l'adaptant à ses propres fins, des siècles plus tard.

Mais à l'époque de cette transformation par Constantin, trois siècles après la destruction de Jérusalem, les familles qui avaient créé l'Ordre de la Renaissance vivaient au sud de l'ancienne Gaule depuis plus de quinze générations, sur la terre où elles s'étaient d'abord établies à leur arrivée ici, et personne, y compris elles-mêmes, n'aurait soupçonné ou deviné que leurs ancêtres étaient issus d'une région fort éloignée de celle où elles vivaient maintenant dans la prospérité. Les familles amies, comme elles se nommaient elles-mêmes, s'étaient facilement intégrées à leur société d'adoption et étaient devenues des clans amis, car même si la trentaine de familles originales y vivaient encore, leur nombre s'était énormément accru, et même si elles étaient conscientes du fait que les liens qui les unissaient de façon si intime étaient anciens et même sacrés d'une manière mystérieuse, peu d'entre elles en avaient cherché les raisons. Elles tenaient pour acquise leur relation avec toutes les autres familles amies, car il s'agissait d'une réalité de la vie qui existait avant même la naissance des parents de leurs grands-parents et qui continuerait d'exister bien après qu'eux-mêmes et leurs propres petits-enfants auraient disparu. Ils tenaient pour acquis leur interrelation et leur christianisme indubitable, ne s'arrêtant jamais pour se demander ce qui avait pu consolider une telle amitié pendant si longtemps.

Ce n'est que dans les profondeurs de leurs secrets les plus intimes, sous la garde jalouse et consciencieuse d'un seul membre, parfois, de chaque famille de chaque génération, qu'était enfouie la vérité sur leurs origines, une vérité retransmise de génération en génération conformément à un devoir sacré. Et c'était une vérité qu'aucun membre de leur parenté n'aurait acceptée.

Leurs ancêtres, les premiers fondateurs des familles amies, avaient tous été des prêtres au sein de la Communauté de Jérusalem, des membres de l'*ecclesia* originale de Jésus et de Jacques le Juste. Le peuple de Jérusalem et de Judée avait accepté sans broncher la mort de Jésus aux mains des Romains, mais quand son frère Jacques avait été brutalement assassiné à son tour, battu à mort avec un bâton de foulonnier par des meurtriers inconnus, la réaction de protestation qui s'ensuivit nourrit le dernier soulèvement juif contre les hérodiens et Rome, et fournit à Vespasien et à son fils Titus, avec leurs armées impitoyables, un bon prétexte pour se débarrasser une fois pour toutes des fauteurs de troubles juifs.

Vers la fin du siège de Jérusalem, lorsque les prêtres de la Communauté s'étaient rendu compte que la destruction de leur ville et de leur temple était inévitable, ils avaient caché en lieu sûr leurs objets de culte les plus sacrés, leurs documents et leurs reliques, en les enfouissant profondément sous terre, bien à l'abri de la cupidité des Romains. Ce n'est qu'à ce moment, lorsqu'ils avaient été certains d'avoir fait tout ce qui était en leur pouvoir pour dissimuler ce qu'ils ne pouvaient transporter avec eux, qu'ils s'étaient joints aux milliers de gens fuyant la Judée. Ils avaient traversé les territoires méditerranéens, voyageant pendant de nombreuses années en un vaste groupe et apparemment peu structuré, mais malgré tout solidaire et autosuffisant, jusqu'à ce qu'ils atteignent le sud de l'Ibérie, et, de là, ils s'étaient dirigés vers le nord jusqu'en Gaule du sud, s'établissant finalement dans toute la région connue sous le nom de Languedoc. Et ils y étaient demeurés, faisant fructifier leurs biens, leur savoir et leurs traditions les plus sacrées, et confiant finalement la garde de leurs plus précieux secrets à une guilde clandestine composée des hommes les plus dignes de confiance parmi leurs familles. Ils l'avaient appelé l'Ordre de la Renaissance de Sion.

SIXIÈME PARTIE

L'ENGAGEMENT

CHAPITRE 32

Le frère Stephen se réveilla en sursaut, paniqué, sa tête résonnant de ce qui aurait pu être l'écho d'un cri étranglé, et se retrouva assis, les épaules courbées en un geste de défense, les mains tendues comme pour parer un coup. Il lui fallut quelques instants pour se rendre compte qu'il ne voyait rien, que sa bouche était asséchée par la peur, que son cœur battait à tout rompre, presque douloureusement, et qu'il retenait son souffle. Il écarquilla les yeux autant qu'il le put, avalant sa salive et baissant les bras prudemment, puis il se frotta les yeux des deux mains et regarda l'obscurité autour de lui. Il faisait complètement noir, mais il sentit sous lui les planches dures de son propre lit de camp, et les battements de son cœur ralentirent, puis il commença à entendre les sons familiers de la nuit qu'émettaient ses compagnons endormis : des grognements et des murmures, et des ronflements occasionnels. Il ne se trouvait pas, comme il l'avait craint au départ, de retour dans la pièce cauchemardesque de son rêve, où il avait été enchaîné à un lit de planches étroit.

Frissonnant de soulagement, le jeune homme se redressa, tendant l'oreille, à l'affût d'un bruit inhabituel. Il savait que quelque chose l'avait réveillé et ce devait être quelque chose de menaçant pour l'avoir fait émerger ainsi d'un sommeil profond. Mais, malgré ses efforts, il ne put rien entendre qui sortait de l'ordinaire et, après un moment, il se leva sans bruit de son lit et tendit la main dans la pénombre pour saisir son épée contre le mur, près du prie-Dieu. Après avoir extirpé silencieusement la lame de son fourreau, Stephen se pencha et déposa l'étui vide sur le lit, puis il se dirigea lentement vers l'entrée de sa cellule où il demeura à nouveau immobile, écoutant attentivement, sa lame nue tenue en position de combat.

En quelques instants, il avait isolé et reconnu la respiration de chacun de ses compagnons endormis et était presque certain qu'il n'y avait personne d'autre qui respirait dans l'obscurité du dortoir devant lui, faiblement éclairé par une seule chandelle. Qu'était-ce donc qui l'avait réveillé ? D'après l'immobilité générale qui régnait, St. Clair estima que c'était le milieu de la nuit et il savait que, si ses compagnons et lui avaient vraiment appartenu à un ordre de moines chrétiens, ils se seraient tous trouvés dans la chapelle en ce moment à réciter les psaumes et les prières nocturnes de l'Ordre de saint Benoît. Mais, ayant travaillé d'arrache-pied toute la journée dans les tunnels, comme ils le faisaient quotidiennement, ses frères étaient profondément endormis, reprenant des forces pour le travail du lendemain.

Bisol, dont la cellule se trouvait juste en face de l'endroit où se tenait Stephen, était toujours le dormeur le plus bruyant d'entre eux. Il émit un ronflement sonore et se tourna lourdement sur son lit en laissant bruyamment échapper un gaz, et un de ses voisins — probablement Rossal — lui lança une imprécation d'une voix endormie, à peine éveillé mais conscient de la soudaine perturbation, et St. Clair s'autorisa un sourire tranquille.

Tout allait bien, décida-t-il finalement, et il n'avait été réveillé que par un mauvais rêve… Mais, même en acceptant cette idée, il se demanda quel type de rêve pouvait l'avoir réveillé si brusquement. Par le passé, ses pires expériences avaient été causées par ces épisodes nocturnes imprégnés de sexualité débordante qu'il en était venu à détester profondément, mais elles avaient été plus dégoûtantes et moralement répugnantes que réellement effrayantes. Cette fois, il s'était réveillé terrifié, le cœur battant de peur et de détresse. De cela, il était certain, mais il n'avait aucune idée de ce qui avait pu engendrer une telle réaction. Maintenant calmé et convaincu qu'il n'allait jamais trouver la véritable raison de ce qu'il venait de vivre, il retourna à sa cellule et trouva une chandelle qu'il alluma à l'unique flamme qui brûlait dans la pièce commune, à l'extérieur. Ensuite, il replaça son épée dans son fourreau, la rangea et s'allongea de nouveau sur son lit, les mains derrière la tête et les doigts entrelacés pendant qu'il regardait le plafond et se demandait de quoi il pouvait bien avoir rêvé.

L'image confuse d'un visage s'imprima brièvement sur l'écran de ses paupières, l'effrayant profondément, et il se courba vers l'avant en un geste de réflexe, ramenant ses coudes contre son ventre, comme pour protéger ses côtes, et au moment où il agissait ainsi, il sut qu'il réagissait à une chose impossible. À quoi pensait-il ? se demanda-t-il frénétiquement, hurlant la question dans le silence de son esprit… mais, à ce moment même, le visage qui l'avait effrayé réapparut soudain, incontournable et intransigeant dans son arrogante beauté avec pourtant une douceur vulnérable dans la courbe des lèvres qui bordaient la bouche impérieuse. Laissant échapper un cri d'incrédulité, il se blottit dans le coin de son lit, recroquevillé sur lui-même, puis posa les pieds sur le plancher, en gardant les yeux fermement clos et en appuyant désespérément ses mains contre sa tête pour se boucher les oreilles.

Stephen n'allait pas, ne *pouvait* pas, s'autoriser à croire qu'il s'agissait d'autre chose que d'une visite de Satan lui-même. Cependant, tout en se disant cela, il vit et reconnut des images qui lui étaient intensément et douloureusement familières : le joyau bleu qui pendait à présent à une ficelle autour de son cou était suspendu à une chaîne d'or dans son rêve… une chaîne qu'il avait tenue dans sa main alors qu'il balançait la pierre pour qu'elle aille reposer entre les seins de la femme étendue près de lui dans le lit somptueux recouvert de draps de soie, la femme dont la lourde cuisse nue s'appuyait fermement sur sa hanche, le retenant prisonnier. C'était la femme dont le visage souriant l'avait fait bondir de son lit, terrifié, pendant que son univers se dissolvait autour de lui.

Il n'y avait pas d'erreur possible, et il ne tenta aucunement de se mentir ou de se justifier. La femme de son rêve était Alix, la princesse royale de Jérusalem, la deuxième fille du roi Baudouin, et il savait tout à coup qu'il avait couché et copulé avec elle. Le poids de ses seins dans ses mains était aussi réel que le souvenir indubitable du poids de sa cuisse qui le plaquait voluptueusement contre le lit. Il pouvait même se rappeler le parfum capiteux, musqué, qu'elle portait, et la sensation qu'il avait éprouvée en enfonçant sa langue dans le puits profond de son bas-ventre, et la douceur de son ventre chaud et plat contre son visage.

Plus tard, il n'avait gardé aucun souvenir d'avoir commencé à bouger, mais il lui semblait que, en l'espace d'un éclair, il s'était retrouvé complètement habillé et en armure, enfilant son vêtement de lin par-dessus et resserrant sa lourde ceinture sur ses hanches avant de placer son heaume d'acier sous son bras et de saisir sa masse d'armes de sa main gantée. Il traversa presque sans bruit la salle commune près de sa cellule, ses bottes n'émettant que de faibles frottements sur la paille épaisse qui couvrait le plancher, et le soldat de garde dans les écuries se retourna à peine dans son sommeil, puis s'adossa plus confortablement contre le mur. Personne ne s'attendait à ce que l'on vole quoi que ce soit chez les moines des écuries du Temple.

St. Clair sella adroitement son cheval dans un silence presque complet et le mena lentement par la bride jusqu'à la sortie, attendant pour le monter de se trouver en sécurité à l'extérieur, sous les étoiles. Parvenu à cet endroit, il s'arrêta pour poser fermement son casque sur sa tête, puis suspendit sa masse d'armes à un crochet sur sa selle et sortit sa courte hache de bataille de sa ceinture pour la glisser dans un autre crochet de l'autre côté de sa selle. Ensuite, il laissa tomber les rênes et retourna promptement aux écuries où il prit une lance et un bouclier sur les râteliers à l'intérieur, puis retourna directement à son cheval. Il s'installa confortablement sur la selle, puis éperonna durement l'animal vers les quelques constructions qui le séparaient de la porte sud où il éveilla les gardes, leur dit qui il était et qu'il devait remplir une mission pour le patriarche, et traversa rapidement le portail avant même que les lourdes portes ne soient tout à fait ouvertes.

Il ne songea nullement à ce que ses compagnons pourraient penser de sa disparition, car il savait inconsciemment qu'il était peu probable qu'il les revoie un jour. Ils l'avaient déjà considéré comme mort et avaient porté son deuil et, dans son désespoir, il doutait qu'ils le fassent de nouveau et songea amèrement qu'il aurait été mieux pour tous qu'il soit réellement mort cette fois-là. Il n'avait aucune idée de l'endroit où il allait. Il savait seulement qu'il irait assez loin pour que personne ne connaisse ni son nom ni son visage, et s'il devait, pour ce faire, chevaucher jusqu'en Syrie et y mourir en combattant seul une horde de Sarrasins, alors il serait heureux d'agir ainsi, dans l'espoir que sa mort puisse atténuer l'horreur de ses péchés. Il avait couché avec la fille du roi, forniqué avec elle comme un animal en rut et, maintenant, ses souvenirs l'assaillaient, répandant la honte jusqu'au plus profond de son âme.

Il ne s'arrêta qu'une seule fois, très brièvement, pendant sa fuite de Jérusalem, et il se rendit compte qu'au moins une partie de ce qu'il avait vécu dans son rêve était absolument impossible. Il immobilisa sa monture et demeura assis sans bouger, les yeux fixés sur l'horizon pâlissant alors qu'il examinait cette pensée. À l'époque de sa captivité, le joyau bleu qu'il portait autour du cou était profondément enfoui sous terre. Il ne l'avait trouvé que plusieurs mois après son retour, ce qui signifiait que son « souvenir » de ce qu'il en avait fait était faux et que, en réalité, il avait rêvé. Son cœur bondit dans sa poitrine lorsqu'il réalisa et accepta ce fait. Sa poitrine s'enfla d'un espoir qui ressemblait à une grande bouffée d'air frais tandis que les possibilités d'erreur tintaient dans son esprit comme la cloche au-dessus de la porte de la chambre du cuistot dans la cuisine de sa mère.

Toutefois, son soulagement fut de courte durée, et son désespoir s'accrut immensément, car aussitôt qu'il eut remercié Dieu de l'impossibilité de la présence du joyau bleu, il se mit à songer à la chaîne à laquelle il était suspendu : une chaîne épaisse, lourde, semblable à un serpent, des anneaux d'or fabriqués à la main, souples et lisses au point d'en être glissants, solides et beaux, et de loin l'objet le plus précieux qu'il ait jamais tenu entre ses doigts. Et il l'avait tenu entre ses doigts plusieurs fois. Il l'avait laissé descendre souvent dans sa main afin d'apprécier la sensation des anneaux solides qui s'empilaient dans sa paume, et avait entrevu, derrière sa main levée, la splendeur des murs de la chambre à coucher de la princesse. Et il avait placé la chaîne autour du cou d'Alix également, plusieurs fois, et il avait soigneusement passé sa propre tête dans son cercle, si bien que les deux, elle et lui, avaient été reliés par cette chaîne, et qu'il sentait le frôlement de ses seins nus contre sa poitrine et le goût de la luxure qui l'envahissait.

Il avait rompu son vœu de chasteté. Maintenant, son corps tout entier lui semblait de plomb tandis qu'il éperonnait doucement son cheval pour qu'il avance au pas. Gormond de Picquigny lui avait dit qu'il ne pouvait être coupable d'un péché que s'il avait eu l'intention de le commettre. Il ne pouvait y avoir de péché sans intention, lui avait assuré le patriarche. St. Clair avait tout fait pour le croire et, en fait, avait commencé à se rétablir. Les visites d'abord fréquentes du succube s'étaient considérablement espacées au cours des dernières semaines et, peu à peu, Stephen s'était senti mieux avec lui-même, sa vie et ses devoirs. Mais, maintenant, il se retrouvait encore dans une impasse.

Selon la façon particulière dont il avait été élevé, sous l'égide de parents dévots et vertueux qui prenaient leurs responsabilités au sérieux et considéraient l'éducation de leurs enfants comme leur principal devoir dans la vie, on avait enseigné à Stephen St. Clair, de manière rigoureuse, qu'il devait demeurer inflexiblement critique envers lui-même alors qu'il passait de l'enfance à l'âge adulte. Il n'y avait en lui nulle trace de vanité et peu d'aveuglement, et lorsqu'il s'agissait des enjeux importants de sa vie, il avait depuis longtemps appris à en examiner les circonstances, à soupeser les avantages et les inconvénients de chaque situation, et à prendre une décision solide fondée sur ses connaissances, son expérience, et son propre jugement moral. Il se voyait à présent obligé d'appliquer ces critères à lui-même et d'exercer son jugement moral contre lui-même. Avait-il eu la volonté de forniquer avec la princesse ?

Ses souvenirs douloureusement ressurgis de ce qui s'était

produit donnaient à penser qu'il était peu probable qu'il ne se soit pas engagé volontairement dans les activités qui lui revenaient maintenant en mémoire de façon de plus en plus précise. Il était convaincu d'avoir éprouvé du plaisir, des quantités indescriptibles de plaisir, de même qu'un abandon voluptueux et des excès de dévergondage. Il n'était que trop conscient de toutes ces choses. Mais il y avait encore une petite voix têtue dans son esprit qui insistait pour qu'il se demande, à répétition, si sa volonté avait été en cause. Avait-il participé à cette débauche volontairement et en toute connaissance de cause ? Une partie de lui savait que oui, sans aucun doute possible, car il se souvenait de la manière délibérée et sensuelle avec laquelle il avait passé sa tête dans la chaîne qui les liait tous les deux, mais la voix continuait de se faire entendre : les réactions de son corps avaient-elles été dictées, ou réglées, par sa volonté consciente ? Stephen était conscient qu'il s'agissait là d'une question qui relevait davantage des clercs que des soldats et, pourtant, alors même qu'il renonçait à répondre à la question avec une quelconque certitude, il savait que la question et sa réponse, aussi vagues et indéfinissables soient-elles, étaient d'une importance fondamentale.

Puis, après une longue et douloureuse période de doute sur lui-même, son esprit commença à lui présenter des choses qu'il pouvait examiner raisonnablement… des vestiges de souvenirs, et de longues et réelles lacunes dans sa mémoire… la conscience de périodes de temps, longues et courtes, desquelles il n'avait absolument aucun souvenir… puis, en fin de compte, lui revinrent à l'esprit les souvenirs d'étranges comportements : il revit Alix comme à travers l'image mal réfléchie d'un miroir, la regardant attentivement, convaincu que le corps de la jeune femme, vibrant et flottant de manière si étrange, était sur le point de fondre et de se dissoudre dans le néant, et se sentant étourdi alors que la pièce semblait danser autour de lui et qu'il riait comme un homme pris de folie… Il en vint alors à accepter qu'il y avait eu des moments où il ne se maîtrisait pas du tout, et il en fut extrêmement étonné car, tout au long de sa vie, il avait toujours réussi à garder un strict contrôle de lui-même.

Ainsi, il y avait quelque chose de malsain, ou tout au moins de mystérieux, à propos de la période où il avait été tenu en captivité. Il n'y avait, par exemple, aucun lien ni aucune transition entre les souvenirs de débauche sexuelle qu'il avait vécue dans la chambre violette, et la torture qu'il avait subie à l'endroit où on l'avait tenu enchaîné à un lit. Il ne savait pas comment il était arrivé à l'un ou l'autre endroit, ni comment il s'en était échappé. Il ne gardait que le vague souvenir de la femme inconnue qui l'avait tiré derrière elle en empoignant fortement son poignet blessé, le menant apparemment vers la liberté, puis le laissant tout à coup seul.

Et, au moment même où il commençait à croire qu'il pourrait y avoir une étincelle de lumière dans l'obscurité qui l'entourait de toutes parts, Stephen se rendit compte de la présence de la pierre bleue qui pendait à la ficelle autour de son cou. Il la saisit presque inconsciemment entre son pouce et son index, en un mouvement qui lui était devenu familier au cours des dernières semaines et, par ce simple geste, il ouvrit la porte à un tout nouvel ensemble de révélations et de récriminations contre lui-même. Il avait retenu — et il se corrigea aussitôt impitoyablement, soulignant la réalité de la chose —, il avait gardé, s'était approprié et avait en fait volé la pierre, insouciant de sa véritable valeur, qu'il s'agisse d'un joyau ou d'un vulgaire morceau de verre, par pure impulsion personnelle, et, dans sa détermination à la conserver simplement parce qu'il voulait la garder, il avait rompu un autre de ses vœux, celui qui n'était pas à proprement parler un vœu de pauvreté, mais une promesse de posséder toute chose en commun avec ses compagnons et de ne rien garder pour lui-même.

Il sentit le poids de cette prise de conscience descendre sur ses épaules comme si l'on avait placé sur lui une meule de meunier et, s'il en avait été capable à ce moment, il aurait pleuré. Mais ses yeux étaient secs, et il sentit sa honte décupler. La pierre bleue ne valait rien ; c'était un morceau de roche inanimée, joliment façonné et agréable au toucher, qui semblait plus doux qu'il ne l'était en réalité et dont la chaleur lui rappelait l'intimité intérieure des cuisses parfaites d'Alix du Bourg. Et, réagissant à cette nouvelle association dans son esprit, il arracha la pierre de son cou en cassant la ficelle et la jeta au loin, la voyant clairement voler contre le ciel de l'aube et remarquant qu'elle tombait près d'un rocher de bonne taille et roulait jusqu'à sa base. Il resta là, regardant l'endroit où s'elle était arrêtée, incapable de voir la pierre bleue elle-même, mais pensant à d'autres choses... à l'obéissance et au manque d'obéissance... car il se rendait compte à présent qu'en plus d'avoir rompu son vœu de pauvreté, il avait aussi, en refusant de se départir de la babiole aussitôt qu'il l'avait trouvée, enfreint la règle d'obéissance envers ses compagnons qui avaient décidé de posséder tout en commun. Il avait enfreint cette simple directive clairement énoncée, et il était en conséquence coupable de désobéissance, ce qui signifiait que la minuscule pierre bleue l'avait amené à rompre les trois seuls vœux sacrés qu'il ait jamais prononcés devant Dieu ou devant les hommes : la chasteté, la pauvreté et l'obéissance. Il était trois fois damné et ne méritait pas de vivre, et il lui revint à l'esprit que tout ce qui lui restait à faire maintenant était d'aller sacrifier sa vie en combattant les infidèles.

Et c'est ainsi que Sir Stephen St. Clair, frère de l'Ordre des Pauvres chevaliers du Christ, descendit de cheval et alla chercher la pierre qu'il venait de jeter, puis, avec la ficelle qui y était toujours attachée, l'accrocha avec soin à la garde de son épée. Après quoi, il remit cette dernière dans son fourreau, agrippa ses rênes, plaça l'extrémité du manche de sa lance dans le support près de son étrier et, avec son armure ramenée contre son bras gauche, il éperonna de nouveau son cheval et chevaucha fermement vers l'est dans le jour naissant, déterminé à mourir rapidement et bravement pour la gloire de son Dieu.

Et Dieu, pour Ses propres motifs mystérieux, fit en sorte qu'aucun être hostile ne s'approchât à des milles du chevalier à la recherche de sa propre mort.

CHAPITRE 33

La nouvelle de la disparition de St. Clair parvint à la princesse durant l'après-midi, le lendemain du jour où il avait quitté la ville, car ses frères moines se souvenaient encore de la façon dont il avait été enlevé quelques mois plus tôt, et ils étaient déterminés à le trouver cette fois, qu'il soit parti de son propre gré ou qu'il ait à nouveau été kidnappé. Évidemment, aucun d'entre eux ne soupçonnait un quelconque lien entre la princesse Alix et sa première disparition, mais ils exprimaient clairement leur inquiétude à l'endroit de leur jeune frère et, pendant plusieurs jours, les huit frères restants parcoururent en tous sens les rues de Jérusalem, accompagnés de tous les sergents de l'Ordre, interrogeant quiconque ils rencontraient sur les allées et venues de l'héroïque frère Stephen.

Le matin du troisième jour, un coursier se présenta à l'entrée des écuries, demandant à voir le frère Hugues. Un moment plus tard, l'air clairement étonné mais fortement déterminé, le frère Hugues délégua ses responsabilités au frère Geoffroy et partit avec le coursier, disant seulement qu'il avait été convoqué au palais royal pour quelque détail ayant trait à la disparition du frère Stephen.

À son arrivée, il fut escorté pour une audience privée auprès de la princesse, dans ses propres appartements, où elle n'était entourée que de deux de ses dames de compagnie. Hugues de Payns, en homme habitué à commander les autres, se trouvait complètement dérouté devant les femmes et, en fort peu de temps, il avait révélé tout ce qu'il savait ou même soupçonnait sur la disparition du jeune moine. Il expliqua à la princesse que le jeune homme avait disparu une fois auparavant, enlevé, apparemment sans raison logique, par des personnes inconnues et que, ces derniers temps, il semblait de plus en plus perturbé par des souvenirs de tortures qu'il avait subies au cours de sa période de détention.

Alix semblait profondément préoccupée, demandant de plus amples informations sur ce qui était arrivé au jeune moine et tentant d'obtenir, sans trop afficher d'intérêt, des précisions sur les souvenirs qui le perturbaient, car elle ne s'attendait aucunement à de telles révélations, et elle était sincèrement inquiète, davantage pour des raisons personnelles qu'en raison d'une véritable crainte à propos de la situation de St. Clair. Elle avait commencé à éprouver de l'anxiété au moment où de Payns lui avait parlé des souvenirs de tortures qu'elle avait demandé à ses gens d'infliger à St. Clair des mois auparavant, car on lui avait assuré que les drogues qu'il avait consommées l'empêcheraient de se rappeler quoi que ce soit. Les tortures avaient été douces — à peine pouvait-on les nommer ainsi. Elle avait ordonné qu'on l'immobilise de façon à ce que ses poignets et ses chevilles portent clairement des marques d'entraves, et elle avait ordonné une seule fois qu'on le fouette, simplement pour fendre la peau de son dos et créer des lacérations, sinon des cicatrices, car elle savait qu'il aurait été étrange de le libérer sans qu'il ait été au moins battu. Elle était extrêmement inquiète du fait qu'il lui soit revenu des souvenirs de cette période, mais elle ne pouvait, bien sûr, laisser paraître son anxiété.

Elle avait été intriguée, mais sans plus, lorsqu'elle avait entendu parler, la veille, de la deuxième disparition du chevalier, mais elle avait rapidement balayé du revers de la main la possibilité que quelqu'un d'autre l'ait enlevé, soit pour obtenir des informations, soit pour le plaisir sexuel. La seule personne qui, à son avis, aurait pu faire une telle chose était l'évêque, mais elle savait qu'Odon n'avait ni le désir ni le courage de la défier si ouvertement. Son père, s'il avait souhaité avoir quelque rapport avec le moine, aurait agi de manière directe, comme l'aurait fait le patriarche. Ni l'un ni l'autre n'avaient besoin d'avoir recours à des subterfuges. Au début, elle avait envisagé d'aller voir directement Picquigny pour apprendre ce qu'il savait ou soupçonnait, mais elle avait vite décidé qu'il s'agissait là d'une mauvaise idée, sachant que le patriarche n'avait pas de temps à lui consacrer et qu'il ne ferait rien qui puisse l'aider en aucune circonstance. Alors, elle était remontée directement à la source, convoquant de Payns lui-même et lui offrant de l'aide pour retrouver Stephen.

Mais, après l'avoir interrogé en profondeur et découvert qu'il n'avait en réalité aucune idée de la façon de retrouver le moine disparu, Alix demeura assise un long moment à cogiter avant de dire à de Payns qu'elle pourrait peut-être l'aider. Elle avait parmi les musulmans, lui déclara-t-elle, un ami qui avait de nombreuses et importantes relations partout en Outremer. Elle allait parler à cet ami et lui demander s'il pouvait faire quelque chose, et elle enverrait un messager à de Payns aussitôt qu'elle aurait des nouvelles.

De Payns la remercia et se leva immédiatement, sachant que l'entrevue était terminée. Il n'était pas étonné que la princesse ait des amis dans la communauté musulmane. Il avait lui-même plusieurs amis parmi eux, même s'ils ne possédaient pas un tel statut. Il fit une profonde révérence à la princesse et la remercia une fois de plus de son offre généreuse, puis il rentra à pied aux écuries. Aussitôt que la porte de ses appartements se fut refermée derrière lui, Alix convoqua son intendant, Ishtar, et l'envoya trouver Hassan le marchand de chevaux pour lui dire de venir la voir.

†

Ishtar mit du temps à revenir de son expédition pour trouver Hassan, et quand il réapparut, tard dans l'après-midi, ce fut pour apprendre à sa maîtresse que Hassan le Syrien n'était pas en ville et que personne ne savait où il se trouvait ni à quel moment exactement il était parti. Il était chez lui la veille, menant ses affaires comme à son habitude, après une journée lucrative au cours de laquelle il avait vendu quatre animaux superbes, et il avait parlé avec son palefrenier en chef, surveillant l'alimentation et le toilettage de ses chevaux comme il le faisait toujours, mais à l'aube il était parti et n'avait dit à personne où il allait ni quand il reviendrait. Le palefrenier, qui s'appelait Nabib, avait suggéré à Ishtar trois endroits possibles où son maître aurait pu se rendre, tous des endroits dans la ville ou alentour. L'intendant en avait fait le tour mais n'avait trouvé aucun indice du passage de Hassan, et il était finalement revenu en laissant à Nabib la directive de demander à son maître d'aller voir la princesse pour une question extrêmement urgente dès qu'il rentrerait.

Habituée à ce que les gens accourent sur-le-champ lorsqu'elle les convoquait, Alix fut contrariée par ce que lui rapporta Ishtar, mais il n'y avait rien qu'elle puisse faire sauf rager d'impuissance et faire en sorte que tous ses serviteurs trouvent de bons prétextes pour s'éloigner d'elle jusqu'à ce que son humeur s'améliore. Heureusement, Hassan se présenta à elle à peine une heure après le retour d'Ishtar, et la rage d'Alix se dissipa immédiatement, car elle savait fort bien qu'elle ne pouvait se montrer insolente avec l'Assassin. Ils passèrent une heure enfermés ensemble, et Hassan partit au crépuscule. St. Clair avait disparu depuis trois jours, et personne n'avait même pu découvrir quelle direction il avait prise en quittant les écuries.

Quelques instants seulement après le départ de Hassan, alors que les portes donnant accès aux quartiers de la princesse n'avaient pas encore été fermées, un autre homme, plus âgé, se glissa parmi les ombres croissantes de la cour et se présenta aux gardes d'Alix. Le capitaine des gardes se mit aussitôt au garde-à-vous, puis guida le nouveau venu à l'intérieur, jusqu'à l'antichambre des appartements de la princesse où celle-ci préférait recevoir ses visiteurs officiels, car ce visiteur, le chevalier Bertrand du Périgord, était très célèbre en tant que combattant qui s'était frayé un chemin entre les cadavres des infidèles lors du sac de Jérusalem en 1099 et était maintenant un des principaux conseillers de son roi, Baudouin II. Périgord, un être impitoyable, sinistre et dépourvu d'humour, qui n'était venu que parce que le roi l'avait envoyé en personne, refusa de s'asseoir, pianotant impatiemment de ses doigts sur la lourde croix d'argent martelé ornant sa poitrine jusqu'à l'apparition de la princesse que le capitaine des gardes était allé chercher. Alix prit une pose impériale au seuil de la pièce, jetant un regard de mépris en direction de Périgord qui le lui rendit avec autant d'intensité et l'informa brutalement que son père le roi requérait sa présence. Puis, son message livré et son devoir accompli, le guerrier vétéran lui tourna le dos et partit sans une parole de plus.

Alix cracha dans sa direction tandis que la porte se refermait derrière lui, mais elle commença aussitôt à se préparer pour la rencontre avec son père, frappant des mains pour faire venir Ishtar et l'envoyant chercher ses servantes afin qu'elles l'aident à se vêtir et, alors qu'elle se soumettait plus tard à leurs soins, elle fouilla dans sa mémoire pour essayer de se souvenir qui était à la Cour en ce moment et qui pouvait avoir provoqué cette convocation de son père. Pour une fois, elle ne craignait pas de s'attirer les foudres du roi, car sa conscience était absolument et inhabituellement claire, mais elle était très curieuse de ce que son père pouvait lui vouloir. Il était rare qu'il la convoque directement, et encore davantage le soir, aussi près du principal repas de la journée, parce que c'était toujours à ce moment qu'il devait s'occuper des hôtes qui allaient et venaient constamment, des dignitaires d'autres comtés et territoires d'Outremer et, presque aussi fréquemment, de Rome et de plusieurs cours royales de la chrétienté. En tant que monarque du royaume de Jérusalem, son père était dix fois plus occupé qu'il ne l'avait jamais été à l'époque où il n'était que Baudouin du Bourg, comte d'Édesse.

Une demi-heure plus tard, lorsque les gardes royaux la conduisirent à la salle d'audience, la jeune femme fut fort étonnée de trouver son père le roi qui l'attendait. Il était non seulement seul, mais d'excellente humeur. Il s'était promptement levé en voyant les portes s'ouvrir, mais elle avait eu le temps de l'apercevoir, perché de manière inélégante sur l'appui-bras de la grande chaise dorée, en train de lire un parchemin qu'il tenait à deux mains devant la torche qui brûlait sur un haut guéridon de bronze derrière lui. Lorsqu'elle entra, il relâcha le manuscrit et le laissa s'enrouler à nouveau tandis qu'il descendait rapidement de l'estrade pour l'accueillir, son visage éclairé d'un large sourire.

Souriant à son tour, bien qu'avec hésitation parce qu'elle ignorait ce qui se passait, Alix lui fit une brève révérence, puis s'approcha pour l'embrasser sur les deux joues, l'appelant « papa » comme elle le faisait toujours, et usant de tous ses talents pour se donner un air sage et éviter d'afficher la moindre curiosité sur les motifs de cette convocation. En la regardant, personne, y compris son père, n'aurait pensé qu'elle voyait quoi que ce soit d'inhabituel dans le fait de rencontrer son auguste père sans qu'il soit entouré d'une multitude de courtisans, de solliciteurs et de flagorneurs s'interposant sans cesse entre eux et rendant impossible une véritable conversation. Cette rencontre informelle, dans une atmosphère décontractée, lui rappelait le temps jadis où elle le voyait chaque jour, avant que le comte ne se métamorphose en roi.

Baudouin serra doucement ses mains entre les siennes, puis les souleva pour y déposer un baiser avant de se tourner vers une table, contre un mur, où une multitude de documents et de colis montraient qu'il était un roi travailleur. Il hésita un moment, scrutant les piles devant lui, puis s'avança et saisit un petit paquet enveloppé de cuir en le soupesant d'un air songeur alors qu'il se tournait à demi pour regarder sa fille par-dessus son épaule.

– Sais-tu que des émissaires sont arrivés de France aujourd'hui, ma chérie ?

Alix secoua la tête, sincèrement étonnée, car peu de choses lui échappaient concernant les allées et venues à la cour de son père.

– Non, répondit-elle, je n'en avais aucune idée. Quand sont-ils arrivés, papa ?

– Au début de l'après-midi. Ils sont passés par Jaffa et ont dû attendre qu'une caravane se forme pour être sûrs que leur voyage se fasse en toute sécurité. Ils ont attendu plus d'une semaine. Huit jours pour rassembler la caravane, et trois autres jours pour arriver ici. C'est beaucoup trop long.

– La route de Jaffa est-elle encore si dangereuse ? Je

pensais que les moines soldats s'en occupaient maintenant.

– Ils le font en effet, ma chérie… mais ce ne sont pas des surhommes. Ils ont mis sur pied des patrouilles régulières sur les routes d'ici à Jéricho et à Jaffa, pour protéger les pèlerins qui y voyagent, mais, des deux routes, celle de Jaffa est la plus longue et la plus difficile à surveiller, et les pèlerins y sont plus rares.

– Je ne comprends pas. Depuis quand les pèlerins ont-ils plus d'importance que les émissaires royaux et vice-royaux de la chrétienté ?

Son père lui sourit d'un air affectueux et hocha la tête.

– C'est une question de point de vue. Le patriarche, de même que le frère Hugues et ses braves compagnons, se préoccupent surtout du bien-être des pèlerins. Nous n'y pouvons pas grand-chose pour l'instant, et je crois qu'il serait idiot d'essayer de modifier cette situation en ce moment. Quoi qu'il en soit, ma chérie, les émissaires sont arrivés, et ils t'ont apporté ceci.

Le paquet était petit, plat, rectangulaire et assez lourd, un peu plus large que sa main ouverte et, au début, elle eut de la difficulté à dénouer les ficelles qui retenaient le cuir décoratif. Elle aurait pu facilement les couper, mais, pour une raison qu'elle ne pouvait elle-même définir, Alix œuvra avec entêtement et délicatesse afin de dénouer les fils jusqu'à ce qu'ils tombent entre ses doigts. Elle défit rapidement le paquet et demeura debout, les yeux écarquillés devant le portrait miniature qu'elle tenait, peint sur un petit panneau de bois lourd, et bordé d'une lisière sculptée et dorée qu'elle reconnut comme de classiques feuilles d'acanthe. Le sujet du portrait était un jeune homme à la chevelure blonde et aux yeux bleus souriants. Même en tenant compte de l'exagération naturelle du peintre voulant éviter d'offenser son sujet, il était clair aux yeux d'Alix que si les talents de l'artiste ne représentaient que le dixième de ce qu'ils semblaient être, l'homme du portrait devait être remarquablement beau et bien taillé.

Au premier regard, complètement saisie d'étonnement, elle avait pensé qu'il ressemblait au portrait du comte

Foulques d'Anjou, qui s'était fiancé avec sa sœur aînée Mélissende quelques années plus tôt, au cours d'un bref séjour en Terre sainte. L'espace d'un instant, elle crut que son père avait fait erreur et qu'il l'avait envoyée chercher plutôt que Mélissende. Mais elle réalisa immédiatement que l'erreur venait entièrement d'elle et que l'homme du portrait n'était pas Foulques d'Anjou et ne lui ressemblait nullement. Alors que cet homme avait la peau pâle et les cheveux blonds, Foulques avait le teint basané et était âgé d'au moins une dizaine d'années de plus. Alix connaissait bien Foulques, mais plutôt en tant qu'adversaire dans la course pour obtenir la couronne et le royaume de son père que comme futur beau-frère digne d'admiration. Elle éprouva un élan de haine pour le comte et son idiote de fiancée, sa sœur aînée écervelée, puis elle eut un élan de curiosité à l'égard de l'étranger dans le portrait miniature. Elle leva finalement les yeux vers son père d'un air intrigué.

– Qui est-ce, père ?

Le sourire du roi s'élargit.

– Il s'appelle Bohémond, prince d'Antioche. Son père, Bohémond Ier, était mon ami. Son fils, maintenant Bohémond II, est ton futur époux.

– Mon époux.

Elle mit quelques instants à comprendre les paroles de son père, puis elle redressa soudain la tête, et ses yeux lancèrent des éclairs alors que son visage affichait le plus profond outrage.

– Mon *époux* ? Il est hors de question que j'épouse qui que ce soit, père. Êtes-vous devenu fou au point de croire que j'allais me marier avec cet affreux personnage ? Je n'ai même jamais entendu parler de lui.

– Ce n'était pas nécessaire jusqu'à maintenant. Et tu n'as pas non plus à risquer ma colère en te montrant agressive.

Baudouin avait parlé d'une voix douce, mais Alix n'avait aucunement besoin que son père lui rappelle son caractère tranchant et elle se mordit la lèvre de rage, s'efforçant de dissimuler ses pensées alors qu'il la regardait dans les yeux, y cherchant d'autres lueurs de défi. Finalement, il inclina la tête, semblant satisfait, et poursuivit sur le même ton doux :

– Ne t'inquiète pas, ma fille. Il sera un époux tout à fait convenable.

Alix savait qu'elle se souviendrait longtemps des efforts qu'elle faisait actuellement pour réagir docilement à une idée aussi évidemment absurde, mais elle y parvint et, lorsqu'elle prit de nouveau la parole, ce fut d'un ton doucereux :

– Mais comment pouvez-vous être sûr d'une telle chose, cher papa ? Comment pouvez-vous savoir, sans aucun doute possible, que cet homme ne va pas me briser le cœur ? Je ne suis jamais allée à Antioche, alors comment puis-je espérer qu'un parfait étranger me conviendra ? M'a-t-il jamais vue ? Sait-il qui je suis ?

– Il t'a vue autant que tu l'as vu, répliqua le roi en pointant du doigt la miniature qu'elle tenait encore. Je lui en ai envoyé une il y a deux ans. Te souviens-tu avoir posé pour le peintre ?

Alix s'en souvenait, maintenant qu'il le lui rappelait, mais son père continuait son discours :

– Le garçon a le même âge que toi, et il ne vit pas à Antioche mais en Italie, où il a passé sa vie jusqu'à présent. Il est prince de Tarente, comme son père avant lui, et il est le cousin du roi d'Italie. C'est aussi le petit-fils du roi de France. Il est maintenant devenu adulte et se trouve actuellement en route pour ici où il doit assumer le rôle de prince d'Antioche, voisin de nos propres terres et comté le plus prospère de toute la Terre sainte. Il pourrait arriver ce mois-ci, mais ce pourrait être dans un an. Cela dépend, comme toujours, des conditions climatiques et des caprices de la fortune. Mais quand il arrivera, tu l'épouseras et deviendras sa reine aussitôt que possible. Vous avez été promis l'un à l'autre lorsque vous étiez enfants et le pape lui-même a été témoin de cette entente.

– Mais… père !

Pendant un moment, les mots lui manquèrent et elle dut attendre quelques instants avant de dire ce qu'elle avait en tête, conservant un ton raisonnable malgré l'amertume de ses paroles :

– Cet homme est un misérable bouffon !

Baudouin secoua la tête en levant péremptoirement la main tandis que ses lèvres se tordaient en un demi-sourire.

– Non, ma fille. Accorde-moi au moins suffisamment d'intelligence et de bon sens paternel pour songer à de telles choses. Le prince est bien vu et il est respecté. Je l'observe étroitement depuis plusieurs années maintenant, car j'agissais en son nom, pendant qu'il était mineur, à titre de régent d'Antioche, que je gouvernais d'ici grâce à un intermédiaire. Je ne l'ai jamais rencontré, évidemment, mais il est très grand, me dit-on, plus grand que la plupart de ses compagnons, et il est apparemment assez beau pour que plusieurs femmes luttent afin d'obtenir ses faveurs… même si cela ne devrait en rien te concerner. Il a de longs cheveux bouclés, comme tu peux le voir, presque dorés, de belles dents blanches et de grands yeux bleus. On le dit responsable à tous les égards, y compris dans ses habitudes de dépenses, et on le dit aimable avec ses serviteurs et gentils avec ses animaux. De plus, on m'a affirmé que les hommes qu'il commandait l'admiraient et feraient tout ce qu'il pourrait leur demander. C'est déjà un combattant prometteur qui s'est acquis un certain renom, malgré sa jeunesse, et il rêve d'accomplir de grandes choses ici en Outremer pour la gloire de Dieu et de Sa sainte Église.

Alix demeura assise en silence, ne pensant aucunement à Bohémond, mais encore abasourdie par le commentaire de son père sur le fait que l'attirance que les autres femmes pouvaient éprouver pour le prince ne la regardait pas. Elle n'avait jamais vraiment su comment réagir à de tels commentaires de sa part, et la chose semblait se produire de plus en plus fréquemment depuis quelques mois. Il gardait alors un visage inexpressif et son ton de voix laissait toujours place à quelque doute sur ce qu'il voulait vraiment dire, tout comme en ce qui concernait la mesure dans laquelle il était au courant de ses aventures sexuelles, ou même la mesure dans laquelle il se méprenait à leurs propos, si bien qu'elle se demandait maintenant, comme tant de fois auparavant, ce que son père pensait réellement d'elle derrière le masque de son inquiétude paternelle. Était-il en train de lui dire que, devant l'infidélité d'un époux, elle pourrait facilement se consoler auprès d'autres hommes, ou voulait-il dire que sa propre beauté suffirait à la protéger des efforts des autres femmes pour tenter de séduire son mari ? Elle ne pouvait dire laquelle des deux significations se rapprochait le plus de la vérité et elle se demanda, pendant un bref instant, si sa mère avait dit quelque chose. Mais elle écarta sur-le-champ cette idée, car sa mère et elle en étaient finalement arrivées à une sorte de trêve, après des années de querelles. La guerre n'était pas complètement terminée, et parfois l'atmosphère était indéniablement lourde entre elles, mais la trêve durait maintenant depuis plus d'une année et Alix doutait que Morfia puisse souhaiter la menacer en disant quoi que ce soit d'incendiaire à son mari.

Morfia avait un jour appris les mœurs légères de sa fille — Alix ne savait pas du tout comment ni par qui — et était immédiatement passée à l'attaque en la menaçant de tout révéler au roi à moins qu'Alix ne lui promette, tout de suite, de changer de comportement et d'agir ainsi que l'on s'attendait à ce que le fasse une princesse de Jérusalem, c'est-à-dire avec modestie, grâce et bienséance. Elle avait malheureusement sous-estimé sa fille et prêté flanc à une contre-attaque qui l'avait laissée stupéfaite et sans voix.

Comment pouvait-on s'attendre à ce qu'une comtesse ou une reine de Jérusalem se comporte de telle ou telle manière ? Alix lui avait retourné sa question, puis avait poursuivi en nommant les hommes que, elle le savait, Morfia avait influencés et manipulés en faisant étalage de sa propre sexualité, à commencer par l'évêque Grosbec. Au départ, sa mère avait été médusée, puis elle avait laissé exploser sa colère, affirmant ce qu'Alix savait déjà être vrai grâce à ses propres observations : elle n'avait jamais touché aucun homme et aucun homme ne l'avait jamais touchée, à part son époux, Baudouin. Toutefois, sachant ce qui allait venir, Alix s'y était préparée et elle avait soulevé le spectre des apparences. Qu'aurait fait ou dit le roi, avait-elle demandé, s'il avait su ou soupçonné que sa femme, tout en ne faisant rien d'évident, avait obtenu des faveurs en se prêtant volontairement aux fantasmes érotiques d'un vieil évêque, au point qu'il répandait sa semence fréquemment, et même quotidiennement, en la regardant ?

La discussion avait duré un bon moment, et elle avait été féroce, remplie de colère et de condamnations mutuelles, et pourtant étrangement paisible parce qu'elles devaient faire en sorte que personne ne les entende et, à la fin de cette intense altercation, une paix fragile s'était installée, chacune des deux femmes éprouvant un nouveau sentiment de respect pour l'autre. Elles n'avaient pas parlé des règles qui devaient régir le comportement d'Alix ni de la façon dont les deux femmes pourraient agir l'une vis-à-vis de l'autre par la suite, mais il n'y avait plus eu d'affrontements entre elles depuis lors et quand elles se rencontraient ces jours-ci, ce qui se produisait plus souvent et de manière plus ouverte que jamais auparavant, elles se montraient sociables et tolérantes l'une envers l'autre.

Alix s'aperçut soudain que le silence s'était installé depuis un bon moment entre son père et elle, et qu'il était possible que le roi attende d'elle une réponse à un commentaire ou à une question de sa part. Elle prit une profonde inspiration, lui fit un sourire éblouissant et secoua la tête, comme si elle écartait une pensée amusante. Il fit une moue, le visage grave.

– Très bien, ma fille. Je vais te laisser avec cette idée, mais sois avertie qu'il n'est pas question de changement, ni même de discussion en ce qui concerne ces décisions, alors fais-toi à l'idée d'accepter les responsabilités d'une fille de roi. Tu épouseras le prince d'Antioche, et ce aussitôt que nous pourrons organiser le mariage. C'est là ton destin, alors accepte-le volontairement et songe que ton sort pourrait être bien pire. Ce jeune homme possède toutes les qualités qu'il faut : il vient d'une des lignées les plus nobles de la chrétienté, il est riche et beau, bien disposé, et fort bien considéré par tous ceux qui le connaissent. Sa santé est excellente et il meurt d'envie d'être ton époux. Il ne souhaite aucunement tenter d'obtenir la couronne de Jérusalem, sachant que ta sœur Mélissende en est l'héritière et qu'elle est déjà fiancée à Foulques d'Anjou, qui régnera un jour quand je serai mort. Il est heureux de posséder sa propre principauté d'Antioche, la plus riche en Outremer à l'exception de Jérusalem. Antioche constitue actuellement un comté vaste et prospère, mais Bohémond a l'intention d'en étendre les frontières vers le sud et l'est, au cœur de la Syrie seldjoukide, peut-être jusqu'à Alep et même, un jour, aussi loin au sud que Damas. Vous édifierez ensemble votre propre royaume qui rivalisera avec le mien et peut-être même le surpassera un jour.

Alix demeura silencieuse, regardant le portrait dans sa main et songeant à ce que son père venait de lui dire, son esprit choisissant automatiquement les qualités qu'elle souhaitait le plus : beau, bien disposé, blond, audacieux, aventureux et brave par-dessus tout et, au moment même où ces pensées lui traversaient l'esprit, elle était consciente qu'un sourire de mépris se dessinait sur ses lèvres. Elle avait connu beaucoup d'hommes en très peu de temps et elle n'en avait jamais rencontré un seul qui possède plus d'une ou deux de ces qualités… sauf peut-être le jeune moine St. Clair qu'elle avait suborné et séduit, et même de cela elle n'était pas certaine, car outre les restrictions et les misères qu'il devait subir en raison de ses vœux, qui l'avaient rendu incohérent et incapable de tenir une conversation la plupart du temps, elle s'était elle-même assurée que les opiacés le rendent trop confus et trop perplexe pendant sa captivité pour qu'elle puisse évaluer avec précision la façon dont il se serait comporté s'il avait été lui-même, un jeune homme normal dépourvu de culpabilité et libre de restrictions.

– Eh bien ?

La voix de son père exigeait une réponse et elle écarquilla les yeux d'un air innocent.

– Que disiez-vous, papa ? Pardonnez-moi, j'avais l'esprit ailleurs.

– Alors, j'espère qu'il était en Italie.

Y avait-il un soupçon de sarcasme dans la voix du roi ? Alix n'en était pas sûre, mais cette incertitude contribua à lui rappeler, une fois de plus, les dangers qu'il y avait à s'attirer la colère de son père, et elle élargit son sourire alors qu'il demandait :

– As-tu entendu ce que je t'ai dit ce soir ?

– Bien sûr, papa. Je suis quelque peu dépassée par la situation, peut-être, mais je n'ai aucune intention de vous déplaire. C'est une chose que j'ai à l'esprit maintenant, et je lui accorderai désormais toute mon attention et, entre-temps, j'attendrai des nouvelles de vous sur la façon dont les choses évoluent.

Elle hésita, sachant ce que sa question allait comporter d'audace, mais elle continua :

– Est-ce que maman est au courant ?

– Évidemment. Elle était présente au moment où la chose a été organisée, lorsque tu n'étais qu'une enfant, mais nous n'en avons pas parlé pendant des années, jusqu'à il y a deux ans. Le mariage était arrangé, mais vous étiez toutes les deux à couteaux tirés, alors j'ai décidé que moins j'en parlerais, mieux ce serait pour nous tous. De cette façon, si quoi que ce soit de fâcheux s'était produit pendant que le jeune homme grandissait, tu ne te serais pas sentie affligée.

– Alors, vous avez interdit à maman de m'en faire part ?

– Non, pas du tout. Nous avons décidé ensemble, ta mère et moi, que cet engagement représentait le meilleur arrangement que nous puissions faire pour toi à cette époque, mais qu'il n'y avait rien à gagner à t'en faire part alors que tu étais trop jeune pour comprendre ce que cette alliance pouvait signifier pour toi.

Il hésita un moment, puis continua :

– Je n'ai jamais regretté cette décision, non plus que ta mère, et nous en avons bien compris la sagesse il y a plusieurs années, quand un autre jeune homme a été tué dans un accident de chasse, le cou cassé en tombant d'un cheval. Il avait de la même façon été fiancé à ta sœur Mélissende. Son nom ne lui dirait rien aujourd'hui, mais si elle avait su qu'elle était fiancée à lui, elle aurait été peinée de sa mort. Alors, c'était mieux qu'elle ne le sache pas, n'est-ce pas ?

Alix était sur le point de rétorquer, mais elle se retint et inclina modestement la tête, l'image même d'une fille obéissante, puis fit une profonde révérence et demanda :

– Puis-je alors en parler à maman, maintenant ?

– Oui, tu le peux, mais l'heure du repas approche et nous avons de nombreux hôtes ce soir — huit émissaires de France et six de la cour d'Italie —, alors tu ferais peut-être mieux d'attendre à demain. Va, maintenant, et prépare-toi à agir comme la princesse de Jérusalem et d'Antioche.

Alix fit une nouvelle révérence et partit, étourdie par le flot d'informations qu'elle venait de recevoir. Elle sentit une vague de satisfaction monter dans sa poitrine en pensant qu'elle se trouvait peut-être au seuil de quelque chose d'extrêmement excitant, agréable et complètement différent de tout ce qu'elle avait déjà connu. Elle allait devenir princesse d'Antioche, se marier avec un valeureux prince d'une grande beauté, et ceci pourrait jouer en sa faveur... Foulques d'Anjou, le fiancé de Mélissende, était le successeur officiel de son père. C'était un obstacle incontournable à moins que Foulques ne meure... et si cela se produisait, il serait remplacé. Alix ne doutait point que son père possédât déjà une liste de candidats potentiels. Mais Foulques était tout au moins... convenable ; il était rigide, il avait une personnalité quelque peu sévère et il était totalement dénué d'humour... Le type d'homme qui se met les autres à dos... Un adversaire, pensa-t-elle, dont pourrait s'occuper assez facilement un champion à la chevelure blonde qui possédait le talent de s'attirer l'affection des hommes ; un prince qui rêvait d'étendre sa principauté à l'infini...

Il vint alors à l'esprit d'Alix que ses amants actuels seraient sans doute très malheureux en apprenant cette nouvelle, en particulier parce qu'elle devrait déménager chez son nouvel époux à Antioche, à plusieurs centaines de milles au nord. L'évêque Odon serait probablement le plus désolé d'entre eux, et sans doute le plus malveillant, parce que, même si elle le contrôlait étroitement en ce qui concernait les faveurs qu'elle lui autorisait, il était quand même habitué à obtenir ce qu'il voulait et il pouvait être presque aussi hargneux qu'une femme quand il était en colère. Mais, heureusement pour Alix, Odon était également le plus vulnérable de ses amants et celui qui serait le plus facile à contrôler, pour plusieurs raisons qu'elle avait l'intention de toutes examiner minutieusement au cours des semaines suivantes.

En se préparant à se mettre au lit ce soir-là, Alix réfléchissait encore profondément à ce que son père lui avait annoncé et aux changements que cela allait entraîner dans sa vie, et, bien avant de tomber endormie, elle avait complètement oublié Hassan le marchand de chevaux et ce qu'elle lui avait demandé.

CHAPITRE 34

St. Clair entendit le craquement des flammes rageuses d'un feu tout près de lui et sentit leur chaleur torride sur son visage. La douleur cinglante que provoqua une pluie de tisons sur sa main le réveilla complètement. Il poussa un cri de douleur, puis jura et se tordit dans ses liens alors qu'il tentait d'échapper à la torture. Au-dessus de lui, un sourire de malice aux lèvres, l'idiot qu'il appelait « le Tortionnaire » tenait toujours à la main les brindilles incandescentes qu'il avait utilisées pour brûler la main de St. Clair. Le chevalier jeta un coup d'œil autour de lui pour voir s'il n'y aurait pas d'autres chevaliers qui pourraient venir le secourir, mais il était seul avec son bourreau et il eut un sursaut de désespoir, sachant que l'homme avait sans doute tiré son corps jusqu'au bord du feu, bien qu'il n'eût aucune idée de la raison pour laquelle la brute à l'air féroce ne l'avait pas carrément jeté sur le feu lui-même. Il aurait facilement pu le faire, car il n'y avait aucune capacité de raisonner dans l'esprit de la créature.

Sachant que leur imbécile de compagnon adorait faire souffrir ses semblables, les autres membres de la petite bande qui avait capturé le chevalier l'auraient dissuadé, s'ils avaient été là, d'aller trop loin, espérant de toute évidence obtenir une rançon pour leur prisonnier et conscients du fait qu'il leur serait inutile s'ils permettaient au simple d'esprit de le tuer. Aucun d'entre eux ne parlait une langue intelligible aux oreilles de St. Clair, et il avait donc été incapable de les convaincre qu'ils n'allaient pas recevoir de rançon, et ils continuaient de croire qu'il était un chevalier franc et qu'il devait en conséquence être riche et valoir de l'argent.

Il ne savait plus depuis combien de temps ils le détenaient, mais il savait qu'il devait être mourant au moment où ils l'avaient trouvé, complètement assoiffé et incapable de se défendre. Le fait qu'il se trouvait là démontrait en soi l'état d'impuissance dans lequel il était au moment de sa capture, et il n'avait aucune idée du temps qui était passé depuis. Il savait seulement qu'il avait repris connaissance un jour, faible mais l'esprit clair, pour découvrir qu'il était prisonnier, constatant du même coup qu'il ne portait que les vestiges souillés de la tunique qu'il avait enfilée la nuit où il avait quitté les écuries à Jérusalem. Il n'avait aucun moyen de savoir combien de jours, de semaines ou de mois s'étaient écoulés entre-temps, même si sa raison et le fait qu'il avait observé ses ravisseurs lui laissaient penser qu'il ne s'agissait probablement que de quelques jours. Ils n'avaient fait aucun effort pour prolonger sa vie autrement qu'en lui donnant de l'eau et un peu de nourriture et, si son état ne s'était pas amélioré à court terme, ils l'auraient tué ou l'auraient laissé mourir.

Il ne se souvenait pas non plus de ce qu'il était advenu de son cheval, ou de sa cotte de mailles et de ses armes, mais il n'en avait vu aucune trace depuis qu'il avait repris conscience et il supposait donc qu'il s'en était débarrassé avant que ces gens ne le trouvent. Il se rappelait qu'il avait chevauché pendant des jours dans le désert, hanté par l'idée de la mort, mais il n'avait rencontré personne avec qui il aurait pu se battre et il était finalement arrivé à un point d'eau maintenant asséché. À peine attristé par ce fait, se souvenait-il, il s'était mis en route pour le prochain point d'eau le long de la route désertique. Il l'avait parcourue de nombreuses fois auparavant et connaissait tous les points d'eau, mais, cette fois, bien avant qu'il ne parvienne à l'ancienne fosse qui soutenait toute vie à une énorme distance alentour, il avait vu des vautours volant au-dessus de l'endroit et, en y arrivant, il s'était rendu compte que l'eau y était contaminée, qu'elle avait été rendue imbuvable par des cadavres gonflés et puants dont on ne pouvait même plus distinguer le sexe et qu'on pouvait à peine reconnaître comme des êtres humains.

Profondément consterné, il était tombé à genoux et avait

maudit l'abjecte folie et la stupidité criminelle de ses compagnons francs, car il était convaincu qu'aucun musulman n'aurait pu commettre un tel crime. Il avait fallu toute l'arrogance et la bêtise incommensurable d'un chrétien bouffi de haine pour assassiner des nomades sans défense comme ceux-ci — car l'état pathétique de leur bétail massacré ne laissait, dans l'esprit de St. Clair, aucun doute sur la condition des personnes mortes — et ensuite jeter leurs corps dans la seule source d'eau potable à des centaines de milles à la ronde, condamnant à mort non seulement les gens de la région, mais toutes les créatures du désert qui dépendaient du point d'eau pour survivre. Incapable de prier un Dieu qui aurait pardonné une telle injustice, il s'était remis en selle et avait continué sa chevauchée. Il ne lui restait presque plus d'eau et il était tout à fait conscient de la difficulté qu'il aurait à atteindre le prochain puits qu'il connaissait avant que la soif ne le rende fou.

De toute évidence, il n'était pas parvenu à l'atteindre, car, au moment où il avait repris connaissance, il était prisonnier des gens qui le détenaient maintenant. Toutefois, il avait retrouvé sa raison à cet instant et avait pu se souvenir qu'il avait quitté le point d'eau ce jour-là et avait chevauché à travers une série de tempêtes de vent qui l'avaient d'abord rendu confus puis déconcerté. Ensuite, il avait complètement perdu la mémoire et, à présent, il ne pouvait se fier qu'à ses propres conjectures, et cela indiquait que ces gens devaient être tombés sur lui juste avant qu'il ne meure de soif et, pour leurs propres raisons, fort probablement l'espoir d'obtenir une rançon, ils avaient décidé de lui sauver la vie. Mais quand il avait essayé de leur parler pour les remercier et leur poser des questions, il avait constaté qu'il était absolument incapable de communiquer avec eux. Leur langage n'était qu'un charabia pour lui, une série de sons extrêmement rapides et sifflants, plutôt que les sons rauques et gutturaux de la plupart des langues arabes qu'il connaissait.

Peu après avoir repris conscience cette première fois, il avait fait la connaissance de son tortionnaire imbécile qui aimait faire souffrir autrui, non seulement St. Clair, mais toute créature qui tombait en son pouvoir et ne pouvait se défendre. Il s'asseyait et enfonçait un morceau d'os aiguisé dans la chair de St. Clair — il portait la chose insérée dans sa ceinture et St. Clair savait qu'il était loin d'être la première personne sur qui il en avait fait usage — pour le seul plaisir d'observer la façon dont sa victime réagissait, affichant pendant tout ce temps son sourire malicieux, ses chicots brillants d'humidité dans l'orifice baveux de sa bouche. Il s'accroupit, toujours souriant, et appuya sa poignée de roseaux tordus contre le visage de St. Clair, mais les flammes s'étaient déjà éteintes et les bouts de roseaux n'étaient plus brûlants. Les extrémités calcinées se brisèrent contre la peau de St. Clair et il sentit des bouts de suie poudreuse rouler vers son menton et, alors que son bourreau se rasseyait et commençait à chercher le morceau d'os dans sa ceinture, St. Clair entendit le son de voix fortes alors que les autres membres de la bande revenaient, et le Tortionnaire se leva pour aller à leur rencontre.

Quelques instants plus tard, un des autres apparut, le dos ployé sous le poids d'une grosse chèvre qu'il portait sur ses épaules. Il laissa tomber la carcasse éviscérée sur le sol près du feu et se tourna pour regarder St. Clair, puis, ses yeux se déplaçant entre le feu et le prisonnier, et il se rendit compte que ce dernier gisait beaucoup trop près des flammes. Il murmura quelque juron et s'avança, appelant un de ses compagnons à l'aide, supposa St. Clair, pendant qu'il commençait à éloigner le chevalier de la chaleur. Un autre homme le rejoignit et, avec rudesse, ils saisirent le Franc et le ramenèrent à l'endroit où il était assis auparavant. St. Clair ouvrit et ferma bruyamment sa bouche, émettant le son qu'ils reconnaissaient comme une demande pour obtenir de l'eau, et l'un d'eux s'éloigna pour revenir avec une petite tasse de terre cuite qu'il tint devant la bouche du chevalier ligoté.

St. Clair but goulûment, rinçant minutieusement sa bouche avec les dernières gouttes avant de les avaler et, au même moment, il entendit un son familier qui se terminait par un bruit sec et solide. C'était le sifflement d'une flèche et le bruit sourd qu'elle faisait en atteignant sa cible, et le projectile frappa l'homme agenouillé au-dessus de lui, l'atteignant quelque part en haut du dos, et le projeta violemment de côté en laissant St. Clair raide de stupeur. Il y eut ensuite quatre sons identiques, chacun clairement audible au-dessus de la clameur croissante des voix effrayées et, chaque fois, la rumeur s'amenuisait, ponctuée par le bruit d'un corps qui tombait. Puis la volée de flèches s'arrêta.

St. Clair savait que la bande qui l'avait capturé était composée de huit hommes. Il croyait maintenant que cinq d'entre eux étaient morts. Il lui vint soudainement à l'esprit qu'ils auraient simplement pu être gravement blessés, mais il rejeta aussitôt cette idée. Alors, où étaient les trois autres ?

Il entendit un chuchotement rapide, auquel répondirent rapidement deux autres. Les trois hommes se trouvaient là, tout près, accroupis et invisibles pour l'instant, à l'abri des flèches de l'ennemi tapi au-delà du feu. St. Clair tourna la tête autant qu'il le put vers la gauche, espérant apercevoir ses autres ravisseurs, mais il ne réussit à voir qu'un seul corps, celui de son bourreau, étendu sur le ventre, sans vie, ses yeux vides fixés sur lui, sa bouche fermée par son menton appuyé contre le sol. Une seule flèche dépassait de son dos, astucieusement façonnée, ses plumes délicatement disposées. St. Clair avait déjà vu de nombreux projectiles semblables, tous fabriqués en Syrie par les Turcs seldjoukides. Il comprit avec regret qu'il était sur le point d'échanger une bande de ravisseurs contre une autre. La brûlure dans la paume de sa main recommença à le faire souffrir.

Il sentit un mouvement derrière son épaule droite et se retourna vivement pour regarder au-delà du feu où il vit un homme apparaître dans la lumière. Le nouveau venu était grand et mince, avec un visage d'aigle et une barbe, et il portait un grand casque conique de métal brillant duquel pendait un filet, presque un voile, de fines mailles délicatement ouvragées. L'homme scintillait en s'avançant vers le feu, vêtu qu'il était du cou jusqu'aux chevilles d'un long manteau fait des mêmes mailles souples. Il tenait un long cimeterre étincelant dans la main droite et une dague recourbée dans la main gauche, alors qu'une petite armure ronde était accrochée à son avant-bras gauche, le recouvrant des biceps aux poignets lorsque le coude était replié. St. Clair perçut un cri et de l'agitation du côté des trois survivants de l'attaque, puis il entendit le bruit de pas qui s'approchaient de lui en courant et il reçut un solide coup qui lui fit perdre connaissance.

†

– Sanglahr.

St. Clair était réveillé depuis un bon moment, mais il n'avait pas encore ouvert les yeux, car il avait su en reprenant conscience qu'il était toujours prisonnier, sentant encore les liens sur ses bras et ses jambes. Sa tête était douloureuse à cause du coup qu'il avait reçu, mais pas autant qu'il s'y serait attendu. Toutefois, il n'était nullement pressé d'ouvrir les yeux, et ce pour deux bonnes raisons : la lumière pourrait faire augmenter la douleur dans sa tête, et quelqu'un pourrait l'apercevoir et se rendre compte qu'il était revenu à lui. Ainsi, plutôt que d'ouvrir les paupières et de regarder autour de lui, il demeura couché à écouter, essayant de se faire une idée de ce qui se produisait aux alentours.

Il savait qu'il avait été réanimé par une délicieuse odeur de viande rôtie, et une des dernières choses dont il se souvenait, juste avant l'arrivée de l'ennemi dans la lumière des flammes, était la vue et le son de la carcasse de chèvre que l'on avait laissée tomber près du feu. De toute évidence, il s'était écoulé suffisamment de temps depuis ce moment pour que quelqu'un remporte le combat qui s'était ensuivi — et il se rappela que c'était une lutte à trois contre un et au corps à corps, puisque l'attaquant avait manifestement rangé son arc et s'était approché avec ses lames nues. À moins, bien sûr, qu'il n'ait eu d'autres compagnons là-bas, cachés dans l'obscurité… Il écarta cette pensée et revint à son idée première : quelqu'un avait remporté le combat et avait eu le temps d'embrocher et de faire cuire la chèvre au-dessus du feu d'excréments séchés de chameaux, ce qui signifiait que St. Clair devait avoir été inconscient pendant beaucoup plus d'une heure.

– Sanglahr.

La voix s'était fait entendre à nouveau, plus claire et plus forte cette fois, et St. Clair sut que l'étranger avait remporté la victoire, car aucun de ses anciens ravisseurs, avec leur jacassement sifflant, ne possédait cette voix grave et sonore.

– Sanglahr !

Cette fois, la voix était très proche, et une main le saisit par une épaule et le secoua durement. Il ouvrit les yeux et regarda le visage sombre penché sur lui. Il pensa qu'il devait s'agir de l'étranger au casque conique, mais le jeu de la lumière et des ombres était trop intense pour qu'il en soit immédiatement certain et, lorsqu'il eut rassemblé ses esprits, l'homme s'était redressé et s'était éloigné pour aller s'asseoir de l'autre côté du feu, son dos appuyé contre une selle de chameau. Il avait un genou relevé, soutenant son coude, et il tenait une courte dague recourbée qu'il faisait osciller par le manche, entre le pouce et l'index. Dans son autre main, posée sur le sol à sa gauche, il tenait des menottes légères brunies par la rouille.

– Je pas parler langue *ferenghi*, Sanglahr. Toi parler langue à moi ?

L'homme baragouinait le français, et *ferenghi* — une altération arabe du mot « franc » — était le terme qu'utilisaient les gens de l'endroit pour décrire tout ce qui avait trait aux guerriers chrétiens occupant leur territoire. St. Clair demeura muet pendant un moment, essayant de déchiffrer ce qu'il avait entendu, puis il comprit, haussa les épaules et répondit en arabe :

– Très peu. Je ne suis ici que depuis quelques années… Je n'ai pas assez parlé avec ton peuple pour bien apprendre votre langue.

L'homme au profil d'aigle opina du chef et sa fine cotte de mailles cliqueta doucement tandis que son casque bougeait.

– Tu parles mieux ma langue que moi la tienne, alors nous allons utiliser la mienne. Depuis combien de temps tes jambes sont-elles attachées de cette façon ?

St. Clair jeta un coup d'œil à ses jambes et secoua la tête.

– Je ne sais pas. Plusieurs jours.

– Il faut que je coupe tes liens et tu ne vas pas aimer ce qui va suivre. Mais si Allah le veut, tu pourras peut-être retrouver complètement l'usage de tes jambes. Ce sera la même chose pour tes bras, mais moins douloureux, je crois. Prépare-toi.

Il se leva et s'approcha du chevalier, puis se pencha et trancha d'un coup sec les lanières de cuir autour de ses jambes avant de retourner s'asseoir près du feu, les yeux plissés en deux fentes étroites, attendant.

St. Clair prit une profonde inspiration et rassembla ses forces comme l'homme le lui avait conseillé, attendant que la douleur vienne, mais, pendant un long moment, rien ne se produisit et il vit sans comprendre les sourcils de l'homme se froncer de plus en plus. Mais, à cet instant, il commença à prendre conscience de la douleur alors que le sang se répandait de nouveau dans ses artères bloquées depuis des jours. La douleur était effroyable, intense, et finalement insupportable, si bien qu'il perdit encore une fois connaissance, mais pas longtemps. Quand il rouvrit les yeux, l'étranger n'avait pas bougé et la douleur semblait s'atténuer dans ses jambes, mais très légèrement et lentement. Il serra les dents et lutta contre une envie de geindre à voix haute.

– Essaie de les faire bouger. Plie les genoux.

Il lui sembla d'abord que ses jambes ne pourraient jamais plus bouger, car, malgré les efforts qu'il faisait pour les faire réagir, rien ne se produisait et une peur immense, inexorable, commença à sourdre en lui. Quand il avait quitté Jérusalem et entreprit sa chevauchée dans le désert, il avait souhaité mourir, mais ce qu'il recherchait, c'était une mort rapide, une mort honorable au cours d'un combat contre des infidèles comme l'homme assis près du feu en ce moment. Il n'avait aucunement souhaité cette mort lente, alors qu'il était incapable de bouger et en proie à une douleur constante.

– Arrête alors. Arrête. Pense à tes pieds, à tes orteils. Essaie de bouger tes orteils, même un peu.

St. Clair ferma les yeux, s'efforçant de se prémunir contre la douleur et la peur, et concentra tous ses pouvoirs mentaux sur son pied droit, tentant de forcer ses orteils à se mouvoir, mais il ne ressentit rien et son estomac se noua de désespoir.

– Voilà, tu vois ? Maintenant, fais-le encore.

– Faire quoi ?

L'étranger lui jeta un regard étonné.

– Fais-les bouger, dit-il. Fais bouger tes orteils encore une fois.

– Mes orteils ont bougé ? En es-tu certain ?

– Bien sûr que j'en suis certain. Tu ne les as pas vus bouger ?

– J'avais les yeux fermés.

– Alors, garde-les ouverts cette fois et regarde. Maintenant, remue encore tes orteils.

Ses orteils bougèrent et, quelques instants plus tard, ceux de son pied gauche bougèrent également.

– Bien. Si tes orteils bougent maintenant, tes jambes bougeront plus tard. Elles n'ont besoin que de temps. Maintenant, occupons-nous de tes bras. Tu auras mal aussi, mais probablement moins. Tiens, bois. Ces animaux t'ont-ils nourri ?

St. Clair but une gorgée dans le verre que l'homme tenait, puis acquiesça :

– Oui, ils m'ont nourri. En petites quantités et peu souvent, mais ils m'ont nourri chaque fois qu'ils ont mangé eux-mêmes. Qui étaient-ils ?

– Des animaux. Des mangeurs d'excréments, impurs et indignes d'être remarqués. Il vaut mieux qu'ils soient morts. Maintenant, reste immobile.

L'homme trancha facilement les liens de cuir à ses poignets et, cette fois, la douleur survint plus vite mais avec moins d'intensité. Elle disparut aussi plus rapidement et, lorsqu'il redevint capable d'étirer et de replier ses doigts, les dents serrées à cause de la douleur, St. Clair constata que l'étranger avait coupé des morceaux de chair de la chèvre et les avait déposés, fumants et répandant une odeur délicieuse, sur un plat de métal ovale qu'il avait retiré d'un de ses sacs, de même qu'une longue miche de pain sans levure et un petit contenant d'huile d'olive. Il laissa tout cela de côté pendant un moment, puis s'agenouilla promptement devant St. Clair pour lui boucler les menottes autour des poignets et des chevilles. Le chevalier essaya de résister, mais il était beaucoup trop faible pour faire autre chose qu'émettre une protestation, et le musulman l'ignora complètement jusqu'à ce qu'il soit retourné à sa place et se soit penché pour pousser l'assiette de métal vers son prisonnier.

– Voilà, mange. J'ai assaisonné la viande avec de l'ail… une habitude franque que j'ai adoptée pendant que je vivais parmi vous, il y a des années. Le pain et le sel viennent de mon propre peuple et l'huile des olives pressées est un cadeau d'Allah à un monde reconnaissant. Mange. Tu auras besoin de tes forces.

St. Clair mangea et découvrit qu'il était affamé et, une fois qu'il fut rassasié, son garde lui donna de nouveau de l'eau, puis lui dit de dormir car ils allaient probablement partir au matin. Ensuite, l'homme se leva et s'éloigna, et St. Clair écouta le bruit de ses pas qui faisaient le tour complet de leur petit camp. Ce n'est qu'alors qu'il glissait dans le sommeil, étrangement reconnaissant en songeant aux bandes de métal lâches qui avaient remplacé les liens de cuir tranchants à ses poignets et à ses chevilles, qu'il réalisa que l'étranger savait qui il était, et ce depuis tout ce temps. Le premier mot qu'il avait prononcé, et répété, « *sanglahr* », était la prononciation déformée de « St. Clair ». Toute idée de sommeil soudainement disparue, St. Clair s'assit et cria en regardant autour de lui et en essayant de voir où l'étranger était allé, mais il ne vit rien. Le feu s'était éteint faute de combustible, et ses cris ne suscitèrent aucune réponse. Admettant finalement son impuissance, il se recoucha sur le dos et s'endormit.

†

– Sanglahr.

L'infidèle était de nouveau penché sur lui mais, cette fois, lorsque St. Clair ouvrit les yeux, il se sentit mieux, physiquement, qu'il ne s'était senti depuis le matin où il avait quitté Jérusalem. L'état de ses mains et de ses pieds s'était amélioré. L'obscurité était encore presque complète, le ciel au-dessus de la tête de l'étranger pâlissant, sans être encore bleu.

– Comment connais-tu mon nom ? Sanglahr… c'est mon nom, n'est-ce pas ?

L'homme le regarda d'un air étonné.

– Tu es bien Sanglahr, n'est-ce pas ?

– Oui, mais comment sais-tu cela ?

– Je te cherchais… On m'a demandé de te trouver.

– Qui ? Qui t'a envoyé ?

– Un ami, répondit l'infidèle de manière évasive.

– L'ami de qui ? Le tien ou le mien ?

L'homme eut un sourire en coin.

– Pose-toi la question, Sanglahr. Tes amis t'enverraient-ils dans le désert, seul, à la recherche d'un infidèle perdu ?

– Comment m'as-tu trouvé ? Comment as-tu même su où me chercher ?

L'étranger sourit et haussa les épaules.

– Ce n'était pas difficile, Sanglahr. C'est mon pays.

– Peut-être, mais ce n'est pas là une réponse qui puisse décrire l'impossible. On t'a envoyé à ma recherche. Je le crois parce que tu connais mon nom. Mais comment as-tu su où tu devais commencer ta recherche ? Personne, pas même moi, ne savait où j'allais quand j'ai quitté Jérusalem… et j'ai chevauché pendant plusieurs jours sans rencontrer âme qui vive.

– Oui, mais le fait que tu n'aies rencontré personne ne signifie pas que personne ne t'ait vu. J'ai fait savoir aux gens de mon peuple que je cherchais un *ferenghi* fou qui cheminait seul, et je leur ai dit qu'ils ne devaient pas t'approcher. Allah a voulu qu'on t'aperçoive peu après, et la nouvelle m'est parvenue rapidement. Au moment où je suis arrivé, ces animaux t'avaient capturé. Je t'ai trouvé et ils refusaient de te donner à moi. Nous avons suffisamment parlé maintenant, car tu connais la suite et nous avons beaucoup à faire. Je t'ai apporté des vêtements pour protéger ta peau blanche de *ferenghi* du soleil d'Allah, mais ils m'appartiennent et je n'ai aucune envie que tu les portes par-dessus la crasse puante qui te recouvre, alors, avant de faire quoi que ce soit, ou d'aller où que ce soit, tu vas te laver.

St. Clair écarquilla les yeux d'incrédulité.

– Dans le point d'eau ? demanda-t-il.

– Non, qu'Allah nous en préserve ! Il y a des créatures plus nobles que toi qui doivent boire à cet endroit. Tu te laveras sur la rive du point d'eau et je surveillerai les alentours pour éloigner les chacals ou les autres créatures sauvages qui pourraient venir boire pendant que tu t'y trouves. Ainsi, l'eau que tu utiliseras se purifiera de nouveau en s'écoulant à travers le sable avant de retourner au trou. J'ai un seau. Viens maintenant.

Il tendit une main et aida St. Clair à se remettre sur ses pieds, puis, une demi-heure plus tard, le soleil étant maintenant suffisamment haut dans le ciel pour le sécher, le chevalier franc était propre et il se sentit complètement revigoré. Il se soupçonnait de commettre un péché en appréciant autant cette sensation, mais il en était venu à éprouver un plaisir coupable en se lavant à l'occasion.

Non loin de lui, le musulman surveillait les alentours en silence pendant que St. Clair se rendait finalement compte qu'il lui était impossible de s'habiller en ayant les mains et les pieds menottés et, quand le chevalier se tourna vers lui avec les bras et les mains écartés, il feignit de réfléchir profondément à la requête avant de s'approcher lentement de lui et de prendre une clé dans un sac accroché à sa taille.

– Où pourrais-tu te sauver, murmura-t-il en ouvrant les fers. Mais tu vas les remettre aussitôt habillé, n'est-ce pas ?

St. Clair n'essaya pas de répondre, mais s'occupa plutôt d'enfiler les longs vêtements flottants que l'inconnu lui avait prêtés. Il n'eut aucune difficulté à le faire, ayant découvert, comme la plupart de ses camarades peu après leur arrivée en Terre sainte, que les habits que portaient les gens de l'endroit étaient beaucoup plus confortables que les lourds vêtements des Francs. Ce n'est qu'en finissant d'enrouler le turban autour de sa tête qu'il s'arrêta et regarda avec un air satisfait la grande silhouette qui le fixait des yeux, voyant la façon dont les lignes verticales de son armure et de sa cotte de mailles, surmontées du grand casque conique, mettaient en relief la taille et la minceur de l'homme. Le plastron et la cotte de mailles étaient entièrement composés de métal poli qui chatoyait sous le soleil matinal, mais ses autres vêtements, la tunique sous la cotte et les pantalons enfoncés dans les longues bottes étaient complètement noirs, tout comme les bottes elles-mêmes, faites de cuir souple et munies d'une épaisse semelle. Une longue cape noire pendait des épaules de l'homme jusqu'au sol. Il ne semblait pas seulement féroce, mais riche. St. Clair fit un pas dans sa direction, puis s'immobilisa.

– Es-tu un janissaire ? Tu me sembles en être un, bien que je n'en aie jamais vu, alors je n'ai aucun moyen de savoir. En es-tu un ?

L'homme esquissa un mince sourire.

– Que sais-tu des janissaires, Sanglahr ?

Voyant alors que St. Clair n'allait pas répondre à sa question, il poursuivit :

– Non, Sanglahr, réponds. Je te le demande sans colère. Que sais-tu des janissaires ? Dis-le-moi, si tu le veux bien.

– D'après ce que j'ai entendu, ce sont les meilleurs combattants de Syrie. On dit qu'ils ont été triés sur le volet pour faire partie des combattants personnels du calife.

L'homme inclina la tête.

– Tout ce que tu as entendu à leur sujet est vrai, sauf le fait qu'ils sont les meilleurs combattants de Syrie. C'est impossible, aux yeux d'Allah, parce que ce sont des sunnites.

– Ce sont des sunnites… N'est-ce pas ton cas ? C'est ce que tu affirmes ?

– Je suis un chiite. Connais-tu la différence, Sanglahr ?

St. Clair demeura silencieux pendant un long moment, conservant un visage totalement inexpressif, puis il secoua lentement la tête.

– Je ne sais pas grand-chose. Je sais seulement qu'il y a fort peu de chiites dans cette partie du monde. Presque tous les musulmans que je connais sont des sunnites. Je sais aussi que vous, les chiites d'Ali — ou plusieurs d'entre vous —, n'appréciez pas tellement les califes… ce qui expliquerait ta piètre opinion au sujet des janissaires.

– Tu m'étonnes, Sanglahr. Je pensais que tu ne saurais rien. Alors, sais-tu pourquoi les chiites méprisent les califes ?

– Oui, je le sais. C'est parce que vous croyez qu'ils ont supplanté votre foi et utilisé leur statut et leur pouvoir terrestres pour reprendre à leur compte l'œuvre du prophète Mahomet, une œuvre qui, à votre avis, avait été confiée par le prophète lui-même à son cousin et gendre Ali ibn Abou Taleb. Mais ce que je me demande, c'est comment tu peux oser te promener si ouvertement en affirmant bien haut que tu es un chiite au cœur d'une forteresse sunnite.

L'infidèle avait pris un air incrédule pendant que St. Clair parlait et, maintenant, il secoua la tête d'un air admiratif, mais ses paroles avaient un ton dédaigneux quand il parla :

– Nous sommes en Syrie, Sanglahr. Tu as parcouru un long chemin à partir de Jérusalem avant que tes forces t'abandonnent. Tu te trouves ici en pays chiite davantage que sunnite, et tu viens de me rappeler que nous avons un long chemin devant nous. Maintenant, je dois te remettre les fers, alors, si tu le permets, je vais le faire, à moins que tu ne préfères que je t'assomme et que je t'enchaîne pendant que tu seras inconscient ?

St. Clair le regarda les yeux plissés, puis pencha la tête sur le côté.

– As-tu un nom ou devrais-je t'appeler « infidèle » ? Le mien est St. Clair, comme tu le sais.

– Appelle-moi Hassan.

– Eh bien, Hassan, écoute attentivement ce que je vais te dire. Je suis à pied, je n'ai ni armes ni armure et j'ai l'impression que ce qui me reste de vigueur est à peu près épuisé, alors je doute fort de pouvoir m'évader même si je le voulais.

– J'ai un cheval pour toi.

– Excellent. Je t'en suis reconnaissant, mais je serai incapable de le monter si mes jambes sont attachées.

– Tu le monteras d'abord, et je vais attacher tes chevilles sous le ventre de la bête.

– Ce serait inconfortable et incommodant pour moi, pour

toi ou pour la bête. Accepterais-tu de me laisser sans menottes si je te donnais ma parole d'honneur que je ne tenterai pas de m'enfuir ?

– Ta parole d'honneur ? La parole d'un *ferenghi* chrétien ?

St. Clair plissa les lèvres, renifla et acquiesça :

– C'est un bon argument que tu as là et je n'essaierai pas de le contredire. Mais non, ce ne sera pas la parole d'un Franc chrétien, mais plutôt la parole d'un guerrier qui chérit son honneur.

Il évita délibérément de se souvenir de la raison pour laquelle il était venu ici au départ, mais, à sa grande surprise, Hassan opina du chef sans hésiter.

– Oui, j'accepte. J'ai ta parole ?

– Oui, de tout cœur.

– Bien. Alors, nous pouvons remettre ces menottes à l'endroit d'où elles viennent.

Hassan se retourna et replaça les fers dans le sac près de lui, puis il hésita avant de se retourner et de lancer un objet à St. Clair.

– Est-ce que cela t'appartient, par hasard ?

St. Clair attrapa l'objet au vol et regarda, stupéfait, la petite pierre bleue qu'il avait extraite du mont du Temple.

– Où as-tu trouvé cela ? demanda-t-il.

– Sur un des animaux que j'ai tués hier soir. Il l'avait attaché à son poignet, mais je savais que ça ne pouvait pas lui appartenir.

Ce fut seulement à ce moment que St. Clair s'aperçut avec étonnement qu'il n'avait pas pensé au sort de ses anciens ravisseurs depuis son réveil. Maintenant, il jeta un coup d'œil étonné autour de lui, mais ne vit nulle part un quelconque signe d'eux.

– Où sont-ils ? Qu'est-ce qui leur est arrivé ?

Les lèvres de Hassan se tordirent en un petit sourire sardonique.

– Je suis ce qui leur est arrivé, Sanglahr. Mais je pense que ce que tu voulais dire, c'est : où se trouvent-ils maintenant ? Je me suis servi des chevaux ce matin pour éloigner les corps du puits. Ils sont dans un oued suffisamment loin d'ici pour que leur puanteur n'atteigne pas le puits quand ils commenceront à pourrir.

– Sais-tu qui ils étaient ?

– Non, je n'en ai aucune idée. Ce n'étaient que des nomades qui avaient longtemps voyagé, car ils ne venaient pas d'ici. J'ai essayé de leur parler hier, mais je ne comprenais pas un traître mot de ce qu'ils disaient. Étrange langue, étranges hommes. Mais c'étaient des sunnites, alors le monde est un meilleur endroit sans leur présence. Maintenant, nous devrions partir. Es-tu prêt ?

– Oui, mais j'aimerais retrouver mon épée. Cette babiole était attachée à sa poignée.

Hassan secoua la tête.

– Je n'ai vu aucune épée, *ferenghi*. Les armes que ces idiots possédaient étaient sans valeur. Ils n'auraient pas abandonné une bonne épée s'ils en avaient trouvé une. Tu dois avoir retiré la pierre avant d'abandonner ton épée. Viens, maintenant. Il faut partir.

St. Clair ne put que secouer la tête d'étonnement, car il n'avait aucune idée de la façon dont la pierre bleue s'était retrouvée en sa possession. Il souleva le lourd sac contenant les menottes qu'il aurait dû porter, et suivit la silhouette noire de Hassan jusqu'à deux magnifiques chevaux blancs et un chameau attachés sous un bosquet de palmiers. Hassan fixa le sac et deux gourdes remplies d'eau sur le dos du chameau et ouvrit la marche vers le sud, dans le désert.

SEPTIÈME PARTIE

COMPLICITÉS

CHAPITRE 35

L'évêque Odon de Fontainebleau était dans une rage fort peu épiscopale, arpentant de long en large la chambre à coucher de la princesse Alix et marmonnant de manière inintelligible, n'osant pas, comme il l'aurait souhaité, relever la tête et hurler sa fureur. Il marchait d'un pas si rapide que le tissu soyeux de son vêtement sacerdotal flottait derrière lui comme une cape, le devant plaqué contre son corps nu alors qu'il passait d'une extrémité de la pièce à l'autre. Ses testicules étaient douloureuses à cause de la façon dont Alix les avait manipulées et, à cet instant où il se serait senti en temps normal agréablement épuisé et repu, il avait maintenant l'impression d'avoir été exploité et maltraité, ouvertement insulté et laissé seul à méditer sur sa façon de réagir à l'ultimatum que la femelle lui avait posé avant de le laisser en plan à cet endroit. Dans la frénésie de leur copulation, il n'avait pas remarqué que quelqu'un était entré dans la chambre et s'était enfui avec tous ses vêtements d'extérieur, et à présent qu'il en était conscient, il n'avait plus aucun doute sur l'identité de cette personne : la vieille salope fripée du nom d'Esther, qui avait accompagné Alix depuis son enfance.

Odon ne s'inquiétait pas le moindrement de ce que la vieille catin ait pu le voir forniquer avec sa maîtresse. Il savait qu'elle les avait vus faire de nombreuses fois auparavant. Ce qui le mettait en rage, c'était qu'elle avait volé ses vêtements, l'empêchant ainsi de quitter la pièce, et le gardant à la merci de sa maudite harpie d'employeuse, qui avait pris un plaisir jubilatoire à l'humilier.

– Odon, lui avait-elle dit brutalement, c'est la dernière fois que vous venez ici. Vous ne me reverrez pas après aujourd'hui… pas de cette façon, en tout cas… à moins, bien sûr, que je ne change d'idée et que je ne vous convoque une dernière fois par pure nostalgie. Mais je ferai en sorte que l'on s'occupe bien de vous. Je dois me marier bientôt, et mon fiancé est en route pour l'Outremer pour m'épouser. De toute évidence, je dois donc changer mon comportement à partir de maintenant et renoncer à mes mauvaises habitudes. Et vous, mon chéri, faites partie de ces mauvaises habitudes.

Fiancée, prétendait-elle. Et à qui ? Quelque freluquet de France ou d'Italie qui venait réclamer une épouse ! Elle était la putain de Babylone elle-même, et elle revendiquait le droit de se marier ? Odon était si en colère que sa gorge se serrait, menaçant de l'étouffer, mais aucune de ses questions ou accusations désespérées n'avait franchi ses lèvres. *Qui épouserait une telle femme ?* se demandait-il. *Quel homme sain d'esprit ferait une telle chose, même si... ?* Mais, à cet instant, il avait répondu à sa propre question. Tout homme qui pensait avoir la possibilité de se marier avec Alix du Bourg devrait escalader une montagne de cadavres pour revendiquer ce privilège.

Elle était demeurée assise à l'observer tandis qu'il tentait de digérer ce qu'elle avait dit, suivant intensément le jeu de ses émotions sur son visage et dans ses yeux alors qu'il absorbait ses paroles, puis elle avait éclaté de rire, s'était levée et l'avait frappé avec la petite cravache qu'elle utilisait contre les moucherons omniprésents.

– Pensez-y, avait-elle lancé. Songez-y calmement pendant un moment, et je ferai de même, car je sais ce dont vous avez besoin et je sais aussi où le trouver. Maintenant, si vous le voulez bien, restez ici et attendez-moi.

Et elle était partie, laissant deux gardes à la porte et Odon seul, vêtu simplement d'un vêtement de soie pour couvrir sa nudité. C'en était trop.

Il entendit la porte s'ouvrir tranquillement derrière lui et se retourna vivement, prêt à faire savoir à Alix le fond de sa pensée, mais elle l'arrêta d'un geste de la main et fit un signe en direction d'Esther qui l'accompagnait. Sans un mot, la vieille femme s'avança et, lissant d'un mouvement ample de son bras droit les vêtements d'extérieur d'Odon, elle les plaça sur une chaise.

– Voilà, fit Alix. Aucune trace visible de votre petit accident.

Odon ouvrit la bouche pour hurler, mais il la referma aussitôt sans émettre un son. D'accord, il avait eu un petit problème, mais, à la lumière de ce qui s'était produit depuis, il était certain qu'il ne s'agissait pas d'un accident. Dans l'excitation de leur première rencontre après une séparation de plusieurs semaines, il avait été un peu trop empressé et, voulant le satisfaire, Alix l'avait forcé à répandre sa semence sur le devant de son vêtement d'extérieur vert pâle. Il ne s'en était pas préoccupé sur le moment, sauf pour songer brièvement qu'il devrait laver les taches avant qu'elles ne s'incrustent, parce qu'Alix avait été davantage que simplement amoureuse ce jour-là. Elle n'avait cessé de le câliner. Maintenant, il savait pourquoi : elle avait voulu le distraire pendant que la vieille truie volait ses vêtements pour s'assurer qu'il ne puisse partir avant qu'Alix ne le souhaite… et pourtant, il ne savait pas pourquoi elle avait voulu le tenir ainsi prisonnier, pourquoi elle ne l'avait pas tout bonnement autorisé à partir et à ruminer sa colère. Et cette énigme suscitait sa curiosité.

Comme si elle lisait dans son esprit, Alix leva de nouveau la main pour le faire taire tandis qu'elle congédiait Esther de l'autre, attendant d'être certaine que la vieille femme avait quitté la pièce pour fermer la porte solidement derrière elle. Ce n'est qu'à ce moment qu'elle se retourna pour faire face à l'évêque, qui se tenait debout, vacillant, le visage pourpre de colère, ses mains s'ouvrant et se refermant le long de ses hanches.

– Le danger, dit-elle. Vous exultez dans le risque et le danger, Odon.

– Je…

Il ravala sa colère et s'efforça de parler lentement et clairement.

– De quoi parlez-vous, madame ? demanda-t-il.

Si elle remarqua la raideur de ses lèvres ou le ton cru de

ses paroles, Alix n'en laissa rien paraître.

– Asseyez-vous, ordonna-t-elle en indiquant le canapé près d'elle. Asseyez-vous et calmez-vous. Je vous promets que vous allez apprécier ce que j'ai à vous dire.

Odon se laissa choir sur le canapé comme un gamin boudeur.

– Vous me pardonnerez, j'espère, de ne pas saisir comment.

– Croyez-moi, vous allez comprendre. Maintenant, écoutez-moi. Peu avant votre arrivée aujourd'hui, j'ai reçu une convocation urgente, très urgente, que je ne pouvais ignorer. Vous êtes arrivé immédiatement après, et c'est pourquoi je ne souhaitais pas partir.

Elle lui adressa un sourire charmeur si inattendu qu'il s'en trouva désarmé pendant un moment, distrait de la colère qu'il nourrissait, mais elle avait déjà recommencé à parler, toujours le sourire aux lèvres :

– Alors, je suis restée avec vous aussi longtemps que j'ai pu, mais je savais à ce moment-là que si je partais après vous avoir annoncé la nouvelle de mon mariage, vous seriez en colère et que vous vous précipiteriez pour couver votre rage dans votre vieille maison mal aérée où je ne pouvais pas vous rejoindre. C'est pour cette raison que j'ai demandé à Esther de voler vos vêtements. Pouvez-vous me pardonner ?

En quelques minutes, elle avait réussi à faire fondre la colère d'Odon et, maintenant, il demeurait assis devant elle, clignant des yeux en la regardant, les sourcils légèrement froncés.

– Je ne comprends toujours pas. Pourquoi alors ne m'avez-vous pas seulement dit ce que vous alliez faire ? J'aurais attendu.

– Peut-être que vous auriez attendu, peut-être que non, mais je ne voulais pas que vous soyez fâché contre moi ailleurs. Je me suis dit qu'il valait mieux que vous soyez fâché ici, où je pourrais vous expliquer les choses à mon retour. Je n'avais pas le temps de penser à quoi que ce soit de mieux à faire ou à vous dire et, de plus, je ne savais pas ce que j'allais apprendre de l'émissaire que je devais rencontrer.

– Et que vous a-t-il appris ? Qui était cet émissaire ?

Alix ignora la deuxième question.

– Vous souvenez-vous de notre dernière discussion à propos des moines soldats ?

Odon acquiesça d'un air interrogateur.

– Je m'en souviens très clairement, et j'avoue m'être demandé, à un moment donné, pourquoi vous aviez cessé d'en parler. Plusieurs mois s'étaient écoulés, mais nous nous étions entendus sur le fait que je ne dirais rien à personne et que vous essaieriez de trouver un moyen de découvrir ce qu'ils faisaient dans leur caverne. Avez-vous découvert quelque chose ?

Alix secoua la tête.

– Rien de certain. Rien dont je puisse me servir comme arme. Mais il y en a un parmi eux, le plus jeune, dont les activités ont commencé à m'intéresser. Ils l'appellent frère Stephen.

En entendant le nom, Odon eut l'impression de recevoir une gifle en plein visage, mais il était parvenu à maîtriser suffisamment ses émotions pour ne laisser paraître aucun signe de jalousie.

– Stephen ? Vous voulez dire celui qui a disparu ? Je me souviens de toute l'agitation qui a entouré son absence. Ils ont mis la ville sens dessus dessous pour le retrouver, mais, ensuite, j'ai entendu dire qu'il était réapparu quelque part en affirmant avoir perdu la mémoire.

Il rit, puis émit un grognement de mépris.

– J'aurais bien aimé qu'il vienne me voir pour se confesser ! J'aurais pu stimuler sa mémoire.

– Ses compagnons l'ont cru, déclara Alix d'une voix neutre. Et je l'ai cru aussi. Les deux dirigeants de l'Ordre, les chevaliers de Payns et Saint-Omer, ne sont pas des idiots. Mais le frère vagabond a disparu de nouveau, il y a moins d'un mois, et on ne l'a pas revu depuis.

– Où est-il allé ? Le savez-vous ? demanda l'évêque en voyant la lueur dans les yeux d'Alix et en reconnaissant le caractère banal de sa question. Pardonnez-moi, c'était une question stupide. Bien sûr que vous ne le savez pas.

– Non, je ne le sais pas… Je ne sais ni où il est allé ni où il se trouve depuis. Mais je sais maintenant qu'il est en chemin pour revenir ici en compagnie d'un de mes… associés en qui j'ai toute confiance.

Odon ne laissa pas paraître qu'il avait remarqué la brève hésitation, une ride profonde s'étant déjà formée entre ses sourcils.

– Comment auriez-vous pu apprendre une telle chose, madame, et pourquoi vous soucieriez-vous même du sort d'un moine crasseux ?

La princesse le regarda comme si elle ne pouvait croire à un tel manque d'intelligence.

– En raison de qui il est et de ce qu'il est, évidemment. Ne voyez-vous pas, Odon ? C'est lui qui, parmi toute la bande, voyage le plus et le plus loin… le seul qui quitte ces écuries pendant de longues périodes. Et quand il a disparu une deuxième fois, je me suis demandé où il allait pendant tout ce temps. Qui allait-il voir ? Avec qui parlait-il et, surtout, que pouvait-il bien apporter et ramener pendant ces excursions ?

Elle se tut et observa le visage d'Odon pendant qu'il songeait à ce qu'elle venait de dire. Finalement, il s'appuya contre le dossier du canapé et inclina la tête.

– Alors, vous avez envoyé vos espions à sa recherche ? C'est ce que vous me dites ?

– J'ai envoyé un espion à sa recherche… un espion dont l'influence s'étend à chaque grain de sable du désert. Vous ne connaissez pas cet homme, et vous ne le connaîtrez jamais non plus, mais il a trouvé le moine soldat et il le ramène ici.

– Pour vous rencontrer ?

– Non, pour rejoindre ses compagnons. Ensuite, je veux que vous lui parliez. Je vais vous dire quelles questions lui poser, et vous vous occuperez de l'interrogatoire, puis vous viendrez me faire part de ce qu'il a dit.

– Mais vous venez à peine de me dire que je ne vous reverrai pas.

– Non, pas du tout, répondit Alix en penchant légèrement la tête sur le côté. Je vous ai dit que nos exquises fornications étaient terminées… que je ne pouvais plus désormais me laisser aller à partager ces plaisirs avec vous. Ce serait beaucoup trop dangereux maintenant et même stupide. Je ne peux être fiancée à un puissant prince et courir le risque de me faire prendre à copuler avec un évêque de l'Église de Dieu.

Odon prit note de la mention du « puissant prince » et se demanda en passant qui ce pouvait être, mais, pour le moment, sa mauvaise humeur ne pouvait tolérer aucune distraction.

– Cela ne vous a jamais préoccupée par le passé ! aboya-t-il, furieux contre lui-même d'avoir proféré une pareille évidence, avant même que les mots n'aient franchi ses lèvres.

– Je n'avais jamais été fiancée à quiconque auparavant. Maintenant, je vais épouser le prince Bohémond d'Antioche.

La déclaration réduisit Odon au silence, dissipant immédiatement son indignation. Bohémond d'Antioche était un personnage puissant et inquiétant, même s'il savait qu'ils parlaient du fils et non du père. La réputation de Bohémond Ier, homme de tempérament orageux qui trouvait des solutions radicales, souvent sanglantes, à tous les problèmes, était légendaire même au cours de sa vie, et Odon n'avait aucun désir de risquer l'ire de son fils, Bohémond II. Il se racla la gorge d'un air incertain et demanda à Alix depuis quand elle le savait. Elle secoua la tête avec dédain, l'esprit déjà ailleurs.

– Je n'en savais rien jusqu'à récemment, mais nos pères étaient amis, et j'ai découvert que nous, leurs enfants, étions fiancés depuis notre plus jeune âge.

Odon avait déjà pris la décision de demeurer prudemment éloigné de la princesse à partir de ce moment, pour sauver les apparences, mais il se permit un dernier grognement de dépit.

– Ah, dit-il, je vois… Et maintenant, je dois disparaître discrètement. C'est là le seul remerciement que j'obtiens pour mes loyaux services ?

– Non, les remerciements pour vos services prendront la

forme d'une remplaçante que j'ai trouvée en votre nom.

– Je…

Odon demeura bouche bée, absolument incapable de réagir à une telle déclaration, et Alix éclata de rire.

– Allez, je vois bien que vous songez à toutes sortes de choses auxquelles vous ne devriez pas penser, mais écoutez-moi un instant ; écoutez-moi et dites-moi si j'ai tort. Allez-vous m'écouter ?

Il opina du chef, toujours incapable d'émettre un son, et se laissa glisser sur le rebord du canapé, puis la princesse s'agenouilla devant lui, une main sur son genou, pendant qu'elle le regardait.

– Je vous ai dit plus tôt que vous adoriez prendre des risques, vous vous souvenez ? demanda-t-elle en l'observant jusqu'à ce qu'il acquiesce. Bien sûr que vous adorez ça. C'est pourquoi vous avez tellement apprécié notre liaison… Votre plaisir s'en est trouvé grandement accru, bien au-delà de ce qu'il aurait été normalement, du fait de mon jeune âge… J'avais quatorze ans quand nous avons fait l'amour pour la première fois, vous en souvenez-vous ?… Quatorze ans, mon cher évêque. Et c'est de là que venaient votre plaisir et votre excitation, du risque, car si jamais on avait découvert notre relation, s'il était devenu de notoriété publique que vous aviez débauché sa fille, mon père vous aurait fait décapiter le jour même, que vous ayez été évêque ou non. N'ai-je pas raison ? Soyez honnête.

– Et si c'est le cas ? Je ne comprends pas en quoi vous avancerait le fait que je l'admette.

– Vous y gagnerez une nouvelle maîtresse… Plus jeune que moi, et tout aussi discrète, entourée d'encore davantage de périls et de dangers que moi.

Les yeux de l'évêque se rétrécirent en un regard soupçonneux.

– Qui est-ce ? Est-ce que je la connais ? Me connaît-elle ?

– Oui. La réponse est oui à toutes vos questions… et non.

– Qu'est-ce que cela signifie ? Vous vous riez de moi

avec des énigmes ?

– Jamais de la vie… Vous rappelez-vous la nuit où nous avons formé un trio ?

Odon se redressa d'un coup, car il s'en souvenait fort bien : c'était la seule fois où il avait passé une nuit entière avec Alix et la seule fois où elle avait invité une tierce personne à se joindre à leurs ébats… une très jeune femme, une fille en réalité, qui était venue à eux dans l'obscurité et avait participé à leurs jeux toute la nuit, sans dire un seul mot, mais en partageant toutes leurs débauches avant de disparaître un peu avant l'aube. Il se souvenait de sa jeunesse, de ses seins minuscules, pas encore formés, de son corps souple et avide, mais aussi dur et résistant que celui d'un gamin des rues.

Il acquiesça en avalant sa salive.

– C'est elle. Vous avez joui d'elle, mais ne l'avez pas vue ; elle a joui de vous et aimerait vous connaître mieux.

– Elle est très jeune, dit-il dans un murmure rauque, tellement sa bouche était sèche.

– À peine quatorze ans. Plus jeune que je ne l'étais la première fois, mais non moins enthousiaste et déjà mieux entraînée.

– Par qui ?

– Par moi, bien sûr, répondit-elle en éclatant d'un rire cristallin. Elle et moi sommes devenues de grandes amies.

– Alors…

Il s'interrompit et déglutit de nouveau.

– Alors, où est le danger dont vous parliez ?

Le sourire d'Alix disparut.

– Elle s'appelle Arouna. Elle est musulmane et issue d'une bonne famille. Son père, Fakhr Ad-Kamil est un cheikh, un homme tranquille et respectueux des lois en ce moment, mais célèbre pour sa férocité à une époque plutôt récente. S'il découvrait votre relation avec sa fille, ou s'il avait le moindre soupçon que vous pourriez avoir posé les yeux sur elle, il vous ferait mourir d'une mort lente et terriblement douloureuse.

Elle leva les épaules et poursuivit :

– En contrepartie, vous auriez Arouna… jeune, brillante,

belle, passionnée, dépravée… Elle ne souhaite aucunement être ce qu'elle est ; elle préférerait de loin vivre parmi les Francs et profiter de leurs us et coutumes, mais elle sait que, bientôt, elle devra comme moi épouser l'homme que son père aura choisi. Alors, elle fera partie du harem de quelque vieux guerrier au bec d'aigle et sa vie de plaisir sera terminée. Entre-temps, elle tient son père sous sa domination et il lui accorde tout ce qu'elle souhaite, lui permettant, puisqu'elle est une amie particulière pour moi, de passer la majeure partie de son temps avec moi à vivre ici, au palais, une situation qu'elle souhaite voir perdurer aussi longtemps que possible.

– Alors, combien de temps l'aurai-je ?

Alix haussa encore les épaules.

– Une année, peut-être deux. Puis les choses changeront. Mais que pouvez-vous désirer de plus ? Une maîtresse secrète, jeune et dangereuse, avide d'amour — en fait, amoureuse de la luxure —, qui comblera chacun de vos désirs et de vos fantasmes. Aimeriez-vous la rencontrer ?

– Oui. Quand ?

– Bientôt. Je vais organiser la rencontre. Mais vous êtes absolument certain de vouloir le faire ?

– Bien sûr que je le suis.

– Même malgré le risque que son père, un vieux scélérat barbare, vous tranche le scrotum et fasse cuire vos testicules sous vos yeux, puis vous les fasse manger pendant que ses hommes vous écorcheraient vif ? Prendrez-vous ce risque simplement pour le plaisir de posséder cette jeune chair ferme ?

– Oui, tout à fait. Je sais que je prendrai ce risque.

– Bien.

Alix se leva et frappa des mains pour faire venir Ishtar, puis elle se dirigea vers la porte, une main reposant légèrement sur le bras d'Odon.

– Je vous ferai venir aussitôt que je saurai quelque chose. Entre-temps, préparez-vous à interroger le frère Stephen à son retour.

– Et quand cela se produira-t-il ?

– Je n'en suis pas certaine. Peut-être demain, peut-être le jour d'après. Je sais seulement qu'il est en route et que mon associé l'accompagne… Ah, Ishtar, Son Excellence l'évêque nous quitte, maintenant.

CHAPITRE 36

Au moment où il aperçut de nouveau les murs de Jérusalem, Stephen St. Clair avait, à certains égards, beaucoup changé. Il n'était plus tout à fait l'homme qu'il était au moment où Hassan l'avait délivré des nomades, parce qu'alors tous deux avaient chevauché et vécu ensemble pendant ce voyage de plusieurs centaines de milles, et consacré la majeure partie de leur temps à converser, une fois qu'ils s'étaient habitués l'un à l'autre. Stephen avait appris, à sa grande surprise car cela allait à l'encontre de ce qu'on lui avait enseigné, que les musulmans, en tant que fidèles de la religion de l'islam, considéraient les chrétiens et les Juifs comme étant presque leurs égaux et que, en tant qu'adorateurs du Dieu unique, ils les appelaient les « gens du Livre ». Il importait peu que chacun des trois peuples nomme le Livre d'une manière différente. L'important, c'était que chaque peuple avait un Livre, ce qui témoignait de leur relation avec le Dieu unique. Cette idée selon laquelle les Juifs, les chrétiens et les musulmans se rejoignaient dans l'adoration de leur Dieu, aussi nouvelle pût-elle sembler, n'en était pas moins logique aux yeux d'un membre de l'Ordre de la Renaissance de Sion, peu importe que cette idée pût frôler l'anathème pour un chrétien dévot.

Il avait également découvert qu'un guerrier sarrasin pouvait non seulement constituer un compagnon idéal dans le désert, mais aussi posséder plusieurs des qualités que St. Clair avait trouvées si étonnamment absentes chez ses homologues chrétiens : des choses comme la dignité, la noblesse, l'honneur et un sens inné de la bienséance. En fait, il était devenu convaincu, simplement en observant le comportement de Hassan et en écoutant ses propos et ses opinions, que ces qualités mêmes devaient être jugées courantes parmi les guerriers d'Allah et de Son prophète.

Ils avaient même parlé de religion durant leur long voyage, et Hassan s'était efforcé d'exposer clairement à St. Clair les différences entre les musulmans chiites et les musulmans sunnites, beaucoup plus nombreux, et de lui expliquer l'origine du schisme entre les deux factions islamiques. St. Clair avait trouvé ces explications intéressantes, mais aucune ne l'avait vraiment impressionné et, y réfléchissant par la suite, il avait compris que son manque d'intérêt découlait du point de vue selon lequel la figure dominante de l'islam n'était qu'un homme, le prophète Mahomet, alors que le christianisme avait comme figure dominante le Christ lui-même, le Fils vivant de Dieu. Réalisant cela, il avait été complètement sidéré parce que c'était illogique et, croyait-il maintenant, totalement superstitieux. La partie logique de son esprit savait, grâce à ses propres études, que Jésus, l'homme de Galilée, n'avait pas été davantage que ce que l'expression impliquait : un être humain, mais extraordinaire, choisi par le destin et, tout au plus, prophète, comme l'était Mahomet, l'homme de La Mecque, six siècles plus tard. Et il acceptait ce fait.

Toutefois, la principale chose qu'il avait découverte avait été que ce guerrier énigmatique vêtu de noir, avec son armure de cotte de mailles exotique, qui aurait dû, selon tous les critères connus de St. Clair, être son ennemi, était devenu, après seulement quelques jours passés ensemble dans le désert, plus près d'être un véritable ami que qui que ce soit d'autre qu'il avait connu depuis son départ de la France en tant que chevalier, des années auparavant. En conséquence, il était peu préparé, au moment où ils arrivèrent en vue des murs de Jérusalem, à ce que Hassan s'arrête, le relève de son obligation de ne pas tenter de s'enfuir et le laisse aller seul pendant que lui-même disparaissait à nouveau dans le désert derrière eux. Quand St. Clair tenta de l'en dissuader, Hassan sourit simplement et, d'un geste de la main droite, indiqua son apparence. « Regarde-moi, voulait clairement dire le geste, je suis un guerrier du désert, un Sarrasin. Je ne survivrais pas une seule journée si j'entrais dans cette ville. »

St. Clair ne pouvait pas le contredire sur ce point, sachant que lui-même était incapable de procurer à Hassan une quelconque protection ou une garantie de sécurité ou d'immunité contre une attaque de la première personne qui poserait les yeux sur lui. S'il avait lui-même rencontré Hassan quelque temps plus tôt seulement et vu cet homme vêtu de la sorte, un représentant incontournable de toute la menace qui existait à l'endroit du royaume franc, il aurait tiré son épée et l'aurait attaqué sans hésiter. Alors, les deux hommes se firent leurs adieux et se séparèrent, Hassan pour retourner dans le désert et St. Clair pour retrouver ses compagnons du mont du Temple, en toute humilité et le cœur repentant. Comme il avait longuement discuté de la question avec l'infidèle Hassan un soir, près d'un feu d'excréments de chameaux, il était conscient qu'il était venu dangereusement près de perdre son âme aux mains du démon du désespoir dont les ravages étaient tout aussi mortels aux yeux des musulmans qu'ils l'étaient à ceux des chrétiens francs. Maintenant, sachant à quel point il avait failli perdre tout ce qui lui était précieux, St. Clair était prêt à revenir au bercail et à reconnaître toutes ses faiblesses. Son seul regret, réalisa-t-il alors qu'il chevauchait vers les murs de la ville, était d'avoir perdu son nouvel ami, Hassan, Sa réapparition aux écuries fut loin de susciter la même agitation que la première fois. Ses compagnons étaient heureux de le revoir, et ils ne s'en cachaient pas, mais ils savaient pertinemment, depuis le moment même de son arrivée, qu'un gouffre s'était ouvert entre eux et lui. Il était absolument évident qu'ils étaient tous surpris et curieux de savoir ce qui lui était arrivé et où il était allé, mais il était tout aussi évident qu'aucun d'entre eux ne savait que lui dire ni comment se comporter avec lui. Personne ne fit de commentaires ni ne posa de questions sur le fait qu'il n'avait plus ses armes, et la chose lui semblait ridicule, parce que s'il existait une seule règle qui gouvernait leurs vies en Outremer, c'était que personne ne s'attendait à survivre bien longtemps dans le désert sans armes. Pourtant il était bien là, après avoir apparemment passé une longue période dans le désert, revenu sain et sauf, mais sans épée ni armure, et personne ne sembla s'en préoccuper. Au début, il s'en amusa, mais il se sentit rapidement mal à l'aise et, après à peine plus d'une heure, il ne parlait plus à personne et s'employait à panser ses sentiments blessés dans un silence réprobateur.

Plus tard ce soir-là, Geoffroy de Saint-Omer et Hugues de Payns le convoquèrent et, lorsqu'il pénétra dans la salle des archives à l'extrémité des écuries, ils s'y trouvaient déjà, le visage délibérément inexpressif. L'entrevue qui suivit fut à la fois étrange et à sens unique, jusqu'au moment où St. Clair comprit que sa propre honte l'amenait à se comporter avec une fierté et une arrogance têtues qui n'étaient en rien justifiées.

Les deux hommes qui l'interrogeaient n'avaient à cœur que son intérêt. Il n'avait aucun doute à ce sujet. Il ne s'agissait pas d'ecclésiastiques désapprobateurs cherchant à le condamner pour une infraction morale, pas plus qu'ils n'étaient des confesseurs exigeant qu'il fasse pénitence. Ils étaient des chevaliers et des soldats, qui agissaient avec tous les hommes de manière franche et directe, et ils étaient ses frères au sein de l'Ordre de la Renaissance, des gens qui se préoccupaient sincèrement de son bien-être physique et mental, et ils avaient une confiance absolue dans le fait qu'étant un homme d'honneur lié par leur code commun, tout dilemme moral dans lequel il pourrait se retrouver serait résolu au mieux de ses compétences et sans qu'eux ou l'Ordre n'en souffrent.

Saint-Omer avait commencé à lui poser une autre question en présumant que, comme toutes les autres, elle n'allait pas recevoir de réponse, lorsque St. Clair leva la main pour l'arrêter. Il se mit alors à raconter en détail tout ce qui lui était arrivé ces derniers mois, en commençant par sa découverte de la pierre bleue et en omettant seulement de révéler l'identité de la femme qu'il avait reconnue dans ses rêves et qui était à l'origine de toute cette série d'événements. Mais il ne cacha rien d'autre et ne fit aucun effort pour dissimuler qu'il se considérait comme coupable d'avoir violé ses trois vœux, et qu'il était parti dans le désert pour y trouver la mort, espérant expier ses péchés en subissant le martyre sous une forme ou une autre. Il décrivit de quelle façon il avait été fait prisonnier puis libéré par Hassan le chiite.

À partir du moment où St. Clair avait entrepris son récit, Saint-Omer, qui ne savait rien des rêves ni des combats de St. Clair contre les succubes, l'avait regardé bouche bée, les yeux écarquillés d'étonnement. Il en allait tout autrement pour de Payns. Celui-ci demeurait également assis sans émettre un son, aussi captivé que son collègue, mais pour des raisons différentes. Il n'avait pas été surpris lorsque le jeune chevalier leur avait révélé qu'il avait rompu ses vœux, car il soupçonnait quelque chose de ce genre, quelque chose qui avait un lien avec la femme qui hantait les rêves du jeune homme.

Il trouvait beaucoup plus mystérieuse la question entourant le guerrier chiite car, lorsque St. Clair avait mentionné qu'un « ami » inconnu avait apparemment demandé au chiite de le retrouver, de Payns avait tout de suite songé à la princesse Alix, se souvenant qu'elle lui avait dit, au cours de leur entretien, qu'elle enverrait un ami musulman à la recherche de St. Clair. Il avait entendu des rumeurs selon lesquelles Alix avait des amis et des alliés parmi les nomades du désert, mais il avait de la difficulté à croire que la princesse pouvait avoir des relations suffisamment larges pour lui permettre, à son âge, d'étendre ses tentacules jusque dans le désert, ainsi que d'obtenir l'attention et l'obéissance d'un homme comme cet Hassan, qui avait sans nul doute une stature formidable. Mais les propos de St. Clair indiquaient clairement que quelqu'un avait agi exactement ainsi, et Hugues ne pouvait imaginer personne d'autre que la princesse Alix dans ce rôle. Mais il ne souffla mot de ses soupçons à St. Clair et se contenta de lui demander s'il avait une quelconque idée de l'identité de ce mystérieux « ami », acceptant sans commentaire la réponse négative du jeune moine.

Quand Stephen eut terminé son récit, les deux hommes demeurèrent assis à le regarder, réfléchissant à ce qu'il venait de leur dire, et ce fut finalement de Payns qui prit la parole :

– Eh bien, frère Stephen, tu as de toute évidence frôlé le désespoir, et de toute évidence aussi, tu l'as surmonté et tu y as survécu. C'est bien. En ce qui a trait à ta conscience et au doute que tu entretiens sur les péchés que tu penses avoir commis, je ne peux rien faire, sinon te dire que, à mon avis, tu n'as rompu aucun de tes vœux de manière irrévocable. Après t'avoir écouté décrire ce qui s'était passé, je pense pouvoir déceler des faiblesses passagères, peut-être un certain manque de jugement, mais aucune rébellion ou désobéissance volontaire. Bien sûr, cela n'est pas de mon ressort, et je suis mauvais juge en cette matière. Toutefois, je te suggérerais de retourner voir le patriarche Gormond de Picquigny et de lui parler à nouveau. Il pourra te dire clairement ce que tu dois faire à propos de ce qui te perturbe. Je dois passer près de chez lui demain, alors je lui rendrai visite et lui demanderai s'il peut te rencontrer encore une fois et quand cela lui serait possible.

– Le patriarche n'est pas ici, Hugues, intervint Saint-Omer à voix basse, rappelant à son ami ce qu'il savait déjà. Il a quitté Jérusalem pour Antioche hier et reviendra dans un mois, ne t'en souviens-tu pas ? Nous avons assisté à son départ.

Hugues de Payns leva les yeux au ciel et joignit ses mains en un geste de prière.

– Un autre exemple, Seigneur, de la tyrannie de la vieillesse.

Puis il jeta un coup d'œil à Saint-Omer, inclinant la tête de façon presque imperceptible.

– Bien sûr que je m'en souviens, maintenant que tu me le rappelles. Nous l'avons vu partir ensemble. J'avais oublié. J'ai trop de choses à l'esprit ces temps-ci.

Il se tourna vers St. Clair, dont le regard passait de l'un à l'autre pendant qu'ils parlaient.

– Alors, il te faudra attendre, frère Stephen. Je veux dire : ta visite au patriarche Gormond. Aussitôt qu'il sera de retour, j'organiserai une rencontre entre vous deux et, entre-temps, les semaines passeront rapidement. Je te promets que tu n'auras pas le temps de t'ennuyer.

Il hésita un instant avant de poursuivre :

– Pour le moment, si la question de la pierre continue de

t'agacer, comme c'est de toute évidence le cas, alors nous pouvons la résoudre facilement. Confie-la au frère Geoffroy, et le sujet sera clos. Ensuite, débarrasse ton esprit de toute culpabilité à propos de cette babiole et repose-toi ici, parmi tes frères. Tu as été longtemps absent. Dis-leur où tu es allé, et raconte-leur tes aventures, car même s'ils ne te poseront peut-être pas de questions, ils adoreraient savoir. Maintenant, va en paix et ne t'inquiète plus jusqu'à ce que le mois se soit écoulé et que tu aies parlé à Gormond de Picquigny.

CHAPITRE 37

Hugues de Payns avait raison, car le mois s'écoula avant même que St. Clair n'ait eu le temps d'y penser, tellement il était occupé depuis son retour. Il avait passé une grande partie de ce temps sous terre, travaillant d'arrache-pied avec ses compagnons, et il avait consacré le reste du temps à la prière et à l'étude des mystérieuses cartes du labyrinthe souterrain qui leur avaient été envoyées de France. Elles étaient conservées dans un coffre, dans la salle des archives des moines, et St. Clair les trouvait fascinantes, car le réseau de tunnels qu'elles décrivaient était immense et complexe et, pourtant, rien de ce que les chevaliers avaient trouvé ne semblait pouvoir être situé sur ces cartes.

†

Un jour, alors qu'il travaillait là, se concentrant sur une des cartes, le jeune homme fut surpris par la voix de Hugues de Payns à son oreille, qui lui rappelait que le patriarche serait de retour à Jérusalem d'un moment à l'autre maintenant, et qu'il devrait se tenir prêt à aller le rencontrer à n'importe quel moment. St. Clair, encore surpris par la soudaineté de l'interruption, acquiesça de la tête et remercia son supérieur, puis se replongea dans son travail. Il reçut peu après l'aube, deux jours plus tard, une convocation de la part de Gormond de Picquigny. André de Montbard avait rencontré le messager du patriarche à l'entrée des écuries et était venu transmettre la nouvelle à St. Clair.

Comme il s'attendait à cette invitation, St. Clair n'en fit pas de cas et se rendit immédiatement au palais du patriarche. Il se présenta auprès du garde de l'entrée principale, puis un des clercs de Picquigny le conduisit à travers une série de pièces et de couloirs qu'il n'avait aucun souvenir d'avoir vus au cours de sa visite précédente. Une fois de plus, il n'en fit pas de cas, supposant simplement que le patriarche avait ses propres raisons de se trouver à cet endroit ce jour-là.

Toutefois, le clerc le conduisit à l'extrémité d'une vaste galerie qui, St. Clair s'en souvenait, menait aux appartements personnels du patriarche, car il reconnut une magnifique tapisserie sur un des murs. Ils passèrent devant et son guide l'amena plus loin, jusqu'à une haute pièce aux murs de pierre et au plancher dallé dont les petites fenêtres placées en hauteur parvenaient à imprégner la pièce d'un air froid et humide rappelant beaucoup plus à St. Clair le nord du comté d'Anjou que tout autre endroit qu'il avait vu en Outremer. Le clerc lui désigna sèchement une chaise à haut dossier, puis se retira, le laissant seul à attendre.

St. Clair attendait depuis presque une demi-heure, ayant depuis longtemps perdu la bataille qui consistait à contenir son impatience, lorsque la lourde porte s'ouvrit, et il se leva en se tournant pour accueillir le patriarche. Mais ce n'était pas Gormond de Picquigny qui s'avançait à grands pas vers lui, mais plutôt l'homme qui lui avait été présenté, au cours de sa visite précédente, comme le secrétaire du patriarche, un évêque dont il ne parvint pas à se souvenir du nom. St. Clair inclina simplement la tête, s'attendant à ce que l'homme lui dise que le patriarche n'avait pu se libérer et qu'il ne pouvait se présenter à leur rendez-vous. C'est pourquoi il fut étonné lorsque le nouveau venu le fixa d'un regard perçant, inamical, et lui fit signe de se rasseoir sur sa chaise sans un mot de bienvenue. Surpris mais ne sachant comment réagir, St. Clair se rassit, plaçant doucement son coude dans sa main droite et ajustant la dague à sa ceinture avec l'autre main. L'évêque alla directement s'installer sur la chaise derrière la table, près de la cheminée, où il commença à examiner un document qu'il avait apporté avec lui, laissant une fois de plus St. Clair assis en silence à attendre. L'évêque poursuivit sa lecture pendant un moment, fronçant les sourcils d'un air pompeux, de l'avis de St. Clair, puis, au moment où le chevalier se préparait à se lever et à partir pour protester contre cet inadmissible traitement, l'ecclésiastique soupira bruyamment, laissa tomber le parchemin qu'il lisait — qui reprit immédiatement sa forme cylindrique — et regarda St. Clair en se pinçant l'arête du nez entre le pouce et l'index.

– Stephen St. Clair, dit-il. Sais-tu qui je suis ?

Stephen ravala la réponse qui lui était venue à l'esprit, mais refusa de se laisser intimider par un clerc, peu importe son rang, alors il haussa nonchalamment les épaules.

– Un évêque ?

– Je suis Odon de Fontainebleau, évêque et secrétaire copiste de Son Excellence Gormond, patriarche latin de Jérusalem.

Il fit une pause et St. Clair ne put que supposer que c'était pour observer l'effet de ses paroles sur lui ; aussi garda-t-il un visage inexpressif pendant un moment, puis inclina la tête, une fois.

– Je vois.

– Le patriarche m'a délégué pour t'interroger en son nom, parce que ses occupations ne lui permettent pas de suivre cette affaire en personne.

– Quelle affaire ?

Odon lui jeta un regard de colère.

– Quand tu t'adresseras à moi, tu diras « monseigneur l'évêque » et tu ne prendras pas la parole tant que je ne l'exigerai pas.

– Quelle affaire, évêque Odon ? Je ne sais pas de quoi vous parlez.

– De ceci, répondit Odon en faisant un signe en direction du parchemin sur la table. L'affaire qui fait l'objet d'une enquête.

St. Clair demeurait mal à l'aise devant la tournure que prenaient les événements, mais il n'était pas aussi déconcerté qu'Odon s'y était attendu. Il savait qu'il n'avait rien fait de mal... rien, en tout cas, qui justifie un interrogatoire de la part d'Odon de Fontainebleau ou de tout autre homme d'Église, y compris le patriarche lui-même. La confession et l'absolution étaient une chose entre un homme, son Dieu, et le prêtre ou l'évêque qui servait d'interlocuteur, mais il n'avait rien fait qui mérite un tel traitement. Et pourtant... Tout de même incertain, il se rassit sur sa chaise.

– Sur quoi enquêtez-vous ? Dites-moi ce que vous voulez savoir.

– Cela concerne ton enlèvement, il y a plusieurs mois, et cette récente disparition, ces dernières semaines. Le patriarche s'est aperçu qu'il y avait des incohérences et des différences entre ce que tu as raconté à tes supérieurs et ce qu'il a entendu d'autres sources. Je souhaite maintenant réentendre les détails pertinents afin que Son Excellence et moi puissions en venir à une conclusion sur ton honnêteté ou ton manque d'honnêteté dans cette affaire illogique.

– Expliquez ce que vous entendez par « illogique ».

St. Clair avait adopté un ton tranchant et Odon releva brusquement la tête comme s'il avait reçu une gifle.

– Comment oses-tu m'interroger ? Tu es insolent ! Souviens-toi de qui je suis et ne me force pas à te le rappeler, dit-il en montrant la lourde croix sur sa poitrine. Ceci symbolise qui je suis et ce que je représente, et il serait sage de ta part de ne pas l'oublier. Tu n'es qu'un frère subalterne dans une petite confrérie anormale. Alors, tu t'adresseras à moi avec le respect qui m'est dû.

St. Clair se tourna sur son siège et se pencha vers l'avant, posant délibérément son pouce sur la poignée de sa dague et la mettant en évidence à sa taille.

– Oui, monseigneur l'évêque, répliqua-t-il calmement, nous avons parfois besoin de symboles pour nous rappeler et rappeler aux autres ce que nous sommes et ce que nous représentons.

Il vit les yeux d'Odon s'écarquiller soudain d'inquiétude, mais il ne fit aucun autre commentaire et n'essaya pas de faire comprendre davantage son message. Il n'avait rien dit de menaçant ou d'inamical, mais il était heureux d'avoir marqué un point, alors il poursuivit :

– Vous m'avez presque accusé d'avoir menti au patriarche et à mes compagnons, évêque Odon, et, en conséquence, je revendique un privilège à la fois en tant que chevalier et en tant que moine : je veux discuter de cette question avec mes supérieurs au sein de l'Ordre, et je souhaite parler de nouveau avec le patriarche en personne.

Il y eut un long silence, puis Odon réussit à dire :

– De nouveau ? Tu veux parler au patriarche encore une fois ?

– Bien sûr. Tout comme vous le feriez vous-même dans des circonstances semblables. La dernière fois que j'ai parlé avec monseigneur Gormond, à la demande de mon supérieur le frère Hugues de Payns, Son Excellence a gracieusement écouté ma confession au sujet de ces questions qui, selon vous, le troublent maintenant, et il m'a déclaré innocent. Ce jour-là, il m'a renvoyé chez moi absous de toute culpabilité. Alors, s'il souhaite me poser d'autres questions à ce sujet, je lui avouerai à quel point je trouve cette démarche étrange, mais je me soumettrai à son autorité, à la condition de pouvoir le faire en personne.

St. Clair hésita, puis demanda :

– Étiez-vous au courant de cela ? Le patriarche ne vous en a rien dit ?

Odon parvint à conserver un visage de marbre, mais ses yeux trahissaient sa panique et sa confusion, et St. Clair comprit tout à coup que l'évêque mentait. Quel qu'ait pu être le but de cet entretien, il n'avait rien à voir avec Gormond de Picquigny, car Odon n'était pas au courant, jusqu'à ce moment, que St. Clair connaissait le patriarche et qu'il avait déjà parlé avec lui. Il était inconcevable que Picquigny ait demandé à son secrétaire de l'interroger sans lui dire d'abord qu'il l'avait déjà rencontré et qu'il avait écouté sa confession sur ce sujet précis. Odon se trouvait démasqué et, maintenant, tandis qu'il cherchait frénétiquement les paroles qui lui permettraient de retrouver son autorité, ce fut St. Clair qui se retourna sur son siège et fronça les sourcils, et il le fit avec une grande assurance, s'appuyant contre le dossier de la chaise inconfortable et croisant ses bras sur sa poitrine en attendant qu'Odon de Fontainebleau parle.

Toutefois, Odon n'était pas pressé, puisqu'il ne savait que dire. Il comprenait qu'il venait de faire une grave erreur et qu'il avait réduit à néant sa crédibilité, mais, à présent, il n'avait absolument aucune idée de la façon dont il devait poursuivre cette conversation, car, quoi qu'il tente désormais, l'homme devant lui allait refuser d'obéir et Odon, qui n'avait pas oublié la dague accrochée à la ceinture du jeune homme, craignait de le pousser trop loin. Il savait qu'Alix blêmirait de rage devant un si humiliant échec après lui avoir dit et répété exactement quelles questions poser. Mais ce fut St. Clair qui le tira de sa douloureuse situation en s'adressant à lui d'une voix qui n'exprimait rien d'autre que de la courtoisie.

– Je propose, monseigneur l'évêque, que nous revenions au point de départ. De toute évidence, vous m'avez fait venir ici sous un faux prétexte et espériez tirer quelque avantage en m'intimidant pendant que vous m'auriez interrogé. Ne protestez pas, monseigneur. Je sais que j'ai raison. Je n'ai aucune idée de ce que vous vouliez savoir, mais je n'ai rien à cacher et, je l'avoue, je suis curieux de savoir ce que vous cherchez, alors si vous acceptez que nous recommencions cette conversation, allons-y.

Odon continua de regarder le jeune chevalier à travers les fentes étroites de ses yeux, la fureur bouillonnant en lui, mais il ne s'autorisa pas à le laisser paraître sur son visage. Il savait que St. Clair lui offrait une porte de sortie, mais il était encore incapable de voir le chemin qu'il devait prendre. Finalement, il lui vint à l'esprit qu'Alix elle-même serait la mieux placée pour résoudre toute cette charade. Sa décision prise, il inclina la tête une fois, puis une autre, plus profondément.

– Il y a… une dame…, commença-t-il, une dame que je connais… une femme très riche et influente qui… désire te rencontrer pour parler de sujets d'intérêt mutuel.

– Ce n'est pas possible. Je suis un moine lié par un vœu de chasteté. Il ne peut y avoir aucun intérêt mutuel entre moi et une quelconque femme.

St. Clair avait immédiatement compris, bien sûr, de quelle femme il s'agissait, parce qu'il se souvenait avoir entendu de Payns dire que l'évêque Odon était très proche de la deuxième fille du roi. Mais il ne voyait maintenant aucun intérêt à nommer la princesse. Toutefois, tandis même qu'il parlait, Odon secouait déjà la tête.

– Crois-moi, frère Stephen, tu n'as aucune crainte à avoir en ce qui concerne les convenances. La dame à laquelle je fais allusion est…

– Je sais exactement de quelle dame vous parlez, monseigneur, mais même la princesse royale ne peut revendiquer une exemption en ce qui concerne les lois divines. Je m'étonne de vous entendre proposer une telle chose.

Pour la deuxième fois au cours de ce bref entretien, Odon devint muet d'étonnement et, voyant la réaction dans ses yeux, St. Clair réalisa qu'il avait lui aussi commis un impair, car l'évêque ne pouvait savoir combien de temps il avait été prisonnier de la princesse. Ne laissant pas à Odon le temps de retrouver ses esprits ni de reprendre son souffle, St. Clair poursuivit donc en évoquant les quelques occasions où il avait rencontré la princesse en public, expliquant avec un sourire penaud, qui lui semblait aussi faux que les masques de bois dont se servaient les mimes qui parcouraient les territoires chrétiens pendant les mois d'été, pourquoi le nom de la princesse lui était venu à l'esprit de manière si inattendue. Odon avait parlé, dit-il, d'une femme riche et influente, et la princesse était la seule femme riche et influente qu'il ait rencontrée depuis son arrivée à Jérusalem.

– En vérité, ajouta-t-il timidement, la princesse est la seule femme noble que j'aie rencontrée depuis que j'ai quitté la France, alors que je n'étais qu'un tout jeune homme, pour voyager et combattre. C'est pourquoi son nom m'est venu à l'esprit lorsque vous avez mentionné une femme influente et j'ai supposé…

Il laissa volontairement sa voix s'éteindre à ce moment, puis poursuivit en marmonnant qu'il ne pouvait imaginer que la dame puisse vouloir discuter avec un simple moine soldat mal lavé.

L'évêque fronça les sourcils, puis acquiesça, heureusement incapable de deviner les véritables pensées de St. Clair et faisant trop d'efforts pour s'extirper de sa propre situation pour les soupçonner, et lorsqu'il parla, se raclant la gorge auparavant pour se donner une voix autoritaire, ses paroles étaient sobres et mesurées, et son ton aussi pontifiant que peu convaincant :

– Je peux comprendre ton étonnement, frère Stephen, mais peut-être te sentiras-tu soulagé de savoir qu'il n'y a rien de personnel dans le fait que la dame désire te parler. Au contraire, la princesse éprouve une confiance absolue à l'égard de ta bonne volonté, de ton honneur et de ton intégrité.

St. Clair écoutait avec étonnement, s'émerveillant devant la façon dont l'évêque pouvait si facilement dire une chose à un moment et son contraire quelques minutes plus tard. Il devint évident à ses yeux qu'Odon présumait que, simplement parce qu'il parlait à un chevalier plutôt qu'à un clerc, il n'avait aucun besoin de tenir compte de son intelligence et encore moins de se soucier du fait que son interlocuteur puisse faire la différence entre le mensonge et la flatterie.

St. Clair prit note de ce fait et ne laissa rien paraître de ce qu'il pensait, permettant au prélat de poursuivre :

– La princesse est profondément troublée par certaines questions… certaines informations qui lui sont parvenues récemment. Je ne sais pas précisément de quoi il s'agit ; rien sur quoi je puisse fonder un jugement autrement que sur ce que je peux conclure en observant la princesse elle-même. Toutefois, je crois comprendre d'après ce que j'ai vu et entendu qu'il se passe des choses étranges et… non précisées dans les écuries du mont du Temple… Je crois que cela pourrait avoir un lien avec les fondations, bien que je ne connaisse pas les implications d'une telle chose…

Il s'interrompit un moment, regardant toujours le jeune moine, et reprit :

– Mais, quoi qu'il en soit, la princesse Alix se retrouve maintenant face à un grave dilemme. Elle souhaite naturellement, et par devoir filial, faire part de ces rumeurs à son père le roi, mais elle a une telle estime pour ton supérieur, le frère Hugues, et pour toi qu'elle hésite à le faire avant d'avoir procédé à sa propre enquête, car elle est consciente que de telles rumeurs, dépourvues de fondement et anonymes, pourraient entraîner une multitude de problèmes pour toi et tes compagnons, et tout cela probablement de façon inutile. C'est pourquoi elle m'a confié la tâche de t'interroger plutôt que de te convoquer directement. Ne sachant rien du contexte de cette affaire, j'ai malheureusement choisi d'exécuter ma tâche, comme je le constate maintenant, d'une manière tout à fait inappropriée. Je comprends à présent que j'aurais mieux fait d'agir avec toi de manière ouverte dès le départ.

– Oui, dit St. Clair d'un ton aussi sec que celui de l'évêque était sonore.

Cependant, il n'ajouta rien et Odon hésita.

– Oui, c'est un fait…, enchaîna-t-il avant que St. Clair ne puisse prendre de nouveau la parole. Mais consentirais-tu à m'accompagner dès maintenant chez la princesse pour la rassurer sur ces questions ?

St. Clair porta la main à sa bouche, réfléchissant à toute vitesse. Le fait qu'Odon ait mentionné les fondations l'avait troublé. Il aurait accepté sans broncher toute autre affirmation, car il était de notoriété publique que tout le monde s'intéressait aux étranges moines soldats du mont du Temple et à leur style de vie apparemment bizarre dans les écuries, mais cette évocation des fondations le préoccupait énormément et il ne savait trop comment réagir maintenant. Il aurait pu accepter avec plaisir une rencontre avec Alix à la condition d'avoir suffisamment de temps pour s'y préparer, car il avait beaucoup pensé à elle, durant les dernières journées passées dans le désert avec Hassan, et à ce qu'elle pourrait représenter dans sa vie future. Les rêves qui l'avaient hanté étaient désormais choses du passé ; ils ne s'étaient pas produits une seule fois depuis qu'il s'était éveillé en pleine nuit et avait pris conscience de la vérité avant de s'enfuir de Jérusalem. Il avait donc l'impression, avec un certain degré de confiance, qu'il pourrait être en mesure d'affronter ses peurs en affrontant Alix elle-même. Toutefois, il savait, et il l'avait admis souvent et avec ironie au cours des jours précédents, d'un degré de confiance fort restreint. Quoi qu'il en soit, il était désireux et capable de faire face à la possibilité d'un dernier entretien avec la princesse.

Cependant, cette mention précise des fondations du temple avait écarté toute autre considération de ce genre, et son esprit tourbillonnait d'idées de danger, d'intrusion et de trahison. Les paroles d'Odon au sujet du secret le mieux gardé de la confrérie avaient déclenché une alarme dans l'esprit de St. Clair, parce qu'il avait immédiatement compris que si Alix, et par extension sa créature Odon, étaient au courant des travaux entrepris sous les écuries, cela signifiait sans l'ombre d'un doute que quelqu'un, un de ses propres compagnons, avait trahi l'Ordre de la Renaissance et que le monde entier pouvait apprendre la nature de leurs activités à tout moment. Même en proie à une panique temporaire, St. Clair ne croyait nullement qu'un de ses compagnons ait pu les trahir délibérément. Un des frères devait simplement avoir manqué de prudence d'une façon ou d'une autre. C'était là la seule explication raisonnable qu'il puisse imaginer, car il était évident que, malgré tout le secret dont ils s'étaient entourés et les méticuleuses précautions qu'ils avaient prises au cours des dernières années, leurs activités avaient été remarquées au point même que l'on pouvait préciser l'emplacement souterrain de leurs travaux : les fondations.

À sa grande surprise, la façon dont les choses s'étaient produites, tout comme les raisons pour lesquelles elles s'étaient produites, étaient insignifiantes par rapport à leurs répercussions immenses et désastreuses que cela entraînerait : les travaux clandestins qu'accomplissaient les frères de Jérusalem au nom de l'Ordre de la Renaissance étaient sur le point de connaître une fin brutale, avec des effets catastrophiques évidents sur l'Ordre lui-même.

À moins que — et, à ce moment, il dut s'arrêter et se préparer physiquement, resserrant les muscles de son ventre —, à moins qu'il ne puisse trouver une façon de convaincre la princesse Alix — et, par son entremise, l'évêque Odon — que ses soupçons n'étaient pas fondés. Cette idée le fit presque gémir à haute voix, car il savait pertinemment à quel point son comportement avec la princesse avait été déplacé et pitoyable. Ç'aurait été pure folie que d'espérer maintenant que les choses se passent différemment. Il était beaucoup trop tard pour s'en remettre à de Payns et à Saint-Omer ; les choses étaient allées trop loin pour que quiconque se permette d'espérer que ses deux supérieurs puissent aller voir la princesse et l'affronter sans s'être préparés et sans savoir à l'avance la nature de ses informations et la façon dont elle avait choisi de les interpréter. Aussi honteuse et dégradante qu'elle soit, il entretenait déjà une relation avec Alix et c'est ainsi qu'il se prit à espérer, avec une désolante naïveté, pouvoir, contre toute attente, tirer parti de cette ancienne association pour se servir des soupçons d'Alix, les apaiser ou les éliminer pendant suffisamment de temps pour que de Payns et Saint-Omer mettent au point leur propre stratégie, fondée sur ce qu'il pourrait découvrir. Ainsi, il devait essayer... il devait faire face à Alix, puis la convaincre, peu importe ce qu'il pouvait advenir de lui et de sa toute récente résolution à propos de sa chasteté. Il secoua la tête d'incrédulité en pensant soudainement que cette dernière rencontre avec la femme qui l'avait enlevé, détenu et débauché, représenterait sans doute l'entretien le plus important de toute l'histoire de l'Ordre de la Renaissance de Sion.

– Très bien, dit-il finalement. Conduisez-moi à la princesse.

CHAPITRE 38

St. Clair se tenait seul dans l'antichambre, regardant distraitement une immense tapisserie qui couvrait un mur entier et qui représentait une chasse à courre dans quelque vallée boisée des territoires chrétiens. Il était nerveux et effrayé, son estomac gargouillant et faisant remonter de la bile au fond de sa gorge. Il avait aussi depuis longtemps perdu la notion du temps, et il ne savait absolument pas combien de minutes ou d'heures s'étaient écoulées depuis que l'évêque Odon l'avait laissé dans cette pièce en refermant la porte pour partir à la recherche de la princesse Alix. Depuis lors, il savait seulement qu'il avait examiné chaque détail de la tapisserie — lc seul objet dans la pièce à l'exception de quelques meubles laids —, décidant presque tout de suite que l'œuvre avait été mal exécutée. Il était également très conscient, pour la première fois de sa vie, de n'être pas propre, et c'était là une idée qui le troublait grandement parce que la propreté n'était pas quelque chose dont un homme de son genre se préoccupait en temps normal. En vérité, la propreté, dans le sens de se laver pour se débarrasser de ses odeurs afin de ne pas déplaire aux autres, était considérée par certains comme une faiblesse comparable à des manières efféminées et, par d'autres, comme une habitude veule et hédoniste. St. Clair ne s'était pas lavé depuis le jour où Hassan le chiite l'avait trouvé dans le désert syrien et, cette fois-là, il ne l'avait fait que parce que Hassan avait refusé de lui prêter des vêtements qui lui appartenaient à moins qu'il ne se débarrasse de la saleté incrustée sur son corps. Mais, pensait-il maintenant, cela ne s'était produit que quelques semaines auparavant et, en tant que moine, il ne devait pas se laver plus de deux ou trois fois par année.

Il savait que son malaise découlait du fait qu'il connaissait la princesse Alix et ses habitudes. Alix adorait se baigner, se rappelait-il, et elle l'avait toujours fait, dès sa plus tendre enfance. Elle avait été élevée par des serviteurs dans la maison de ses parents à Édesse, des serviteurs, hommes et femmes, appréciés pour leur fidélité et leur loyauté, et, comme le font généralement les serviteurs avec les petits enfants, ils l'avaient outrageusement gâtée, inondant la fillette d'amour et s'assurant qu'elle obtenait le meilleur de ce que la vie pouvait procurer. Ces serviteurs étaient issus d'une multitude de tribus et appartenant à diverses nationalités, mais tous étaient musulmans, et ils avaient suscité chez l'enfant l'amour de la propreté, l'encourageant à utiliser les magnifiques bains de la cité de son père, construits par les Romains de nombreux siècles auparavant, que les Arabes utilisaient et entretenaient depuis. En conséquence, Alix était devenue une femme à l'odeur de rose parmi des hommes puants, et St. Clair savait, car il se souvenait maintenant avec clarté du moment où elle s'était confiée à lui, qu'elle refusait d'avoir autour d'elle des gens qui ne se lavaient pas. Même ses gardes étaient propres et, sans toutefois aller jusqu'à se parfumer, dégageaient une odeur agréable.

Ses pensées furent interrompues lorsque les portes s'ouvrirent derrière lui et que l'évêque Odon réapparut, accompagné de la princesse elle-même. La jeune femme s'arrêta sur le seuil, théâtrale, et adressa à St. Clair un regard impérieux et interrogateur, la tête haute, un sourcil légèrement haussé, l'expression indéchiffrable. Elle portait une robe chatoyante du plus magnifique tissu que St. Clair ait jamais vu, si léger et diaphane qu'il semblait fait de brume. La robe était d'un rouge très pâle — il avait vu cette couleur précise auparavant, quelque part, sur une fleur, pensait-il, mais ne pouvait se rappeler où et quand — et, dessous, elle portait un autre vêtement, fait d'une matière plus dense et d'une couleur rose éclatante. Elle ne s'était arrêtée sur le seuil qu'un bref moment, mais St. Clair eut l'impression qu'il avait duré une éternité, car elle ne lui avait adressé aucune parole de bienvenue et il sentit son visage et son cou s'empourprer.

Heureusement, elle ne sembla rien remarquer et lui évita l'horreur d'avoir à prendre la parole le premier.

– Je n'en crois pas mes yeux, c'est le célèbre frère Stephen en chair et en os ! Je dois avouer que je suis à la fois flattée et ravie, bien qu'incrédule. Quand monseigneur l'évêque ici présent m'a dit que vous veniez me rendre visite, j'ai pensé qu'il devait se tromper, car on dit que seul le timide renard du désert est insaisissable et plus difficile à trouver que ce noble moine soldat… Mais j'ai également entendu dire que le renard, si rapide soit-il, n'était pas aussi habile à disparaître.

Il n'y avait aucune trace d'humour sur son visage ni dans ses yeux, mais St. Clair savait qu'elle le taquinait en faisant allusion à la dernière fois où ils s'étaient rencontrés au marché, avant qu'elle ne le fasse enlever. Il s'était alors enfui, terrorisé, devant sa propre réaction en face de la princesse, craignant de pouvoir la débaucher par la seule force de ses pensées. Maintenant, il savait qu'il en était autrement, mais il sentit tout de même son visage rougir de nouveau, et elle ne lui laissa pas le temps de retrouver sa contenance.

– Eh bien, frère Stephen, n'avez-vous aucun mot de bienvenue pour moi ? Aucun grognement revêche pour m'avertir de garder mes distances ?

Il se racla la gorge et, ce faisant, il se revit des années auparavant, alors qu'il assistait à la première rencontre d'un de ses cousins et de la femme qui allait devenir son épouse.

– Je me réjouis de vous revoir, madame, dit-il d'une voix douce en se souvenant des paroles de son cousin. Votre présence illumine même le matin ensoleillé.

Voilà, pensa-t-il au moment même où les yeux de la princesse s'écarquillaient de surprise, *c'était facile. Je remercie Dieu pour l'éloquence de mon cher cousin et pour le fait d'avoir été là et de me rappeler ce qu'il avait dit.* Puis, avant qu'Alix ne puisse retrouver la voix, il enchaîna :

– L'évêque Odon m'a dit que vous souhaitiez me parler, alors je suis venu immédiatement.

Elle le regarda en clignant des yeux une seule fois, puis inclina la tête.

– Oui, je le constate, et j'en suis heureuse. Suivez-moi, si vous le voulez bien.

Elle se retourna et le conduisit vers la pièce qu'elle utilisait comme salle de réception, marchant rapidement, le dos droit et les épaules carrées, pendant qu'Odon et St. Clair la suivaient. Un garde de faction à l'entrée ouvrit la porte en les voyant arriver et se mit au garde-à-vous jusqu'à ce qu'ils soient entrés, mais, sur le seuil, Alix se tourna vers Odon.

– Je vous remercie, seigneur de Fontainebleau, vous m'avez été extrêmement utile, comme toujours, mais je suis certaine que d'autres affaires vous attendent et je ne vous retiendrai donc pas plus longtemps. Vous pouvez retourner à vos occupations. Le frère Stephen et moi avons à parler de beaucoup de choses.

L'évêque acquiesça, le visage impassible, mais les muscles tendus de sa mâchoire montraient qu'il serrait les dents, et St. Clair sentit qu'il bouillait de colère. Toutefois, en y réfléchissant un instant, le jeune moine comprit que l'évêque s'attendait à assister à la conversation entre la princesse et lui, et il eut un demi-sourire en prenant conscience avec plaisir qu'il était heureux de son départ, puisque l'évêque Odon de Fontainebleau ne faisait définitivement pas partie des gens qu'il appréciait. Alors qu'Odon s'éloignait, ses talons frappant rageusement le sol, Alix pencha la tête en direction de son garde et fit signe à St. Clair de la suivre alors qu'elle pénétrait dans la série de magnifiques pièces situées au-delà. Il avala nerveusement sa salive et entra dans la pièce juste derrière elle, ses narines remplies de son parfum, puis se dirigea vers la chaise qu'elle lui indiquait et demeura debout, attendant qu'elle-même s'assoie. Elle lui sourit et s'assit, et il se laissa choir sur la chaise, remarquant avec soulagement qu'une bonne distance les séparait maintenant et qu'il ne sentait plus son parfum. Et cela lui rappela tout de suite sa propre odeur, car il réalisa qu'Alix s'était assise suffisamment loin de lui pour ne pas la sentir.

Ils demeurèrent muets pendant quelques instants, se regardant mutuellement, puis la princesse se racla doucement la gorge.

– Je disais la vérité quand j'affirmais être surprise de vous voir ici, frère Stephen. Je n'aurais pas cru que vous puissiez venir.

Qu'est-ce que ça signifie ? pensa-t-il immédiatement. *Est-ce qu'elle veut dire « volontairement », et si c'est le cas, est-ce que cela signifie qu'elle s'attend à ce que je me souvienne d'y être déjà venu ?*

Mais Alix lui épargna la peine de répondre à sa question en continuant sur le même ton :

– J'avais l'impression que vous et vos frères préfériez n'aborder vos sujets de préoccupation qu'entre vous.

St. Clair savait qu'il devait dire quelque chose, alors il feignit de ne pas comprendre ce qu'elle entendait par là tandis qu'il répliquait :

– Eh bien, madame, nous sommes des moines, liés par nos vœux sacrés de renoncer au monde et aux choses de ce monde.

– Vous voulez dire : renoncer aux *gens* de ce monde, n'est-ce pas, sire chevalier ? Je conçois bien que vous ayez prononcé des vœux — pour le moment du moins — parce qu'ils sont de notoriété publique, mais les Pauvres chevaliers du Christ représentent une espèce différente de moines, n'est-ce pas ? Des moines qui se battent et qui tuent ressemblent difficilement aux autres moines. Il s'agit là, à mes yeux, d'une importante distinction.

Elle conçoit bien mes vœux pour le moment ? Il n'avait aucune idée de ce qu'elle voulait dire, mais il acquiesça, étonné que la tension se soit pratiquement dissipée dans sa poitrine.

– C'est vrai, madame, nous sommes différents et nous nous consacrons de tout cœur à un nouvel objectif… Un objectif qui n'a jamais existé ni à une autre époque ni à un autre endroit.

– Et je suppose que c'est un noble objectif, n'est-ce pas ?

Il haussa les épaules, sentant la présence d'un piège dans ses paroles.

– Il semble qu'il en soit ainsi aux yeux du patriarche et

de votre père le roi.

– Oui. En fait, c'est risible. Combattre et tuer des hommes au nom de Dieu et sous Sa propre bannière en enfreignant de façon claire mais tout à coup justifiable son commandement, « Tu ne tueras point ».

St. Clair approuva d'un bref mouvement de la tête.

– Votre argument est clair, madame, et acéré. Mais les hommes que nous combattons — les infidèles musulmans — méprisent notre Dieu et voudraient Le chasser de ces territoires.

– Non, frère Stephen, ce n'est pas vrai. En fait, il s'agit là d'un argument spécieux. Aucun musulman dévot ne méprise notre Dieu, parce qu'ils prient le même Dieu. Ils L'appellent Allah, alors que nous L'appelons Dieu — le bon Dieu. Mais il s'agit de la même divinité, de la seule divinité.

Alix avait adopté un air de désapprobation et St. Clair se surprit à l'observer attentivement, remarquant à quel point ses yeux se rétrécissaient car elle croyait passionnément à ce qu'elle disait. Mais elle n'avait pas encore terminé.

– Toute cette haine à l'origine de tant de massacres, frère Stephen, à partir du moment où nos armées si chrétiennes ont envahi brutalement ce territoire sous le commandement de Godefroi de Bouillon et avec la bénédiction du pape à Rome, a été déversée en invoquant le nom de Dieu, mais dans le but de servir et d'enrichir les hommes qui croyaient avoir le droit d'interpréter Sa volonté. Et mon père figure en bonne place parmi eux.

St. Clair fut frappé de mutisme devant le caractère inattendu de cette dénonciation et la férocité avec laquelle elle avait été proférée, car il venait d'entendre une déclaration qui, même involontaire ou inconsciente, aurait entraîné la mort si une personne au pouvoir avait été présente. Il ouvrit la bouche pour parler mais, ce faisant, il s'aperçut qu'il n'avait rien à dire, et il la referma rapidement, son esprit saisi de vertige devant cette révélation. Depuis des mois maintenant, il croyait que cette femme était une enfant gâtée, malveillante et égoïste qui ne pensait à rien d'autre qu'à la débauche et aux plaisirs sensuels, mais, en quelques instants, elle lui avait montré un autre aspect de sa nature auquel il ne s'attendait pas : une passion ardente combinée à un mépris profond pour les hommes puissants qu'elle connaissait. Il ne savait trop que penser de tant d'informations révélées en si peu de temps, mais il était convaincu, de façon soudaine et tout à fait impromptue, qu'il se trompait complètement en ce qui concernait cet affrontement si, en fait, il s'agissait bien d'un affrontement. Il secoua la tête, comme s'il essayait de se débarrasser de ses trop nombreuses pensées, puis fit une vaillante tentative pour orienter dans un autre sens la conversation qui était devenue beaucoup trop dangereuse à ses yeux.

– Je dois admettre que vous avez raison, madame, mais le péché ne se situe pas d'un seul côté. Les hommes contre qui mes frères et moi luttons ne sont pas des musulmans dévots. Ce sont des athées et des meurtriers, des bandits et des voleurs, qui méritent le sort que nous leur réservons quand nous les attrapons. S'il s'agissait de chrétiens francs coupables des mêmes infractions, nous les traiterions de la même manière.

Il s'interrompit et, constatant que cette fois elle était d'accord avec ce qu'il disait, il changea à nouveau de sujet et revint à celui qui l'avait amené en ce lieu.

– Mais je suppose que cela n'a rien à voir avec la raison pour laquelle vous m'avez envoyé chercher, bien que j'aie peut-être tort. De quoi vouliez-vous me parler ? Si…

Alix sourit encore une fois, sa colère et sa frustration évanouies.

– Non, frère Stephen, ce n'était pas la raison pour laquelle je vous ai envoyé chercher, alors vous pouvez cesser de vous inquiéter à propos de mes paroles séditieuses. Je suis une fille loyale et j'aime énormément mon père, car c'est un père juste et indulgent. J'en ai seulement contre sa condition de roi… sa virilité… sa masculinité… sa fierté mâle… appelez cela comme vous le souhaitez ; je pense que c'est cet élément de sa nature qui l'empêche de voir le monde à travers les yeux d'une femme. Et puisque vous êtes un moine qui a choisi volontairement de se sacrifier en renonçant aux choses de ce monde et en se consacrant uniquement au plaisir et à la gloire découlant du fait de réaliser la volonté de Dieu, je ne peux pas vous inclure dans ma condamnation générale des hommes.

St. Clair parut surpris.

– Vous condamnez tous les hommes, madame ?

– La plupart d'entre eux, frère Stephen, et plus particulièrement la majorité des hommes avec qui je dois passer ma vie. Je crois que plus un homme acquiert de puissance, moins sa compagnie est agréable… alors que les hommes qui font tout pour en acquérir, comme notre admirable évêque Odon de Fontainebleau, sont tout à fait intolérables.

– Vous n'aimez pas les hommes.

Ce n'était pas une question, mais la princesse fit un signe d'acquiescement.

– Pas tous, mais la plupart. Je déteste les hommes qui utilisent le pouvoir à leurs propres fins, et j'abhorre les hommes qui tentent de l'acquérir, parce que chacun d'entre eux en écrase d'autres sous le poids de leurs désirs.

Elle remarqua l'expression sur le visage de St. Clair et poursuivit :

– Et pourtant, je sais aussi, croyez-moi, que les hommes de moindre rang, les hommes ordinaires, peuvent être tout aussi odieux que leurs soi-disant supérieurs, alors ne vous méprenez pas sur mes paroles. Tout ce que je veux dire, c'est que notre système actuel de tenure féodale n'existe que dans l'intérêt de ces hommes qui détiennent le pouvoir. Cela signifie, frère Stephen, qu'il existe au détriment de tous, car même ceux qui se trouvent au sommet finissent souvent par être détruits pour cette raison même. Si je le pouvais, je changerais cela, mais je ne le peux pas. Je ne suis qu'une femme, et les femmes sont encore plus impuissantes que les serfs dans ce monde d'hommes… Qu'y a-t-il ? Vous semblez avoir quelque chose à ajouter.

– Non, madame. Rien du tout.

– Très bien. Alors, commençons à commencer, vous et moi.

Elle leva les bras et claqua ses mains l'une contre l'autre

avec un bruit sec. Aussitôt, un vieil homme entra à l'autre bout de la pièce et s'approcha d'elle.

– Ishtar, dit-elle sans quitter St. Clair des yeux, voici le frère Stephen de la confrérie qui réside aux écuries du mont du Temple, mais il est ici aujourd'hui à titre de Sir Stephen St. Clair, pour me prêter assistance. Conduis-le aux bains, si tu le veux bien… Sir Stephen.

Elle haussa son sourcil droit et St. Clair n'aurait pu dire si c'était par défi ou par curiosité, mais il ne laissa rien paraître sur son visage. Il avait réfléchi à cette question avant de pénétrer dans ces appartements, sachant que, selon toute probabilité, elle allait insister pour qu'il prenne un bain, et il était tout à fait conscient des dangers que cela représentait pour sa chasteté. Il était persuadé qu'elle n'allait pas s'approcher de lui tant qu'il ne s'était pas lavé, mais quand il émergerait de l'eau chaude, tout frotté et parfumé, il allait devoir faire face à un tout autre accueil. Elle n'aurait alors aucun scrupule à s'approcher de lui, et il n'avait qu'une confiance limitée en sa propre capacité, ou même sa propre volonté, de repousser le type de flatteries dont elle pourrait l'abreuver, et cette fois, s'il succombait à ses charmes, il ne serait désormais plus question de discuter d'*intention*…

Quel que soit son choix, le dilemme était simple, mais sa résolution, complexe. S'étant baigné au cours des semaines précédentes et dégageant par conséquent une odeur moins fétide que d'habitude, il pensa qu'il pourrait s'en tenir à ses vœux et refuser son invitation, et il avait présumé plus tôt qu'il pourrait probablement remporter l'affrontement qui allait indubitablement suivre, selon l'ampleur du besoin qu'elle avait de sa coopération et selon les renseignements qu'elle pensait pouvoir lui soutirer.

D'un autre côté, il devait maintenant tenir compte de l'étonnante attitude dont venait de faire preuve Alix du Bourg. S'il refusait d'accéder à sa demande, il allait provoquer son hostilité et renoncer à la bonne volonté qu'elle lui avait manifestée jusqu'ici par son accueil aimable, direct et sans précédent. Et c'était là le cœur de la question, parce qu'il ne pouvait rien imaginer de plus important — pour lui et ses frères de l'Ordre de la Renaissance — que d'obtenir autant de renseignements qu'il le pouvait sur ce qu'elle savait et sur ce qu'elle espérait découvrir. En ce sens, il était logique qu'il consente à prendre un bain comme elle le désirait et qu'il profite de la bienveillance que cela susciterait en elle pour lui soutirer tout ce qu'il pouvait en demeurant aimable, plutôt que d'espérer y parvenir dans le cadre d'un affrontement. Tenant compte de cet aspect des choses et de l'importance de cette rencontre pour ses frères et leur Ordre, il décida sur-le-champ d'assumer cette menace à sa chasteté — une chasteté déjà compromise jusqu'à en être risible — et d'accepter son invitation avant d'aborder l'« affaire » qui allait les occuper.

Il se leva sans dire un mot, et elle pencha la tête vers l'arrière, soutenant son regard, le sourcil toujours haussé. Il crut déceler une étrange appréhension dans son regard à elle et fut incapable d'en imaginer la cause.

– Je me souviens, madame.

Il n'avait pas l'intention de dire cela. Les mots lui étaient sortis de la bouche avant même qu'il n'y ait pensé, et il vit les yeux de la princesse s'écarquiller de surprise mêlée d'autre chose. *De la confusion*, pensa-t-il, *ou peut-être de la consternation*. Toutefois, quand elle prit la parole, sa voix ne trahissait aucune émotion de ce genre.

– *De* quoi vous souvenez-vous, frère Stephen ?

Il eut un demi-sourire, étonné de la facilité avec laquelle sa réplique lui venait, et il pencha la tête.

– De ce que j'ai entendu. Non pas le fait que vous n'aimez pas les hommes, mais que vous détestez la puanteur des hommes malpropres.

Elle le regarda pendant un moment, les yeux plissés.

– Vous avez bien entendu, frère. Allez maintenant avec Ishtar. Et, Ishtar, envoie-moi Esther, s'il te plaît.

Elle se retourna vers St. Clair.

– Je serai ici quand vous serez prêt.

St. Clair suivit l'eunuque à travers le labyrinthe de passages et de cours intérieures entre les murs de ce qui avait été la grande mosquée d'al-Aqsa et constituait maintenant la résidence officielle du deuxième roi de Jérusalem, regardant autour de lui alors qu'il marchait en cherchant ce qu'il pourrait reconnaître. Cependant, il ne vit rien qui lui fût même vaguement familier, ce qui confirmait sa propre conviction selon laquelle il devait avoir été à peine conscient — ou peut-être, plus exactement, à peine conscient de ce qui l'entourait — pendant la période où il avait été détenu ici. Mais il fut extrêmement surpris de ne pas reconnaître les bains, car un de ses souvenirs les plus persistants était celui de longues et agréables heures passées dans la chaleur et le luxe des bains chauds. Quelque peu confus, il se tourna vers Ishtar et s'aperçut que le vieil homme l'observait.

– Je ne me souviens pas de cet endroit, lui dit-il, simplement parce qu'il avait besoin de confier son état d'esprit à quelqu'un.

– Et pourquoi vous en souviendriez-vous ? Vous n'êtes jamais venu ici.

St. Clair ne s'était pas attendu à recevoir une réponse, et il lui fallut un moment pour réaliser qu'Ishtar n'était pas étonné de l'entendre faire allusion, même aussi vaguement, au fait qu'il était conscient de s'être trouvé ici auparavant. Il se retourna et regarda le vieil homme droit dans les yeux.

– Alors, y a-t-il d'autres bains ici ?

– Ah !

Il s'agissait davantage d'un aboiement que d'un rire, mais St. Clair pouvait voir que l'homme s'amusait.

– Plus d'un ! fit Ishtar. Il y en a six autres.

– Alors, lequel ai-je utilisé ?

Le vieil homme le regarda à son tour, le regard inexpressif, puis cligna des yeux lentement et de façon délibérée.

– Aujourd'hui, *ferenghi*, vous utiliserez celui-ci. Je vais vous envoyer Achmed qui sera votre masseur. Je vais vous attendre à l'extérieur et vous reconduire auprès de la princesse quand vous aurez terminé.

Il s'inclina et s'éloigna sans une autre parole.

Moins d'une heure plus tard, propre, oint, parfumé, et vêtu de frais, St. Clair retourna dans la salle de réception de la princesse et l'y trouva avec plusieurs de ses femmes, occupée à examiner d'innombrables pièces d'étoffe et accessoires aux couleurs éclatantes, éparpillés dans toute la pièce. Elle le vit entrer sur les talons d'Ishtar et renvoya immédiatement les femmes, les bras chargés de tissus, tandis qu'elle se levait pour l'accueillir. Il inclina poliment la tête, mais ne tenta pas d'établir le dialogue, conscient qu'elle savait avoir remporté une petite victoire et qu'il lui incombait de donner le ton à l'entretien qui allait se dérouler. Elle lui indiqua un canapé et s'assit près de lui, beaucoup plus près qu'elle ne l'avait fait auparavant, et l'odeur de son parfum remplit de nouveau l'esprit de St. Clair.

– Voilà, maintenant je peux au moins vous approcher.

Elle s'arrêta un moment, attendant une réaction qu'il réussit à réprimer, puis elle sourit.

– Bravo ! Je m'attendais à ce que vous vous éloigniez quand j'ai dit cela, mais vous avez à peine tiqué. Et pourtant, je soupçonne que vous êtes encore plus nerveux près des femmes à présent que vous ne l'étiez auparavant, frère Stephen, maintenant que vous êtes un moine, en fait. Ai-je raison ?

Il plissa les lèvres et prit une inspiration par les narines, remplissant ses poumons et se demandant ce qui allait suivre, mais il hocha la tête en signe d'acquiescement.

– Oui, madame, vous avez raison. Je le suis.

– Et pourtant, vous avez été un chevalier pendant des années avant même de songer à devenir moine. Vous ne manquiez sûrement pas de femmes, en ce temps-là .

Décidant qu'il s'agissait davantage de l'énoncé d'un fait que d'une question, il haussa simplement les épaules. Mais il avait tort. C'était une question et la princesse souhaitait qu'il y réponde. Il réfléchit un moment, puis dit :

– Ma mère et ma sœur, ainsi que les rares amies de ma sœur, ont été les seules femmes que j'aie jamais connues, madame. J'ai été élevé dans un foyer hors de l'ordinaire… un foyer dans lequel on acceptait et même révérait les anciennes normes et valeurs. Mon éducation a été fondée sur ces valeurs et, durant toute mon enfance, cette éducation a été dirigée par un groupe d'hommes sages, dévots et érudits…

Il s'interrompit un instant avant de reprendre :

– Ils m'ont appris nombre de choses pour lesquelles je leur en ai été reconnaissant pendant des années, mais, hélas, aucun d'entre eux ne connaissait bien les femmes, alors mon éducation s'en est trouvée extrêmement limitée sous ce rapport.

Il se tut de nouveau, un minuscule froncement de sourcils sur son visage, réfléchissant profondément sans se rendre compte que la princesse l'observait avec attention.

– Heureusement pour moi, je possédais les compétences naturelles d'un soldat, en plus d'être éduqué, alors je suis devenu chevalier à un jeune âge. Et à ce moment, étant très jeune, j'avais hâte de parcourir le monde et de combattre au nom de toutes les choses que l'on m'avait apprises à croire et à vénérer… Et cela, je le crains, a représenté la fin de ma jeunesse. J'ai rapidement découvert que j'avais peu d'affinités avec mes camarades chevaliers et encore moins, j'en ai peur, avec les femmes qui les entouraient… Ma première année hors de mon foyer à titre de chevalier a été pour moi une époque de révélations dont aucune n'était agréable. J'ai vite pris conscience de la différence entre le monde des idées et des idéaux au sein duquel j'avais été élevé et le véritable monde de brutalité bestiale dans lequel la plupart des hommes vivaient… J'ai découvert que mes camarades chevaliers ne ressemblaient en rien à l'image que je m'étais faite d'eux. Ils étaient à peine civilisés et n'avaient pas appris les rudiments de ce que l'on m'avait affirmé être un comportement chrétien. Je voyais partout l'indéniable réalité d'un monde impie : l'hypocrisie, le cynisme, la vénalité, la simonie et la débauche débridée, même parmi les prêtres et les clercs. Je ne pouvais pas approuver de telles choses, pas plus que je ne pouvais les condamner trop ouvertement, car je n'aurais pas survécu un mois si ma désapprobation était devenue publique. Alors, je me suis tenu coi et j'ai cherché à vivre ma propre vie pour moi-même. Par choix, j'ai vécu dans une misère solitaire. Je ne me suis lié d'amitié avec personne. Je ne connaissais aucune femme. Mes seuls compagnons étaient mes propres serviteurs. Je me suis beaucoup battu et me suis porté volontaire pour exécuter toutes les tâches à chaque occasion qui se présentait. Puis, pour diverses raisons, je suis retourné en Champagne. Mais, même là-bas, je suis demeuré solitaire. Et plus tard, je suis venu ici et je vous ai rencontrée pour la première fois.

Il vit que la princesse le regardait d'un air médusé et il n'en fut pas surpris, car il était lui-même tout aussi étonné de cet épanchement. Avant de prendre la parole, il n'avait aucunement songé à ce qui franchirait ses lèvres. Alix soutint son regard pendant un long moment, puis elle pencha la tête et regarda ses mains.

– Oui, Sir Stephen, je me souviens de cette première rencontre. Et maintenant nous nous voyons peut-être pour la dernière fois.

– Pourquoi donc, madame ?

Il se sentit soudain alarmé, son esprit établissant immédiatement un lien entre ce qu'elle avait dit et la raison qui sous-tendait sa présence ici, les informations qu'elle avait obtenues, mais lorsqu'elle parla de nouveau, elle le rassura, même si ses paroles n'avaient aucun rapport avec ses préoccupations du moment.

– Je vais bientôt quitter Jérusalem, dit-elle. Je vais épouser le prince Bohémond d'Antioche, qui a maintenant l'âge de réclamer son trône et de succéder à son père en tant que Bohémond II. Il était en Italie et il est en route pour venir ici maintenant.

St. Clair, dans les paroles d'Alix, vit tout d'abord un répit face à la menace d'être séduit, mais il comprit aussitôt la véritable signification de ce qu'elle venait de dire. Il se racla la gorge.

– Alors, j'en suis heureux pour vous, madame. Quand le prince doit-il arriver ?

Alix secoua la tête.

– Personne ne peut me le dire. Cela dépend de bien d'autres choses que des conditions climatiques qui sont, bien sûr, les facteurs les plus importants. Il pourrait arriver dans une semaine, dans un mois ou dans une année. Je ne suis certaine que d'une chose : dès son arrivée, on nous mariera.

C'est pour cette raison qu'il y avait tant de tissus éparpillés dans la pièce quand vous êtes arrivé. Mes femmes travaillent d'arrache-pied à confectionner mes nouveaux vêtements. Que faites-vous donc dans les écuries ?

Il ouvrit la bouche et la referma, pris de court par le rapide changement de sujet, et elle persista, espérant tirer parti de son incertitude.

– On m'a rapporté que vous et vos compagnons exécutiez quelque tâche dans vos écuries, une tâche vile, semble-t-il, et même si les rapports varient, je suis maintenant convaincue de savoir ce qui s'y passe.

Le silence s'installa et St. Clair pouvait entendre le bruit de son cœur battant dans sa poitrine. La princesse l'observait attentivement, scrutant son visage pour y déceler quelque indice de ce qu'il pensait, et il se força à ne rien exprimer alors qu'il penchait légèrement la tête sur le côté.

– Excusez-moi, madame, mais je ne… Que croyez-vous qu'il s'y passe, comme vous dites ?

– Une excavation. Vous et vos frères creusez la terre dans les fondations des écuries à la recherche de quelque trésor enfoui à cet endroit des siècles auparavant.

Se débattant péniblement, presque essoufflé, il tenta de protester.

– Qu'est-ce… qu'est-ce qui pourrait même vous faire soupçonner une telle chose, madame ?

– Des informations ! Je vous l'ai dit, j'ai entendu des rapports sur ce qui se passe là-bas.

– Oui, et je ne souhaite aucunement vous contredire sur ce sujet, mais vous avez également dit que ces rapports se contredisaient, n'est-ce pas ?… et que vous aviez donc tiré vos propres conclusions sur ce qu'ils prétendaient.

– Oui, c'est ce que j'ai fait. Que répondez-vous ?

Il étendit largement les bras.

– Simplement que j'aimerais entendre ces conclusions auxquelles vous êtes parvenue. Puis-je vous les demander ?

– J'ai parlé d'un trésor, frère Stephen. Je crois maintenant que vous et votre confrérie avez réussi à obtenir des informations secrètes… Un ancien savoir quelconque… et que vous vous en servez en espérant qu'il vous mènera à une grande découverte.

St. Clair se figea. Sa bouche s'assécha, sa langue collant à son palais alors que les mots qu'il avait entendus résonnaient dans sa tête : *informations secrètes, savoir ancien vous menant à une grande découverte.* Toutes ses convictions sur l'intégrité de ses compagnons s'effondrèrent d'un coup, si bien qu'il entendit à peine Alix qui poursuivait :

– La seule chose que je puisse conclure de cela, c'est que vous êtes tous des apostats qui ignorez et violez les vœux sacrés que vous avez prononcés si récemment, dans l'espoir de découvrir des richesses qui appartiennent de droit à d'autres, déclara-t-elle en le regardant et en plissant les lèvres. Nous sommes ici dans le royaume de Jérusalem, frère Stephen. Tout ce qui s'y trouve, au-dessus comme au-dessous du sol, appartient à mon père le roi. Quelque trésor que vous cherchiez lui appartient, peu importe le moment ou l'endroit où vous le trouverez, et peu importe qu'il ait connu son existence ou non avant que vous ne le découvriez. Mais je suppose que tout cela ne signifie rien pour vous, n'est-ce pas ? Quand vous et vos associés trouverez ces richesses, ce trésor que vous cherchez, vous vous enfuirez en oubliant tous vos devoirs et toutes vos responsabilités.

St. Clair pouvait à peine réfléchir, étourdi par l'importance de ce qu'elle venait de lui dire. Il y avait un traître parmi eux. De qui pouvait-il s'agir ? L'esprit confus, il commença à revoir dans son esprit les visages de ses frères chevaliers, scrutant chacun d'eux, tentant d'y voir quelque faiblesse, quelque indice de trahison.

– Répondez-moi ! N'est-ce pas ce que vous avez l'intention de faire ?

Il cligna des yeux, puis fixa son regard sur le visage furieux de la princesse et secoua la tête.

– Pardonnez-moi, je n'écoutais pas vraiment. Qu'est-ce que nous avons l'intention de faire à votre avis ?

– Vous allez voler le trésor et tenter de vous enfuir avec. Mais je ne permettrai pas qu'une telle chose se produise.

– Nous enfuir avec ? Nous enfuir avec ? Avec quoi,

madame ? Nous sommes des moines, pas des brigands.

– Ah ! alors, je vous rappelle vos propres paroles, il y a un moment, quand vous condamniez les atrocités commises par les prêtres et les clercs. Dois-je m'imaginer, à la lumière de ce que je sais maintenant, que les moines sont différents ?

– Mais nous le sommes, madame ! Ne vous souvenez-vous pas ? Un nouvel ordre, différent de tous les autres.

Malgré le ton colérique de sa voix, l'esprit de St. Clair devenait de plus en plus embrouillé, car la seule accusation qu'il entendait ici concernait le vol d'un trésor, de richesses transportables. Il n'y avait rien au sujet de sociétés secrètes, de complots ou de trahisons, rien qui ait un lien direct avec l'Ordre de la Renaissance, rien dont il puisse véritablement avoir peur. Rien, en fait, qui jetât quelque lumière sur l'étendue des connaissances de cette femme à propos de ce qui se passait vraiment dans les écuries. Tout à coup déterminé à régler une fois pour toutes cette affaire, il se leva, mais conserva un ton modéré.

– Dites-moi, si vous le voulez bien, madame, ce que vous avez l'intention de faire avec ces renseignements et ce que vous avez besoin d'obtenir de moi à cet égard.

– J'ai l'intention de vous dénoncer à mon père. Et également au patriarche, puisque c'est à lui que vos compagnons ont d'abord prêté leur faux serment de loyauté.

– Nous dénoncer ? Croyez-vous vraiment que nous préparions une trahison ?

– Comment puis-je croire autre chose ? demanda-t-elle, le dos droit, en le regardant d'un air accusateur. Votre conduite ne me laisse d'autre choix et ma propre conscience ne m'autorise pas à agir autrement. Dès que j'ai eu la certitude de ce que vous faisiez, j'ai été incapable de dormir par crainte d'être la cause directe de la mort de neuf moines qui ont plusieurs fois montré qu'ils pouvaient agir de manière héroïque.

Il savait qu'elle mentait en protestant trop de son impuissance. Il n'y avait aucun doute dans son esprit. La femme qui l'avait enlevé sans aucun scrupule n'était pas le type de femme qui pourrait tout à coup être submergée par une crise de conscience comme elle le prétendait maintenant. Il changea brusquement de tactique.

– Seulement les neuf moines, madame ? Qu'en est-il des frères sergents ?

– Non. Pas eux, répondit-elle avec force. Les sergents ne sont en rien complices de cette affaire. J'en suis absolument convaincue, car je suis maintenant certaine — aussi certaine que je le suis de la perfidie des neuf chevaliers — que les frères inférieurs ne savent rien de ce qui se passe sous leurs pieds. La culpabilité repose entièrement sur vos épaules de chevaliers, vous tous qui êtes issus de la noblesse et étiez donc en mesure, par votre naissance et votre entraînement de chevaliers, de distinguer le bien du mal, avant même que vous ne prononciez vos vœux sacrés…

Elle s'interrompit un moment, le regardant d'un air furieux.

– Comment avez-vous pu faire une telle chose, après les événements et les réalisations de votre vie antérieure, ces choses dont vous parliez avec tant d'amertume il y a un moment ?

Il résista à une soudaine envie de la défier en lui apprenant ce qu'il savait de sa conduite antérieure, mais il détourna plutôt le regard de son visage, ses yeux se déplaçant dans la pièce silencieuse éclairée par le soleil, puis il soupira et se rassit, la regardant et balançant la tête comme s'il réfléchissait à ce qu'elle venait de lui dire.

– Dites-moi alors, madame, si je peux vous le demander aussi directement… Comment tout cela… comment disiez-vous ?… cette vile activité, est-elle venue à vos oreilles ?

Il sut à la façon dont elle clignait des yeux en le regardant qu'elle ne s'était pas attendue à ce qu'il pose cette question, mais elle se reprit rapidement.

– Au départ ?

– Oui, au tout début.

– Je ne sais pas précisément. On m'a dit que toutes ces rumeurs venaient d'observations parfaitement innocentes de quelques marchands locaux qui approvisionnent la garnison du temple… et fournissent du fourrage et de l'équipement à vos écuries. Ils ont été les premiers à remarquer qu'il y a une zone dans laquelle ils ne sont jamais autorisés à pénétrer.

– Nous sommes une communauté refermée sur elle-même, madame. Quelqu'un qui ne fait pas partie de notre Ordre ne peut franchir les limites de notre enceinte extérieure.

– Eh bien, je ne sais rien de tout cela, puisque je n'y suis jamais allée, mais c'est ce que m'a dit une personne digne de confiance. On a observé qu'il y avait une porte verrouillée et gardée que personne d'autre que les moines soldats eux-mêmes n'avait le droit de franchir.

– C'est vrai. Cette porte existe. C'est l'entrée de nos quartiers et de notre chapelle. Personne ne peut y pénétrer à l'exception de nos frères.

– Ah, eh bien, quelqu'un l'a remarquée et m'a mise au courant peu après. Au début, j'hésitais à croire ces rumeurs et c'est pourquoi, soucieuse de remplir mes devoirs envers mon père, j'ai envoyé mes propres gens observer la situation et me faire rapport de ce qu'ils avaient vu.

– Je vois. Et que vous ont-ils dit ?

– Qu'ils avaient vu… des choses inexplicables… Et ainsi, j'ai décidé d'aller voir mon père le roi et de le prévenir qu'il se passait quelque chose… d'inconvenant.

– Cette découverte s'est donc faite récemment ?

– Assez récemment. C'est pourquoi vous êtes ici.

– Et pourquoi suis-je ici, madame ? Pourquoi m'avez-vous convoqué ? Si, comme vous le soupçonnez, il se passe là-bas quelque activité secrète, alors je dois faire partie des conspirateurs. Pourquoi me faire venir ici plutôt que me dénoncer immédiatement au roi et au patriarche ?

St. Clair l'observait de près, tentant de lire ses pensées dans ses yeux, et il se réjouissait, malgré toutes ses appréhensions, de réaliser avec surprise qu'il s'amusait énormément. Sans trop savoir comment, en constatant que, de toute évidence, il n'allait pas, cette fois, succomber à son charme, il avait pu faire appel à des ressources qu'il ne croyait pas posséder, et il avait commencé à sentir que la situation pourrait n'être pas aussi sombre qu'il l'avait craint. Apercevant un éclair d'incertitude dans les yeux de la princesse, il poursuivit immédiatement :

– Dites-moi ce que vous voulez savoir. Quelle sorte de trésor êtes-vous si convaincue que nous cherchons ? Je vous jure que je n'ai rien entendu au sujet de réserves d'or cachées, mais je répondrai à vos questions ouvertement et avec franchise, dans la mesure du possible. Alors, que souhaitez-vous me demander ?

Elle hésita et il retint son souffle, sachant qu'il s'agirait d'un point de non-retour. Sa première question serait aussi révélatrice que pénétrante. Finalement, il vit apparaître une raideur sur ses lèvres et se prépara à encaisser le coup.

– Vous creusez, là-bas, dans les écuries. Des gens ont entendu le bruit, et vous utilisez les gravats que vous produisez pour construire des murs à l'intérieur de la caverne. Quel trésor cherchez-vous ?

Le cœur de St. Clair bondit d'exultation et il aurait voulu sauter sur ses pieds et crier de soulagement. *Quel trésor cherchez-vous ?* La question le libéra aussi soudainement que si la princesse avait tranché un câble tendu. *Quel trésor cherchez-vous ?* Aucune allusion à l'Ordre de la Renaissance, aucune phrase sibylline l'incitant à dévoiler ce dont il ne pouvait parler. La simplicité de la question ne révélait que de la cupidité — de la cupidité et de la curiosité ; rien de plus, rien de moins. Mais cela signifiait également, et de manière beaucoup plus importante, qu'aucun frère n'avait trahi sa confiance et que la princesse ne pouvait fonder ses affirmations sur autre chose que des soupçons. St. Clair éprouva un si vif sentiment de libération qu'il dut faire un effort pour éviter que cela ne se voie sur son visage ou dans ses yeux. Il fronça plutôt les sourcils, comme s'il avait l'esprit brouillé, puis, décidant de laisser son visage exprimer ses sentiments, il se mit à rire de bon cœur, donnant libre cours à son plaisir et à son incrédulité.

– Un trésor, madame, dit-il en riant sans tenter de dissimuler ses sentiments. Nous cherchons le trésor que tous les hommes de Dieu ont juré de rechercher… le trésor de Son illumination, en Le servant et Le priant.

– Osez-vous vous moquer de moi, Sir Stephen, ici dans

ma propre maison ? Expliquez-vous et expliquez cette allégresse inconvenante.

St. Clair leva les bras en s'excusant à profusion jusqu'à ce qu'elle hésite, les sourcils froncés et, de toute évidence, toujours en colère, mais intriguée.

– Madame, pardonnez mon hilarité… Elle est causée par le soulagement et non par la moquerie, car maintenant je vois ce qui vous préoccupait. Comme vous le soupçonniez, mes frères et moi travaillons sous terre depuis des années, mais ce que nous y faisons n'a rien d'illégal ou de séditieux. Dès le départ, nous avons eu la bénédiction de votre père le roi pour accomplir ces travaux. Mais… vous avez parlé des fondations des écuries… Les écuries ne possèdent pas de fondations, madame. Elles reposent sur la roche même du mont du Temple, et c'est ce que nous creusions pendant tout ce temps. Et vous verrez rapidement, si vous y réfléchissez un moment, qu'il ne peut y avoir de trésor caché dans la pierre. Puis-je vous expliquer plus avant ?

– Je crois que ce serait sage, laissa-t-elle tomber d'une voix qui lui rappela les hivers glacés de sa terre natale.

Il se racla la gorge et fit semblant de rassembler ses idées.

– Comme vous le savez, madame, nous sommes un nouvel ordre et sommes liés par des vœux de pauvreté en ce qui concerne notre mode de vie et, aussi nouveaux et pieux que nous soyons, nous nous sommes imposé de nouveaux éléments de discipline et de pénitence dans tout ce que nous faisons.

– Poursuivez.

– Eh bien, les écuries conviennent à nos besoins pour l'instant, mais quelques-uns parmi nos frères pensent qu'elles sont trop confortables avec la profusion de paille sur le plancher et la chaleur que génèrent nos chevaux. Le confort et le luxe mènent tous deux à la paresse et à l'indolence et font injure à la discipline et à l'ascétisme. N'êtes-vous pas d'accord ?

La princesse parcourut des yeux la luxueuse pièce et, bien qu'elle ne s'en trouvât pas apaisée pour autant, sa voix était moins glaciale lorsqu'elle reprit la parole :

– J'y serais encline, si je pensais de cette façon. Continuez.

– Eh bien, plusieurs de nos frères ont décidé entre eux, bien avant que je n'arrive ici, qu'il conviendrait bien et qu'il serait pertinent pour eux d'œuvrer à l'édification d'une nouvelle résidence monastique au cœur de la pierre sous leurs pieds, chaque homme sculptant au fil du temps sa propre cellule, et offrant à Dieu le dur labeur et la discipline qu'exige un tel travail, en reconnaissance de Sa bonté et de Sa générosité… Et c'est là l'excavation dont on vous a parlé. Le frère Hugues a demandé l'autorisation à votre père avant le début des travaux, et le roi Baudouin a eu la grâce de nous l'accorder.

La princesse le regardait maintenant avec des yeux écarquillés d'étonnement.

– Mais… pourquoi alors vous entourer d'un tel secret ?

– Il n'y a pas de secret, madame. Ou en tout cas, il n'était pas censé y en avoir un. Mais mes frères et moi vivons reclus et nous imposons souvent le silence. Nous prions fréquemment mais nous parlons rarement entre nous et communiquons encore moins avec les gens étrangers à notre petit cercle. Et je suppose que le silence s'est simplement imposé, au fil des années, et qu'il est devenu une habitude. Mais il n'y a en cela ni mystère ni comportement vil. Je dois vous avouer que vous m'avez profondément inquiété, pendant un moment, car je me suis demandé si quelque chose ne m'avait pas moi-même échappé. Je remercierai Dieu, ce soir, avant de m'endormir, du fait que j'étais dans l'erreur… et, si j'ose dire, que vous l'étiez également.

La princesse se laissa aller subitement, la rigidité quittant son dos, et elle se cala contre le dossier de son canapé, le regardant les yeux à demi fermés, et son attitude rappela au jeune homme, pour la première fois depuis le début de cette étrange conversation, la fermeté de son corps sous ses vêtements. Il serra légèrement les dents et porta plutôt son regard derrière Alix, refusant obstinément de laisser ses yeux effleurer sa silhouette.

Alix, quant à elle, réfléchissait à tout ce que St. Clair venait de dire et, malgré elle et malgré qu'elle ait souhaité le contraire, elle se prit à le croire. Le fait qu'il ait mentionné la permission de son père en ce qui concernait leur excavation — un détail qu'il serait trop facile de vérifier — l'avait convaincue plus que toute autre parole du chevalier. Ceci, en plus du bien-fondé évident de son argument au sujet des écuries bâties sur le roc. Elle le savait depuis longtemps car elle en avait vu les affleurements parmi les ruines du temple, mais elle avait choisi de n'en pas tenir compte, tant elle était avide de mettre la main sur un trésor qui lui appartiendrait. Regardant maintenant le moine soldat, elle décida que si on lui demandait de parier sur ce qui était le plus plausible — que les moines creusaient leurs propres quartiers dans la pierre, ou qu'ils s'évertuaient à trouver un trésor inconnu dans la roche solide —, elle en saurait suffisamment pour miser sur la première explication. *Quel idiot, cet Odon !* songea-t-elle, et elle allait trouver un moyen de lui faire prendre douloureusement conscience qu'elle savait qu'il l'était. Mais, entre-temps, elle vit la façon dont l'étrange moine soldat assis devant elle essayait de ne pas la regarder, et elle soupira et eut pitié de lui. Elle se leva, admettant en son for intérieur qu'elle lui avait causé suffisamment d'embêtements ce jour-là. Puis, se dit-elle, elle devait s'occuper de ses propres affaires et choisir les tissus pour sa robe de mariée.

Elle lui sourit agréablement, le remercia courtoisement de ses explications, puis frappa dans ses mains pour faire venir Ishtar qui escorta le frère Stephen jusqu'aux portes du palais et le regarda partir vers les écuries en contrebas, portant sous le bras les vêtements dont il était vêtu en arrivant.

CHAPITRE 39

Un silence ébahi et profondément scandalisé tomba sur toute la communauté des Pauvres chevaliers du Christ dès le moment où ils virent approcher le frère Stephen vêtu comme il l'était de soie et de mousseline, le visage rose et propre, et laissant de douces odeurs flotter dans son sillage. Mais il se sentait encore dans un tel état d'euphorie qu'il souriait à tous ceux qu'il rencontrait, les appelant bruyamment par leur nom et leur serrant la main avec effusion alors qu'il passait devant eux pour se rendre à l'intérieur des écuries et tous, sans exception, le regardèrent s'éloigner la bouche ouverte, incapables d'émettre un son.

Comme il s'y attendait, il trouva le frère Hugues en conversation avec le frère Geoffroy dans la salle des archives, où il entra directement en refermant la porte derrière lui et en souriant en voyant l'expression de leur visage quand ils se tournèrent pour le regarder, et se mirent à le scruter de la tête aux pieds. Ce fut de Payns qui, le premier, retrouva sa voix et son aplomb. Il se carra dans sa chaise, ses sourcils reprenant leur position normale, et croisa ses mains sur son ventre plat.

– Nous allons supposer, en espérant ton salut, que tu seras en mesure, grâce à la bienveillance de Dieu, d'expliquer pourquoi tu viens à nous habillé comme un garçon efféminé sorti tout droit de quelque sérail de sultan, mon fils.

– Je vais le faire, frère Hugues, et je te remercie de m'en donner l'occasion, et de la tolérance dont tu fais preuve en ne me réprimandant pas dès le départ pour me questionner ensuite. J'ai beaucoup de choses à vous dire, et quand vous les aurez entendues, vous comprendrez pourquoi je suis vêtu de cette façon aujourd'hui.

Alors, rapidement, en ménageant ses mots mais sans omettre aucun détail, il leur expliqua tout ce qui lui était arrivé pendant la journée, du moment où on l'avait convoqué pour rencontrer le patriarche qui était, avait-il appris depuis, en retraite spirituelle d'où il ne reviendrait que dans plusieurs jours. Le frère Hugues acquiesça gravement de la tête en entendant cela, confirmant qu'il en était ainsi, mais ce fut le seul geste que l'un et l'autre de ses frères supérieurs firent jusqu'à ce que St. Clair ait terminé son récit.

Les deux hommes demeurèrent silencieux, la tête penchée comme s'ils étaient en prière, pendant qu'ils assimilaient et passaient en revue ce qu'il venait de leur révéler.

– As-tu menti à la princesse ? demanda finalement le frère Geoffroy.

– Non, mon frère, je ne lui ai pas menti. Je lui ai seulement dit que je n'avais pas entendu parler de réserves d'or cachées. Je n'ai mentionné aucun autre type de richesse, car il était devenu clair à mes yeux que la princesse ne s'intéresse pas à autre chose qu'à un trésor transportable.

– Et elle t'a cru.

St. Clair se tourna vers le frère Hugues.

– Oui. Elle a cru l'explication que je lui ai donnée sur le fait qu'il ne pouvait y avoir de trésor enfoui dans la pierre.

– À moins qu'il n'y ait été depuis la Création.

– Oui, mon frère, c'est ce que j'ai laissé entendre.

– Que transportes-tu sous ton bras ?

– Oh ! ce sont les vêtements que je portais quand je suis parti d'ici ce matin.

– Ce sont des bonnes nouvelles, et nous t'en sommes reconnaissants. Aie la gentillesse de remettre ces vêtements aussi rapidement que possible, dit le frère Hugues en agitant une main dans la direction du jeune moine, et rapporte-moi ce… costume. Je ferai en sorte qu'on le ramène au palais avec tes remerciements.

St. Clair inclina la tête et se retourna pour partir, mais de Payns l'arrêta avant qu'il ne puisse s'éloigner.

– Tu as bien agi, frère Stephen, et nous le ferons savoir à nos frères. Je leur dirai ce soir, après les prières, à quel point tu as été brave… à quel point tu as souffert… en leur nom. Maintenant, va, change de vêtements et reviens ici, car je doute que tu aies entendu les dernières nouvelles, et tu le devrais. Va vite maintenant. Mais, s'il te plaît, essaie de te débarrasser du parfum dans lequel je crains que tu aies baigné.

St. Clair revint moins d'une demi-heure plus tard, vêtu de sa vieille bure et de ses chausses, toutes deux imprégnées de sueur depuis des années, la sienne et celle de son cheval, et portant sa cotte de mailles, qui sentait éternellement la vieille sueur, le cuir huileux et la rouille. De Payns renifla avec contentement et sourit.

– Voilà une odeur qui convient beaucoup mieux à un pauvre chevalier du Christ. Maintenant, assieds-toi et écoute… Nous avons découvert un nouveau tunnel ce matin. Saint-Agnan était de corvée quand il est arrivé devant un mur de maçonnerie qui obstruait le tunnel dans lequel il se trouvait. Il a envoyé quelqu'un me demander ce qu'il devait faire, mais, comme tu le sais, j'étais parti chercher le patriarche. Par bonheur, le frère Geoffroy était ici, et il a fait savoir à Saint-Agnan qu'il pouvait continuer et faire une brèche dans le mur…

– Et… qu'a-t-il trouvé ?

– Un autre passage qui croise celui dans lequel il était et qui le sépare des trois autres branches d'un carrefour. Mais il ne comporte aucun débris et l'air frais y circule, et le frère Archambaud et ses compagnons, les frères Bisol et Montbard, ont suivi les trois branches et trouvé un autre tunnel, puis un autre et un autre… En fait, ils ont découvert un labyrinthe. Quand dois-tu retourner en patrouille ?

– Ma première patrouille depuis des mois, tu veux dire, maître Hugues.

St. Clair réfléchit pendant un moment, puis inclina la tête.

– Demain ? Quel jour sommes-nous ? Oui, ce doit être demain. Gondemare et Montdidier sont en patrouille maintenant entre ici et Jéricho. Ils devraient revenir ce soir, et je devrais partir pour Jaffa avec Rossal et une patrouille entière aussitôt qu'ils seront de retour.

– Préférerais-tu la remettre à plus tard ?

– Si tu crois que c'est nécessaire, oui, bien sûr. Mais pourquoi ? Pour quelle raison ? Nous n'avons jamais remis à plus tard une patrouille auparavant, et la fréquence de nos sorties contribue à leur succès. Pourquoi suggères-tu de reporter celle-ci maintenant ?

– Parce que nous aurons besoin de tous les hommes pour explorer ces nouveaux tunnels. J'ai l'impression que nous pourrons les situer sur notre carte, cette fois. Et s'il arrivait qu'un d'entre eux soit bloqué, par un effondrement ou pour toute autre raison, et que nous devions le déblayer, tes muscles sont plus jeunes et plus forts que ceux d'aucun d'entre nous.

St. Clair médita un moment et acquiesça.

– Tu as parlé d'un labyrinthe, maître Hugues. Combien de ces nouveaux tunnels y a-t-il ?

De Payns fit une moue et secoua la tête.

– Je ne pourrais le dire en ce moment. Mais j'aurais tendance à croire, d'après ce que l'on m'a dit, qu'il y a là-bas plus d'une vingtaine de jonctions, chacune conduisant à d'autres. Je pense que « labyrinthe » est le mot qui convient. Pourquoi me posais-tu cette question ?

– En espérant que ta réponse allait confirmer ce que je soupçonnais, et c'est ce qui est arrivé. Laisse-moi partir en patrouille demain comme prévu, maître Hugues. La patrouille de Jaffa dure dix jours, et je pense qu'il serait peu sage de la repousser maintenant. J'ai l'impression que la troupe de brigands que Montbard n'a pas réussi à trouver est toujours là, quelque part le long de la route de Jaffa… Ce n'est qu'un pressentiment, mais il est puissant, et j'ai appris à me fier à de telles choses en moi. D'après Montbard, il s'agissait d'une vaste troupe, et nous n'avons plus entendu parler d'elle depuis qu'il est revenu, mais cela ne signifie pas qu'elle n'est plus là-bas, et un mois s'est écoulé depuis qu'il y était. Je préférerais y aller, simplement pour me rassurer, et, pendant que je serai parti, les autres frères peuvent explorer les tunnels et prendre note de ceux qui sont bloqués.

Et à mon retour, j'entreprendrai avec joie toute excavation nécessaire.

De Payns plissa les lèvres, puis opina du chef.

– Qu'il en soit ainsi. Pars faire ta tournée et si tu trouves ces créatures, fais-les disparaître de la surface de la terre. Quand tu reviendras, nous serons prêts à t'accueillir. Va en paix, mais prépare-toi à tout.

CHAPITRE 40

St. Clair avait appris l'art de somnoler sur une selle bien avant de se rendre en Outremer et, pendant les longues patrouilles dans le désert, cela lui était bien utile, lui permettant de raccourcir considérablement les longues journées tout en couvrant de bonnes distances. Cependant, comme il était assoupi lorsque l'alarme fut donnée pendant l'après-midi du troisième jour depuis leur départ de Jérusalem, il ne savait pas qui avait aperçu en premier la silhouette menaçante sur la falaise au-dessus de la route. Il s'éveilla brusquement quand quelqu'un cria son nom. À ce moment, il avait déjà entendu les premiers cris d'avertissement, et ses sergents commençaient à déployer leurs hommes en position de combat pendant que les deux charrettes d'approvisionnement prenaient aussi leurs positions dans ce qui allait devenir le centre de leur périmètre de défense. Au cours de ces premiers instants, il ne vit pas son co-commandant, Rossal, qui, comme il l'apprendrait par la suite, était parti un peu plus tôt avec un petit groupe pour examiner une large piste que leurs éclaireurs avaient trouvée. Haussant les sourcils devant sa propre ignorance de ce qui arrivait, il éperonna son cheval jusqu'à l'endroit où Bernard de La Pierre, leur sergent-chef, était assis avec deux de ses subordonnés, scrutant les falaises au nord, du côté droit de la route.

– Que se passe-t-il, sergent Bernard ?

Le sergent pointa un doigt, d'un air presque indifférent, vers la falaise.

– Là-bas, frère Stephen, parmi les rochers en bas, sur la droite. Il n'y a qu'un homme jusqu'ici, mais il ne fait aucun effort pour se cacher, alors il doit certainement s'agir d'un piège. Il doit penser que nous sommes vraiment stupides s'il s'attend à ce que nous nous lancions à sa poursuite sans avoir exploré d'abord les environs.

Au début, St. Clair ne vit pas l'homme car il regardait trop loin vers la droite, mais finalement ce dernier bougea et, comme ce mouvement attira son attention, le jeune Franc se redressa tout à coup sur sa selle en portant la main à son front pour protéger ses yeux du soleil, et regarda vers l'endroit où se tenait l'étranger, sur une saillie entre deux zones de clarté et d'ombre. L'étranger, qui qu'il fût, était à pied, mais trop éloigné pour que quiconque dans leur groupe pût le voir clairement. Le voyant debout à cet endroit, cependant, St. Clair ressentit un léger malaise dans ses entrailles.

– Il pense peut-être que nous sommes stupides, sergent, mais peut-être pas. Suivez-moi en formant deux lignes de front.

Il fit avancer son cheval au pas et s'éloigna de la route, se dirigeant directement vers l'homme au loin et, alors, la lumière du soleil se refléta sur un objet en métal tandis que l'homme bougeait encore une fois. *Ce doit être ça qui a attiré notre attention la première fois,* songea St. Clair, *et maintenant il va s'enfuir en s'attendant à ce que nous le suivions à l'endroit où ses amis pourront nous massacrer tous.* Mais il avait tort. L'homme avait bougé, mais il était demeuré au même endroit, en partie caché dans l'ombre mais devenant plus facile à voir alors que St. Clair et sa double ligne de sergents à cheval approchaient. Et, quand il jugea le moment propice, il s'avança dans la lumière éclatante du soleil.

Surpris en voyant clairement l'homme pour la première fois, St. Clair leva immédiatement une main pour arrêter la troupe qui le suivait. Il n'avait aucun doute sur l'identité de l'étranger qui leur faisait face. C'était Hassan le guerrier chiite, vêtu exactement comme la dernière fois que St. Clair l'avait vu, de la pointe de son casque conique jusqu'aux semelles de ses hautes bottes noires.

– Sergent Bernard, maintenez votre ligne ici, si vous le voulez bien. Je vais avancer seul. Je connais cet homme et c'est un ami. Il m'a sauvé la vie quand j'étais perdu et mourant de soif dans le désert, puis il m'a conduit à Jérusalem.

De toute évidence, il veut me parler. Attendez ici.

– Mais frère Stephen, s'il devait vous arriver malheur…

– Je vous l'ai dit, sergent, c'est un ami. Il ne me fera aucun mal.

Il quitta le groupe et s'avança fermement jusqu'à quelques pas de Hassan. Puis, en regardant le chiite, il sourit et inclina la tête.

– Heureux de te voir, Hassan, même si je ne m'y attendais pas. Qu'est-ce qui t'amène ici ?

Il passa une jambe par-dessus le haut troussequin de sa selle et glissa sur le sol, puis s'approcha jusqu'à l'homme pour le serrer dans ses bras, inhalant l'odeur de cannelle familière, étrangement masculine, qui flottait toujours autour de lui. Hassan l'étreignit également avec un sourire et dit :

– *Sala'am Aleikhem*, Sanglahr, et accepte la reconnaissance de cet humble voyageur pour avoir choisi de sentir davantage comme un homme que comme un chameau depuis la dernière fois que nous nous sommes rencontrés… Gloire à Allah. En ce qui concerne ta question, c'est toi qui m'as amené ici. Quoi d'autre l'aurait pu ? Cette région n'est pas exactement le jardin des houris. J'ai des renseignements pour toi, et une faveur à te demander. J'ai aussi un camp tout près et de l'eau fraîche, parmi ces rochers. M'y accompagneras-tu ?

St. Clair secoua la tête.

– Non, mon ami, je ne peux faire ça et laisser mes hommes assis là-bas sous le soleil de midi, mais tu seras le bienvenu si tu veux chevaucher avec nous jusqu'où nous nous rendons.

Le visage du grand chiite s'illumina d'un sourire sardonique.

– Jusqu'à Jaffa, parmi une troupe armée de *ferenghi* et vêtu comme je le suis ? Je ne crois pas, mon ami. Mais je te remercie quand même de ton offre. Alors, viens t'asseoir ici à l'ombre, sur la terre ferme d'Allah, et discutons.

Il était difficile pour St. Clair de s'asseoir ainsi et de parler, car il portait sa cuirasse et un vêtement de lourd cuir entièrement recouvert d'une cotte de mailles, qui lui descendait jusqu'aux chevilles. Cet équipement encombrant restreignait ses mouvements, et il dut en dénouer les attaches sur le devant et étendre ses basques cuirassées autour de lui comme une femme le fait avec sa robe, avant de pouvoir s'asseoir les jambes confortablement croisées à la manière des nomades du désert. Une fois assis, il posa la ceinture de son épée près de lui, retira son heaume de métal et dénoua le lacet sous son menton avant de laisser tomber sur ses épaules son capuchon de mailles et de frotter son crâne avec ses doigts recourbés.

L'Arabe le regardait en souriant.

– Je trouve remarquable le fait que, peu importe les croyances d'un homme, et peu importe à quelle distance il se trouve de l'endroit où il est né, le premier instinct de tout guerrier, en se découvrant la tête, est de gratter son crâne comme un chien gratte ses puces.

Les deux hommes éclatèrent de rire, puis Hassan glissa la main dans un sac de cuir noir à sa taille et en retira un paquet soigneusement enveloppé et attaché, long de moins d'un pied et large du tiers, puis le tendit à St. Clair.

– J'ai un cousin à Jérusalem qui porte le même nom que moi. C'est Hassan le marchand de chevaux, et il possède un emplacement permanent au marché central de la ville.

– Hassan le marchand de chevaux. J'ai déjà entendu parler de lui. Je suppose que tu aimerais que je lui livre ce paquet ?

– Oui, Sanglahr, et tu auras toute ma reconnaissance en le faisant. Mon cousin ne s'y trouvera pas à ton arrivée, comme je l'ai appris il y a quelques jours seulement en parlant à un cheikh avec lequel j'ai partagé un feu de camp et qui connaît bien mon cousin. Hassan sera parti pendant plusieurs semaines, d'après lui, et j'ai d'autres affaires dont je dois m'occuper. C'est pourquoi, quand j'ai su que c'était toi qui approchais, j'ai décidé de te demander de livrer le paquet en mon nom quand tu seras de retour à Jérusalem. Si tu veux bien le laisser à Nabib, qui s'occupe de l'endroit quand mon cousin part à la recherche de nouveaux chevaux, je t'en serai très reconnaissant.

– Bien sûr.

St. Clair plaçait déjà le paquet sous son haubert.

– Tu as dit que tu avais des renseignements pour moi. Pourtant, je dois t'avouer ne pas savoir comment tu le pourrais… mais si quelqu'un m'avait dit, une minute avant que tu n'apparaisses lors de notre première rencontre, que tu viendrais me sauver la vie, je ne l'aurais pas cru. Alors, quelle information étonnante as-tu pour moi maintenant ?

– C'est une information qui pourrait te sauver la vie et celle de tous tes hommes.

– Alors, livre-la-moi, mon ami, car c'est là un sujet sur lequel je n'aime pas plaisanter.

– Il y a une forte troupe de brigands près d'ici.

– Je sais cela. Nous les pourchassons.

Hassan secoua la tête en signe de dénégation et son voile de mailles fines cliqueta.

– Non, Sanglahr, ce sont eux qui te pourchassent. Ils t'ont trouvé hier et te mènent où bon leur semble depuis ce moment. Ton compagnon, l'autre chevalier…

– Rossal ?

– Je ne sais pas son nom. C'est celui qui commande avec toi… Il a été attiré il y a une heure pour chercher les pistes de plusieurs hommes à cheval, menant d'ici jusque dans le désert, des pistes qui ont été délibérément laissées pour attirer tes éclaireurs… Ces pistes ont été soigneusement préparées puis dissimulées la nuit dernière, pour qu'elles semblent plus vieilles qu'elles ne le sont. Il reviendra bientôt en disant qu'il a trouvé ces traces et qu'elles mènent à un camp près d'une oasis, à moins de dix milles d'ici, et que toi et tes hommes pouvez l'atteindre avant la tombée de la nuit, à temps pour vous reposer et attaquer avec le soleil levant derrière vous.

– Je vois. Tu me dis que je ne devrais pas ajouter foi à ses paroles.

– Non. Je te dis que quoi que vous fassiez, ou à quelque endroit que vous décidiez d'aller, vous vous trouvez déjà dans un piège. Votre ennemi est derrière vous au moment même où nous nous parlons. Ceux qui ont préparé les pistes menant jusqu'au piège près de l'oasis sont peu nombreux et ils mènent des chevaux sans cavaliers. Ils savent que vous êtes des *ferenghi*, que vous ne savez pas déchiffrer les traces dans le sable, et ils ont déjà fait en sorte que les pistes semblent avoir été faites hier ou peut-être le jour d'avant. Ils savent que vous suivrez ces pistes, et ils vous suivront. Alors, quand vous vous étendrez pour vous reposer avant votre attaque de l'aube, ils vous attaqueront par-derrière et vous massacreront.

St. Clair redressa la tête et regarda l'homme droit dans les yeux, et son visage n'était aucunement teinté d'humour ni de raillerie.

– Comment se fait-il que tu saches tout cela ?

Hassan haussa les épaules et inclina la tête d'un geste élégant.

– J'ai des informateurs parmi eux. J'ai parlé à deux d'entre eux, un la nuit dernière et l'autre ce matin. C'est ainsi que j'ai su que vous veniez de ce côté-ci, même si je ne savais pas, jusqu'à ce que je voie ton visage, que c'était toi qui commandais la patrouille.

– Quand as-tu aperçu mon visage ? demanda St. Clair sans s'efforcer de cacher l'hostilité naissante dans sa voix.

Hassan leva de nouveau les épaules.

– Un peu plus tôt aujourd'hui. Tu es passé à une vingtaine de pas de l'endroit où je m'étais caché pour observer. Je t'aurais bien lancé un cri de bienvenue sauf que je n'aurais pas vécu assez longtemps pour t'entendre y répondre. Tes hommes sont vigilants.

– Pas suffisamment, semble-t-il, si tu as pu t'approcher autant et que les autres peuvent nous manipuler si aisément. Dis-moi qui sont ces informateurs dont tu parlais ?

Hassan étendit un bras, main fermée, puis l'ouvrit pour montrer qu'elle était vide.

– Ne te sens pas coupable de n'avoir pu arrêter le vent, Sanglahr. Sa puissance réside dans la volonté d'Allah. Vous ne pouviez vous rendre ici que par un seul chemin, et je m'étais caché près du sentier bien avant que toi et tes gens arriviez. Il était impossible que tes hommes me trouvent à moins que je ne trahisse moi-même ma présence. La même chose s'applique à ce que ton ennemi t'a fait. Crois-tu que personne n'a remarqué l'itinéraire habituel de vos patrouilles ? Chacun de vos mouvements est maintenant inscrit sur une carte et on vous a constamment surveillés à partir du moment où vous êtes sortis de la ville. Même les changements de trajets que vous faites sont minutieusement observés. Les gens à qui vous faites face en ce moment attendent votre retour depuis plus d'un mois, et ils ont été patients, leurs plans depuis longtemps prêts. Tout ce qui arrive se produit selon la volonté d'Allah. Si vous devez mourir demain, c'est déjà écrit. Si vous devez remporter la bataille, c'est également écrit. Mais jusqu'à ce que tout soit fini, seul Allah lui-même sait ce qui arrivera.

– Et ces informateurs ?

– Que veux-tu savoir à leur propos ? Ils m'ont dit tout ce qu'ils savaient.

– Et pourquoi feraient-ils une telle chose ?

– Parce que je le leur ai demandé, qu'ils ont une dette envers moi et ne désirent aucunement me mettre en colère… De plus, pourquoi ne me le diraient-ils pas ? Je ne suis pas un *ferenghi.* Et je ne représente aucune menace pour eux. Il ne viendrait jamais à l'esprit d'aucun d'entre eux que je puisse avoir un ami parmi vous.

St. Clair demeura silencieux pendant un moment, puis demanda :

– Eh bien, alors, dis-moi ceci : si tu ne m'avais pas vu ici, aurais-tu averti la personne qui serait venue à ma place ?

– Je me suis moi-même posé cette question, Sanglahr, et la réponse est que je ne sais pas. Peut-être que oui, peut-être que non. Mais c'est toi qui es venu et, ainsi, je n'ai pas eu à prendre cette décision.

– Pourquoi te sentirais-tu même concerné ? En tant que guerrier musulman, tu devrais nous considérer comme tes ennemis.

– C'est exactement la question à laquelle je m'attendais, et c'en est une dont tu ne pourrais même pas commencer à comprendre la réponse. Je suis un chiite, un ismaélien nazarite, du territoire que vous appelez la Perse, et les gens dont nous parlons sont des Abbassides. Cela ne signifiera rien pour toi, Sanglahr, mais c'est très important pour mes gens, les fedayin. Les Abbassides sont des sunnites, des partisans des califes, et ils croient que nous ne sommes pas de véritables musulmans. Ils nous appellent les *batinis*, un terme insultant qui suggère que nous ne sommes pas de vrais partisans du Prophète. Non seulement ils ne nous accordent pas la liberté de pratiquer notre culte comme il nous plaît, mais ils nous refusent la vie elle-même, et ce ne sont pas nos amis. J'aurais donc probablement prévenu tes amis, même si tu n'avais pas été avec eux. Mais il était écrit que tu serais avec eux.

– Eh bien, alors, dit St. Clair en secouant la tête d'un air étonné, nous devrions être heureux que tu sois un... quel mot as-tu utilisé ?... *batini*.

Hassan fronça les sourcils.

– Tu ne devrais jamais utiliser ce mot, Sanglahr, même en plaisantant de manière amicale. S'il était entendu par la mauvaise personne, tu pourrais être tué. Fais-moi confiance à cet égard.

– D'accord. Ce mot ne franchira jamais plus mes lèvres, car je peux voir qu'il t'offense. Maintenant, que devrais-je faire en ce qui concerne ce piège préparé pour nous ? Peux-tu me donner quelque conseil ?

– Bien sûr. Maintenant, ils vous encerclent, alors il n'y a rien que vous puissiez faire pour les éviter et vous devez donc retourner leur piège contre eux. Faites ce qu'ils s'attendent à vous voir faire, et montez votre camp à l'endroit où vous l'auriez monté si vous n'aviez pas été avertis — il n'y a qu'une seule place qui convienne, située parmi les dunes, mais tout près de l'oasis. Puis, à la faveur de l'obscurité, préparez-vous à l'attaque qui surviendra au milieu de la nuit. Les Abbassides viendront à pied, en silence, avec des poignards et des épées, pour vous surprendre pendant votre sommeil. Ils sont trois fois plus nombreux que vous, mais ils ne s'attendront pas à ce que vous soyez déjà sur vos gardes. Ce sera un combat féroce, mais vous le remporterez.

Et il semble qu'Allah lui-même veille sur vous, puisque la lune sera pleine ce soir et vous pourrez combattre sous sa lumière.

– Et où seras-tu pendant ce temps ? Observeras-tu d'une certaine distance ?

Le chiite sourit.

– Oui, c'est ce que je ferai, à une distance qui me permettra de tirer des flèches. Moi aussi, je pourrai profiter de la lumière pour vous aider parce que, à cet endroit, le sable est pâle, presque blanc, et les hommes en mouvement seront clairement visibles sous le clair de lune. De plus, je ne peux pas trop m'éloigner, parce que si tu es tué, je devrai récupérer le paquet de mon cousin et le livrer moi-même… Et maintenant, tu devrais partir avant que les Abbassides nous voient ensemble. Mais, auparavant, il y a une autre chose que je souhaite te demander. Mon ami Ad-Kamil, avec qui j'ai partagé ce feu de camp avant-hier, m'a posé des questions sur un de vos hommes d'Église, un évêque du nom d'Odon. Connais-tu cet homme ?

St. Clair renifla en riant et en grognant tout à la fois.

– L'évêque Odon de Fontainebleau. Je le connais suffisamment pour avoir passé un bon moment avec lui il y a quelques jours. Que voudrais-tu savoir à son propos ?

– Quelle sorte d'homme est-il, Sanglahr ?

St. Clair secoua lentement et délibérément la tête.

– Cela, je ne peux pas te le dire, mon ami, sauf que c'est un évêque très pompeux et dépourvu d'humour, qui aime beaucoup s'entendre parler. Il est le secrétaire et l'*amanuensis* de Gormond de Picquigny qui, comme tu le sais sûrement, est le plus important ecclésiastique à Jérusalem… le patriarche latin.

– Aman… amanuen… quel est ce mot ?

– Un *amanuensis* est ce que vous appelez un scribe ; un clerc tellement doué pour l'écriture qu'il peut saisir et écrire des mots à mesure qu'ils sont dits. C'est un gardien, et un créateur, d'archives écrites. Odon conserve des archives écrites de toutes les affaires qui concernent le patriarche.

– Ah, je vois… Alors, cet homme est un proche de votre

patriarche ?

– Un associé, mais pas un intime. Je ne crois pas qu'Odon ait une relation intime avec qui que ce soit. L'homme semble n'avoir aucun ami parmi ses pairs. Il n'est pas aimable.

– Tu ne l'aimes pas, Sanglahr ?

St. Clair sourit.

– Non, Hassan, je ne l'aime pas, mais je le connais fort peu, alors il ne mourra pas à cause de cela.

– Mais il pourrait mourir parce que d'autres ne l'aiment pas. Est-ce ce que tu veux dire ?

– Non, pas du tout. Ce n'était qu'un commentaire idiot, une manière de parler franque.

Hassan se leva et s'enfonça un peu plus profondément dans l'ombre sous la surface du rocher.

– Qu'il en soit ainsi, Sanglahr. Va, maintenant, et prépare tes hommes. Puisse Allah veiller sur toi cette nuit et te garder en sécurité ainsi que le colis de mon cousin. Que Dieu t'accompagne.

– Et toi aussi, mon ami, mais dis-moi, si je plaçais des archers parmi les dunes, pourraient-ils voir suffisamment bien pour tirer ?

– Ils verront aussi bien que moi, mais ils seront également visibles au clair de lune. Comment peux-tu régler cela ?

– Peut-être qu'ils ne seront pas trop visibles au départ. Leurs manteaux sont bruns. Je leur dirai de se coucher dans le sable et de s'en recouvrir jusqu'au moment d'attaquer. Aussitôt que le combat s'engagera, ce sera chacun pour soi.

– Si Allah le veut, cela devrait fonctionner, compte tenu de la surprise. Mais il faut qu'ils se trouvent dans les lunes avant que la lune apparaisse, Sanglahr, et ce sera juste après la tombée de la nuit.

CHAPITRE 41

St. Clair avait assuré à Hassan que ses hommes seraient en position avant l'arrivée de la lune, mais c'était là une promesse qui n'avait d'autre fondement que l'intuition. Pourtant, il fit en sorte que cela se passe comme il l'avait dit. Pendant le reste de l'après-midi, prenant soin de ne montrer aucun signe de fébrilité qu'auraient pu remarquer les gens qui, il le savait maintenant, les surveillaient à partir des dunes environnantes, il élabora un plan qui, selon lui, pourrait avoir une chance de réussir, puis il en fit part aux autres hommes de la patrouille. Rossal était revenu peu après que St. Clair eut quitté Hassan, et il rapportait exactement ce qu'avait prédit le chiite. Il avait alors conduit la patrouille légèrement en direction du nord-est, vers l'oasis où le piège avait été préparé pour eux, et St. Clair n'avait pas tenté d'intervenir ni de remettre en question ce qui se produisait.

C'est longtemps après qu'ils eurent changé de direction, alors qu'ils s'étaient engagés sur la route qu'ils devaient suivre, que St. Clair vint chevaucher près de Rossal afin qu'ils puissent parler sans être entendus, et qu'il l'informa de l'avertissement de Hassan. Rossal écouta sans l'interrompre, puis hocha la tête et appela les chefs de troupe pour qu'ils se rassemblent autour d'eux. Lorsqu'ils furent tous présents, chevauchant en groupe serré, il leur dit que le frère Stephen avait quelque chose à leur communiquer, puis il fit un signe de tête en direction de ce dernier qui leur expliqua brièvement la situation et ce qu'il entendait faire. St. Clair s'attendait à ce que quelques hommes affichent un certain scepticisme, sinon une résistance ouverte, et il avait réfléchi à un argument suffisamment puissant, espérait-il, pour les convaincre de lui faire confiance, mais ils obtempérèrent à ce qu'il leur avait dit sans rechigner et il réalisa, avec humilité, qu'ils lui faisaient entièrement confiance, malgré tous ses récents scandales, et qu'ils acceptaient sa propre confiance en Hassan, lui montrant un dévouement qui dépassait de loin la simple loyauté envers un commandant de patrouille. Parmi les quarante sergents qui formaient leur compagnie, dix-huit portaient des arbalètes et, dans une des charrettes, ils avaient une ample provision de flèches à pointe de métal qu'ils utilisaient comme munitions. Rossal prit alors le commandement de ces dix-huit hommes et, durant tout l'après-midi, chaque fois qu'ils s'arrêtaient pour se reposer et donner un répit à leurs montures, il demandait à deux, parfois trois de ses dix-huit sergents de passer près de la charrette et de se servir, pendant que le reste de la patrouille s'affairait suffisamment pour dissimuler ce qui se passait.

La transition entre le jour et l'obscurité est très brève dans le désert. Aussi, St. Clair, chevauchant genou contre genou avec Rossal, dut diriger prudemment l'approche vers l'oasis, se fiant surtout aux rapports et aux observations de ses éclaireurs, car il ne souhaitait pas arriver trop tôt au lieu de campement désigné, et il ne voulait rien faire qui puisse faire naître des soupçons dans l'esprit de ceux qui, sans aucun doute, continuaient de les surveiller. Les hommes érigèrent leur camp au milieu des dunes, à peu de distance au nord de l'oasis, et même si tous savaient que l'attaque viendrait de derrière, ils ne donnèrent aucune indication à leurs observateurs qu'ils étaient le moindrement suspicieux ou craintifs. Quand l'obscurité survint finalement, au moment où l'on attachait les chevaux le long d'un câble à l'extérieur du périmètre du camp, Rossal et ses dix-huit hommes arrangèrent leurs tapis de couchage de manière à faire croire qu'ils dormaient, puis ils s'éloignèrent du camp rapidement et en silence, et s'enfouirent, sous leurs manteaux bruns étendus, dans le sable sur le flanc des dunes qui dominaient les minuscules feux de camp. Se trouvant à une distance d'où ils pouvaient facilement décocher leurs flèches sur le camp, ils restèrent là, complètement immobiles et silencieux, attendant que l'ennemi se manifeste.

Pendant un long moment cette nuit-là, le ciel demeura obscurci par des amas de nuages, et le clair de lune ne les perçait que par intermittence et de façon imprévisible, ce qui était suffisamment inhabituel et inattendu pour ôter à l'ennemi toute envie de se trouver exposé à cause d'une soudaine ouverture dans les nuages avant d'être prêt à attaquer. Ainsi, les Abbassides restèrent cachés pendant si longtemps que St. Clair commença à s'inquiéter du fait que l'attaque tardait, car absolument rien ne venait briser l'immobilité du désert. Las d'être assis depuis tout ce temps, les yeux scrutant la nuit et les oreilles à l'affût, il ne put finalement s'empêcher de se lever et de faire quelques pas tranquillement, tout en sachant que ce mouvement pourrait faire surgir une flèche de la pénombre au-delà des feux. Mais, au moment même où il le fit, les nuages s'écartèrent et la lune apparut, encore plus brillante que d'habitude, tant l'obscurité de cette nuit avait été profonde jusque-là. Il était évidemment conscient qu'aucun des hommes n'avait pu dormir non plus dans le camp, et qu'ils étaient tous restés couchés, aussi tendus et vigilants que lui. Par conséquent, il se força à déambuler autour des feux pendant un moment après que la lune eut fait son apparition, prenant un air nonchalant et discutant calmement avec les gardes tout en exhortant tous les autres, à voix plus basse, à continuer de faire semblant de dormir. Puis, lorsqu'il jugea que le temps était venu, il se rassit près du feu et feignit de s'endormir peu à peu, même si chacun de ses nerfs était tendu afin d'entendre les premiers pas d'une personne s'approchant.

Il trouvait extrêmement ardu de demeurer assis sans bouger, d'autant plus qu'il était incapable de faire le vide dans son esprit. Tandis que le temps passait et que rien ne se produisait, il commença à éprouver de la difficulté à respirer normalement. Peu importe la quantité d'air qu'il inhalait, il avait l'impression de ne pas pouvoir remplir ses poumons, et il se mit à respirer de plus en plus vite. Finalement, craignant de s'évanouir, il se leva, lentement et avec beaucoup de mal, et marcha. Ce geste l'aida, et, alors que sa respiration revenait peu à peu à la normale, il réalisa que la crise qu'il venait de subir, quelle qu'en ait été la nature, avait été causée par la peur. Il demeura debout, la tête haute, et tourna doucement et délibérément sur lui-même, scrutant l'obscurité de la nuit du désert. Il ne vit ni n'entendit quoi que ce soit. Pour se distraire, il s'assit de nouveau et dirigea volontairement ses pensées vers Jérusalem, et vers la nuit, dans les tunnels, lorsqu'il s'était presque étouffé à cause de l'air vicié, et il commença aussitôt à se sentir plus calme. Il se souvenait du moment où il était étendu au pied du monticule de débris après être sorti à toute vitesse de la minuscule entrée pour retourner vers l'air pur. Son corps entier était recouvert d'une épaisse couche de poussière et il avait eu l'impression que sa bouche en était remplie, complètement dépourvue d'humidité, et il se rappela le plaisir qu'il avait eu à cracher cette poussière de sa bouche et le moment où il avait roulé sur le dos contre le mur et senti la brise fraîche lui caresser un côté du visage.

Il pensait encore à ce moment et à sa subite étrangeté quand il entendit un halètement et un juron, suivis immédiatement d'un grand cri de défi qui fut bientôt noyé par un hurlement guerrier, puis la nuit se remplit soudainement de sons, les claquements métalliques des épées et les sifflements des flèches d'arbalètes qui se terminaient par des bruits secs en pénétrant la chair, et un chœur croissant de cris de bataille qui cédèrent rapidement la place à des cris de panique et d'alarme au moment où les attaquants comprenaient que l'ennemi se trouvait derrière eux et qu'ils avaient été floués. Ils étaient entrés dans le camp comme ils l'avaient prévu et, ce faisant, ils avaient traversé les dunes où étaient enterrés les archers de Rossal, sans voir un seul d'entre eux. Les hommes de Rossal les avaient alors regardés passer, puis avaient attendu en les surveillant et, au moment choisi, ils lancèrent des volées de flèches qui eurent un effet dévastateur.

– Ne bougez pas ! cria St. Clair aux hommes autour de lui. Comptez les volées ! Puis à la troisième, levez-vous avec moi !

La deuxième volée atteignit ses cibles, provoquant un

massacre parmi les musulmans, tandis que les sergents autour des feux demeuraient au sol, laissant la tuerie aux archers pour la troisième et dernière volée, puis, alors que l'ennemi commençait à se rassembler pendant l'intervalle qui avait suivi la deuxième volée de flèches, St. Clair cria de nouveau pour avertir ses hommes de demeurer là où ils étaient et d'attendre la troisième volée. Celle-ci vint, et ceux des ennemis qui étaient demeurés sur pied tournaient ici et là, d'un côté puis de l'autre, ne sachant quoi faire ni dans quelle direction s'enfuir.

– Maintenant, allez-y !

Alors que St. Clair se relevait de peine et de misère sur le sable, un homme le chargea, agitant un long cimeterre, mais, avant d'avoir pu s'approcher suffisamment pour frapper, il s'affaissa sur les genoux avec un grognement de surprise. Sa bouche ouverte se remplit de sang, noir dans le clair de lune, qui giclait de sa cuirasse, et il tomba le visage entre les pieds de St. Clair. Celui-ci enjamba le corps de l'homme, balançant son épée de gauche à droite tandis qu'il cherchait un adversaire assez proche pour le combattre. Mais tout se termina très rapidement et il ne put croiser le fer avec un seul attaquant. Le reste de ses sergents étaient partout autour de lui maintenant, soulagés de la tension d'avoir dû rester couchés sans défense devant un ennemi en marche pendant que leurs compagnons sur les collines accomplissaient tout le travail, et les attaquants qui avaient prévu de les massacrer jusqu'au dernier pendant qu'ils dormaient avaient perdu tout appétit pour le combat, maintenant qu'ils avaient devant eux des adversaires en cottes de mailles et en colère et, derrière eux, d'autres adversaires munis de longues épées ou faisant tournoyer des masses d'armes et des haches. Ceux d'entre eux qui couraient le plus vite s'enfuirent dans le désert et, quelques minutes seulement après que le premier coup eut atteint sa cible, le combat fut terminé.

Rossal ramenait déjà le calme, interrogeant ses compagnons sur le sort des blessés, quand il vit St. Clair se diriger vers lui. Il lui fit un clin d'œil.

– Un homme mort et deux blessés légers. Pour autant que

je puisse en juger, peut-être vingt-cinq chez nos adversaires. Prenons-nous des prisonniers ?

St. Clair regardait autour de lui, s'attendant un peu à voir Hassan, mais il n'y avait aucun signe du guerrier chiite, et maintenant il secoua la tête en réponse à la question de Rossal.

– Non, nous n'en avons pas le temps si nous voulons rejoindre l'oasis comme nous l'avions prévu. Charge l'homme mort et les deux blessés sur une des charrettes. Je vais rassembler les autres et nous allons partir.

Il haussa la voix :

– Sergent Bernard, venez ici, s'il vous plaît. Tous les hommes doivent être en selle et prêts à partir dans un quart d'heure. Occupez-vous-en.

Ils atteignirent le camp près de l'oasis en un peu plus d'une heure et n'y trouvèrent âme qui vive, même s'il y avait des preuves manifestes tout autour montrant que le camp avait été abandonné en vitesse quelques minutes avant qu'ils n'arrivent. Ils établirent alors un périmètre de sécurité, puis ils s'installèrent pour utiliser le point d'eau pendant les vingt-quatre heures suivantes et, au cours de la journée qui suivit le combat, ils en vinrent à la conclusion qu'ils avaient tué environ un quart ou un cinquième des hommes qu'ils pourchassaient. Ils ne trouvèrent aucun musulman blessé bien qu'il y eût partout des taches de sang, et leurs éclaireurs estimèrent que les survivants de la troupe ennemie s'étaient éparpillés aux quatre vents. St. Clair écouta et ne fit aucun commentaire, mais il se demanda ce qu'il était advenu de Hassan.

Cette nuit-là, avant de s'endormir, il discuta avec Rossal, couché sur son tapis de couchage près du feu, et la dernière question qu'il lui posa avant de redevenir silencieux laissa celui-ci perplexe, se demandant ce qu'avait bien pu vouloir dire son ami.

– Imagine-toi gisant sur le sol d'un des tunnels sous le mont, avait dit St. Clair. Le mur est contre toi, sur ta gauche, et tu es couché sur le dos, et il y a une brise qui souffle sur ton visage… Tu as creusé et sué, et la brise est fraîche.

Délicieuse. Mais elle souffle de biais, rafraîchissant ton cou et le côté de ton visage. Le côté gauche de ton visage. Que peux-tu en déduire ?

CHAPITRE 42

– Eh bien, qu'as-tu réellement appris de tout cela ?

C'était huit jours plus tard et le visage de Hugues de Payns ne trahissait aucun sentiment, mais il n'y avait aucun doute qu'il était curieux et, devant lui, Geoffroy de Saint-Omer se tenait penché, fixant St. Clair qui haussa les épaules et secoua la tête, un demi-sourire aux lèvres.

– Rien que je puisse démontrer avec certitude, frères. Pas encore en tout cas. Je suis venu directement ici après avoir conduit mon cheval aux écuries, et j'ai laissé Rossal renvoyer les hommes et terminer la patrouille, mon premier devoir étant de vous faire un rapport sur nos progrès et sur la situation. Maintenant que c'est fait, je suis libre, je suppose, de m'occuper de mes propres affaires pendant un moment. Aussitôt que je vous aurai quittés et que j'aurai enlevé cette armure, j'ai donc l'intention de retourner sous terre et de vérifier mes soupçons. Après cela, je serai en mesure de répondre à ta question, maître Hugues.

Les deux frères plus âgés échangèrent un regard et de Payns inclina la tête.

– Qu'il en soit ainsi, alors. Nous avons fini pour le moment, mais je crois pouvoir dire que le frère Geoffroy ici présent est aussi curieux que moi à propos de la nouvelle que tu nous apportes. Que penserais-tu de nous emmener avec toi quand tu descendras dans les tunnels ?

Ce n'est que peu de temps plus tard que les trois hommes passèrent la fissure verticale, dans le sol du tunnel, où les moines déversaient les débris depuis plusieurs mois et, moins d'une centaine de pas au-delà, St. Clair hésita et s'arrêta, tenant haut sa torche pendant qu'il regardait autour de lui, jetant un coup d'œil vers l'endroit d'où ils venaient, puis se tournant pour examiner le passage qui s'étirait dans l'obscurité devant eux. De Payns et Saint-Omer se tenaient patiemment derrière lui, prenant soin de ne pas intervenir et attendant qu'il décide de leur parler.

– Ça devrait être ici, dit-il finalement. Ça devrait y être, mais ça ne ressemble en rien à ce dont je me souviens. Il y avait un monticule de débris ici, qui obstruait complètement le passage la dernière fois que j'y suis venu. J'ai grimpé jusqu'au sommet et me suis faufilé à travers une ouverture dans le plafond, puis je me suis pratiquement étouffé de l'autre côté et j'ai failli y rester. C'est à ce moment que je me suis effondré contre le mur et que j'ai senti un courant d'air. Il y a eu beaucoup de travaux ici depuis pour déblayer les gravats, mais, en faisant cela, on a fait disparaître aussi les quelques points de repère que j'avais… L'endroit où je gisais et où j'ai senti le courant d'air pourrait se trouver n'importe où entre ici, à l'endroit où je me trouve, et une vingtaine de pas dans l'une ou l'autre direction.

Il regarda de nouveau autour de lui, puis indiqua de la main le passage qui s'étendait devant eux.

– La seule chose dont je sois sûr, c'est que, lorsque j'étais étendu, mes pieds pointaient dans cette direction, vers l'obstruction, alors l'air venait de quelque part le long de ce mur, sur la gauche.

– Nous avons besoin d'une bougie, affirma Saint-Omer, ou d'une chandelle et d'une longue poignée.

Son regard passa de de Payns à St. Clair et il haussa les épaules.

– Ou bien vous pourriez vous mettre à quatre pattes et avancer le long du passage en essayant de repérer le courant d'air, mais, à mon avis, il serait plus facile d'attacher une bougie allumée au bout d'un long bâton ou même d'une épée, et de marcher en la tenant le long du mur. S'il souffle encore un courant d'air, la flamme vacillera.

– Il n'y a pas de bougies ici, répondit St. Clair, mais nous avons des lampes à huile et des pioches, alors nous pourrions fabriquer un instrument semblable. Je fixerai une lampe au fer d'une pioche… Nous devrons simplement nous assurer de ne pas pencher la lampe et répandre l'huile… Il y a de vieux outils là-bas, contre le mur.

Il ne leur fallut que quelques minutes pour attacher une lampe au bout d'un manche de pioche, puis ils allumèrent la mèche avec une de leurs torches. La lampe brûlait lentement, sa mèche nue dégageant une épaisse fumée noire, mais c'était là un avantage et ils trouvèrent le courant d'air provenant du mur presque aussitôt après avoir entrepris leur recherche. La flamme de la lampe vacilla rapidement, soufflée de côté avec une force étonnante et renvoyant des volutes de fumée noire et grasse de l'autre côté du passage. St. Clair regarda ses compagnons de sous ses sourcils froncés, puis ramena la flamme nue au même endroit, la tenant cette fois dans un courant d'air si puissant et régulier qu'il entendait clairement le crépitement de la flamme. Il s'agenouilla immédiatement, posa la lampe par terre et étendit ses mains nues pour sentir le flux d'air frais à la base du mur.

– Le courant d'air est fort, mais le trou est très petit. Apportez une de ces torches là-bas et donnez-moi un peu de lumière.

Il se pencha davantage, faisant reposer son poids sur ses mains et ramenant ses jambes vers l'arrière jusqu'à ce qu'il soit étendu sur le ventre, puis enfouit ses doigts dans la petite ouverture. Ses deux compagnons reculèrent pour lui laisser de la place, bien que Saint-Omer tînt prudemment la torche à bout de bras pour lui procurer la lumière qu'il avait demandée.

St. Clair s'avança lentement jusqu'à ce que son visage frôle le mur, puis il secoua la tête et roula en s'éloignant du mur.

– L'air souffle vers le haut, mais d'où pourrait-il venir ? Ce mur du tunnel est en pierre solide, alors ce que nous avons trouvé doit être une crevasse dans le roc. Ça n'a pas de sens.

Il regarda autour de lui, se releva, traversa le passage jusqu'à une pile d'outils dans laquelle il choisit une longue barre d'acier et retourna au pied du mur pour tenter d'élargir la faille. Quelques instants plus tard, un coup de barre traversa le mur, élargissant considérablement le trou et à, partir de ce moment, il progressa vite jusqu'à ce que l'ouverture atteigne la taille d'une tête d'homme. Tout avait commencé avec la crevasse au bas du mur, mais alors qu'il continuait de la marteler, St. Clair s'aperçut que la cavité se trouvait davantage dans le sol que dans le mur et, il tira puissamment sur une saillie qui céda plus soudainement qu'il ne s'y était attendu. Il faillit trébucher et lâcha la barre qui disparut dans les profondeurs du trou. Étonnés, les trois hommes se tenaient debout, immobiles, l'oreille dressée jusqu'à ce que l'écho de la barre atteignant le sol parvienne jusqu'à eux. Aucun ne sentit le besoin de souligner aux autres le fait que cela avait pris beaucoup de temps.

Peu après, ils attachèrent une torche à un câble et la firent descendre dans l'obscurité, mais ils n'aperçurent rien d'autre qu'une vaste pénombre et, voyant la flamme s'éteindre tout en bas — le câble avait plus d'une vingtaine de pieds de longueur —, St. Clair frissonna, sentant une appréhension certaine s'installer dans son esprit.

Ce n'est que bien plus tard qu'ils allaient véritablement comprendre ce qui s'était produit, alors que la logique et l'exploration allaient clarifier les choses sans l'ombre d'un doute, mais, au tout début, les trois hommes n'avaient absolument aucune idée de ce qu'ils avaient trouvé. Ce fut finalement Saint-Omer qui imagina une analogie leur fournissant une explication, alors qu'il compara la pièce en bas — car il s'agissait d'une vaste pièce carrée — et le tunnel dans lequel ils se trouvaient à un cube et à un tube. Le cylindre du tunnel avait touché le point culminant d'un coin supérieur de la pièce de suffisamment près pour créer une ouverture à cette unique croisée et creuser le trou qui avait servi de conduit à l'air provenant de la pièce au-dessous. Si le tunnel avait été creusé à peine quelques pouces vers la droite, la découverte n'aurait jamais été faite et la présence de cette pièce n'aurait certainement jamais été soupçonnée. Mais les choses s'étaient passées ainsi, St. Clair avait senti le courant d'air et, plus tard, quelques hommes crurent voir dans ces coïncidences une intervention divine.

Cet après-midi-là, aucun des trois hommes présents ne songeait à une intervention divine. Ils étaient déconcertés et ne savaient que faire et, alors qu'ils se tenaient là à fixer le trou dans le sol, la flamme de leur dernière torche commença à vaciller et à s'éteindre.

– Ceci requiert de la réflexion et de la planification, grogna de Payns, et nous aurons besoin de nos frères ici. Venez. Nous reviendrons plus tard quand nous aurons décidé quoi faire.

Ils remontèrent à la surface, prenant d'autres torches en chemin, et leur remontée à travers les excavations fut silencieuse, chacun d'entre eux songeant à ce qu'ils avaient trouvé et à ce qu'ils pourraient en faire, mais, aussitôt qu'ils eurent regagné les étables, de Payns convoqua tous les frères. Archambaud de Saint-Agnan et Payen de Montdidier étaient sur le point de partir à la tête d'une patrouille pour surveiller la route des pèlerins vers Jéricho, mais le sergent envoyé à leur recherche les rattrapa à temps et ils se rendirent à la salle de réunion avec tous les autres, se demandant ce qu'il se passait.

Sans perdre de temps, de Payns commença à expliquer la raison de sa convocation dès que la porte extérieure fut verrouillée, encore une fois par Geoffroy Bisol, dont le tour de garde pendant les rassemblements semblait survenir à chaque fois qu'une nouvelle importante allait faire l'objet d'une discussion. Hugues souligna d'abord la présence de Saint-Agnan et de Montdidier, et le fait que la patrouille prévue les amènerait hors de la ville pendant les huit jours suivants, mais il leur assura que, au moment de leur départ, ils en sauraient autant que tous les autres sur ce qui se produisait et, quand ils reviendraient, si Dieu le voulait, ils auraient beaucoup à faire. Toutefois, entre-temps, il demanda à Saint-Agnan de dire à ses hommes de passer la nuit au mont du Temple, mais de se préparer à partir à l'aube le lendemain matin.

Ils attendirent, murmurant entre eux, pendant que Saint-Agnan sortait pour trouver quelqu'un qui puisse informer le sergent-chef de la patrouille et, dès son retour, de Payns entreprit de décrire la découverte de St. Clair et toute la série de réflexions et d'examens qu'elle avait suscités. Maintenant, conclut de Payns, grâce à cela, ils savaient qu'il y avait quelque chose, un espace vaste et vide sous le sol du tunnel dans lequel ils travaillaient au moment où St. Clair avait failli s'asphyxier, et il exigea de tous qu'ils abandonnent sur-le-champ leurs travaux actuels dans les tunnels et qu'ils rassemblent leurs ressources pour exploiter la nouvelle découverte et trouver l'endroit où l'espace conduisait.

Comme l'heure du repas du soir approchait, ils ajournèrent leur rassemblement officiel, mais demeurèrent dans la pièce derrière les portes fermées, maintenant rejoints par Bisol, où ils pouvaient parler librement de la découverte et planifier leur travail pour les prochains jours.

Depuis qu'ils avaient commencé à creuser, ils avaient accumulé une quantité considérable d'équipement, et ils ne manquaient pas de billes de bois, de poulies, de câbles ou d'instruments de levage et, le matin suivant, s'alignaient dans le tunnel de chaque côté de l'ouverture de la veille les outils qu'ils allaient utiliser pour la nouvelle excavation. Mais la tâche qui les attendait était à la fois décourageante et troublante. Même si on leur avait dit qu'il y avait un immense espace vide sous leurs pieds, aucun d'entre eux n'était réellement capable d'imaginer ce qui s'y trouvait. Ils ne savaient absolument rien, et ils craignaient de laisser aller leur imagination. À cet instant, ils ne savaient pas qu'ils se tenaient au-dessus d'une voûte construite par des hommes, que la pièce elle-même comportait des murs droits et des proportions régulières, qu'ils se trouvaient directement au-dessus de l'endroit précis où deux murs et un plafond convergeaient, ni que, lorsqu'ils descendraient dans la cavité, ils atterriraient dans un coin d'une immense pièce. Tout ce qu'ils savaient, et cette prise de conscience était à la fois stimulante et inquiétante, c'était que tout ce qu'ils délogeaient sous leurs pieds tombait dans le néant, disparaissait dans un abysse noir pendant un long moment avant de se briser contre de la roche, ou quelque chose d'autre, directement sous eux. En conséquence, après être passés à deux doigts d'une catastrophe quand Montdidier manqua de tomber dans le trou, tous les hommes qui travaillaient à élargir la cavité se mirent à porter un harnais de sécurité lié à des câbles, eux-mêmes attachés à un système d'ancrage au-dessus de leur tête. Ce ne fut qu'après plusieurs heures de travail où des équipes de deux hommes se relayèrent que quelqu'un remarqua — et nul ne put, par la suite, se souvenir de la personne qui s'en était aperçu la première — que les lignes d'excavation à leurs pieds convergeaient vers une jonction profonde qui avait en fait la forme d'un V et que des côtés réguliers, à angle droit, semblaient s'étirer dans les deux directions.

À partir de ce moment, il devint évident que l'angle droit qu'ils regardaient en était véritablement un, même si leur point de vue était inversé, et qu'il devait faire partie d'une structure construite par des hommes. Ils avaient plusieurs fois tenté d'illuminer l'espace en dessous en y jetant une dizaine de torches allumées, mais seulement la moitié d'entre elles avaient résisté à la chute et elles reposaient, vacillantes, sur le sol en bas, ne révélant rien jusqu'à ce qu'elles s'éteignent complètement. Même des torches accrochées au bout d'un câble ne montrèrent rien de ce qui se trouvait plus bas, et les hommes finirent par s'ennuyer à les regarder, même avant qu'elles ne s'éteignent. Mais le simple fait qu'ils pouvaient sentir le courant d'air frais et que les torches s'étaient éteintes de façon naturelle prouvait que l'air y était respirable et, une fois qu'ils eurent accepté l'idée qu'il s'agissait d'une sorte de chambre, ils s'entendirent sur le fait que quelqu'un devrait y descendre et regarder ce qu'il y avait à y voir. Étant donné qu'il était le plus jeune d'entre eux et qu'il avait fait la découverte, ce fut St. Clair qui descendit le premier, dans un grand panier suspendu à un palan, serrant une torche nouvellement allumée dans une main et touchant la dague à sa taille avec l'autre, pendant qu'il regardait autour de lui, descendant de plus en plus dans l'obscurité, entourant de son bras plié un des câbles qui soutenaient le panier.

La première chose qu'il découvrit, quelques instants à peine après avoir quitté la surface, fut qu'il se trouvait en fait dans le coin d'une pièce, car son panier se balançait au point de jonction des murs et, lorsqu'il approcha sa torche, il vit qu'ils étaient d'un noir mat, recouverts d'une substance goudronneuse qui absorbait toute lumière.

St. Clair transmit, en criant, cette information à ses compagnons là-haut, puis se concentra pour voir ce qui l'entourait, respirant profondément et tentant de combattre l'impression qu'il était en train d'étouffer et que l'obscurité régnante devenait de plus en plus dense à mesure qu'il descendait. Il lui vint soudain à l'esprit que son épée, qu'il avait toujours près de sa main, se trouvait maintenant au-dessus de lui, sur le lit de sa cellule où il l'avait jetée avant de venir dans les tunnels et, même si la logique lui disait qu'il n'en aurait pas besoin ici, il se sentait sans défense et était conscient du peu de protection qu'offrait la dague à sa taille.

Il s'aperçut avec surprise que le panier avait atteint le sol de l'immense pièce, car il s'était posé si doucement que St. Clair ne se rendit compte qu'il se trouvait sur une surface solide qu'en constatant l'arrêt du mouvement. Il leva sa torche à bout de bras, scrutant la pénombre environnante, mais il ne voyait absolument rien.

– Je suis arrivé en bas ! cria-t-il à ses compagnons. Je descends du panier maintenant !

Il se pencha pour saisir une des torches empilées à ses pieds, puis passa prudemment sa jambe droite par-dessus le rebord du panier et en sortit. Il alluma une nouvelle torche avec celle qu'il tenait et se courba vers le sol en déplaçant les deux torches de gauche à droite pour voir ce qu'il pourrait discerner. Le plancher était uni et pavé de dalles de pierre carrées, chacune de la longueur d'une enjambée, et les pierres étaient recouvertes d'une fine couche de poussière, beaucoup moins épaisse que l'on aurait pu s'y attendre, pensa-t-il, jusqu'à ce qu'il se souvienne du courant d'air frais régulier dans lequel il s'était déplacé depuis le début de sa descente. Il se pencha encore davantage pour chercher un trou entre les dalles dans lequel il pourrait insérer une des torches, mais il n'y avait rien, pas la moindre fissure ou inégalité dans laquelle il aurait pu même introduire une pointe de dague. Il se releva et fit lentement un tour complet sur lui-même, fouillant du regard l'obscurité tout autour et faisant tourner ses torches en un large cercle, dans l'espoir d'apercevoir un reflet provenant d'un quelconque objet situé au-delà de son champ de vision immédiat. Finalement, il prit une profonde inspiration et se tint debout dans le coin des murs, essayant autant que possible de déterminer sa position. Quand il sentit qu'il pouvait maintenir une direction en suivant le rebord des dalles sous ses pieds, il commença à avancer lentement en diagonale, passant d'un coin de dalle à un autre, pierre par pierre, vers le centre de la pièce en tenant une torche à la hauteur de ses genoux pour éclairer son chemin et l'autre, à bout de bras, pour tenter de voir quelque chose, tout en comptant ses pas à voix haute. Il savait que, de là-haut, ses compagnons ne le perdaient pas de vue, mais sa principale préoccupation, aussi illogique soit-elle, était qu'il avait laissé son épée sur son lit, dans sa cellule, en pensant qu'il n'en aurait pas besoin dans les tunnels. Il regarda derrière lui puis vers le haut, prenant conscience d'un mouvement, et il aperçut la silhouette d'un de ses compagnons qui descendait pour le rejoindre avec une autre torche. St. Clair ne s'était pas aperçu que le panier avait été remonté ; son attention était entièrement concentrée sur ce qu'il était en train de faire. Il retourna à sa tâche et continua d'avancer, comptant toujours ses pas.

Il en était à trente pas lorsqu'il distingua pour la première fois une forme différente et encore imprécise sur le plancher devant lui et il s'arrêta immédiatement, soulevant haut les deux torches pour se donner le plus de lumière possible. Ce faisant, il entendit un pas léger derrière lui et André de Montbard lui parla à l'oreille :

– Qu'y a-t-il ? Tu vois quelque chose ?

St. Clair ne prit pas la peine de répondre, sachant que Montbard pouvait voir par lui-même. Il se pencha un peu plus et fit un autre pas vers l'avant, puis un autre, alors que Montbard le rattrapait sur la gauche.

– Il y a quelque chose là, dit ce dernier.

Une fois de plus, St. Clair n'eut aucune réaction, continuant à avancer jusqu'à ce qu'il puisse voir ce qu'il y avait devant lui. Il semblait que ce soit une jarre ou une urne quelconque, et ce n'était que le premier d'une multitude de contenants de même forme et de même taille. Poursuivant son exploration, le jeune homme se retrouva dans une vaste allée entre deux rangs d'objets, et il pouvait en voir des rangées entières s'étendant au-delà et disparaissant dans la pénombre. Il en compta huit d'un côté et pouvait en discerner au moins dix autres parallèles, avec une allée s'étendant entre chacune d'elles.

– Ce sont des jarres, de simples jarres d'argile, déclara-t-il en avançant encore jusqu'à ce qu'il puisse en voir le sommet. Et elles sont scellées avec une sorte de cire, je crois... Elles sont toutes scellées. Que contiennent-elles ? Et pourquoi y en a-t-il autant ?

Il tendit la main vers la plus proche comme s'il voulait la saisir et la renverser, mais, avant qu'il ne puisse l'atteindre, Montbard l'attrapa par la manche, le retenant doucement.

– Elles pourraient être remplies d'huile, ou même de vin, mais si elles contiennent ce que je crois, alors nous avons trouvé ce que nous sommes venus chercher, mon ami. Nous avons trouvé notre trésor.

– Le trésor ? Dans des pots d'argile ?

– Oui, ce sont des pots d'argile, mais demande-toi ce qu'ils pourraient contenir, Stephen. Demande-toi aussi depuis combien de temps quelqu'un a mis les pieds dans cette pièce avant nous. Et demande-toi alors pourquoi ces jarres auraient été disposées si minutieusement ici, sur ce plancher, et laissées là. Maintenant, allons voir plus loin ; il devrait y avoir un autel quelque part devant nous.

St. Clair fut sur le point de demander comment Montbard pouvait savoir une telle chose, mais il ravala sa question et avança en silence, et il ne fut pas surpris quand ils trouvèrent l'autel à moins de vingt pas. Toutefois, celui-ci ressemblait bien peu au type d'autel qu'il avait imaginé. Il était différent de tous ceux qu'il avait vus auparavant, beaucoup plus large que n'importe quel autel dans les églises ou les basiliques chrétiennes qu'il avait visitées. Alors qu'il apparaissait peu à peu devant eux, ils entendirent des pas s'approcher et virent Hugues de Payns qui apportait une source additionnelle de lumière. Il ne leur dit rien, toute son attention concentrée sur l'autel qui les dominait de sa hauteur, sa surface plane et dépourvue d'une quelconque décoration, le sommet de la table sacrificielle accessible seulement par un large escalier de pierre.

– Nous y voilà, murmura Montbard d'une voix à peine audible. C'est exactement comme nos archives le décrivaient. Les légendes sont réelles. L'Ordre se fonde sur la vérité.

– Tu donnes l'impression d'en avoir douté jusqu'à maintenant.

La tentative de raillerie de St. Clair tomba à plat, le ton de défi dans ses paroles étant atténué par le fait qu'il murmurait.

– Pas du tout, répliqua Montbard aussi à voix basse. Ce que je voulais dire, c'est que notre Ordre se fonde sur une preuve *démontrable*, avec cette découverte.

– C'est vrai. Je te crois. Je t'ai vu de mes propres yeux découvrir ce que tu t'attendais à trouver, alors je suis convaincu. Mais qu'avons trouvé exactement ?

– La connaissance, frère Stephen. Et un autel qui n'est pas ce qu'il semble être.

– Quelqu'un d'autre s'en vient. Y a-t-il quelque chose que nous ne sommes pas autorisés à savoir ? Quelque secret sacré ?

Ce fut de Payns qui répondit cette fois :

– Toutes ces choses sont secrètes, Stephen, et toutes sont sacrées. Ah, Geoffroy, je pensais bien que c'était toi. Regarde, frère André croit que nous avons trouvé ce que nous cherchions.

– Des contenants ? demanda Saint-Omer en étirant le cou pour regarder autour de lui. Ils contiennent le trésor ?

Montbard acquiesça :

– Ils contiennent un trésor, Geoffroy, mais il y en a également d'autres ici… des trésors de différentes grandeurs, certains moins importants, d'autres davantage, et ils se trouvent sous l'autel. Venez.

Il les conduisit derrière l'autel à l'endroit où il s'élevait à la verticale, le rebord en saillie de sa table formant un plafond droit au-dessus de leurs torches tremblotantes, et St. Clair se pencha légèrement vers l'arrière pour l'examiner.

– Ça doit avoir la taille de trois hommes, dit-il.

Il hésita un moment, puis poursuivit :

– Qu'est-ce qu'on voit là-haut, ce dessin dans la pierre ? Est-ce une croix ? Reculez un peu et tenez vos torches bien haut.

La lumière de leurs torches rassemblées révélait une incision peu profonde dans la pierre, la forme d'une croix avec un cercle à son extrémité supérieure.

– C'est une croix ! S'agit-il alors d'un lieu chrétien ?

Ce fut encore une fois André de Montbard qui donna la réponse :

– Ce n'est pas une croix chrétienne, mon ami, c'est une croix ansée.

– Une quoi ?

– Une croix ansée.

– Alors, je t'ai bien entendu. Une croix ansée, n'est-ce pas ? Qu'est-ce qu'une croix ansée ? Est-ce juif, une sorte de symbole hébreu ayant une signification religieuse ? Je croyais que les Juifs détestaient les gravures.

– Tu as raison. Ils détestent les images gravées.

Montbard était songeur, et sa tête était toujours penchée vers l'arrière alors qu'il observait la croix au-dessus de leurs têtes.

– La croix ansée est un symbole religieux, mais qui n'est pas juif, Stephen… Il est égyptien. Cette croix symbolise la vie et la prospérité… Non seulement en ce monde mais dans l'au-delà.

St. Clair regardait Montbard, les sourcils froncés d'un air interrogateur.

– Mais nous nous trouvons dans le Temple du roi Salomon ici. Es-tu en train d'affirmer que les anciens Hébreux adhéraient aux croyances égyptiennes ?

– Eh bien, premièrement, nous ne sommes pas dans le Temple de Salomon. Nous devons en être proches, peut-être sommes-nous même dessous, mais nous ne sommes pas *à l'intérieur*. Cet endroit est beaucoup trop vaste pour que ce soit le Temple… Nous savons qu'il était très petit.

Il lança un regard oblique en direction de St. Clair, puis il parcourut des yeux le sol sous leurs pieds.

– Et pourquoi, poursuivit-il, les anciens Hébreux n'auraient-ils pas adhéré aux croyances égyptiennes ? Ils ont vécu en Égypte pendant des centaines d'années. Il est plus que probable qu'ils aient admiré au moins quelques éléments des croyances égyptiennes. Mais cela ne nous concerne pas pour le moment. Ce qui nous concerne, c'est cette autre croix ansée.

Il tenait maintenant sa torche près du sol, et ils virent une deuxième croix ansée, plus petite que l'autre, mais gravée beaucoup plus profondément dans la pierre sur laquelle Montbard se tenait. Avant qu'aucun d'entre eux ne puisse dire quoi que ce soit, il posa un genou par terre et fit signe à St. Clair d'en faire autant devant lui.

– Voilà, dit-il, sens ce qu'il y a ici.

Il enfonça ses doigts à une extrémité de la branche perpendiculaire de la croix et tenta d'enlever la poussière et la saleté qui avaient rempli l'espace entre elle et la dalle qui l'entourait, mais bien qu'il réussît à en dégager une partie, le reste était trop dur. Montbard s'arrêta et regarda St. Clair qui en était arrivé au même résultat de son côté.

– Tu crois que ce que tu tiens à la main est une poignée ?

St. Clair haussa les épaules.

– Je n'y aurais pas pensé, mais si tu le dis, alors je te crois.

– C'est dommage pour les torches.

– Que veux-tu dire ?

– Elles sont en train de s'éteindre. Nous nous retrouverons bientôt dans l'obscurité et nous avons besoin de beaucoup plus de torches si nous voulons terminer cette tâche et découvrir le reste des trésors.

– Mais nous avons d'autres torches, des dizaines.

– Non, nous en avons beaucoup, répliqua Montbard, mais nous sommes loin d'en avoir autant qu'il nous en faudra. C'est pourquoi je pense que nous ferions mieux de tout arrêter maintenant et de faire descendre du matériel avant de trouver quelque chose de formidable et d'être obligés de l'abandonner dans l'obscurité.

Il regarda ses trois compagnons, ses yeux allant d'un visage à l'autre, et il pouvait à peine contenir sa joie.

– C'est un grand jour, mes amis. Nous avons trouvé ce que nous cherchions, ce que nos traditions nous disaient se trouver ici, et si nous ne trouvons rien d'autre que ces jarres, là-bas, nous aurons fait une découverte suffisante pour justifier l'existence de notre ancien ordre. Mais je suggère de retourner à la surface et de rassembler le plus de combustible possible pour venir à bout de cette obscurité et, pendant que nous ferons cela, nous devrions aussi acheter autant de lampes à huile que nous le pourrons et de grosses chandelles capables de brûler durant des heures. Si nous devons travailler ici pendant le temps qui, selon moi, sera nécessaire, nous allons avoir besoin d'autant de lumière que nous serons en mesure de produire de toutes les manières possibles. Alors, nous devrions partir et nous mettre au travail, car plus vite nous aurons rassemblé le matériel nécessaire, plus vite nous reviendrons pour terminer notre tâche.

CHAPITRE 43

Il fallut aux moines une semaine entière de dur labeur pour rassembler des charrettes remplies de bois — toujours difficile à trouver en Palestine — afin d'obtenir suffisamment de combustible et de torches pour leur permettre de retourner explorer la salle, mais cela leur aurait pris beaucoup plus de temps si Montdidier ne s'était pas souvenu d'avoir entendu parler, plusieurs mois auparavant, d'un incendie qui avait détruit une vaste oliveraie à quelques jours de marche au sud-est. On envoya immédiatement un cortège de cinq charrettes louées, accompagné d'une importante escorte de sergents, à la recherche de la plantation et, d'une manière ou d'une autre, ils réussirent à rassembler et à ramener quatre charrettes chargées de lourds troncs d'arbres calcinés qu'ils pouvaient fendre et transformer en torches. Tous les marchands de chandelles de Jérusalem leur avaient déjà vendu leurs stocks, et les moines avaient descendu dans la salle un plein baril de goudron acheté à un des marchands arabes, ainsi ils purent tout de suite se mettre au travail pour fabriquer des torches qui brûleraient longtemps et proprement.

St. Clair était ravi de ne pas devoir participer à la recherche de combustible cette semaine-là. De Payns, sachant que le jeune chevalier était directement retourné travailler à l'exploration des tunnels aussitôt revenu de sa patrouille, lui avait accordé trois jours de repos complet, et St. Clair passa la majeure partie de la première journée étendu dans une béatitude oisive, appréciant le simple fait de ne rien faire. Il n'était toutefois pas dans sa nature de demeurer inactif trop longtemps et, le matin suivant, après avoir accompli les tâches qu'il s'était lui-même attribuées, il partit livrer le paquet qu'il avait promis d'apporter à Hassan le marchand de chevaux de la part de son cousin du même nom, Hassan le guerrier chiite. Il n'avait vu jusque-là aucune urgence à s'acquitter de cette mission, et il l'entreprit à ce moment surtout pour se distraire, parce qu'il savait que le marchand ne serait pas encore revenu en ville.

Cependant, avant même de quitter l'enceinte des écuries ce matin-là, Stephen se rendit compte qu'il se passait quelque chose d'inhabituel parce que les rues fourmillaient de gens et qu'il pouvait entendre de loin la source de l'agitation. Aucun des sergents de garde ne fut en mesure de lui dire ce qu'il se passait, mais il était évident que la foule en bas avait l'esprit à la fête, alors le jeune homme mit la ceinture de son épée sur ses épaules, de façon à ce qu'elle ne l'incommode pas mais demeure facilement accessible, et partit vers le marché à l'extérieur des murs, où se trouvaient les stalles des chevaux de Hassan. D'instinct, il était méfiant, sachant qu'il s'exposait inutilement aux dangers que courait un chevalier franc seul dans une foule nombreuse d'ennemis potentiels, mais les gens semblaient de bonne humeur et il était raisonnablement certain que son lourd haubert le protégerait contre le type d'attaque sournoise qui ne requerrait, en de telles circonstances, aucune arme plus lourde qu'un poignard. Il pénétra dans la fourmilière et fut rapidement pressé de tous côtés, la foule se faisant de plus en plus dense à l'approche des murs de la cité, et lorsqu'il aperçut les immenses portes de bois au-dessus des têtes, il put à peine bouger, entouré qu'il était d'une multitude de gens et de voix qui s'exprimaient dans des langues étrangères dont il pouvait à peine comprendre certaines et dont la plupart sonnaient à ses oreilles comme un charabia.

Finalement, il se trouva immobilisé à quelque trente pas des immenses portes. Ces dernières étaient fermées, un fait inhabituel à cette heure du jour lorsqu'on ne craignait aucune attaque, et il était évident que la foule devant lui était retenue par une rangée de gardes du roi qui se tenaient coude à coude pour lui faire face alors que, derrière eux, la rue était déserte. St. Clair commença à jouer des coudes pour avancer jusque devant les gardes, ignorant les plaintes des gens qu'il bousculait. Plusieurs d'entre eux se tournaient pour voir qui les poussait ainsi, mais ravalaient leurs invectives en voyant le colosse *ferenghi* aux yeux bleus vêtu d'une cotte de mailles. Mais avant qu'il ne puisse demander à l'un des gardes la raison de cette agitation, on entendit la sonnerie des trompettes, et les portes massives commencèrent à s'ouvrir, leur puissant grincement rapidement étouffé par les cris d'excitation de la foule autour de lui, et la tension sur les visages s'accrut visiblement alors que les gens s'arc-boutaient davantage pour résister à la poussée. Réalisant qu'il ne lui servirait à rien d'essayer de poser des questions, St. Clair renonça à avancer et se tint simplement à cet endroit, regardant par-dessus les têtes des gens devant lui et attendant de voir ce qui allait survenir.

Il n'aurait pu se trouver en meilleure position pour assister à l'arrivée à Jérusalem d'une superbe cavalcade de nouveaux arrivants, la plupart d'entre eux correspondant à l'idée que ses compagnons vétérans et lui se faisaient de ceux qu'ils appelaient des « damoiseaux », car tous avaient le visage rose et frais, n'ayant pas encore subi les rigueurs du climat du désert, et ils portaient des vêtements, des armes et des accoutrements nouveaux et brillants, avec des couleurs et des symboles héraldiques que St. Clair n'avait jamais vus auparavant. Soixante de ces guerriers aux yeux brillants chevauchaient en tête du défilé, en quatre colonnes de quinze chevaliers, précédés d'une formation de douze des principaux commandants du roi Baudouin vêtus de splendides habits, sur les plus beaux chevaux du roi somptueusement caparaçonnés. Les nouveaux venus étaient suivis d'un groupe de musiciens munis de tambourins et de trompettes qui marchaient au rythme d'un quatuor de tambours, et à leur suite venait l'équipage royal, tout paré de dorures, de joyaux et de vêtements brodés. Le roi Baudouin lui-même était assis sur un trône posé sur un magnifique brancard qui surmontait trois longs poteaux soutenus par six groupes de porteurs, quatre hommes pour chaque poteau, douze devant et douze derrière et, sur leur passage, les serviteurs royaux qui marchaient à côté de son brancard jetaient à la foule des sucreries et des gâteaux au miel. Puis, directement derrière le roi, sur un luxueux chariot à fond plat tiré par quatre grands chevaux noirs magnifiquement appariés, venait le patriarche latin, confortablement assis sur son siège épiscopal, resplendissant dans tous les ornements vestimentaires de sa fonction, accompagné de son secrétaire copiste, l'évêque Odon de Fontainebleau.

Derrière eux, séparés par un autre corps de tambours avançant au rythme d'un seul instrument, venait un deuxième groupe de damoiseaux, dont la magnificence dépassait même celle des gens de Baudouin, et le jeune homme qui chevauchait à sa tête, sur une bête d'une beauté à couper le souffle, semblait l'incarnation même d'un paladin chrétien, grand et large d'épaules, aux longs cheveux blonds, à la peau fortement bronzée et aux yeux brillants d'un bleu étonnant. Il s'agissait manifestement d'un nouvel hôte, et qui qu'il fût, pensa St. Clair, il était de toute évidence heureux de se trouver là, affichant un large sourire qui découvrait des dents parfaitement blanches et régulières. Son armure de style byzantin chatoyait à chacun de ses mouvements. Sa cuirasse était recouverte de plaques semblables à des feuilles qui paraissaient constituées d'or solide, et ses jambes bottées, apparemment solides comme des troncs d'arbre, étaient protégées par des jambières de même style, qui le couvraient des genoux aux chevilles. De ses épaules, pendant le long de son dos et drapée sur les garrots de son cheval, une immense cape soyeuse de couleur ivoire, ornée de brillantes armoiries brodées, était disposée de manière parfaite, ce qui incita St. Clair à se demander si elle avait été épinglée à cet endroit.

Le superbe jeune homme chevauchait fièrement, suivi de sa garde de damoiseaux, et St. Clair comprit soudain qu'il devait s'agir du jeune prince qu'attendait Alix, Bohémond d'Antioche, son fiancé. La phalange de damoiseaux dorés était suivie par l'arrière-garde, ainsi qu'il convenait, une autre troupe de la propre garde du roi Baudouin, impeccablement vêtue et marchant au pas, malgré l'âge et l'usure de leurs armures, comme s'ils reconnaissaient qu'ils ne pouvaient faire concurrence aux somptueux ornements devant eux, mais étaient prêts à combattre pour empêcher que leurs hôtes ne soient dépassés par la foule avant qu'ils n'aient atteint le palais. Après le passage de l'arrière-garde, la foule commença à se disperser, plusieurs suivant la cavalcade, d'autres reprenant leurs activités normales maintenant que le spectacle était terminé. Les gardes alignés au bord de la rue commencèrent à se former en rangs, se préparant à retourner à leurs casernes, et St. Clair reconnut le chevalier qui les dirigeait. Il s'avança au milieu de la route et l'appela par son nom, et le chevalier le regarda, puis, le reconnaissant, lui renvoya son salut.

– Égremont ! Tu sembles bien te porter. Qu'est-ce qui se passait au juste ? Qui est ce jeune demi-dieu ?

L'homme eut un sourire mais s'arrêta pour crier un ordre à un de ses subordonnés avant de se retourner vers St. Clair.

– C'était, jeune ignare, le prince Bohémond d'Antioche, nouvellement arrivé d'Italie pour prendre possession du trône de son père maintenant qu'il est devenu un homme, et il s'est arrêté ici pour demander la main de sa fiancée, la princesse Alix. Où étais-tu, St. Clair, pour ne pas savoir cela ?

– Je me doutais qu'il s'agissait de lui, mais j'étais en patrouille pour chasser les brigands. Je viens juste de revenir. Comme tu le dis, je suis un moine. D'habitude, nous ne nous occupons pas de choses semblables. Mais quand elles se produisent sous mon nez, j'avoue être aussi curieux que n'importe qui. Le jeune homme semble impressionnant. Tu dis qu'il doit épouser la princesse Alix ?

– Oui, aussitôt que le mariage pourra être organisé, parce qu'il possède un royaume — ou plutôt une principauté — dans lequel il doit mettre de l'ordre, car il est resté longtemps sans être gouverné.

Égremont jeta un coup d'œil de biais vers ses hommes.

– Et parlant de gouvernance, poursuivit-il, j'ai du travail à faire, alors je te salue. As-tu encore le droit de prendre un verre, maintenant que tu es un prêtre ?

– Je suis plutôt moine que prêtre et je n'ai pas vraiment le droit de boire, mais j'ai deux jours de liberté devant moi.

Nous pourrions prendre ensemble un verre de vin ou deux sans que cela fasse de mal à qui que ce soit, je crois.

– Excellent. Alors, viens ce soir. Tu sais où me trouver. Je vis dans des quartiers propres, à l'abri de la puanteur des écuries. Après le repas du soir donc ?

– Je te trouverai.

Égremont faisait partie des très rares chevaliers que St. Clair en était venu à connaître et à apprécier depuis son arrivée à Jérusalem, et le jeune moine demeura où il était pendant quelques instants, regardant l'homme rassembler ses troupes et les mettre en mouvement, mais ses pensées étaient bien loin de ce qu'il observait. Il pensait plutôt à la princesse Alix et à son mariage prochain, et il se surprit à en vouloir au noble et beau jeune homme qui allait devenir son époux, conscient qu'un puissant sentiment d'envie et de frustration s'installait dans son esprit, lui rappelant des sensations et des images dont il ne souhaitait nullement se souvenir. Il demeura à cet endroit, hésitant, encore un moment, luttant contre une tentation déraisonnable et ridicule de suivre le défilé jusqu'au palais du roi, puis il tourna rapidement les talons et s'éloigna, étonné de trouver les rues maintenant presque désertes.

Il essayait toujours de chasser la princesse de son esprit quand il arriva à l'enclos de Hassan le marchand de chevaux, et il s'arrêta pour admirer les trois animaux qui s'y trouvaient, un blanc, un autre de couleur brun pâle et un troisième d'un gris superbe. Tous trois étaient des étalons et présentaient les lignes claires et le typique museau étroit des pur-sang arabes. St. Clair se demanda vaguement ce qu'ils pouvaient valoir, souriant avec regret en se rappelant qu'avant même le moment où il s'était joint aux frères du mont du Temple, le moins cher des trois aurait été bien au-delà de ses moyens. Il n'avait pas conscience d'être surveillé, et c'est pourquoi il sursauta quand une voix lui parla à l'oreille :

– Ils sont magnifiques, n'est-ce pas, Lord St. Clair ?

Il se retourna brusquement pour se trouver devant un homme qu'il avait déjà vu auparavant, au cours de ses longues promenades au marché, et il était suffisamment étonné que l'homme connaisse son nom et s'adresse à lui dans sa propre langue pour négliger de le corriger au sujet du titre qu'il avait utilisé. Il se redressa plutôt et glissa la main dans son vêtement pour en retirer le paquet dans sa ceinture, puis il parla en arabe :

– Es-tu celui qu'on appelle Nabib, qui travaille pour Hassan ?

L'homme inclina la tête d'un geste gracieux et répondit dans la même langue :

– J'ai cet honneur, Allah soit loué. Que puis-je faire pour vous ?

– Rien du tout. Je suis seulement messager, dit-il en tendant le paquet à Nabib. On m'a demandé de t'apporter ceci pour que tu le remettes à ton maître à son retour. J'ai été envoyé par son cousin qui s'appelle également Hassan.

L'homme haussa les sourcils d'étonnement, mais il ne laissa paraître aucun autre signe sur son visage.

– Son *cousin* Hassan ? Le guerrier Hassan ?

St. Clair acquiesça :

– Le guerrier, oui. Je l'ai rencontré dans le désert près de Jaffa, et il m'a demandé si je pouvais livrer ce paquet à mon retour.

Un demi-sourire se dessina au coin de la bouche de l'Arabe, mais il se contenta de pencher la tête de nouveau.

– Alors, il doit s'agir d'une chose fort importante pour qu'un guerrier chiite en confie la garde à un guerrier *ferenghi*. Je puis vous assurer de notre reconnaissance éternelle, Lord St. Clair.

– Je ne suis pas Lord St. Clair, Nabib. Je suis maintenant un moine connu simplement sous le nom de frère Stephen.

Nabib inclina encore la tête.

– Le Prophète, dit-il, nous enseigne que nous ne devrions pas mépriser les autres en refusant de croire qu'ils disent la vérité, mais je me dois de parler dans ce cas. Vous êtes peut-être le frère Stephen aujourd'hui, mais aucun *ferenghi* qui puisse parler de Hassan le chiite comme d'un ami ne pourrait jamais être une personne ordinaire. Acceptez nos remerciements et que Dieu vous accompagne, mon ami.

En quittant l'enclos de l'Arabe, St. Clair fut brièvement tenté de déambuler dans le marché et de s'abandonner au plaisir de déguster des sucreries, mais plus il s'efforçait de l'oublier, plus la princesse Alix envahissait ses pensées, et il sentit soudain son membre se durcir, même au milieu du marché bondé, tandis qu'il l'imaginait avec son nouvel époux dans l'intimité de ses appartements. Alors, se sentant au bord de la panique, il quitta la place du marché et se dirigea vers les écuries et la récente découverte qui l'attendait dans les tunnels, renonçant au congé que de Payns lui avait accordé, et douloureusement conscient que, en l'espace d'une seule journée, sans l'effet bénéfique du labeur ardu pour le distraire, il pouvait se retrouver une fois de plus dans le dilemme moral provoqué par la conscience qu'il avait de la tentation. Il savait qu'il se sentirait beaucoup mieux à patauger dans l'obscurité de la salle qu'il avait découverte sous les tunnels du mont du Temple, et il se sentit incroyablement soulagé en constatant que le seul fait de penser à l'immense pièce et au secret qu'elle recelait, lui permettait de faire sortir Alix du Bourg de son esprit.

Simplement en raison de son immensité, certains membres de la confrérie avaient commencé à appeler la pièce nouvellement découverte « le Temple » lorsqu'ils en étaient sortis la première fois. Mais André de Montbard n'avait rien voulu entendre à ce sujet et avait rapidement remis les pendules à l'heure. La salle qu'ils avaient trouvée se situait sous le niveau du Temple original de Salomon, leur avait-il dit, citant plusieurs sources provenant des propres traditions consacrées de l'Ordre de la Renaissance afin d'appuyer ses affirmations, alors les autres n'avaient eu d'autre choix que de croire ce qu'il disait, et ils nommaient désormais l'endroit « la Salle ».

Bien qu'il suscitât l'admiration de beaucoup des frères, la présence d'André de Montbard avait toujours semblé quelque peu incongrue parmi eux, car le comte Hugues de Champagne, le sénéchal de l'Ordre de la Renaissance, l'avait envoyé de France pour se joindre à eux — l'imposant pratiquement à la confrérie. C'était là une différence que Montbard avait en commun avec St. Clair, mais, de toute évidence, le choix de St. Clair s'était fondé sur sa jeunesse, sa force, sa piété et son aptitude au combat, alors que les compétences de Montbard se situaient dans d'autres domaines et n'étaient devenues visibles que lors de la première découverte des tunnels souterrains.

Cette seule distinction avait fait de Montbard un marginal, et elle aurait pu constituer un grave obstacle à son acceptation par les autres s'il avait été un type d'homme différent, car même s'il était officiellement un vassal du comte, tous savaient que Montbard était beaucoup plus riche et puissant que quiconque parmi eux et qu'il aurait pu facilement, de ce fait, leur rendre la vie dure. En choisissant de ne pas agir ainsi, il avait surpris plusieurs de ses compagnons qui s'étaient d'abord préparés à le considérer comme un espion envoyé pour les surveiller. Il représentait donc une anomalie — un homme immensément puissant en France choisissant de ne conserver aucun vestige de cette puissance ici, à Jérusalem, et se dépassant volontairement dans une véritable loyauté pour servir de représentant à un autre. C'était là le fondement même de la féodalité, mais peu de gens dans le monde réel des hommes ambitieux et vénaux faisaient même semblant de placer les demandes et les priorités d'autres hommes — qu'ils soient ou non leur suzerain — au-dessus de leurs propres intérêts.

Après son arrivée inattendue, les autres avaient commencé à comprendre que, en fait, Montbard était exactement ce qu'il prétendait être, ni plus ni moins, et ils s'étaient adaptés à l'étrangeté de cette vérité comme faisant simplement partie de l'homme. Personne parmi eux n'avait jamais eu la moindre raison de se plaindre de sa conduite, et il avait dès le départ agi exactement comme l'un d'entre eux, sans prendre des airs prétentieux ni s'attendre à des privilèges. Toutefois, à partir du moment où ils avaient découvert la Salle, Montbard s'était mis à dicter des exigences et des directives que de Payns et Saint-Omer avaient acceptées sans rechigner. Il avait clairement affirmé aux autres frères, sans qu'il lui soit nécessaire de donner d'autres explications, qu'il suivait ses propres directives depuis longtemps définies et que cette situation constituait la raison précise de sa présence au sein de leur groupe.

Peu après le retour de l'expédition de collecte de bois, St. Clair trouva Montbard qui l'attendait alors qu'il sortait de sa cellule, et il s'arrêta brusquement, la tête légèrement inclinée sur le côté, les sourcils froncés d'un air interrogateur.

– Je m'en vais dans la Salle, dit Montbard sans préambule. Veux-tu m'accompagner ?

– Oui. Laisse-moi un moment.

Il pivota sur ses talons et revint dans sa cellule pour en ressortir, quelques instants plus tard, avec la ceinture de son épée qu'il passa par-dessus sa tête de façon à ce qu'elle pende sur sa poitrine, sa dague dans son étui contre son ventre et la longue épée dans son dos. Montbard regarda son attirail sans dissimuler sa surprise et esquissa un sourire.

– Tu penses que tu pourrais trouver des adversaires en bas ?

– On ne sait jamais, mon ami, il pourrait y avoir des démons à l'affût, attendant pour nous précipiter en enfer au moment où nous soulèverons cette croix ansée. Si c'était le cas, je préférerais y aller en serrant ma bonne vieille épée plutôt que n'importe quoi d'autre. Par ailleurs, s'il en est autrement, nous pouvons utiliser la pointe de la dague pour gratter la poussière dans les fentes de la pierre, et peut-être se servir de l'épée comme levier.

Il fallut près d'une demi-heure aux deux hommes pour atteindre la salle souterraine et descendre jusqu'au plancher dans le panier fixé au palan, avec une ample provision de torches toutes neuves qui étaient censées brûler pendant des heures, comme le jurait Saint-Agnan qui les avait fabriquées lui-même. Montbard transporta deux brassées de torches pendant que St. Clair apportait deux petits braseros de fer modifiés de façon à pouvoir être posés sur le plancher et supporter chacun une paire de torches allumées. Après avoir disposé les torches à l'endroit où elles répandaient le plus de lumière, les deux chevaliers s'agenouillèrent l'un en face de l'autre de chaque côté de la croix ansée sculptée dans le plancher. Montbard fit un signe de tête et ils se mirent au travail, utilisant la pointe de leur dague pour creuser la croûte de poussière qui s'était accumulée dans les fentes pendant plus d'un millénaire. Il devint bientôt évident que Montbard avait eu raison une fois de plus. Il y avait suffisamment d'espace sous chacune des branches de la croix, une fois la poussière enlevée, pour leur permettre de saisir chacune des branches comme la garde d'une épée. St. Clair agrippa fermement une des branches et regarda Montbard.

– Prêt ? Es-tu sûr de vouloir lever de ce côté ?

– Oui, je le suis, et je crois que tu serais mieux de ce côté aussi. Alors, nous pourrons lever ensemble à partir du même endroit.

St. Clair haussa les épaules et acquiesça, puis alla s'agenouiller sans un mot près de Montbard.

Ils tirèrent de toutes leurs forces sans réussir à produire le moindre mouvement, comme s'ils tentaient de soulever le plancher lui-même, et ils s'arrêtèrent au même moment, en soufflant puissamment. Montbard secoua la tête et s'essuya le front du revers de la main.

– Un millier d'années, c'est long. Les parties mobiles sont susceptibles de se durcir pendant une si longue période.

– Les principes du levage, dit St. Clair en regardant la croix.

Montbard se leva et s'étira.

– Les principes de quoi ?

St. Clair secoua la tête.

– Le frère Joachim, un vieux moine que j'ai connu dans mon enfance, avait une affection particulière pour les Anciens — Archimède et Euclide, ainsi que Pythagore et leurs mathématiques. Je me souviens qu'Archimède avait déclaré : « Donnez-moi un levier et je soulèverai le monde. » Il avait l'habitude de parler des lois de la force et de l'énergie, et il disait qu'il y avait une façon précise de faire bouger n'importe quoi. Je pense que si nous nous accroupissions, genou contre genou et visage contre visage, et que nous levions ensemble en utilisant les muscles de nos jambes plutôt que ceux de nos bras, nous pourrions faire mieux que la première fois.

– Essayons.

Montbard se mit immédiatement en position et St. Clair l'imita, les deux hommes étendant les bras entre leurs pieds pour agripper les branches de la croix.

– Je viens de me souvenir de quelque chose que tu as dit la dernière fois que nous sommes venus ici, laissa tout à coup tomber St. Clair.

Montbard haussa un sourcil interrogateur.

– Qu'est-ce que c'était ?

– Tu disais que tout serait terminé une fois le trésor trouvé. Ça ne sera pas le cas, n'est-ce pas ? La découverte du trésor ne sera que le commencement…

Montbard pencha la tête sur le côté, un demi-sourire sur les lèvres.

– Le commencement de quoi, Stephen ?

– Le commencement de ce qui viendra après, je suppose. Je ne sais pas et je n'oserais pas tenter de deviner de quoi il peut s'agir, mais je n'ai aucun doute sur le fait que quelque chose d'inévitable doit se passer. Je ne suis peut-être qu'un simple moine soldat, mais je ne suis pas stupide. Toutes ces jarres contiennent quelque chose, André, et quoi qu'elles contiennent, ce doit être extrêmement précieux et important pour qu'on l'ait caché avec tant de précautions il y a un millier d'années. Comme tu l'as dit, c'est un millénaire entier ; cinquante générations de pères et de fils… Pendant tout ce temps, notre Ordre a rêvé de trouver cet endroit et ce qu'il abrite… Mais une si longue période de temps ne signifie rien pour un homme ordinaire… Nous ne pouvons saisir cette réalité. Nous pouvons à peine nous souvenir de nos grands-parents, à deux générations de distance, alors nous ne pouvons avoir la moindre idée de ce que signifie *dix* générations, et encore moins cinquante…

Il sembla réfléchir un moment, puis poursuivit :

– Et maintenant il semble qu'après tout ce temps, ce trésor soit mis au jour… Nous l'avons déterré. Je ne sais pas ce qu'il peut contenir, frère, mais j'espère que tu ne m'insulteras pas en disant qu'il demeurera secret, car même un simple moine comme moi peut constater qu'il est beaucoup trop important… Alors, je me demande… et crois-moi, je n'en ai aucun désir, mais je ne peux m'en empêcher… ce qui arrivera à l'Ordre de la Renaissance de Sion ? Restera-t-il secret comme il l'a toujours été ou bien sortira-t-il en pleine lumière en brandissant le trésor que nous avons trouvé ?

Montbard leva les mains, paumes vers l'avant.

– C'est une question trop profonde pour moi. Je te le jure, Stephen, je n'en ai aucune idée. Ce sont des choses qui dépassent de loin mon influence ou même mon interprétation. Mais je peux te promettre au moins une chose : quoi que nous trouvions ici aujourd'hui, ou demain, ou un autre jour, nous devrons le répertorier et l'inscrire sur les registres, méticuleusement, avant qu'un seul mot sur ce que nous avons trouvé ne sorte de ce tunnel. En fonction de ce que nous allons déterrer ici, cette seule tâche pourrait prendre des mois et peut-être des années. Mais il faudra le faire… car c'est d'une importance capitale. Nous devrons enregistrer toutes nos découvertes et chaque détail qui les entourera.

Il regarda St. Clair, puis sourit de nouveau, ses dents brillant dans la semi-obscurité et ses traits semblant vaciller à la lueur de la torche.

– Mais il se peut, dit-il, que nous ne trouvions rien d'autre que ces jarres. Alors, qu'en dis-tu ? Devrions-nous essayer ton idée de levier ?

Il attendit le signe d'acquiescement de St. Clair, puis grogna :

– D'accord. Tu es prêt, alors ? Un… deux… *trois* !

Ils se relevèrent lentement, forçant à l'unisson, se regardant directement dans les yeux, les muscles de leurs cuisses et de leurs mollets tremblant sous l'effort et, graduellement, ils purent sentir un certain mouvement de la croix ansée qui se trouvait entre eux. Un moment plus tard, sans avoir relâché la pression qu'ils exerçaient, ils sentirent un autre mouvement, minuscule mais certain.

– Encore un effort, souffla St. Clair, le visage cramoisi. Allons-y !

Mais, cette fois, rien ne se produisit, et ce fut Montbard

qui fit signe à son compagnon d'abandonner et de se reposer pendant un moment. Ils avait réussi à faire bouger un tant soit peu la pierre, et cela signifiait qu'elle avait été conçue pour être bougée, alors ils prirent le temps de reprendre leur souffle avant de réessayer. Puis, peu après, sans qu'une parole soit échangée entre les deux hommes, ils reprirent leur position et se relevèrent d'un même mouvement en ayant recours à toute la puissance des muscles de leurs jambes et de leurs cuisses contre la force qui maintenait la croix immobile, et quelque chose céda sans avertissement ; les deux branches qu'ils tiraient se relevèrent tout à coup, peut-être d'un demi-pied, puis s'arrêtèrent. Le mouvement s'était accompagné d'un son indistinct mais pourtant indéniable, un bruit de percussion qui paraissait étrangement creux, semblable au frottement de deux immenses pierres. Il semblait provenir directement de sous leurs pieds et, au moment où St. Clair l'entendit, il comprit ce qui était arrivé à la croix.

– Elle est droite, dit Montbard. Elle s'est complètement redressée.

St. Clair pensait exactement la même chose, parce qu'il s'attendait à ce que la croix sorte de sa niche sculptée comme un levier, les branches se soulevant vers le haut et vers la gauche, pivotant sur le point fixe que représentait la base de sa partie verticale. Mais les choses ne s'étaient pas du tout produites ainsi. La partie transversale de la croix s'était libérée et s'était soulevée verticalement, exposant une barre qui disparaissait dans la terre dessous.

– Quel était ce bruit ? On avait l'impression que quelque chose se brisait et tombait sous le sol.

– J'ai pensé la même chose, mais je crois qu'il sera difficile de trouver ce qui s'est passé… Cette barre ne semble pas pouvoir bouger.

Montbard poussait sur la poignée en parlant, et elle demeurait parfaitement immobile. St. Clair grogna de déception et se releva, puis il rejeta la tête vers l'arrière pour regarder l'autre croix ansée gravée sur la surface de l'autel, mais Montbard tirait et poussait encore sur la poignée qu'ils avaient soulevée du plancher.

– Je pense que tu devrais oublier cette barre, mon ami, dit St. Clair. Elle ne bougera plus. Nous devrons probablement revenir avec des massues et des leviers pour retirer les dalles et voir ce qui se trouve dessous, bien qu'à mon avis, ce ne soit que de la terre.

– Non, ça sonnait creux, répondit Montbard doucement en regardant la forme dans le plancher. Ça n'a pas de sens, mais le bruit que nous avons entendu rendait un son creux.

– Comment savais-tu que l'autel se trouvait ici… et la croix ansée ?

Montbard secoua la tête.

– On me l'a dit. Nos plus anciennes archives en parlent et elles décrivent très précisément la disposition de cette salle. Je n'ai jamais vu ces archives, mais j'ai passé quelque temps avec plusieurs des hommes les plus érudits de l'Ordre, apprenant d'eux tout ce que je pouvais sur cet endroit avant que l'on m'envoie ici à Jérusalem… J'en connaissais la disposition, et j'en connaissais le contenu. Malheureusement, nos archives ne donnent aucune autre indication que la mention de la croix ansée, et ce de manière très indirecte, comme étant la clé… Alors, même cette mention ne nous assure de rien. Après coup, il semble manifeste que les survivants de ce qui s'est produit ici n'avaient aucune idée du temps qu'ils demeureraient partis après avoir terminé leur travail. Ils doivent avoir cru pouvoir revenir au cours de leur vie, ou de celle de leurs enfants, et que leurs connaissances leur permettraient d'ouvrir les voûtes qu'ils avaient pris tant de précautions à dissimuler.

Il sourit d'un air sarcastique et frappa ses mains l'une contre l'autre en regardant autour de lui.

– Comme tu l'as dit plus tôt, poursuivit-il, aucun homme ordinaire ne peut imaginer un millier d'années… La Salle est vraiment ancienne. Je sais que tu le sais, car tu as parlé d'un millénaire, mais elle est encore plus ancienne que tu ne le crois. Elle a été construite avant même que le Temple de Salomon ne soit conçu. Tout ce qui la concerne, sa forme, sa conception, sa construction, tout ici est égyptien. Elle a été construite aux tout premiers jours du retour des Hébreux de leur période d'esclavage en Égypte, et elle avait pour unique but d'abriter et de cacher les trésors du Temple. D'après nos archives, elle comportait deux entrées, et nous les trouverons aussitôt que nous aurons commencé à examiner l'endroit plus minutieusement, mais, à mon avis, nous découvrirons que les passages qui y mènent à partir de l'extérieur ont été bloqués et scellés, et complètement dissimulés à la vue. Les gens qui se sont servis de cet endroit en dernier n'avaient aucun désir de laisser des pillards le découvrir.

– C'est évident, dit St. Clair d'un ton calme, et ils ont réussi. Quand commencerons-nous à ouvrir les jarres ?

Il saisit une torche dans un des braseros et s'approcha de la première rangée de jarres. Montbard le regarda s'éloigner jusqu'au-delà du rebord vertical de l'autel, mais, un instant plus tard, sa voix lui parvint de la pénombre au-delà :

– André, viens voir ça.

Intrigué par le ton de St. Clair, Montbard se redressa, attrapa une torche à son tour et suivit le son de la voix du jeune homme. Il le trouva debout, illuminé par la torche qu'il tenait et regardant fixement vers l'autel. Le coup d'œil qu'il jeta dans cette direction suffit à immobiliser Montbard également lorsqu'il vit la forme obscure de l'escalier qui menait à la table de l'autel. Il était différent, mais il ne pouvait dire de quelle façon jusqu'à ce qu'il s'aperçoive que la silhouette des dernières marches de l'escalier se terminait par une ligne verticale.

– Je ne sais pas ce qui m'a fait regarder, murmura St. Clair. Je ne l'ai vu que du coin de l'œil au début, et nous ne sommes pas encore assez près pour en tirer une conclusion, mais...

– Il manque les dernières marches.

C'était faux, parce qu'aucune marche ne manquait. La partie du bas était simplement descendue dans le sol pour former l'entrée d'un espace sombre caché sous le grand autel, et les deux chevaliers demeurèrent debout à regarder l'endroit pendant ce qui leur sembla un long moment jusqu'à ce que St. Clair dise :

– Ceci explique les bruits que nous avons entendus. Y allons-nous ?

– Je crois que oui, mais je pense que nous devrions au moins prendre de nouvelles torches avant d'y descendre. L'air n'y semble pas vicié, mais on ne sait jamais.

Quelques instants plus tard, après avoir empilé au pied des marches une ample provision de torches, ils descendirent avec précaution dans l'espace qu'ils avaient découvert, puis s'arrêtèrent, étonnés par les dimensions de l'endroit. Ils avaient descendu une série de marches à partir du niveau du plancher de la Salle, mais St. Clair estima immédiatement que le plafond de la pièce dans laquelle ils se trouvaient maintenant était à au moins une vingtaine de pieds de hauteur, et sur les murs de chaque côté de lui s'alignaient des tablettes de pierre qui montaient jusqu'au plafond en formant des boîtes carrées en pierre, chacune de la longueur d'un bras, de l'épaule au bout des doigts. Toutes contenaient des objets, leurs courbes et leurs angles extérieurs illuminés par la lumière vacillante des torches, mais, à ce moment, aucun des deux chevaliers ne tenta de voir de quoi il s'agissait. St. Clair se concentra plutôt sur la longueur de la pièce en tentant d'évaluer le nombre total de boîtes. Il lui sembla que la galerie — car elle était longue et étroite — devait s'étirer sur une quinzaine de pas au moins, et un rapide calcul lui révéla qu'il y avait dix-huit boîtes au niveau du plancher. Ce nombre, multiplié par les sept niveaux qu'il pouvait compter du plancher au plafond, puis doublé afin de tenir compte des deux côtés de la galerie, totalisait deux cent cinquante-deux boîtes, et il y avait le long des deux murs, à la hauteur des épaules, des supports servant à tenir le type de torches qu'ils avaient apportées. Montbard se trouvait légèrement devant lui, sur sa droite, observant tout cela d'un air aussi émerveillé que lui. Il grogna, puis étendit le bras pour poser sa torche dans un des supports avant de se retourner vers l'entrée.

– Des torches, lança-t-il, sa voix résonnant dans l'espace étroit. Aide-moi à les placer dans les autres supports. Voyons ce qu'il y a ici.

Quelques minutes plus tard, l'intérieur de la galerie maintenant éclairée par une dizaine de flambeaux, les deux hommes se tenaient debout, côte à côte, regardant les boîtes alignées sur les murs.

– D'autres jarres, murmura St. Clair. Ils doivent avoir eu une manufacture qui ne fabriquait rien d'autre que des jarres d'argile.

– Il n'y a pas que des jarres. Ouvrons quelques-unes de ces boîtes.

La première contenait divers joyaux, certains d'apparence barbare, d'autres délicatement ouvragés, et tous réfléchissant la lumière dansante au-dessus. Ils étaient empilés sans aucun ordre, comme s'ils avaient été simplement jetés dans la boîte et, après y avoir jeté un coup d'œil, Montbard ouvrit une seconde boîte, plus large, qui était remplie de pièces de monnaie en or, également empilées négligemment, sans qu'on ait essayé d'y mettre un ordre quelconque. St. Clair regarda et vit des pièces d'argent brillant ici et là parmi les pièces d'or, mais son attention fut attirée par un bijou particulier dans la boîte ouverte à ses pieds, et il se pencha pour le libérer des autres pièces de joaillerie auxquelles il s'était emmêlé. Il s'agissait d'un collier resplendissant, constitué d'un cercle d'or torsadé duquel pendait une série de pierres splendides, bleues et vertes, suspendues à un réseau de fils d'or plus minces et conçu pour orner la poitrine de quelque femme riche. Les pierres vertes étaient en forme de losanges, longs et étroits, mais les joyaux bleus, lisses et polis, avaient la forme d'une larme, et l'espace où il en manquait un était tout à fait visible. St. Clair savait que la pierre qui manquait était celle qu'il avait trouvée dans le tunnel au-dessus, et il se demanda qui pouvait l'avoir volée au départ, car, en voyant le collier, il n'existait absolument aucun doute dans son esprit que quelqu'un s'en était emparé dix siècles plus tôt. Sa curiosité étrangement satisfaite, il remit le collier dans la boîte et en referma le couvercle, puis se tourna pour regarder ce que Montbard avait trouvé d'autre. Le chevalier déplaçait de lourds récipients pour voir ce qu'il y avait derrière et St. Clair, qui ne savait rien à leur sujet, demanda de quoi il s'agissait. La réponse de Montbard à propos des plateaux cérémoniels ne signifiait rien pour lui, mais il pouvait constater que, quelle que fût leur fonction, les récipients n'étaient nullement précieux. Plusieurs étaient faits de pierre polie, certains verts et d'autres bruns, mais la majorité d'entre eux semblaient être en bronze et avoir été fabriqués maladroitement, alors St. Clair se détourna de son compagnon et porta son attention sur les autres boîtes qui s'alignaient le long des murs.

– Plus des trois quarts des objets qui se trouvent ici sont des jarres comme celles d'en haut.

Montbard se redressa et fit un signe d'acquiescement en regardant autour de lui.

– Je l'avais remarqué. Je pense que nous nous trouvons devant les objets les plus précieux et le reste, là-haut dans la salle principale, est probablement moins important.

– Important pour qui ? Que contiennent les jarres ?

Montbard haussa les épaules.

– M'as-tu vu regarder ce qu'elles contenaient ? Nous verrons plus tard ce qu'elles contiennent, mais à mon avis, elles renferment des rouleaux de parchemin solidement attachés et scellés avec de la cire pour les protéger du temps et de l'humidité. Je crois que nous y trouverons les annales des prêtres qui les ont laissées ici.

Déçu, malgré le fait qu'il avait songé à quelque chose de semblable, St. Clair soupira et jeta encore un coup d'œil autour de lui.

– Et à quoi servent ces plateaux de cérémonie ?

– Je suppose qu'on les utilisait pour les rites du Temple. Certains sont probablement très anciens.

– Mais ils sont en pierre.

– Oui, la plupart. En pierre ou en bronze.

– Alors, ils ne valent rien.

– Non, à moins que tu ne veuilles les vendre dans le souk. Pourquoi mentionner une telle chose ?

St. Clair secoua la tête, un sourire sardonique aux lèvres.

– Parce que je commence à croire que le célèbre trésor dont parlent nos légendes pourrait être moins volumineux que prévu. On ne peut pas dire qu'une boîte de joyaux et une autre de pièces de monnaies d'or et d'argent constituent un immense trésor.

Montbard se redressa et le regarda droit dans les yeux en souriant.

– C'est simplement parce que tes attentes découlent de ton expérience. mon jeune ami. À tes yeux, le mot « trésor » se rapporte à sa signification actuelle. Tu dois garder à l'esprit le fait que les clercs qui ont caché ces richesses n'étaient pas des hommes d'Église chrétiens comme nous les connaissons aujourd'hui. Ce trésor, comme tu l'appelles, a été enfoui par les prêtres qui appartenaient à l'Église des premiers temps… l'Église qui vénérait la pauvreté et prêchait les vertus associées au fait de ne rien posséder qui ait quelque valeur.

– Alors, qu'en est-il de l'or et des joyaux qui se trouvent ici ?

– Deux boîtes, parmi toute cette collection. Probablement qu'ils avaient été recueillis au Temple et représentaient des offrandes qui tenaient lieu de sacrifices. Nous ne saurons jamais d'où ils viennent ou de quelle façon ils ont été rassemblés, mais, proportionnellement au reste, ils ne représentent pratiquement rien. Le roi Baudouin sera heureux de s'en approprier la totalité et de nous permettre en retour de garder le reste de ce qui se trouve ici.

Montbard se pencha et posa une main à plat sur le côté d'une jarre.

– C'est le trésor de notre Ordre, Stephen, qui se trouve dans ces jarres. Et peut-être…

Il s'interrompit et se dirigea vers l'extrémité de la galerie où il se tint debout en regardant le mur sur lequel il n'y avait rien. St. Clair s'approcha de lui en se demandant à quoi il pensait.

– Et peut-être quoi ?

– Ne trouves-tu pas étrange que ce mur soit plat et semble n'avoir aucun usage, alors que les autres murs sont recouverts de cellules de rangement ? Je pense qu'il y a un secret ici, quelque part… Vois-tu quelque part des croix ansées ?

– Non, et je le sais parce que j'ai cherché, par simple curiosité, des ornements quelconques. Il n'y en a pas. Pourquoi crois-tu qu'il pourrait y en avoir ?

Montbard avait mis un genou à terre et examinait la base

du mur.

– Parce qu'il devrait y avoir quelque chose… Quelque chose que nous ne voyons pas pour le moment. J'en suis convaincu.

Il se releva et contempla le reste de la pièce.

– Et pourtant il n'y a rien, poursuivit-il, se parlant à lui-même aussi bien qu'à St. Clair. Rien du tout.

– À quoi d'autre t'attendais-tu ?

Montbard pivota sur lui-même, ses yeux brillant d'une soudaine impatience.

– Ruse, fit-il d'un ton brusque. Subterfuge et tromperie. Cet endroit a été construit par les mêmes personnes qui ont édifié les pyramides en Égypte, les plus grands maçons qui aient jamais vécu. Tu as vu le truc de la porte dans les marches. Quiconque possédant le savoir et le talent nécessaires pour construire une telle chose aurait pu très facilement dissimuler une simple cavité derrière un faux mur, et je pense que nous avons devant nous un faux mur qui cache quelque chose.

Il s'arrêta, son impatience s'évanouissant aussi rapidement qu'elle était apparue, et il fit lentement un tour complet sur lui-même, ses yeux balayant la pièce entière, son plancher et ses murs.

– Et, si mon intuition est bonne, il doit y avoir un mécanisme qui permet de l'ouvrir, tout comme la croix permettait d'ouvrir l'autre porte, sauf que ce mécanisme devrait être beaucoup plus simple que le premier. Alors, où pourrait-il se trouver ?

– Les supports des torches ? Ce sont les seules choses dans cette pièce qui ne soient pas en pierre.

Montbard haussa les sourcils d'étonnement.

– Bien sûr ! Essaie de les bouger. Tu prends ce côté et je prends l'autre.

Le troisième support tourna lorsque St. Clair le tira et, alors qu'il rattrapait la torche qui en tombait, ils entendirent le même type de grondement souterrain qu'ils avaient entendu plus tôt lorsque la première porte s'était ouverte, sauf que, cette fois-ci, le bruit était beaucoup plus près et provenait du mur qui s'abaissait dans le plancher. Au-delà s'étendait, à l'extrémité de la cavité, un rideau de tissu richement brodé pendu à une tringle de bois, les couleurs brodées dans le tissu reflétant encore la lumière de la torche malgré la poussière accumulée au fil des siècles. Pendant un long moment, les deux chevaliers demeurèrent immobiles, retenant leur souffle, mais enfin Montbard s'avança lentement et tendit prudemment la main pour toucher le tissu. St. Clair le regardait, et il sursauta de peur lorsque Montbard poussa le rideau d'un côté, puis cria d'une voix étrangement aiguë et s'effondra sur les genoux comme s'il venait de recevoir un coup de massue. Devant lui, brillant de mille lueurs dorées, se trouvait un objet magnifique, un rectangle solide de forme allongée, plus travaillé que tout ce que St. Clair se souvenait avoir vu au cours de sa vie. Il lui fallut un bon moment pour comprendre qu'il avait devant les yeux un coffre orné de décorations dorées, et il évalua sa taille à environ quatre pieds de longueur par deux pieds de hauteur et de largeur. L'objet était surmonté d'une sculpture complexe, abstraite, également dorée, et de deux longues perches dorées retenues par de lourds anneaux d'or de chaque côté et qui servaient visiblement à le transporter. Sa splendeur remplit St. Clair d'un respect presque religieux et, pendant de longues minutes, il resta figé à le contempler, toujours conscient que Montbard était encore accroupi, immobile, comme en transe. Le jeune homme s'approcha finalement, précautionneusement, jusqu'à ce qu'il se tienne debout près de son compagnon. Les yeux toujours remplis de la splendeur dorée de l'objet devant lui, il étendit une main pour lui toucher l'épaule.

– Qu'est-ce que c'est, Montbard ?

Il eut conscience du ton à la fois timide et émerveillé de sa propre voix, mais sa question sembla faire émerger Montbard de sa transe, car il leva un bras pour saisir celui de St. Clair et se redresser. Lorsqu'il fut debout, il tendit de nouveau la main et referma révérencieusement le rideau, dissimulant à leurs yeux le coffre doré, puis reculant lentement, suivi de St. Clair, jusqu'à ce qu'ils atteignent l'entrée de la salle au-dessus. Une fois là, il se retourna rapidement et grimpa les marches jusqu'à l'obscurité de la grande salle, et ce ne fut qu'à cet instant, en sécurité à l'extérieur de l'autre endroit, qu'il s'arrêta et prit une profonde inspiration en frissonnant.

– Je ne le croyais pas, dit-il alors d'une voix tremblante. Je ne croyais pas que c'était vrai.

– Quoi donc ? De quoi parles-tu ? Qu'est-ce que c'est ?

Maintenant, Montbard le regardait avec les yeux écarquillés.

– Tu ne sais pas ? Tu ne sais pas ce que nous avons trouvé ? C'est le trésor de l'Ordre, Stephen, mais un trésor plus immense qu'aucun d'entre nous n'aurait pu l'imaginer… C'est l'*Arche*, Stephen. Nous avons trouvé l'Arche.

St. Clair demeurait figé, sans comprendre, puis il hocha la tête d'un air d'incrédulité profonde.

– L'Arche, dit-il. Tu crois que cette… que cette *chose* est l'Arche de Noé ?

Montbard secoua simplement la tête, trop émerveillé même pour remarquer l'énormité que venait de dire St. Clair.

– Non, murmura-t-il, c'est l'Arche d'Alliance qui renferme l'entente entre Dieu et l'humanité. Elle était conservée dans le Saint des Saints, dans le temple. Elle symbolise Dieu lui-même…

Il se retourna vers St. Clair, les yeux brillant d'une conviction profonde.

– Nous devons absolument le dire aux autres, Stephen, sur-le-champ, car cette découverte change tout. Elle changera le monde entier. Rien ne sera plus pareil désormais. C'est là la raison de la fondation de notre Ordre il y a mille ans.

St. Clair continuait de regarder son compagnon habituellement si raisonnable, si calme et si réservé, puis il agita la tête comme pour clarifier ses idées.

– L'Arche d'Alliance ? Je croyais que notre trésor n'était constitué que de simples archives écrites ! Alors, je dois la regarder encore.

Il pivota promptement sur ses talons et se dirigea à grands pas vers les marches menant à la galerie, sans se soucier du fait que Montbard le suive ou non. Au moment où il s'arrêta en hésitant devant le rideau, il sentit la présence de son compagnon à ses côtés. Il tendit doucement la main et écarta soigneusement le rideau, entendant le léger bruit de glissement des anneaux le long de la tringle, puis il se tint de nouveau debout, dans une attitude solennelle, regardant l'Arche et remarquant la façon dont le vacillement de leurs torches se reflétait sur les reliefs de la surface dorée.

– Elle est en or massif, dit-il un instant plus tard d'une voix à peine plus forte qu'un murmure.

– Non, je ne pense pas, le contredit Montbard. Le couvercle est fait d'or massif, comme les deux chérubins qui le surmontent, mais je crois que le coffre et les perches pour le transporter ont été sculptées dans du bois d'acacia, puis recouverts d'un enduit d'or pur. S'il était complètement constitué d'or massif, il serait impossible de le transporter.

– Qu'en est-il des deux choses ailées sur le dessus ?

– Ce sont des chérubins, des anges… Des esprits ailés qui possèdent de grands pouvoirs. Tu vois comment leurs ailes sont étendues et comment elles se touchent ? Elles forment une voûte protectrice au-dessus du couvercle de l'Arche. Les anciens Juifs croyaient que Dieu, le Dieu de Moïse, vivait dans cet espace.

– Pas dans le coffre lui-même ? demanda St. Clair d'un air ébahi.

– Non. Dans l'espace sous les ailes des chérubins.

– Mais ce sont des images sculptées. Je croyais que les Juifs n'avaient pas le droit d'en posséder.

Montbard haussa les épaules, ses yeux fixant toujours la sculpture.

– Apparemment, ils ont fait une exception, au moins cette fois-là.

– Alors, que renferme le coffre ? Le sais-tu ?

– Personne ne le sait, Stephen. Je ne savais pas que l'Arche existait réellement. Mais j'ai entendu dire qu'elle contenait les tablettes de pierre que Moïse avait ramenées de la montagne et sur lesquelles étaient inscrits les dix commandements. Certains affirment aussi qu'elle contient le fameux bâton d'Aaron… celui qui avait fleuri. D'autres prétendent également qu'elle contient la manne du ciel.

– Pouvons-nous la toucher, l'ouvrir ?

– Je ne crois pas. Souviens-toi : les Juifs croyaient que leur temple était la maison de Dieu. Il vivait dans le temple, à l'intérieur de cette Arche, sous ces ailes que tu vois. Es-tu prêt à parier qu'Il ne s'y trouve pas encore ? Je n'y toucherais pas avant d'avoir procédé à une recherche approfondie... Mais si tu le désires, tu le peux... une fois que je serai sorti d'ici.

– Non, peut-être que je ne devrais pas..., murmura St. Clair en inclinant la tête sur le côté et en regardant au-delà de l'Arche. Est-ce... ?

Il se pencha vers l'avant, scrutant l'obscurité au fond de la cavité.

– Il y a un autre rideau derrière l'Arche. Une tenture noire. Il y a peut-être d'autres trésors là-bas.

Il entendit Montbard renifler.

– J'en doute, Stephen. Que pourrait-il y avoir de plus précieux que l'Arche ?

St. Clair se tourna vers lui d'un air surpris.

– Rien, si on croit au Dieu des anciens Juifs. Mais cela ne signifie pas qu'il n'y ait rien de précieux derrière. Je vais jeter un coup d'œil. Il y a suffisamment d'espace entre l'Arche et le mur pour que je m'y faufile sans la toucher.

Il attendit une réponse de la part de Montbard et, n'entendant rien, il se tourna de nouveau vers son compagnon.

– Qu'en penses-tu ?

Montbard secoua la tête d'un air dubitatif.

– Je ne sais pas, Stephen. À quelle distance d'un éclair un homme peut-il s'approcher sans s'y brûler ? Même si je n'étais pas croyant, je ne pense pas que je serais assez brave, ou assez fou, pour frôler ce qui pourrait être le Dieu vivant. Mais, apparemment, c'est une chose que tu ferais.

– Hum.

St. Clair ne bougea pas, restant silencieux pendant un moment avant de répondre :

– Eh bien, vu sous cet angle, je ne crois pas que j'oserais, en fait. Je devrais attendre de savoir ce qu'en pense maître

Hugues… Alors, nous devrions retourner là-haut et faire part aux autres de ce que nous avons découvert, n'est-ce pas ?

CHAPITRE 44

Le matin où la princesse Alix de Jérusalem épousa le prince Bohémond d'Antioche, deux hommes, déjà levés bien avant l'aube, voyaient l'événement de façon différente que l'ensemble de leurs concitoyens : le frère Stephen de l'Ordre des Pauvres chevaliers du Christ ignorait complètement l'événement et sa grandeur, ayant bien davantage à l'esprit qu'un simple mariage ou un événement d'État, alors que l'évêque Odon de Fontainebleau, qui allait assister à la cérémonie, avait d'autres plans qui allaient l'occuper pendant la grande réception et le banquet qui suivraient le mariage. Il avait l'intention de tirer pleinement parti d'un type d'occasion qui se présentait rarement à lui. Aucun des deux hommes ne songeait à l'existence de l'autre, chacun d'eux absorbé par ses propres affaires ce jour-là.

Le mariage lui-même fut somptueux, le spectacle le plus magnifique qu'on ait vu en Terre sainte depuis le couronnement du roi Baudouin. Alix n'était pas sa première-née et ne pouvait en conséquence hériter de son trône ; tous savaient que cet honneur allait échoir à sa sœur aînée Mélissende. Mais Alix était la première fille que Baudouin avait promise, à titre de roi de Jérusalem, à un époux convenable, et le jeune Bohémond, héritier de la principauté d'Antioche, représentait un parti plus que convenable. Le patriarche présidait la cérémonie, et le chant qui retentit de l'assemblée de moines tout au long de la solennelle messe nuptiale émut de nombreuses personnes de l'assistance jusqu'aux larmes. Et pendant toute la cérémonie, le roi Baudouin se tenait fièrement près de sa belle et exotique épouse arménienne, Morfia, la tête haute et le cœur rempli d'un grand sentiment de bien-être. Pour le moment, son royaume était en sécurité, et il avait la conviction que son audacieux nouveau gendre constituerait un allié puissant pour défendre les avant-postes du nord de son royaume contre les Turcs qui représentaient une menace permanente pour lui à l'est.

Les Turcs seldjoukides avaient subi un important déclin en tant que force combattante depuis la chute de Jérusalem presque deux décennies plus tôt, mais ils représentaient toujours une menace et, pourtant, au moment même où il y réfléchissait, Baudouin était conscient de l'incertitude qu'avait fait naître en lui un récent rapport sur ce qui pourrait constituer une nouvelle menace d'un adversaire non turc, la Syrie. Il avait, bien sûr, souvent entendu le mot « Sarrasin » en tant que nom générique désignant les infidèles de cette lointaine partie du monde, mais, par le passé, il n'avait jamais eu de raison d'y attacher une importance quelconque. Mais, maintenant, ses espions lui apprenaient qu'une nouvelle horde de musulmans, qui s'appelaient eux-mêmes « Sarrasins », s'agitait au-delà de ses frontières dans les vastes étendues de la Syrie, où une autre manifestation du manque d'unité des forces politiques que comprenait l'islam était en train de se préparer. Il avait commencé à songer à cette menace et à ce qu'elle pourrait signifier pour son armée trop éparpillée et débordée de travail lorsqu'un accès de toux le ramena au moment présent, et il vit d'épais nuages dansants s'élever en volutes des encensoirs qui entouraient le couple nuptial devant le maître-autel. Il se leva avec les autres célébrants, sa main tenant doucement le coude de sa femme, et il prit une profonde inspiration avant d'entonner le *Te Deum* en signe de réjouissance pour les nouveaux mariés.

Un moment plus tard, après avoir présenté ses promesses formelles de loyauté au monarque et au patriarche, l'évêque Odon de Fontainebleau se tenait en retrait de la foule, regardant partir les membres de la famille royale pour le grand banquet qui allait être servi dans le hall principal du palais, et il haussa les sourcils de dépit en voyant apparaître l'espion Gregorio qui s'approchait de lui en le regardant d'un air insistant. L'homme se rendit jusqu'à lui, puis s'arrêta, attendant un mot de l'évêque, mais celui-ci ne fit aucun effort pour cacher sa contrariété.

– Es-tu fou ? Comment oses-tu m'approcher en public ? Je t'ai déjà dit de ne jamais t'approcher de moi à moins que je ne te fasse venir.

Comme d'habitude, l'espion ne fit aucun cas du mécontentement de l'évêque. Il se contenta de faire une moue, puis de hausser légèrement les épaules de manière méprisante.

– Vous m'avez également dit de venir vous voir directement aussitôt que j'aurais des preuves que les moines des écuries du Temple se rendaient coupables de quoi que ce soit.

Odon redressa la tête, le visage moins réprobateur.

– Tu as des preuves ?

L'espion haussa de nouveau les épaules.

– C'est tout comme. Ils parlent d'un trésor qu'ils ont trouvé sous le temple.

– Sous le… sous le temple ? En es-tu certain ?

– Aussi certain que je puisse l'être. Un des sergents que je paie pour écouter a entendu deux d'entre eux en parler. Ils ont trouvé de l'or, des joyaux et une quantité importante de documents.

Odon se retourna, laissant le petit homme le fixer dans le dos, mais il réfléchissait à toute allure à cette nouvelle occasion qui se présentait à lui aujourd'hui. Cet après-midi-là, il avait une rencontre prévue depuis longtemps et minutieusement organisée avec sa jeune maîtresse musulmane, Arouna, la fille du cheikh Fakhr Ad-Kamil, et il n'avait aucunement l'intention de la remettre à plus tard. Tous les parents masculins de la jeune fille se trouvaient ici aujourd'hui, au palais, pour assister au mariage d'Alix et de son prince d'Antioche, et il s'agissait là d'une occasion en or pour lui de jouir d'un après-midi de luxure avec Arouna sans qu'il doive, comme d'habitude, s'inquiéter d'être découvert et tué sur-le-champ. Alors, il s'était arrangé pour s'absenter des célébrations en affirmant qu'il avait une tâche à accomplir au nom du patriarche et que, en plus, il en était à la dernière journée d'un jeûne pénitentiel de deux semaines qu'il s'était imposé lui-même.

Cette nouvelle tournure des événements, aussi inopportune soit-elle, avait été complètement imprévue, mais la possibilité qu'elle présentait pour lui de s'enrichir était sans précédent et survenait tout à fait à point. Un trésor d'or et de joyaux à portée de main… Alix, complètement entichée de son nouvel époux, se préparait à partir pour Antioche avec lui depuis plusieurs semaines, et Odon était convaincu qu'elle avait trop à faire ces jours-ci pour se préoccuper des moines soldats puants et de leurs activités souterraines. Si l'histoire de Gregorio était vraie dans une certaine mesure, Odon pourrait s'enrichir au-delà de ses rêves les plus fous, car il n'existait aucune archive sur un quelconque trésor et encore moins sur l'ampleur de celui-ci. S'il réussissait à exécuter ses plans avec suffisamment de célérité et de soin, il pourrait agir aussitôt qu'Alix aurait quitté Jérusalem en se présentant au roi comme un héros tout en s'appropriant une partie importante de ce trésor.

Tout ce qu'il devait faire, pensait-il, en supposant que ce nouveau renseignement soit vrai, était de convoquer les moines soldats à une réunion avec le patriarche, puis de les dénoncer et de les faire placer en détention pendant que Gregorio effectuerait une recherche rapide dans leurs souterrains avant que le roi n'ait le temps d'organiser une fouille pour son propre compte. Odon savait que Gregorio était suffisamment pervers pour mener cette tâche à bien, moyennant une partie importante de ce qu'il pourrait obtenir du trésor avant que le roi n'entreprenne son exploration. L'ampleur de cette portion du trésor devrait être négociable, mais Odon était prêt à se départir de la moitié du butin, à la condition que Gregorio, qui n'était qu'un petit homme minable, puisse survivre pour réclamer sa part. Il tourna rapidement sur ses talons pour voir l'espion qui avait les yeux fixés sur lui, attendant patiemment. Ils étaient seuls car tous les invités s'étaient rendus au palais.

– Viens avec moi, alors. Je dois changer de vêtements. Nous pourrons parler pendant que je ferai ça. Viens.

†

– Sergent, qui est-ce que tu as à ta solde ?

Ils se trouvaient maintenant dans les appartements de l'évêque et Odon s'était déjà débarrassé de ses vêtements de cérémonie.

Le petit homme renifla.

– Il s'appelle Giacomo Versace. C'est un de mes meilleurs espions. Je l'ai fait embaucher chez les frères sergents il y a longtemps, quand nous avons commencé à chercher des preuves contre les moines. Il fait maintenant partie de leur groupe et les autres lui font confiance. C'est lui qui avait trouvé celui qu'ils appellent le frère Stephen — le chevalier St. Clair — après son enlèvement.

– Est-il fiable ?

– Je lui fais confiance, mais j'ai l'impression qu'il ne s'agit pas là d'une importante référence à vos yeux. Mais si vous me demandez si nous pouvons croire ce qu'il dit, alors oui. Je vous l'ai dit, les moines lui font confiance, et, au sein de ma profession, il représente un de ces heureux hommes qui maîtrisent l'art subtil de devenir invisibles quand ils le désirent. Il se trouve constamment parmi les moines, toujours à l'œuvre, toujours discret, et toujours l'oreille à l'affût. Les deux moines qu'il a entendus parler du trésor sont ceux qu'on appelle Saint-Agnan et Gondemare. Par pur hasard, Versace se trouvait dans les écuries, tranquillement assis parmi les ballots de fourrage quand ils sont entrés, et ils pensaient être seuls. Il les a entendus discuter de coffres remplis de pièces de monnaies d'or et d'argent, et de caisses de joyaux, enfouis depuis un millier d'années dans les tunnels sous le mont, dans les entrailles mêmes du temple. Ils espéraient pouvoir s'en servir pour acheter des armures, des armes et des chevaux. Versace n'a rien manqué de leur conversation, puis il est resté caché à cet endroit jusqu'à ce qu'ils soient partis. Il avait attendu ce moment depuis un an et ne souhaitait nullement se placer dans une situation périlleuse en étant trop impatient. Ensuite, il est directement venu me voir.

– L'as-tu récompensé ?

– Oui, avec ce que j'avais sous la main. C'était peu, mais

suffisant pour qu'il s'achète un cruchon de vin. Cela ne m'inquiétait pas non plus, parce que je le connais bien. Il est encore plus muet que moi. Mais je lui ai également dit que je le récompenserais mieux plus tard.

– J'aimerais que tu me le montres un de ces jours… Je suppose qu'il ignore que tu travailles pour moi ?

– Pourquoi le saurait-il ? Il travaille pour moi et je le paie bien. C'est tout ce qui lui importe.

– Excellent. Maintenant, à propos des deux moines en cause, comment ils s'appellent, m'as-tu dit ?

– Archambaud de Saint-Agnan et Gondemare d'Arles.

– Écris-les-moi. Il y a une plume et un encrier là-bas sur la table.

L'espion se dirigea vers la table pour écrire les deux noms pendant qu'Odon finissait de mettre son vêtement d'extérieur, une tunique brune sans ornement aucun, qui lui permettrait de passer inaperçu dans les rues de la ville. Il prit la feuille de papier, lut les noms, puis la plia et la plaça sur la table, sous l'encrier.

– Maintenant, je veux que tu retournes parler à ce Versace. Cette fois, interroge-le rigoureusement, et fais-lui répéter exactement tout ce qu'il a entendu, chaque détail, chaque mot, qui se rapporte à ces tunnels sous le temple. Comment descendent-ils jusqu'aux tunnels ? C'est là le point le plus important, mais fais en sorte qu'il ne se doute pas de l'importance de la chose. Je n'oserais pas normalement te donner des conseils sur ton propre métier, mais fais semblant d'être vaguement curieux de connaître d'autres détails et trouve tout ce qu'il y a à savoir.

– Eh bien, nous savons déjà comment ils pénètrent dans les souterrains, n'est-ce pas ? Par le tunnel, ou le puits d'accès, qu'ils creusaient il y a des années.

Odon renifla.

– Peut-être. Ils ont dit qu'ils creusaient un monastère dans le roc, mais je parierais qu'ils creusaient beaucoup plus loin qu'on n'aurait pu le soupçonner. C'est ce qu'on verra. Mais, entre-temps, je veux m'assurer que nous savons absolument tout ce qu'a pu apprendre Versace. Reviens me voir dans trois jours et je te donnerai mes dernières directives, mais pour l'instant je peux te promettre ceci : si tout se passe bien, toi et moi, nous partagerons également une grande partie de ce trésor. Je vais inviter les frères à une réunion et je les dénoncerai pendant qu'ils seront avec le patriarche et les ferai arrêter. Pendant ce temps, tu pénétreras dans les tunnels et tu localiseras le trésor et, cela fait, tu prendras immédiatement notre part, la plus grande que tu puisses transporter, et tu la cacheras à un endroit sûr. J'accompagnerai alors les gardes du roi pour effectuer une recherche dans le tunnel et nous trouverons le reste du trésor et l'offrirons au roi qui se réjouira du travail que nous aurons accompli. Puis, quand la poussière sera retombée et que les hommes du roi auront emporté le trésor, toi et moi nous séparerons le reste de manière égale. Sommes-nous d'accord ?

Le petit homme le regarda attentivement, un sourcil haussé, d'un air presque moqueur.

– Oui, monseigneur l'évêque, nous sommes absolument d'accord.

– Bien. Alors, assure-toi de soutirer à Versace tout ce qu'il sait. Va, maintenant, et reviens dans trois jours.

Odon regarda le petit homme partir, puis demeura debout à réfléchir pendant plusieurs minutes avant de prendre un manteau léger, de couleur terne, dans l'armoire où il rangeait ses vêtements épiscopaux. Il le jeta sur ses épaules et sortit de l'édifice, soulagé de ne rencontrer personne entre ses appartements et l'entrée principale. Une fois dehors, il regarda à gauche et à droite, puis il traversa vite la rue et s'engagea dans une des nombreuses ruelles entre les édifices environnants.

Il marchait rapidement, le visage recouvert du capuchon de son manteau pour s'assurer de n'être pas reconnu s'il croisait une personne de sa connaissance, et sa confiance augmenta après qu'il eut dépassé l'enceinte de la résidence royale et se retrouva dans la ville proprement dite, où il savait qu'il allait pouvoir se mêler à la foule des rues alors qu'il se dirigeait vers la maisonnette que la princesse Alix du Bourg avait achetée pour lui par l'entremise de quelque prête-nom anonyme et discret. Elle se trouvait en périphérie de la ville, près du mur est, mais elle était assez éloignée des portes principales pour lui procurer un certain anonymat, malgré le fait qu'il était visiblement un Franc. Il y avait à cette époque, à Jérusalem, suffisamment de *ferenghi* pour que la population de l'endroit accepte leur présence sans amertume, et plusieurs d'entre eux étaient des soldats qui, pour une raison ou pour une autre ayant surtout trait à des femmes, s'arrangeaient pour avoir un endroit privé en plus de leur logement officiel dans les baraquements. Il savait qu'il était fort peu probable qu'un d'entre eux le reconnaisse, en particulier lorsqu'il portait des vêtements miteux.

Il était impatient de parvenir à sa destination et de jouir des délices charnels qui l'y attendaient, car il s'était écoulé douze jours depuis qu'il avait vu pour la dernière fois Arouna, la jeune, belle et dépravée maîtresse qui s'était amourachée de lui. Il avait encore de la difficulté à croire, après presque quatre mois de volupté qui surpassaient tout ce qu'il avait connu avec l'exquise princesse Alix, que cette dernière l'avait tenu en assez haute estime pour lui accorder une telle récompense et qu'elle soit même allée jusqu'à lui procurer un refuge sûr où il pouvait poursuivre sa liaison secrète et extrêmement périlleuse avec la jeune Arabe. Il savait, malgré ce que sa vanité pouvait lui faire croire à propos de ses attraits masculins, qu'Alix aurait pu facilement le renvoyer sans aucun scrupule, lui refuser ses faveurs et le mettre au défi de faire quoi que ce soit à ce sujet. Le fait que la princesse ait agi ainsi, et qu'elle se soit manifestement efforcée de s'assurer qu'il puisse continuer de satisfaire ses appétits sexuels afin de compenser la perte de ses attentions personnelles, lui était apparu de plus en plus flatteur au fil du temps, grâce à sa fascination croissante à l'endroit d'Arouna, l'étonnante remplaçante qu'elle lui avait fournie.

Imaginant à l'avance les plaisirs lascifs qu'il était sur le point de vivre, il sentit son membre se durcir et allongea le pas, de plus en plus impatient d'atteindre sa destination. Gregorio l'avait retenu longtemps, davantage qu'il ne l'aurait souhaité, et Odon lui en voulait, alors même qu'il s'enthousiasmait de nouveau à la pensée des perspectives qu'avaient ouvertes les renseignements du petit homme. Il vit devant lui, sur la droite, l'étroite rue perpendiculaire qui menait à sa maison, mais, au même moment, il aperçut une silhouette qui marchait vers lui à une certaine distance, un Franc de haute taille, vêtu de pied en cap d'une cotte de mailles brillante et d'un manteau blanc sans ornement. C'était une vision inattendue et désagréable, car la cape blanche des moines chevaliers était maintenant bien connue à Jérusalem, malgré le fait qu'ils n'étaient que neuf, et Odon savait, à la démarche de l'homme et à sa jeunesse, qu'il ne pouvait s'agir que du chevalier St. Clair, le frère Stephen, celui qui, parmi eux, était le plus susceptible de le reconnaître. Il émit un juron à voix basse, mais il se trouva quelque peu rassuré en constatant que le chevalier semblait marcher comme dans un rêve, les yeux dans le vague et sans faire attention à ce qui l'entourait. Le cœur de l'évêque se mit soudainement à battre la chamade et il accéléra le pas encore davantage, puis tourna à droite, dans la ruelle, avant que St. Clair n'ait pu s'approcher suffisamment pour le voir.

St. Clair, quant à lui, marchait depuis des heures, déambulant dans les rues de la ville pendant qu'il songeait à une décision à laquelle il avait réfléchi toute la nuit. La veille, au cours d'un rassemblement des frères, Hugues de Payns avait annoncé qu'il allait retourner en France au cours des prochaines semaines et qu'il emmènerait avec lui deux autres frères.

Un de ces deux frères, pour des raisons qui étaient désormais évidentes, était André de Montbard, mais, selon l'esprit de la confrérie, de Payns avait annoncé que le nom du troisième membre du groupe allait être choisi au hasard pour faire en sorte que chaque homme ait une chance d'être sélectionné. Une fois de retour en France, les trois chevaliers feraient part de leurs découvertes au conseil de l'Ordre de la Renaissance. Ensuite, avec le soutien et l'approbation du conseil, ils entreraient en contact avec un homme qui, malgré son jeune âge, était rapidement devenu un personnage puissant et influent au sein du clergé français. Ce jeune clerc, qui s'appelait à la naissance Bernard de Fontaine-les-Dijon, était maintenant connu dans tous les cercles ecclésiastiques sous le nom de Bernard de Clairvaux, d'après le monastère cistercien qu'il avait fait construire et dont il était à présent l'abbé. Bernard de Clairvaux était le neveu d'André de Montbard — sa mère et Montbard étaient frère et sœur — et, bien avant de quitter la France pour la Terre sainte, Montbard avait confié au jeune homme et, par extension, à l'Ordre récemment formé des Cisterciens le soin de s'occuper des terres sur lesquelles se trouvait maintenant l'abbaye de Clairvaux. Montbard croyait que son neveu accepterait d'agir comme intermédiaire en organisant entre eux et le pape une audience au cours de laquelle les frères présenteraient des preuves de ce qu'ils avaient trouvé dans les profondeurs du temple.

À ce moment, le trésor avait été répertorié et examiné, et on avait déterminé sans aucun doute possible le caractère authentique de l'Arche d'Alliance, bien qu'on ne l'ait pas encore ouverte. Malgré qu'il fût le maître de l'Ordre, de Payns avait jugé qu'il n'était pas digne de l'honneur d'être le premier à poser les mains sur une relique si précieuse et si sacrée, et il avait ordonné qu'on lui construise une caisse et qu'on la garde scellée jusqu'à ce qu'elle puisse être ouverte et examinée par des gens en mesure de se pencher sur son contenu. Par ailleurs, les mystérieuses jarres renfermaient exactement ce que Montbard avait prédit : une collection de rouleaux de parchemin, fermement attachés et minutieusement emballés dans des pochettes protectrices, puis scellés à l'intérieur des jarres pour les protéger de l'humidité, de la pourriture et des ravages du temps.

Après avoir consulté Saint-Omer et Montbard, Hugues de Payns avait décidé que les boîtes trouvées dans la crypte sous l'autel étaient probablement plus importantes que celles entreposées dans la salle au-dessus et, en conséquence, ne sachant pas dans quel ordre les jarres avaient été placées sur les étagères, ils en avaient choisi huit, deux à chaque extrémité de la rangée de récipients sur le mur, une du sommet et une du bas de chaque niveau d'étagères.

Aucun des frères n'avait été surpris que Montbard prenne

les choses en main à partir de ce moment, surveillant le déménagement des huit échantillons de la crypte jusqu'aux écuries. Sous sa direction, chaque jarre avait été transportée par deux frères jusqu'à la salle des archives au niveau du sol, où l'on avait installé une grande quantité de tables de bois, plusieurs dans chacun des quatre coins, pour les y déposer. Un cinquième groupe de tables trônait au centre de la pièce, déjà recouvertes de documents qu'avait apportés Montbard lorsqu'il était arrivé de France.

Une fois transportées en toute sécurité, deux jarres provenant de leur position correspondante de chaque côté de la galerie avaient été placées sur une table isolée dans un des coins, puis marquées et numérotées avec une grande précision avant que Montbard n'en brise le sceau avec d'infinies précautions et qu'il en retire doucement le contenu. St. Clair, comme tous les autres, était présent à ce moment. Il était impatient de poser les yeux sur le résultat de leurs longs travaux, et il avait éprouvé une grande déception, presque du chagrin, lorsqu'il avait constaté qu'elles ne contenaient en fait rien de plus que de vieux documents. Aussi instruit soit-il, et conscient de l'âge et de la valeur potentielle de ce qu'ils avaient trouvé, St. Clair avait malgré tout l'impression humiliante que ses compagnons et lui avaient perdu leur temps et leurs efforts pendant presque une décennie. Toutes ces années passées à piocher et à casser de la pierre, se disait-il, seulement pour trouver en fin de compte un paquet de vieux documents indéchiffrables. Il était certain que les autres devaient être aussi déçus que lui, mais, si c'était le cas, aucun d'entre eux ne l'avait laissé paraître. Ils se tenaient debout, silencieux, quasi émerveillés, pendant que Montbard se faisait apporter un bol d'eau et se lavait scrupuleusement les mains, puis les séchait minutieusement avec une serviette propre avant de s'asseoir et de se pencher posément vers l'avant pour dérouler la première partie du tout premier manuscrit, le tenant ouvert de ses doigts écartés. L'écriture en était minuscule, les lettres et les symboles tracés de manière exquise, mais, aux yeux de tous, à part peut-être Montbard lui-même, elle était tout à fait étrangère et indéchiffrable.

Montbard semblait paralysé, son corps complètement immobile à l'exception de ses yeux qui survolaient avidement le document jusqu'à ce que quelques-uns parmi les frères commencent à s'agiter et à montrer des signes d'impatience. Même de Payns et Saint-Omer lui tournaient autour d'un air anxieux, les yeux fixés sur lui, leur visage donnant l'impression qu'ils retenaient leur souffle, mais, finalement, Montbard avait incliné la tête, satisfait, et s'était calé contre le dossier de sa chaise pendant que le parchemin reprenait sa forme tubulaire entre ses mains, puis il avait levé les yeux pour regarder tour à tour ses deux vieux compagnons.

– Oui, avait-il dit en penchant de nouveau la tête, de manière plus prononcée cette fois. Oui ! Ça y est. Nous l'avons. C'est ce que nous sommes venus chercher.

Hugues de Payns avait poussé un profond soupir et Geoffroy de Saint-Omer lui avait appliqué une claque retentissante sur l'épaule, un large sourire apparaissant sur son visage ridé pendant que les six autres hommes s'entreregardaient avec divers degrés de curiosité ébahie et d'incompréhension, mais Montbard était déjà debout et se dirigeait vers les tables du centre de la pièce où ses propres documents étaient soigneusement étalés. Il les avait rapidement parcourus des yeux et en avait déplacé plusieurs avant d'en choisir un et de le ramener à la table où se trouvait le manuscrit, et ce n'est qu'à ce moment qu'il avait remarqué l'expression des autres. Il avait hésité, regardant chaque homme, puis il s'était arrêté et avait souri, reculant jusqu'à ce qu'il s'appuie contre le rebord de la table. Il avait encore une fois regardé chacun de ses frères, son sourire s'élargissant pour finalement prendre une allure presque contrite, puis il s'était adressé à eux :

– Je vois bien qu'aucun d'entre vous ne comprend réellement ce qui s'est produit ici, alors permettez-moi de vous l'expliquer d'une façon claire…

Il s'était interrompu, conscient du fait que tous étaient suspendus à ses lèvres, puis avait fait un signe de la main pour indiquer les quatre paires de jarres dans leurs coins.

– Ce que vous avez trouvé, mes amis… ces jarres et les autres en bas… *représentent* la Renaissance de Sion. Avec cette découverte, notre ancien Ordre de la Renaissance de Sion atteint véritablement son objectif. Ces manuscrits contiennent la preuve absolue de tout ce à quoi nos ancêtres croyaient, et qu'ils se sont efforcés de démontrer pendant des siècles… pendant plus d'un millier d'années… et c'est à vous que reviennent l'honneur et la gloire de les avoir trouvés…

Il s'était encore arrêté, mais il ne souriait plus.

– Vous avez trouvé l'Arche d'Alliance, la relique la plus précieuse et la plus célèbre de l'Antiquité. Nous ne l'avons pas touchée depuis que vous l'avez trouvée, et aucun d'entre nous ne sait encore ce qu'elle contient, et je crois comprendre que, pour vous, elle ne ressemble à rien de plus qu'une boîte de bois finement décorée, peut-être une boîte vide, recouverte d'une couche d'or martelé et sculpté. On ne peut douter qu'elle ait une grande valeur… Mais pour qui est-elle la plus précieuse, et comment pourrions-nous seulement commencer à chiffrer cette valeur ? On nous a dit qu'elle avait été construite pour contenir les deux tablettes de pierre que Moïse avait ramenées de la montagne — les dix commandements —, la preuve de l'entente entre Dieu et l'humanité, mais aucun d'entre nous n'oserait y toucher, l'ouvrir, et regarder ce qu'elle contient. En conséquence, nous ne pouvons estimer sa valeur selon des critères que des hommes ordinaires comme nous pourraient comprendre… Sa valeur doit certainement être incalculable pour l'instant et, en ce qui concerne nos buts, elle est aussi sans valeur…

Il avait fait un autre signe de la main en direction des jarres.

– Puis nous avons trouvé ces jarres scellées, remplies d'anciens manuscrits fragiles. Je sais que plusieurs parmi vous doivent être déçus d'avoir travaillé si durement pour trouver un trésor qui semble avoir si peu de substance… Certains d'entre vous pensent probablement qu'il ne vaut rien, qu'il ne constitue qu'une piètre récompense après avoir déployé tant d'efforts pendant si longtemps… mais je vous jure, mes frères, que si chacune de ces jarres avait été remplie de joyaux, leur valeur serait négligeable par rapport à la valeur de ce que nous y avons plutôt trouvé. Celui-ci et ceux-là, avait-il ajouté en tenant le document dans sa main et en l'utilisant pour indiquer les autres sur la table derrière lui, représentent l'explication du contenu de ces jarres. Je ne suis pas un érudit, mais j'ai passé beaucoup de temps auprès d'autres hommes qui le sont, et qui ont étudié les légendes et les archives de notre Ordre tout au long de leur vie, et j'en suis venu à apprendre suffisamment de choses pour pouvoir, tout au moins, reconnaître et authentifier ce que nous avons trouvé ici : il s'agit des archives originales de ce que notre Ordre appelle la Communauté de Jérusalem. Et même si aucun d'entre vous n'a parlé, je vous imagine tous vous demandant : « Qu'est-ce donc, pour l'amour du ciel, que cette Communauté de Jérusalem ? »

Il avait souri de nouveau.

– Je sais qu'aucun d'entre vous, à l'exception des frères Hugues, Geoffroy et Stephen, ainsi que moi-même, n'ont eu le temps de progresser suffisamment dans les niveaux de connaissance de notre Ordre pour avoir entendu ce nom auparavant. Il s'agit d'un de nos plus grands secrets, un secret que nous n'avons pu connaître qu'après de longues années d'étude et d'application… Mais, même si vous n'avez pu étudier, vous avez maintenant consacré suffisamment d'années à ces travaux ardus pour avoir acquis le droit de savoir ce que vous avez trouvé et ce que vous avez accompli, même s'il se peut que vous ayez de la difficulté à le comprendre et à l'assimiler…

Il avait regardé autour de lui.

– Cela risque de prendre un bon moment, alors je suggère que vous vous trouviez tous un siège plutôt que de demeurer debout à vous agiter nerveusement.

Quand tous avaient été assis et que les murmures s'étaient tus, il avait poursuivi, le bas du dos toujours appuyé contre la table.

– La Communauté de Jérusalem — c'est seulement le nom que notre Ordre lui a donné — constituait l'Assemblée d'origine... l'*Église* d'origine, si vous voulez... créée par Jésus et ses partisans ici, dans cette ville. Jacques, le frère de Jésus, en était le premier dirigeant, peut-être même avant la mort de son frère, mais certainement après.

Il s'était interrompu pour laisser à ses compagnons le temps de digérer ce qu'il venait de leur révéler avant de continuer :

– Je sais que vous vous souvenez tous de la consternation que vous avez éprouvée immédiatement après votre initiation au sein de l'Ordre, au moment où vous avez, pour la première fois, été mis au courant de notre croyance selon laquelle tout ne va pas comme il se doit dans l'Église chrétienne telle que nous la connaissons. L'acceptation de ce fait, le premier principe de notre Ordre, a été pour vous une expérience pénible. Je sais que la chose a été difficile pour moi, alors que j'étais un jeune homme de dix-huit ans, parce que j'étais issu d'une famille chrétienne extrêmement dévote, comme chacun d'entre vous, et il me semblait qu'on me demandait d'approuver une hérésie qui impliquait la répudiation des enseignements de saint Paul et du Nouveau Testament dans son ensemble... Mais, comme vous tous, je suis devenu convaincu — en un temps étonnamment court, je me souviens —, grâce à l'érudition et à la logique de mes enseignants et de l'Ordre lui-même... j'en suis rapidement venu à accepter et à croire que Simon Pierre n'était pas le premier dirigeant de l'Église, qu'il n'était pas le premier pape, comme l'Église voudrait nous le faire croire. Cet honneur revient à Jacques, le frère de Jésus, que ses partisans appelaient Jacques le Juste. Mais l'Église enseigne également que Jésus n'avait pas de frères, et comment pourrait-il en avoir eu, selon son point de vue, puisqu'il était né d'une vierge ? Devrions-nous croire que Marie, après avoir subi une intervention divine et connu une Immaculée Conception, puisse avoir succombé aux plaisirs de la chair et aux vanités de ce monde ? Et c'est ainsi que nous avons tous dû, à des époques différentes, nous poser les mêmes questions troublantes... Si la doctrine de l'Église se trompe sur un aspect aussi essentiel que l'identité de son premier dirigeant, et si elle nie l'existence des frères de Jésus et de sa parenté, alors, lesquels parmi ses autres enseignements devrait-on remettre en question ?

Une fois de plus, il avait regardé chaque homme.

– Vous connaissez tous nos enseignements fondés sur les archives et les annales qui se trouvent dans nos voûtes : Jésus avait une famille, sa mère était Marie, et Jacques le Juste était l'un de ses frères. C'est le dénommé Paul, également connu sous le nom de Saül, qui a trafiqué la vérité pour ses propres raisons, et fort probablement pour qu'elle corresponde à ses propres desseins, afin de la rendre acceptable aux yeux des Romains sur les plans politique et racial, avec leur peur, leur méfiance et leur haine à l'égard de tout ce qui était Juif. Et depuis ce temps, l'Église a approuvé et encouragé la persécution des Juifs sous prétexte qu'ils avaient crucifié le Christ. Mais Jésus était un Juif, et non un chrétien. Il n'y avait pas de chrétiens à cette époque. Jésus n'allait devenir le *Christus*, le Sauveur, que longtemps après sa crucifixion. Au cours de sa vie, il était un Juif et un militant qui avait la ferme intention de libérer son peuple des atrocités commises contre lui et leur religion par une famille royale corrompue et étrangère, les Gentils — tout le clan d'Hérode descendait d'Arabes et de Grecs, et non de Juifs — et leurs alliés opportunistes, les Romains. Jésus appartenait à une secte ascétique de Juifs fondamentalistes qui se battaient pour obtenir la liberté religieuse et politique. Ils étaient connus sous plusieurs noms, y compris « nazôréens » et « nazaréens », mais, au sein de notre Ordre, ils sont mieux connus sous le nom d'« esséniens »… Jésus a été arrêté et exécuté pour ses croyances radicales… pour ses activités politiques. C'est pourquoi il est mort de cette façon, car la crucifixion était le sort que l'on réservait aux dissidents politiques et aux rebelles.

Montbard avait jeté un coup d'œil en direction de Hugues de Payns qui avait incliné la tête et agité une main pour lui demander de continuer. Montbard avait acquiescé, puis regardé à nouveau ses compagnons et continué :

– Ce qui est étrange, mes frères, et c'est une autre chose que les enseignements de l'Ordre vous ont apprise, c'est que la mort de Jésus n'a provoqué aucune réaction importante à Jérusalem ou ailleurs. Il n'y a pas eu d'émeutes pour protester contre son exécution — aucune rébellion, ni insurrection armée, ni même de protestation… Il est mort et son frère Jacques a continué de diriger les affaires de la Communauté. C'est plutôt en réaction au meurtre de Jacques, le frère connu sous le nom du Juste, assassiné des années plus tard sur les marches du Temple d'Hérode, que les émeutes et la guerre ouverte ont commencé et, peu après, sur l'ordre de son père Vespasien, le général romain Titus a levé une armée pour se venger et éliminer Jérusalem ainsi que ses insurgés, puis détruit le temple en croyant que c'était là le meilleur moyen de saper le moral des Juifs. Ils avaient tort. Ils ont détruit Jérusalem et son Temple, mais les membres de la Communauté avaient vu leur fin approcher depuis suffisamment longtemps pour cacher leurs précieuses archives — ce trésor — et échapper à la destruction de la ville, transportant avec eux assez de renseignements écrits pour s'assurer qu'un jour, lorsque ces tragiques événements seraient oubliés, leurs descendants puissent revenir et se réapproprier leur histoire… Mes amis, c'est nous qui sommes ces descendants. Nos ancêtres se sont établis dans ce qui constitue maintenant leur pays et l'ont fait leur, se mêlant à ses habitants et dissimulant leurs véritables origines juives. Leurs familles sont devenues ce que nous appelons aujourd'hui les « familles amies », et leur histoire constituait l'élément central de ce qu'est notre Ordre aujourd'hui. Ce que nous avons redécouvert, c'est cette histoire : les archives complètes, croyons-nous, de la Communauté de Jérusalem, c'est-à-dire l'histoire de ses réalisations, de son peuple et de ses ancêtres ; les principes et les règles de ses croyances ; et ses luttes pour soustraire son peuple à la tyrannie de la famille d'Hérode et à l'infâme et répressive religion qu'ils ont imposée à tout le peuple hébreu.

Personne ne bougeait ou ne parlait dans la pièce tandis que Montbard s'arrêtait pour réfléchir à ses prochaines paroles.

– C'est ce que vous avez mis au jour, mes frères. La véritable et incontournable histoire de ce qu'il est vraiment arrivé à Jésus, à sa famille et à ses amis, avec leur religion et les croyances qui guidaient leur vie… Et maintenant, il ne nous reste qu'à traduire ces manuscrits. Ce sera une tâche titanesque de même qu'une responsabilité terrible. Votre travail principal ici est presque terminé et, à partir de maintenant, vous serez en mesure de consacrer davantage de temps à votre autre responsabilité qui consiste à assurer la sécurité sur les routes d'Outremer... Pour ma part, je devrai examiner ce que nous avons trouvé… Il ne s'agira pas de les traduire, car je n'ai ni les compétences ni le temps que requiert une telle tâche… mais de mettre à contribution le peu de talent que j'ai, à l'aide des documents que m'ont confiés les dirigeants de l'Ordre, pour m'assurer que tout ce que nous avons ici demeure intact, et que ces documents soient, indubitablement, ce que nous croyons qu'ils sont. Alors, je dois commencer à travailler immédiatement, et vous pouvez vous retirer pour discuter de tout ceci entre vous et en évaluer les conséquences… toutes les conséquences prévisibles… qui, sans nul doute, surviendront au cours des années à venir… Je sais que je n'ai pas besoin de vous rappeler votre promesse de garder le secret ni la nécessité de faire en sorte que personne ne puisse soupçonner l'existence de ce trésor hors de la confrérie, mais je sais aussi que vous me pardonnerez de le faire. À partir d'aujourd'hui, soyez encore plus vigilants qu'auparavant. Et maintenant, avec l'accord du frère Hugues, notre maître ici présent, je vous remercie tous au nom de l'ensemble des frères de l'Ordre de la Renaissance. Grâce à vos efforts, la Renaissance peut commencer.

Cet épisode s'était produit presque deux mois plus tôt, et le travail de Montbard s'était poursuivi tranquillement, aucun des frères ne posant de questions sur l'évolution de son enquête, et, grosso modo, le travail avait continué comme auparavant, mais, les frères ayant mis fin à de longues années d'excavation, les patrouilles étaient devenues plus nombreuses jusqu'à ce que, la veille au soir, de Payns annonce son retour imminent en France. Aucun des frères n'avait revu son pays depuis des décennies. C'est pourquoi le choix du troisième émissaire avait suscité autant d'enthousiasme que d'anxiété. Le tirage au sort avait eu lieu immédiatement et St. Clair avait gagné, s'attirant les reproches indulgents de ses compagnons.

Toutefois, alors même qu'il acceptait le poste, St. Clair voyait bien que Gondemare, son frère favori parmi tous, était encore plus déçu que les autres, et sa conscience avait aussitôt commencé à le tourmenter. Il savait très bien que Gondemare était devenu veuf à un jeune âge, et qu'il était venu en Outremer peu après le décès de sa femme. Il avait laissé au pays plusieurs jeunes enfants à la charge de parents et il avait appris, plusieurs années auparavant, que ses enfants lui avaient donné des petits-enfants. Il pourrait donc s'agir de la seule occasion que pourrait avoir Gondemare de connaître ses petits-enfants et, bien qu'il n'en ait soufflé mot à St. Clair, le jeune chevalier s'était mis au lit ce soir-là avec cette idée en tête, et il avait été incapable de trouver le sommeil. Il n'avait plus aucune famille proche en Anjou. Et même s'il aurait aimé y retourner, ça n'aurait été vraiment que dans le but d'assumer ses responsabilités au sein de l'Ordre — une tâche que Gondemare pourrait accomplir tout aussi facilement. En outre, et c'était là ce qui le dérangeait plus que toute autre chose, il était le seul, parmi tous les frères qui se trouvaient là, à avoir rompu tous ses vœux et à avoir montré, tout au moins à ses propres yeux, qu'il était indigne de l'honneur de représenter ses frères dans le cadre de cette expédition. Ainsi, St. Clair avait passé la nuit entière sans pouvoir fermer l'œil et s'était levé bien avant l'aube pour se promener dans les rues et s'interroger sur ce qu'il devait faire.

À son grand soulagement, et quelques instants seulement avant que l'évêque Odon ne remarque sa présence, il avait décidé de céder sa place à Gondemare et, à ce moment, absorbé par ses propres pensées, il aurait fort bien pu ne pas voir Odon si celui-ci n'avait pas, à la dernière seconde, accéléré le pas pour tenter de l'éviter. St. Clair sentit, plutôt qu'il ne vit, les mouvements soudains de l'homme et il leva la tête juste à temps pour voir sa silhouette disparaître dans la ruelle. Il reconnut en lui quelque chose qui lui était familier, sa façon de marcher, sans doute, mais, au moment où il était suffisamment attentif pour le reconnaître, la silhouette avait disparu et St. Clair dépassa la ruelle, y jetant un vague regard, et vit l'homme tourner à gauche et disparaître, le laissant avec un vague sentiment de l'avoir reconnu. Il hésita un moment, conscient de son envie de le suivre, puis il haussa les épaules et poursuivit sa route. Cependant, il n'avait pas fait plus de dix pas quand il réalisa, à l'encontre de toute logique, que la silhouette qu'il avait entrevue lui rappelait de façon certaine le secrétaire copiste du patriarche, l'évêque Odon de Fontainebleau. Il savait, logiquement, qu'il devait se tromper, car l'homme qu'il avait entrevu deux fois avait l'air dépenaillé, beaucoup trop pour un évêque, mais cela piqua sa curiosité, et il pivota sur ses talons et revint sur ses pas jusqu'à l'entrée de la ruelle où il se tint pendant plusieurs minutes, scrutant ses profondeurs ombragées, puis il marcha tranquillement jusqu'à l'endroit où il avait vu la silhouette disparaître pour la dernière fois.

Il ne vit rien. Le coin où l'évêque avait disparu n'était que l'entrée d'une impasse avec de hauts murs sur les trois côtés, ce qui signifiait que l'homme pressé, qu'il se fût agi ou non de l'évêque, n'y était entré que pour éviter d'être vu de l'endroit où St. Clair s'était arrêté pour observer la ruelle. De plus en plus curieux, St. Clair quitta de nouveau la ruelle et tourna à gauche, étirant le pas à la poursuite de l'ombre énigmatique, conscient qu'il se trouvait en territoire inconnu et que les rares passants qu'il croisait, tous des hommes, le regardaient avec une hostilité évidente. Sans se troubler, il réajusta la ceinture de son épée, en ramenant la poignée plus près de sa main, et continua sa route.

Beaucoup plus loin maintenant, et dissimulé par plusieurs courbes de la rue étroite et sinueuse, Odon se félicitait d'avoir pu éviter d'être vu quand il déboucha sur une petite place enclavée et vit plusieurs hommes au teint basané et à la mine patibulaire qui levèrent la tête pour le regarder, comme s'ils s'étaient attendus à ce qu'il apparaisse. Il savait, bien sûr, que c'était impossible et, réprimant la frayeur soudaine qu'il sentait monter en lui, il se redressa de toute sa taille et adopta une démarche résolue. Mais, au même moment, il entendit un bruit derrière lui et tourna la tête pour voir deux autres hommes qui convergeaient vers lui, chacun tenant à la main une longue dague recourbée. Retenant un cri de panique, il fit un tour complet sur lui-même, comptant six hommes qui tenaient des armes blanches. Ils s'arrêtèrent et l'encerclèrent, mais à plusieurs pas de distance. Il se prépara mentalement à les défier en leur disant qui il était, quand il sentit soudain son sang-froid l'abandonner.

– Monseigneur.

Le mot avait été prononcé calmement, mais il n'avait aucun doute sur ce qu'il signifiait et il se tourna, tout à coup terrifié, dans la direction d'où il était venu. Un seul homme, grand et mince, et portant la longue tunique noire d'un nomade du désert, marchait vers lui, le visage caché à l'exception de ses yeux sombres, qui étaient rivés à ceux d'Odon. Il s'approcha à deux pas de l'évêque qui se tenait debout, paralysé, puis il parla de nouveau, prononçant un seul mot qu'Odon ne pouvait pas ne pas reconnaître :

– Arouna.

Puis, avant qu'Odon ne puisse même songer à réagir à ce qu'il venait d'entendre, l'étranger fit un pas de plus et frappa.

Pendant un bref moment, l'évêque pensa que l'homme lui avait donné un coup de poing dans l'estomac, un coup puissant qui lui coupa le souffle, mais, alors, son assaillant tordit brutalement son poignet, tournant la lame dans la chair d'Odon, et ce dernier sentit la pointe acérée glisser le long d'une de ses côtes, puis, continuant son trajet, l'éviscérer. Alors qu'une douleur insupportable prenait possession de tout son être, Odon sentit ses entrailles se déverser à l'intérieur de ses vêtements. Sa bouche s'ouvrit, puis se referma, n'émettant qu'un seul gémissement aigu de peur et d'agonie, et sa voix se tut pour toujours, mais avant qu'il ne perde conscience, son assassin se pencha sur lui et murmura à son oreille :

– Voici le cadeau de mariage de la princesse Alix et l'instrument de vengeance du père d'Arouna. Tu as signé ton arrêt de mort quand tu as souillé sa fille.

Il retira alors la lame de son couteau, puis recula d'un pas et regarda Odon tomber sur les genoux, ignorant le fait que la dernière pensée de l'évêque était pour Alix, la chienne impie, et la façon dont elle allait pouvoir maintenant mettre la main sur son trésor. Puis, d'un geste de la main, Hassan le chiite renvoya ses Assassins se fondre dans les ruelles environnantes avant de retirer de son vêtement une lettre qu'il glissa précautionneusement dans les vêtements du cadavre, à un endroit où elle ne serait pas salie par son sang. Ceci fait, il se déplaça lentement et, sans même pincer le nez devant l'odeur des entrailles d'Odon, il essuya consciencieusement sa lame sur le manteau de l'évêque et s'éloigna, laissant la place déserte.

Quelques instants plus tard, St. Clair arriva sur les lieux et trouva le corps.

L'assassinat de l'évêque suscita tout un tumulte parmi la communauté franque, mais il fut de courte durée, car la lettre trouvée dans ses vêtements décrivait en détail les péchés et les méfaits de l'évêque, et le corps assassiné d'une jeune femme musulmane fut découvert quelque temps plus tard, dans une maison dont on s'aperçut vite qu'elle appartenait à Odon. Le même jour, on découvrit deux autres cadavres de Francs, assassinés de la même manière, l'un d'eux étant l'espion Gregorio et l'autre, un frère sergent de l'ordre des moines soldats, Giacomo Versace. Cette découverte créa également peu de remous, puisque le lien entre Odon et les deux hommes était déjà connu, leurs noms figurant clairement dans la lettre trouvée sur le corps de l'évêque. Jamais on ne retrouva les assassins des quatre hommes.

ÉPILOGUE

– Que Dieu vous accompagne, mes frères, et puisse-t-Il guider chacun de vos pas dans l'avenir.

Sur ces mots, Geoffroy de Saint-Omer fit ses adieux aux trois émissaires qui, au cours de l'année à venir, allaient représenter l'Ordre des Pauvres chevaliers du Christ devant l'Église, ses institutions, en France et dans le reste de la chrétienté. Puis, il prit la tête des deux tiers restants de la confrérie des chevaliers du mont du Temple, tous assis en silence sur leurs chevaux, leurs visages délibérément inexpressifs alors qu'ils regardaient leurs trois amis les saluer une dernière fois, puis retourner leurs montures pour chevaucher vers le pied du mont, accompagnés de leur escorte de cinq sergents, vers la longue cavalcade qui serpentait lentement jusqu'aux portes de la cité.

Ils s'étaient fait depuis longtemps leurs adieux personnels et, maintenant, le groupe de ceux qui regagnaient leurs foyers allait se joindre au défilé des nouveaux mariés royaux pour la première partie de leur voyage, vers le nord jusqu'à la principauté de Bohémond d'Antioche, et au port d'Alexandrie, où les trois moines soldats allaient s'embarquer pour Chypre, la première étape d'une longue traversée jusqu'en France.

Regardant s'éloigner de Payns, Montbard et Gondemare, St. Clair était conscient du petit sourire qui était apparu sur ses lèvres alors qu'une pensée lui avait traversé l'esprit quelques instants plus tôt, lui rappelant la princesse Alix et ses manières charmantes. Il savait qu'il allait se sentir bien plus à l'aise ici à Jérusalem que s'il avait dû chevaucher sur la route d'Antioche en présence de la princesse. Il ne se souciait aucunement du fait qu'Alix semblait radieuse et obsédée par son nouvel époux si séduisant ; sa simple proximité l'aurait troublé et des souvenirs intolérables auraient refait surface, et il était suffisamment honnête avec lui-même maintenant pour admettre cela. Il ne se sentait plus coupable de ce qui s'était produit entre elle et lui, et n'avait pas rêvé d'elle depuis des mois, mais il était encore assez jeune et assez mâle pour être curieux et vulnérable. Ainsi, il était de loin préférable que le fidèle Gondemare chevauche à ses côtés en toute ignorance et en toute innocence.

Aussitôt que les chevaliers eurent disparu, Saint-Omer se tourna vers St. Clair.

– Reviens de patrouille sain et sauf, frère Stephen, lui dit-il en levant une main pour le saluer.

St. Clair hocha la tête et tourna sa monture, ses yeux cherchant et trouvant son co-commandant, Montdidier, et leur sergent-chef qui était, cette fois, son propre écuyer. Il lui fit un signe de la main, puis inclina la tête, et le sergent éperonna immédiatement son cheval galopant vers le bas de la colline, criant des ordres pour attirer l'attention de la patrouille déjà réunie et prendre le départ.

– Une dernière fois, alors, murmura Montdidier, amenant son cheval à la hauteur de celui de St. Clair. Ensemble contre les infidèles, les épées nues, pour la gloire de Dieu et la sécurité du pèlerin. Je t'avoue, Stephen, que j'aimerais beaucoup mieux chevaucher vers l'Anjou que vers Jéricho.

– Ah, mais pense combien tu te sentiras mieux dans dix jours, quand tu seras revenu ici à Jérusalem, étendu sur ton lit et grattant négligemment tes poux, pendant que ces pauvres voyageurs seront malmenés sur des mers agitées, épuisés et malades, vomissant jusqu'à ce que leurs entrailles leur remontent dans le gosier. Tu es bien mieux ici, mon ami.

Montdidier émit un grognement, puis acquiesça :

– Peut-être, mais nous n'avons pas encore entrepris notre patrouille… Nous risquons d'avoir encore beaucoup de distractions avant de revenir à la maison. *Si* nous revenons… Hier soir, Saint-Agnan affirmait à de Payns que les actes de brigandage s'étaient multipliés entre ici et Jéricho. Il y a de plus en plus de groupes hostiles qui sèment le chaos, disait-il, bien que je ne sache pas d'où il tenait ces renseignements. Je sais encore moins ce qu'il en fait une fois qu'il les a reçus… Il me semble qu'il suffit seulement de raconter un fait à Archambaud pour qu'il en tire un évangile.

St. Clair désirait répondre à cette remarque car il avait lui-même reçu récemment une bonne leçon sur les interprétations erronées, mais il n'en eut pas le temps. Ils avaient atteint la porte est de la ville — choisie, cette fois, pour éviter la cohue que suscitait le départ du couple royal par la porte sud — et il devait se concentrer pour faire passer ses hommes sans incident, après quoi, aussitôt qu'ils se retrouveraient sur la route hors de la ville, il devrait s'occuper, avec Montdidier, d'organiser leurs unités. Ce ne fut que longtemps après, quand tous leurs éclaireurs furent en train d'observer le terrain devant eux et que la patrouille eut adopté la routine qu'elle allait maintenir pendant le reste des dix jours de patrouille, qu'il eut le temps et la possibilité de repenser à ce que Montdidier avait dit et il se demanda au départ s'il ne ferait pas mieux de ne rien dire, puisqu'il ne souhaitait aucunement bouleverser son ami comme lui l'avait été. Mais, en fin de compte, il décida de partager avec lui ce qu'il savait.

– J'ai eu une conversation fascinante avec le frère Hugues la nuit dernière.

– Avec de Payns ? Je suis étonné qu'il ait eu le temps de parler, avec tous les préparatifs pour le départ d'aujourd'hui. Que disait-il de si fascinant ?

– À propos de toute cette affaire… le trésor, les archives, son retour en France et les répercussions qu'auront ses paroles sur l'Église. Y as-tu songé beaucoup ?

Montdidier se tourna lentement sur sa selle et lui fit son petit sourire.

– Songé à… tu veux dire : à propos de l'Église ? Moi ? Je t'en prie, frère, il y a bien d'autres questions qui me préoccupent et je n'ai pas de temps à consacrer à ce que nos chers frères en religion — en dehors de notre Ordre, bien sûr — pourraient être en train de faire de leur Ordre sacré. Je préfère de loin aiguiser mes lames pour lutter contre les serviteurs d'Allah, et débattre de ces choses avec mes frères chevaliers. Alors, non, je n'ai pas songé à ça.

St. Clair hocha la tête sans surprise.

– Pas plus que moi, jusqu'à ce que je pose une question simple à de Payns.

– Et ?

– Et j'ai reçu plus que je n'en demandais. En l'espace de quelques instants, notre estimable frère Hugues m'a fait voir la profondeur de mon ignorance. Depuis lors, je n'arrête pas d'y penser.

Montdidier ne souriait plus. Quelque chose dans l'attitude de St. Clair lui disait qu'il s'agissait d'un sujet plus sérieux qu'il ne l'avait soupçonné, et il se redressa, la tête haute.

– Cela semble grave, mon ami. Dis-moi ce qu'il en est.

St. Clair acquiesça en faisant une moue, puis regarda son compagnon.

– Je lui ai demandé combien de temps il faudrait pour que notre découverte commence à avoir des répercussions… que les choses commencent à changer… Au début, il n'a rien répondu, me jetant seulement un regard que j'ai trouvé bizarre sur le coup… Puis il m'a demandé d'expliquer ma question : de quelles répercussions je parlais, de quels changements ? Et, forcé d'être plus précis, j'y ai mieux pensé et je lui ai demandé combien de temps il faudrait, à son avis, pour que les changements que nous avons mis en branle commencent à se faire sentir.

– Et ? Comment a-t-il réagi ? Je t'avoue que je me suis moi-même déjà posé cette question.

St. Clair se racla la gorge et recracha un moucheron qui avait volé dans sa bouche.

– Eh bien, il semblait… étrange… comme s'il ne savait que dire, puis il m'a pris par le bras et m'a entraîné vers un endroit où nous pourrions converser seuls, sans être entendus. Nous avons alors parlé pendant longtemps… En fait, il a surtout parlé et, moi, j'ai écouté. Et ce qu'il a dit, ce que j'entendais et ce que je devais accepter, m'a profondément… bouleversé… je suppose que c'est le mot le plus précis, bien qu'il ne soit pas suffisamment fort…

– Stephen, tu joues avec ma patience. Qu'est-ce qu'il a dit ?

St. Clair renifla bruyamment, puis haussa les épaules.

– Que rien ne va changer. Que rien ne va se produire.

Montdidier baissa le menton, ses yeux se réduisant à deux fentes.

– Mais c'est parfaitement ridicule. Les choses doivent changer maintenant. Nous avons la preuve qu'elles doivent changer, que les assises mêmes de l'Église doivent être remises en question, et même qu'elles reposent sur des mensonges. Alors, comment de Payns peut-il dire que rien ne va changer ?

– C'est précisément ce que je lui ai demandé et sa réponse a duré presque deux heures. Je ne me souviens pas de tout ce qu'il m'a dit, mais j'ai été réellement ébranlé de l'entendre exposer sa logique parce que je n'y trouvais aucune faille. Dans l'ensemble, il a dit — et démontré, à ma satisfaction tout au moins — que l'Église officielle n'allait pas tenir compte de ce que nous avons découvert. Elle l'ignorera si elle le peut, et si elle ne peut l'ignorer, elle le niera en ayant recours à tout le poids de son histoire et de son autorité sur le monde pour appuyer sa position, et qu'elle s'occupera de tous ceux qui lui mettront des bâtons dans les roues...

– Que veux-tu dire par « s'occupera » ?

– Que crois-tu que je veuille dire, Payen ? Crois-tu qu'étant allé si loin, je n'essaie pas d'être clair ? Songes-y pendant un moment. Nous avons une Église qui se considère comme universelle, et depuis les derniers... quoi ?... huit cents ans, peut-être. Pendant les huit derniers siècles, depuis l'époque de Constantin le Grand, elle s'est maintenue solidement à Rome, ses princes bien nourris ignorant insolemment les débuts si vite oubliés de leur institution, en faveur des honneurs, de la séduction et de la corruption... ces débuts qui se fondaient sur la pauvreté et proclamaient fièrement qu'il était plus facile pour un chameau de passer à travers le chas d'une aiguille que pour un homme riche d'entrer au royaume des cieux... Si notre découverte était rendue publique, soulignait de Payns, la haute hiérarchie de l'Église devrait immédiatement admettre ses erreurs passées, et se verrait forcée d'abandonner toutes les richesses, les privilèges et les luxes dont elle jouit actuellement… Ce serait au bas mot ce qui se passerait. Si ce savoir était révélé, il détruirait l'Église.

– Eh bien, je ne pense pas que cela puisse aller si loin…

– Ah, vraiment ? Tu crois peu probable que les centaines de milliers de personnes qui ont passé leur vie dans la pauvreté en cédant une large part de tout ce qu'ils possédaient à l'Église puissent s'en trouver indignées ? Tu crois qu'elles ne se rebelleraient pas en voyant la preuve que l'Église les a exploitées, elles et leurs familles, pendant des centaines d'années ?… Ces hauts dirigeants que j'ai mentionnés, les papes et les patriarches et leurs semblables, sont tous des hommes, mon ami ; il n'y a pas un dieu ou un saint parmi eux. Et à ce titre, ils feront tout ce qu'ils croiront nécessaire pour se protéger et conserver leur gagne-pain. Ils feront tout. Si nous devions tous disparaître demain, nous, les Pauvres chevaliers du Christ, ce ne serait pas la première fois dans l'histoire qu'une telle chose se produirait. Les archevêques et les cardinaux éprouvent une grande fierté à représenter Dieu… Il les écoute et ils sont zélés et jaloux lorsqu'il s'agit de préserver leur droit d'interpréter Ses opinions et Ses jugements.

– Alors, ils pourraient tous nous éliminer. C'est ce que tu dis ?

– Oui, bien sûr, c'est ce que je dis ; comme des mouches, et sans même que notre disparition soit remarquée.

Il y eut une longue pause pendant qu'ils chevauchaient en silence, les seuls sons provenant des sabots de leurs chevaux et du grincement occasionnel de leurs selles de cuir, puis Montdidier demanda :

– Alors, qu'est-ce que de Payns a fini par dire ?

– Que nous avons des alliés et des atouts ; que nous ne sommes pas impuissants ; que nos propres racines, qui s'étendent encore plus loin, sont plus anciennes que celles de l'Église chrétienne ; que nous avons entre les mains des preuves indubitables de ce que nous avançons, alors que personne d'autre n'en possède ; que nous avons la possibilité et l'intelligence de garder cachées nos ressources — notre trésor — en parfaite sécurité, et que nous ne sommes pas assez stupides pour mettre nos vies en péril en nous jetant naïvement dans la gueule du loup… Il a dit que nous allions finir par remporter la victoire, un jour, mais pas d'une façon à laquelle aucun d'entre nous n'aurait songé… et, en dernier lieu, il m'a conseillé d'être patient et de me préparer, ainsi que le reste d'entre nous, à d'immenses changements dans notre monde… des changements qui, selon lui, seraient incompréhensibles et inimaginables pour nous, même s'il essayait de nous les expliquer maintenant. Ils n'ont pas encore commencé à se produire, a-t-il dit, mais, une fois déclenchés, il sera impossible de les arrêter et nous, les Pauvres chevaliers du Christ, avec les documents du Temple de Salomon, aurons le pouvoir de changer le monde entier.

Montdidier fixa l'horizon pendant plusieurs minutes, puis il émit un grognement et dit :

– Les neuf d'entre nous ? Tu m'excuseras de te le dire ainsi, mais tes paroles sonnent à mes oreilles comme le délire d'un dément. Et, parlant de folie, dis-moi, si tu le veux bien, pourquoi nous sommes tous devenus des chevaliers du Christ au départ, alors même qu'il n'y avait pas un chrétien parmi nous ?

– Pour notre protection, répliqua St. Clair sans une hésitation. Purement et simplement. Qui soupçonnerait les Pauvres chevaliers du Christ d'entretenir des intentions séditieuses ? Ce nom nous permettait d'agir à notre guise sans être embêtés pendant que nous cherchions le trésor… En ce qui concerne la folie dans ce que de Payns disait, j'ai eu la même réaction que toi au début, puis je l'ai interrogé davantage. Il voit vraiment venir de grands changements en ce qui nous concerne… des recrues, premièrement ; il pense que nous attirerons de nouveaux membres, des centaines, de tous les territoires chrétiens.

– Des territoires chrétiens… Tu veux dire : des recrues chrétiennes ? Comment une telle chose pourrait-elle se produire ? Je sais que l'Ordre de la Renaissance est finalement né de nouveau, mais il demeurera une société secrète, n'est-ce pas ? Alors, comment pouvons-nous admettre dans notre groupe des chevaliers chrétiens ?

– Facilement, Crousty. C'est la première chose que j'ai demandée à de Payns quand il a mentionné le recrutement, et il y avait déjà abondamment songé. Notre Ordre continuera d'exister au sein de l'Ordre des Templiers, dissimulé parmi toutes ses activités. Cela nécessitera beaucoup de réflexion et d'organisation, mais de Payns et Saint-Omer croient que nous pouvons y parvenir, et de Payns pense que la reconnaissance de notre Ordre par l'Église en sera la pierre d'achoppement. Il a énormément confiance en Bernard de Clairvaux, le jeune neveu de Montbard, qui est l'abbé du monastère cistercien de Clairvaux, et il est convaincu qu'avec l'appui de Clairvaux, de même qu'avec celui du conseil de notre Ordre et de tous les pouvoirs temporels des comtes angevins, Foulques d'Anjou, Hugues de Champagne et d'autres comme eux, nos familles amies réussiront à convaincre le pape d'accepter non seulement l'existence, mais l'authenticité de nos découvertes, et aussi notre assurance sincère que rien ne sera soudainement dévoilé dans un proche avenir qui puisse nuire à l'Église, jusqu'à ce que les pères, ses représentants eux-mêmes, aient eu suffisamment de temps pour étudier ces questions et décider de leur validité… Et entre-temps, il croit que notre Ordre, tout comme notre œuvre ici en Terre sainte, recevra la bénédiction et la reconnaissance du pape en échange de notre coopération et de notre silence.

– Et tu crois ça…

Ce n'était pas une question et St. Clair regarda son compagnon, puis hocha lentement la tête.

– Oui, je le crois. Il m'a fallu un certain temps pour accepter tout ce que j'avais entendu, mais maintenant je crois que de Payns a raison. En faisant cette découverte, nous avons changé le monde connu et nous avons amélioré la vie de tous les hommes par rapport à ce qu'elle avait été jusque-là. Pendant un millier d'années, il n'y a rien eu, aucune voix discordante, pour contredire l'Église ou pour la menacer de lui faire perdre son influence sur le monde. Maintenant, nous avons le pouvoir de jouer ce rôle et, en ce sens, nous avons rendu le sort des gens meilleur… le leur et le nôtre. Je pense qu'il vaut la peine d'y croire.

Montdidier sourit et retira son heaume, rejeta sur son dos son capuchon de mailles, secoua la tête pour ébouriffer sa chevelure et la gratta d'une main avant de tout remettre en place. Ayant fait cela, il tira sa longue épée et se redressa sur ses étriers.

– Ce soir, mon ami Stephen, nous allons boire un verre de vin à cette… amélioration de la vie des gens partout dans le monde. Mais, ajouta-t-il en faisant tournoyer son épée au-dessus de sa tête, il faudra quand même une multitude de gens armés pour s'occuper de leur sécurité, alors nous boirons un autre verre à notre santé, et à celle de nos amis et de nos frères, les moines soldats du Temple, ces pauvres chevaliers…

FIN

du tome 1

SOMMAIRE

Impression réalisée sur Cameron par Bussière
à Saint-Amand-Montrond (Cher) en août 2006.
Dépôt légal : août 2006. N° d'impression : 063080/4.
Imprimé en France